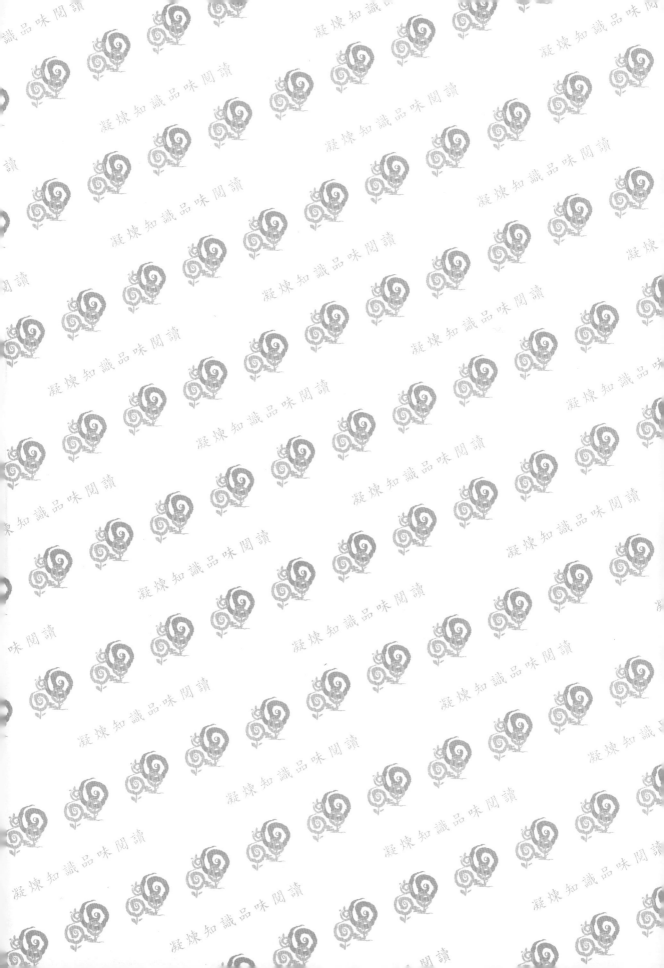

研究&方法

衍生性金融商品
——使用R語言

林進益 著

五南圖書出版公司 印行

前言

　　本書是筆者繼《財金統計學：使用 R 語言》（簡稱《財統》）與《經濟與財務數學：使用 R 語言》（簡稱《財數》）（皆為五南出版）二書後所寫的第三本書；換言之，於完成《財數》後，筆者思考後續的發展，何不嘗試用 R 語言（簡稱 R）來思考衍生性商品？如今，本書也已經完成了，以下簡稱為《衍商》。三本書的難易程度依序為《衍商》、《財統》與《財數》。它們的特色是全部用「機器取代人工」，即於各書中只要有牽涉到例如讀取資料、計算、模擬、估計、製表或甚至於繪圖等動作，皆有對應的 R 指令（存於各書所附的光碟片內），可以用與機器（電腦）溝通；因此，若初學者想要學習 R 程式，筆者的建議是可以先學習《財數》。

　　也許讀者曾經聽過下列的說法：「經濟或財務專業的學習者通常可以分成二種類型，第一類型的人只需使用簡單的圖形與數學，典型的代表人物是亞當斯密或凱因斯等人；第二種類型的人會使用抽象複雜的數學模型，而其代表人物則為 Black、Scholes 或 Merton 等人。」至於第三種類型的人呢？應該就是我們了。既無凱因斯等人的聰明才智，又無嚴謹的數學訓練，那我們應該如何學習經濟或財務專業呢？此問題著實困擾筆者甚久。長久以來，筆者一直嘗試找出方法或答案，還好答案有可能已經逐漸浮出檯面了。原來，我們欠缺適當的輔助工具來學習上述專業，就筆者而言，該輔助工具就是電腦語言；也就是說，我們需要學會電腦語言才能與電腦溝通，才能用電腦取代人腦，也才能了解上述第一類型與第二類型的人的想法或論述。

　　為何電腦語言如此重要？網路上有人稱世界上有四種最重要的語言，分別為英文、中文、數學與電腦語言。筆者頗贊同上述的說法，中文與英文的重要性本來就不容置疑，而各種專業早就大量的使用數學（語言），因此若要了解各種專業，對數學語言本來就不能太陌生。只是究竟要如何學習數學呢？也許還是有一些錯誤的印象在我們的腦中；例如：就是數學或電腦不好才來念商科，才來念「社會組」。持平而論，我們可以仔細回想上述不好的印象從何而來？也許，是

來自於國高中數學的學習，不過若檢視一下《財數》內容，應該可以發現現在所使用的數學與國高中數學的關聯性其實並不高；因此若讓當初錯誤的印象繼續存在而影響我們未來的發展，應該是不正確的，更何況當初並沒有使用電腦工具模擬或計算。也許讀者亦會反對，不是也要學電腦語言嗎？根據筆者的印象，筆者大學曾接觸過 FORTRAN 與 COBOL 語言，可惜的是，當初所用的範例太不吸引人了（因為大多是純粹的數學或資訊方面的例子）；或者說，太缺乏可供參考的範例了，以至於學起來相當不順手。更重要的是，當初並沒有警覺到電腦語言的重要性。如今時空環境已大不同了，網路上的資訊隨手可得；另一方面，筆者也已經提供許多範例了，故若是好好地認真學習，應該會與以前不同。因此，最後筆者還要補上「用電腦語言來學習數學」這句話。

為何我們可以用電腦語言來學習數學呢？其實《財數》一書已經透露出一些端倪了。看到複雜的數學模型，首先我們當然嘗試是否可以用電腦程式表示或翻譯，若可以的話，我們反而可以進一步用電腦來模擬或計算，如此自然可以提高對該數學模型的了解。更重要的是，我們也可以將上述電腦程式「拆解」成若干指令，然後逐步去了解每一指令的意思，這之間當然亦需要電腦的模擬或計算，不過只要會使用電腦語言，上述的步驟應不難執行與檢視。因此，利用電腦反而可以讓我們想像出上述數學模型的結構與涵義。換言之，讀者不妨利用上述方式來檢視《衍商》的內容；也就是說，於《衍商》內，的確有頗多複雜的數學模型，讀者倒是可以利用上述方法檢視看看。可惜的是，筆者曾經看到不少學生竟然在「閱讀」《財統》內所附的 R 指令，此應該是不正確的；相反地，上述同學應該實際於電腦內操作，利用結果去了解每一指令的意思。因此，看到抽象複雜的數學模型，我們應該可以用電腦來檢視其意義。如此的學習方式，讀者有用過嗎？數學不好或對其沒有興趣，有可能是因為當初接觸太少或不知使用何方法檢視所造成的。也許，讀者可以重新嘗試看看。

「進步猶如劍之雙刃」，未來我們皆有可能會面臨失業的危機；的確，科技進步雖帶來了方便，卻也帶來了一些隱憂，那就是「用機器取代人力」。因此，若「無人機器」的發展趨勢不變，未來的工作機會相對上應皆會較偏向屬「技術型」的範圍；金融機構的「金、鐵飯碗」已不復存在，那現在讀者或未來的學生應該學什麼呢？或者說，我們應該教學生什麼呢？似乎傳統的上課內容以及方式已不符所需了。當前或未來的學生應該具備何種知識呢？舉例來說，目前金融科

技（FinTech）的發展應該還是屬於「硬體建構」方面的第一階段，所謂「隔行如隔山」，缺乏資訊科技專業的財金師生不禁氣餒，似乎金融科技的發展與財金的專業無關（即我們並無法參與其中的發展與設計）；不過，未來金融科技發展的第二或第三階段呢？換句話說，若財金的硬體設備已趨完善，下一個階段自然會需要財金專業軟體方面的設計人才；是故，財金的學生應該利用此「空檔」學習電腦語言與程式設計，如此才能因應未來的需求。因此，筆者最後的建議仍是先學習電腦語言；也就是說，若筆者重新再讀大學一次，筆者應該會先學電腦語言的使用。

倘若會使用電腦語言，自然就可以更深入了解專業，降低被替代的可能；另一方面，若懂得與機器溝通，自然可以提升本身的競爭力。也就是說，不要因「不懂或沒有使用過電腦語言」成為未來心中最大的隱憂，或者是因此喪失了有利的發展機會。假定筆者遇到如電影《機械公敵（I, Robot）》內的「超級電腦（Wiki）」，筆者應該會有興趣想要知道 Wiki 的經濟與財務專業知識。倘若 Wiki 的專業知識相當豐富，令人滿意，我們自然好奇 Wiki 內的程式是出自何人或何團隊之手？電腦軟體工程師嗎？未必。若 Wiki 仍不懂上述專業或只擁有有限的知識，豈不是表示未來需要有 Wiki 的「財金更新版」嗎？當然，Wiki 若是屬於「全能型」的人工智慧，未來我們皆會找不到工作；否則，未來應該會需要大量的各行各業的程式設計人才。

倘若讀者曾閱讀筆者的書籍，也許也曾經設計過程式，應該會發現程式設計並非一蹴可幾，而是需要「腦力激盪」與多年經驗的累積；換句話說，好不容易完成了部分的程式，結果發現無法執行，讀者有辦法找出癥結嗎？另一方面，也許讀者發現筆者所提供的指令太過麻煩了，那應如何精簡呢？如何一般化呢？畢竟筆者並不是以寫論文的方式撰寫，故書內許多例子未必合理或正確，那依讀者的看法，應如何改善呢？是否可以寫出修正後的程式呢？筆者當初撰寫時秉持二種態度：其一是基本專業知識的介紹，另一則是有了一些想法後，想辦法用 R 來實現；因此，筆者上述書內的功能之一是 R 程式撰寫的訓練。

依筆者來看，讀者最好不要太依賴套裝軟體或程式套件的使用，因為太依賴程式套件反而會讓讀者喪失了學習程式設計的機會；另一方面，若讀者只會從事輸入參數等簡單工作，那未來不是太容易被取代了嗎？程式套件的使用應該做為簡化程式的內容（即不需要每一個步驟皆自己設計），而不是用來做為最終的使

用工具。因此，筆者所提供的 R 指令，大多保持最原始的樣貌，其目的就是要讓讀者也能自行設計程式。也許，許多人認為 R 並不是一種理想的程式語言，那讀者反倒是可以利用已經熟悉的電腦語言，看看是否可以複製出筆者各書的內容，如此豈不是可以多練習程式設計嗎？最後，按照目前的趨勢來看，未來我們可能會需要學習多種電腦語言，不過若已經了解一種語言的語法與用法後，再來學習另外一種語言，應該不是一件困難的事。現在有些時候，我們會在報章雜誌看到有人建議中小學生也應該學習電腦語言，不過若是要求我們的大學生也來學習與專業無關的程式設計，恐怕許多人會興趣缺缺。若是如此，何不學習屬於自己專業的程式設計呢？換句話說，未來應該是「各行各業的程式設計由各行各業的專業人士負責」，電腦軟體工程師只負責整合或翻譯，否則事事仰賴電腦工程師，讓他們「整碗端走」，那以後我們要靠什麼維生呢？因此，若筆者的想法正確的話，現在的財金學生不是應該學習屬於財金的程式設計嗎？

以上所言，是筆者完成《衍商》後的感想，提供給讀者參考。現在我們來檢視《衍商》的內容。基本上，《衍商》是《財數》與《財統》二書的延伸；也就是說，讀者需要有基本的統計學與財務數學基礎，方能使用《衍商》；另一方面，筆者還是利用 R 輔助工具來檢視衍生性商品。於衍生性商品的教科書中，筆者比較喜歡 Hull、McDonald 以及 Jarrow 與 Turnbull 等書（可參考第 1 章註 2）；不過，於學生時期，因為不知如何使用或操作，上述教科書的確讓筆者吃盡了苦頭。由於沒有於電腦上實際操作，故對書內的內容常常是一知半解，應該是讀不懂，故從來就沒有看完上述書籍，一看再看，永遠皆是前面的章節比較熟悉，而後面的章節卻不知所云。此種情況直至筆者開始嘗試用電腦語言學習上述書籍才獲得改善，因此就筆者而言，衍生性商品的介紹與認識，應該皆是屬於電腦語言的應用；也就是說，若不使用電腦語言，衍生性商品學習的困難度應該是頗高的。

基本上，筆者要來介紹衍生性商品，當初的確遇到一些斟酌考量，可以分述如下：

(1) 基本的衍生性商品包括遠期、期貨、選擇權與交換交易，故《衍商》的內容應包括上述四種交易的介紹。

(2) 選擇權的交易應該是最吸引人的，由於歐式選擇權價格已有明確的數學

公式表示（BSM 模型），筆者當然需要完整的介紹歐式選擇權交易。

　　(3) 因美式選擇權與一些新奇選擇權的價格無法找到明確的數學公式，故需要介紹一些數值計算方法。

　　(4) 最麻煩的是利率的衍生性商品，該商品的確太過於複雜且內容太多了，《衍商》只能介紹部分的內容，剩下的部分留待以後再另以專書介紹。

　　換句話說，《衍商》的內容應該仍脫離不了上述 Hull、McDonald 以及 Jarrow 與 Turnbull 等教科書的範疇；若讀者想了解上述教科書的實際操作，則《衍商》倒是提供一種不錯的參考模式。於《財數》與《財統》二書內，R 的使用方式應該已經相當熟悉了，故《衍商》已經可以恢復成正常的樣貌；也就是說，書名雖有「使用 R 語言」，但全書卻看不到任何的 R 程式，即所有的 R 程式皆置於所附的光碟內，提供給讀者參考。

　　《衍商》可以分成 10 章介紹。《衍商》的第 1 章，筆者是用直覺的方式來介紹四種基本的衍生性商品；第 2 章則介紹選擇權合約的基本性質，比較特別的是，我們可用 R 來檢視一些選擇權的交易策略。第 3 章則介紹遠期與期貨合約交易，重要的是我們用「隨機過程」來描述遠期價格或期貨價格。如前所述，無可避免地我們會使用一些數值方法來檢視衍生性商品的價格，其中最基本或最簡單的數值方法就是二項式定價模型，我們將於第 4 章介紹。第 5 章介紹 BSM 模型，其中包括 BSM 避險參數的檢視。第 6 章探討蒙地卡羅方法於衍生性商品的應用，其中包括變異數降低法與準蒙地卡羅方法的介紹與使用。我們已經知道美式選擇權價格因沒有明確的數學公式表示，因此勢必牽涉到不同的模型與估計方法，我們則於第 7 章內比較上述模型與方法。第 8 章則檢視一些新奇選擇權，比較重要的是界限選擇權與多資產選擇權的介紹。基本上，第 1~8 章的內容，大多是集中於利率固定下，非利率衍生性商品的討論，第 9 章開始檢視利率是一種隨機變數，故可以探討利率期貨、交換交易以及利率交換合約。最後，第 10 章介紹利率結構的特徵以及討論一些利率模型，其中用利率的樹狀圖來介紹，則是該章的特色。

　　若讀者已經習慣於《財數》或《財統》的使用方式，則《衍商》的學習應該很快就能步上軌道。其實，《衍商》的介紹仍是以初學者爲對象，只不過內容較一般同類型的書籍更爲深入，筆者仍是本著寫出一本讀者能看得懂同時也能實際

操作的態度來完成。上述筆者的書籍若早在 20 或 30 年前出現，應該會對當時的筆者（筆者那時是年輕人）有莫大的助力；換言之，遍尋不到令人滿意的書籍，乾脆由筆者自己來寫，希望對讀者有幫助。《財數》與《財統》二書的內容屬於基礎統計學與財務數學的介紹，故可以應用的範圍可能較不切實際；不過，《衍商》的內容則較偏向於實務，筆者盡量避開繁瑣的數學推導過程，取而代之的是電腦的操作，希望用此方式亦能讓從事衍生性商品操作（包括權證的操作）的從業人員或投資人得到相關的專業知識。

筆者樂見讀者的能力可以隨著筆者的書籍成長並茁壯，舉一反三，觸類旁通，進入之前不曾想過的層次或境界；也許，長江後浪推前浪，未來財金專業的內容或學習方式會與目前完全不同。無法避免地，筆者也希望兒子能進入另外一種層次，因此仍附上兒子的一些作品，希望能更激勵起兒子的鬥志；另一方面，內人的逐字校正，亦讓《衍商》增色不少。筆者才疏識淺，倉促成書，錯誤難免，望各界先進指正。

林進益寫於屏東台糖

2018/7/23

Contents

Chapter 6　蒙地卡羅方法　341

Chapter 9　利率與利率交換　　　551

Chapter 1

衍生性金融商品導論

　　於當代財務管理（理論）與金融市場的運作內，衍生性金融商品（financial derivatives）一直是一個吸引人但也是具挑戰性的學科，因為它不僅讓人聯想到金融創新（financial innovation），同時也讓人想到財務工程（financial engineering）。將衍生性金融商品與工程連接在一起，使得從事金融創新者也變成了財務工程師。

　　我們只要檢視一下歷史，就可以知道衍生性金融商品於金融市場上所扮演的角色。於 2008 年金融危機之前，全球一些著名的財物損失大致皆與衍生性金融商品的不當操作有關。例如：寶僑公司（Procter & Gamble, P&G）於 1994 年損失了 1.5 億美元；於 1995 年，霸菱銀行（Barings bank）損失了 13 億美元；於 1998 年，長期資本管理公司（Long-Term Capital Management, LTCM）損失了 35 億美元；於 2006 年，Amaranth 避險基金（hedge fund）損失了 60 億美元；而於 2008 年金融危機期間美國聯邦準備就給予 AIG 高達 850 億美元的貸款疏困。

　　因此，若說不認識衍生性金融商品，就不了解當代財務管理（理論）與金融市場的運作，其實應該也不為過。於本書，筆者嘗試以另外一種方式來介紹或檢視衍生性金融商品的原理原則。本書的特色是延續筆者之前的二本著作[1]，繼續利用 R 語言（底下簡稱為 R）來當作衍生性金融商品的學習輔助工具；換句話說，R 雖是一個免費的統計軟體，不過用 R 來學習衍生性商品的運作

---

[1] 《財金統計學：使用 R 語言》（簡稱《財統》）與《經濟與財務數學：使用 R 語言》（簡稱《財數》），二本皆為五南出版。

與內涵，仍占有一定的優勢，此種優勢仍不易於同類型的教科書內看到[2]。

　　讀者於閱讀本書之際，應該可以發現整個衍生性商品的學習，的確與電腦程式語言脫離不了關係；也就是說，若沒有使用電腦的操作以及寫電腦程式語言的能力，衍生性商品的專業應該不容易接近。由於《財統》與《財數》二書，已有足夠 R 指令或程式的練習，因此本書已經逐漸走向正常的型態，即書內所有的 R 程式或指令皆置於隨書所附的光碟內，讀者應該可以自行練習。

1. 何謂衍生性商品？

　　現代經濟社會的主軸是企業，由於面對的是未來不確定的環境，故企業的決策自然會面對許多風險。通常，我們所提及的企業風險（business risks），指的是企業的本質風險；換言之，簡單來看一個企業，就是一種將投入（input）轉成產出（output）的組織或團體，故企業風險指的是投入成本與產出收益的不確定。除了企業的基本決策之外，當代企業還要面臨財務決策（如以直接融通或間接融通[3] 募集所需資金），故面對利率、匯率、股價或原物料價格等的不確定，自然企業就要面臨另一種風險，該風險就稱為財務風險（financial risks）。企業的財務風險是不容忽視的，畢竟經過妥善的管理或處置，有可能可以幫企業節省許多原物料的成本或利息支出，甚至於降低不必要的匯兌損失。

　　雖說（金融）市場的交易處處可見到風險，不過隨著時間經過，自然也

---

[2]　於衍生性商品的文獻內，不乏有些相當不錯或有名的教科書，例如（底下只列出部分）：Jarrow, R. & S. Turnbull (1996), *Derivative Securities*, South-western College Publishing; McDonald, R.L. (2013), *Derivatives Markets* (third edition), Pearson; Chance, D. & R. Brooks (2013), *An Introduction to Derivatives and Risk Management* (9th edition), South-Western; Hull, J.C. (2012), *Options, Futures, and Other Derivatives* (8th edition), Prentice Hall 等書。除了 McDonald 之外，上述書籍仍未強調或教導我們使用電腦語言。換句話說，McDonald 亦有注意到可用 R 語言當作學習衍生性商品的輔助工具，其有寫出程式套件 derivmkts；可惜的是，上述程式套件，仍不符合或滿足本書所需，故本書亦可視為上述教科書之延伸。

[3]　直接融通是指企業靠發行有價證券（如票據、債券或股票）直接於金融市場募集資金，而間接融通則透過不同金融機構籌措所需資金。

發展出（金融）工具（instruments）以處理風險，該工具就稱為衍生性商品（derivatives）。衍生性商品是一種契約，其收益是衍生於現有市場之工具或價格的變動，通常該工具或價格就是財務風險的本源。例如：市場交易者或企業擔心未來農產品如大豆價格的變化，為了能面對該價格的變動所造成的風險，自然會發展出以該農產品如大豆為標的資產的衍生性商品；類似的情況，當看到利率的衍生性商品，我們自然可以想像該商品是何意思，或為誰設計的，或是何者會去使用該商品。不過，上述有關於衍生性商品的定義稍嫌狹隘，我們著實可以將其再擴充；換言之，若我們看到一種稱為「氣候的衍生性商品」，讀者可以想像其代表何意思嗎？

1.1 衍生性金融商品的現況

　　圖 1-1 繪出國際清算銀行（Bank for International Settlements, BIS）於 2002～2016 期間（圖 (a) 與 (b) 是取每年第 4 季資料，圖 (c) 與 (d) 則為每年之前半年資料）有關於全球衍生性金融商品市場的統計資料，其結果至少可分成底下 6 項說明：

(1) 全球衍生性金融商品市場可以分成交易所交易（exchanged-traded）的市場與場外（Over The Counter, OTC）的市場[4]，前者的特色是產品經過一定的標準化或制式化，其中期貨（futures）與選擇權（options）是二大交易工具；至於後者的產品則是屬於交易所之外的交易，其特色為偏向於為顧客「量身訂做」的商品。

(2) 圖 1-1 內之圖 (a) 與 (b) 列出交易所交易之全球期貨與選擇權交易之未平倉（open interest）[5] 總金額（單位：10 億美元），該期貨與選擇權的交易標的可以分成長、短期利率以及外匯；另一方面，就地區而言，依金額大小的順序，可分成北美、歐洲以及亞洲地區。

---

[4]　場外的市場又稱為店頭市場或櫃檯買賣市場。

[5]　未平倉是指多頭（買）或空頭（賣）的總部位，其可代表衍生性商品流通在外未結清的契約口數。

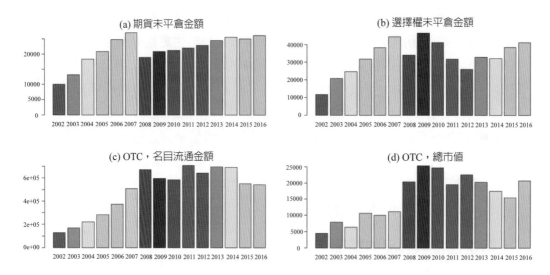

圖 1-1　全球交易所交易之期貨與選擇權未平倉金額以及 OTC 之名目流通金額與總市值（資料來源：BIS）（單位：10 億美元）

(3) 圖 1-1 內之圖 (c) 與 (d) 則列出全球 OTC 之外匯、利率以及股權連結契約之流通在外的總名目值（notional amounts outstanding）[6]（單位：10 億美元）以及總市值。

(4) 明顯地，OTC 交易的規模遠大於交易所交易的規模。

(5) 明顯地，衍生性金融商品是屬於一種高槓桿（leverage）的操作，因為從圖 1-1 內所列的 OTC 金額可看出較少金額的總市值竟可以支配較高金額的名目金額；換言之，於 2002～2016 期間全球 OTC 衍生性金融商品竟透露出一個訊息，其平均槓桿比率約為 31.66，此相當於 1 元約可當作 31.66 元來用！可參考圖 1-2。

(6) 全球衍生性金融商品的交易規模近 20 年來發展的相當迅速，就交易所交易的期貨與選擇權而言，2016 年分別約為 1993 年的 5.24 與 16.85 倍；至於全球 OTC 的交易規模，就流通在外的總名目值與總市值而言，2016 年分別約為 1998 年的 7.54 與 8.02 倍。

---

[6] 名目值相當於帳面合約價值。

因此，從圖 1-1 與 1-2 可看出為何衍生性金融商品相當吸引人，因為它可以代表著天文數字的收益；不過，不要忘了「高報酬會伴隨著高風險」，它也可以代表著天文數字的損失。

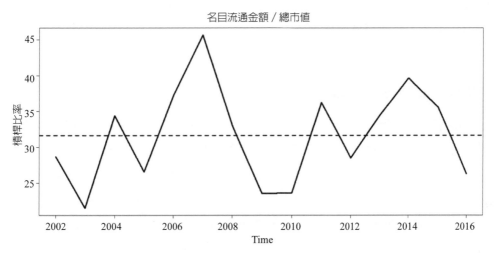

圖 1-2　OTC 內之名目流通金額除以總市值（虛線表示平均數）

例 1　臺灣衍生性商品的發展

臺灣期貨交易所（簡稱期交所）於 1998 年 7 月 21 日推出第一項商品：「臺股期貨」。之後陸續推出「電子期貨」、「金融期貨」、「小型臺指期貨」等股價指數期貨商品。2001 年 12 月期交所更推出「臺指選擇權」，將國內期貨商品拓展至選擇權商品；另一方面，2003 年 1 月亦推出「股票選擇權」，使得選擇權商品亦跨入非指數型商品如股價等商品。2004 年 1 月，首宗利率期貨：「10 年期公債期貨」亦出現於臺灣的期貨市場上。

新的衍生性商品亦陸續推出：如 2006 年 3 月的「美元計價黃金期貨」、2008 年的「新臺幣計價黃金期貨」、2009 年的「黃金選擇權」、2010 年的「股票期貨」、2015 年 7 月的「人民幣匯率期貨」、2015 年 12 月的「東證期貨」、2016 年 6 月的「人民幣匯率選擇權」、以及 2016 年 11 月的印度 Nifty50 期貨、歐元兌美元匯率期貨與美元兌日圓期貨。可參考期交所網站。

例2 **權證商品**

　　臺灣證券交易所（簡稱證交所）於 1997 年推出「認購權證（call warrant）」，而於 2003 年首檔「認售權證（put warrant）」亦掛牌上市。認購權證與認售權證皆屬於權證商品（warrants），權證商品的性質類似選擇權商品；不過，在臺灣選擇權交易是屬於交易所交易市場，而權證交易則屬於場外交易市場，後者可參考證交所網站。

1.2 基本的衍生性商品

　　除了期貨與選擇權契約之外，遠期（forwards）與交換契約（swaps）是另外二種基本的衍生性商品；換言之，一種複雜的衍生性商品可能以上述四種基本的衍生性商品為骨幹，或是說，金融創新的工具，也許就是上述四種基本的衍生性商品之組合。底下先用直覺的方式介紹四種基本的衍生性商品，於此自可看出衍生性商品的本質；當然，於後面的章節內，我們會再詳細介紹。

遠期契約

　　遠期契約我們並不陌生，因為我們曾聽說過遠期外匯契約。假定有一位出口商 3 個月後將有一筆美元收入，現在該出口商面臨一個不確定的決策：因為不知未來 3 個月後美元的價位為何？故其未來的美元收益並無法確定。該出口商可以與熟悉的銀行商量，若銀行願意以現在就決定好的遠期匯率價格，不管未來 3 個月後美元的價位為何，買進該出口商的美元，則該出口商就可以透過遠期交易，將未來不確定的美元收益轉成確定的收益。

　　上述的交易行為似乎可以推廣。假定該出口商未來需要一筆貸款，他擔心未來貸款利率會上升；同樣地，若他亦與銀行商議，最後雙方達成一種遠期利率契約的協定，讀者可否猜出該協定的內容為何嗎？

期貨契約

　　雖說上述出口商可能與銀行達成遠期外匯與利率契約的協定，不過出口商與銀行雙方仍會擔心：萬一達成協定後，對方會不會毀約？假定有人看到類似出口商的例子還不少，想到不如成立一個交易所將遠期交易的買方與賣方集中起來，為了保證最後一定會完成交易，故要求買方與賣方事先須繳保證金，並逐日清算保證金的多寡以保證未來的交易能順利進行，同時以期貨交易的名稱

取代遠期交易；另一方面，爲了提高期貨交易的流動性，將期貨契約制式化，以吸引更多人加入。

上述期貨交易的觀念最早是出現在農產品上，畢竟農夫會擔心收成時價格會下跌，故需要一種防備措施；另一方面，因早期並無電子資訊系統，故需要一個場所（稱爲交易池）來集中交易，爲了能迅速完成交易，農夫們想出用「手勢」來傳達彼此之間的訊息。沒想到，此種期貨交易方式大受歡迎，後來一些新興的市場也建立期貨交易市場，不過此時電腦資訊系統已漸成熟，多數以電子資訊系統取代交易池內的「手勢」交易；不過，早期的市場因交易者偏愛或習慣，故仍保留過去的交易方式。是故，若讀者於新聞上看到交易員穿著背心於交易池內比出奇特的手勢，應該可以了解該市場是屬於一個歷史悠久的市場，用奇特的方式交易，著實不足爲奇。

選擇權契約

我們再回到上述出口商的例子。假定該出口商突然想到上述遠期或期貨交易仍有缺點，因爲他只擔心 3 個月後美元價位會下跌，萬一 3 個月後美元價位不跌反升，那他不是又有損失嗎？因此，該出口商想到不如出一筆權利金（premium）給銀行，若 3 個月後美元價位下跌，銀行仍按照事先講好的美元價位買進出口商的美元；相反地，若 3 個月後美元價位上升，則出口商可以不用賣出美元，當然當初的權利金就給銀行當作不履約的補償，出口商無法再收回。若銀行答應此種交易方式，就表示出口商與銀行之間達成了一種美元的「賣出選擇權合約（簡稱賣權，put）」的交易協定。值得注意的是，此時出口商是賣權的買方，其是賣出美元；同理，銀行是賣權的賣方，銀行反倒是買進美元。類似的情況，讀者可否想出，若一位進口商與銀行達成一種美元的「買入選擇權合約（簡稱買權，call）」的交易協定，該協定的內容爲何？

因此，選擇權的交易有牽涉到四種交易者，其分別是買權的買方與賣方，以及賣權的買方與賣方。讀者可以分別出買權的買方與賣權的賣方，以及買權的賣方與賣權的買方之間的區別嗎？

交換契約

考慮表 1-1 內的情況[7]。甲公司與乙公司皆需要籌措資金。甲公司是一家在債信市場上擁有優良評等的公司，它可以用 7% 固定利率，或 LIBOR+0.5% 的浮動利率取得貸款[8]。乙公司則是一家剛設立的公司，因尚未建立良好的信用評等，故乙公司須以 10% 的固定利率，或以 LIBOR+1.5% 的浮動利率取得資金。假定甲公司與乙公司最後分別決定以浮動利率與固定利率借貸且借貸的金額相同，則二公司是否可透過協商而達成一種交換契約而蒙利？

表 1-1　一個利率交換的例子

	甲公司	乙公司
固定利率	7%	10%
浮動利率	LIBOR+0.5%	LIBOR+1.5%

雖然甲公司相對上比乙公司擁有絕對上的利益，因為它不管是使用固定或浮動利率皆優於乙公司；不過，若它與乙公司合作，仍可以得到好處。我們先考慮二公司若不合作與合作，會發生何結果？也就是說，若不合作，甲公司必須以 LIBOR+0.5% 而乙公司以 10% 貸款，故二公司總共須付出 LIBOR+10.5% 的利息成本；相反地，若甲公司先以 7% 的固定利率與乙公司以 LIBOR+1.5% 的浮動利率取得資金後，二公司再協商如何交換各自的利息成本，故二公司總共須付出 LIBOR+8.5% 的利息成本，明顯地合作交換比不合作可以節省 2% 的利息支出，因此二公司最後有可能會達成交換的協定[9]。上述因合作而產生的

---

[7] 表 1-1 的例子是取自徐守德著之《財務管理》（第三版）（滄海書局）內之第 16 章習題。

[8] LIBOR（London Interbank Offered Rate, LIBOR）是指倫敦銀行同業之間的拆款利率。通常是指倫敦銀行同業間，從事（境外）美元、日圓、英鎊或瑞士法郎等資金拆放的利率。LIBOR 是由市場供需決定，故其是一種浮動利率，因 LIBOR 可以反應各大型金融機構的借貸成本，故 LIBOR 堪稱為全球資金借貸的基本利率指標。

[9] 最後的交換條件可能有無窮多種可能，此處我們想像一種可能。甲公司可以提議：若合作，乙公司只需負擔 9.5% 的固定利息支出，因此乙公司若合作交換，可比不合作節省 0.5% 的利息支出；換言之，若乙公司答應合作，甲公司最後只需負擔 LIBOR-1%（-9.5%+7%+LIBOR+1.5%）。

2% 的利益，金融機構若有注意到，則利率交換契約市場不就有可能成立嗎？

例 1 貨幣交換

貨幣交換（currency swap）又稱為換匯換利交易（cross-currency swap），其是指合約雙方按照約定條件，交換兩種貨幣本金與利息。直覺而言，貨幣交換是可能的，例如臺灣母公司有子公司於美國，而美國母公司有子公司於臺灣，因此臺灣的公司需要美元，而美國的公司需要新臺幣，臺灣與美國的公司相遇，是否會交換？只要能節省成本，應該就會進行交換。只要有利可圖，金融機構亦會進入貨幣交換市場。

例 2 選擇權的優勢

一般商品的交易是「以錢易物」或是「以物易錢」，而選擇權的交易卻是於一定的到期期限內「以錢易買進或賣出的權利」。直覺來講，選擇權的價格（即權利金），一定相對於標的資產的價格低，畢竟到期期限結束後，買進或賣出的權利就喪失了，故權利金只是買進商品的部分而已；因此，就上述四種基本的衍生性商品，有可能使用選擇權的避險成本最低。

例 3 歐式選擇權與美式選擇權

選擇權的交易可以分成二種型態：歐式選擇權（European options）與美式選擇權（American options）[10]。歐式選擇權是指買方只能在到期時行使權利，而美式選擇權的買方卻能在合約期限內的任何時點行使權利。因此，直覺而言，若合約條件相同，歐式選擇權的權利金應會較美式選擇權的權利金便宜；另一方面，因只關心到期時的行為，歐式選擇權的探討也較美式選擇權簡單。於臺灣，期交所的選擇權商品皆是屬於歐式選擇權，而證交所的權證商品則比較偏向於屬於美式選擇權[11]。

---

[10] 此處歐式與美式選擇權的行使與地緣無關。

[11] 如前所述，美式選擇權相對上比較複雜，故初接觸選擇權的投資人應先從期交所的商品著手。

例 4 遠期與期貨合約

如前所述，遠期交易屬於 OTC 交易，而期貨交易則屬於交易所內交易，二者交易的標的資產商品合約規格並不相同，前者偏向於符合交易人的偏好，故不易轉售，由於期初交易人不需支付成本，故屬於信用交易。至於期貨交易，直覺而言，因合約經過一定的制式化（或標準化），反而容易被一般交易人或投資人接受，故其流動性與交易量反而比較大，因此期貨交易的規模通常較遠期交易大。

1.3 一些內涵

透過上述四種基本的衍生性商品的介紹，讀者應該會發現其實衍生性商品的原理原則並沒有想像中的神祕或複雜，只不過隨著電腦資訊科技的迅速發展以及衍生性商品市場規模的日益擴大，自然衍生性商品的種類與樣式日益複雜且多元，還好我們還可以化繁爲簡，找出其中的奧妙，底下整理出一些內涵。

(1) 嚴格來說，衍生性商品合約與衍生性金融商品合約的標的資產並不相同，例如玉米期貨與指數期貨二契約有何不同？二者最大的區別在於到期時，前者是以現貨交割（spot delivery）而後者則是以現金交割（cash delivery）的方式達成；換言之，現貨交割是「以現貨換現金」或「以現金換現貨」，而現金交割則完全以現金結算。雖說如此，許多衍生性商品可能於未到期時，就平倉（offset）[12] 結清了，即於到期前先買（賣）後賣（買），不過仍注意契約到期時是以現貨交割或是以現金交割的方式完成交易。

(2) 最早衍生性商品設計的目的是用於避險（hedging），如前述出口商透過賣出遠期美元可將未來不確定的美元收益，轉成確定的收益；不過，若有人買（賣）指數期貨，但於短期就結清了，此種行爲可稱爲投機（speculation）。衍生性商品市場最爲人詬病的部分就是有人認爲衍生性商品的操作，賭博投機的氣氛相當濃厚；不過，從另一個角度來看，若衍生性商品只滿足最終需求：避險，則該市場的規模或流動性一定不足以應付避險者的需求，即避險者要求的價格未必有相對的對方，因此若存在造

---

[12] 以反方向結清部位的動作稱爲平倉。

市者（market-maker）以賺取買賣價差（bid-ask spread）為標的，反而可以
活絡市場的交易 [13]。

(3) 上述的想法似乎可以引申。假定甲公司與乙公司打賭，未來 1 美元升至 31
元新臺幣，甲公司給予乙公司 1 元；相反地，當 1 美元低於 31 元新臺幣
時，則乙公司給予甲公司 1 元。甲公司可能會認為此種只是純粹是一種賭
博或投機的行為。假定打賭的金額可以提高，而乙公司是從事進口的業務
（未來需要美元），則乙公司是在玩賭博或投機的遊戲嗎？未必，也許乙
公司會與甲公司打賭，是基於保險的需要：若未來 1 美元的確升至 31 元新
臺幣，雖說乙公司買美元的成本會上升，不過卻可從甲公司處取得補償；
相反地，若未來 1 美元小於 31 元新臺幣，乙公司雖說須付給甲公司「打
賭的金額」，不過其買美元的成本卻下降了。避險與保險似乎是指同一件
事，而投機與避險之間的差別，端視使用者的態度而定。就讀者而言，衍
生性商品的存在，是否有其存在的必要性？

(4) 於臺灣的外匯交易內，讀者也許有聽說過「無本金交割遠期外匯（Non-
Delivery Forward, NDF）」，顧名思義，NDF 是一種遠期外匯商品，其具
有避險的功能；不過，NDF 於合約到期時，交易雙方不須交割本金，而
只就合約上的議定遠期匯率與到期即期（現貨）匯率之間的差額，進行交
割。由於 NDF 的交易，不牽涉到合約金額的交易，故其合約金額亦稱為
名目本金（notional principal）。衍生性商品的交易，大多不須涉及名目本
金的交易，例如選擇權的買賣，並不是買賣斷（outright purchase or sell）
的交易，其只不過是於合約期限內，買賣「買入或賣出的權利」而已；以
臺灣期交所的臺指選擇權（TXO）為例，若 9,200 點的買入選擇權價格為
420 點，因每點為新臺幣 50 元，故一口契約的金額為 460,000（50×9,200）
元，而買入選擇權的市值則為 21,000（50×420）元，假定持有者隔日以
430 點賣出，則持有者可得 500（50×(430 - 420)）元，其間的確不須用到

---

[13] 造市者又稱為「做市商」，其是指一些獨立的證券商承接市場交易者（或投資者）
之某一衍生性商品的買進與賣出；換言之，有了造市者制度，買賣雙方不需等待交
易對手的出現，透過造市者出面承擔交易對手即可達成交易。造市者於香港證券市
場上稱為「莊家」，為避免「莊家設計遊戲規則」，各交易所皆有關於造市者的相
關規定，例如臺灣期貨交易所就有關於造市商與造市者的相關規定。

合約金額的交易。因此，衍生性商品的交易容易被形容爲「以小博大」，具有高度槓桿操作的商品，並不意外，因爲它們的本質就是如此。

(5) 類似證券如股票的買賣，於衍生性商品市場上，交易者可以擔任買方或是賣方。我們可以注意買、賣、賣空（short-selling）、以及買空賣空（buy short）的行爲；不過，於尙未介紹之前，我們可以先澄清一些觀念。如前所述，我們是透過造市者爲中介來完成交易。換言之，若看到某商品的買賣價差爲 50～50.5，前者是表示造市者的買入價格（bid price），而後者則爲賣出價格（offer price 或 ask price），理所當然造市者的買入價格會小於其賣出價格；因此，一般交易者若欲買進該商品，其買入價格爲 50.5 元，不過因是委託證券商買進，故須支付手續費[14]，是故交易者若立即買進立即賣出（立即沖銷），則交易者須支付三筆金額的交易成本，其中二筆爲手續費，而最後一筆則爲買賣價差。

當我們看多（好）某商品的未來價格而買進該商品，稱爲進入該商品的多頭部位（long position）；與之對應的是空頭部位（short position），其是指看空（壞）某商品的未來價格而賣出該商品。多頭部位類似「借出」，畢竟現在須支付買入金額，未來賣出可以回收；同理，空頭部位類似「借入」，即現在可得賣出金額，可能未來須支付金額以買回。一般而言，投資人喜歡的策略是「買低賣高」，不過是否有想到「賣高買低」的投資決策，後者指的就是「賣空」策略。類似空頭部位的決策，賣空是看空某商品的未來價格，即使手中無該商品的現貨，仍借入該現貨（相當於貸款）賣出，期待短時間現貨價格下跌再回補；因此，賣空的行爲除了須負擔上述的交易成本外，尙須負擔額外的利息費用（借入成本）。最後，與賣空決策相互對稱的是「買空」的決策，其亦是一種做多的行爲，即借入資金以買進看多的商品，待未來價格上升後再賣出。了解上述行爲後，讀者可否解釋「買空賣空」的投資行爲？

(6) 有了多頭部位與空頭部位後，交易者（或投資人）的風險爲何？持有多頭部位的投資人會擔心現貨價格的下跌，而擁有空頭部位的投資人則會擔心現貨價格的上升，面對二種風險，投資人如何避險？考慮到如何避險，

---

[14] 例如：按照臺灣期貨交易所的規定，期貨交易是透過期貨商交易，其中手續費是由交易者（客戶）與期貨商議定；另外，不管買進或賣出，交易者仍須支付期交稅。

此時已趨向於複雜化了。我們可以先舉一個簡單的例子。考慮現貨與期貨之間的關係，若於現貨市場擁有多頭部位的投資人，其可採取空頭避險（short hedge）的策略，即其可於期貨市場上建立空頭部位（與現貨相反的部位）；同理，於現貨市場持有空頭部位的投資人，則可採取多頭避險（long hedge）的策略，即其可於期貨市場亦建立多頭部位。此種避險策略與未來於現貨市場擁有空頭或多頭部位的避險策略不同，讀者可否看出其間的差異？

(7) 上述避險（基金）的操作策略，因其牽涉到複雜的避險策略或工具，故其已進入財務工程的領域；其實，我們也可以想像，衍生性商品市場的重要組成份子：造市者，他們是如何避險？他們的避險方式為何？欲回答上述疑問，應該也是從事財務工程者所欲解決的問題。為何財務工程有其存在的空間？一種可能的解釋是：原來衍生性商品的收益，可以有多種的表示方式（即有多種的複製方式），其中不乏由一些現貨商品與基本的衍生性商品所組成；換言之，財務工程者的工作標的是將許多商品轉成一種商品。讀者能體會其中的奧妙嗎？若能達成此一目標，欲想出如何避險應該也不是一件難事了。

例 1　避險與投機

　　一位基金經理人以複製臺股指數為其操作策略，為了避免現貨價格下跌造成損失，該經理人可以賣出臺指期貨（TX）避險；因此，於期貨到期時，該基金可因現貨價跌（升）而損失（獲利），但期貨獲利（損失）而達到彌補。一位投機者的行為就不同了，同樣是賣臺指期貨，到期時該投機者會因現貨價升（跌）而有損失（獲利）。

例 2　套利

　　續例 1，想像臺指期貨到期的前 5 分鐘（因期貨是以現貨價結算，即 5 分鐘後期貨指數就變成臺股指數），若期貨指數高於（低於）現貨指數，投資人可進行套利：賣（買）期貨同時買（賣）現貨。套利的策略是「買低賣高」。由於有套利的存在，使得期貨價格與現貨價格「如影隨形」。上述套利有可能以「買空賣空」方式為之，故其屬於無本金套利。

例 3 **選擇權的價值**

直覺而言，以投資人買入 9,200 點臺指選擇權為例，由於買方有履約與不履約的權利，故尚未到期時，該選擇權有時間價值，理所當然，離到期日愈遠，選擇權的時間價值應愈高；另一方面，若現貨價格高（低）於 9,200 點，該選擇權有（無）內含價值（intrinsic value），故選擇權的價值包括時間價值與內含價值。

例 4

續例 3，依直覺而言，有哪些因素會影響選擇權的價值？

解 至少有：距到期日之時間、履約價（strike price）、波動率（volatility）與標的資產價格等四種。如前所述，距到期日之時間愈長（短），選擇權的時間價值愈大（小），故選擇權的價值愈高。以 9,200 點的臺指買權為例，9,200 點稱為履約價；也就是說，歐式買權的買方若履行約定，到期是以 9,200 點即履約價買入，故履約價為買方的購入成本，因此履約價愈高（低），買權的價值愈低（高）。

至於波動率是指標的資產價格的波動程度，故波動率愈大（小），選擇權的「可選擇」的功能愈強（弱），使得選擇權的價值愈高（低）。最後，就買入選擇權而言，標的資產價格愈高（低），理所當然，選擇權的價值愈大（小）。

2. 收益圖與利潤圖的應用

大致了解衍生性商品的意思後，我們可以進一步利用收益圖或利潤圖（payoff or profit diagram）檢視衍生性商品的性質，此可分成三個部分來看：第一，買賣現貨商品的利潤圖為何？第二，買賣衍生性商品的收益或利潤圖為何？第三，同時買賣現貨與衍生性商品的收益或利潤圖為何？或是同時買賣衍生性商品的收益或利潤圖為何？

就買賣現貨與衍生性商品的收益或利潤圖型態而言，我們可以分成直線型與非直線型二種，可分述如下。

2.1 直線型收益或利潤線

到期的收益或利潤線為一條直線可以包括現貨、遠期或期貨交易；因此，本節可以分成二個部分討論。

2.1.1 現貨交易

一般商品的買賣皆是「一手交錢、一手交物」立即完成交易，故可稱為現貨或即期交易（spot trading）。通常，我們可以透過市場的供需知道商品的市價；因此，利用市場的供給與需求曲線的變動來得知市價變化的方向，是我們熟悉或經常使用的方法。例如：圖 1-3 內的圖 (a) 繪出一般商品的供需曲線，若無外在力量的影響，於圖內可看出商品的均衡價格與交易量分別為 P* 與 Q*。假定現在有一種外在的因素使得供給增加了，於其他情況不變下，於圖內可看出均衡價格會下降與交易量會增加。上述例子就是說明了可以利用供需曲線分析一般的商品價格與交易量，此處所謂的一般商品是指農、工產品、外匯甚至於金融商品。

雖說如此，利用供需曲線來分析卻有二點值得我們注意：第一，圖 1-3 之圖 (b) 亦說明了可以利用外匯的供需曲線來幫我們決定匯率的走勢，不過此處是將外匯視為一種商品，故匯率是按照直接報價（direct quotation）的方式（即一單位外幣折合多少本國幣），因此若採取間接報價（indirect quotation）的方式（即一單位本國幣折合多少外幣），則上述供需曲線不是要「易位使用」嗎？第二，圖 1-3 之圖 (c) 是繪製出一種貼現債券（discount bond）的市場供需曲線，可以注意的是，此時縱軸的座標是以該貼現債券的價格表示，不過因債券的價格與其殖利率呈相反關係，因此若將貼現債券的價格用其殖利率（YTM）（或收益率）表示，則債券的供需曲線不是要「顛倒使用」嗎？換句話說，於其他情況不變下，若債券的供給增加了，債券的價格會下降，不過該債券的殖利率卻上升了，其間之關係，可以參考圖 1-3 之圖 (d)。理所當然，圖內的貼現債券亦可以改成附息債券（coupon bond）；是故，若我們看到債券的衍生性商品，從另一個角度來看，就是看到了利率的衍生性商品！

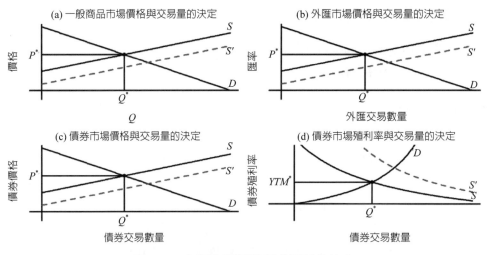

圖 1-3　市場均衡價格與交易量的決定

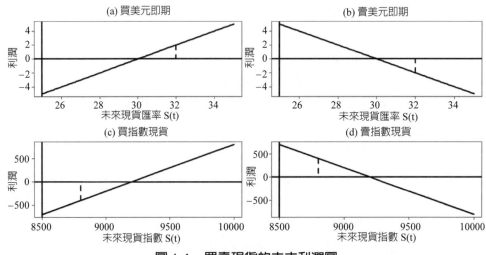

圖 1-4　買賣現貨的未來利潤圖

　　現在我們可以來看買賣現貨商品的收益或利潤曲線。假定美元兌換新臺幣的即期匯率為 1 美元兌換新臺幣 30 元，現在有一位交易人以該即期匯率買進美元，我們可以計算該交易人的未來美元利潤為 $\pi(t) = S(t) - 30$，其中 $\pi(t)$ 與 $S(t)$ 分別表示未來美元利潤（函數）與即期匯率；因此，該交易人的未來美元利潤曲線為一條直線，如圖 1-4 內的圖 (a) 所示。同理，我們亦可以繪製出另一位交易人以新臺幣 30 元的價位賣出美元的未來美元利潤函數，其可寫成

$-\pi(t)$，如圖 1-4 內的圖 (b) 所示，其亦為一條直線。

　　類似的情況亦可以應用於買賣其他商品上。假定有一種商品稱為臺股指數，現在一位投資人以現貨價格為 9,200 點買進臺股指數，而另一位投資人則以 9,200 點賣出[15]，故其未來利潤函數亦繪製成如圖 1-4 內的圖 (c) 與 (d) 所示。利用圖 1-4 內各圖，不難想像或計算出未來現貨價格為 32（美元匯率）與 8,800 點的利潤了（圖內虛線）。上述例子說明了，即使現貨商品的買賣，亦有可能存在「投機」的成分。

2.1.2 遠期與期貨交易

　　如前所述，遠期契約與期貨契約最大的差別是前者是在交易所外交易，而後者則是在交易所內交易；因此，遠期交易與期貨交易的差距並不大。若以外匯交易的區分來看，即期交易是指成交後 2 個交易日完成交割（即以現金易物，或以物易現金）；因此，成交後 3 個交易日以上完成交割，就是屬於遠期交易。

　　遠期（或期貨）交易的到期利潤曲線類似現貨之未來利潤曲線；換言之，我們只要將圖 1-4 內各圖之橫軸改成以到期的現貨價格 $S(T)$ 表示即可，其中 T 表示到期期限，通常以年為單位。雖說如此，不過圖 1-4 內各圖卻是投機者的遠期（或期貨）之到期利潤曲線。例如：一位進口商向銀行買進一個 3 個月期面額為 1 佰萬的美元遠期外匯合約，其買入匯率為 1 美元兌換新臺幣 32 元，該合約的意思是：「不管未來 3 個月的即期匯率為何，該進口商須以新臺幣 3 仟 2 佰萬元向銀行買進 1 佰萬美元」。明顯地，該進口商買了遠期合約，相當於已將未來買入美元的成本「鎖在」新臺幣 3 仟 2 佰萬元。

　　至於投機者的行為就不同了，不同於上述進口商 3 個月需要 1 佰萬美元，該投機者可能預期三個月後的美元即期匯率會高於新臺幣 32 元，故買進 3 個月期的美元遠期，因此若未來 3 個月後的美元即期匯率的確高於新臺幣 32 元，即可賣出美元獲利，不過此舉是有風險的，萬一未來 3 個月後的美元即期匯率低於新臺幣 32 元，其反而會有損失，故投機者的到期利潤曲線類似於圖 1-4 內的圖 (a)。

　　其實不管是投機者或是避險者，他們皆有可能將買進的遠期到期利潤推

---

[15] 此可以想像成基金操盤手的操作策略是以複製臺股指數為主。

升至 0 元以上。以上述臺股指數買賣爲例，若投資人與證券商協商 3 個月後可以於 9,200 點買入臺股指數（每點新臺幣 50 元），此時交易人與證券商達成一個遠期合約，履約價爲 9,200 點[16]，到期期限爲 $T = 90/360$（此處假定 1 個月有 30 天）。我們可以容易地計算出於上述遠期合約到期時做多（買）與放空（賣）投資人的收益（以新臺幣 50 元單位）：

$$做多之收益\ F = S(T) - K\ 而放空之收益\ -F = K - S(T)$$

其中 F、$S(T)$、以及 K 分別表示遠期收益、標的資產於到期價格與合約上之履約價格。

因此，遠期合約到期時做多（買）與放空（賣）投資人的收益曲線亦皆爲一條直線，如圖 1-5 所示。換句話說，若到期時現貨價格爲 9,220 點，此時買進遠期合約的投資人即可以 9,200 點買入，隨即於現貨市場以 9,220 點賣出，故其淨收益爲 20 點（相當於 1,000 元）[17]。於本章，我們是將買賣期貨與遠期合約視爲同一種投資行爲，故期貨的到期收益曲線亦可以圖 1-5 表示。

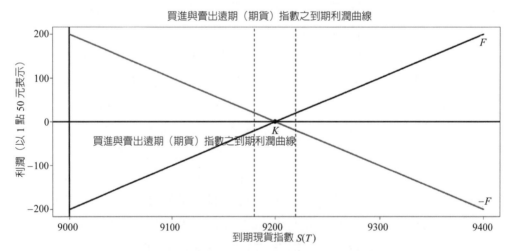

圖 1-5　做多與放空遠期（期貨）之利潤圖

---

[16] 履約價就是遠期價格，可以參考第 3 章。
[17] 此處因無現貨商品，故其到期結算應屬於現金結算。

　　於圖 1-5 內可以看出賣出遠期合約的到期收益線是一條直線；換言之，若到期時，標的資產的現貨價格為 9,220（9,180）點，則賣出遠期合約的到期收益為 −20（20）點。雖說買進與賣出遠期合約的到期收益線皆屬於直線，不過二者還是有差距的，畢竟標的資產的到期現貨價格可以無限的往上沿伸，但是其最差也只能下跌至等於 0 元為止，故買進與賣出遠期合約的到期收益是不對稱的；也就是說，買進遠期合約的最大損失是 K 點，但是賣出遠期合約的最大損失卻是無限的。因此，做多與放空的行為，不管於現貨或是遠期交易，二者還是有差距的。

　　是故，我們不難將買進遠期合約的到期收益線推升至大於 0 元以上的情況，即假定殖利率為 i，因到期時須支付 K 元，若買方於期初購買（存款）到期為 B 元的債券（或本利和）[18]，故可將圖 1-6 的買進遠期合約的到期收益線 F，往左移至 $F + B$ 線（圖 (a)）；相反地，期初購買債券再加上賣出遠期合約的策略，卻仍無法避免標的資產的到期現貨價格上升的風險，如圖 (b) 所示。於圖 1-6，我們可以看出使用到期收益或利潤圖，的確有其便利之處，此尤其表現於投資組合（即合併二種以上投資決策）上；換言之，看到圖內的（紅色）實線 [19]，讀者是否可以想出該投資組合的組成成分？

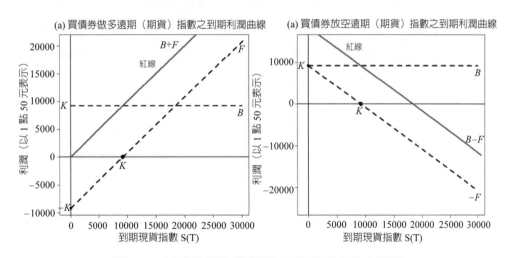

圖 1-6　買債券與做多遠期以及買債券與放空遠期

---

[18] 故期初的成本為 $B = K / (1 + iT)$，其中 T 為遠期合約的到期期限（以年率表示）。
[19] 可以找出圖 1-6 的 R 指令，執行後自然就可以看到紅色的實線。

上述買賣指數型遠期合約的概念不難推廣至其他資產價格或外匯匯率上，比較特別的是遠期利率合約（Forward Rate Agreements, FRAs）的議定。底下，我們考慮一種可能。假定 A 公司預計 6 個月後必須貸款 1 仟萬元（3 個月期），不過 A 公司財務部門擔心屆時因貸款利率的上升，導致其貸款成本的增加；因此，A 公司與銀行商量合約利率為 6.15%，並以市場貸款利率為參考利率，雙方達成的協議如下：

$$結算金額 = \frac{(i_r - i_K) \times A \times T}{(1 + i_r \cdot T)} \qquad (1\text{-}1)$$

其中 i_r、i_K、A、以及 T 分別表示參考利率、合約利率、名目本金、以及至到期日的期限。

A 公司與銀行達成的協定如（1-1）式，我們並不難理解其意義，可參考圖 1-7。因 A 公司 6 個月後須負擔一筆 3 個月的貸款，故整個交易期間為 9 個月；也就是說，A 公司於圖內的交易日買入 FRA 協定，其貸款日為利息起算日，而卻是於到期日支付貸款之本利和。假定 6 個月後貸款的市場利率為 7%（即 $i_r = 0.07$），故 A 公司於 FRA 的交易內可得 20,885 元（不考慮元以下），故只需貸款 9,979,115 元，3 個月後貸款之本利和為 10,153,750 元，該本利和恰為貸款金額為 1 仟萬元之 3 個月的本利和！換言之，A 公司買進一個 FRA 竟將未來的貸款「鎖在」6.15% 的貸款利率上。讀者也可以試試看若貸款的市場利率為 5.5%，其結果會如何？

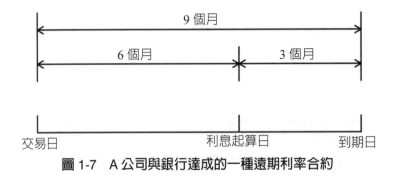

圖 1-7　A 公司與銀行達成的一種遠期利率合約

利用（1-1）式與 A 公司的例子，我們也可以繪製出買賣 FRA 之到期結算

收益線，如圖 1-8 所示，其各自仍是一條直線；值得注意的是，透過該收益直線，我們不難看出買賣 FRA 的交易人，各自會擔心未來利率如何變化？例如：A 公司會擔心未來利率的上升，故 A 公司可以透過買進 FRA 達到避險的目的；同理，讀者是否想出何種交易人會擔心未來利率會下降而透過賣出 FRA 達到避險的目的？（貸款與放款）

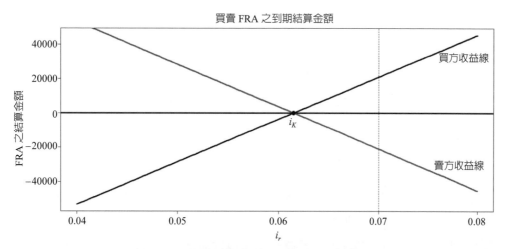

圖 1-8　買賣遠期利率合約的結算收益線

例 1　投機者與避險者的收益

　　一位出口商 3 個月後有一筆 1 佰萬美元的收入，該出口商以 1 美元兌換新臺幣 32 元的遠期匯率價格賣出該美元收入。另有一位投機者亦賣出相同金額的遠期美元，試分析出口商的避險、沒有避險、以及投機者的到期行為。

解　可檢視圖 1-9，若該出口商沒有利用美元遠期外匯避險，則 3 個月後的收益並無法確定，即美元的收益會隨現貨的美元價位的上升（下降）而增加（減少），但是出口商若有避險，則相當於將美元的收益「鎖在」32 元的價位。至於投機者的行為，若手中沒有美元現貨，其勢必於到期時買進美元現貨，故其收益（或利潤）會隨現貨的美元價位的上升（下降）而減少（增加）。

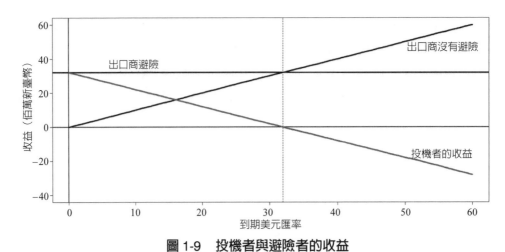

圖 1-9　投機者與避險者的收益

例 2

　　一位基金經理人的操盤策略是以複製臺股指數為標的。假定當期臺股指數為 9,200 點，該經理人可透過 3 個月期的臺指期貨，將基金的利潤「鎖在」某一固定水準，試繪圖說明之。

解　可參考圖 1-10。該經理人因擔心未來現貨價格下跌而有損失，故可用臺指期貨避險。如前所述，於期貨到期時，期貨的結算價就是現貨價；因此，該經理人可透過賣出臺指期貨避險。於圖 1-10 內，我們考慮三種到期結算價，即 8,500、9,200 以及 10,000 點，並分別與現貨構成資產組合 2、資

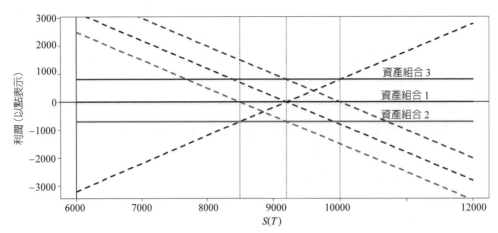

圖 1-10　三種資產組合（有現貨與賣出臺指期貨）的到期利潤

產組合 1 以及資產組合 3 三種結果。資產組合 1～3 的到期利潤分別為 0、
−700 與 800 點。可以參考所附之 R 指令，得出我們如何計算出資產組合
的到期利潤線。

2.2 非直線型到期收益與利潤曲線

前述買賣遠期合約的例子其實是可以改善的，畢竟買賣遠期合約的交易是
屬於買賣斷交易，而且交易人一旦決定使用遠期契約交易，之後並無轉圜可以
改變選擇的空間；另一方面，於圖 1-5 或 1-8 內亦可看出遠期交易的收益線是
屬於直線型態，其可應用的範圍亦相當有限，故有必要考慮另一種交易契約。

選擇權契約的交易是其中一種選項。假定交易人與證券商（期貨商）達
成買權與賣權交易合約：交易人支付 420 點可得一種權利，1 個月後可用臺股
指數 9,200 點買進或賣出，其中每點仍為新臺幣 50 元；當然，該交易人亦可
放棄該權利，選擇不履行該合約。該交易人與證券商完成一種買權或賣權的合
約，其中買權或賣權的市價、履約價格、以及到期期限分別為 420 點、9,200
點、以及 1 個月。當然，此處我們假定買權與賣權的所有條件皆相同。

我們可以進一步計算買權與賣權雙方的到期收益情況，即：

$$買權買方的到期收益 \ C(T) = \max[S(T) − K, 0]$$

以及

$$賣權買方的到期收益 \ P(T) = \max[K − S(T), 0]$$

其中 max(·) 是指取小括號內之最大值。我們可以舉一個例子說明。阿德用了
21,000（420×50）元，買了一個於 1 個月後可用臺股指數的 9,200 點買進的
權利，假定 1 個月後臺股指數上升至 9,800 點，阿德於到期時可得 30,000 元
（max(9800 − 9200,0)×50）的收益，扣除期初的 21,000 元支出，阿德總共可
得 9,000 元的利潤；相反地，若 1 個月後台股指數下跌至 9,000 點，阿德可以
選擇不履行該買入的權利，阿德的利潤為 −21,000 元。讀者自然可以想像買進
一個賣權的情況，可參考圖 1-11。

圖 1-11 的上二圖分別繪出買進買權的到期收益與利潤曲線，其中 C 表示
期初的買權價格。由於遠期交易與選擇權交易皆是屬於一種「零和的遊戲」，

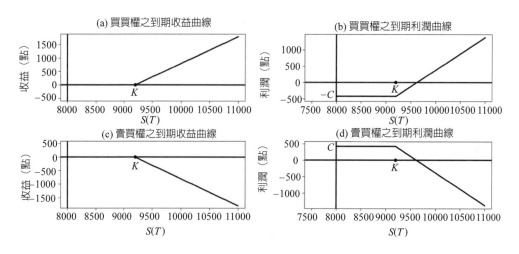

圖 1-11　買權的到期收益與利潤曲線

故不難利用買進買權的到期收益與利潤曲線繪製出對應的賣出買權的到期收益與利潤曲線，如圖 1-11 的下二圖所示。不管買方或賣方，我們可以從圖 1-11 內看出其到期收益或利潤曲線是屬於一種「拗折」的非直線型曲線；換言之，前述遠期（含現貨）的到期收益或利潤曲線為直線型態，而選擇權的到期收益或利潤曲線卻是一種非線形型態。於圖內可看出買進買權具有保護現貨價格下跌的風險；因此，市場上若有標榜「保本（principal guarantee）」的商品，於商品的結構內，應該就有買權的成分。與之對應的是，賣出買權的到期收益或利潤曲線，雖說於期初有權利金的收益，不過持有者（賣方）卻無法免除現貨價格下跌的風險。

　　與買權的到期收益與利潤曲線對應的是賣權的到期收益與利潤曲線，可參考圖 1-12。於圖 1-12 內之圖 (a) 與 (b) 可以看出買賣權具有「保護已經擁有現貨之價格下跌」風險的功能；因此，買買權與買賣權是分別買進「避免買高現貨」與「防備現貨價跌」的權利，而賣方則喪失上述權利，故權利金的大小如 C 與 P（即選擇權的市價）扮演著吸引人且關鍵的角色。換言之，一段時間「保護現貨」或「保本」的「公平」價值為何？出乎意料之外，我們竟然有辦法計算出該（選擇權的）公平價格出來（詳見後面章節），也許，就是後一因素，導致後來的衍生性商品的迅速發展。

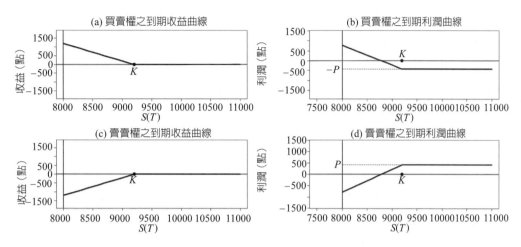

圖 1-12　賣權的到期收益與利潤曲線

　　利用到期的收益或利潤圖,倒是幫我們找出一些出乎意料之外的結果;例如:如前所述,檢視圖 1-6 可以看出組合二種不同投資決策的到期結果,我們可以繼續延伸下去。假定賣權合約的履約價格與到期日皆與遠期合約相同,則同時各買進一個賣權與遠期合約的結果為何?直覺而言,買一個遠期合約的風險是到期現貨價格的下跌,而買賣權就是保護現貨價值,則組合上述二種投資決策不就是相當於買進一種買權嗎?可參考圖 1-13,將圖 (a) 與 (b) 內的到期

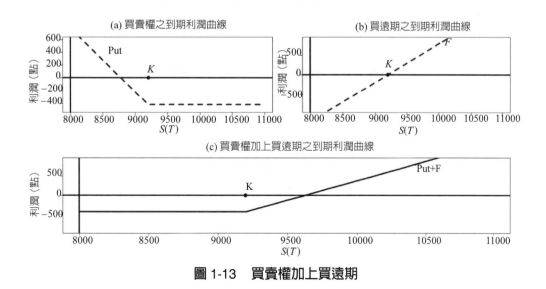

圖 1-13　買賣權加上買遠期

利潤曲線相加，就是圖 (c) 內的到期利潤曲線；換言之，可檢視圖 1-13 內圖 (a) 與 (b) 內 K 點（履約價）的兩側，即於 K 點的左側買進一個賣權的到期利潤是隨著現貨價格的下降而上升，而買進一個遠期的到期利潤卻是隨著現貨價格的下跌而下降，因此合併二者，不就是一種穩定的利潤直線嗎！讀者自然嘗試解釋位於 K 點右側的情況。

上述投資組合似乎可以再繼續擴充，考慮「賣賣權加上買遠期與買買權」以及「買賣權加上賣遠期與賣買權」二種投資組合，其到期利潤曲線分別繪於圖 1-14 與 1-15。換言之，為了得到投資組合的到期利潤曲線，除了將其拆開分別表示外（如圖 1-14），我們也可以將上述投資組合內的三種合約之到期利潤合併於單一圖內表示（如圖 1-15）；就讀者而言，上述二種投資組合，是複製出何種商品？

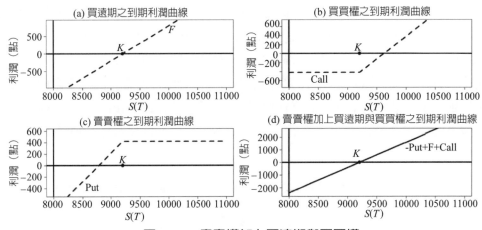

圖 1-14　賣賣權加上買遠期與買買權

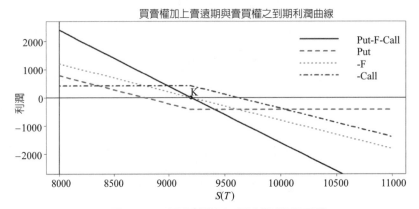

圖 1-15　買賣權加上賣遠期與賣買權

例 1 **買保險與賣保險**

　　如前所述，買權（賣權）的買方與賣方是分別「買保險」與「賣保險」，買權（賣權）是避免「價格上升」（「價格下跌」）的風險，故於圖 1-11 與 1-12 可看出選擇權的賣方是有風險的。換言之，選擇權的買方，就是看到了風險，故付了「保險金」，但是選擇權的賣方呢？收了「保險金」，但是它的風險為何？因此，買方是不需付保證金，但是賣方卻須繳保證金 [20]。

例 2 **賣權的賣方與買權的買方**

　　如前所述，賣權的賣方與買權的買方皆是於到期時買進標的資產（若有履約），但是二者對於未來的預期卻是大不相同。買權的買方認為標的資產未來可能會有多頭行情，但是賣權的賣方卻持比較保守的態度，也許最佳的情況，也可能只會盤整於履約價附近，故站在「賣方」以賺權利金。

例 3 **金融創新**

　　若檢視圖 1-14 與 1-15 的結果，可以發現不同商品的組合（資產組合）可以轉變成一種新的商品，其實我們應該「顛倒」來看，該新的商品是否可以拆成一些基本的商品？每一種基本的商品有其對應的定價或避險方式，若能掌握其中訣竅，則豈不是就能了解新的商品的特徵或性質嗎？於其中，我們可以看出收益圖或利潤圖，的確提供了一個重要的工具。

3. 結構性商品

　　於 2.2 節內所介紹的投資組合多半是衍生性商品之間的組合，倘若一種投資組合是由固定收益證券（如存款、保險或債券）與衍生性商品所構成，則該組合商品就稱為結構性商品（structured products）。結構性商品可以分成二大類：其一是保本型商品（Principal Guarantee Notes, PGN）與高收益商品（High

---

[20] 按照臺灣期交所規定，股價指數選擇權契約的保證金收取方式是按照各交易策略與組合部位的風險程度訂定，就選擇權的單一部位而言，買方是不需繳保證金，但是賣方卻需繳保證金，可參考期交所網站。

Yield Notes, HYN) [21]。通常，結構性商品內的衍生性商品部分大多以選擇權為主，可以包括股票、利率、匯率、或股價指數等選擇權。利用上述選擇權的觀念以及到期收益圖或利潤圖，我們倒是可以先見識一下結構性商品的性質。

3.1 保本型商品

於本節，假定市場上存在一種指數選擇權，其標的資產仍為臺股指數；另外，該選擇權之買權與賣權履約價皆為 9,200 點，而買權與賣權的權利金皆為 420 點，每點為新臺幣 50 元，不過買權的到期期限為 1 年而賣權的到期期限則為 3 個月。顧名思義，保本型商品就是強調可以保障全部或大部分本金的特性，甚至於保證一定比例的獲利；因此，保本型商品容易被標榜成具有一種「進可攻、退可守」的商品。底下我們自行設計一種簡單的「看多型」保本型商品，可參考附表 1（於本章附錄）。

直覺而言，保本型商品既然強調除了「保本」之外，尚可因市場行情好轉而提供額外的報酬，故其有二個特色，其一為保本率，另一則是參與率的選定。因此，若保本型商品標榜 A% 的保本率，就是表示到期時不管市場行情為何，投資人一定可以回收本金的 A% 比重；另一方面，若有 B% 的參與率，就是表示能額外得到投資所得的 B% 報酬率（標的資產超過履約價的報酬率）；換句話說，看多型的保本型商品就是以買入買權而設計的一種商品！

例如證券商可以因市場選擇權的行情而設計如附表 1 的保本型商品：合約本金 1 佰萬元、期限為 1 年、標的資產履約價為臺股指數 9,200 點、以及保本率與參與率分別 95% 與 70%。該商品標榜於到期時投資人除了可以回收合約本金的 95% 之外，另外能額外得到標的資產價格超過履約價的報酬率的70%。因此，投資人於合約初期須支付合約本金 1 佰萬元，1 年到期後，假定標的資產的現貨價格為 9,600 點，除了可得 950,000 元外，尚可得 30,434.8 元，故總共可得 980,434.8 元。就發行保本型商品的證券商而言，因有 950,000 元的保本，故其可將本金的 950,000 元買貼現債券而以本金剩下的 50,000 元投入選擇權市場，因此證券商購入買權後的淨收益為 29,000 元。1 年到期後，假定標的資產的現貨價格仍為 9,600 點，買買權的收益為 20,000 元（400×50），

---

[21] HYN 又稱為權益連結商品（Equity-Linked Notes, ELN）或連動債（structured notes）。

故其總收益為 999,000 元，扣除掉須支付投資人的 980,434.8 元，證券商的利潤為 18,565.2 元[22]。其餘的狀況，可參考表 1-2。

表 1-2　保本型商品的收益明細

$S(T)$	r (%)	(1)$N \times A$	(2)$N \times B \times r$	(3) = (1) + (2)	(4)	(4) – (3)
9,000	0	950,000	0	950,000	979,000	29,000
9,200	0	950,000	0	950,000	979,000	29,000
9,400	2.17	950,000	15,217.4	965,217.4	989,000	23,782.6
9,600	4.35	950,000	30,434.8	980,434.8	999,000	18,565.2
9,900	7.61	950,000	53,260.9	1,003,260.9	1,014,000	10,739.1
⋮	⋮	⋮	⋮	⋮	⋮	⋮
10,400	13.04	950,000	91304.3	1,041,304.3	1,039,000	−2,304.3
10,800	17.39	950,000	121,739.1	1,071,739.1	1,059,000	−12,739.1
11,000	19.57	950,000	136,956.5	1,086,956.5	1,069,000	−17,956.5

說明：1. $r = [S(T) - K]/K$、$K = 9,200$、$N = 1,000,000$、$A = 0.95$ 與 $B = 0.7$。
　　　2. 第 3 欄表示投資人的保本金額。
　　　3. 第 2 欄與第 4 欄分別表示買權的報酬率與投資人所得到對應的收益。
　　　4. 第 5 欄表示投資人的總收益。
　　　5. 第 6 欄為證券商的收益，其計算方式為：
　　　　 $N - C \times 50 + \max(S(T) - K, 0) \times 50$ 其中 $C = 420$
　　　6. 第 7 欄為證券商的利潤。

若檢視表 1-2 的例子，可以發現發行者如證券商未必完全是贏家。一個有意思的結果為：若市場處於多頭的情況，投資人的確可從購買保本型商品，獲得更高的報酬；但是，反觀證券商雖發行「看多型」保本商品，其卻未必喜歡市場處於多頭的情況，因從表內可發現，市場行情愈好，對證券商愈不利。不過，證券商自然可以透過調整保本率與參與率的比重，而達到其目標，可參考圖 1-16。

圖 1-16 繪製出保本率分別為 90% 與 95% 之二種情況的證券商與投資人的

---

[22] 因期初與期末有 1 年的差距，因此，表 1-2 的計算可再加進利息的計算。

收益曲線，其中實線爲證券商而虛線爲投資人的收益曲線。就圖 (b) 保本率爲 95% 而言，可看出若參與率愈高，對證券商則愈不利；不過，若參與率維持在 50% 以下，則證券商幾乎皆有正的利潤！另一方面，若保本率維持在 90%，於圖 (a) 內可發現，即使參與率拉高至 70%，證券商仍享有較大範圍的正利潤。

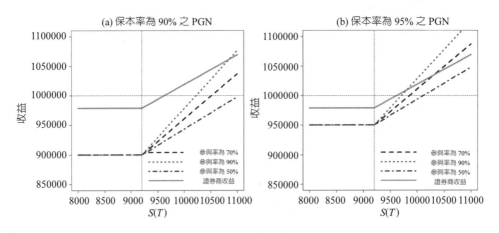

圖 1-16　保本型商品

3.2 高收益商品

接下來，我們來看高收益商品。底下，我們也自行設計一種高收益商品，如附表 2（見本章附錄）。該商品亦以臺股指數爲標的資產，履約價 K 仍爲 9,200 點而期限爲 3 個月；其次，假定賣權的權利金亦爲 420 點，每點仍爲新臺幣 50 元。不同於上述保本型商品，投資人可以低於合約本金的價格即 $N \times A$ 買入該高收益商品，而於到期時可因標的資產價格 $S(T)$ 的高低分成二種情況：(1) 若 $S(T) > K$，投資人可得合約本金即 N 元；(2) 若 $S(T) \leq K$，投資人可得 $N \times S(T)/K$ 元。因此，高收益商品並不是一種保本型的商品。若假定合約本金 N 爲 1 佰萬元，而 $A = 0.98$，則投資人是以 980,000 元買進該高收益商品，若投資人到期可得到 N 元，則該投資人可約有 8.16% 的年報酬率 [23]；因此，高收益商品的確可以提供投資人較高的收益。

---

[23] 即 $\{[N/(N \times A)] - 1\} \times 4$。

就發行者如證券商而言，為何其可以提供投資人較高的收益？原來證券商可以透過賣賣權的方式，用收取的權利金以提供投資人更高的收益。以 N 為 1 佰萬元與 $A = 0.98$ 為例，證券商收取投資人 980,000 元，再加上賣賣權的權利金收益 21,000 元，故總共可得 1,001,000 元的收益。若到期時，標的資產價格為 9,400 點，證券商的賣權收益為 0 元，故其總收益仍為 1,001,000 元；相反地，若到期時，標的資產價格為 8,800 點，證券商的賣權收益為 −20,000 元，故其總收益為 981,000 元。於上述二種情況下，投資人到期時分別可得 1,000,000 元與 956,521.7 元，故證券商的利潤分別為 1,000 元與 24,478.3 元。至於其他到期標的資產價格，可參考圖 1-17 與表 1-3。

表 1-3　高收益商品的收益明細

$S(T)$	r (%)	(1)$N \times r$	(2)	(3)	(2) − (1)	(3) − (1)
8,000	86.96	869,565.2	941,000	931,000	71,434.783	61,434.783
8,200	89.13	891,304.3	951,000	941,000	59,695.652	49,695.652
8,400	91.30	913,043.5	961,000	951,000	47,956.522	37,956.522
8,600	93.48	934,782.6	971,000	961,000	36,217.391	26,217.391
8,800	95.65	956,521.7	981,000	971,000	24,478.261	14,478.261
9,000	97.83	978,260.9	991,000	981,000	12,739.13	2,739.13
9,200	100	1,000,000	1,001,000	991,000	1,000	−9,000
9,400	100	1,000,000	1,001,000	991,000	1,000	−9,000
⋮	⋮	⋮	⋮	⋮	⋮	⋮
11,000	100	1,000,000	1,001,000	991,000	1,000	−9,000

說明：1. $r = S(T)/K$、$K = 9,200$、$N = 1,000,000$、與 $P = 420$。

　　　2. 第 2 行表示賣權的報酬率以及第 3 行為投資人得到對應的收益。

　　　3. 第 4 行為證券商於 $A = 0.98$ 下之收益，其計算公式為：

　　　　$N \times A + P \times 50 + \max(K − S(T),0) \times 50$

　　　4. 第 5 行為證券商於 $A = 0.97$ 下之收益，其計算公式為：

　　　　$N \times A + P \times 50 + \max(K − S(T),0) \times 50$

　　　5. 第 6 行與第 7 行分別表示證券商於 $A = 0.98$ 與 $A = 0.97$ 下之利潤。

於圖 1-17，我們分別繪製出於 $A = 0.99, 0.98, 0.979, 0.97$ 四種情況下，證

券商（發行者）與投資人的到期收益曲線，其中虛線表示證券商的到期收益曲線。於圖內，可以看出除了 $A = 0.97$ 之外，證券商的到期收益皆高於投資人的到期收益。表 1-3 亦列出於 $A = 0.98, 0.97$ 二種情況下，證券商與投資人的收益明細。就圖 1-17 與表 1-4 而言，似乎證券商仍偏愛市場行情不好的情況。

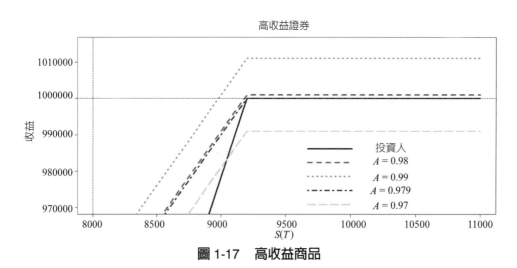

圖 1-17　高收益商品

表 1-4　買權買方的到期利潤

$S(T)$	到期收益	期初成本	到期利潤
8,000	0	−420	−420
8,100			
⋮			
9,100			
9,200			
9,300			
⋮			
10,900			
11,000	1,800	− 420	1,380

4. 結論

　　於本章，我們大多是以直覺的方式來解釋衍生性商品，以此方式有一個優點，就是表示衍生性商品的內容或特性，其實並沒有想像中的抽象或難懂，只是我們的確要有抽絲剝繭的能力才行。例如：一種簡單的附息債券加上買權，可以變成一種可轉換公司債（CB）；其次，一種 CB 再加上附買回條款（callable）或附賣回條款（putable）[24]，豈不是又變成一種附買回 CB（callable CB）或附賣回 CB（putable CB）；再其次，會不會又變成一種附買賣回 CB？最後，若是將上述的 CB 改成海外可轉換公司債（Euro CB）呢？

　　上述 CB 可以變成一種很複雜的商品，我們如何面對複雜的商品？最好的方式，就是嘗試以模擬的方式檢視其結果，或是以模擬的方式幫我們思考。其實，本章所介紹的收益圖或利潤圖就是一種模擬方法：我們可以想像於到期時，究竟會有何結果？此時我們曾學過的 R 指令或程式就可派上用場了，我們的確需要一種簡單易操作的電腦語言，來幫我們模擬或繪圖。於後面的章節內，讀者應可發現有了 R 當作輔助工具，我們還可以做更多的事。

附 錄

附表 1　保本型商品

商品型號：PGN001	
契約名目本金（N）	新臺幣 1,000,000 元
交易價格	契約名目本金之 100%
保本率（A）	95%
參與率（B）	70%
標的資產	臺灣加權股價指數
現貨參考價（S(0)）	交易日標的資產收盤價（9000 點）

---

[24] 「附買回」是指公司有權買回所發行的公司債，「附賣回」則指投資人有權將公司債賣回發行公司，前者相當於發行公司賣一個買權（因未來利率下跌，故以較高的價格買回），而後者則相當於投資人買一個賣權（因未來利率上升，故以不差的價格賣出）。

附表 1　保本型商品（續）

商品型號：PGN001	
履約參考價（K）	標的資產收盤價（9200 點）
結算現貨價（S(T)）	結算日標的資產收盤價
到期日	交易日後 1 年
結算日	到期日
結算方式	(1) 若結算日 $S(T) > K$，則證券商以 $N \times (A + B) \times \left(\dfrac{S(T) - K}{K} \right)$ 的金額支付給投資人； (2) 若結算日 $S(T) \leq K$，則證券商以 $N \times A$ 的金額支付給投資人。

附表 2　高收益商品

商品型號：HYN001	
契約名目本金（N）	新臺幣 1,000,000 元
交易價格	契約名目本金之 98%
標的資產	臺灣加權股價指數
現貨參考價（S(0)）	交易日標的資產收盤價（9000 點）
履約參考價（K）	標的資產收盤價（9200 點）
結算現貨價（S(T)）	結算日標的資產收盤價
到期日	交易日後 3 個月
結算日	到期日
結算方式	(1) 若結算日 $S(T) > K$，則證券商以 N 的金額支付給投資人； (2) 若結算日 $S(T) \leq K$，則證券商以 $N \times S(T)/K$ 的金額支付給投資人。

本章習題

1. 選擇權交易與權證交易有何不同？

2. 何謂「牛熊證」？試解釋之。

3. 可轉換公司債（CB）是一種新的金融商品，其內含何種選擇權？

4. 認購權證類似買權，認售權證則類似賣權。為何證交所先允許認購權證而不是認售權證的發行？

5. 試列表說明圖 1-9 的結果。

6. 試列表說明圖 1-10 的結果。

7. 以本章內 1 個月期的 9,200 點臺股指數選擇權為例，買權的價格為 420 點，試填滿表 1-4。（忽略利息）

8. 續上題，若同時賣出期限相同但履約價為 9,400 點的遠期合約，試編表說明上述資產組合的到期利潤。

9. 續上題，試繪製出上述資產組合的到期利潤曲線。

10. 為何買保險容易，而賣保險困難？

11. 期貨交易既然與遠期交易類似，為何期貨交易看不到履約價？

12. 時常聽到衍生性商品有未來價格的發現（price discovery）功能，就期貨與選擇權而言，此通常表現於何處（或是從何處可看出此功能）？

13. 何種型態的交易人需要買進賣權？為什麼？

14. 直覺而言，因選擇權的價值內含有時間價值的成分，故持有美式選擇權的買方未必會立即要求履約，因立即履約只可得內含價值而已，持有美式選擇權的買方可用何方式取代立即履約？

15. 其實，投資人購買選擇權的到期利潤亦可改成用報酬率表示，以 1 個月期 9,200 點之臺股指數買權為例，若買權的權利金為 420 點，試列表說明買方之到期報酬率。

16. 通常，認購權證（或認售權證）的發行者（證交所之合格證券商）為吸引散戶的加入，常將標的資產的面額再縮小，即如 10 張權證相當於 1 張上市股票。假定 1 個月期履約價為 1 股 200 元之台積電股票的認售權證價格為 3.5 元，試繪出買方之到期利潤曲線。

17. 續上題，於當期現貨市場內，若買方以 1 股 180 元買入台積電股票 1 張，則 1 個月後其與買 10 張認售權證的資產組合之到期利潤曲線為何？

18. 續上題，若改成買 5 張認售權證的資產組合之到期利潤曲線爲何？
    提示：可參考圖 1-18。

19. 何謂高收益商品？試解釋之。

20. 我們如何設計出一種高收益商品？

21. 直覺而言，證券商設計出一種認售權證，其應如何避險？

22. 直覺而言，證券商設計出一種認購權證，其應如何避險？

23. 何謂遠期利率？試解釋之。

24. 有交換交易的條件是：「1 + 1 > 2」，試舉一例說明。

25. 參考圖 1-7 與（1-1）式，直覺而言，爲何 FRAs 合約會於利息起算日結算？

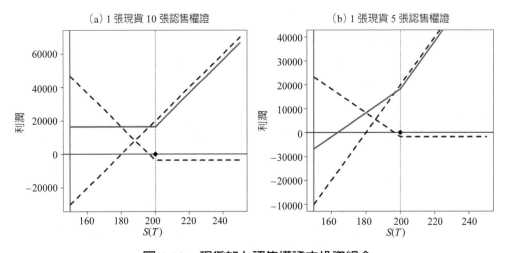

圖 1-18　現貨加上認售權證之投資組合

Chapter 2

選擇權交易策略

　　於第 1 章內，雖說透過衍生性商品的到期收益或利潤圖，可以幫我們瞭解多種衍生性商品組合之特性，不過於其中，我們並沒有考慮貨幣的時間價值；也就是說，於前一章內，我們並沒有考慮到利率所扮演的角色。於本章我們將先介紹選擇權商品的特性以及其所衍生的交易策略，比較特別的是，我們雖有加入利率或利息的考慮，不過我們仍假定於所分析的期間內利率維持不變，此假定顯然不適用於分析利率型的衍生性商品，於後面的章節內，自然會放寬。

　　有了利率此一因素，就可以介紹選擇權的一種重要的關係：買權與賣權平價（call-put parity）關係。利用上述平價關係，我們不僅可以看出如何複製出一種商品，同時也可以知道買權與賣權價格之間的關係。如前所述，簡單選擇權的型態可以分成歐式選擇權與美式選擇權二種。我們當然需要了解二種選擇權的性質有何不同。除了上述情況之外，本章的最後一個重點是介紹有關於選擇權的基本交易策略，於其中自然可以發現選擇權交易的多樣化以及操作上的靈活性。透過 R 的操作，讀者應該能迅速掌握其中的訣竅。

1. 利率與債券價格

　　通常我們談到貨幣的時間價值，大多會使用到 1 元的未來值與其貼現值（現值）之間的關係；不過，於衍生性商品的介紹或討論上，卻喜歡改用簡單的（或基本的）貼現債券（面額為 1 元，底下簡稱為貼現債券）的價格表示。改用貼現債券價格是有意義的，即若以 $B(t, T)$ 表示第 t 期至第 T 期的貼現債券價格（其中 T 為到期期限，$T \geq t$），則今年投資 $C(t)$ 元，h 年後確定可

得 $C(t+h)$ 元，則 $C(t+h)$ 與 $C(t)$ 之間不就是可以用貼現債券與其價格表示嗎？換句話說，許多金融性資產或實質資產的投資與報酬，應該也可以用貼現債券為架構來表示，利用貼現債券價格，自然可以得出對應的利率或報酬率。

如果檢視不同的 T 與 $B(t, T)$ 之間的關係，則可以稱為檢視第 t 期的貼現債券價格結構。透過 $B(t, T)$ 與利率之間的轉換關係（底下就會說明），不難找出對應的第 t 期的利率結構（term structure of interest rates）。可惜的是，許多金融資產（或實質資產）的利率（或報酬率）表示方式未必一致，也許我們有辦法找出某一種型態的利率結構，理論上應該也可以找出以另一種利率型態表示的結構；因此，不同利率（或報酬率）之間的確需要有一種轉換方式，而其中貼現債券價格就扮演著重要的關鍵角色。

雖然如此，不過於實際市場上 1 年期以上的貼現債券價格卻不易觀察到，於第 9 章內我們會說明如何利用市場上可以觀察到的附息債券資訊計算出對應的貼現債券價格；如此，貼現債券價格就存在另外一種功能，那就是貼現債券價格不僅可以用於 1 年期以下，同時亦可以用於描述 1 年期以上的利率結構。

1.1 1 年期以下的利率結構

貼現債券價格

貼現債券是指期初以低於面額的價格購買，至到期時可得面額值，故投資人購買貼現債券，於期間內並無票面利息收益，但是到期時卻有面額值與期初購買價格之間差異的收益。如前所述，某一時期的利率結構亦可以該時期的貼現債券價格表示，可參考圖 2-1 之圖 (a)。於該圖內，我們模擬出二種 1 年期以下的貼現債券價格結構，二種結構的走勢頗符合我們的直覺判斷：到期期限愈長，貼現債券價格愈小，隱含著貨幣的時間價值為正數值。直覺而言，利用圖內的貼現債券價格資訊，我們可以反推出對應的貼現率與簡單利率。

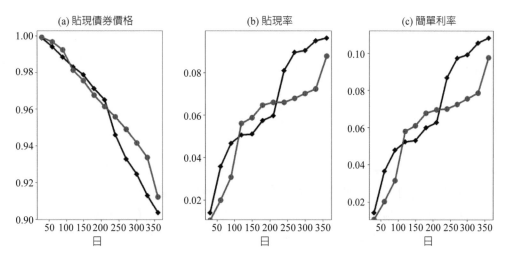

圖 2-1　二種模擬的利率結構（1 年期以下）

貼現率

貼現率（discount rates）通常用於到期期限低於 1 年的金融工具上，令 $i_d(T)$ 表示於 $[0, T]$ 期間的貼現率，則貼現債券價格與貼現率之間關係可寫成：

$$B(0,T) = 1 - i_d(T)\frac{T}{360}$$
（2-1）

其中 T 以日表示而 $i_d(T)$ 則以年率計算，此處假定 1 年有 360 日。利用（2-1）式，我們自然可以利用貼現債券價格得到貼現率，即：

$$i_d(T) = 100[1 - B(0,T)]\left(\frac{360}{T}\right)$$
（2-2）

簡單利率

簡單利率通常用於特定的衍生性合約的計算上，例如前一章的 FRA 或利率交換合約。於 $[0, T]$ 的期限內，簡單利率（亦以年率表示）可寫成：

$$B(0,T) = \frac{1}{1 + i_s(T) \times \frac{T}{365}}$$
（2-3）

其中 $i_s(T)$ 表示簡單利率。習慣上，我們是以 1 年有 365 日來計算簡單利息。
（2-3）式描述簡單利率與貼現債券價格之間的關係，故透過（2-3）式，可利用貼現債券價格得到簡單利率，即：

$$i_s(T) = 100 \left[\frac{1}{B(0,T)} - 1 \right] \left(\frac{365}{T} \right) \qquad （2\text{-}4）$$

比較（2-2）與（2-4）二式，不難看出貼現率與簡單利率之間的關係。

是故，我們可以透過貼現債券價格取得對應的貼現率或簡單利率，反之亦然。換句話說，圖 2-1 內的圖 (b) 以及 (c)，亦皆與圖 (a) 有相互對應的關係，亦即「負斜率」的貼現債券價格結構，可對應至「正斜率」的利率結構。

例 1 **計算簡單利率**

表 2-1 是取自圖 2-1 之圖 (a) 的其中一筆貼現債券價格資料，試計算對應的簡單利率。

表 2-1 不同時間的貼現債券價格

日	貼現債券價格
30	0.9988
60	0.9940
90	0.9883
120	0.9831

解 利用（2-4）式，可得簡單利率為：

$$i_s(30) = 100 \left[\frac{1}{B(0,30)} - 1 \right] \left(\frac{365}{30} \right) = 100 \left[\frac{1}{0.9988} - 1 \right] \left(\frac{365}{30} \right) = 1.4618\%$$

$$i(60) = 100 \left[\frac{1}{B(0,60)} - 1 \right] \left(\frac{365}{60} \right) = 100 \left[\frac{1}{0.994} - 1 \right] \left(\frac{365}{60} \right) = 3.672\%$$

$$i_s(90) = 100 \left[\frac{1}{B(0,90)} - 1 \right] \left(\frac{365}{90} \right) = 100 \left[\frac{1}{0.9883} - 1 \right] \left(\frac{365}{90} \right) = 4.8012\%$$

$$i_s(120) = 100 \left[\frac{1}{B(0,120)} - 1 \right] \left(\frac{365}{120} \right) = 100 \left[\frac{1}{0.9831} - 1 \right] \left(\frac{365}{120} \right) = 5.2288\%$$

例2 計算貼現債券價格

97 天期的貼現率為 4.75%，其貼現債券價格為何？

解 按照（2-1）式，可得：

$$B(0,97) = 1 - i_d(97)\frac{97}{360} = 1 - 0.0475\left(\frac{97}{360}\right) = 0.9872$$

例3 計算簡單利率

續例 2，假定 1 年有 360 日，則該貼現率可對應至的簡單利率為何？

解 根據（2-4）式，可得：

$$i_s(97) = 100\left[\frac{1}{B(0,97)} - 1\right]\left(\frac{360}{97}\right) = 100\left[\frac{1}{0.9872} - 1\right]\left(\frac{360}{97}\right) = 4.8121\%$$

1.2 1 年期以上的利率結構

前述的貼現率與簡單利率適用於 1 年期以下金融工具，當然於期間內不會牽涉到複利的計算；不過，若期限超過 1 年期以上，此時因需考慮複利的計算而需使用其他利率取代上述貼現率與簡單利率。就複利計算所用的利率而言，可以分成間斷的複利率（discretely compounded interest rates）與連續的複利率（continuously compounded interest rates）二種。我們有興趣的是：如何由貼現債券價格轉成對應的複利利率？可參考圖 2-2。

圖 2-2 之圖 (a) 繪製出二種 1～30 年的模擬貼現債券價格結構，我們如何將其轉成對應的年、半年、季、月複利率，甚至用連續複利率所構成的結構？就間斷的複利率而言，其與貼現債券價格之間的關係可以寫成：

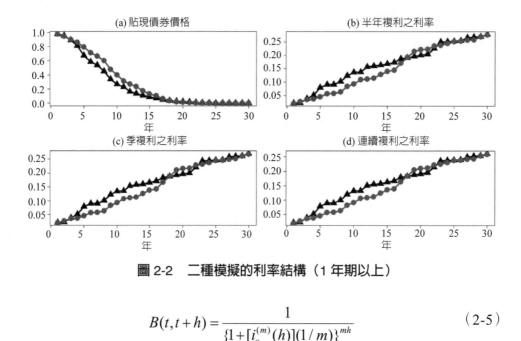

圖 2-2　二種模擬的利率結構（1 年期以上）

$$B(t, t+h) = \frac{1}{\{1 + [i_c^{(m)}(h)](1/m)\}^{mh}} \qquad (2\text{-}5)$$

其中 $i_c^{(m)}(h)$ 表示期間為 h 之間斷的複利率，而 m 為 1 年計算複利的次數，當然此時到期期限 h 是以年表示。利用（2-5）式，可得：

$$i_c^{(m)}(h) = \left\{ \left[\frac{1}{B(t,t+h)} \right]^{\frac{1}{hm}} - 1 \right\} m \qquad (2\text{-}6)$$

利用圖 2-2 之圖 (a) 的資料以及（2-6）式，自然可以找出對應的間斷複利率結構，如圖 2-2 之圖 (b) 與 (c) 所示。

同理，就連續的複利率 $r(h)$ 而言，其對應的連續貼現債券價格可寫成：

$$B(t, t + h) = \exp[-r(h)h] \qquad (2\text{-}7)$$

是故，利用（2-7）式，可得：

$$r(h) = -\{\log[B(t, t + h)]\}/h \qquad (2\text{-}8)$$

利用（2-8）式，自然可得出圖 2-2 之圖 (d)。

表 2-2　不同時間的貼現債券價格

年	貼現債券價格
1	0.9788
2	0.9553
3	0.8912
4	0.8157

例 1　**月複利率的計算**

表 2-2 是取自圖 2-2 之 (a) 圖的其中一筆貼現債券價格資料，試計算對應的月複利率。

解　利用（2-6）式，可得：

$$i_c^{(12)}(1) = \left\{\left[\frac{1}{B(0,1)}\right]^{\frac{1}{12}} - 1\right\}12 = \left\{\left[\frac{1}{0.9788}\right]^{\frac{1}{12}} - 1\right\}12 = 0.0214$$

$$i_c^{(12)}(2) = \left\{\left[\frac{1}{B(0,2)}\right]^{\frac{1}{24}} - 1\right\}12 = \left\{\left[\frac{1}{0.9553}\right]^{\frac{1}{24}} - 1\right\}12 = 0.0229$$

$$i_c^{(12)}(3) = \left\{\left[\frac{1}{B(0,3)}\right]^{\frac{1}{36}} - 1\right\}12 = \left\{\left[\frac{1}{0.8912}\right]^{\frac{1}{36}} - 1\right\}12 = 0.0385$$

$$i_c^{(12)}(4) = \left\{\left[\frac{1}{B(0,4)}\right]^{\frac{1}{48}} - 1\right\}12 = \left\{\left[\frac{1}{0.8157}\right]^{\frac{1}{48}} - 1\right\}12 = 0.051$$

例 2　**年複利率與連續複利率的計算**

續例 1，試回答下列問題（假定 1 年有 365 天）：

(1) 試計算對應的年複利率。

(2) 試計算對應的連續複利率。

解 (1)

$$i_c^{(1)}(1) = \left[\frac{1}{B(0,1)}\right] - 1 = \left(\frac{1}{0.9788}\right) - 1 = 0.0217$$

$$i_c^{(1)}(2) = \left[\frac{1}{B(0,2)}\right]^{\frac{1}{2}} - 1 = \left(\frac{1}{0.9553}\right)^{\frac{1}{2}} - 1 = 0.0231$$

$$i_c^{(1)}(3) = \left[\frac{1}{B(0,3)}\right]^{\frac{1}{3}} - 1 = \left(\frac{1}{0.8912}\right)^{\frac{1}{3}} - 1 = 0.0391$$

$$i_c^{(1)}(4) = \left[\frac{1}{B(0,3)}\right]^{\frac{1}{4}} - 1 = \left(\frac{1}{0.8157}\right)^{\frac{1}{4}} - 1 = 0.0522$$

(2)

$$r(1) = -\log[B(0, 1)] = -\log(0.9788) = 0.0214$$

$$r(2) = -\log[B(0, 2)]/2 = -\log(0.9553)/2 = 0.0229$$

$$r(3) = -\log[B(0, 3)]/3 = -\log(0.8912)/3 = 0.0384$$

$$r(4) = -\log[B(0, 4)]/4 = -\log(0.8157)/4 = 0.0509$$

2. 選擇權的基本策略

　　了解利率與貼現債券價格的角色後，我們可以回到本章所要介紹的部分。於本節，我們將介紹選擇權的基本策略：保護性與掩護性策略。如第 1 章所述，選擇權具有「保險」的功能。直覺而言，若期初買入（賣出）現貨，則期初同時買賣權（買買權）具有保護的功能。換言之，於期初同時做多現貨與買賣權，則稱該賣權為保護性賣權（protective put）；同理，於期初同時放空現貨與買買權，則稱該買權為保護性買權（protective call）。上述二種情況，皆指選擇權買方的保護性功能，若是選擇權的賣方呢？選擇權的賣方如何避險？因此，我們亦有掩護性賣權（covered put）與掩護性買權（covered call）二種，前者是指同時放空現貨與賣賣權，而後者則指同時做多現貨與賣買權。掩護性買權與掩護性賣權，是避免賣方具有裸部位（naked position）的情況，裸部位是指該部位沒有相對應的反向操作[1]。

---

[1]　例如賣買權而手中無現貨以及賣賣權而無放空現貨。

2.1 保護性賣權與買權

　　我們仍然假定投資人可以買臺股指數現貨與選擇權（每點新臺幣50元）。假定 3 個月到期履約價為 9,200 點的賣權權利金為 420 點，而市場簡單利率為 2%。若投資人同時於 9,200 點買進臺股現貨與上述一口賣權，則 3 個月後投資人的成本支出分別為462,300 元與 21,105 元[2]。若 3 個月後，臺股指數的現貨價為 9,400 點，則期初買進現貨的利益為 470,000（9,400×50）元，故現貨的利潤為 7,700 元；另一方面，因賣權的到期收益為 0 元，故其到期利潤為 −21,105 元。是故，買進臺股現貨與賣權的到期利潤為 −13,405 元。其他到期現貨價格與到期利潤的關係，可以參考圖 2-3 與表 2-3。

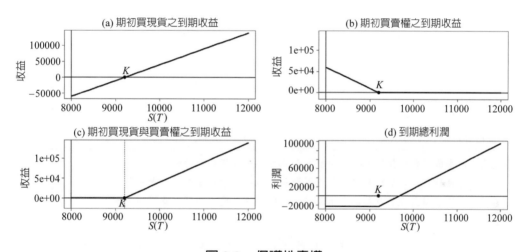

圖 2-3　保護性賣權

　　圖 2-3 可看出期初購買現貨後會擔心現貨價格下跌，故可以購買賣權以防止現貨價格下跌的風險，因此（買）賣權具有投資組合保險（portfolio insurance）的功能。直覺而言，於期初買進現貨與賣權，因「到期時現貨價格高可以保留，而現貨價格低可以保護」，此不就是（買）買權的特性嗎？換句話說，因賣權與買權是在描述不同的狀態，二者似乎沒有什麼關聯，但是圖

---

[2]　於本章，我們加進利息成本的考量，故現貨與賣權權利金的支出成本至到期時分別為 9,200×50×(1 + 0.02/4) = 462,300 元與 420×50×(1 + 0.02/4) = 21,105 元。

2-3 的結果卻提醒我們注意：其實二者是有關的；也就是說，買權竟然可以由賣權複製出來！

表 2-3　買進現貨與賣權（保護性賣權）之到期收益與利潤

臺股指數	現貨收益	賣權收益	總收益	現貨利潤	賣權利潤	總利潤
8,000	−60,000	60,000	0	−62,300	38895	−23,405
⋮	⋮	⋮	⋮	⋮	⋮	⋮
8,900	−15,000	15,000	0	−17,300	−6,105	−23,405
9,000	−15,000	10,000	0	−12,300	−11,105	−23,405
9,100	−5,000	5,000	0	−7,300	−16,105	−23,405
9,200	0	0	0	−2,300	−21,105	−23,405
9,300	5,000	0	5,000	2,700	−21,105	−18,405
9,400	10,000	0	10,000	7,700	−21,105	−13,405
⋮	⋮	⋮	⋮	⋮	⋮	⋮
11,900	135,000	0	135,000	132,700	−21,105	111,595
12,000	140,000	0	140,000	137,700	−21,105	116,595

說明：1. 臺股指數是指到期臺股指數，而表內各行皆指到期的結果。

　　　2. 現貨利潤與賣權利潤皆是指到期收益減去期初成本支出（含利息）。

　　　3. 總收益為現貨收益加賣權收益，而總利潤為現貨利潤加賣權利潤。

利用（買）現貨與賣權可以複製出（買）買權，我們也可以從表 2-3 內看出端倪。例如：於到期現貨指數為 9,200 點時，因買進現貨與賣權的收益皆為 0，故可知複製出的買權的履約價亦為 9,200 點；不過，因有考慮利息成本支出，故於 9,200 點的總利潤反而為 −23,405 元，該結果並不難計算，即：

$$50 \times [-9,200 \times 0.02/4 - 420 \times (1 + 0.02/4)] = -23,405$$

表示期初支出成本需再加上利息成本。此提醒我們應注意：所複製出的買權的權利金價格並不是 23,405 元。

按照前述的思考邏輯，我們應該也可以利用買權複製出相同條件（即相同到期期限與履約價）下對應的賣權；也就是說，與保護性賣權相對應的是保護

性買權,亦即期初放空現貨,此時擔心的是未來現貨價格的上升,故購入買權以彌補價格上升的風險,此處我們亦假定買權的權利金亦為 420 點。例如:期初於 9,200 點放空現貨與買入履約價為 9,200 點的 3 個月期買權,3 個月後分別可得 462,300 元與 −21,105 元。若 3 個月後,臺股指數現貨價格上升至 9,400 點,現貨總共會有 −7,700 元的利潤,而買權則有 −11,105 元的利潤,故總利潤為 −18,805 元。同樣地,其他到期現貨價格與到期利潤的關係,亦可以參考圖 2-4 與表 2-4。

於圖 2-4 與表 2-4 內可以看出保護性買權的到期利潤曲線竟然也類似於一種買賣權的到期利潤曲線,此種結果應該不難理解;換言之,利用圖 2-4,我們以履約價 K 為基準點,於 K 點的右側,放空現貨的利潤會隨 $S(T)$ 的上升而下降,但是買買權的到期利潤卻隨 $S(T)$ 的提高而上升,故二者的利潤總和會趨向於固定。利用相同的思考模式,讀者自然可以理解或想像位於 K 點的左側情況。

表 2-4　放空現貨與買進買權(保護性買權)之到期收益與利潤

臺股指數	現貨收益	買權收益	總收益	現貨利潤	買權利潤	總利潤
8,000	60,000	0	60,000	62,300	−21,105	41,195
8,100	55,000	0	55,000	57,300	−21,105	36,195
⋮	⋮	⋮	⋮	⋮	⋮	⋮
8,700	25,000	0	25,000	27,300	−21,105	6195
8,800	20,000	0	20,000	22,300	−21,105	1,195
8,900	15,000	0	15,000	17,300	−21,105	−3,805
9,000	10,000	0	10,000	12,300	−21,105	−8,805
9,100	5,000	0	5,000	7,300	−21,105	−13,805
9,200	0	0	0	2,300	−21,105	−18,805
9,300	−5,000	5,000	0	−2,700	−16,105	−18,805

說明:1. 臺股指數是指到期臺股指數,而表內各行皆指到期的結果。
　　　2. 現貨利潤與買權利潤皆是指到期收益減去期初成本支出(含利息)。
　　　3. 總收益為現貨收益加買權收益,而總利潤為現貨利潤加買權利潤。

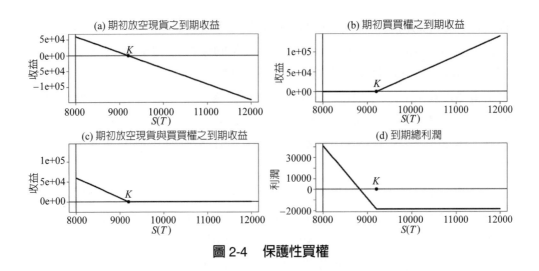

圖 2-4　保護性買權

例 1　賣方與保護性賣權

　　圖 2-3 與表 2-3 是假定同時於期初買現貨與賣權，故後者具有保護性的功能；不過，若以生產者的觀點來看，後者亦提供一種最低賣價的功能。假定投資人早就擁有「臺股指數」而預計於賣權之到期日「賣出」，另外同時買進一個賣權，不同於圖 2-3 與表 2-3 的組合是二種利潤曲線相加，此時卻只是賣現貨的收益加上買賣權的利潤，可參考圖 2-5。於圖 2-5 內的圖 (a)，我們考慮到期日相同的三種履約價賣權，三種履約價分別為 9,000、9,200、以及 9,400點，假定其對應的權利金分別為 320、420、以及 520 點；因此，於圖內可看出買賣權具有保護收益的功能。

例 2　買方與保護性買權

　　類似於例 1，假定投資人打算於買權的到期日買進「臺股現貨」，不過為了避免買於高點，故於期初先買一個買權。於圖 2-5 的 (b) 圖內，我們亦考慮三種到期日相同的買權，而其履約價亦分別為 9,000、9,200、以及 9,400 點，假定對應的買權權利金分別為 520、420、以及 320 點[3]；因此，於圖內可看出

3　可記得賣權（買權）的權利金與履約價格呈正（負）關係，三種賣權與買權的權利金純粹是假定值。

買買權具有保護支出的功能（可注意縱軸是表示支出成本）。

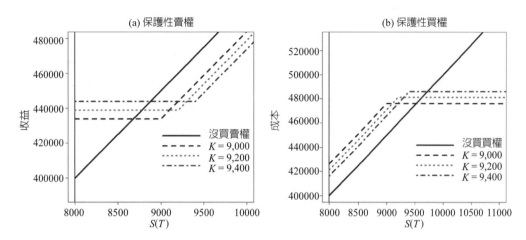

圖 2-5　保護性賣權與買權

表 2-5　利用賣權與遠期合約複製買權合約

現貨價格	買權收益	資產組合收益	資產組合利潤
8,000	0	0	−21,105
8,100	0	0	−21,105
⋮	⋮	⋮	⋮
9,100	0	0	−21,105
9,200	0	0	−21,105
9,300	5,000	5,000	−16,105
⋮	⋮	⋮	⋮
12,000	140,000	140,000	118,895

說明：1. 每行皆為到期的情況。

　　　2. 資產組合是指同時買遠期與賣權。

例 3 **複製買權**

　　由例 1 倒是提醒我們可以利用另外一種方式複製買權，即於期初買進一個賣權的同時，亦買入一個履約價與到期期限相同的遠期合約。由於買賣遠期合約的期初不需要任何成本支出，故計算其到期利潤時並不會涉及到利息成本，因此買遠期的收益類似於到期以履約價買現貨的情況。於圖 2-6 與表 2-5 內的結果，可看出的確可由買遠期與賣權複製出買權，當然我們仍假定遠期、賣權與買權合約的到期期限與履約價皆相同，其中買權合約的權利金亦為 420 點。

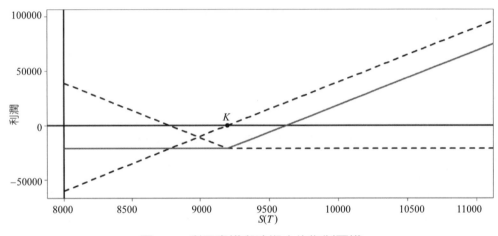

圖 2-6　利用賣權與遠期合約複製買權

2.2 掩護性買權與賣權

　　如前所述，選擇權的買方相當於「買保險」，透過部分資金而買入選擇權，投資人可以避免價格上升或價格下跌的風險；因此，選擇權的價格（權利金）相當於買保險的價格。相反地，選擇權的賣方相當於「賣保險」；換句話說，投資人為何選擇處於選擇權的賣方，其目的就是為了賺取權利金。不過，選擇權的賣方為了賺取權利金，反而會面對二種風險：第一，以賣賣權為例，賣賣權相當於到期時須用低於履約價的標的資產價格買入，故賣方可以先於 K 處放空現貨，故賣方是使用掩護性賣權的策略避險；第二，上述使用掩護性賣權並不是完全沒有風險的，即到期時若 $S(T)$ 高於 K，則賣方就會有損失，其結果就如圖 2-7 所示。因此，雖然選擇權的賣方可以避免上述的第一個風險，

但是第二個風險卻是無法避開的。

　　仍利用前述臺股指數選擇權的例子，於圖 2-7 內，可看出即使是使用掩護性賣權策略，賣方仍然無法避免到期時，$S(T)$ 上升的風險。因此，如前所述（第 1 章），雖然賣權的賣方與買權的買方皆是於到期時買進標的資產，顯然二者對未來的看法卻不相同；也就是說，買權的買方認為標的資產價格未來有大漲的可能，但是賣權的賣方則認為標的資產價格未來會「盤整」的機會較大，故可賺取權利金。

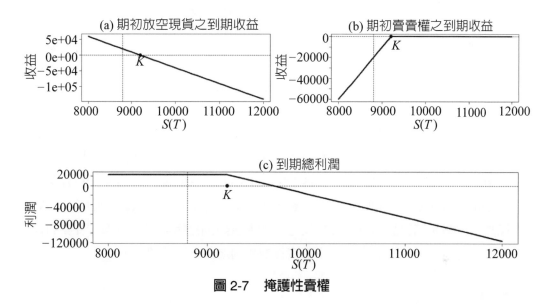

圖 2-7　掩護性賣權

　　類似的情況，亦出現於買權的賣方採取掩護性買權策略。由於處於賣方，為了避險，事先當然要先買現貨，此舉當然可以避免到期時因買方要求履約（標的資產價格高於履約價）而無現貨的風險，不過到期時，若標的資產價格低於履約價，則賣方依舊有風險，可參考圖 2-8。於圖 2-8 內，可看出即使賣方採取掩護性買權策略，仍然無法避免到期時，標的資產價格下跌的風險。

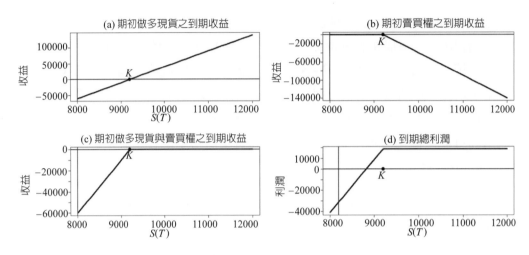

圖 2-8　掩護性買權

　　因此，選擇權的買方與賣方的「避險」策略是不對稱的，買方最多只有權利金的損失，而賣方的損失卻有可能是無限的；換言之，「賣保險」是比較難避險的。通常，賣方會採取「動態避險（dynamic hedging）」而非「靜態避險（static hedging）」策略以規避風險。靜態避險是指避險一次就不管了，因此掩護性策略是屬於靜態避險；相反地，動態避險則是指隨時間經過，若標的資產價格的變動不利於賣方，則賣方會採取相對應的避險措施[4]。

> ### 例 1　複製賣權

　　於 2.1 節的例 3 與圖 2-7 的例子內，有下列二點值得我們考慮：第一，若期初準備資金買遠期合約呢？即買賣遠期合約也需要「掩護」；也就是說，期初可以購買 $KB(0, T)$ 的貼現債券，到期可有 K 點的收益，其中 $B(0, T) = 1(1 + i/T)$ 以及 $i = 0.02$ 與 $T = 1/4$。第二，若到期期限與履約價皆相同，我們可以用遠期與賣權合約複製出買權，當然也可以用遠期與買權複製出賣權。利用上述二點，我們考慮圖 2-9 的結果。

---

[4]　於後面的章節內，我們會介紹動態避險。

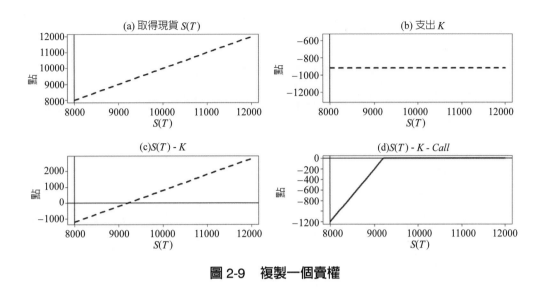

圖 2-9　複製一個賣權

　　如前所述，購買履約價爲 K 的遠期，若採取「掩護性」的策略，則於期初需購買 $KB(0, T)$ 個貼現債券，故到期時可得 $S(T) - K$；另一方面，若期初賣一個買權，則到期時因現貨價格上升所招致的風險可因期初購買遠期而抵銷，不過此舉仍無法避免到期現貨價格下跌的風險。換言之，上述買遠期與賣買權所構成的資產組合的確可以複製出一個「賣出」的賣權，如圖 2-9 內之圖 (d) 所示。

例 2

其實圖 2-9 內的結果，亦可以二種資產組合想像：

資產組合 1：賣一個賣權，可得 $p[S(0), K, i, T]$
資產組合 2：期初放空現貨、賣一口買權以及購買 $KB(0, T)$ 個貼現債券，
　　　　　　總共可得 $c[S(0), K, i, T] - KB(0, T) + S(0)$

其中 p 與 c 分別表示賣權與買權的權利金價格。我們將 p 與 c 寫成函數的型態，其分別爲受到標的資產期初價格 $S(0)$、履約價 K、簡單利率 i、以及到期期限 T 的影響，於後面的章節會解釋該函數關係。就歐式選擇權而言，因只能於到期時決定是否履約，故若到期的二種資產組合收益相同，則期初二種資產組合

的成本支出（或收益）豈不是應該相等嗎！

表 2-6　資產組合 1 與 2 的到期收益

	$S(T) \leq K$	$S(T) > K$
資產組合 1		
賣一個賣權	$K - S(T)$	0
合計	$K - S(T)$	0
資產組合 2		
賣一個買權	0	$S(T) - K$
買貼現債券	K	K
放空現貨	$-S(T)$	$-S(T)$
合計	$K - S(T)$	0

　　檢視表 2-6 的結果，可發現二種資產組合的到期收益是相同的，因此期初二種資產組合的收益（或成本）應該也是相等的。

2.3 買權與賣權平價理論

　　我們先考慮下列臺股指數選擇權的一種情況。假定 3 個月期履約價為 9,200 點的買權與賣權的權利金價格皆為 420 點，每點仍為新臺幣 50 元以及簡單利率為 2%，上述買權與賣權合約的到期日皆相同。若同時買入一口買權與賣出一口賣權構成一種投資組合，則該投資組合的到期利潤曲線（函數）為何？圖 2-10 的圖 (a) 繪製出該結果，如圖內綠色實線所示；換句話說，由於該投資組合的到期利潤曲線是一條通過履約價 K 的正斜率直線，則我們豈不是可以利用該投資組合，複製出買一種遠期合約的到期利潤直線，而該遠期合約的履約價不就是 K 嗎？讀者亦可以考慮另外一種投資組合：同時賣出一口買權與買入一口賣權，該投資組合也能複製出賣一種遠期合約的到期利潤直線。

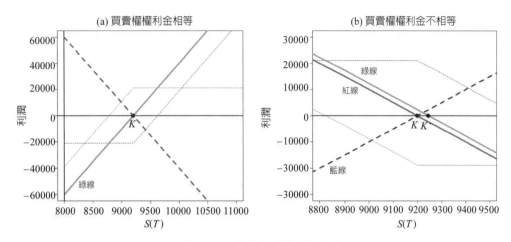

圖 2-10 複製一種遠期合約

　　上述利用買權與賣權合約複製出遠期合約的例子並不難理解，因遠期合約的買賣，於期初並不需要支付任何成本，而因買權與賣權的權利金價格皆相同，故上述二種投資組合的期初成本亦為 0，因此上述投資組合的確可以得到與遠期的到期利潤相同的直線。因此，利用上述結果，我們可以得到下列式子：

$$p[S(0), K, i, T] = c[S(0), K, i, T] + KB(0, T) - S(0) \qquad （2\text{-}9）$$

（2-9）式就是買權與賣權平價理論。利用（2-9）式，我們可以想像於到期時，結果會如何？換言之，（2-9）式可以改寫成：

$$p[S(T), K, i, T] - c[S(T), K, i, T] = K - S(T) \qquad （2\text{-}10）$$

（2-10）式等號的左側就是表示買入賣權與賣出買權組合之到期利潤曲線，而等號的右側不就是賣一種遠期合約的到期利潤直線嗎？因此，利用（2-9）或（2-10）式，我們不難看出買權、賣權與遠期合約之間的關係。

　　於（2-9）式內 $p[S(0), K, i, T]$ 與 $c[S(0), K, i, T]$ 分別表示期初賣權與買權的權利金價格。假定 $c[S(0), K, i, T] = 420$，即買權的權利金為 420 點，若賣權的權利金不等於買權的權利金，則賣權的權利金應為何？換言之，若賣權的權

利金不等於買權的權利金，我們是否仍可以複製出相同到期日的遠期合約？此時遠期合約的履約價為何？

就（2-9）式而言，我們可以用成本的觀念解釋，即等號的左側可以視為投資組合 A：買入一口賣權，其成本為 $p[S(0), K, i, T]$；另一方面，等號的右側可以視為投資組合 B：買入一口買權 $c[S(0), K, i, T]$、買進 K 個 $B(0, T)$、以及於 $S(0)$ 處放空臺股指數，其成本為 $c[S(0), K, i, T] + KB(0, T) - S(0)$。讀者可以證明投資組合 A 與投資組合 B 的到期收益應相同；因此，因期初成本與到期收益皆相等，故投資組合 A 可用投資組合 B 表示，也就是說賣權的價格可由投資組合 B 的成本表示。因此，利用買權的權利金價格為 420 點，計算投資組合 B 的購入成本，可得 374.2289 點（以點表示）（420 + 9,200/(1 + 0.02/4) - 9,200），故賣權的權利金價格為 374.2289 點。

如前所述，就（2-10）式而言，等號的左側是表示分別買一口賣權與賣一口買權的組合，我們將該組合稱為投資組合 C，故投資組合 C 於期初可有 45.7711 點（420 - 374.2289）的收益；另一方面，等號的右側是表示賣一種遠期合約的到期利潤直線，其中履約價為 K，不過因期初有 45.7711 點的收益，故可將履約價推升至 K'，可參考圖 2-10 之 (b) 圖內之綠色實線。因此投資組合 C 的到期利潤直線需進一步做調整，其調整幅度為往左平移 $K' - K = 46$ 點，此時投資組合 C 的到期利潤直線方有可能通過 K 點，如圖內之紅色實線。同理，投資組合 D 是指同時買一口買權與賣一口賣權的組合，投資組合 D 的到期利潤直線往左平移 $K' - K = 46$ 點，亦可參考 (b) 圖內之藍色虛線，於其中亦可看出其就是買遠期的到期利潤直線，其履約價亦為 K。

例 1　遠期合約的複製

其實，若只是檢視買權與賣權的到期收益，則不管買權或賣權的權利金為何，我們總是能複製出到期期限與履約金相同的遠期合約，試分別說明之。

解　利用（2-10）式，我們可以分別以買一口賣權與賣一口買權複製出一種賣遠期合約，或者是以賣一口賣權與買一口買權複製出一種買遠期合約，如圖 2-11 所示。仍使用前述臺指選擇權的例子，圖 2-11 內之各小圖皆繪製出各合約的到期收益曲線，於圖內可看出履約價皆相同。

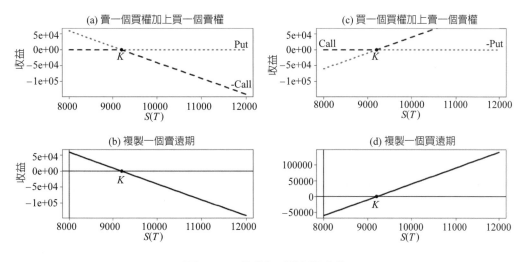

圖 2-11　複製一種遠期合約

例 2

仍使用前述臺指選擇權的例子，若賣權的權利金爲 420 點，則根據（2-9）式，可以計算出賣權的權利金爲何？就例 1 的例子而言，若考慮各合約的到期利潤，則應如何調整，方使得各合約的履約價皆相同。

解　根據（2-9）式，可知 $p[S(0), K, i, T] = 420$ 點，而因 $i = 0.02$、$K = 9,200$、以及 $T = 1/4$，故可得 $c[S(0), K, i, T] = 465.7711$ 點。考慮買一口賣權與賣一口買權的投資組合，期初可約有 2,288.56 元的收益（465.7711×50 $- 420 \times 50$），故到期可得 2,300 元（$2,288.56 \times (1 + 0.02/4)$）；另一方面，考慮買一口買權與賣一口賣權的投資組合，期初可約有 -45.7711 點的收益（$420 - 465.7711$），故到期須負擔 2,300 元（$-45.2711 \times (1 + 0.02/4) \times 50$）。是故，上述二投資組合的到期利潤需調整 2,300 元。

例 3　**套利**

續例 2，買一口賣權與賣一口買權的投資組合就是買資產組合 C，故賣資產組合 C 就是買資產組合 D。假定（2-9）式並不成立，投資人如何套利？

解　假定 $p[S(0), K, i, T] - c[S(0), K, i, T] > KB(0, T) - S(0)$，其中 $KB(0, T) -$ $S(0)$ 可解釋成於期初購買 $KB(0, T)$ 個貼現債券以及放空現貨，亦稱爲（買）

資產組合 5。直覺而言，應買資產組合 5 與買進資產組合 D，可得：

$$S(0) - KB(0, T) > c[S(0), K, i, T] - p[S(0), K, i, T]$$
$$\Rightarrow S(0) > c[S(0), K, i, T] - p[S(0), K, i, T] + KB(0, T)$$

將 $K = 9,200$、$i = 0.02$、$T = 1/4$、$p[S(0), K, i, T] = 420$、$c[S(0), K, i, T]$ = 465.7711 代入上式，可得 $S(0) > 465.7711 - 420 = 9,200/(1 + 0.02/4) = 9,200$，即期初可於現貨超過 9,200 點處放空。假定於 9,300 點處放空現貨，買資產組合 5 與買進資產組合 D 的期初成本為：

$$-9,300 + 9200/(1 + 0.02/4) = 465.77 - 420 = -100 \text{ 點}$$

由於到期時，根據（2-10）式，買資產組合 5 與買進資產組合 D 的到期收益會相等，故可得利。讀者也可自行練習「相反」的情況。

例 4　掩護性策略的複製

若再考慮買賣權平價如（2-9）式，其背後竟也隱藏著掩護性策略；換言之，（2-9）式亦可改寫成：

$$KB(0, T) - p[S(0), K, i, T] = S(0) - c[S(0), K, i, T] \qquad （2\text{-}9a）$$

或

$$-c[S(0), K, i, T] - KB(0, T) = -S(0) - p[S(0), K, i, T] \qquad （2\text{-}9b）$$

檢視（2-9a）與（2-9b）二式內等號的右側，不就是分別表示掩護性買權與掩護性賣權嗎？利用上述二式，掩護性買權與掩護性賣權策略倒也可以用其他方式複製，可參考圖 2-12。該圖內的圖 (c) 與 (d) 就是分別利用（2-9a）與（2-9b）二式內等號的左側複製掩護性買權與掩護性賣權！雖然如此，就到期利潤曲線而言，掩護性策略與其複製品仍有不同，其間的關鍵仍在於買權與賣權的權利

金差距；也就是說，調整的幅度仍為 45.7711 點。

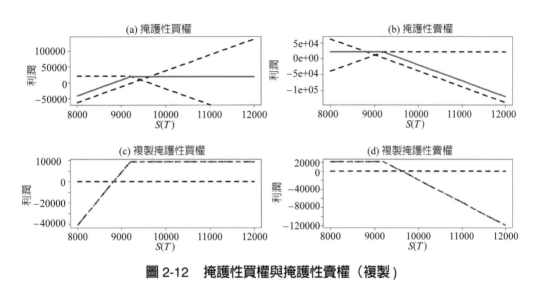

圖 2-12　掩護性買權與掩護性賣權（複製）

例5 **複製貼現債券**

利用（2-9）式，我們也可以複製出貼現債券，即（2-9）式亦可以改寫成：

$$S(0) + p[S(0), K, i, T] - c[S(0), K, i, T] = KB(0, T) \qquad (2\text{-}9\text{c})$$

假定買權與賣權有相同的履約價與到期期限。按照（2-9c）式，考慮買標的資產現貨、買一口賣權以及賣一口買權的投資組合，下表列出該投資策略的到期收益情況。於下表內可以看出該投資組合的到期收益為 $K - S(0)$；也就是說，該投資組合可以複製出 $K - S(0)$ 的貼現債券，可以參考圖 2-13。利用前述臺股指數選擇權的例子，於圖 2-13 內，我們繪製出 $S(0) < K$ 與 $S(0) > K$ 二種情況的到期利潤曲線，其中左圖可以表示賣貼現債券（發行債券）而右圖則對應至買貼現債券。

	$S(T) < K$	$S(T) > K$
買現貨（成本為 $S(0)$）	$S(T) - S(0)$	$S(T) - S(0)$
買一個賣權	$K - S(T)$	0
賣一個買權	0	$-S(T) + K$
合計	$K - S(0)$	$K - S(0)$

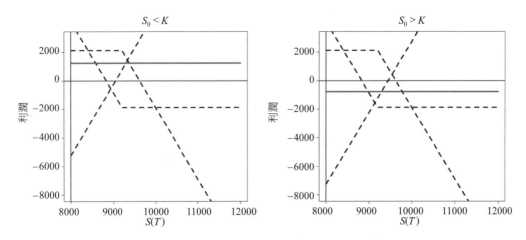

圖 2-13　複製貼現債券

3. 選擇權的性質

　　前面所述的選擇權觀念大多集中於到期時的討論，倘若於未到期時，則選擇權具有那些性質值得我們注意？討論未到期時選擇權的性質是有意義的，畢竟我們隨時看到的是未到期選擇權的買權、賣權與其權利金價格。例如表 2-7 列出臺灣期交所所發行臺股加權股價指數選擇權商品（簡稱 TXO）於 2015 年 12 月 16 日的一般交易時段行情表，於該表內可看出「臺指買權」與「臺指賣權」的即時行情[5]。

5　表 2-7 內的即時行情表，分別列出 2016 年 3 月到期的「臺指買權」與「臺指賣權」之權利金市場價格，我們只列出部分的結果。顧名思義，從表內可看出各欄的意思。例如：履約價為 8,200 點的買權，於 2015 年 12 月 16 日當日最高與最低的價格分別為 308 點與 270 點，最後當日的成交價與結算價皆為 296 點（與前一日相比漲

表 2-7　2015/12/16　08：45～13：45 一般交易時段行情表

到期月分	履約價	最高	最低	最後成交價	結算價	漲跌	成交量	未平倉
買權								
201603	7,800	505	505	505	545	+29	5	336
	8,000	387	387	387	411	+38	1	418
	8,200	308	270	296	296	+55	8	638
	8,400	212	176	202	202	+54	210	1,267
賣權								
201603	7,800	228	190	195	195	-55	170	2,310
	8,000	300	258	258	258	-65	192	1,764
	8,200	384	339	348	348	-71	120	1,264
	8,400	500	450	450	450	-90	13	1,664

說明：1. 各契約每日結算價為當日之最後一筆撮合成交價，若當日收盤前15分鐘內無成交價，或前款之結算價明顯不合理時，由期交所決定之。

2. 未平倉表示未沖銷契約量

3. 單位：口（成交量、未沖銷契約量）

4. 資料來源：期交所

了 55 點），成交量為 8 口，而尚未結清的合約量有 638 口（未平倉）。其餘的自然可以類推。由於 2015 年 12 月 15 日當日臺股指數的收盤價為 8,184.66 點，因此不難看出賣權的市價與買權市價差距不大。值得注意的是，若利用（2-9c）式以及表 2-7 的資訊，可以發現買權與賣權平價關係於「結算時」只能提供一個參考值。例如：考慮履約價為 8,200 點的買權與賣權價格，依（2-9c）式可以得到 8,184.66 + 348 − 296 = 8,236.66 點明顯超過履約價 8,200 點，其餘履約價亦有類似的結果；乍看之下，似乎買權與賣權平價關係並不存在，不過因每日交易的買權與賣權皆有出現最低價與最高價，也就是說，最低價、最高價與結算價未必會相等，因此較難判定買權與賣權平價關係是否成立。雖說如此，買權與賣權平價關係應該可以維繫或約束買權與賣權價格的關係，使得一方不能脫離另外一方太遠；其應該有點類似相同的產品高雄與臺北皆有出售，高雄的價格與臺北的價格未必會相等，不過若上述二地的價格差距太大，自然會引起套利。因此，我們還是相信買權與賣權平價理論或關係應該還是存在的，實際的價格有點類似「坑道內的蛇」應該不容易「爬出坑道外」。

上述由期交所所發行臺指選擇權是屬於歐式選擇權[6]。歐式選擇權的特色是買方只能於到期時要求賣方履行選擇權合約內的約定；換句話說，歐式選擇權的買方並無法要求賣方於合約未到期時履行期初的約定。與歐式選擇權對應的是美式選擇權，其特色是於合約未到期時，買方可以要求賣方履行期初的約定；也就是說，美式選擇權的買方可以隨時要求履行約定。美式選擇權的使用，於臺灣大多集中於權證上的交易；換言之，於臺灣，我們可以同時見識到歐式選擇權與美式選擇權的交易。

3.1 選擇權之間的簡單套利關係

通常我們買賣商品是以買斷或賣斷的方式達成交易，也就是說，熟悉的價格就是買賣斷的價格；但是，選擇權的交易卻別出心裁地想出於一段時間內買進與賣出某商品的權利，因此權利金價格一定會小於該商品買賣斷的價格。是故，選擇權價格的討論或研究，相當於將買賣商品的價格決定轉移至商品買賣權之權利金的決定，我們應該有辦法能決定出權利金[7]。

於表 2-7 內，我們已經能看出標的資產的現貨價格會同時影響買權與賣權的價格，因此我們不是可以透過研究未來標的資產現貨價格的機率分配預測未來權利金嗎？不過，此種想法我們留待後面章節再來介紹，目前我們仍假定買權與賣權的權利金為固定值，而用直覺的方式來判斷買權與賣權的性質。為了區分起見，我們以小寫 c 與 p 表示歐式買權與賣權價格，而以大寫 C 與 P 表示美式買權與賣權價格，其中買權與賣權價格就是指權利金。底下，我們整理出有關於歐式、美式買權與賣權價格的一些性質。於其中，可看出買權與賣權價格的上下限是存在的，否則自然會引起套利機會（arbitrage opportunity）。

---

[6] 可上網查詢期交所所發行的其他商品並檢視其契約內容以及交易規則。

[7] 其實選擇權的交易經常出現於日常生活中，例如房客與房東約好 1 個月內租房子的價格，房客先付一筆訂金，取得優先入住的權利，當然 1 個月後若房客沒履行約定，該訂金就會被沒收。現在一個問題是，該訂金是如何訂出來的？或是說，是否存在一個公平的訂金價格？

性質 1

若標的資產價格為 0，則美式買權的價格亦為 0，即 $C(0, K, i, T) = 0$。

說明：因價格就是標的資產未來現金流量的總現值，故標的資產價格為 0，表示該資產未來並無法提供現金流量，因此以該資產所衍生的美式買權價格亦為 0，於其中我們仍假定美式買權價格為標的資產當期現貨價格 $S(0)$、履約價 K、簡單利率 i、以及到期期限 T 的函數。

性質 2

$C[S(0), K, i, T] \geq \max(S(0) - K, 0)$

說明：畢竟我們所關心或有興趣的是「好的商品」而不是「不好的商品」[8]；因此，美式買權的價格應不為負值，即 $C[S(0), K, i, T] \geq 0$。另一方面，若 $S(0)$ 大於 K，而 $C[S(0), K, i, T]$ 小於 $S(0) - K$，則不是存在一個套利空間嗎？即買進一口美式買權合約而立即要求履行約定，其淨利潤可為[9]：

$$S(0) - \{C[S(0), K, i, T] + K\}$$
$$= S(0) - K - C[S(0), K, i, T] > 0$$

因此，為了避免套利，美式買權的價格應為：

$$C[S(0), K, i, T] \geq S(0) - K \tag{2-11}$$

例 1

假定某一 3 個月期美式買權的權利金為 2 元。若標的資產的價格為 40 元而履約價為 35 元，試問如何套利？

解 此明顯違反性質 2 或（2-11）式，故投資人可以買進一個買權而立即要求

---

[8] 此處「好的商品」是指消費者之邊際效用大於 0 的商品，「不好的商品」則指消費者之邊際效用小於 0 的商品，不好的商品可以包括垃圾或噪音等。

[9] 此處忽略交易成本。

履約，故投資人買進標的資產的成本爲 37 元，而潛在的收益爲 40 元，可得潛在的利潤爲 3 元。

性質 3

$S(0) \geq C[S(0), K, i, T]$

說明：直覺而言，美式買權的價格應低於標的資產價格，倘若不成立，的確會引起套利。即買標的資產同時賣出一口美式買權，若其間皆未被提前要求履約，則可繼續維持至到期時以支付標的資產同時收到履約價，要不然就仍擁有標的資產，此不是期初與期末皆有可能有現金流入！因此，爲避免上述套利，性質 3 一定要成立。

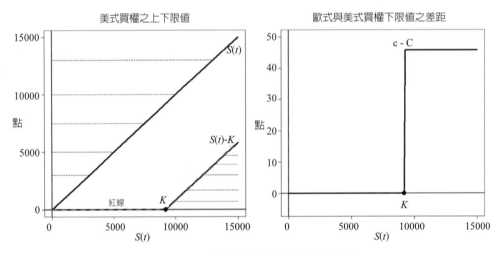

圖 2-14　美式買權價格的上下限值

根據性質 1～3，我們可以找出美式買權價格的上限（upper bound）與下限（lower bound）值，可參考圖 2-14 之左圖，該圖是沿用前述臺股指數選擇權的例子；換言之，雖然我們仍不知美式買權價格爲何，不過我們可以確定的是美式買權價格應位於圖內的空白處。也就是說，性質 3 幫我們建立美式買權價格的上限值，而（2-11）式（性質 2）則建立美式買權價格的下限值。

利用性質 3，我們倒也可以找出歐式買權的下限值。

性質 4

$c[S(0), K, i, T] \geq \max[S(0) - KB(0, T), 0]$

說明：類似美式買權價格，歐式買權價格應也大於 0，即 $c[S(0), K, i, T] \geq 0$。

我們可以考慮二種資產組合 E 與 F：資產組合 E 為購買一口歐式買權，其支出成本為 $c[S(0), K, i, T]$；資產組合 F 為購買一個相同期限與履約價的遠期合約，假定於期限內標的資產並無支付股利，則於期初該遠期合約的成本可寫成 $S(0) - KB(0, T)$[10]。因此，於到期時，二資產組合的收益為：

	$S(T) < K$	$S(T) \geq K$
資產組合 E	0	$S(T) - K$
資產組合 F	$S(T) - K$	$S(T) - K$

明顯地，資產組合 E 優於資產組合 F（因前者於 $S(T) < K$ 時，收益為 0），故期初資產組合 E 的價格應高於資產組合 F 的價格，即：

$$c[S(0), K, i, T] \geq S(0) - KB(0, T)$$

例 2

若仍以使用前述臺股指數選擇權的例子，利用性質 4，可以得到歐式買權的下限值，如圖 2-14 的左圖內的紅色虛線所示（可以執行所附的 R 指令）。比較美式與歐式買權下限值的差距，其最大值為 $K - KB(0, T)$，即 45.7711 點，可參考圖 2-14 的右圖。因 $B(0, T) < 1$，故歐式買權的下限值大於美式買權的下限值。

---

[10] 可記得買進一個遠期合約的到期值為 $S(T) - K$，故該合約的期初現值為 $S(0) - KB(0, T)$，可參考第 3 章。

性質 5

$C[S(0), K, i, T] \geq c[S(0), K, i, T]$

說明：直覺而言，美式買權的價格會高於或等於歐式買權價格，因為後者的權
利，前者皆有；換言之，美式買權多出來的權利（即可以提前履約），
應不至於是負面的，故歐式買權價格至多（含）等於美式買權價格。

性質 6

美式買權不會提前履約，故美式買權價格類似歐式買權價格，即：

$$C[S(0), K, i, T] = c[S(0), K, i, T]$$

說明：假定於合約期限內標的資產並無支付股利以及利率為正數值，即就 $T >$
0 而言，$B(0, T) < 1$。利用性質 4 與 5 可知：

$$C[S(0), K, i, T] \geq c[S(0), K, i, T] \geq \max[S(0) - KB(0, T), 0]$$

隱含著

$$C[S(0), K, i, T] \geq S(0) - KB(0, T)$$

而美式買權若提前履約可得 $S(0) - K$，因 $B(0, T) < 1$，故：

$$C[S(0), K, i, T] \geq S(0) - KB(0, T) > S(0) - K$$

因此不履約反而比提前履約更有價值；換言之，美式買權的買方應會不
履約而保留至到期，故美式買權的價值相當於歐式買權價值。倘若投資
人發現標的資產價格只會短暫地超過履約價，那為何不會提前履約？
別忘了，提前履約投資人可得 $S(0) - K$，但是 $C[S(0), K, i, T] > S(0) -$
K，因此賣掉該美式買權反而較為有利，畢竟於未到期前還有「潛在價
值」，而履約就喪失了該價值。

性質 7

$C[S(0), K, i, T_1] \geq C[S(0), K, i, T_2]$，其中 $T_1 > T_2$。

說明：假定相同履約價與標的資產的二種美式買權，其中較遠到期期限如 T_1，相對上當然比較近到期期限 T_2 的美式買權更有價值，因爲後者的權利，前者皆有。

性質 8

$P[0, K, i, T] = K$

說明：若當期標的資產的現貨價格爲 0，則美式賣權立即履約可得最大收益 K，因爲不履約會喪失履約價 K 的利息收入。

性質 9

$P(0, K, i, T) \geq \text{Max}[K - S(0), 0]$

說明：類似性質 2，假定 $K - S(0) > P[S(0), K, i, T]$，則可以買美式賣權而立即要求履約，可得 $K - S(0) - P[S(0), K, i, T] > 0$；因此，爲了避免套利，美式賣權價格必須符合 $P[S(0), K, i, T] \geq K - S(0)$。

性質 10

$K > P(0, K, i, T)$

說明：如前所述，即使當期標的資產的現貨價格爲 0，美式賣權的價格爲 K；是故，若標的資產的現貨價格大於 0，則美式賣權的價格應小於 K。

性質 11

$p[S(0), K, i, T] \geq \text{Max}[KB(0, T) - S(0), 0]$

說明：類似性質 4，因相對上歐式賣權合約比相同到期期限與履約價的賣出遠期合約更具有彈性，而後者的期初價值爲 $KB(0, T) - S(0)$，故歐式賣權的價格應較高，即 $p[S(0), K, i, T] \geq KB(0, T) - S(0)$。

　　我們可以舉一個例子說明性質 11。考慮一個 3 個月期臺股指數履約價爲 9,400 點的賣權。假定當期臺股指數爲 9,200 點而 3 個月期的簡單利率爲 2%，則該歐式賣權的下限值爲：

$$9,400/[1 + 0.02 \times (3/12)] - 9,200 = 153.2338 \text{ 點}$$

此相當於 7661.69 元（1 點表示新臺幣 50 元）。假定該歐式賣權為 130 點，顯然被低估且違反上述下限值。直覺而言，低估就應該買進。考慮一個投資組合策略：買進該賣權以及買入一種相同到期日但履約價為 9,200 點的遠期，該投資組合策略可借入：

$$(9,400 - 9200)/[1 + 0.02 \times (3/12)] = 199.005 \text{ 點}$$

故相當於借入 9,950.25 元。支付歐式賣權價格 130 點後，於期初尚有 69.005 點（3,450.25 元）的現金流入。

於到期時，我們可以檢視該投資組合的收益，即：

	$S(T) \leq 9,400$	$S(T) > 9,400$
買賣權	$9,400 - S(T)$	0
買遠期	$S(T) - 9,200$	$S(T) - 9,200$
還期初借入	-200	-200
合計	0	$S(T) - 9,400$

從上表可看出於到期時亦有正的現金流入，故該投資組合是「穩賺不賠」，因此歐式賣權價格不應低於上述下限值。利用性質 10，歐式賣權的價格的上限值為 K，故歐式賣權價格應落於上限值與下限值之間如圖 2-15 所示。

性質 12

$P[S(0), K, i, T] \geq p[S(0), K, i, T]$

說明：類似性質 5，歐式賣權價格應不高於美式賣權價格。不像美式買權不會提前履約，美式賣權卻是有可能提前履約，此尤其出現於履約價不高而標的資產價格跌深的情況。假定履約價為 25 元之半年期美式賣權而利率為 9.5%，若現貨價格跌至 1 元，則立即履約可得 25.14 元（25×(1 +

0.095/2)）。按照性質 10，美式賣權價格不會高於履約價，故反而提前履約較有利。

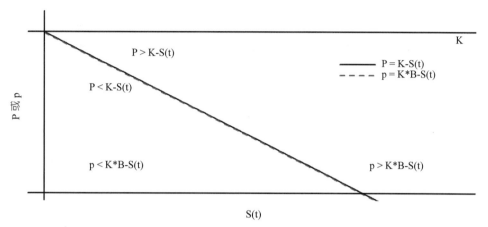

圖 2-15　美式賣權價格的上下限值

例 3

　　若我們深信標的資產價格未來應會上升，則應該買進買權呢？或是賣出賣權呢？亦或是直接購買現貨呢？還是融資買進現貨呢？

解　如前所述，買權或賣權皆有「保險」的功能，因此若上述訊息是正確的，買權的保險功能的確是多餘的；另一方面，賣出賣權雖可以賺到權利金，但是買方會履約的可能性並不大，故只能賺取固定的權利金，因此反而單獨使用買權或賣權並不恰當。若堅信未來標的資產價格不會下跌，我們可以直接購買現貨或是以融資的方式買進現貨；不過，按照買權與賣權平價理論，我們亦可以買進買權與賣出賣權的投資組合取代，因該投資組合類似於融資買進現貨。

例 4

使用臺股指數選擇權的例子（到期期限皆為 3 個月），現在有下列的三種情況：

(A) 考慮一種由二種歐式買權所構成的資產組合：買一個履約價為 9,000 點的買權以及賣一個履約價為 9,500 點的買權。試回答：

(i) 到期時，該資產組合的收益為何？

(ii) 試證明：

$$0 \le c[S(0), 9000, 0.02, 0.25] - c[S(0), 9500, 0.02, 0.25] \le 500B(0, 0.25)$$

(B) 考慮一種由二種歐式賣權所構成的資產組合：買一個履約價為 8,500 點的賣權以及賣一個履約價為 9,000 點的賣權。試回答：

(i) 到期時，該資產組合的收益為何？

(ii) 試證明：

$$-500B(0, 0.25) \le p[S(0), 8500, 0.02, 0.25] - p[S(0), 9000, 0.02, 0.25] \le 0$$

(C) 考慮下列的投資組合：買臺股指數現貨、賣一個履約價為 9,500 點的買權、買一個履約價為 8,500 點的賣權、以及賣 9,000 個貼現債券。該投資組合的期初成本為：

$$S(0) - 9000B(0, 0.25) - c[S(0), 9500, 0.02, 0.25] + p[S(0), 8500, 0.02, 0.25]$$

則此投資組合與 (A) 與 (B) 的資產組合有何關係？

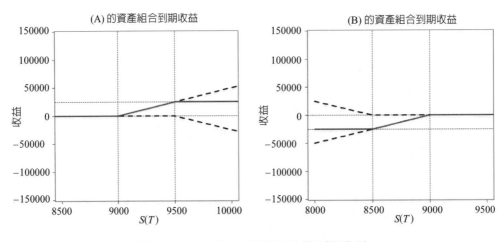

圖 2-16　(A) 與 (B) 資產組合的到期收益

解　就 (A) 的資產組合而言，我們可以將標的資產價格分成三個區段來看，其分別為 $S(T) \le 9,000$、$9,000 < S(T) \le 9,500$、以及 $S(T) > 9,500$，至於 (B) 的資產組合，$S(T)$ 則分成 $S(T) \le 8,500$、$8,500 < S(T) \le 9,000$、以及 $S(T) > 9,000$ 三個部分；最後，就 (C) 的資產組合而言，$S(T)$ 則可以分成 $S(T) \le$

8,500、8,500 < $S(T) \leq 9,500$、以及 $S(T) > 9,500$ 三個區段，可以參考表2-8。首先，我們檢視 (A) 的資產組合，上述三個區段的到期收益分別為 0、$S(T) - 9,000$、以及 500 點，故與期初買 500 個貼現債券比較，顯然前者皆小於後者的到期收益。同理，就 (B) 的資產組合而言，三個區段的到期收益分別為 −500、$S(T) - 9,000$、以及 0 點，故與期初賣 500 個貼現債券比較，顯然前者亦皆小於後者的到期收益。可以參考圖 2-16。至於 (C) 的資產組合，三個區段的到期收益分別為 −500、$S(T) - 9,000$、以及 500 點。因此，(A) 的資產組合加上 (B) 的資產組合的到期收益等於 (C) 的資產組合的到期收益。

表 2-8　到期收益

	$S(T) \leq 9,000$	$9,000 < S(T) \leq 9,500$	$S(T) > 9,500$
(A) 的資產組合			
買 9,000 點買權	0	$S(T) - 9,000$	$S(T) - 9,000$
賣 9,500 點買權	0	0	$9,500 - S(T)$
(i)	0	$S(T) - 9,000$	500
(ii) $500B(0.25, 0.25)$	500	500	500
	$S(T) \leq 8,500$	$8,500 < S(T) \leq 9,000$	$S(T) > 9,000$
(B) 的資產組合			
賣 9,000 點賣權	$-9,000 + S(T)$	$-9,000 + S(T)$	0
買 8,500 點賣權	$8,500 - S(T)$	0	0
(i)	−500	$-9,000 + S(T)$	0
(ii) $-500B(0.25, 0.25)$	−500	−500	−500
	$S(T) \leq 8,500$	$8,500 < S(T) \leq 9,500$	$S(T) > 9,500$
(C) 的資產組合			
買現貨	$S(T)$	$S(T)$	$S(T)$
賣 $9,000B(0.25, 0.25)$	−9,000	−9,000	−9,000
買 8,500 點賣權	$8,500 - S(T)$	0	0
賣 9,500 點買權	0	0	$9,500 - S(T)$
	−500	$S(T) - 9,000$	500

就歐式選擇權而言，若有二種資產組合的到期收益相等，則期初二種資產組合的成本支出應該也要相等；因此，(A) 資產組合的期初支出成本加上 (B) 資產組合的支出成本應該等於 (C) 資產組合支出成本，即：

$c[S(0), 9000, 0.02, 0.25] - c[S(0), 9500, 0.02, 0.25]$

$+ p[S(0), 8500, 0.02, 0.25] - p[S(0), 9000, 0.02, 0.25]$

$= S(0) - 9,000B(0, 0.25) - c[S(0), 9500, 0.02, 0.25] + p[S(0), 8500, 0.02, 0.25]$

$\Rightarrow S(0) - 9,000B(0, 0.25) = c[S(0), 9000, 0.02, 0.25] - p[S(0), 9000, 0.02, 0.25]$

此恰為買權與賣權平價理論。

3.2 股利的考量

至目前為止，我們並未考慮股利的發放。直覺而言，因買權的買方尚未持有標的資產，故於合約期間內，若標的資產有發放股利，買權的買方並無法收到股利，不過因現貨價格會因股利的發放而幾乎與股利同比例的下跌，使得買權的買方的報酬亦隨之下降，因此股利的發放對買權而言，是較為不利的。相反地，就賣權而言，若於合約期間內，標的資產有發放股利，因賣權的買方尚未賣出標的資產，故賣權的買方仍可以取得股利，故股利的發放對賣權而言，是較為有利的。

通常於我們的分析或討論內，可以將股利的發放分成間斷的型態與連續的型態二種。間斷的型態適用於單一標的資產如股票選擇權，而連續型態的股利則適用於標的資產為指數型如指數選擇權[11]。

例 1　間斷型態的股利

假定某檔股票的價格為每股 40 元，利率為 2%，該檔股票的 3 個月期履約價為 40 元的買權價格為 2.78 元。若該檔股票預計於股票 3 個月期選擇權到期日發放現金股利 0.1 元，則該檔股票的 3 個月期履約價為 40 元的賣權價格為何？

---

[11] 此尤其表現於指數選擇權內，畢竟指數內包括許多檔股票，因此我們並不容易計算出股利發放的效果。

解 到期日發放 0.1 元現金股利，相當於期初約可得 0.0995 元，即 0.1B(0, 0.25) 元，故按照買權與賣權平價理論如（2-9）式可得：

$$p(40, 40, 0.02, 0.25) = 2.78 - (40 - 0.0995) + 40 \times B(0, 0.25) \approx 2.68 \text{ 元}$$

高於沒有股利發放的賣權價格 2.58 元。

因此，就例 1 而言，期初股價因股利的發放而下降，故若有考慮股利，買權與賣權平價公式如（2-9）式可以改寫成：

$$p[S(0), K, i, T] = c[S(0), K, i, T] + KB(0, T) - [S(0) - PVD(0, T)] \quad (2\text{-}12)$$

其中 $PVD(0, T)$ 表示股利的現值。至於連續型的股利，是假定股利的發放是根據標的資產價格而以年率化的連續股利支付率（dividend yield）表示；換言之，假定 $S(0)$ 表示期初標的資產價格，而 q 表示年率化的連續股利支付率，則我們可以估計出每日的股利發放為：

$$每日的股利發放 = \frac{q}{365} \times S(0)$$

假定將收到的股利再購買相同的標的資產，則 T 年後可得：

$$\left(1 + \frac{q}{365}\right)^{365 \times T} \approx e^{qT}$$

因此，股利的發放屬於連續型，買賣權平價理論，即（2-9）式可以改成：

$$c[S(0), K, i, T] = p[S(0), K, i, T] - Ke^{-rT} + S(0)e^{-qT} \quad （2\text{-}13）$$

為取得一致的結果，於（2-13）式內，我們亦將貼現債券改以連續型貼現債券如（2-7）式表示，其中 r 為連續的複利率。比較（2-12）與（2-13）二式，可得間斷型股利與連續型股利的區別為：

$$S(0) - PVD(0,T) = S(0)e^{-qT} \Rightarrow PVD(0,T) = S(0) - S(0)e^{-qT}$$

因此，(2-13) 式可以改寫成：

$$S(0) = c[S(0),K,i,T] - p[S(0),K,i,T] + Ke^{-rT} + PVD(0,T) \qquad （2-14）$$

換言之，(2-14) 式指出，若缺乏遠期合約，我們亦可以利用相同到期期限與履約價的買權與賣權複製標的資產現貨，其成本於期初爲買權與賣權的權利金差距外，尚須加上履約價與股利的現值總和。

例 2

若以前述臺股指數選擇權爲例，即 $S(0) = 9,200$、$K = 9,200$、以及 $T = 0.25$。若假定 $r = 0.019$、$q = 0.01$ 與買權的權利金爲 420 點，則按照（2-13）式，可得賣權的權利金爲：

$$420 + 9,200e^{-0.019/4} - 9,200e^{-0.01/4} \approx 399.37 \text{ 點}$$

高於不考慮股利發放的賣權的權利金 374.23 點（2.3 節），後者若改以連續貼現債券表示則爲 376.4 點。

例 3

續例 2，若沒有考慮股利以及使用連續複利率，賣權的權利金爲 376.4 點，故以買權的權利金爲 420 點計算，買權與賣權的權利金差距約爲 43.6；但是，若有考慮股利，則賣權的權利金爲 399.37 點，故買權與賣權的權利金差距約爲 20.63 點，其與原先的差距恰爲股利的現值約爲 22.97 點。

上述的結果，有底下四點值得我們注意：

(1) 考慮股利發放後的賣權權利金較高，此種結果理所當然會出現於歐式選擇權上，畢竟持有賣權的買方，於尚未到期前，仍擁有標的資產故可得到股利，因此股利的發放對賣權的權利金有正向的效果。

(2) 如前所述，我們可以利用買權與賣權平價理論複製出標的現貨資產，例如買進一口買權與賣出一口賣權可以產生一個「直接買現貨」的複製品。不過，該複製品與直接買現貨並不相同，後者是於期初以 9,200 點購買，並一直持有至到期，而前者於期初只需負擔 43.6 點（沒有股利發放）或 20.63 點（有股利發放）而延後至到期才付款[12]；因此，買權與賣權的權利金差距只是反映延遲支付的時間價值而已[13]。讀者亦可以比較賣出一口買權與買進一口賣權可以產生一個「直接賣現貨」的複製品與直接放空現貨之間的差距。

(3) 就「直接買現貨」的複製品而言，於合約期間內，其擁有者並不是股東。

(4) 就（2-14）式而言，其提醒我們利用買權與賣權合約複製標的資產現貨的困難處，因為買權與賣權的權利金仍受到標的資產現貨價格的影響；換言之，以目前我們假定買權與賣權的權利金為固定數值的條件下，我們並無法複製出標的資產現貨。

例 4　美式買權的提前履約 [14]

於 3.1 節內的性質 6 曾提醒我們若沒有股利的考量，美式買權並不會提前履約，故美式買權與歐式買權的權利金會相等。不過，若標的資產於合約期間內有發放股利，美式買權的買方有可能於股利發放前就提前履約，因為買方可能認為股利取得的「好處」高於履約價的利息收益以及買權之「保險」的好處。

3.3 權利金的價值

如前所述，至目前為止我們所討論大多集中於選擇權的到期收益或利潤範圍。一個有意思的問題是，於未到期時，買權與賣權的價值為何？如前所述，選擇權的價值（即權利金）可以拆成內含價值與時間價值二種；換言之，前述我們所探討的買權與賣權到期收益或到期利潤，其內並無包括時間價值，故其

---

[12] 即到期時 $S(T) > K$，買權會履約；而 $S(T) < K$ 時，賣權會履約，故賣方以履約價購買現貨。

[13] 以有股利發放為例，因複製品並無法像直接購買現貨可以取得股利，故沒有股利與有股利複製品價格之間的差距，就是股利的現值，即例 2 內的 $PVD(0, T)$。

[14] 有關於美式選擇權的性質，第 7 章我們會再檢視。

只剩下內含價值，因此欲判斷未到期選擇權的內含價值，倒是與判斷到期收益的方式類似，可參考表 2-9。

表 2-9　選擇權的內含價值

	買權	賣權
價內	$S(t) > K$	$S(t) < K$
價平	$S(t) = K$	$S(t) = K$
價外	$S(t) < K$	$S(t) > K$

因此，若以未到期標的資產價格 $S(t)$ 與履約價 K 之間的差距，可以將未到期買權與賣權分成價內（in the money）、價平（at the money）以及價外（out of the money）等三種。例如：若 $S(t) = 9,400$ 與 $K = 9,200$，理所當然買權是處於價內而賣權則處於價外；不過，因尚未到期，故即使後者是處於價外，其仍有價值（畢竟還有可能「反敗為勝」），該價值就是時間價值。是故，選擇權的價值可以由其內含價值與時間價值之總和所組成。

圖 2-17 就是繪製出買賣權四種行為之未到期收益曲線的情況 [15]，我們可以發現不管是買權或賣權的未到期收益曲線形狀皆類似於到期收益曲線，只不過前者是以圓滑的形狀取代後者之「拗折」的型態。於每一圖內，我們以前述臺股指數選擇權的例子，繪出到期（$T = 0$）以及二種未到期二種情況；換言之，$T = 0.5$ 表示距離到期日仍有半年的時間，其價值當然會超過 $T = 0.25$ 的價值，也就是說，二條曲線之間的差距，就是時間價值。

例 1

仍以臺股指數選擇權為例，若 $K = 9,200$、$r = 0.019$、$q = 0$、以及 $T = 0.5$，試分別繪製出歐式買權之收益與到期收益曲線，並解釋二曲線之間的關係。

解　二曲線之間的關係可參考圖 2-18。於該圖內，可看出該買權之時間價值於現貨價格等於履約價處最大，即價平之買權的時間價值最高；另一方面，

---

[15] 未到期買賣權價格的決定是按照 Black-Scholes（BS）之公式所計算，可參考後面章節或《財數》之第 10 章。

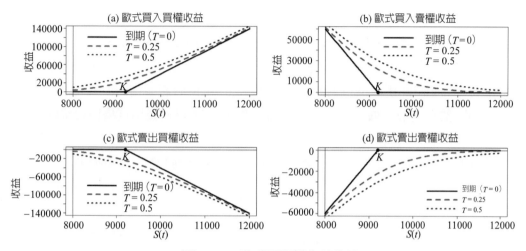

圖 2-17　歐式買賣權收益曲線

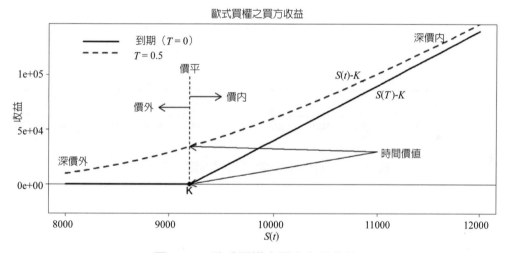

圖 2-18　歐式買權之買方收益曲線

若現貨價格愈偏離履約價，於圖內可看出可以分成「深價內」與「深價外」二種情況，有意思的是，此時二種情況的時間價值反而愈小，表示「逆轉」的可能性並不大。

例 2　高波動與低波動

　　圖 2-18 提醒我們期限較長的買權與賣權有較大的時間價值，其實我們也可以考慮另一種可能，那就是標的資產的波動由小變大，於其他情況不變下，買權與賣權的時間價值應該也會變大；換言之，標的資產價格的波動大小亦會影響到買權與賣權的權利金多寡。例如：圖 2-19 各自繪製出買權與賣權的二種可能，標的資產價格的波動率其中之一為 50%，而另一則為 25%[16]，二種買權與賣權的其餘條件皆相同。於圖內的確可看出高波動的情況，其時間價值較高。

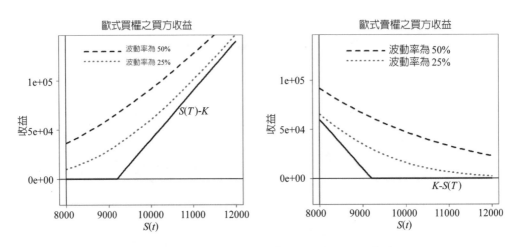

圖 2-19　高低波動之歐式買權的買方收益曲線

例 3

　　類似例 2，於其他情況不變下，我們也可以比較不同利率的高低對買權與賣權的時間價值影響，例如圖 2-20 亦繪製出二種利率的情況。由圖內可看出，高（低）利率的情況下，買權有較高（低）的時間價值，但是賣權卻有較低（高）的時間價值，此種結果我們並不意外，畢竟由 3.1 節內的性質 4 與 11 可看出端倪，因高利率會降低履約價的現值，同時降低了買權的支出成本與賣權的收益。

---

[16] 波動率的計算可參考後面章節或《財統》。

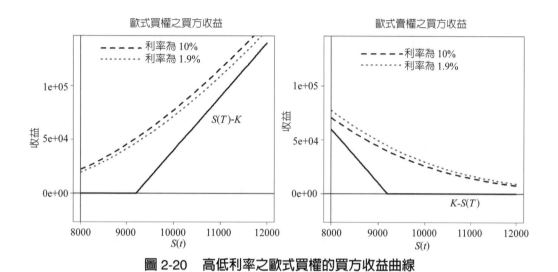

圖 2-20　高低利率之歐式買權的買方收益曲線

4. 選擇權的組合策略

　　前述介紹的選擇權交易策略，除了強調選擇權的「保護或掩護」的功能外，亦多集中於現有現貨商品、買權或賣權商品的複製，其中的依據，就是買權與賣權平價理論。其實，買權與賣權平價關係的應用並不僅於此，我們竟然可以根據它再進一步複製出選擇權的衍生性商品！此是表示何意思？例如：臺股指數選擇權是根據臺股指數現貨所衍生出來的商品，那如果有一種商品是根據臺股指數買權或賣權所衍生出來的，那該商品不就是選擇權的衍生性商品嗎？為何我們還要介紹此種商品？原來，就是要滿足不同投資人的偏好！投資人若有奇特或怪異的偏好，我們是否可以幫他們設計出一種商品，以滿足其需求？答案：好像有這個可能！

　　因此，簡單的商品如歐式選擇權亦有可能變成一種複雜的商品，那美式選擇權就更不用說了。為了方便底下例子的說明，我們使用實際的臺股指數選擇權的例子，也就是說，利用表 2-7 內的資訊；因此，除了假定 $S(0) = 8184.66$ 點、$i = 0.02$、以及 $T = 0.25$ 外，我們進一步考慮四種履約價，即：

$$K_j = 7800, 8000, 8200, 8400 \text{ 點，其中 } j = 1, 2, 3, 4$$

此相當同時考慮有四種相同到期期限的買權與賣權。於表 2-7 內，於其他情況不變下，四種買權的權利金（結算價）依序為：

$$c_1 = 545 \text{、} c_2 = 411 \text{、} c_3 = 296 \text{ 以及 } c_4 = 202$$

而四種賣權的權利金（結算價）依序為：

$$p_1 = 195 \text{、} p_2 = 258 \text{、} p_3 = 348 \text{ 以及 } p_4 = 450$$

於底下介紹的選擇權組合交易內，如前所述，我們可以將每一組合視為一種新的商品，因此存在有對應的買方與賣方。於底下的分析內，我們不僅可以看到組合的到期收益或利潤圖扮演著重要的角色，同時也可以發現，其實 R 的使用，更是不可欠缺的。

例 1 跨式交易

一種跨式（straddle）是由標的資產、履約價與到期期限相同的一種買權與一種賣權所構成，其中跨式的買方（賣方）是指同時買進（賣出）一口買權與賣權。利用前述的 $K_3 = 8{,}200$、$i = 0.02$、$T = 0.25$、$c_3 = 296$、以及 $p_3 = 348$ 的資訊，圖 2-21 與表 2-10 分別繪製出與列出「買跨式」與「賣跨式」的到期收益與到期利潤情況。於圖或表內，可看出「跨式」竟然也變成一種新的衍生性商品，其就是由買權與賣權所衍生而來的！

我們可以計算出「買跨式」的期初權利金支出為：

$$c_3 + p_3 = 296 + 348 = 644 \text{ 點}$$

而其到期收益為：

$$c[S(T), K_1, i, T] + p[S(T), K, i, T] = \max[S(T) - K_1, 0] + \max[K_1 - S(T), 0]$$

同理，「賣跨式」的期初成本為：

$$-c_3 - p_3 = -644 \text{ 點}$$

而其到期收益為：

$$-c[S(T), K_1, i, T] - p[S(T), K_1, i, T] = -\max[S(T) - K_1, 0] - \max[K_1 - S(T), 0]$$

　　如前所述，選擇權的交易屬於一種零和遊戲，故跨式的買方與賣方的到期收益或利潤頗有「一體二面」的味道。不過，於此我們不是透過買權與賣權設計出一種稱為「跨式」的商品嗎？該商品的價格為 32,200 元（644×50），到期期限為 3 個月。我們從圖內的到期收益曲線型態，可以看出「跨式商品」的設計，頗符合投資人於 K_3 處，認為標的資產於未來具有「不是大漲就是大跌」的預期。另一方面，從圖內的到期利潤曲線型態，可以看出賣方反而認為未來標的資產價格會盤整於 K_3 附近，因此於 K_3 處，賣方可以有最高的利潤，而此最大利潤就是來自於買權與賣權的權利金收益 32,200 元與其利息總和，即 32,200×(1 + 0.02/4) ≈ 32,361 元。讀者可以自行練習計算表內其他到期價格下之到期收益與利潤。

　　直覺而言，若標的資產的到期價格大於（小於）履約價，則跨式的買方會執行買權（賣權）的約定，故跨式的賣方的到期收益或利潤會隨之下降，於圖內的到期利潤曲線可看出標的資產的到期價格約為 7,550 點與 8,850 點時，跨式的賣方的到期利潤接近於 0。

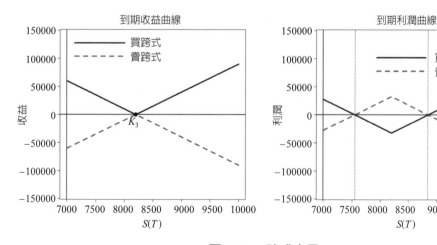

圖 2-21　跨式交易

表 2-10　跨式交易（單位：新臺幣）

S(T)	買方收益	賣方收益	買方利潤	賣方利潤
7,000	60,000	−60,000	27,639	−27,639
7,400	40,000	−40,000	7,639	−7,639
7,600	30,000	−30,000	−2,361	2,361
8,000	10,000	−10,000	−22,361	22,361
8,200	0	0	−32,361	32,361
8,400	10,000	−10,000	−22,361	22,361
8,800	30,000	−30,000	−2,361	2,361
9,000	40,000	−40,000	7,639	−7,639
9,400	60,000	−60,000	27,639	−27,639

例2 勒式交易

　　類似跨式交易，一種勒式（strangle）亦是由標的資產與到期期限相同的一口買權與一口賣權所構成；不過，不同的是，此時買權與賣權的履約價並不相同。假定 K_2 與 K_3 表示不同的履約價，其中 $K_3 > K_2$。勒式的買方是同時買進低履約價的買權與高履約價的賣權，故其期初成本為：

$$c_2 + p_3$$

到期的收益為：

$$c_2[S(T), K_2, i, T] + p_3[S(T), K_3, i, T] = \max[S(T) - K_2, 0] + \max[K_3 - S(T), 0]$$

因此，勒式的賣方的期初成本為：

$$-c_2 - p_3$$

而到期收益為：

$$- c_2[S(T), K_2, i, T] - p_3[S(T), K_3, i, T] = -\max[S(T) - K_2, 0] - \max[K_3 - S(T), 0]$$

　　仍以前述臺股指數選擇權為例，因 $c_2 = 411$ 與 $p_3 = 348$，故勒式的買方的期初成本支出為 37,950 元，而勒式的賣方的期初收益為 37,950 元，不過因其到期收益最大出現於 8,000 點與 8,200 點之間，此時賣方反而會有 −10,000 元的收益（即買權與賣權皆會履行約定，例如若 $S(T) = 8,100$，買方可從買權與賣權各得 100 點），故賣方最大利潤為 28,139.75 元（37,950×(1 + 0.02/4) − 10,000）。換句話說，若檢視勒式交易與跨式交易的買賣方到期收益形式，可以發現其實二者是有點類似，可以參考圖 2-22。

　　圖 2-22 的上圖繪製出勒式交易的買方與賣方的到期收益與到期利潤曲線，其的確接近於跨式交易的到期收益與到期利潤曲線，買方仍是著重於「大漲或大跌」的偏好；不過，與跨式交易不同的是，勒式交易於二個履約價之間有出現平穩的收益或利潤。圖 2-22 的下圖則分別比較「跨式商品」與「勒式商品」的買方與賣方的到期利潤曲線，讀者自然可以解釋二者之間的差異。

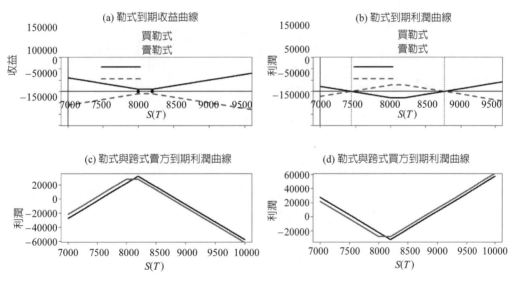

圖 2-22　勒式交易以及與跨式交易的比較

買權多頭與空頭價差交易

一種多頭價差（bull spread）的組合設計是預期未來標的資產價格上升而獲利；同理，一種空頭價差（bear spread）的組合設計卻是預期未來標的資產價格下跌而獲利。換句話說，二個標的資產與到期期限相同的買權，若同時買低履約價的買權與賣高履約價的買權，就是操作多頭價差策略；相反地，若同時買高履約價的買權與賣低履約價的買權，就是操作空頭價差策略。若以例 2 的臺股指數選擇權爲例，多頭與空頭價差交易的到期收益與利潤曲線，可以繪製如圖 2-23 所示。

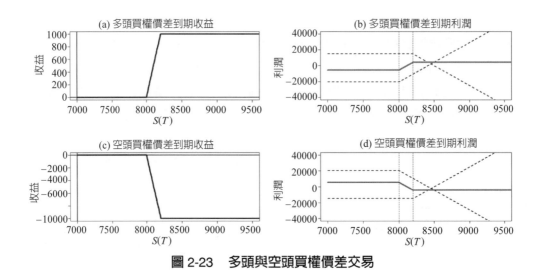

圖 2-23　多頭與空頭買權價差交易

就單純多頭交易策略而言，若投資人預期標的資產價格未來會上升，現在就會買進；不過，對採取多頭價差策略的投資人而言，其卻限制了標的資產價格未來會更上一階層樓的可能（即超過 K_3 的可能性並不大），此處「價差」是指不僅買進一種選擇權，而且又同時賣出另一種選擇權（我們有聽過「買賣價差」）。類似地，採取空頭價差策略的投資人亦認爲標的資產價格未來下跌的空間相當有限（故 K_1 應低於 $S(0)$）；因此，多頭與空頭價差交易的到期收益與利潤曲線型態呈「Z 字型」或「反 Z 字型」（將 Z 翻過來）。

因此，我們竟然也設計出一種「買權多頭價差」的商品，該商品的成本價爲 5,750 元（$(c_2 - c_3) \times 50$），而 3 個月到期可得到最低與最高收益分別爲 0 與 10,000 元。有意思的是，該到期收益呈「反 Z 字型」的型態，即於 8,000

點（K_2）以下（含）皆爲 0 元，而高於 8,200 點（K_2）以上（含）皆爲 10,000 元，至於介於 8,000 點與 8,200 點之間的到期收益則隨 $S(T)$ 的提高而增加，故稱爲多頭價差商品。

同理，我們也可以扮演著一種「買權空頭價差」商品的賣方，該商品的期初收益爲 5,750 元（$(-c_2 + c_3) \times 50$），而 3 個月到期須支付最高與最低金額分別爲 10,000 與 0 元。也就是說，該商品之到期收益呈「Z 字型」的型態，即於 8,000 點（K_2）以下（含）皆須支付爲 0 元，而高於 8,200 點（K_2）以上（含）則皆支付 10,000 元，至於介於 8,000 點與 8,200 點之間的支付金額則隨 $S(T)$ 的提高而增加，故稱爲空頭價差商品。

例 4　多頭與空頭賣權價差交易

其實利用賣權也可以複製出類似於買權多頭與空頭價差策略的商品；換言之，買低履約價賣權與賣高履約價賣權之組合可以設計出另外一種多頭價差商品，而賣低履約價賣權與買高履約價賣權之組合也可以設計出另一種空頭價差商品，可以參考圖 2-24。圖 2-24 是根據圖 2-23 的資料所繪製，即 K_2 與 K_3 分別爲 8,000 點與 8,200 點，不過此時我們是使用賣權。以 $p_2 = 258$ 與 $p_3 = 348$ 爲例，讀者應能解釋「賣權多頭商品」與「賣權空頭商品」的特色。因此，比較圖 2-23 與 2-24 二圖內到期曲線的特徵，應該可以知道若欲採取多頭價差或空頭價差策略，不僅買權可以使用，同時也可以利用賣權工具。

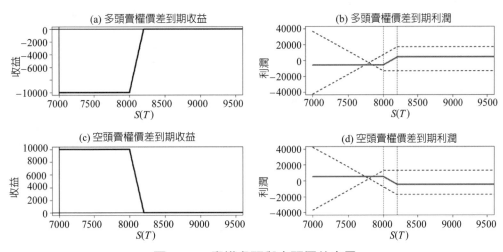

圖 2-24　賣權多頭與空頭價差交易

例 5 盒式價差交易

一種盒式價差（box spread）是由一口買權多頭價差與一口賣權空頭價差所構成，故其期初成本為：

$$c[S(0),K_2,i,T] - c[S(0),K_3,i,T] - p[S(0),K_2,i,T] + p[S(0),K_3,i,T]$$

而到期的收益為：

$$\max[S(T)-K_2,0] - \max[S(T)-K_3,0] - \max[K_2-S(T),0] + p[K_3-S(T),0]$$

仍以前述臺股指數選擇權為例，其中：

$$K_2 = 8,000 \cdot K_3 = 8,200 \cdot c_2 = 411 \cdot c_3 = 296 \cdot p_2 = 258 \cdot \text{以及 } p_3 = 348$$

故採取上述盒式價差的期初成本支出為 10,250 元。若 $S(T) = 8,300$，則採取盒式價差策略的到期收益為：

$$\max[8300-8000,0] - \max[8300-8200,0] - \max[8000-8300,0]$$
$$+ \max[8200-8300,0] = 300 - 100 - 0 - 0 = 200$$

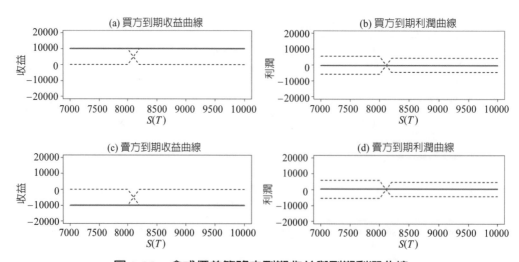

圖 2-25　盒式價差策略之到期收益與到期利潤曲線

相當於 10,000 元。又若 $S(T) = 8,100$，則其到期收益為：

$$\max[8100 - 8000,0] - \max[8100 - 8200,0] - \max[8000 - 8100,0]$$
$$+ \max[8200 - 8100,0] = 100 - 0 - 0 - 100 = 200$$

亦為 10,000 元。因此，不管 $S(T)$ 為何，盒式價差策略的到期收益為一固定數值，故盒式價差策略是一種無風險投資策略，可以參考圖 2-25。

以上述臺股指數選擇權的例子而言，顯然盒式價差策略的買方是不利的，因為其到期利潤為負值，即：

$$-10,250 \times (1 + 0.02/4) + 10,000 = -301.25 \text{ 元}$$

顯然，只有賣方得利。

例6　蝶式價差交易

一種蝶式價差（butterfly spread）是指同時使用標的資產與到期期限相同的買權或賣權；也就是說，現有三種履約價 $K_2 < K_3 < K_4$，買權蝶式價差策略即同時各買進一口最低與最高履約價的買權，並賣出二口中間履約價的買權，故其期初成本為：

$$c_2 - 2c_3 + c_4$$

而其到期收益與到期利潤曲線，則可參考圖 2-26 內之圖 (a) 與 (b)。圖 2-26 是利用前述臺股指數選擇權資料所繪製而成。類似上述買權或賣權價差交易，蝶式交易除了可以使用買權外，其亦可以使用賣權；換句話說，賣權蝶式價差策略即同時各買進一口最低與最高履約價的賣權，並賣出二口中間履約價的賣權，故其期初成本為：

$$p_2 - 2p_3 + p_4$$

而其到期收益與到期利潤曲線，則可參考圖 2-26 內之圖 (c) 與 (d)。比較圖 2-26

內的上下圖，可知買權與賣權蝶式價差策略的到期收益是相同的，但是因期初成本並不相等，使得二者的到期利潤雖類似但卻不盡然完全相同（前者的成本價為 1,050 元，而其到期利潤之最大值與最小值分別為 8,944.75 與 −1,055.25 元；後者的成本價為 600 元，而其到期利潤之最大值與最小值則分別為 9,397 與 −603 元）。最後，不管買權或是賣權蝶式價差策略，由於皆是單獨使用買權或賣權，故蝶式交易容易被視為一種商品，即圖 2-26 內的各小圖皆是買進一種蝶式交易商品，故賣出該商品的到期收益或到期利潤曲線恰為圖內各曲線的「反面」。

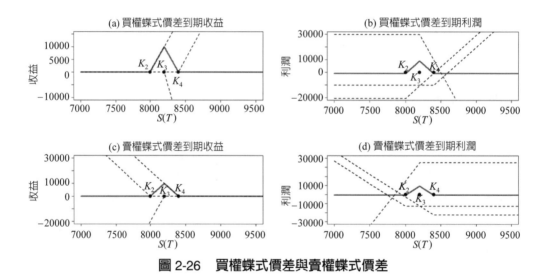

圖 2-26　買權蝶式價差與賣權蝶式價差

　　是故，蝶式交易非常類似前述的跨式交易，二者的買方或賣方皆容易被區分；另一方面，若比較圖 2-21 與 2-26，可以發現蝶式交易與跨式交易的到期收益（利潤）非常接近，事實上前者可以視為後者的「縮小版」，可以參考圖 2-27。不過，檢視圖 2-27 內的到期收益或利潤曲線，可以發現二者還是有差距，即賣跨式接近於買蝶式，而買跨式則接近於賣蝶式。

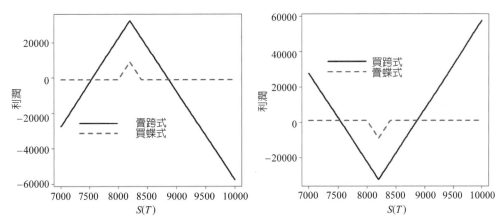

圖 2-27　跨式交易與蝶式價差交易

例 7 鐵禿鷹式交易

　　如同跨式交易對蝶式交易，就勒式交易而言，與之相對應的就是鐵禿鷹式交易。一種鐵禿鷹（iron condor）交易是指存在有相同標的資產與到期期限的四種買權與賣權，而鐵禿鷹買權交易的買方各買進一口最低履約價 K_1 與最高履約價 K_4 的買權，同時亦各賣出一口中間履約價即 K_2 與 K_3 的買權，故其期初成本為：

$$c_1 - c_2 - c_3 + c_4$$

同理，鐵禿鷹買權交易的賣方的期初支出成本則為：

$$-c_1 + c_2 + c_3 - c_4$$

有意思的是，將上述各買權以對應的賣權取代，亦可得出類似的結果，即鐵禿鷹買權交易接近於鐵禿鷹賣權交易[17]。

---

[17]　就臺股指數選擇權的例子而言，鐵禿鷹買權與鐵禿鷹賣權的成本價分別為 40 點與 39 點，二者差距只有 50 元，二者的到期收益是相等的，而二者的到期利潤差距為 50.25 元。

利用前述臺股指數選擇權的例子，圖 2-28 內之圖 (a) 與 (b) 分別繪製出鐵禿鷹買權交易的買方與賣方的到期收益與到期利潤曲線，買方與賣方的到期收益與到期利潤曲線恰為「倒數」關係。如前所述，「跨式對蝶式」類似於「勒式對鐵禿鷹式」，圖 2-28 內之圖 (c) 與 (d) 則繪製出後者之間的關係，於圖內可以看出鐵禿鷹式的到期利潤曲線為勒式的到期利潤曲線的「縮小版」。

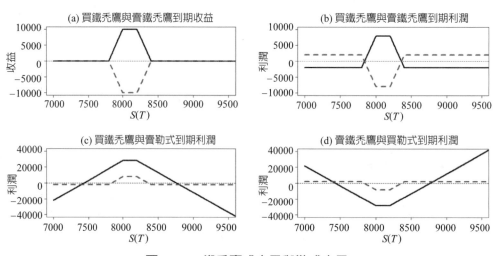

圖 2-28　鐵禿鷹式交易與勒式交易

例 8　比例價差

前述的多頭價差或空頭價差策略其實就是一種比例價差（ratio spread）策略，因為買（賣）低履約價與賣（買）高履約價的買權的比例恰為 1：1；換言之，多頭價差或空頭價差策略其實是可以擴充的。想像存在一種可能策略：賣一口低履約價 K_2 的買權與同時買三口高履約價 K_3 的買權，買賣的比例為 3：1，故上述可能策略相當於將同比例的買權空頭價差策略擴充至一種不同比例的買權空頭價差。由於存在（無窮）多種可能的不同比例，故比例價差策略提醒我們可以設計出（無窮）多種結果的商品。例如：讀者可以想像：買賣的比例為 2：3 的賣權多頭價差策略為何？

以前述臺股指數選擇權為例，買賣的比例為 3:1 與 2:1 的買權空頭價差的期初成本為 477 點（$-c_2 + 3c_3$）與 181 點（$-c_2 + 2c_3$），而其到期收益與到

期利潤曲線，則可以參考圖 2-29 內的圖 (a) 與 (b)。於圖內可以看出不同比例的買權空頭價差策略會改變買權空頭價差策略的到期收益與到期利潤曲線的型態，此種型態的改變並不難理解，因為其是由買高履約價的買權所主導。同理，圖 2-29 內的圖 (c) 與 (d) 則分別繪製出買賣的比例為 3：1 與 2：1 的賣權空頭價差策略的到期收益與到期利潤曲線，讀者應不難解釋其結果。

　　類似的原理亦可以用於多頭價差策略上；也就是說，例 4 內的多頭價差策略（或商品）其實就是一種買賣比例為 1：1 的買權（賣權）多頭價差策略（或商品），若將買賣比例改為 1：2 與 1：3，則其結果為何？可以參考圖 2-30。讀者應該也可以解釋圖 2-30 內的意義了。

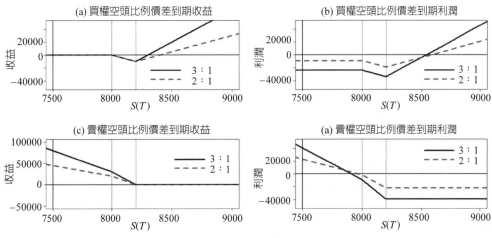

圖 2-29　買權空頭比例價差與賣權空頭比例價差

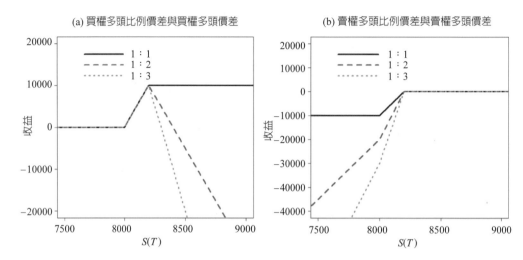

圖 2-30　比例價差與空頭價差之到期收益曲線

本章習題

1.　以 1 年有 365 日計算，117 天期的簡單利率為 5.15%，其貼現債券價格為何？

2.　續上題，該簡單利率可對應至的貼現率為何？

3.　檢視表 2-11，計算其對應的貼現率。

表 2-11　不同時間的貼現債券價格

日	貼現債券價格
30	0.9967
60	0.9931
90	0.9894
180	0.9784

4.　試模擬出每隔 40 天的貼現率（1 年內），並繪製其走勢。

5.　續上題，試繪製其對應的貼現債券價格走勢。

6.　利用表 2-12 計算對應之半年複利率。

表 2-12　不同時間的貼現債券價格

年	貼現債券價格
1	0.9560
2	0.9117
3	0.8685
4	0.8250

7. 續上題，計算對應之連續複利率。

8. 續上題，試繪出半年複利率與連續複利率之走勢。

9. 試模擬一組 1～30 年的利率，計算出對應的連續貼現債券價格。

10. 續上題，試繪製其走勢圖。

11. 試解釋如何複製出一個賣權。利用「賣遠期與買買權」的投資組合，試繪製出該投資組合的到期利潤曲線，並編表說明。

12. 若假定 3 個月期履約價為 9,200 點的臺股指數的賣權權利金為 420 點，利用買進該賣權與買一種臺股指數的遠期合約所構成的資產組合，其中遠期合約的履約價分別為 9,000、9,200、9,400 點，試繪製三種資產組合的到期利潤曲線，其有何涵義？

13. 考慮下列二種資產組合：
    資產組合 3：買一口買權，其成本為 $c[S(0), K, i, T]$
    資產組合 4：期初放空現貨、買一口賣權以及購買 $KB(0, T)$ 個貼現債券，其成本為 $p[S(0), K, i, T] - KB(0, T) + S(0)$
    試編表檢視資產組合 3 與 4 的到期收益是否相同。

14. 續上題，利用上述臺指選擇權的例子，試繪出資產組合 4 的到期利潤曲線。

15. 何謂掩護性賣權？

16. 應用買權與賣權平價理論，我們應該也可以複製標的資產現貨。試解釋之。

17. 利用買權與賣權平價理論，我們可以複製多少種商品？

18. 試解釋 $S(0) - c[S(0), K, i, T] = KB(0, T) - p[S(0), K, i, T]$。

19. 續上題，若將等號改成不等式，試舉一例說明如何套利。

20. 融資買進可用什麼複製？為什麼？

21. 若 $K = 9,400$、$i = 0.02$、以及 $T = 0.25$，試計算歐式賣權的上下限。

22. 續上題，試計算美式賣權的上下限。

23. 續上題，試計算美式與歐式賣權的上下限差距。

24. 若到期期限相同，試繪製出同時賣 9,000 點的買權與買 9,200 點的買權的到期收曲線。

25. 若到期期限相同，試繪製出同時賣 9,000 點的賣權與買 9,200 點的賣權的到期收曲線。

26. 為何買權與賣權的權利金可以由內含價值與時間價值所構成？

27. 為何高波動的標的資產可以有較高的買權與賣權的時間價值？

28. 買權與賣權的權利金會受到哪些因素的影響？

29. 利用 BS 公式，我們可以看出於「價平」的情況下，標的資產的波動率對買權與賣權的權利金的影響，其有何特色？

30. 續上題，那麼於「價內」與「價外」呢？

31. 何謂盒式價差策略？試解釋之。

32. 何謂比例價差策略？其與多頭（空頭）價差策略的關係為何？

33. 試解釋鐵禿鷹式策略與勒式策略之異同。

34. 試解釋跨式策略與蝶式價差策略之異同。

35. 於本章，我們總共設計出多少種新的商品？其買方與賣方為何？

36. 表 2-13 是 2015/12/15 的資訊，當日現貨指數的收盤價為 8,073.35 點。利用表 2-13 的資料，說明買賣權平價關係是否存在？

37. 利用表 2-13 的資料，試複製出 3 個月期履約價為 8,200 點的（賣）遠期合約。假定 $i = 0.015$。

表 2-13　2015/12/15　08：45～13：45 一般交易時段行情表

到期月分	履約價	最高	最低	最後成交價	結算價	漲跌	成交量	未平倉
買權								
201603	7,800	478	476	476	476	−1	49	331
	8,000	349	349	349	349	−13	1	418
	8,200	269	244	244	241	+3	7	634

表 2-13　2015/12/15　08：45～13：45 一般交易時段行情表（續）

到期月分	履約價	最高	最低	最後成交價	結算價	漲跌	成交量	未平倉
賣權 201603	8,400	175	129	169	148	+5	17	1,411
	7,800	251	178	250	250	0	333	2,192
	8,000	331	280	323	323	−12	427	1,708
	8,200	425	381	404	419	−20	4	1,205
	8,400	550	469	540	540	−5	85	1,630

說明：1. 各契約每日結算價為當日之最後一筆撮合成交價，若當日收盤前 15 分鐘內無成交
　　　　　價，或前款之結算價明顯不合理時，由期交所決定之。
　　　2. 未平倉表示未沖銷契約量
　　　3. 單位：口（成交量、未沖銷契約量）
　　　4. 資料來源：期交所

38. 續上題，複製的買賣遠期合約的到期利潤曲線應如何調整？為什麼？

遠期與期貨交易

　　本章我們將介紹遠期合約與期貨合約理論價格的決定，該理論價格可以視為一種公平的價格；也就是說，若市場價格不等於理論價格，有可能會引起套利。換句話說，衍生性商品理論價格的決定，並不是訴諸於如經濟學所強調的供需曲線分析；相反地，它是利用一種「無法被套利的價格」來表示理論或均衡價格。因此看到一種衍生性商品，一個自然的反應是如何複製該衍生性商品，為了避免套利，衍生性商品與其複製品的價格應相等。也許就是因為此種特色，使得衍生性商品的學習或研究，不同於其他專業學科；亦或者是此種原因，使得衍生性商品的分析較為吸引人（想想如何複製一種商品）。

　　什麼是遠期價格（forward price）？於前二章內，我們是用「履約價」來表示遠期價格，故本章相當於要來探討遠期或期貨合約內如何決定合約內的履約價格；只是，遠期或期貨合約的交割或到期皆是未來的某一個時間，故要決定遠期或期貨的價格（履約價），相當於現在（買賣時）就要決定標的資產的未來價格，因此衍生性商品通常被冠以具有「未來價格發現」的功能。直覺而言，若市場利率為一個固定數值，我們本來就可以預測未來值為何，也許預測未來本來就不是一件困難的事；相反地，若未來市場利率詭譎多變，則未來值的預期就不是一件簡單的事。類似的情況，亦出現於預測遠期或期貨價格，以及利用後者以預測未來價格上。不過，我們也忍不住會提出一個疑問：究竟以遠期或期貨價格來預測未來的現貨價格的可能性有多大？其誤差為何？或其需要考慮哪些因素？

　　如第 1 章所述，遠期合約與期貨合約之間的差距並不大，前者是交易所外的交易而後者卻是交易所內交易的商品；換言之，期貨交易容易於不同的市場

內觀察到，但是遠期交易卻相對上較為特別且交易量較小。究竟遠期交易與期貨交易是否真的雷同？敏感的讀者也許會發現：「我們那裡有看到期貨合約的履約價，看到的不就是逐日變動的期貨價格嗎？」。於期貨交易內，「逐日清算（daily settlement)」是期貨合約價值的特色，而遠期交易卻的確只有一個固定的遠期價格，遠期與期貨的價格如何會相等？於第 1 節內，我們嘗試回答上述的疑慮。我們發現於某些條件下，二者還是會相等的；換言之，遠期價格與期貨價格是有可能會相同的，不過就遠期價格的決定而言，相對上還是比較簡單，故底下我們多半先從遠期價格的決定著手，再來看期貨價格的決定。

藉由下面的介紹，讀者應該可以發覺有了現貨價格為已知條件，要計算出對應的期貨價格也許並不是一件困難的事；不過，若未來現貨價格不好預測，自然依存於（或衍生於）現貨（價格）的期貨價格也不容易預測，是故期貨價格的介紹或討論，追根究底，還是要回到對現貨價格的了解。我們已經知道資產價格的時間走勢有可能是屬於一種非定態隨機過程（nonstationary stochastic process），利用現貨與期貨之間的關係，我們甚至於可以認定資產價格與其對應的「期貨價格」有可能形成一種共整合（co-integrated）關係；因此，無法避免地，讀者可能需另外增加此方面的知識。在第 4 節，為讀者複習或建立一些基本的觀念，於後面的章節，我們還是會接觸或應用到。

1 遠期合約與期貨合約

於前面的章節，我們並未詳細分別出遠期合約與期貨合約之間的差異，底下我們試著分別出二者之不同，可參考表 3-1。基本上，遠期合約與期貨合約的定義是相同的，即二者皆是買賣雙方協議於未來某時間交易某資產或商品，因此遠期或期貨價格可以提供標的資產未來價格發現的功能。不過，若真正注意到二者的交易細節，可以發現其實二種合約是不同的，底下列出三個最主要的差異。

表 3-1　遠期合約與期貨合約的差異

	遠期合約	期貨合約
契約標準化	買賣雙方私下協議，無標準化	有嚴格規定，是標準化契約
交易方式	私下或櫃檯交易	集中交易（期貨交易所）
履約風險	有不履約風險	交易所背書保證
違約風險	有風險	保證金交易制度
解除合約義務	到期履約交割	可反向操作或到期履約交割
交易目的	避險或投機	避險或投機
市場型態	原始市場	流通市場
流動性	低	高
價格透明性	低	高
契約價值	到期日才知	逐日按市值計算

(1) 如前所述，期貨交易是屬於交易所交易，故期貨合約屬於標準化契約型態，至於遠期合約則是買賣雙方私底下協議，故契約的規格及規定不及期貨合約嚴謹，因此遠期合約有較高的不履約風險與違約風險。反觀期貨合約，因有交易所篩選合格的期貨商提供保證交易，故上述風險較低或接近於 0。

(2) 二種合約的結算與交割的方式迥然不同，即遠期交易的結算與交割只能於到期時進行，故遠期交易只有一個遠期價格（履約價），買方於期初反而不需要有任何資本支出。反觀期貨交易則會逐日按照市值結算（marked-to-market）合約價值，而該價值的變化會反映在保證金的增減上；也就是說，期貨交易每日會「重新設定」期貨價格，故買賣雙方於未結清部位之前須負擔保證金變化的資本支出。

(3) 通常遠期交易的目的在於避險，故持有人會保留合約至到期才交割（即只有原始市場），反觀期貨交易則投機的成分較重，故交易人往往於未到期時就反向結清部位（故流通市場的規模較大），反而較少保留合約至到期才交割。

　　綜合以上所述，我們發現遠期交易與期貨交易應該有所不同，畢竟前者買

賣雙方只於期初協議一次而已，但是後者卻是逐日清算合約價值，故期貨價格是逐日在變化，因此很難讓人想到遠期價格與期貨價格是相同的，本節的目的就是要探討二者之間的關係；其次，本節的第二個目的則是探究遠期或期貨價格是否是未來現貨價格的預期值。

1.1 遠期（期貨）價格是否是未來現貨價格的預期值？

如前所述，遠期合約是由買方與賣方於未來的某一特定時間，針對某一品質的資產與價格達成協議。基本上，遠期合約是買方與賣方於「私底下」共同決議的，故其合約並沒有規格化或標準化，而決議的資產可以包括實質商品（physical commodities)、股票、外匯、債券或股價指數等。通常，遠期合約的交易具有下列的特色：

· 達成遠期合約協議後，賣方有義務出售而買方有義務買進。
· 合約內應詳細說明商品的數量、品質或類型等性質。
· 合約內應也清楚註明交割的地點、時間與價格等條件。
· 交割的方式可以分成實物交割與現金交割二種。
· 於簽訂合約的同時，合約的一方可能須檢視另一方的信用風險（credit risk）等條件。
· 遠期合約內註明的資產與時間分別稱為標的資產與到期日。
· 遠期合約內的價格稱為遠期價格。
· 遠期價格與現貨價格之間的差距稱為遠期升水（又稱為遠期溢價）（forward premium）或遠期貼水（又稱為遠期折價）（forward discount）[1]；換言之，遠期價格高於（低於）現貨價格稱為遠期升水（遠期貼水）。

上述特色並不難理解，我們可以進一步檢視遠期交易的其他特徵。仍以

---

[1] 如此定義有點怪怪的，但是想到外匯匯率的決定，自然就會釋疑。原來匯率的報價有二種：其一是直接報價（direct quotation）如 1 美元可以兌換 30 新臺幣，另一則是間接報價（indirect quotation）如 1 新臺幣可以兌換 1/30 美元；因此，若新臺幣對美元升水，不就是有二種表示方式嗎？

$S(0)$ 與 $S(T)$ 表示標的資產的現貨期初價格與到期價格，我們以 $F(0,T)^2$ 表示到期日為 T 的現在（第 0 期或期初）遠期價格。假定買賣雙方於簽定遠期合約時不需支付任何費用，則買（做多）遠期合約的到期收益（或利潤）可寫成 $S(T) - F(0,T)$；相反地，賣（放空）遠期合約的到期收益（或利潤）可寫成 $F(0,T) - S(T)$。因此，買賣遠期合約亦屬於一種零和的遊戲，即賣方的利潤就是買方的損失，反之亦然。最後，可記得交易人對於買賣遠期合約的目的為投機與降低投資風險（即避險）。

例 1

一家黃金礦廠與一位珠寶商簽訂一個 6 個月期的遠期合約，該合約註明合約到期時，礦廠會以每盎司 600 美元賣 200 盎司給該珠寶商，試繪製黃金礦廠與珠寶商的到期收益曲線。

解 就上述遠期合約而言，讀者不難計算以及繪出買方（珠寶商）與賣方（礦廠）的到期收益，如表 3-2 與圖 3-1 所示。

雖然買賣遠期合約的雙方是不需要支付期初成本，不過若該遠期合約是透過造市者的撮合呢？假定 C_l 與 C_s 分別表示買方與賣方的交易成本如佣金，則遠期合約買方與賣方的到期利潤可以重寫成：

$$S(T) - F(0,T) - C_l/B(0,T)$$

與

$$F(0,T) - S(T) - C_s/B(0,T)$$

不過有些時候我們會以連續貼現債券取代上述貼現債券 $B(0,T)$；換言之，於期初（第 0 期）支付 F 元，其至 T 期的未來值為 $e^{rT}F$，其中 r 為連續（複）

2　回想第一章內的 FRAs，故遠期價格應該寫成 $F(t_0,t_1,T)$，其中 t_0 與 t_1 分別表示交易日、利息起算日；因此，除了遠期利率之外，其餘的非利率型的遠期價格可寫成 $F(0,T)$，其中 $t_0 = t_1 = 0$。

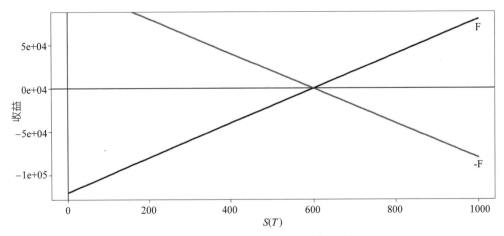

圖 3-1　遠期交易的買方與賣方收益曲線

表 3-2　遠期交易的買方與賣方收益（單位：美元）

$S(T)$	570	580	590	600	610	620	630
買方收益	−6000	−4000	−2000	0	2000	4000	6000
賣方收益	6000	4000	2000	0	−2000	−4000	−6000

利率，因此上述的買賣雙方的到期利潤亦可以使用連續貼現債券的形式表示。只是，我們並沒有刻意分別出貼現債券與連續貼現債券之間的差別，於底下讀者自然可以看出，有些時候我們會使用（無風險）的簡單利率，但是另一個時候卻以（無風險）的連續利率取代，二者其實是相通的。

　　於前面二章，我們是使用直覺或以「聽過」如遠期外匯的方式來介紹遠期交易。其實遠期交易我們一點也不陌生，因為於日常生活內亦會常遇到。例如向廠商訂貨，廠商卻回答先付款 1 個月後才能取貨（同時付款時有折扣），若買方也同意，則買方與廠商豈不是達成一種預付遠期合約（prepaid forward contract）的協議；換句話說，買賣資金的移轉以及實質商品的交割未必在同一時間完成。因此，我們可以思考一個問題：既然遠期交易是於 T 期完成交割，若我們欲購買資產而不是於 0 期就是於 T 期完成交易，則總共有多少種交易方式可以達成？答案是：最起碼有四種方法，如表 3-3 所示。四種方法分述如下：

表 3-3　於 0 或 T 期間取得資產的四種方法

取得資產的時間	支付的時間	
	0	T
0	買斷	完全融資購買
T	預付遠期	遠期

(1) 買斷或直接購買：即「一手交錢，一手交物」，故支付與資產的移轉皆於期初就完成，此時購買資產的價格為 $S(0)$。

(2) 完全融資購買（fully leveraged purchase）：資產的移轉於期初完成，不過購買的款項卻延遲至 T 期，支付的價格為 $S(0)e^{rT}$。

(3) 預付遠期：於 0 期就預付遠期價格 $F^p(0,T)$ 而資產的移轉卻延遲至 T 期，只是此時 $F^p(0,T)$ 未必等於 $S(0)$（如存在有預付現金折扣）。

(4) 遠期：支付與資產的移轉皆延遲至 T 期完成，此時預付遠期價格的未來值不就是遠期價格嗎？即：

$$F^p(0,T)e^{rT} = F(0,T) \qquad (3\text{-}1)$$

事實上，上述四種方法皆與遠期價格的決定有關，我們從底下有提及到的「套利過程」就可以看出端倪；不過，於此處我們可以先檢視預付遠期價格如何決定。一般而言，有許多因素會影響到（預付）遠期價格的決定（底下自然會說明），我們先考慮一種最簡單的情況，那就是遠期合約的標的資產為股票，而該股票於合約期間內並沒有支付任何股利。於此假定下，我們以預付遠期的方式購買該合約，而是否於 0 期或 T 期取得該股票，其實並沒有什麼差別（除了 0 至 T 期間不是股東之外），因此此時預付遠期價格相當於 $S(0)$（於 0 期取得的價格），即：

$$F^p(0,T) = S(0) \qquad (3\text{-}2)$$

根據（3-1）與（3-2）二式，一種直覺的反應是（3-2）式內的預付遠期價格至 T 期的未來值為何？不就是（3-1）式嗎？換言之，$S(0)$ 的未來值就是

$S(T)$，不過後者卻是一種隨機變數（random variable），即我們不能確定 $S(T)$ 究竟為何？或是說，市場的投資人如何預期標的資產的未來價格？直覺而言，若存在有系統風險（systematic risk）[3]，投資人對風險性資產的投資會要求有正的投資報酬補償，我們就稱該投資報酬為風險貼水（risk premium）而以 $\alpha - r$ 表示；換言之，投資人將資金從無風險性資產投資移至風險性資產的投資，其報酬率就是由 r 轉至 $r + \alpha - r$（無風險利率加上風險貼水），故 α 是投資人的必要報酬率。

通常，我們習慣用隨機變數的期望值（expected value）來取代隨機變數的未來值，以表示對該隨機變數的預期值；因此，若將 T 期的預期值貼現至 0 期，即：

$$S(0) = E[S(T)]\mathrm{e}^{-rT} \tag{3-3}$$

其中 $E[S(T)]$ 表示 $S(T)$ 的預期值[4]。將（3-3）式代入（3-2）式，同時利用（3-1）式，我們可以得到：

$$F(0,T) = E[S(T)] \tag{3-4}$$

（3-4）式提醒我們使用遠期價格的用處：遠期價格竟是未來價格的不偏估計式（unbiased estimator）[5]；換句話說，未來價格的平均數竟然就是遠期價格！

不過（3-3）與（3-4）二式的結果，並沒有考慮到前述投資人的風險貼水因素，也就是說，（3-3）與（3-4）二式背後是假定投資人具有風險中立的（risk neutral）偏好；因此，就具有風險厭惡偏好的（risk averse）投資人而言，（3-3）與（3-4）二式可以改寫成：

---

[3] 即使持有完全分散（well-diversified）的資產組合也不能避免的風險，就稱為系統風險；換言之，就平均而言，投資人比較不在乎非系統風險。

[4] $E[S(T)]$ 亦可以寫成 $E_t[S(T)]$ 表示利用蒐集至 t 期的資訊而對 $S(T)$ 的條件預期值（條件期望值），當然於此處 $t = 0$。

[5] 假定 $\bar{x}$ 可用於估計 μ，若 $E(\bar{x}) = \mu$，則稱 $\bar{x}$ 為 μ 的不偏估計式，其中期望值是一個平均數的概念，可參考《財統》。

$$S(0) = E[S(T)]\mathrm{e}^{-\alpha T} \tag{3-5}$$

與

$$F(0,T) = E[S(T)]e^{-(\alpha-r)T} \tag{3-6}$$

是故，$E[S(T)]$ 與 $F(0,T)$ 之間是有差距的，而此差距則與風險貼水的幅度有關，即風險貼水愈大（小），差距愈大（小），可以參考圖 3-2。因此，就（3-6）式而言，除非 $\alpha - r = 0$，否則利用遠期價格預測未來價格的期望值（即平均數）應該是會低估的；另一方面，於（3-1）式內，我們也應該使用 α 取代 r 才合理。

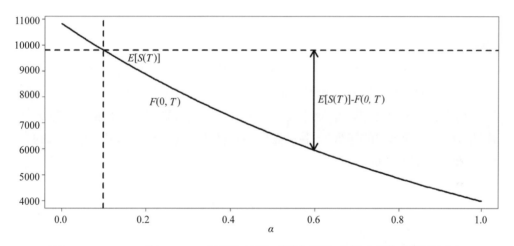

圖 3-2　$E[S(T)]$ 與 $F(0,T)$ 之間的差距（圖內垂直虛線表示無風險利率）

如此來看，遠期（期貨）價格的決定並不是一件簡單的事，因爲至少牽涉到四個因素：第一，若利率是一個隨機變數，則現值與未來值之間的關係就不是那麼明確了，如此增加了欲計算出遠期（期貨）的理論價格的困難度；第二，就（3-6）式而言，遠期價格是未來價格預測值 $E[S(T)]$ 的函數，只是若未來標的資產的價格波動愈大，以 $E[S(T)]$ 代表未來價格預測值的合理性就愈低，使得「合理的」遠期價格的範圍就愈大，也就是說，標的資產的價格

愈難預測，理論的遠期價格就愈難決定；第三，如圖 3-2 所示，即使投資人可以找到合理的 $E[S(T)]$，不過若投資人的風險貼水愈高，理論的遠期價格就離 $E[S(T)]$ 愈遠；第四，合併（3-1）與（3-2）二式可得（3-7），當然此時需假定 $r = \alpha$，即：

$$F(0,T) = S(0)e^{rT} \tag{3-7}$$

因此（3-7）式的表示方式只是一種「妥協」的結果，畢竟 r 的估計比 α 的估計容易；另一方面，於（3-7）式內亦可以看出，若我們欲決定 0 期的遠期價格也許不是一件困難的事，不過於到期 T 固定下，我們想要決定 t 期（$0 < t < T$）該遠期合約的價值就不是一件簡單的事，因為其將牽涉到 $S(t)$ 的預期！（此相當於想知道今天所簽訂的遠期合約於明後天的價值為何？）

例2

就（3-7）式而言，若利率固定不變且等於 α 以及將 $S(0)$ 視為已知，我們描述的遠期價格其實就是一個確定的數值，如此我們如何讓它成為未來現貨價格 $S(T)$ 的估計式？若利率固定不變且等於 α 以及 $S(0)$ 為已知，按照（3-7）式，遠期價格是一種確定的變數[6]，我們如何將它轉成一種隨機變數？二種簡單的方式是將（3-7）式改成：

$$F(0,T) = S(0)e^{rT}e^{u} \tag{3-7a}$$

與

$$F(0,T) = S(0)e^{rT} + \sigma u \tag{3-7b}$$

其中 u 表示一個誤差項而 σ 則是一個常數。

---

[6] 由（3-7）式可看出遠期價格是到期期限 T 的函數。

　　直覺而言，遠期價格應該是一種隨機變數，尤其是於上述解釋遠期價格的過程中，有牽涉到許多的不確定因素（如 r 與 α 亦皆是一個隨機變數），也許我們可以將這些不確定因素，綜合以一個誤差項表示；換言之，我們如何於（3-7）式內考慮誤差項，也許（3-7a）與（3-7b）二式，是其中的二種選項。習慣上，我們會使用常態分配（normal distribution）的隨機變數來表示誤差項。因此，透過（3-7a）與（3-7b）二式，遠期價格竟然轉換成對數常態分配（lognormal distribution）與常態分配的隨機變數，可以參考圖 3-3。於圖 3-3 內，我們利用（3-7a）與（3-7b）二式，分別考慮遠期合約的二種情況，即 T = 0.5 與 T = 1；另外，假定 $S(0) = 0$、$r = 0.02$、$\sigma = 5$ 以及 u 為標準常態分配的隨機變數。因此，圖 3-3 內的上圖是根據（3-7a）式所繪製，而下圖則對應至（3-7b）式。

　　（3-7a）與（3-7b）二式的目的只是在輔助（3-7）式的不足，因為利用（3-7）式只能計算出一個確定的數值，但是從圖 3-3 內卻可看出使用（3-7a）與（3-7b）二式，會使得遠期價格變成一種隨機變數，其中（3-7）式只是一種可能，即其表現於圖內的垂直虛線上。雖說如此，圖 3-3 的結果卻給予我們一個啟示，就（3-7a）與（3-7b）二式而言，（3-7a）式用來表示遠期價格可能較為恰當，因為利用（3-7b）式來計算遠期價格，有可能會使遠期價格變成負值。換句話說，圖 3-3 的結果提醒我們，根據（3-7a）式，假定遠期價格為

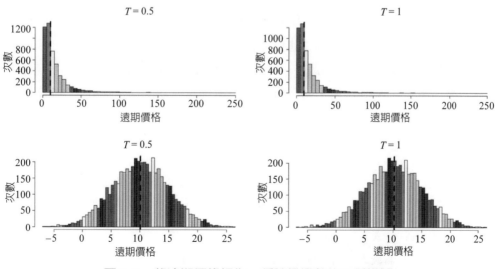

圖 3-3　將遠期價格視為一種隨機變數的二種模擬

一種對數常態分配的隨機變數可能較爲合適。

例3 遠期價格與期貨價格

利用（3-7）式，我們可以想像一種情況：每日按照現貨價格發行遠期合約，而新與舊遠期合約的到期日相同，即初次的遠期合約的到期日爲 365 天，隔日再發行 364 天到期的遠期合約，再隔日發行 363 天到期的遠期合約，以此類推。則不同的遠期價格走勢爲何？其有何涵義？利用（3-7）式，我們可以將其擴充至 t 期價格的決定，即：

$$F(t,T) = S(t)e^{r(T-t)} \qquad\qquad (3\text{-}8)$$

其中 $F(t,T)$ 表示到期期限爲 T 的 t 期遠期價格。是故，$F(0,T)$ 與 $F(t,T)$ 可以視爲標的資產與到期期限相同二種（舊與新）遠期合約價格。圖 3-4 內的左圖繪製出臺股指數於 2015/6/10～2016/12/5 期間（共有 365 個交易日）的時間走勢（黑色實線）[7]，因此按照上述情況（假定 $r = 0.02$）、以臺股指數爲標的資產以及根據（3-8）式，我們可以計算出不同時間的遠期臺股指數價格，並繪製其走勢如圖內之紅色虛線所示[8]。於圖 3-4 的左圖內不僅可以看出臺股指數的走勢其實就是一種隨機過程的實現值，透過（3-8）式，竟然也使得遠期價格亦屬於一種隨機過程[9]。

乍看之下，遠期價格是一種隨機過程似乎與（3-7）式有所衝突，不過只要仔細想想自然就可以釋疑；也就是說，若後天要簽訂新的遠期合約，即使有（3-7）式可以當作參考依據，我們還是無法決定新的遠期合約價格，因爲我們不知後天的 $S(0)$ 爲何，當然就不知如何決定遠期價格；還好，（3-7）或

---

[7] 該資料取自英文 YAHOO 網站。

[8] 本書屬於單色印刷，故圖中不同顏色的曲線無法於書內顯現。事實上，書內許多圖形是彩色的。因此，爲了讓讀者多接觸 R，讀者可於光碟內找出對應的 R 程式，執行後於讀者的顯示器內應會顯示出有不同顏色的圖形。換句話說，閱讀本書的最好方式，就是隨時於電腦內操作。

[9] 前面所指臺股指數或遠期價格皆是屬於一種隨機過程，而有標示時間的隨機變數就是一種隨機過程。

（3-8）式還是有用處的，因為它竟可以牽引著遠期價格，使其無法脫離現貨價格太遠，我們也的確發現遠期價格與現貨價格之間有「亦步亦趨、如影隨形」的關係。

其實圖 3-4 的結果還有一個更重要的用處，就是可以用於計算每一遠期合約「逐日清算」的價值變化；例如：第一個遠期合約（到期期限為 1 年）的價格為 9,486.342 點，而隔日新遠期合約的價格為 9,489.893 點，故相當於第一個遠期合約的價值約下跌了 3.55 點，此表示買（賣）一口第一個遠期合約的買方（賣方）約（潛在）損失（獲利）了 3.55 點，圖 3-4 內的右圖就是繪製出第一個遠期合約的逐日價值變化（至到期日）的走勢（值得注意的是圖內橫軸的表示方式，即如合約無效的天數為 200 天，表示第一個遠期合約剩下的到期天數為 165 天），從圖內可看出第一個遠期合約的買方較占優勢。

最後，讀者應該可以意識到圖 3-4 內的不同遠期合約，其實就是一種期貨合約，即第一個遠期合約相當於 1 年期的期貨合約，而於期貨交易內有一個重要的性質是「逐日清算」該期貨合約價值的變化，該性質竟然就是表示第一個遠期合約逐日與標的資產與到期日相同的新遠期合約比較，由此來看遠期交易與期貨交易的確有些雷同，期貨交易內的逐日清算，可以透過舊遠期合約與「想像的」新遠期合約比較表示；也就是說，期貨交易內的逐日清算，相當於遠期交易的逐日更新。因此，反而（3-7）或（3-8）式提供的資訊是相當有意義的，因為距離到期日愈近（即 T 愈小），更新的遠期價格或清算後的期貨

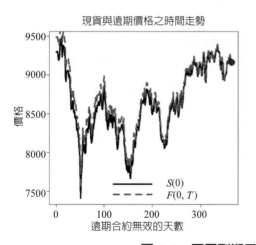

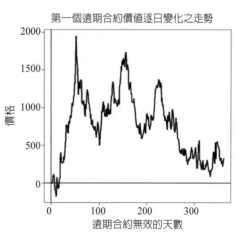

圖 3-4　不同到期天數之遠期價格走勢

價格竟愈接近現貨價格，即當 $T = 0$ 時，遠期（期貨）價格等於現貨價格；也就是說，到期時遠期（期貨）價格會收斂至現貨價格。

但是，由此來看例如第一個遠期合約價格或 1 年期期貨合約價格竟然可用於估計 1 年後的現貨價格如圖 3-4 的左圖內之藍點，讀者認為可以估計的到嗎？應該有些困難吧？或是覺得有點不可思議？

例 4 初見對數常態機率分配

於衍生性商品的分析內，對數常態機率分配是一個最常提及的機率分配。何謂對數常態機率分配？簡單來說，就是對數常態機率分配的隨機變數，取過對數後就轉變成常態機率分配的隨機變數。如前所述，標的資產價格如臺股指數或其對應的遠期價格皆是一種隨機變數。於圖 3-4 內我們已經看出欲利用遠期或期貨價格來預期未來的現貨價格具有一定的困難度（或不知如何預期），因此可以透過機率分配來降低此困難度。換言之，若是無法預測未來的現貨價格為何，何不改成以機率來表示？

通常，我們會假定衍生性的標的資產價格為對數常態機率分配，而在例 2 中已可看出為何會如此假定。若 μ、σ 以及 T 分別表示標的資產的預期報酬率、波動率以及時間（皆以年率表示），假定標的資產價格 $S(T)$ 是對數常態分配的隨機變數，則 $S(T)$ 取過對數的機率分配為：

$$\log[S(T)] \sim N\left\{\log[S(0)] + \left(\mu - \frac{\sigma^2}{2}\right)T, \sigma^2 T\right\} \tag{3-9}$$

其中 $N(a,b)$ 表示平均數與變異數分別為 a 與 b 的常態機率分配。令 $\mu = 0.05$、$\sigma = 0.3$、$T = 0.5$ 以及 $S(0) = 9,800$，試繪製出對數常態機率分配的機率密度函數（probability density function, PDF）以及計算出左右尾部面積各為 0.025 所對應的臨界值（critical point），其有何涵義？

解 利用 R 以及上述條件，我們倒是可以容易地繪製出對數常態機率分配之PDF，如圖 3-5 所示。圖內紅色面積可寫成：

$$P[6,482.532 \leq S(T) \leq 14,889.46] = 0.95$$

其中 $P(\cdot)$ 表示機率；也就是說，圖 3-5 內的面積就是代表機率值。換句話

說，圖內顯示出：

$$P[S(T) \leq 6{,}482.532] = \mathrm{P}[S(T) \geq 14{,}889.46] = 0.025$$

因此，利用對數常態分配的假定，我們對未來現貨價格的預期可以用機率表示。換言之，按照上述的假定，未來標的資產價格介於 6,482.532 點與 14,889.46 點的機率為 0.95。有關於對數常態機率分配內機率的計算，可以參考所附的 R 指令（光碟）。

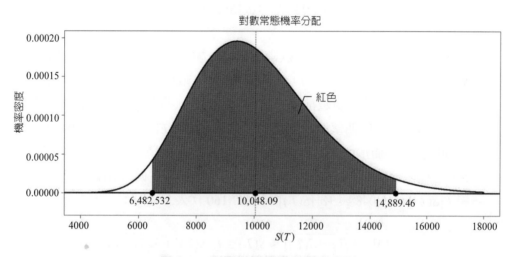

圖 3-5　對數常態機率分配之 PDF

<u>例 5</u>　**對數常態機率分配的平均數與變異數**

　　續例 4，利用（3-9）式，對數常態機率分配的平均數與變異數分別可寫成 [10]：

$$E[S(T)] = S(0)e^{\mu T}$$

與

---

[10] 有關於對數常態機率分配的介紹，可參考後面章節或《財數》。

$$Var[S(T)] = S(0)^2 e^{2\mu T} (e^{\sigma^2 T} - 1)$$

試利用前述條件計算：

$$P\left\{ E[S(T)] - 3\sqrt{Var[S(T)]} \le S(T) \le E[S(T)] + 3\sqrt{Var[S(T)]} \right\} = ?$$

解 因 $\mu = 0.05$、$\sigma = 0.3$、$T = 0.5$ 以及 $S(0) = 9,800$，故可得：

$$E[S(T)] = 10,048 \text{ 與 } Var[S(T)] = 4,647,160$$

有意思的是，假定 $S(T)$ 爲對數常態機率分配的隨機變數，其期望值竟然就是（3-7）式（可記得（3-7）式內的 r 應由 α 取代，而 $\alpha = \mu$）；換言之，透過標的資產價格爲對數常態機率分配的假定，遠期價格的理論值竟是對數常態機率分配的期望值！值得注意的是，此時 $E[S(T)] = 10,048.09$（如圖內的垂直虛線所示）並沒有將圖 3-5 內 PDF 的面積分成二分之一，即對數常態機率分配並不是左右對稱的分配，而是屬於右偏的分配。

將 $E[S(T)] = 10,048$ 與 $Var[S(T)] = 4,647,160$ 代入，可得：

$$P\left\{ E[S(T)] - 3\sqrt{Var[S(T)]} \le S(T) \le E[S(T)] + 3\sqrt{Var[S(T)]} \right\}$$
$$= P(3,580.906 \le S(T) \le 16,515.27\} \approx 0.9928$$

即 $E[S(T)]$ 的 3 個標準差的範圍的下限值與上限值分別爲 3,580.906 與 16,515.27（點），而 $S(T)$ 介於下限值與上限值之間的機率值約爲 0.9928。

例6 TX 的交易行情資訊

表 3-4 列出臺股指數期貨（TX）的交易行情資訊，可以發現交易量大多集中於 10 月到期的期貨合約上；另一方面，10 月到期的期貨合約的未沖銷契約數（未平倉數）也遠大於其他月分到期的數量。換句話說，於 2015 年 9 月 30 日當天，雖然可有五種臺股指數期貨可供選擇；不過，依直覺而言，按照交易量以及未沖銷契約數（未平倉數）來看，顯然 2015 年 10 月期（於 2015

年 10 月 21 日到期）的臺股指數期貨契約價格可以提供較爲正確的期貨價格資訊，可以參考圖 3-6。

表 3-4　2015/9/30 臺股指數期貨（TX）交易行情（資料來源：期交所）

交易日期	契約	到期月分	開盤價	最高價	最低價	收盤價	漲跌價	成交量	結算價	未沖銷契約數
2015/9/30	TX	201510	8,015	8,178	7,983	8,135	16	165,188	8,135	54,898
2015/9/30	TX	201511	8,004	8,160	7,966	8,119	18	1,445	8,118	2,519
2015/9/30	TX	201512	7,994	8,150	7,960	8,108	18	303	8,109	4,921
2015/9/30	TX	201603	7,958	8,125	7,952	8,090	25	124	8,088	1,430
2015/9/30	TX	201606	7,937	8,110	7,920	8,071	23	226	8,071	909

　　圖 3-6 之左上圖繪製出於 2015/8/20～2015/10/21 期間臺股指數、按照（3-7）式所計算出的期貨理論價格[11]以及期貨結算價的時間走勢，後者是取自 2015 年 10 月期的期貨合約。於圖內可以發現上述三種時間走勢非常接近，此尤其表現於 9 月 16 日以後的走勢（圖內虛線的右側），其基差（basis）（即現貨價格減期貨價格）的幅度大致維持在 50 點以下；不過，9 月 16 日之前的走勢，基差的幅度就相當可觀（最大甚至高達 240.92 點），該基差的時間走勢可參考圖 3-6 的下圖內的黑色實線。我們如何解釋此種情況？表 3-4 內的資訊倒是提醒我們注意，例如 9 月 1 日所看到的應該是 9 月期的期貨合約價格（即於 9 月 16 日到期）較具代表性（即於 9 月 1 日時，10 月期的期貨交易量並不大），正如同於表 3-4 中我們較少關心非 10 月期的期貨合約價格。換言之，若我們想要知道期貨與現貨價格之間的關係，9 月 16 日之前的期貨結算價應改成 9 月期的期貨合約結算價才合理。此可以表現於圖 3-6 內的右上圖，即該圖內的期貨結算價是綜合 9 月期與 10 月期的期貨結算價而來，因此前述基差的計算可再進一步調整，即改用綜合 9 月期與 10 月期的期貨結算價來計算基差，此可表現於圖 3-6 的下圖內的紅色虛線。於圖內可以看出調整後的基差幅度已縮小。

---

[11] 此處假定 $r = 0.005$ 以及 1 年有 252 個交易日。

　　事實上，於圖 3-6 內，我們也看到一個重要的結果，就是利用（3-7）式來計算期貨的理論價格，於即將到期時，前者與實際期貨價格之間的差距亦會逐漸縮小。

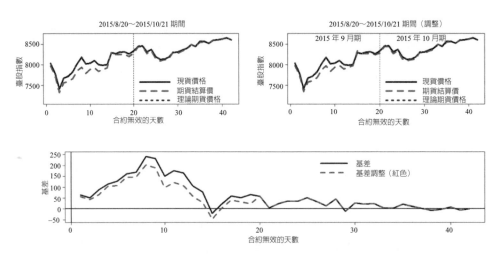

圖 3-6　2015 年 10 月期臺股指數期貨結算價與現貨價之時間走勢

例 7 **期貨交易的逐日清算**

　　雖然我們認為圖 3-6 的右上圖內的期貨結算價比較能表現出其與現貨價格之間的關係，不過於實際的交易上，我們仍需按照契約上的規定。如前所述，期貨交易與遠期交易最大的不同，在於前者於交易時，買賣雙方須準備保證金。以臺股指數期貨契約而言，一口契約的原始保證金（original margin）與維持保證金（maintenance margin）分別為新臺幣 83,000 元與 64,000 元。二種保證金的意義，透過底下的例子自可了解。

　　假定阿德於 8/20 以 7,966 點的價位買進一口 2015 年 10 月期臺股指數期貨，由於 1 點相當於新臺幣 200 元，故一口契約的價值為 1,593,200 元（7,966×200），不過阿德只需準備 83,000 元即可，因此該期貨契約的槓桿比率約為 19.2（7,966×200/83,000），此相當於阿德用 1 元即可支配 19.2 元。雖然如此，由於逐日清算的性質，阿德往後的日子仍需隨時準備資金因應。假定 8/21 該 10 月期期貨結算價為 7,736 點，就阿德而言，明顯地損失了 230

點（7,966 - 7,736），此相當於損失了 45,000 元，故阿德的保證金餘額剩下 37,000 元（83,000 - 45,000），但是保證金餘額並不能低於維持保證金的金額，因此阿德會收到保證金追繳通知（margin call），阿德於收到通知後應立即補足保證金之不足。可注意此時保證金的補足仍以原始保證金為基準，是故阿德雖沒有賣出該期貨合約，但是卻立即損失了 45,000 元，此可以表現在保證金的追繳上。上述的調整過程，就是期貨合約逐日按照市值結算的結果。

　　表 3-5 列出阿德於 8/20 買進一口期貨合約後逐日清算的結果。假定阿德於 8/27 以 7,663 點結清（賣出）其部位，阿德總共損失了 303 點（-7,966 + 7,663），相當於損失了 60,600 元，此亦可從表 3-5 的損益增減累計（第 5 欄）看出結果。表內的實際保證金餘額（第 7 欄）是阿德於接到保證金追繳通知後，立即補足保證金餘額（第 6 欄）與原始保證金之間的差額。雖然，阿德於期初只負擔 83,000 元的資金，不過按照表 3-5 內的結算，實際上至 8/24 為止，阿德則總共需要提供 211,800 元（83,000 + 46,000 + 82,800）的保證金；因此，前述的槓桿比率也只能提供一種參考而已，也就是說，期貨的交易人應該不能只看保證金的多寡來做決策。

表 3-5　期貨逐日清算的例子

日期	結算價	漲跌	收益增減	累計	保證金餘額	實際保證金
8/20	7,966	0	0	0	83,000	83,000
8/21	7,736	-230	-46,000	-46,000	37,000	83,000
8/24	7,322	-414	-82,800	-128,800	-45,800	83,000
8/25	7,561	239	47,800	-81,000	2,000	85,000
8/26	7,588	27	5,400	-75,600	7,400	90,400
8/27	7,663	75	15,000	-60,600	22,400	105,400

1.2 遠期價格與期貨價格之間的關係

　　直覺而言，遠期交易與期貨交易之間的差距是顯而易見的（可參考表 3-1），否則應該就不會有期貨交易的出現。不過，若除去如信用風險或違約風險等因素，純粹就經濟因素的考量，遠期價格與期貨價格是否有可能相等？

於本節，我們嘗試以較為「簡單」的方式來檢視上述二者的關係；也就是說，若純粹只考量期貨交易的逐日清算此一因素，則遠期價格與期貨價格之間的關係究竟為何？

　　假定我們的經濟社會只有 2 期（當然也可推廣至多期的情況）。令短期利率 $i(0,1)$ 與長期利率 $i(0,2)$ 於 0 期為已知，$i(0,1)$ 與 $i(0,2)$ 可以分別用於計算投資於無風險性資產的報酬；例如：$i(0,1)$ 表示 0 期至 1 期的無風險利率，而 $i(0,2)$ 表示 0 期至 2 期的無風險利率。雖然利用 $i(0,1)$ 與 $i(0,2)$ 可以分別用於計算投資於無風險性資產的報酬，只是二者的報酬未必會相同。就使用短期利率而言，1 期之後若再投資，此時未來短期利率可寫成 $i(1,2)$（即 1 期後再投資於 1 期的無風險性資產）不再是一個固定數值而反倒是一種隨機變數。換言之，於 $i(0,1)$ 與 $i(0,2)$ 內，我們可以想像存在著一個未來的短期利率 $i(1,2)$，只是 $i(1,2)$ 卻是一個未知數。

　　假定各存在有一種 2 期的遠期合約與期貨合約，該二合約有相同的現貨標的資產與到期日，如前所述，假定二合約並無信用或違約風險等問題，我們仍以 $S(0)$ 表示期初現貨價格而暫時以 $f(0,T)$ 表示遠期價格。

　　於上述的假定下，考慮下列二種投資策略：投資策略 1 為買進一口 2 期的遠期合約，故到期該合約的收益為：

$$S(2) - f(0,2) \qquad\qquad （3\text{-}10）$$

而投資策略 2 則是買進一口 2 期的期貨合約，其期初價格為 $F(0,2)$。如前所述，我們需考慮「逐期清算」該期貨合約的價值，故於第 1 期該合約的價值變化為：

$$F(1,2) - F(0,2) \qquad\qquad （3\text{-}11）$$

其中 $F(1,2)$ 表示 1 期後該期貨合約的價格。理所當然，若 $F(1,2) > F(0,2)$，投資人可將所獲得的現金流量（高於原始保證金的部分）投資於無風險性資產上；相反地，若 $F(1,2) < F(0,2)$，投資人則可借入資金以彌補其損失。因此，於到期時，該期貨合約的收益為：

$$S(2) - F(1,2) + [F(1,2) - F(0,2)][1 + i(1,2)h(1,2)] \qquad (3\text{-}12)$$

其中 $h(1,2)$ 表示第 2 期與第 1 期的時間間隔。(3-12) 式表示期貨的到期收益可以分成二個部分：其一是到期的結算，另一則是再投資的收益。爲了要與遠期的到期收益比較，期貨的到期收益如（3-12）式可以再改寫成：

$$S(2) - F(0,2) + [F(1,2) - F(0,2)]i(1,2)h(1,2) \qquad (3\text{-}13)$$

比較（3-10）與（3-13）二式的差異，可以發現期貨的到期收益多了一項「不確定」因素，即 $[F(1,2) - F(0,2)]i(1,2)h(1,2)$，該因素是由再投資的現金流量與未來的短期利率的乘積所構成。換句話說，相對於遠期合約而言，期貨合約的價值較不確定，而此額外的不確定竟然是來自於未來的短期利率與期貨價格之間的關係。例如未來的短期利率與期貨價格之間呈現正相關，則從（3-13）式可以看出，期貨合約的價值相對上較遠期合約吸引人，故期貨價格有可能會高於遠期價格；相反地，若未來的短期利率與期貨價格之間呈現負相關，則期貨合約的價值相對上吸引力較小，期貨價格有可能會低於遠期價格[12]。

有意思的是，倘若未來的短期利率爲一個固定的數值，此相當於是假定未來的短期利率與期貨價格無關，隱含著期貨合約的有利因素成分與不利因素成分差距不大，故就平均值而言，期貨價格與遠期價格是有可能會相等的。

其實 1.1 節的例 3 提醒我們可以再進一步思考。仍假定標的資產爲不支付股利的股票（於下二節自然會放鬆此假定）。直覺而言，買進一口遠期合約的到期收益爲 $S(T) - f(0,T)$，就 $f(0,T)$ 而言，因於期初就知道 $f(0,T)$ 爲何，故其是一個確定變數，我們可以用 e^{-rT} 計算它的現值；另一方面，雖然 $S(T)$ 是一個隨機變數，不過 $S(T)$ 的現值不就是 $S(0)$ 嗎！因此，若對（3-7）式計算其現值，可得：

$$S(0) = f(0,T)B(0,T) \qquad (3\text{-}14)$$

---

[12] 即若未來的短期利率與期貨價格之間呈現負相關，相當於若 $i(1,2)$ 的平均值低（高）於 $i(0,1)$，而 $F(1,2)$ 的平均值會高（低）於 $F(0,2)$，此時對採取投資策略 2 的投資人較爲不利：即逐日清算有獲利（損失）但再投資（借入）的利率卻較低（較高)。

於（3-14）式，我們是改用貼現債券的型態來表示預付（買入）遠期價格，該式存在有一個優點，就是我們也可以計算第 t 期至第 T 期的遠期價格 $f(t,T)$（相當於一種新的遠期合約），即：

$$S(t) = f(t,T)B(t,T) \qquad\qquad （3\text{-}15）$$

其中 $B(t,T)$ 表示 T 期的 1 元於 t 期的價值（即從 t 期來看未來 T 期 1 元的價值）。理所當然，（3-14）與（3-15）二式內的貼現債券亦可以連續的貼現債券表示。

我們知道遠期合約的期初值為 0 元（即買方不需要支付任何金額，賣方也沒有任何收益），不過隨著時間經過，因標的資產價格的變動，自然會引起遠期合約價值的變化；因此，透過（3-14）與（3-15）二式，我們可以看出一種買入遠期價格為 $f(0,T)$ 的遠期合約隨時間經過的價值變化，即：

$$V[f(0,T),t] = [f(t,T) - f(0,T)]B(t,T) \qquad\qquad （3\text{-}16）$$

其中 $V[f(0,T),t]$ 表示於 t 期遠期價格為 $f(0,T)$ 的遠期合約價值。直覺而言，$V[f(0,T),t]$ 具有下列性質：$V[f(0,T),0] = 0$ 與 $V[f(0,T),T] = S(T) - f(0,T)$。考慮最後一個性質，若取其至 t 期的現值，可得 $S(t) - f(0,T)B(t,T)$，利用（3-15）式，即可得（3-16）式；換個角度思考，（買入）$f(0,T)$ 於 t 期的價值不就是 $S(t)$ 減去 $f(0,T)$ 於 t 期的現值嗎？

若假定未來的短期利率是一個固定的數值，則我們的確可以得到遠期價格等於期貨價格。仍假定存在有相同標的資產與到期日的遠期合約與期貨合約，想像一種投資組合：同時買（賣）遠期合約與賣（買）期貨合約，其期初支出為 0 元。考慮遠期合約與期貨合約到期的前 1 天，投資人同時買了一口遠期合約與賣一口期貨合約，前者的到期收益為 $S(T) - f(T-1,T)$ 而後者的到期收益為 $F(T-1,T) - S(T)$，其中 $F(T-1,T)$ 表示 $T-1$ 期的期貨價格，故投資人的到期收益為 $F(T-1,T) - f(T-1,T)$；不過，因投資人的期初支出為 0 元，因此為了避免套利，投資人的到期收益應為 0 元，故 $T-1$ 期的遠期價格等於期貨價格，即 $F(T-1,T) = f(T-1,T)$。

同理，考慮遠期合約與期貨合約到期的前 2 天，投資人買了一口遠期合約

而同時賣了 $B(T-1,T)$ 口的期貨合約，因為未來利率為一個固定數值，故我們知道 $B(T-1,T)$ 的值為何。類似地，投資人的期初支出為 0 元，而買進一口遠期合約的價值變化為 $[f(T-1,T)-f(T-1,T)]B(T-1,T)$（從 $T-1$ 期來看到期日），賣出一口期貨合約的價值變化為 $[F(T-2,T)-F(T-1,T)]$，故投資人的到期收益為：

$$[f(T-1,T)-f(T-2,T)]B(T-1,T)+[F(T-2,T)-F(T-1,T)]B(T-1,T)$$
$$=[f(T-1,T)-F(T-1,T)]B(T-1,T)+[F(T-2,T)-f(T-2,T)]B(T-1,T)$$
$$=[F(T-2,T)-f(T-2,T)]B(T-1,T)$$

因此為了避免無風險的套利，$F(T-2,T)=f(T-2,T)$。

　　類似的推理過程可以持續下去，只要未來利率是一個確定的數值，自然可以推導出每期的遠期價格等於期貨價格 [13]！

例 1

　　假定目前臺股指數的價格為 9,875 點而不考慮股利的支付。若簡單的利率為 2.12%，則 6 個月期臺股指數的遠期價格為何？隨著時間經過 3 個月，臺股指數為 9,750 點，而同時間的 3 個月的簡單利率為 2.08%，則原先 6 個月期的遠期合約的價值為何？

解　我們先計算貼現債券的價格為：

$$B(0,0.5) = 1/(1 + 0.0212/2) = 0.9895$$

與

$$B(0.25,0.5) = 1/(1 + 0.0208/4) = 0.9948$$

---

[13] 因遠期價格會等於期貨價格，為了避免產生困擾我們仍用 $F(\cdot)$ 分別表示遠期價格與期貨價格，而以 $f(\cdot)$ 表示遠期利率。

因此，6 個月期的遠期價格為：

$$F(0,0.5) = S(0)/B(0,0.5) = 9,875/0.9895 = 9979.675$$

而 3 個月期的遠期價格為：

$$F(0.25,0.25) = S(0.25)/B(0.25,0.5) = 9,750/0.9948 = 9,800.7$$

是故，6 個月期的遠期 3 個月後的價值變化為：

$$V[F(0,0.5),0.25] = [F(0,0.5) - F(0.25,0.5)]B(0.25,0.5)$$
$$= (9979.675 - 9,800.7)(0.9948) = 178.05 \text{ 點}$$

換言之，3 個月後因現貨指數跌了 125 點，使得賣出 6 個月期的遠期合約價值上升了 178.05 點，即期初合約的賣方，若「結清」原先的遠期合約，可得 178.05 點；相反地，期初合約的買方，此時反而會有損失 178.05 點。

例 2

續例 1，若將簡單利率改成連續利率，則結果為何？

解 上述簡單利率可以轉換成連續利率，即利用有效年利率的觀念，可得：

$$(1 + iT)^{1/T} = e^r \Rightarrow \frac{1}{T}\log(1 + iT) = r$$

因此將 $i = 0.0212$ 與 $T = 0.5$ 代入可得連續利率 0.0211；其次，又將 $i = 0.0208$ 與 $T = 0.25$ 代入可得連續利率 0.0207。因此，6 個月期的遠期價格以連續利率計算為：

$$F(0,0.5) = S(0)e^{rT} = 9979.675$$

而 3 個月期的遠期價格以連續利率計算為：

$$F(0.25, 0.5) = S(0.25)e^{rT} = 9,800.7$$

是故，6 個月期的遠期價格 3 個月後的價值變化爲：

$$V[F(0,0.5),0.25] = [F(0,0.5) - F(0.25,0.5)]e^{-(0.0207)(0.5-0.25)} = 178.05$$

其結果與例 1 相同。

例 3

　　既然遠期價格與期貨價格的決定頗爲類似，（3-7）式應該也可以用於決定期貨的理論價格。圖 3-7 繪製出臺股指數期貨 2013 年 3 月期（TX201303）內期貨與現貨價格之時間走勢 [14]，於圖內的確可看出期貨（紅色虛線）與現貨價格（黑色實線）有「如影隨形」的關係，此說明了前者係衍生於後者。直覺而言，若根據（3-7）式計算期貨的理論價格（於圖內就是理論 F1，即綠色虛線），該價格應會高於對應的現貨價格，使得期貨的（理論）基差（現貨價格減期貨價格）應爲負值；不過，若檢視實際的現貨價格與期貨價格之間的關係，可以發現反倒是前者普遍高於後者，即實際期貨的基差大多皆爲正的數值，如圖 3-8 所示，此表示（3-7）式仍不足以表示期貨的價格，應該進一步再作修正。在第 3 節我們就會說明如何修正（3-7）式，圖 3-7 內的理論 F2 就是按照（3-20）式所繪製而成（藍色虛線），於圖內可看出其走勢已經非常接近於實際的期貨價格走勢，此隱含著原來期貨的市價也有所本，即期貨的理論模型的確提供市場的買賣雙方一個重要的參考依據。

---

[14] TX201303 的上市日爲 2012/4/19 而其到期日則爲 2013/3/20。圖 3-7 內的資料是取自台灣經濟新報（TEJ），爲了讓讀者能複製有關於 TX201303 的實證結果，本章的附表 1 列出 TX201303 的部分資料，其中因無風險利率於期間內皆爲 1.355%，故沒有列出無風險利率序列資料。有興趣的讀者可以自行按附表 1 建立檔案或自行至 TEJ 下載全部的資料。

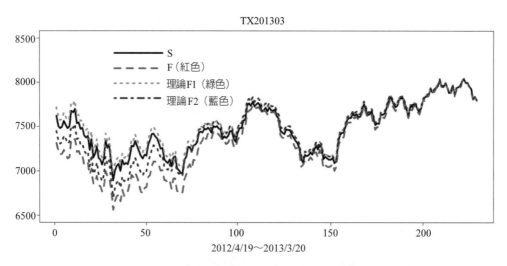

圖 3-7　TX201303 月期的現貨、期貨與理論期貨價格之時間走勢

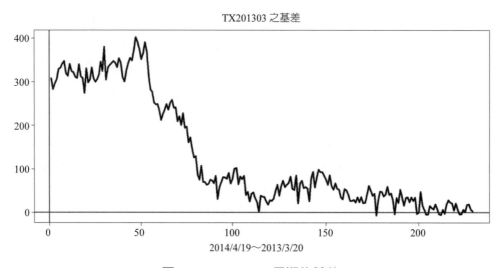

圖 3-8　TX201303 月期的基差

例 4

　　圖 3-8 繪製出 TX201303 月期從其上市日至交易日的基差時間走勢，此不禁讓我們想要進一步了解，投資人面對該基差資訊會有何反應？直覺而言，該基差時間走勢並不出乎我們的意料之外，因為表 3-4 的結果已提醒我們，投資人較少關注於離到期日較遠的期貨合約，而將其注意力集中於離到期日較近的

期貨合約上，故從圖內可說明為何離到期日較近的基差幅度已逐漸縮小，反而離到期日較遠的基差幅度較大也較無法反映市場的情況。因此，若要知道投資人如何面對該基差資訊，我們不是要使用類似於圖 3-6 的方式嗎？換言之，我們應檢視近月到期的現貨價格與期貨價格之間的關係。

　　圖 3-9 繪製出 TX201509、TX201510、TX201511 以及 TX201512 月期等四種合約的現貨價格與期貨價格之間的關係，不過於圖內我們只選擇每一合約於到期日前的 22 個交易日資料[15]，果然不同時間的現貨價格與期貨價格之間已非常接近，其對應的基差數值也已正負值參半，表示以期貨價格預期現貨價格的不確定性。就圖 3-9 的左圖而言，可以發現圖內現貨價格與期貨價格的時間走勢雖有趨勢走勢的傾向，不過二者應該皆屬於一種隨機趨勢（stochastic trend）。顧名思義，隨機趨勢就是表示趨勢的時間走勢是隨機的；換言之，從事前來看，我們的確不容易預測未來現貨價格與未來期貨價格的走勢。還好，雖然上述二者的未來走勢並不易預測，但是未來現貨價格與未來期貨價格之間的關係卻是確定的，顯然於圖內可以看出現貨價格與期貨價格之間有可能存在共整合關係。事實上，我們也可以從圖 3-9 的右圖的基差時間走勢，看出現貨價格與期貨價格之間的穩定關係，即不像圖 3-8 內的基差走勢，圖 3-9 的右圖的基差時間走勢已無明顯的趨勢走勢！

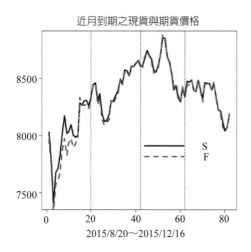
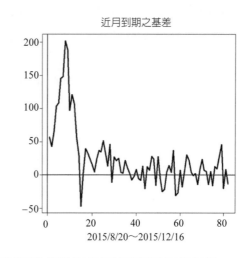

圖 3-9　TX201509～TX201512 之近月到期的對數現貨價格與對數期貨價格

---

[15] 即分別取四個合約的 8/20～9/16、9/17～10/21、10/22～11/18 以及 11/19～12/16 期間之臺股現貨指數與期貨指數結算價，其中期貨資料取自期交所。

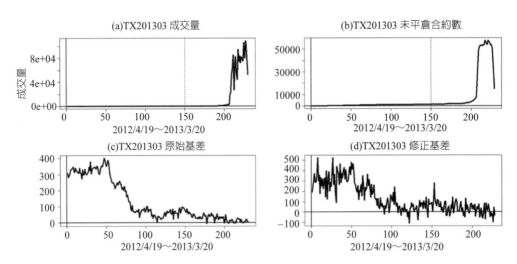

圖 3-10 TX201303 月期的日成交量、日未平倉合約數、基差以及修正基差資訊

例 5 ECM 的應用

　　明顯地，圖 3-9 內的基差時間走勢並無明顯的趨勢走勢，但是圖 3-8 內的基差時間走勢呢？圖 3-10 繪製出 TX201303 月期的日成交量與日未平倉合約數資訊。如圖內的圖 (a) 與 (b) 分別繪出 TX201303 月期的逐日成交量與未平倉合約數（從期初至到期），如前所述，只有於接近到期前，成交量與未平倉合約數才會擴大；相反地，於合約的初期，市場的交易人並未重視該合約，因此圖內垂直虛線的左側，該合約的成交量與未平倉合約數，相對上較少。因此，透過逐日成交量與未平倉合約數，我們倒是可以解釋圖 3-8 內基差的時間走勢；也就是說，為何於合約的期初，現貨價格會遠大於對應的期貨價格，我們知道是由交易量較少所造成的，於下一節，我們會嘗試進一步解釋為何會如此。於此，我們有興趣的是，市場究竟存不存在一種「自我修正」的力量，使得基差的幅度逐漸縮小？應該會有，因為到期時，基差會等於 0；不過，於尚未到期呢？

　　若檢視（3-15）式，令 $S_t = S(t)$ 與 $F_t = F(t,T)$ 分別表示 t 期的現貨價格與期貨價格，於 $t \to T$（t 接近於 T）的情況下，可得 [16]：

---

[16] 即（3-15）式亦可連續的貼現債券表示，故可寫成 $S(t) = F(t,T)e^{-r(T-t)}$。因此，對上式取對數值，可得 $\log S_t = \log F_t + v_t$，其中 $v_t = -r(T-t)$；由於我們皆是使用接近到期日的資料，故 $v_t \approx 0$。

$$S_t \approx F_t, \ t \to T \qquad\qquad (3\text{-}17)$$

（3-17）式再一次提醒我們，於接近到期時，期貨價格會收斂至現貨價格；不過，究竟是現貨價格向期貨價格靠攏呢？亦或是期貨價格向現貨價格接近？其實我們並不是很確定，還好（3-17）式亦可被視為期貨與現貨之間的「均衡」關係，畢竟期貨（現貨）的價格並不能脫離現貨（期貨）價格太遠，尤其是於接近到期時期貨（現貨）價格更是無法離開現貨（期貨）價格的吸引力。

利用（3-17）式，我們可以進一步使用「誤差修正模型（Error Corrected Model, ECM)」檢視現貨價格如何調整[17]，尤其是期貨與現貨市場之間出現「失衡」的情況；換句話說，考慮下列的現貨價格短期動態調整過程：

$$\Delta S_t = \beta_0 + \lambda ecm_{t-1} + \beta_1 \Delta S_{t-1} + \alpha_1 \Delta F_{t-1} \qquad\qquad (3\text{-}18)$$

其中 $\Delta S_t = S_t - S_{t-1}$、$\Delta F_t = F_t - F_{t-1}$、以及 $ecm_{t-1} = S_{t-1} - F_{t-1}$。（3-18）式是一種簡易的 ECM，其說明了於 t 期現貨價格的動態調整過程有二個來源：其一是來自於 $ecm_{t-1} \neq 0$，即於 $t-1$ 期時，若 $ecm_{t-1} > 0$（$ecm_{t-1} < 0$），表示期貨價格相對上低於 (高於) 現貨價格，於 t 期時現貨價格應會向下（向上）修正，故參數 λ 值應為負數；另一來源是來自現貨價格自身以及期貨價格落後期的調整，不過我們相對上對其對應的參數值的估計較無興趣，畢竟其與「修正」的功能無關。因此，於 ECM 內，λ 值的估計甚為重要，因為它具有判斷期貨與現貨價格之間的「誤差修正」功能。

簡單來說，若 S_t 與 F_t 皆是屬於 $I(1)$，而 ΔS_t、ΔF_t 以及 $S_t - F_t$ 皆可以轉換成 $I(0)$（即 S_t 與 F_t 可形成一種共整合關係），此時我們就可以使用（3-18）式，因為（3-18）式內等號的左右側的變數皆是屬於 $I(0)$[18]。現在我們來看是否可以利用 ECM 來檢視 TX201303 的資料。由於我們比較在乎（3-18）式內參數 λ 的估計值，因此進一步簡化（3-18）式，即不考慮（3-18）式內現貨與期貨落後期的動態調整：

---

[17] ECM 的介紹可以參考《財統》。

[18] 有關於 $I(0)$ 與 $I(1)$ 的定義與意義，可參考本章第 4 節。

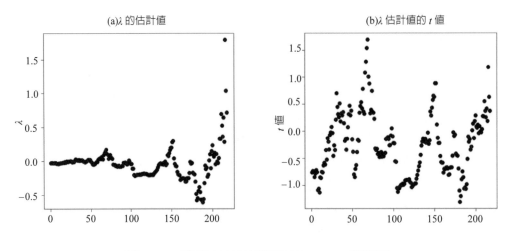

圖 3-11　利用 ECM 來檢視 TX201303 的資料

$$\Delta S_t = \beta_0 + \lambda ecm_{t-1} \qquad （3\text{-}18a）$$

圖 3-11 就是利用（3-18a）式與 TX201303 的資料所得出的結果。換句話說，我們根據 TX201303 的資料，估計所有可能的 λ 值，其結果就繪製於圖 3-11 的 (a) 圖 [19]。於圖內，可以看出 λ 的估計值雖有出現負數值，但是卻有不少為正數值；雖說如此，若進一步計算 λ 估計值對應的檢定統計量（test statistic）t 值，而不同的 t 值則繪製於 (b) 圖，於圖內可以看出於虛無假設（null hypothesis）為 $\lambda = 0$ 的情況下，大多數的 t 值皆顯示出無法拒絕虛無假設的結果 [20]。

例 6　修正的基差

　　圖 3-11 內的結果是讓人感到意外的，因為「基差」竟然無法提供有用的資訊？若仔細思索（3-18）或（3-18a）式，我們發現至少有二點值得注意：第一，按照期交所的股價指數期貨契約規格，期貨交易與現貨交易的時段並不

---

[19] 我們以最小平方法以「滾動」的方式估計（3-18a）式，即估計期間分別為 12/4/20～13/3/20、12/4/23～13/3/20、12/4/24～13/3/20、⋯、13/2/21～13/3/20，可以參考所附之 R 程式。

[20] 一個簡單判斷 t 檢定統計量會拒絕虛無假設的方式，就是 $|t| \geq 2$。

一致[21]，故上述用「基差」當作「誤差修正」並不適當。第二，爲了避免產生困擾，我們嘗試以落後一期的期貨結算價取代當期的期貨結算價，即按照上述的想法，可以定義「修正基差」爲：

$$修正基差 = S_t - F_{t-1}$$

而爲了比較起見，將原來的基差稱爲「原始基差」。我們將例 5 的結果視爲模型 1，而將上述的考慮視爲模型 2。圖 3-10 內的圖 (d) 繪製出 TX201303 的修正基差時間走勢；爲了比較起見，圖 (c) 仍繪製出 TX201303 的原始基差時間走勢（同圖 3-8）。比較圖 3-10 內的圖 (c) 與 (d) 二圖，可以發現原始基差與修正基差二走勢有些類似，不過修正基差的波動「幅度」顯然超過前者。

　　因此，若隨意選擇某一時點（讀者亦可改變其他時點），此可對應至圖 3-10 內上圖的垂直虛線，利用（3-18a）式，可以得到下列的估計結果[22]：

模型 1（2012/9/11～2013/3/20）　　模型 2（2012/9/12～2013/3/19）

$$\Delta S_t = 2.99 + 0.19 ecm_{t-1} \quad 與 \quad \Delta S_t^* = 25.22 - 0.87 ecm_{t-1}^*$$

(10.56) (0.3) $R^2 = 0.01$ 　　　(2.30) (0.04) 　$R^2 = 0.8$

上述模型 2 的估計結果頗符合我們的預期，其中 λ 的估計值不僅爲負值，同時亦能顯著異於 0；另一方面，模型 2 的判定係數 R^2 亦相當高，隱含著模型 2 的配適度並不差。反觀，模型 1 的結果就不如意了，其內的 λ 估計值並未能顯著異於 0，同時 R^2 也太低了。

　　類似於圖 3-11，我們可以考慮模型 2 的所有結果並繪製於圖 3-12。綜合圖 3-12 的結果，整理後可有下列結論：

---

[21] 臺指期貨的交易時間可以分成一般交易與到期月分二種，一般交易時間爲營業日上午 8：45～下午 1：45，而到期月分契約最後交易日之交易時間爲上午 8：45～下午 1：30。

[22] 於模型 2 內我們是使用落後一期的期貨結算價取代當期期貨結算價，就 TX201303 的資料而言，我們將 2012/04/20～2013/3/20 期間的現貨價格視爲 S_t^*，而將 2012/04/19～2013/3/19 期間的期貨結算價視爲 F_t^*，因此「誤差修正」項用「修正基差」表示，其爲 $ecm_{t-1}^* = S_{t-1}^* - F_{t-1}^*$。

(1) 明顯地，模型 2 的估計結果優於模型 1，隱含著修正基差的考慮較原始基差適合用於 ECM 分析。

(2) 利用模型 2 的所有估計結果，可以發現 TX201303 月期合約內存在一種「自我修正」的力量，使得現貨價格與期貨結算價之間存在如影隨形的關係，讀者可以檢視其他合約內是否也有類似的結果。

(3) 檢視圖 3-12 內的圖 (a) 與 (b) 結果，可以發現 λ 估計值不僅皆為負值，且亦皆能顯著異於 0，隱含著當期現貨價格的調整會受到落後一期修正基差的影響；換言之，期貨價格會影響未來的現貨價格。

(4) 若檢視圖 3-12 內的圖 (a) 與 (b) 結果，可以發現 λ 的估計值逐日下降，也就是說，愈接近到期日，λ 估計值的絕對值愈大，表示期貨價格愈會影響未來的現貨價格。此種結果並不讓人意外，如前所述，於合約初期因交易量較小，自然期貨價格影響未來的現貨價格的程度較小。

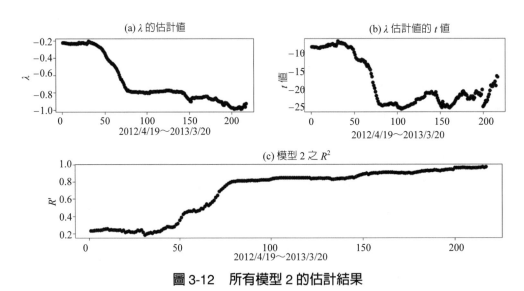

圖 3-12　所有模型 2 的估計結果

2. 金融與商品遠期與期貨

如前所述，若假定利率不是一個隨機變數以及 $\alpha - r \approx 0$，（3-7）式可以用於決定遠期合約的理論價格。不過，（3-7）式是來自於預付遠期價格的觀念，而我們所舉的標的資產例子卻是股票資產，故於股票不發放股利的前提

下，預付遠期價格相當於期初現貨價格；但是，倘若標的資產是改成實質的商品如黃金、石油或玉米呢？實質商品的預付遠期價格是否也是期初的現貨價格？應該不是，因為我們所討論的是遠期交易，買賣雙方是在 T 期才交割，故商品合約的預付遠期價格應該除了期初的現貨價格之外，還要加上持有該商品至 T 期的「儲存成本」的現值，因此考慮至遠期商品合約價格時，（3-7）式應該進一步做修正。

事實上，（3-7）式應用於遠期金融性商品合約的價格也應修正；也就是說，遠期合約的標的資產如為股票，若於合約的期限內有發放股利呢？如同第 2 章，若標的資產於合約的期限內有發放股利，$S(0)$ 應該扣除股利發放的現值（畢竟買遠期股票是至 T 期才拿到股票，故期限內並沒有收到股利）[23]；是故，股利的收益不就是一種「負的儲存成本」嗎？類似的觀念，亦適用於遠期商品價格上；也就是說，商品的儲存成本，不是也可以視為一種「負的股利收益」嗎？如此來看，遠期價格的決定只有一個模型，該模型可以稱為持有成本理論（cost of carry model），不過若改稱為「股利收益理論」，其實也未嘗不可。

2.1 金融遠期與期貨

本節將先探討金融遠期（期貨）商品，我們只介紹股票與外匯二種商品，當然金融遠期（期貨）商品不會只有上述二種商品，其餘商品於適當的章節自會說明。

2.1.1 標的資產為股票

如前所述，（3-7）式的推導是假定標的資產為股票而於遠期合約期間內並無股利的發放，倘若有股利的支付呢？如同第 2 章，若有發放股利，則標的資產的期初價格須扣除掉股利的現值，故（3-7）式可以再改寫成：

$$F(0,T) = [S(0) - PVD(0,T)]e^{rT} \qquad (3\text{-}19)$$

根據（3-7）與（3-19）二式，我們可以討論底下的一些例子。

---

[23] 就做多（放空）股票而言，買進（賣出）價格應扣除股利收益。

例 1

A 公司目前股價為 55 元，A 公司並無股利發放的計畫。假定無風險連續利率為 1.5%，則 3 個月期的預付遠期價格與遠期合約價格分別為何？

解 因遠期合約期間內 A 公司並無股利發放，故預付遠期價格就是標的資產期初價格，即：

$$F^p(0,T) = S(0) = 55 \text{ 元}$$

故遠期價格為：

$$F^p(0,T)e^{rT} = S(0)e^{rT} = 55e^{0.015/4} \approx 55.21 \text{元}$$

例 2

B 公司目前股價為 45 元，B 公司準備每 3 個月發 0.5 元現金股利，假定無風險連續利率為 1.5%，則 18 個月期的遠期價格為何？

解 預付遠期價格為：

$$F^p(0,18/12) = S(0) - PVD(0,18/4) = S(0) - \sum_{j=1}^{6} 0.5e^{-(0.015/4)j} \approx 42.04 \text{元}$$

故遠期價格為：

$$F(0,18/12) = F^p(0,18/12)e^{0.015(18/12)} \approx 43 \text{元}$$

例 3

將臺股指數視為一種商品。目前臺股指數為 9,800 點，6 個月估計的連續股利支付率為 1%，假定無風險連續利率為 1.5%，則 6 個月期的遠期價格為何？

解 如第 2 章所述，於連續股利支付的假定下，預付遠期價格為：

$$F^p(0,T) = S(0)e^{-qT} = 9,800e^{-0.01/2} \approx 9,751.12 \text{ 點}$$

故 6 個月期的遠期價格爲：

$$F(0,1/2) = F^p(0,1/2)e^{0.015(1/2)} \approx 9,824.53 \text{點}$$

例 4

續例 3，若 6 個月期的遠期合約市價爲 9,750 點，投資人如何套利？

解 例 3 所計算出的 6 個月期遠期價格可以視爲理論價格，因其爲 9,824.53 點高於市價，明顯地 6 個月期遠期合約市價被低估，故應買入遠期合約方能套利。換言之，投資人可以放空 $e^{-qT}S(0)$ [24]，同時買進一口遠期合約，故期初成本可爲：

$$-e^{-qT}S(0) + F(0,T)e^{-rT} = -9,800e^{-0.01/2} + 9,750e^{-0.015/2} \approx -73.97 \text{ 點}$$

而到期時，投資人可以買進的遠期合約取得現貨以支付期初的放空。因此，投資人可以自我融通的方式（即不需自備資金）套利，而套利所得恰爲遠期理論價格與其市價差距的現值。

於例 3 與 4 內，我們可以注意到一個重要的結果。假定標的資產於合約期間內的股利發放可以連續的股利支付率 q 表示，則（3-7）或（3-19）式內遠期價格的決定可改成：

$$F(0,T) = S(0)e^{(r-q)T} \tag{3-20}$$

值得注意的是，（3-20）式內的連續利率可以視爲一種無風險連續貼現債券的殖利率，可以回想第 2 章的（3-7）式，即：

---

[24] 放空的收入應扣除股利的收益。

$$B(t,T) = e^{-r(T-t)}$$

若 $t = 0$，則 $B(0,T)$ 表示連續貼現債券的現值（面額仍為 1 元）。因此，（3-20）式背後的假定是無風險連續利率 r 固定不變，否則不同期限的遠期合約應對應至不同的利率（可參考第 2 章的圖 2-2）。

（3-20）式說明了於股利發放的情況下，遠期合約的理論價格，我們可以進一步了解（3-20）式內的 $(r-q)$ 項究竟代表什麼意思？換言之，（3-20）式亦可以改寫成：

$$\frac{F(0,T) - S(0)}{S(0)} = e^{(r-q)T} - 1 \qquad (3\text{-}21)$$

如前所述，若 $F(0,T) - S(0) > 0$，表示遠期（價格）升水；反之，$F(0,T) - S(0) < 0$，表示遠期（價格）貼水。因此，$(r-q)$ 項類似連續複利的計算方式，其是表示遠期（價格）升水（或貼水）的年率 [25]。

表 3-6　複製遠期合約

資產組合的成分	到期收益
買現貨	$S(T)$
賣遠期	$-[S(T) - F(0,T)]$
還期初之借入	$-S(0)e^{rT}$
合計	$F(0,T) - S(0)e^{rT}$

上述的介紹我們是使用預付遠期的觀點來說明遠期價格的決定，故此相當於從需求面來看遠期價格的決定。如前所述，我們亦可以持有成本的觀點來解釋遠期價格，此相當於從成本面來解釋遠期價格。底下，我們先舉一個例子說明。假定一檔不發放股利的股票價格為 $S(0)$ 元，若無風險利率為 r，則該股票 T 期的遠期價格為何？想像一種資產組合可以完全複製出該遠期合約，該資產

---

[25] 即 $(1/T)[\exp(rT) - 1]$ 約等於 r，例如令 $r = 0.06$ 與 $T = 0.5$ 代入前式，即可以反推出 $r = 0.06$。

組合是借入資金買進該檔股票，同時賣出一口 T 期該股票之遠期合約；因此，到期時該資產組合的收益如表 3-6 所示。

從表 3-6 可以看出，因該資產組合的期初成本爲 0 元，爲避免套利，上述資產組合的到期收益應爲 0 元，故 $F(0,T) = S(0)e^{rT}$，此恰爲（3-7）式。上述以自我融資的方式複製遠期合約的策略，換成用持有成本理論來看，其持有現貨的「儲存成本」爲 0 元。

現在考慮標的資產有發放股利的情況。假定於遠期合約期間內，標的資產有支付股利而其現值爲已知的 $PVD(0,T)$。我們可以考慮二種投資策略：投資策略 3 與投資策略 4。投資策略 3 是指同時買進現貨資產與借入 $PVD(0,T)$ 的資金，故其期初成本爲 $S(0) - PVD(0,T)$，而投資策略 4 則除了買進一口遠期價格 $F(0,T)$ 之外，向投資 $F(0,T)B(0,T)$ 的資金於無風險資產上（即買進 $F(0,T)B(0,T)$ 的貼現債券），故其期初成本爲 $F(0,T)B(0,T)$。

我們可以於合約到期時，發現上述二種投資策略的到期收益其實是相等的，即投資策略 3 的到期收益爲 $S(T)$，而投資策略 4 的到期收益亦爲 $S(T)$（$S(T) - F(0,T) + F(0,T)$）；因此，爲了避免套利，投資策略 3 與投資策略 4 的期初成本支出應相等，即：

$$F(0,T)B(0,T) = S(0) - PVD(0,T) \qquad (3\text{-}22)$$

即預付遠期價格（即（3-2）式）的另外一種表示方式就是（3-22）式。當然，我們可以從另一個角度來看（3-22）式；也就是說，若從成本面來看，標的資產爲股票若有發放股利，其「儲存成本」竟然是負值！

利用（3-22）式，我們自然可以得出於 t 期該遠期合約的預付價格爲：

$$F(t,T)B(t,T) = S(t) - PVD(t,T) \qquad (3\text{-}23)$$

其中 $PVD(t,T)$ 表示，就 t 期而言，t 期至 T 期股利發放的現值。因此，利用（3-22）與（3-23）二式，依舊可以得到（3-16）式。

2.1.2 標的資產為外匯

也許，我們還是較熟悉遠期外匯交易，因此一個自然的反應是：（3-20）

式是否也可以應用於遠期匯率的決定？答案當然是肯定的，不過我們可以先檢視表 3-7。表 3-7 內的美元匯率是取自臺灣銀行美元牌告匯率（2017/06/14），於表內可以看出，相對於新臺幣的價位而言，遠期美元是呈貼水的態勢，即不同天數的遠期匯率皆小於即期匯率。

表 3-7　臺灣銀行美元牌告匯率（2017/06/14）

	買入匯率	賣出匯率
即期匯率	30.145	30.245
遠期 10 天	30.137	30.241
遠期 30 天	30.111	30.224
遠期 60 天	30.073	30.188
遠期 90 天	30.029	30.143
遠期 180 天	29.876	30.02

通常我們是利用「無拋補利率平價（Uncovered Interest Rate Parity, UIRP）」與「有拋補利率平價（Covered Interest Rate Parity, CIRP）」理論來解釋遠期匯率的決定。假定 $r(f)$ 與 $r(d)$ 分別表示美元與新臺幣的無風險連續利率，因此投資人可以投資於美元或投資於新臺幣（貨幣）市場。就 CIRP 而言，投資人可將 A 美元投資於新臺幣（美元）市場，到期時並以買遠期美元避險，故投資於美元或新臺幣市場的收益為：

$$AS(0)e^{r(d)T} / F(0,T) = Ae^{r(f)T} \Rightarrow F(0,T) = S(0)e^{[r(d)-r(f)]T}$$

其中 $S(0)$ 與 $F(0,T)$ 分別表示美元即期與遠期美元；其次，就上述 A 美元投資於新臺幣而言，UIRP 是指到期並沒有買遠期美元，因此我們是以未來美元匯率的預期 $E[S(T)]$ 取代 $F(0,T)$，故上式可以改寫成：

$$AS(0)e^{r(d)T} / E[S(T)] = Ae^{r(f)T} \Rightarrow E[S(T)] = S(0)e^{[r(d)-r(f)]T}$$

其中 $E[S(T)]$ 表示投資人對未來美元匯率的預期。比較 CIRP 與 UIRP 的結果，

可以得到：

$$E[S(T)] = F(0,T) = S(0)e^{[r(d)-r(f)]T} \qquad （3\text{-}24）$$

因此，利率平價理論如（3-24）式，除了強調美元遠期匯率仍是未來美元匯率的不偏估計式 [26] 之外，若與（3-20）或（3-21）式比較，可以發現二國利率的差距 $[r(d) - r(f)]$ 竟是表示遠期美元升水（或貼水）的比率（以即期匯率為基準）。是故，比較（3-20）與（3-24）式，應會注意到股票型的遠期價格的決定亦可擴充至決定遠期外匯的匯率，其中的關鍵是將 q 以 $r(f)$ 取代 [27]。

底下，我們舉一個例子說明如何應用（3-24）式。假定 180 天期的二國無風險利率分別為 $r(f) = 0.9\%$ 與 $r(d) = 0.795\%$ [28]；為了分析方便起見，此處亦假定利率的借貸（買入與賣出）利率皆相同。利用表 3-7 內的訊息以及（3-24）式，我們可以計算出遠期匯率的理論價格。不過，因表 3-7 內的美元即期匯率分成買入與賣出匯率，故首先我們以美元即期匯率的買入與賣出匯率的平均數表示期初匯率，即 $S(0) = 30.195$，接下來將上述資料代入（3-24）式，可以得出 180 天期美元遠期匯率的理論價格為：

$$F(0,180 / 365) = 30.195e^{(0.00795-0.009)(180/365)} \approx 30.18$$

顯然，表 3-7 內的 180 天期美元遠期匯率的市價是有低估的傾向。

計算出美元遠期外匯的理論價格是有意義的，畢竟美元遠期外匯市價不能脫離該理論價太遠，否則會引起套利；換言之，若不再考慮其他的交易成本，於上述的假定下，投資人的確可以進行無風險的套利。類似 2.1 節的例 4，由於 180 天期美元遠期外匯價格被低估，故於套利的過程中應買進遠期美元，因此投資人可以借入美元，可以換成新臺幣而投資於新臺幣（貨幣）市場，因到

---

[26] 此仍是假定二國利率皆為固定值以及投資人的風險貼水等於 0 的結果。

[27] 即購買股票可得股利，而存外匯可得外匯的利息。

[28] 該利率是取自同時間臺灣銀行的 6 個月期美元外幣與國內定存利率，只是我們用連續利率表示。

期需換回美元，故需同時買進遠期美元[29]。假定投資人以 $r(f) = 0.9\%$ 借入 1,000 美元，到期需償還本利和爲：

$$1,000e^{0.009(180/365)} = 1000.448 美元$$

因此，投資人可以將借入的美元投資於利率爲 $r(d) = 0.795\%$ 的新臺幣市場，同時以 30.02 的價位買進美元遠期，故 6 個月後可得：

$$1,000(30.195)e^{0.00795(180/365)}/30.02 = 1009.781 美元$$

償還借入美元的本利和後，仍有 5.333 美元的收益。

例 1

一家美國公司打算 120 天後從瑞士購買價值 62,500 瑞士法郎（SF）的商品，目前瑞士法郎兌美元的即期匯率是 0.7032（即 1 瑞士法郎可兌換 0.7032 美元），而 120 天期的遠期美元爲 0.8001，美國與瑞士的 120 天期的無風險利率分別爲 3.25% 與 4.5%，試計算 120 天期遠期美元的理論價格。假定二國的無風險利率的借貸（買入與賣出）利率皆相同，投資人如何套利？

就以臺灣的觀點而言，我們不容易利用（3-24）式計算遠期匯率，因爲我們無法分出國內與國外分別爲何，因此最好的方式是應用 CIRP。若 $r(u)$ 與 $r(s)$ 分別表示美國與瑞士的無風險利率，假定投資人有 A 元的瑞士法郎，則其可以投資於美元市場，不過爲了與瑞士法郎比較，故必須同時賣出美元的遠期；另一方面，該投資人也可將 A 元投資於瑞士市場，利率平價理論就是認爲二種投資的結果應該相等，故可得：

$$\frac{AS(0)}{F(0,T)}e^{r(u)T} = Ae^{r(s)T} \Rightarrow F(0,T) = S(0)e^{[(r(u)-r(s)]T}$$

---

[29] 其他的情況是，投資人亦可借入新臺幣換成美元後投資於美元市場，因到期需換回新臺幣，故同時需賣遠期美元。

其中 $S(0)$ 與 $f(0,T)$ 分別表示瑞士法郎的即期與遠期美元匯率。因此,將上述資料代入,可得 120 天期遠期瑞士法郎的理論價格為:

$$F(0,T) = S(0)e^{[(r(u)-r(s)]T} = 0.7032e^{(0.0325-0.045)(120/365)} \approx 0.7003$$

因此,若與上述理論價格比較,顯然 120 天期遠期瑞士法郎的市價是高估的。如前所述,就套利的過程而言,投資人應該賣出高估的遠期瑞士法郎;是故,投資人應該借入美元投資瑞士市場,同時賣出遠期瑞士法郎以換回美元。假定投資人借入 1,000 美元,到期應還本利和為 1010.742 美元;另一方面,若投資人將借入的美元投資於瑞士市場,同時以 0.8001 的價位賣出遠期瑞士法郎,則到期時可得:

$$(1,000/0.7032)e^{0.045(120/365)}(0.8001) = 1,154.757 \text{ 美元}$$

故扣除應歸還的本利和後,該投資人可得 144.015 美元,故其報酬率約為 14.4%。利用利率平價理論如(3-24)式,我們不難計算出上述套利投資人為何約有 14.4% 的報酬率,其關鍵就在於遠期瑞士法郎的升水幅度,若按照實際遠期瑞士法郎市價計算其值約為 13.78%((0.8001 − 0.7032)/0.7032),而若以理論的遠期價格計算則約為 −0.41%((0.7003 − 0.7032)/0.7032),故二者的差距約為 14.19%。

就美國公司而言,其也未必使用買進遠期瑞士法郎避險;換言之,美國公司若以 0.8001 的遠期價格購買 62,500 瑞士法郎,120 天後需支付 50,006.25 美元,相當於期初需使用 49,474.78 美元,不過若將 49,474.78 美元改存於瑞士市場,到期約得 71,405.26 瑞士法郎,扣掉 62,500 瑞士法郎後,尚有 8905.26 瑞士法郎的剩餘,故相當於節省了 14.25%。

例 2

利用表 3-7 的資訊,我們可以計算即期匯率的買賣價平均值為 $S(0)$ = 30.195;同理,我們亦可以計算 90 天期的遠期匯率的買賣價平均值為 $F(0,90/365) = 30.086$。若投資人投資 1 美元於 3 個月的美元市場可得 1.0091 美

元，則國內 3 個月期的利率為何？

解 就（3-24）式而言，因：

$$F(0,T) = S(0)e^{[r(d)-r(f)]T} \Rightarrow F(0,T)e^{-r(d)T} = S(0)e^{-r(f)T}$$

故（3-24）式可以改寫成：

$$F(0,T) = S(0)\frac{B_f(0,T)}{B_d(0,T)} \tag{3-25}$$

其中 $B_d(0,T)$ 與 $B_f(0,T)$ 分別表示國內與國外的貼現債券價格。因：

$$B_f(0,T) = \frac{1}{1.00091} \approx 0.991$$

故由（3-25）式，可得 $B_d(0,T) \approx 0.9946$，相當於投資新臺幣 1 元，3 個月後約可得新臺幣 1.0055 元，故國內利率約為 2.18%。

2.2 商品遠期與期貨

至目前為止，我們所討論的遠期合約的標的資產大多集中於金融性資產，故其「儲存成本」不是 0 就是負值。倘若標的資產是改成實質商品如黃金、石油或玉米呢？此時商品的「持有成本」或「儲存成本」就較為具體了，則上述的推理過程是否仍可適用？假定考慮一種到期為 T 期的遠期黃金合約，我們仍舊想像一種可以完全複製該遠期黃金合約的資產組合：借入資金購買與合約標的一模一樣的黃金，同時賣出一口遠期黃金合約；當然，此時的持有成本與標的資產為股票的持有成本並不相同。

類似 $PVD(0,T)$ 的概念，假定 $PVC(0,T)$ 表示持有實質商品持有成本（或儲存成本）於合約期間的現值。我們考慮一種最簡單的情況：即 $PVC(0,T)$ 為已知的固定金額。上述完全能複製遠期黃金合約的資產組合，相當於期初借入 $PVC(0,T)$ 與 $S(0)$ 的資金以支付持有成本與現貨價格。因此，若投資人購買上述資產組合的期初成本為 0 元，我們可以檢視於到期時，該資產組合的到期收益為何？若仍以 $S(0)$、$S(T)$、以及 $F(0,T)$ 分別表示商品標的資產期初現貨價

格、到期現貨價格、以及遠期價格，則上述資產組合的到期收益為：

資產組合的成分	到期收益
賣一口遠期黃金合約	$F(0,T) - S(T)$
買現貨	$S(T)$
還期初之借入	$-[PVC(0,T) + S(0)]/B(0,T)$
總計	$F(0,T) - [PVC(0,T) + S(0)]/B(0,T)$

因該資產組合的期初成本為 0 元，故為了避免套利，可得商品的遠期價格為：

$$F(0,T)B(0,T) = S(0) + PVC(0,T) \qquad （3\text{-}26）$$

因此，比較（3-22）與（3-26）二式，商品的真實持有成本可以視為一種「負的股利支付」；也就是說，若有考慮商品的儲存成本，會使遠期的價格比原先的購買價格更高。

是故，簡單來看持有成本理論就是指先購買現貨，然後再一直保有至合約到期，就商品的遠期合約而言，除了現貨的購買成本之外，其商品的儲存成本是顯而易見的；也就是說，持有成本理論就是從成本面來看遠期價格的決定。我們來看如何應用持有成本理論。倘若上述黃金的遠期價格的決定忽略商品的儲存成本而使得其市價低於理論價格，即：

$$F(0,T)B(0,T) < S(0) + PVC(0,T)$$

則投資人如何套利？如前所述，於套利過程內，投資人應買進低估的遠期合約，同時複製出「買進的遠期合約」：即放空現貨並投資於無風險性資產上，故期初並不需要任何資本支出，不過因期初以放空現貨取代，反而節省了該商品的儲存成本支出，而該節省的成本支出亦可投資於無風險資產上。因此，於到期時，套利投資人的收益分別為：

$$S(T) - F(0,T) - S(T) + [S(0) + PVC(0,T)] / B(0,T)$$
$$= S(0) + PVC(0,T) - F(0,T)B(0,T) > 0$$

例 1

一個 180 天期的黃金遠期合約內含 100 盎司，目前黃金的價位為 1 盎司等於 1,200 美元而儲存成本則每盎司 4.25 美元（於合約到期時支付）。若 180 天期的簡單利率為 1.5%，則黃金的遠期價格為何？

解 180 天期的簡單利率為 1.5%，可得：

$$B(0,180/365) = 1/[1+0.015(180/365)] \approx 0.9927$$

故依（3-26）式可以分別得出預付遠期價格與遠期價格分別為：

$$F(0,T)B(0,T) = S(0) + PVC$$
$$\Rightarrow F(0,180/365)B(0,180/365) = 1,200 + 4.25B(0,180/365) = 1,254.219$$

與

$$F(0,T) = [S(0)+PVC]/B(0,T)$$
$$\Rightarrow F(0,180/365) = 1,200/B(0,T) + 4.25 = 1,263.479$$

故預付遠期價格與遠期價格二者可以互為轉換。

例 2

續例 1，假定遠期價格為 1,300 美元，則投資人如何套利？

解 若與理論的遠期價格比較，顯然遠期價格高估，故投資人應賣出遠期合約，同時借入資金以融通買進黃金現貨（100 盎司）以及其儲存成本，因此套利的投資人並不需要負擔任何資本支出。到期時，該投資人的收益為：

組成	到期收益
買現貨	$100S(180/365)$
賣遠期	$100[1,300 - S(180/365)] = 130,000 - 100S(180/365)$
還期初之借入	$-100(1200+4.25)/0.9927 = -126,352.8$
合計	$130,000 - 126,352.8 = 3,647.199$

　　因此，若假定標的資產的儲存成本亦可以連續儲存率 u 表示且 u 與標的資產價格呈一定的比率，即 $PVC(0,T) = S(0)e^{uT}$，則（3-26）式可以改寫成：

$$F(0,T) = S(0)e^{(r+u)T} \qquad （3-27）$$

　　因此，若與（3-20）式比較，（3-27）式內的 u 相當於 $-q$，其提醒我們「儲存成本率」類似「負值的股利支付率」。於例 2 內，我們可以看出若實際的遠期價格遠高於理論價格如（3-27）式所示，透過「持有成本理論」的觀點以及套利的力量，利用（3-26）或（3-27）式，我們自然可以計算出遠期（理論）價格的上限值。但是，（3-26）或（3-27）式是否可以表示遠期（理論）價格的下限值呢？

　　假定實際的遠期價格遠低於按照（3-26）或（3-27）式所計算出的理論遠期價格，則套利過程是否仍能存在？我們可以從二個方向來檢視：第一，倘若標的資產是投資人所容易擁有的，則投資人不是可以透過買遠期，反而可以便宜買到該標的資產嗎？也就是說，若實際的遠期價格遠低於理論的遠期價格，投資人不需要「買現貨後儲存」，直接買遠期反而比較便宜，因此買遠期的需求會增加，最終實際的遠期價格會接近理論的遠期價格，故（3-26）或（3-27）式可以用於表示遠期（理論）價格的下限值。第二，倘若標的資產是比較特殊且投資人不容易持有的，按照前述的套利過程，投資人可以放空標的資產並買進遠期，不過此時會遇到一個「阻礙」，那就是標的資產的出借人是否願意借給投資人「放空」？標的資產的出借人應該會收取一定金額的「出租成本」吧！只是標的資產出借人的出租成本為何？也許，標的資產出借人的出租成本有可能為 $L = S(0)e^{(r+u)T} - F(0,T)$！也就是說，標的資產的出借人也許也會用遠期價格決定出租成本！因此，遠期或期貨商品價格也許存在上限值，但是價格下限值卻未必存在。

　　另外有些商品如銅、汽油或原油等原料，人們保有的目的並不是為了投資而是當作生產投入，因此上述為生產目的而擁有的商品反而提供一種「方便性」，我們稱為「便利殖利率（convenience yield）」。便利殖利率其實就是一種隱含的股利，是故「持有成本理論」如（3-26）與（3-27）二式，可再改寫成：

$$F(0,T)B(0,T) = S(0) + PVC(0,T) - Y(0,T) \qquad （3-28）$$

與

$$F(0,T) = S(0)e^{(r+u-c)T} \qquad （3-29）$$

其中 $Y(0,T)$ 表示（擁有）標的資產所提供的「方便性」價值之 0 期的現值，而 c 則表示連續的便利殖利率。

綜合以上所述，就理論價格的決定而言，似乎商品期貨（遠期）比金融期貨（遠期）來得複雜。

例 3

表 3-8 列出一種可儲存商品的期貨價格資訊。每年該商品的連續年儲存成本率為現貨價格的 1%，假定連續的無風險利率為 9%。目前是 4 月，離 5 月的到期日恰為 1 個月，其他非近月（非當月）的到期日皆為各月的同一日。若現貨價格為 1.96 美元，試計算各月的期貨理論價格。

解 由題意可知：$S(0) = 1.96$、$\mu = 0.01$ 與 $r = 0.09$，因此按照（3-29）式，5 月到期的期貨理論價格為：

$$F_5 = S(t)e^{(r+u-c)(T-t)} = 1.96e^{(0.09+0.01-0.1613)(1/12)} = 1.95$$

同理，5 月、7 月、9 月、12 月以及隔年 3 月到期的期貨理論價格分別為：

$$F_7 = S(t)e^{(r+u-c)(T-t)} = 1.96e^{(0.09+0.01-0.1824)(3/12)} = 1.92美元$$

$$F_9 = S(t)e^{(r+u-c)(T-t)} = 1.96e^{(0.09+0.01-0.2128)(5/12)} = 1.87美元$$

$$F_{12} = S(t)e^{(r+u-c)(T-t)} = 1.96e^{(0.09+0.01-0.1545)(8/12)} = 1.89美元$$

$$F_3 = S(t)e^{(r+u-c)(T-t)} = 1.96e^{(0.09+0.01-0.1396)(11/12)} = 1.8645美元$$

表 3-8　一種可儲存商品的期貨資訊（單位：美元）

到期月分	5 月	7 月	9 月	12 月	3 月
期貨實際價格	1.95	1.9	1.87	1.98	1.89
便利殖利率（%）	16.13	18.24	21.28	15.45	13.96
期貨理論價格	1.95	1.92	1.87	1.89	1.8645
	4 月～5 月	5 月～7 月	7 月～9 月	9 月～12 月	12 月～3 月
隱含便利殖利率（%）	16.13	19.30	25.84	8.16	15.45

例 4　隱含的便利殖利率

續例 3，我們可以利用期貨的理論價格計算對應的隱含便利殖利率，即：

$$F(t,T) = F(t,S)e^{(r+u-ic)(T-S)} \Rightarrow ic = -\left\{ \left[\frac{\log F(t,T)}{\log F(t,S)} \right] \left(\frac{1}{T-S} \right) - r - u \right\}$$

其中 ic 為隱含的便利殖利率。上式可用於計算 S 至 T 期間理論期貨價格 $F(\cdot)$ 的 ic。試計算表 3-8 內的 ic。

解 假定投資人買進一口 7 月期貨，同時賣出一口 9 月期貨，則 7～9 月期間的 ic 為：

$$ic = -\left[\frac{\log 1.92}{\log 1.87} \right] \left(\frac{12}{2} \right) - 0.01 - 0.09 = 0.2584 = 25.84\%$$

其餘可類推。是故，根據所計算的 ic 來看，以該商品為存貨而於 7～9 月期間所帶來的「便利性」最高，但是 9～12 月期間最低。

3. 套利與避險

了解遠期或期貨價格如何決定後，我們自然會進一步想要知道遠期或期貨價格與現貨價格之間若差距過大，是否存在套利的空間？另一方面，其實我們也可以再進一步思考如何利用期貨避險。由於資料相對上較容易取得，底下我

們偏向於以股票期貨與股價指數期貨說明。

3.1 套利

按照（3-20）或（3-27）式，倘若假定 $r = \alpha$ 與 $\delta = q$ 或 $\delta = u - c$ 皆為固定數值，根據前述的結果，相同標的資產與到期日的遠期價格會等於期貨價格；因此，若（3-20）式可以代表期貨的理論價格，則將實際的期貨價格取代（3-20）式內的理論價格，豈不是可以計算出實際期貨價格內所隱含的期貨價格升水幅度之年率嗎？也就是說，實際期貨價格內所隱含的 $r - q$ 的估計值為何？我們稱此估計值為實際期貨價格的隱含買回率（Implied Repo Rate, IRR）。直覺而言，某時段的 IRR 若大於（小於）對應的 $r - q$，表示實際的期貨價格大於（小於）理論的期貨價格，故實際的期貨價格被高估（低估），投資人不就可以套利嗎？遠期合約也許可以套利，但是期貨合約則未必可以套利。

因此，我們可以進一步改寫（3-20）式，而以取得 t 期的遠期價格的方式表示，即：

$$F(t,T) = S(t)e^{(r-q)(T-t)} \qquad （3-30）$$

利用（3-30）式，以實際的期貨價格取代 $F(t,T)$，我們可以計算 IRR 為：

$$IRR(t) = \log\left[\frac{F(t,T)}{S(t)}\right]\left(\frac{365}{h}\right) \qquad （3-31）$$

其中 h 為 t 期至到期日的天數，以及 $F(t,T)$ 表示 t 期的實際期貨價格。利用 TX201509～TX201512 等四種期貨合約資料 [30] 以及（3-31）式，我們計算四種期貨合約的 IRR，並將其時間走勢繪製如圖 3-13 所示。於圖內可看出每一合約於期初大致能維持有固定的 IRR，不過愈接近到期日，對應的 IRR 值愈趨向於不穩定，此尤其表現於到期日的附近。是故，圖 3-13 內的圖形，提供一個重要的資訊：每一期貨合約於到期之前，似乎難以決定其理論價格或有「套利」的過程非常頻繁，以致於無法維持固定的 IRR 值。

---

[30] 可至 TEJ 下載該資料。

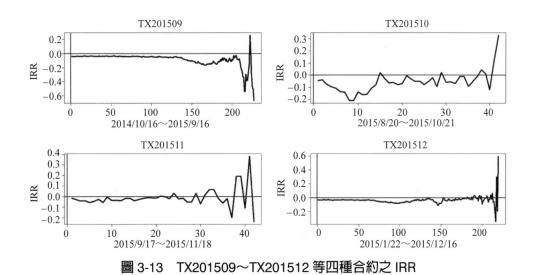

圖 3-13　TX201509～TX201512 等四種合約之 IRR

　　不過，若期貨的理論價格的確可以用（3-30）式表示的話（即市場交易人多數以該式爲參考依據），則於該式的使用上，除了現貨價格 $S(t)$ 之外，我們尚需取得 r 與 q 的估計值。就 r 與 q 估計值的取得而言，我們可以搭配圖 3-14 內的時間走勢圖說明。圖 3-14 內的各圖分別繪製出 TX201509～TX201512 等四合約內現貨價格與（實際）期貨價格時間走勢，其中因 9 月與 12 月期上市的時間較長，故我們可以看出二合約的現貨價格與（實際）期貨價格的時間走勢有點類似，即離到期日愈遠，現貨價格普遍高於對應的期貨價格，也就是說，於圖 3-13 內各合約於期中之前的 IRR 竟然爲負值。相反地，離到期日愈近，則現貨價格與對應的期貨價格竟不分軒輊，而其對應的 IRR 則正負值參半。我們如何合理化上述現象？

　　事實上，於表 3-4 內我們有忽略非當月（遠月）到期合約的考量。也就是說，之前我們介紹表 3-4 時強調若以交易量的多寡來看，顯然當月到期如 2015 年 10 月期的期貨價格較能代表「當期」的期貨價格，但是非當月到期的期貨價格如 2015 年 12 月期或 2016 年 3 月期的期貨價格又透露出何訊息？究竟是何種型態的交易人會「買賣」非當月到期的期貨合約？直覺而言，應該是屬於有避險需求的投資人吧！投資人買賣期貨合約的動機若是爲「避險」，自然較不在乎風險貼水，故此時 r 有可能會接近於 α，是故若 r 的估計值小於 q 的估

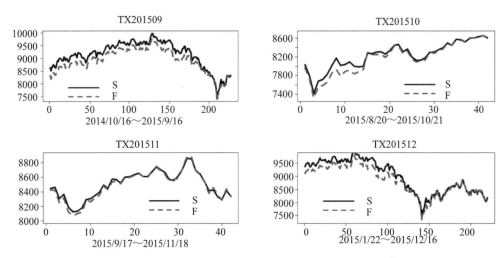

圖 3-14　TX201509～TX201512 等四種合約之現貨價格與期貨價格時間走勢

計值，按照（3-20）式，理所當然所觀察到的 IRR 值會小於 0[31]。那何種型態的交易人會「買賣」當月到期的期貨合約？應該會偏向於具有「投機」動機的投資人吧！若此種推測是合理的話，此時 $r \neq \alpha$，由於投資人的風險貼水估計值參差不齊，故其對應的 IRR 值也詭譎多變。

　　因此，透過表 3-4 的再次檢視，我們可以提供一種可能的解釋方式。因為離到期日較遠的合約成交量較低，也許此時參與期貨買賣的交易人主要是以「避險」為主，故比較不在乎風險貼水，此時 $r \approx \alpha$，而 $r - q < 0$；但是，隨著到期日的逐漸接近，此時參與期貨買賣的交易人也變多了，也許多數比較在乎「投機」的成分，故（3-24）式內的無風險利率 r 已被投資人的必要報酬率 α 取代，但是因 α 的估計值較難以掌握或分歧，以致於我們無法確定 $\alpha - q$ 值為何，結果才會出現於接近到期時，現貨價格與（實際）期貨價格之間難以分出高下，有半斤八兩的現象！

　　上述的推論是否也適用於股票期貨上？圖 3-15 繪製出 2016 年 3 月期台積電股票期貨的資訊[32]，整理後大致有下列特徵：第一，從圖 (a) 中，仍可看出現

---

[31] 可以檢視 TX201509 與 TX201512 的資料，明顯地 $r - \delta < 0$。

[32] 2016 年 3 月期台積電股票期貨於 TEJ 的表示方式為 CDF201603（2015/4/16～2016/3/16）。

貨與期貨價格之間存在穩定的關係;第二,不同於臺股指數期貨的基差時間走勢如圖 3-8,圖 3-15 內的圖 (b) 顯示出該期股票期貨的基差竟無明顯的時間趨勢走勢,隱含著現貨價格與期貨價格之間的「高低互見」;第三,從圖 (c) 內亦可以看出 IRR 的估計值時間走勢類似指數期貨的 IRR 估計值走勢,此尤其表現於到期前之詭譎多變;最後,圖 (d) 指出理論的期貨價格(利用 TEJ 所提供的資料計算)與實際期貨結算價之間的差距不分軒輊,隱含著(3-20)式的可應用性。

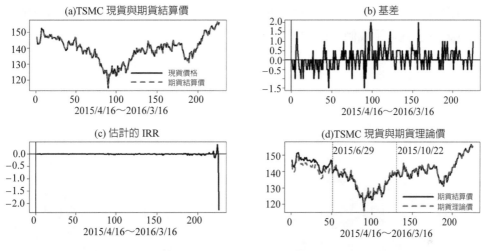

圖 3-15 台積電(TSMC)期貨(CDF201603)之資訊

若讀者有於 TEJ 下載 CDF201603 的所有資料,自然可以發現 2015/10/22 (如圖內的垂直虛線)之前的成交量相對上較為稀少,因此於圖 (d) 中,可以發現期貨理論價格與實際期貨結算價之間的差距較大,顯然投資人並未多關注於該檔期貨。另一方面,因 2015/6/29(亦用垂直虛線表示)為台積電當年的除息日,故 2015/6/29 至到期日的 q 估計值應等於 0,因此若(3-20)與(3-31)二式為正確的式子,豈不是表示 IRR 的估計值於到期前應等於 r[33]!

於圖 3-16 內,可以看出顯然不是如此,換句話說,圖 3-16 內的次數分

---

[33] 按照 TEJ 所提供的資料,此時 r 的估計值共有三種可能,分別為 1.355%、1.275% 以及 1.205%。

配圖是根據圖 3-15 的圖 (c) 內的 IRR 估計值資料所繪製，而於其中我們以 2015/6/29 為分界點而將整個期間分成二個小期間，分別稱為期間 1 與期間 2；也就是說，圖 3-16 內的左圖可以對應至期間 1 (2015/4/16～2015/6/26)，而右圖則對應至期間 2（2015/6/29～2016/3/16）。於圖 3-16 的左圖內，我們可以看出於期間 1 內，因離到期日較遠，交易人有可能較偏向「避險」的動機，α 與 r 之間的差距並不大，使得估計的 IRR 值接近於 0；而反觀期間 2（右圖），交易人購買期貨有可能已偏向於「投機」的動機，加大了 α 與 r 之間的差距，故 IRR 的估計值較難掌握，我們從圖 3-16 的右圖可以看出於到期前 IRR 估計值的變動範圍頗大，隱含著到期前的錯綜複雜[34]。是故，圖 3-15 或 3-16 所提供的資訊似乎驗證了我們之前的猜測。

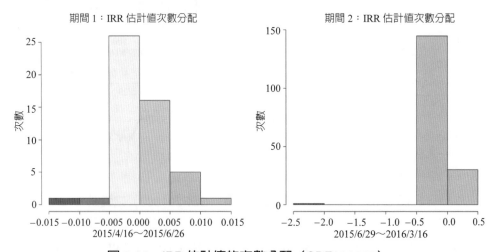

圖 3-16　IRR 估計值的次數分配（CDF201603）

例 1

　　表 3-9 摘取 TX201509 內 4 個交易日的資訊（取自 TEJ），試解釋其內容。

解　表 3-9 內可以看出除了 7/21（離到期日仍有 58 天）的 IRR 高於對應的

---

[34] 顯然，從圖 3-16 的右圖可以看出於到期前，投資人並未根據理論價格如（3-20）或（3-26）式交易，以致於利用後二式所得出的 IRR 估計值有「正負值參半」的奇特現象。

$r - q$，其餘 3 個交易日的 IRR 皆低於對應的 $r - q$，是故 7/21 當天的實際期貨價格（結算價）會高於其對應的理論價格，其餘 3 個交易日的實際期貨價格皆低於對應的理論價格。另一方面，表內亦顯示出，相對於無風險利率而言，股利支付率的估計值 q 較不穩定，使得我們較難以掌握期貨的理論價格。

表 3-9　TX201509

	$S(t)$	$F(t,T)$	$f(t,T)$	h	r (%)	q (%)	Q	IRR
2015/7/21	9,005.96	8,890	8,868.421	58	1.355	11.04	1,755	−0.0816
2015/8/31	8,174.92	7,973	8,150.911	17	1.355	7.67	144,165	−0.537
2015/9/8	8,001.5	7,972	8,002.713	9	1.355	0.73	137,094	−0.1498
2015/9/15	8,259.99	8,273	8,260.273	2	1.355	0.72	137,170	−0.5087

註：$f(t,T)$ 表示理論的期貨價格，Q 表示成交張數

例 2

續例 1，投資人是否可以套利？

解　就 7/21 而言，實際的期貨價格被高估，而其他 3 個交易日則被低估，按照遠期合約的套利過程（可參考 2.1 節的例 4），遠期價格被低估（高估），投資人除了可以放空現貨以及資金存於無風險資產（借入資金買現貨），同時需買進（賣出）遠期合約套利；不過，因期貨合約逐日按照市價結算而有新的結算價，故上述套利過程是有風險的。換言之，投資人未必可以無風險套利。

例 3　原始基差與修正基差

類似 1.2 節，我們也可以繪製出 CDF201603 的原始基差與修正基差的時間走勢，如圖 3-17 所示。於圖內可以看出修正基差的時間走勢頗接近於白噪音（white noise）走勢（第 4 節），似乎隱含著 CDF201603 合約更適用 ECM 模型化。我們可以進一步估計 2015/4/20～2016/3/16 期間的模型 2：

$$\Delta s_t^* = 0.10 - 1.05 ecm_{t-1}^*$$
$$(0.04)\ (0.02)\quad R^2 = 0.94$$

其中 λ 的估計值不僅顯著異於 0 同時亦爲負值。有意思的是，相對於臺股指數期貨而言，似乎投資人較爲重視股票期貨，因爲於期初 λ 估計值的絕對值竟然大於 1。

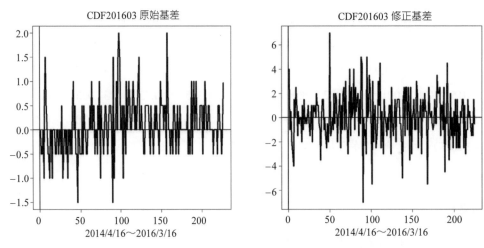

圖 3-17　CDF201603 之原始基差與修正基差時間走勢

ECM 的應用

　　例 3 只估計出模型 2 其中一種結果，若使用不同期間反覆用模型 2 估計，我們不就可以估計出所有的結果嗎？圖 3-18 繪製出所有的結果。於圖內，可以看出 λ 的估計值不僅爲負值且皆能顯著異於 0，同時 λ 的估計值竟然介於 -1.06 與 -0.93 之間，顯示出前一期的修正誤差有偏離時，當期現貨價格立即有相當程度的調整；另一方面，圖內也顯示出不同期間 ECM 的 R^2 相當高，其最小值與最大值分別約爲 0.9 與 0.96，強調了現貨價格與期貨價格之間關係的密切性。

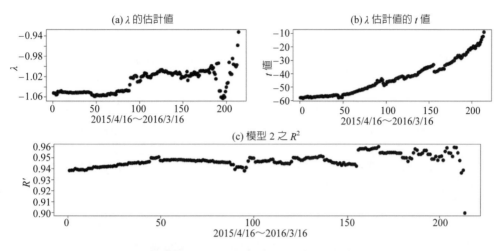

(a) λ 的估計值

(b) λ 估計值的 t 值

(c) 模型 2 之 R^2

圖 3-18　用模型 2 估計 CDF201603 月期合約的所有結果

3.2 避險

　　於尚未介紹之前，我們先看圖 3-19 的意義。圖 3-19 模擬出 x 與 y 二種資產價格的時間走勢，我們有興趣的是，x 與 y 所構成的資產組合（價格）如 $x + y$ 的時間走勢為何？直覺而言，該資產組合價格的時間走勢應與 x 與 y 的相關係數有關。圖 3-19 考慮四種情況：x 與 y 的相關係數分別為 -1、-0.53、0.51 以及 0.99。首先我們檢視相關係數為 -1 的情況，可參考左上圖。於圖內可看出 x 與 y 的時間走勢相反，因此 $x + y$ 的時間走勢恰為一條直線。相反地，若檢視右下圖的情況，該圖是根據 x 與 y 的相關係數為 0.99 所繪製，我們發現 $x + y$ 的時間走勢反而擴大了 x 或 y 走勢的波動。是故，若 x 與 y 的相關係數介於上述 -1 與 0.99 之間，其 $x + y$ 的時間走勢自然介於上述二圖之間。可以參考其餘二圖。

　　因此，圖 3-19 提醒我們注意：若 x 與 y 構成的資產組合的主要目的是避險，我們應該如何做？事實上，圖 3-19 內的各小圖皆有提供一個有用的訊息，例如若 x 與 y 的相關係數為 0.99，則 x 與 y 的操作方式不就是要「相反」嗎？也就是說，若 x 與 y 之間的相關係數相當高，則為了避險，x 與 y 的操作方式應該是「買 x 賣 y」或「買 y 賣 x」。當然，若 x 與 y 之間的相關係數為負值，豈不是 x 與 y 的操作方式為「同時買」或「同時賣」嗎？

　　上述的觀念應可以應用於期貨的避險策略上。不過，於實際操作上可能

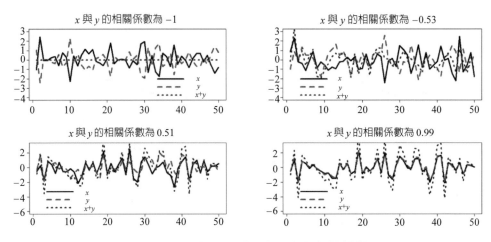

圖 3-19　*x* 與 *y* 二種資產組合與相關係數

仍充滿著不確定性。我們先考慮一個簡單的情況。假定存在一種現貨資產稱爲「臺股指數」，該現貨指數與臺股指數期貨價值相同，即二者一點皆爲 200 元新臺幣。我們假定投資人打算購買臺股指數現貨，而爲了避險同時賣出臺股指數期貨（多頭避險）。於上述假定下，表 3-10 列出 TX201612 月期合約的一些資訊，即表內分別列出該合約期限內部分交易日的行情，例如合約上市日（2016/1/21）之開盤價、最高價、最低價、收盤價以及結算價，其中小括號內之值爲對應的標的資產價格即臺股指數。

表 3-10　TX201612 月期合約內的一些資訊

	開盤價	最高價	最低價	收盤價	結算價
2016/1/21	7,250 (7,713.17)	7,271 (7,748.37)	7,180 (7,664.01)	7,188 (7,664.01)	7,188 (7,664.01)
2016/2/23	7,920 (8,333.59)	7,921 (8,361.79)	7,869 (8,311.94)	7,905 (8,334.64)	7,905 (8,334.64)
2016/8/15	8,897 (9,034.47)	9,010 (9,115.47)	8,897 (9,031.34)	9,009 (9,115.47)	9,006 (9,115.47)
2016/12/20	9,261 (9,229.74)	9,266 (9,258.69)	9,209 (9,199.84)	9,260 (9,242.41)	9,260 (9,242.41)

說明：1. 小括號內之值爲標的資產價格

　　　2. 上市日與到期日分別爲 2016/1/21 與 2016/12/21

　　假定該投資人打算於 2016/1/21 交易，讀者認爲該投資人會用何種價格買進現貨，而以何種價格賣出期貨？直覺而言，於 2016/1/21 當天，除了開盤價之外，其餘價格皆是未知數，因此該投資人也不清楚會以何種價格交易。雖說如此，我們倒是可以幫該投資人繪製（計算）出於期貨合約期限內「賣現貨與結清期貨部位」的所有可能收益之上下限。也就是說，若找出該期貨合約期限內的所有期貨與現貨價格（2016/1/21～2016/12/21），可以發現上述價格之間的相關係數竟然高達 98% 以上；因此，投資人採取「多頭避險」策略，最後的結果應該類似於圖 3-19 內的左上圖。

　　我們可以想像三種情況：買高賣低、買低賣高以及買結算賣結算，而分別稱爲 R1、R2 以及 R3 情況。R1 情況是指投資人於 1/21 當天以最高價 7,748.37 買進現貨，而以期貨最低價 7,180 賣出；爲了結清部位，假定投資人於 2/23 以最低價 8311.94 賣出現貨，而以期貨最高價 7,921 買回。理所當然，該投資人的收益爲 −177.43（點）。同理，讀者應該不難理解 R2 與 R3 情況是指何意思，其收益分別爲 99.78 與 -46.37（點）。因此，可以知道 R1 與 R2 分別屬於最差與最佳情況，而 R3 情況介於上述二者之間。

　　上述結果應該可以延伸：第一，投資人未必於 1/21 當天開始交易；第二，即使投資人是於 1/21 當天開始交易，但其未必於 2/23 反向結清現貨與期貨部位。按照此種想法，我們豈不是可以繪製（計算）出投資人的所有可能收益嗎？圖 3-20 就是繪製出上述延伸的四種可能結果，例如圖 3-20 右圖是指投資人於 k 日開始交易（買現貨與賣期貨）（即 $k = 1$ 相當於 1/21 開始買現貨與賣期貨，$k = 2$ 相當於 1/22 開始買現貨與賣期貨，以此類推），而於 $(k + 1)$～12/21 期間的其中一天，反向結清現貨與期貨部位，故圖內的其中一點表示對應的收益。我們從圖 3-20 內可以看出 R1 與 R2 情況，分別計算出收益的下限與上限。換句話說，投資人的實際收益是不確定的，我們將其稱爲基差風險（basis risk），即就是因存在基差風險，投資人的實際收益才會介於上述上下限之間。

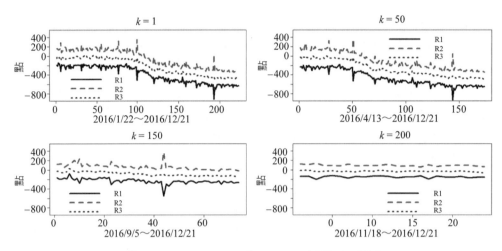

圖 3-20　TX201612 之 R1、R2 以及 R3 情況

　　因此，圖 3-20 內的圖形提醒我們注意從事「避險策略」未必是一件簡單的事，其可以歸納如下：

(1) 直覺而言，要有較佳的避險效果，投資人採取策略的「期初」（即 k 值）應愈接近期貨合約的到期日，只是從前述 IRR 的估計值得知，到期前 IRR 估計值的詭譎多變，表示愈難掌握到期前的期貨理論價格，使得避險效果充滿著不確定。

(2) 倘若投資人採取避險策略的「期初」離期貨合約的到期日愈遠，此時因（原始）基差較大，故也難實現避險的效果。

(3) 即使存在有幾乎 100% 的避險可能，實際效果仍存在著不確定（即基差風險，表示投資人未必可以買低賣高或用結算價交易，故其實際收益介於上下限之間）。

(4) 實際上，未必存在標的資產現貨，或是說假定某基金是以複製臺股指數為標的，其現貨價值為新臺幣 2 億元，則該基金如何利用期貨避險？

(5) 若基金只複製臺股指數的 80%，則該基金如何利用期貨避險？

(6) 若現貨資產與期貨的標的資產不一致，我們如何避險？

例 1　避險比率

　　假定臺股指數現貨亦以「口」為數量單位，以 TX201612 月期合約期限為例，某基金於 1/21 當天（$k = 1$）以收盤價 7664.01 點買了 140 口臺股指數，若以每點新臺幣 200 元計算，該基金總共投資了臺股指數約 2.1 億元；為了避險，假定該基金皆可以用 TX201612 月期合約的日結算價交易（即圖 3-20 內的 R3 情況）。是故，於 1/21 當天，除了購買現貨外，該基金亦需同時賣出 149 口期貨合約避險。因此現貨買了 140 口而期貨賣了 149 口，現貨的避險比率（hedge ratio）接近於 1[35]。

　　另外，我們亦考慮另一種可能。假定該基金不是於 1/21 而是於 6/23 當天（$k = 100$）以現貨的收盤價 8,676.68 點買進 140 口臺股指數，因此該基金總共投資於臺股指數現貨約為 2.4 億元；另一方面，該基金亦於 6/23 以期貨的結算價 8,304 點賣出 146 口期貨合約以避險，此時賣出期貨合約反而是 146 口。如此來看，即使現貨資產與期貨的標的資產一致，購買現貨與期貨賣出的「數量」未必會相同；因此，避險比率未必完全等於 1。圖 3-21 繪製出上述多頭避險策略的所有可能收益，其中左圖是表示於期初（即 1/21 或 6/23）購買現

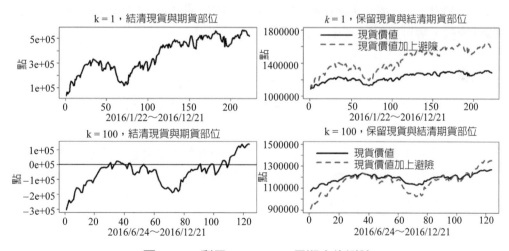

圖 3-21　利用 TX201612 月期合約避險

---

[35] 1/21 期貨的結算價為 7,188 點，即一口期貨合約價值 1,437,600 元，故該基金需賣出 149 口期貨合約，因此現貨的避險比率約為 1（149/140）。

貨，而於期貨合約到期日（12/21）前就反向結清現貨與期貨後的可能收益；其次，右圖則繪製出只保留現貨的價值（即只結清期貨部位），因此右圖可以看出用期貨合約避險的效果。讀者自然可以於圖 3-21 的上下圖內看出，何者對該基金有利？當然是上圖；只是，事先我們有辦法知道嗎？

例2 最小變異避險比率

例 1 提供了現貨資產與期貨標的資產一致且現貨避險比率接近於 1 的實際情況，但是若現貨資產與期貨標的資產不一致，現貨資產是否仍可以利用期貨避險？直覺而言，應該可以使用與現貨資產相關的期貨合約。我們先考慮一種簡單的情況。假定現貨資產與相關的期貨合約內所標示的數量一致，則前述多頭避險[36] 於避險期間的收益可寫成：

$$R(t) = [S(t) - S(t-1)] + H(t)[-F(t) + F(t-1)]$$
$$= [S(t) - S(t-1)] - H(t)[F(t) - F(t-1)]$$

其中 $S(t)$、$F(t)$ 以及 $H(t)$ 分別表示 t 期現貨資產價格、期貨合約價格以及避險比率；另外，$R(t)$ 表示 t 期避險者的收益。因於 t 期，$S(t)$、$F(t)$ 以及 $R(t)$ 皆為隨機變數，故可以得到 $R(t)$ 的變異數為：

$$Var[R(t)] = \sigma_S^2 + H(t)^2 \sigma_F^2 - 2H(t)\sigma_{SF}$$
$$= \sigma_S^2 + H(t)^2 \sigma_F^2 - 2H(t)\rho_{SF}\sigma_S\sigma_F$$

其中 σ_S^2 與 σ_F^2 分別表示 $S(t)$ 與 $F(t)$ 的（簡單）報酬率之變異數，而 σ_{SF} 與 ρ_{SF} 則表示 $S(t)$ 與 $F(t)$（簡單）報酬率之間的共變異數與相關係數[37]。按照共變異數與相關係數的定義，二者的關係為：

---

[36] 底下亦可用於空頭避險的操作。

[37] 因於 t 期，$S(t-1)$ 與 $F(t-1)$ 為已知數值，按照簡單報酬率的定義：
$$[S(t) - S(t-1)]/S(t-1)$$
$[S(t) - S(t-1)]$ 的變異數亦可以簡單報酬率的變異數表示。

$$\rho_{SF} = \frac{\sigma_{SF}}{\sigma_S \sigma_F}$$

若我們欲得到 $R(t)$ 之最小變異（數）的避險比率，其必要條件為：

$$\frac{\partial Var[R(t)]}{\partial H(t)} = 2H(t)\sigma_F^2 - 2\rho_{SF}\sigma_S\sigma_F = 0$$

$$\Rightarrow H(t)^* = \frac{\sigma_{SF}}{\sigma_F^2} = \beta_S$$

其中 β_S 為現貨資產 S 的 β 值[38]。原來 $R(t)$ 之最小變異（數）的避險比率 $H(t)^*$ 就是現貨資產 S 的 β 值；也就是說，於例 1 內，我們所使用的避險比率，就是接近於臺股指數的 β 值，因為後者的 β 值恆等於 1。換言之，圖 3-21 背後竟隱含著避險者收益的最小變異（數）！

上述收益的最小變異（數）的推導是假定現貨資產與相關的期貨合約內所標示的數量一致，若二者不一致，則最小變異（數）避險的期貨合約數 $N(t)^*$ 為：

$$N(t)^* = \frac{I_S}{N}\beta_S \tag{3-32}$$

其中 I_S 為投資於現貨資產 S 的資金總額，N 則為名目的期貨合約價值。

例3 台積電股票用臺股指數期貨避險

我們舉一個例子來說明如何利用（3-32）式。假定不考慮股票期貨與基差風險，我們來檢視投資人的台積電股票如何用 TX201612 月期合約避險。首先，我們計算出於合約期間內台積電股票的日收盤價與臺股指數日收盤價之間的相關係數約為 0.96，顯示出台積電股票利用臺股指數期貨來規避風險應該不比用台積電的股票期貨避險差。其次，將上述日收盤價轉成日對數報酬率後（即我們以日對數報酬率取代日簡單報酬率），再利用簡單迴歸模型估計台積

---

[38] 按照 CAPM 的定義：$r_S - r_f = \beta_S(r_M - r_f)$，其中 r_S、r_f 以及 r_M 分別表示 S 資產的必要報酬率、無風險利率以及市場報酬率；另外，$\beta_S = \sigma_{SM}/\sigma_M^2$，可參考《財統》。

電股票的 β 值，此時我們是以臺股指數日對數報酬率表示臺股的市場行情，可以估得 β 值約為 1.34，表示臺股的市場行情變動 1%，台積電股票的必要報酬率約上漲 1.34%，可以參考圖 3-22。於圖 3-22 的上圖內，可以看出台積電股票與臺股指數日對數報酬率之間的散布圖呈正向關係的變動，二個日對數報酬率之間的相關係數約為 0.82；另一方面，於下二圖內，亦可看出台積電股票日收盤價與臺股指數日收盤價的時間走勢竟有些類似。

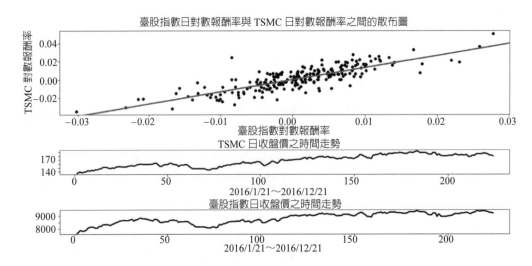

圖 3-22　台積電與臺股指數的一些資訊（2016/1/21～2016/12/21）

　　類似於例 1，假定投資人打算於 1/21 當天購買 100 張台積電股票，若投資人最後是以收盤價 135 元成交，表示投資人總共投資 1,350 萬元於台積電股票上；另外，為了避開台積電股票價格未來下跌的風險，該投資人使用 TX201612 月期合約避險，我們以 1/21 當天的期貨結算價計算名目期貨合約的價值，因此利用（3-32）式，可得收益最小變異（數）避險的期貨合約數約為 12.58 口，4 捨 5 入後為 13 口。換句話說，該投資人於 1/21 當天亦賣出 13 口臺指期貨合約。

　　圖 3-21 與 3-23 內的圖形是類似的，前者的現貨資產是臺股指數，而後者的現貨資產則是台積電股票，二者皆使用臺股指數期貨合約避險，讀者應該能解釋圖 3-23 內各小圖的意思。

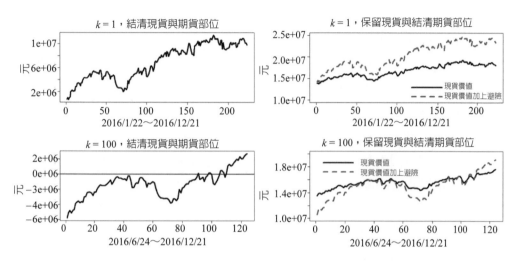

圖 3-23　台積電股票利用 TX201612 月期合約避險

例 4　利用股票期貨避險

　　例 3 是指購買台積電的投資人使用臺股指數期貨避險，當然該投資人亦可以使用台積電的股票期貨避險；因此，若 S 與 $-F$ 分別表示買進台積電現貨價格以及賣出台積電期貨價格，則基差（即 $S - F$）豈不是表示該投資人的「避險資產組合收益」的時間走勢？如圖 3-15 的圖 (b) 所示，該基差的走勢是介於 -1.5 元與 2 元（每股）之間，隱含著上述投資人的投資策略效果並不差。事實上，我們進一步計算 S 與 $-F$ 之間的相關係數竟高達 -99.75%；理所當然，利用期貨幾乎可以完全避開現貨價格的波動。雖說如此，投資人實際上未必能取得上述基差收益，即投資人未必可以於期貨的結算價賣出期貨，也未必可以用現貨的收盤價買進現貨，因此基差風險處處可見。是故，避險策略仍存在著風險，即其並無法消除基差風險（可參考圖 3-20）。

　　實際上，因一口股票期貨相當於二張股票 [39]，故於實際避險的應用上投資人需要調整其部位。例如於圖 3-24 內，我們考慮期初與期中購買現貨的二種情況，即情況 1 於 2015/4/17 而情況 2 則於 2015/10/7 買進 2 張台積電股票，為了避險，於上述購買現貨的同時需賣出一口期貨。圖 3-24 繪製出該投資策

---

[39]　一張股票有 1,000 股，而一口股票期貨可有 2,000 股。

略於該期貨合約期限內的所有可能結果。例如：左圖繪製出情況 1 的所有可能結果，即投資人於 2015/4/17 以每股 142.5 元買進 2 張台積電股票而同時以 143 元的價位賣出一口台積電期貨，該投資人若於 2015/8/21（圖內的垂直虛線）以每股 126 元賣出現貨股票，同時亦以 125.5 元的價位結清期貨部位，雖說該投資人於現貨上有 33,000 元的損失（(−142.5 + 126)×2,000），但是於期貨上卻有 35,000 的收益（(143 − 125.5)×2,000），故該投資人的總收益為 2,000 元，該收益可表現於圖內藍色虛線上的黑點。因此從圖內的總收益（藍色虛線）走勢可知，購買現貨的風險幾乎完全可以利用對應的期貨「避免掉」！

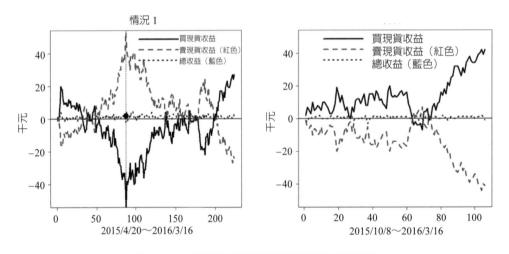

圖 3-24　利用台積電期貨避險的二個情況

　　因此，從圖 3-24 內的情況 1 可看出利用期貨避險的用處，即於情況 1 下，台積電正處於空頭行情，故現貨上的損失，幾乎完全可以由期貨上的收益彌補，因此所謂的「避開現貨風險」指的是存在另一個反向操作，可以彌補現貨上的損失。不過，上述多頭避險操作卻有一個缺點，就是投資人只擔心現貨價格下降的風險，卻忽略了現貨價格不降反升，反而避險成了阻止現貨收益上的障礙，情況 2 就是說明此種情形；也就是說，於情況 2 下，台積電正處於多頭行情，許多現貨上的收益，幾乎完全被期貨上的損失侵蝕，可以參考圖 3-24 的右圖。不過，若純粹以避險為目標，我們的確可以使用期貨來避險。

4. 隨機過程

　　本章強調現貨價格與期貨價格皆屬於一種非定態隨機過程，究竟非定態隨機過程是何意思？非定態隨機過程與定態（stationary）隨機過程的差別為何？上述隨機過程與衍生性商品內常講到的維納過程（Wiener process）或布朗運動（Brownian motion）有何不同？本節嘗試用直覺以及用電腦模擬的方式來說明。

　　最簡單的定態隨機過程，恐怕是白噪音隨機過程，而最簡單的非定態隨機過程卻是隨機漫步（random walk)（隨機）過程；有意思的是，於後者的成分內就有前者的影子。換句話說，非定態隨機過程內就存在有定態的隨機過程，而維納過程與布朗運動只是非定態隨機過程內的二個特例，或是說二者只是隨機漫步過程的另外一種表示方式而已。最後，維納過程與布朗運動的差別究竟為何？原來，布朗運動內有常態分配的假定，但是維納過程卻不需要常態分配的假定，因此布朗運動只是維納過程的一個特例。

4.1 定態隨機過程

　　首先，我們來看白噪音過程。圖 3-25 繪製出二種型態的白噪音隨機過程，其中左圖是使用標準常態隨機變數，屬於高斯型（Gaussian）（常態分配又稱為高斯分配）白噪音隨機過程，而右圖則使用均等分配（uniform distribution）的隨機變數（其實現值介於 0 與 1 之間），故屬於「均等型」白噪音過程。上述的敘述是什麼意思？如前所述，隨機過程就是隨時間經過的隨機變數，那如果該隨機變數是標準常態的隨機變數呢？不就是高斯型白噪音過程嗎？既然是隨機變數，再來一次，則未必會有相同的實現值；因此，圖 3-25 的左上圖繪製出高斯型白噪音隨機過程的一種實現值時間走勢，而左下圖則繪製出高斯型白噪音隨機過程的十種實現值時間走勢。因此，讀者應該可以解釋圖 3-25 內右圖的意思吧。

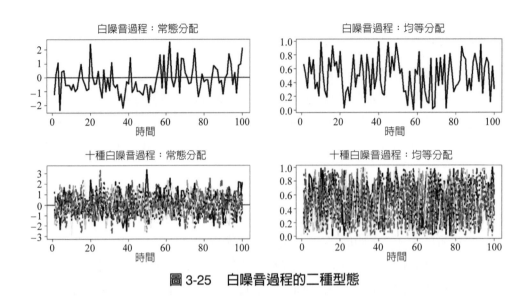

圖 3-25　白噪音過程的二種型態

　　了解隨機過程的意思後，我們仍然有些迷惑：隨機過程與我們有何關聯？認識隨機過程又有何意義？讀者以為呢？此純粹是「想像」的結果，因此只能透過電腦模擬多次，方有辦法看出結果來。我們常聽有人說：「人生如果再重來一次，我一定會如此做，那樣做。或是如果再重來一次，結果應會不同。」啊！似曾相識，原來「人生過程」就是一種隨機過程！既然人生（過程）就是一種隨機過程（即不知未來會如何），那資產價格如股價呢？股價、報酬率或期貨價格不也皆是屬於一種隨機過程嗎？我們不知明天的股價為何，但是明天之後就知股價的實際值，因此就今日而言，明天的股價就是一種隨機變數，是故股價就是一種隨機過程。因此，我們的確需要進一步認識隨機過程。換句話說，股價、報酬率或期貨價格，哪一種的實際時間走勢過程會接近於圖 3-25 內的圖形？

　　如前所述，白噪音隨機過程是屬於定態隨機過程，而後者的型態，圖 3-25 已經幫我們繪製出來了。就統計學的觀點來看，u_t（$t = 0,1,2,\cdots$）屬於白噪音隨機過程，需滿足下列三個條件：

(1) $E(u_t) = 0$，其中 $t = 0,1,2,\cdots$；

(2) $Var(u_t) = \sigma^2$，其中 σ^2 是一個固定數值，而 $t = 0,1,2,\cdots$；

(3) $Cov(u_t, u_s) = 0$，其中 $Cov(\cdot)$ 表示共變異數而 $t \neq s$，$t, s = 0,1,2,\cdots$。

我們不難了解上述三個條件的意思（可參考《財統》）。換句話說，我們如何知道定態隨機過程的意義或型態為何？其實，上述白噪音隨機過程已經提供一種參考了。

　　若讀者仔細思索白噪音隨機過程的意義，不難想像該過程可用何處或會用於模型化何觀念？考慮下列二個式子：

$$x_t = x_{1t} + u_{1t} = 0.05t + u_{1t} \text{ 與 } y_t = y_{1t} + u_{2t} = 0.01t + u_{2t}$$

其中 u_{1t} 與 u_{2t} 分別為 x_t 與 y_t 的誤差項。換句話說，x_t 與 y_t 若除去各自的誤差項，二變數剩下的部分即 x_{1t} 與 y_{1t}，其實皆是一種確定的變數（即只要知道 t 值，就知道 x_t 與 y_t），故稱 x_{1t} 與 y_{1t} 為 x_t 與 y_t 內的「確定趨勢」變數。我們如何將 x_{1t} 與 y_{1t} 轉成隨機變數呢？簡單來說，就是加上一項誤差項，而誤差項最簡易的表示方式，便是白噪音隨機過程。或是說，誤差項就是無法預測的結果，什麼是無法預知的結果？其實就是一種白噪音隨機過程，即我們無法事先得知圖 3-25 內的其中一個結果！即我們所謂的「未知」或「誤差」，於電腦（統計學）上竟可用白噪音表示。因此，若將 u_{1t} 與 u_{2t} 分別以圖 3-25（上圖）內的高斯型與白噪音隨機過程表示，便是圖 3-26。

　　因此，圖 3-26 內的圖形，亦屬於一種定態的隨機過程（確定趨勢變數加

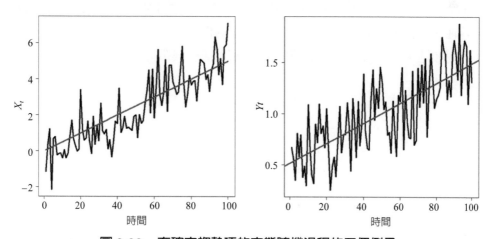

圖 3-26　有確定趨勢項的定態隨機過程的二個例子

上白噪音隨機過程）[40]。是故，定態的隨機過程有二種型式，其一是該過程的實現值圍繞於某一固定數值（如圖 3-25 內的左圖，該固定數值為 0），另一則是該過程的實現值圍繞於確定趨勢，如圖 3-26 所示；值得注意的是，該過程的實現值的波動幅度亦是一個固定數值。

例 1 **為何需要定態的隨機過程？**

　　既然白噪音隨機過程可用於取代誤差項，那如果存在某過程是由白噪音隨機過程所產生呢？考慮下列二個過程：

$$z_t = \mu + u_t \ \text{與} \ w_t = c + \phi w_{t-1} + u_t$$

其中 u_t 是一種白噪音隨機過程，μ 與 c 為二個常數，而參數 $|\phi| < 1$（ϕ 音 psi）。顯然，z_t 過程只是白噪音隨機過程加上一個常數項，故 z_t 亦屬於一種定態的隨機過程。另外，w_t 過程亦可寫成：

$$w_t = c + \phi w_{t-1} + u_t \Rightarrow (1 - \phi L) w_t = c + u_t$$
$$\Rightarrow w_t = \frac{1}{1 - \phi L}(c + u_t) = \mu_1 + u_t + \phi u_{t-1} + \phi^2 u_{t-2} + \cdots$$

其中 $\mu_1 = c/(1 - \phi)$ 亦為一個常數[41]。因此，只要 $|\phi| < 1$，過去的誤差項 u_{t-k} 對 w_t 的影響並不大且也會隨時間消退，我們於例 3 與 4 內可看出此種只是屬於暫時性的影響，故 w_t 亦屬於一種定態隨機過程。

　　明顯地，我們可以計算 z_t 與 w_t 的期望值與變異數分別為：

$$E[z_t] = \mu \ \text{與} \ Var[z_t] = \sigma^2$$

以及

---

[40] 即不確定的部分只來自於白噪音隨機過程。

[41] 因 $\dfrac{1}{1 - \phi L} = 1 + \phi L + \phi^2 L^2 + \cdots$，其中 L 是一種落後操作式（lag operator），即 $L^n w_t = w_{t-n}$ 以及 $L^n c = c$。因此，利用上述 L 的性質，可得 $\mu_1 = c/(1 - \phi)$。

$$E[w_t] = \mu_1 \text{ 與 } Var[w_t] = \sigma^2/(1 - \phi^2)$$

其中 $Var[w_t]$ 的推導有利用到上述白噪音隨機過程的三個條件。上述的結果是有意義的，因爲我們發現 z_t 與 w_t 皆是屬於一種定態隨機過程，其特色竟然是期望值與變異數皆爲一個固定數值且與時間無關 [42]。

　　既然定態隨機過程有此性質，我們可以回想（基礎）統計學強調母體平均數與母體變異數可以用對應的樣本平均數與樣本變異數估計，也就是說，統計學的背後所探討的「母體」應該是屬於一種定態的隨機過程，否則樣本統計量如何會估計到對應的母體參數。換言之，若母體屬於一種非定態的隨機過程，表示母體的參數值會隨時間改變，而每一時間我們只有一個樣本資料（如只檢視日收盤價），我們欲用樣本平均數估計母體平均數，豈不是像「每對父母皆有小孩，而許多小孩的平均數可以用於估計不同的父母嗎？當然沒辦法。」因此，若我們看到一種隨機過程，不是就要將其轉成定態隨機過程嗎？

例 2　日收盤價與日對數報酬率的時間走勢

　　圖 3-27 繪製出 TX201612 與 CDF201612 月期合約的標的資產日收盤價與日對數報酬率的時間走勢，我們可以看出日對數報酬率的時間走勢頗類似於圖 3-25 內的走勢，因此（日對數）報酬率的時間走勢，幾乎可以視爲一種定態隨機過程的實現值。反觀日收盤價的時間走勢，卻不像定態隨機過程的實現值，於下一節，我們自然會說明日收盤價的時間走勢，可以視爲一種非定態隨機過程的實現值。

---

[42] 以圖 3-26 內的 x_t 爲例，$E[x_t] = x_{1t}$ 並不是一個固定的數值，不過利用簡單迴歸模型（因變數爲 x_t，自變數爲 x_{1t}），我們不難可以先將 x_t，過濾成 x_{1t} 的估計值（即簡單迴歸模型的殘差值），此時後者的平均數（期望值）亦是一個常數，其等於 0。

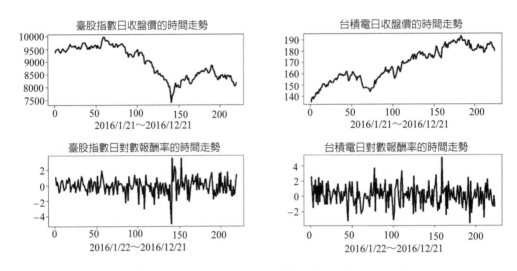

圖 3-27　臺股指數與台積電之日收盤價與日對數報酬率的時間走勢

例 3　**定態隨機過程的特徵**

　　除了期望值與變異數各為一個固定數值外，其實定態隨機過程尚有另外一個重要的特徵，即其走勢不會受到外力的干擾而改變，可以參考圖 3-28。圖 3-28 是利用例 1 內的 w_t 過程所繪製而成，原來 w_t 過程就是屬於一階自我迴歸模型（the first order autoregressive model,AR(1)），只要參數值 $|\phi| < 1$，則 AR(1) 亦屬於一種定態隨機過程。讀者若參考所附的 R 指令，自然可以發現 AR(1) 的確是由誤差項 u_t 所產生的。假定 $w_0 = 0$、$c = 0.0$、$\phi = 0.8$ 以及 u_t 為高斯型白噪音隨機過程，圖 3-28 內的左圖就是繪製出於上述假定下，AR(1) 的一種實現值時間走勢，我們自然可以發現該走勢類似於圖 3-25 內的走勢，再次說明了該 AR(1) 的確屬於一種定態的隨機過程。其實，若再仔細檢視定態的隨機過程時間走勢，可以發現定態的隨機過程時間是圍繞於平均數變動，我們從另一個角度來看，該走勢不是具有「向平均數反轉」的特徵（即離開平均數後，就會反轉回到平均數，故無法脫離平均數）嗎？

　　我們如何證明上述「向平均數反轉」的特徵的確存在？假定該 AR(1) 於期間遭受到一種外力衝擊（innovative impact）的干擾，則該 AR(1) 的走勢是否會受到影響？圖 3-28 內的右圖繪製出一種可能，該可能是假定於期中存在一個巨大的外力衝擊（即出乎意料之外，故表現於誤差項上），我們可從圖內

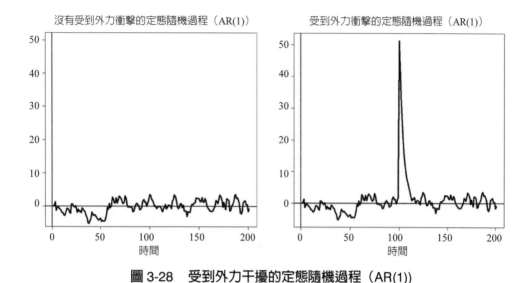

沒有受到外力衝擊的定態隨機過程（AR(1)）　　受到外力衝擊的定態隨機過程（AR(1)）

圖 3-28　受到外力干擾的定態隨機過程（AR(1)）

看出外力衝擊雖會持續一段時間，不過不久就又回歸至原來的走勢上。因此，定態的隨機過程只具有「短暫的記憶」且有向平均數反轉的特徵。因此，定態的隨機過程的特色，外力衝擊的影響力不會持續太久。

例 4　**弱式定態隨機過程**

　　嚴格來說，上述所談到或所使用的定態隨機過程是屬於一種強式（strongly）定態隨機過程，即於每時點我們皆使用相同的機率分配，不過於檢視定態隨機過程的性質時，我們卻只使用機率分配的第一級與第二級動差，反而較少注意該過程屬於何種機率分配，因此強式定態隨機過程的假定，似乎過於嚴苛或是多餘的。換句話說，反而弱式（weakly）定態隨機過程才是我們所強調的，即使用弱式定態隨機過程就足夠了。因此，若 w_t 屬於弱式定態隨機過程，須滿足下列三個條件：

(1) $E(w_t) = \mu$，其中 $t = 0,1,2,\cdots$；
(2) $Var(w_t) = \sigma^2$，其中 σ^2 是一個固定數值，而 $t = 0,1,2,\cdots$；
(3) $Cov(w_t, w_s)$ 與時間 t 無關，其中 $t \neq s$，$t, s = 0,1,2,\cdots$。

上述弱式定態隨機過程的條件類似於白噪音隨機過程的條件，或是說，因後者

的條件比前者嚴格，因此白噪音隨機過程亦屬於弱式定態隨機過程。

我們仍以例 3 內的 w_t 過程的假定說明上述條件，可得 w_t 過程的平均數與變異數分別約為 0.02 與 1.01，故二者皆可以計算出一個固定的數值；至於條件（3），我們改以計算自我相關（autocorrelation）係數說明。我們可以將 w_t 過程的實現值分成四個小區間，而於每一小區間內，分別計算自我相關係數，其結果就繪製於圖 3-29[43]。於該圖內可看出自我相關係數圖，不管在何時檢視，竟然皆類似，隱含著自我相關係數圖與時間無關！

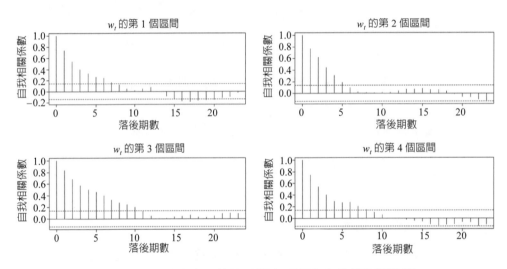

圖 3-29　w_t 過程實現值的四個小區間之自我相關係數圖

4.2 非定態隨機過程

如前所述，最簡單的非定態隨機過程，莫過於簡單的隨機漫步過程，該過程原本根源於前述的 AR(1)，只不過是參數值必須為 $\phi = 1$。因此，簡單的隨機漫步過程可寫成：

$$P_t = c + P_{t-1} + \sigma u_t \qquad （3-33）$$

---

[43] 圖內的虛線內是虛無假設為（母體）自我相關係數為 0 的接受區（5% 顯著水準）。

其中 u_t 是一種白噪音隨機過程而 σ 是一個固定數值，於圖 3-30 內可看出 σ 扮演著一種稱爲「擴散因子（diffusive factor）」的角色。「求解」（3-33）式[44]，可得：

$$P_t = P_0 + T_1 + T_2 = P_0 + ct + \sigma \sum_{i=1}^{t} u_i \qquad （3-34）$$

因此，利用（3-34）式，我們發現簡單的隨機漫步隨機過程可以分成三個部分：期初值 P_0、確定趨勢項 T_1 以及隨機趨勢項 T_2。圖 3-28 已告訴我們 T_1 的意義，但是 T_2 究竟有何涵義？加總 t 個誤差項的結果，究竟表示何意義？

　　爲了回答上述疑惑，我們利用（3-33）或（3-34）式模擬出四種可能，可以參考圖 3-30 (其內各小圖皆假定 $P_0 = 100$)。首先檢視圖 (a)，於該圖內假定 $c = 0$ 以及 $\sigma = 1$，亦即該圖只繪製出具有隨機趨勢項的簡單隨機漫步過程的 10 種實現值時間走勢，若與圖 3-27 內的走勢圖比較，自然可以發現圖 (a) 內的走勢圖，竟然頗爲接近臺股指數以及期貨（遠期）價格的時間走勢圖。顧名思

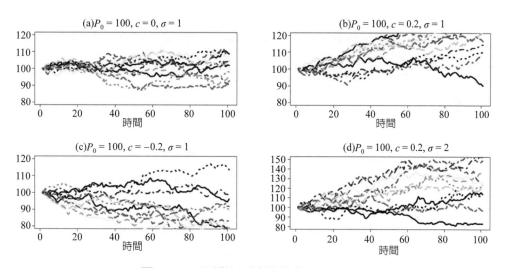

圖 3-30　四種簡單隨機漫步過程的模擬

---

[44] 即令 $t = 1$，可得 $P_1 = c + P_0 + \sigma u_1$；其次，
令 $t = 2$，可得：$P_2 = c + P_1 + \sigma u_2 = P_0 + 2c + \sigma u_1 + \sigma u_2$
以此類推。

義，只具有隨機趨勢項的簡單隨機漫步過程的實現值時間走勢，其趨勢就是隨機的；換言之，爲何我們會看到臺股指數的時間走勢會出現「時高時低、崎嶇不平」的現象，透過簡單隨機漫步過程的模擬，我們就可以解釋了：「隨機趨勢項就是累積過多的誤差所造的」或是「除去可以預期的部分（確定趨勢）[45]，將剩下的無法預期的臺股指數部分細分成無數塊，每塊皆是我們預測不到的部分。」既然臺股指數內有隨機趨勢項，衍生出來的臺股指數期貨（遠期）價格自然也有隨機趨勢項，因此我們看到期貨價格的時間走勢也是「忽高忽低、照樣崎嶇不平」了。

　　圖 3-30 內的走勢圖也給予我們一個啓示，既然臺股指數以及期貨（遠期）價格皆是一種隨機過程的實現值，那究竟是由何種過程或模型所產生的？我們嘗試提供一種可能，也許最簡單的過程（或模型）就是簡單隨機漫步過程。事實上，圖 3-30 內有提供二種型態，如圖 (a) 內的過程所示 $c = 0$，我們稱其爲無漂浮項（drift）簡單隨機漫步過程。於圖 (b)～(d) 內，我們皆假定 $c \neq 0$，三圖內的過程可稱爲有漂浮項簡單隨機漫步過程。我們已經知道 c 就是確定趨勢項的參數，因此可看出圖 (b) 內的走勢圖有向上的傾向，而圖 (c) 內的走勢圖有向下的趨勢。最後，圖 (d) 將 σ 改爲 2，理所當然，其走勢圖有擴大的傾向。

　　4.1 節的例 4 曾提醒我們判斷弱式定態隨機過程的方式，故利用（3-34）式可以計算出：

$$E[P_t] = P_0 + ct \text{ 與 } Var[P_t] = \sigma^2 t \qquad （3-35）$$

顯然簡單隨機漫步過程的變異數並不是一個固定數值，反而是時間的函數（即時間愈長，變異數愈大），因此簡單隨機漫步過程並非屬於（弱式）定態隨機過程，而是屬於非定態隨機過程。

　　事實上，非定態隨機過程除了變異數爲時間的函數外，尚有其他顯著的特徵，我們仍藉由簡單隨機漫步過程說明。類似於圖 3-29，我們亦使用計算自我相關係數的方式以取代共變異數的計算，即按照圖 3-30 各小圖內的假定模擬出實現值，再計算對應的自我相關係數圖，其結果可繪製於圖 3-31。於圖

---

[45] 即臺股指數的基本面。

3-31 內，可以看出非定態如簡單隨機漫步過程實現值的自我相關竟然出現「長記憶（long memory)」的奇特現象，透過（3-34）式，我們發現過去的誤差項，甚至於「遙遠的」誤差項仍對當期有影響，即外力的影響並不容易消退，因此頗有「一朝被蛇咬，十年怕草繩」的味道。

因此，我們可以進一步來看，當非定態如簡單隨機漫步過程受到一個巨大的外力衝擊之後，會有何結果出現？圖 3-32 繪製出其中一種可能，也就是說，圖 3-32 是按照圖 3-30 的圖 (a) 的假定所模擬出的結果，其中右圖是於模擬過程中，於期中給予一個較大的外力衝擊（可參考所附之 R 指令），因此由圖內的實現值可以看出受到衝擊之後，其走勢竟然「轉向」了！此種結果與定態隨機過程迥然不同，後者有「向平均數轉向的特性」，但是非定態如簡單隨機漫步過程卻無此特性，反而離開平均數後，到處隨機漫步去了！

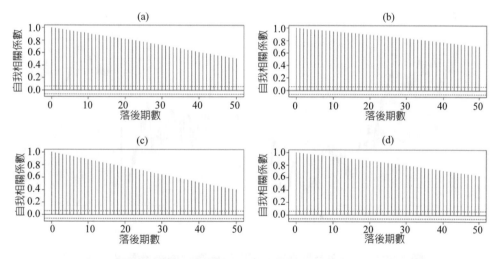

圖 3-31　四種模擬值（按照圖 3-30 各小圖內的假定）之自我相關圖

其實，圖 3-32 的內涵還真深遠。如前所述，非定態如隨機漫步過程就是因擁有隨機趨勢項，故其實現值才會出現如「月球表面」一樣，「有高山、有峽谷」。為何會存在隨機趨勢？圖 3-32 的右圖不就告訴我們了嗎！當受到外力衝擊後，原先的走勢已不復存在了，也就是說，受到外力衝擊後已有新的趨勢；換言之，若仔細檢視左圖的情況，原來隨機漫步過程實現值的走勢就包括各種程度不一的「外力衝擊」，故該實現值走勢就包含有各種趨勢（如正向、

反向或水平趨勢），我們分析這些趨勢應該是無效的，因為它們是隨機的，我們從（3-33）式中就可看出為何會如此（因隨機漫步過程亦是由誤差項所產生的）。

我們常說資產價格能反映資訊，尤其是出乎意料之外的資訊衝擊對資產價格的影響最大。就資產價格可以用隨機漫步過程表示而言，出乎意料之外的資訊衝擊指的就是上述「外力的衝擊」；當然，意料之外的衝擊有大有小，故「外力的衝擊」對資產價格的「擴散」影響程度就不相同了。因此，一種最簡單的資產價格竟然就是簡單的隨機漫步過程。透過簡單隨機漫步過程以及模擬值，我們多少可以解釋資產價格如股價以及其所衍生的期貨價格的時間走勢了。

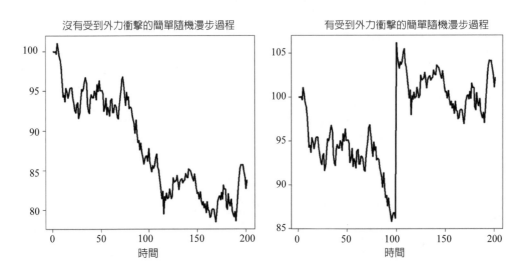

圖 3-32　沒有與有受到外力衝擊的簡單隨機漫步過程的模擬

例 1　將非定態轉成定態隨機過程

我們再檢視圖 3-27 內的走勢圖，不過我們改以計算日收盤價與日對數報酬率的自我相關係數，其結果就繪製於圖 3-33。於圖內可以看出臺股指數與台積電的日收盤價應該皆屬於非定態隨機過程，而對應的日對數報酬率應該皆屬於定態隨機過程，尤其後者竟顯示出日對數報酬率之間毫無關聯！因此，將

日收盤價序列轉成對應的日對數報酬率序列，竟相當於將非定態隨機過程轉成定態隨機過程。

　　(3-33) 式倒是提供一個能解釋上述轉換的方式，即 (3-33) 式可改寫成：

$$\Delta P_t = P_t - P_{t-1} = c + \sigma u_t \qquad (3\text{-}36)$$

其中稱 ΔP_t 為 P_t 的一次差分（difference）。我們從 (3-36) 式可以看出 P_t 經過一次差分後，其隨機趨勢項已消失不見了。換句話說，利用 (3-34) 式，因可看出 P_t 內有包括隨機趨勢項，相當於 P_t 有整合（integrated）許多誤差項，故 P_t 可以稱為一種整合的變數，其可寫成 $I(k)$，其中 k 表示差分的次數；不過，因透過 P_t 的一次差分，已經將 P_t 轉成 ΔP_t，但是由 (3-36) 式知道 ΔP_t 並非屬於一種整合的變數，後者可以寫成 $I(0)$，故可知 P_t 屬於 $I(1)$。也就是說，圖 3-33 內的臺股指數與台積電的日收盤價序列皆是屬於 $I(1)$，而其對應的日對數報酬率序列（報酬率的計算有牽涉到一次差分）則屬於 $I(0)$。

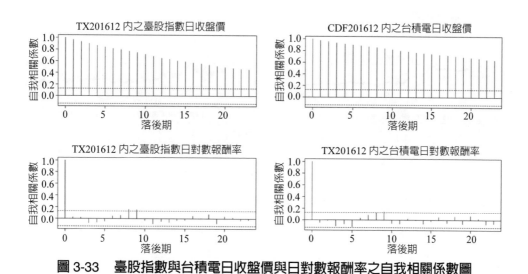

圖 3-33　臺股指數與台積電日收盤價與日對數報酬率之自我相關係數圖

例2 共整合關係

　　我們重新檢視 TX201303 月期合約的例子（1.2 節的例 5 與 6）。圖 3-34 的圖 (c) 與 (d) 分別繪製出該合約期限的臺股指數日收盤價與期貨日結算價的

自我相關係數圖，於圖內應可以看出二者接近於 $I(1)$。我們再分別計算該合約的原始基差與修正基差序列，二者的時間走勢則分別繪製於圖 (a) 與 (b)；其次，圖 (e) 與 (f) 則繪製出原始基差與修正基差的自我相關係數圖，我們也不難看出二者亦皆屬於 $I(1)$。雖說如此，從上市日開始（2012/4/19），約經過 54 個交易日後，我們再重新計算剩下未到期的原始基差與修正基差的自我相關圖（約從 2012/7/5 之後），該結果則分別繪製於圖 (g) 與 (h)，我們由後者可以看出修正基差的自我相關已逐漸降低至接近於 0 了，顯示出此時修正基差已接近於 $I(0)$ 了。

修正基差屬於 $I(0)$ 有何涵義？此時臺股指數日收盤價與期貨日結算價應分別還是屬於 $I(1)$，因為我們還是無法預測二者的未來走勢，不過二者之間的關係應該是可以預測的，否則怎會有修正基差為 $I(0)$ 呢？也就是說，定態隨機過程因無隨機趨勢成分，故其走勢不是圍繞於「水平直線」就是圍繞於「確定趨勢直線」行走，此時現貨價格與期貨價格之間的關係就較為穩定了，我們就稱二者有共整合的關係。透過上述分析，讀者不難想像出共整合相當於二變數有相同的隨機趨勢。

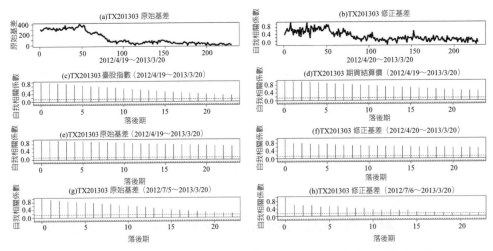

圖 3-34　TX201303 月期合約的原始基差與修正基差的自我相關圖

例 3　**再談 ECM 模型**

　　之前我們有介紹 ECM 模型並將其應用於檢視期貨價格與標的資產價格之間的關係，結果似乎頗令人滿意；可惜的是，上述 ECM 模型未必適用於所有的期貨合約上。例如圖 3-35 繪製出 TX201612 月期合約的原始基差與修正基差之時間走勢與自我相關圖，按照上述分析方式，可看出原始基差與修正基差似乎皆是屬於非定態隨機過程，不過我們只使用自我相關圖來判斷是否屬於定態或非定態隨機過程的方式似乎過於簡易，因為有確定趨勢的定態隨機過程如圖 3-26 內的走勢，其對應的自我相關圖應該也會類似於圖 3-35 內的圖 (c) 與 (d)，因此實際上應該無法確定上述二種基差是否屬於非定態隨機過程[46]。

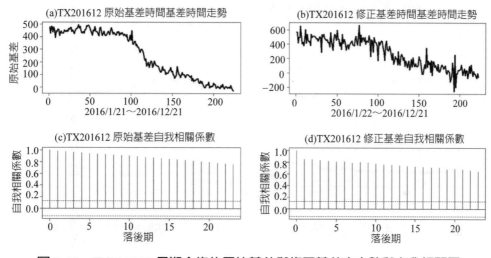

圖 3-35　TX201612 月期合約的原始基差與修正基差之走勢與自我相關圖

　　雖說如此，我們嘗試修改 ECM 內的「誤差修正」項，即考慮簡單迴歸模型如模型 A 的情況：因變數為臺股指數的日收盤價，而解釋變數為落後一期臺股指數期貨日結算價以及確定趨勢項，其中後者為 $t = n,n-1,n-2,\cdots,1$。利用 TX201612 月期合約的所有資料，可取得模型 A 的殘差值序列以取代修正基

---

[46] 《財統》有提供一種最簡單判斷非定態隨機過程的方法，於本書筆者並未打算多介紹此領域，故仍使用簡單的自我相關圖判斷。其實於經濟計量文獻內，有關於如何檢定非定態隨機過程的方法或 ECM 的討論相當多元且豐富，也許未來筆者會另寫專書介紹。

差，也就是說，我們再校正修正誤差而改以模型 A 的殘差值序列取代。圖 3-36 內的圖 (a) 與 (b) 分別繪製出該殘差值序列的時間走勢以及對應的自我相關圖，而從圖內可看出該殘差值序列已接近於 $I(0)$。利用上述的校正，可以估計模型 2 的所有可能結果，該結果就繪製於圖 3-36 的圖 (c)～(e)。於圖內，可以看出約從 7/14 之後至 11/18 期間（即 7/14～12/21、7/15～12/21、…、11/18～12/21 期間）的模型 2 的 λ 估計值不僅為負值且亦皆能顯著地異於 0（於 10% 的顯著水準），顯示出利用 ECM 仍能看出期貨價格與現貨價格之間的自我修正力量，不過由對應的 λ 估計值以及估計的 R^2 可知該自我修正力道並不強勁。

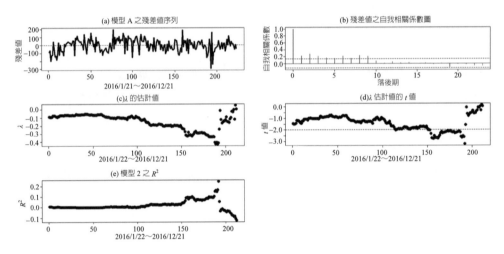

圖 3-36　利用校正的修正誤差為「誤差修正」項，估計模型 2 (TX201612)

4.3 初見維納過程與布朗運動

　　衍生性商品的分析通常會將時間改以年率來表示，例如 1 日為 1/365 年或 1 週為 1/52 年。因此，縮短（3-34）式內的時間單位且以年率來表示會變成如何？我們的意思是說，假定 $T = n\Delta t$，其中若 $T = 1$ 而 $n = 365$，則 Δt 不就是表示 1 日嗎？換個角度來看，假定（3-34）式內的誤差項為標準常態型的白噪音隨機過程，則 Δt 的分配不就是平均數與變異數分別為 0 與 Δt 的常態分配嗎？因誤差屬於白噪音隨機過程，今日誤差與明日誤差之間並沒有關聯，故今日至明日誤差的總和的變異數為今日與明日的變異數相加。因此，若 1 年的誤差的

變異數為 σ^2，則 1 日誤差的變異數為 $\sigma^2 \Delta t$。

　　利用上述的想法，首先我們來看（3-34）式內的隨機趨勢項 T_2。從 0 期至 T 期的隨機趨勢可寫成：

$$T_2(T) - T_2(0) = \sum_{i=1}^{n} \varepsilon_i \sigma_i \sqrt{\Delta t} \qquad （3-37）$$

其中 ε_i 為標準常態隨機變數。因我們是從 0 期開始，故通常假定 $T_2(0) = 0$；另一方面，若假定擴散率固定不變，即 $\sigma_i = \sigma$，則（3-37）式亦可寫成：

$$T_2(T) = \sigma \sqrt{\Delta t} \sum_{i=1}^{n} \varepsilon_i \qquad （3-38）$$

因此，若假定 ε_i 亦屬於白噪音隨機過程，則利用（3-38）式可得 $T_2(T)$ 的平均數與變異數分別為：

$$E[T_2(T)] = 0 \text{ 與 } Var[T_2(T)] = \sigma^2 n \Delta t = \sigma^2 T$$

　　其實，上述的推理過程只是常態分配的應用而已。換言之，按照常態分配的標準化過程，即 $N(\mu,\sigma^2) = \mu + \sigma\varepsilon$，當然此處 $\mu = 0$。熟悉統計學的讀者也許對於（3-38）式不會感到陌生（即中央極限定理，CLM），也就是說，當再縮小 Δt（即再提高 n），即 $\Delta t \to 0$ 或 $n \to \infty$，則 $T_2(T) \to N(0,\sigma^2 T)$。若 $\sigma = 1$，我們就稱該極限分配為標準布朗運動，簡稱為布朗運動。

　　不過，若再檢視上述的推理過程，可以發現一開始假定 ε_i 為標準常態隨機變數是多餘的，因為只要 ε_i 屬於白噪音隨機過程，即使 ε_i 不為常態隨機變數，於 $\Delta t \to 0$ 或 $n \to \infty$ 下，$T_2(T)$ 仍會接近於常態分配，後者我們就稱為標準維納過程，簡稱為維納過程。如此來看，布朗運動與維納過程是相通的，因為二者皆是在描述同一種現象。於 $\Delta t \to 0$ 或 $n \to \infty$ 下，當然我們無法再用間斷型式的加總符號來表示布朗運動或維納過程，取而代之的是以積分的型態表示，即（3-38）式會趨向於：

$$W(T) - W(0) = \int_0^T dW \qquad （3-39）$$

其中 $W(0) = 0$，而 $W(\cdot)$ 表示維納過程 [47]。(3-39) 式的涵義是至 t 期的維納過程，寫成 W_t 或 $W(t)$，就是累積許多微小不相關（常態）隨機變數的實現值，可以參考圖 3-37 內的走勢圖。

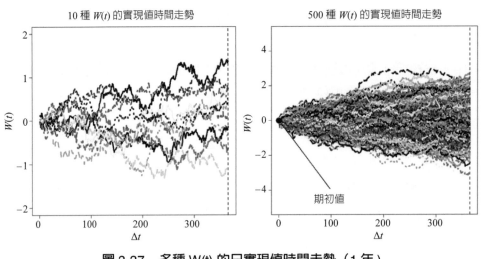

圖 3-37　多種 W(t) 的日實現值時間走勢（1 年）

圖 3-37 的左圖與右圖分別繪製出（1 年）維納過程的 10 種與 500 種日實現值的時間走勢圖，我們可以發現其內的走勢圖不僅類似於圖 3-32 內的隨機漫步走勢圖，同時也類似於圖 3-4 內的臺股指數或遠期價格走勢圖，此時不禁讓我們回想起本章於一開始所提的一個問題：遠期或期貨價格是否可以用於預測未來的現貨價格？讀者以為呢？

---

[47] (3-39) 式亦適用於描述布朗運動 $B(\cdot)$ 而 $B(\cdot) = W(\cdot)$。也就是說，於《財數》內，我們有解釋 (3-39) 式其實是一種 Ito 積分，其與傳統的積分稍有差異。

附表 1：TX201303 的一些資訊（資料來源：TEJ）

日期	每日結算價	成交張數	未平倉合約數	標的證券價格	剩餘天數	年股利率（估）
2012/4/19	7315	9	3	7622.69	336	3.85
2012/4/20	7224	10	9	7507.15	335	3.91
2012/4/23	7185	24	21	7481.09	332	3.97
2012/4/24	7193	45	28	7498.84	331	3.92
2012/4/25	7234	21	33	7563.18	330	3.8
2012/4/26	7189	30	42	7521.35	329	3.72
2012/4/27	7139	56	42	7480.5	328	3.92
2012/4/30	7154	54	48	7501.72	325	3.97
2012/5/2	7357	41	54	7676.81	323	3.9
2012/5/3	7346	22	62	7659.53	322	3.96
2012/5/4	7360	44	69	7700.95	321	3.96
2012/5/7	7213	43	78	7538.08	318	4.07
2012/5/8	7224	20	86	7545.71	317	4.07
2012/5/9	7164	32	91	7475.71	316	4.12
2012/5/10	7175	5	91	7484.01	315	4.13
2012/5/11	7061	142	121	7401.37	314	4.19
2012/5/14	7065	58	127	7377.18	311	4.26
2012/5/15	7087	75	125	7395.64	310	4.26
2012/5/16	6960	103	144	7234.57	309	4.37
2012/5/17	7026	29	138	7356.77	308	4.31
2012/5/18	6853	93	199	7151.19	307	4.45
2012/5/21	6887	10	199	7192.23	304	4.47
2012/5/22	6942	13	196	7274.89	303	4.43
2012/5/23	6840	91	247	7147.75	302	4.53
2012/5/24	6825	46	246	7124.89	301	4.55
2012/5/25	6766	196	265	7071.63	300	4.6
2012/5/28	6820	71	260	7136	297	4.61

附表 1：TX201303 的一些資訊（資料來源：TEJ）（續）

日期	每日結算價	成交張數	未平倉合約數	標的證券價格	剩餘天數	年股利率（估）
2012/5/29	6996	43	242	7342.29	296	4.48
2012/5/30	6937	30	244	7261.8	295	4.55
2012/5/31	6921	96	288	7301.5	294	4.53
2012/6/1	6801	60	311	7106.09	293	4.67
2012/6/4	6561	281	285	6894.66	290	4.86
2012/6/5	6662	62	280	7000.45	289	4.8
2012/6/6	6713	53	289	7056.15	288	4.78
2012/6/7	6733	33	292	7080.31	287	4.78
2012/6/8	6656	45	303	6999.65	286	4.85
2012/6/11	6787	57	295	7120.23	283	4.82
2012/6/12	6718	81	338	7072.08	282	4.86
2012/6/13	6745	139	428	7088.83	281	4.87
2012/6/14	6765	39	436	7075.1	280	4.89
2012/6/15	6855	90	455	7155.83	279	4.86
2012/6/18	6955	118	481	7281.5	276	4.82
2012/6/19	6930	65	504	7273.13	275	4.84
2012/6/20	6980	58	489	7334.63	274	4.82
2012/6/21	6930	45	501	7279.05	273	4.86
2012/6/22	6850	60	515	7222.05	272	4.92
2012/6/25	6764	65	529	7166.38	269	4.98
2012/6/26	6747	70	538	7137.93	268	5.02
2012/6/27	6808	140	592	7183.01	267	4.99
2012/6/28	6818	48	612	7169.61	266	4.94
2012/6/29	6931	39	615	7296.28	265	4.86
2012/7/2	6955	40	612	7345.16	262	4.86
2012/7/3	7049	96	617	7418.36	261	4.77
2012/7/4	7107	103	646	7422.59	260	3.92

附表 1：TX201303 的一些資訊（資料來源：TEJ）（續）

日期	每日結算價	成交張數	未平倉合約數	標的證券價格	剩餘天數	年股利率（估）
2012/7/5	7105	26	638	7387.78	259	3.63
2012/7/6	7091	29	639	7368.59	258	3.64
2012/7/9	7057	23	645	7309.96	255	3.33
2012/7/10	7003	36	661	7251.35	254	3.33
2012/7/11	7009	20	662	7257.91	253	3.15
2012/7/12	6897	73	678	7130.93	252	3.08
2012/7/13	6892	24	683	7104.27	251	3.06
2012/7/16	6864	21	690	7090.04	248	2.92
2012/7/17	6891	23	694	7127	247	2.45
2012/7/18	6800	57	730	7049.05	246	2.42
2012/7/19	6913	129	715	7148.57	245	2.26
2012/7/20	6913	35	726	7164.68	244	2.2
2012/7/23	6770	149	716	7028.73	241	2.25
2012/7/24	6768	59	750	7008.35	240	2.18
2012/7/25	6738	103	775	6979.13	239	2.04
2012/7/26	6761	52	793	6970.69	238	1.84
2012/7/27	6904	66	785	7124.49	237	1.75
2012/7/30	6958	54	783	7158.88	234	1.74
2012/7/31	7043	92	809	7270.49	233	1.66
2012/8/1	7074	57	797	7267.96	232	1.48
2012/8/3	7020	22	802	7217.51	230	1.4
2012/8/6	7125	116	764	7286.33	227	1.35
2012/8/7	7123	17	767	7295.46	226	1.23
2012/8/8	7174	69	774	7319.8	225	1.02
2012/8/9	7307	109	783	7433.7	224	0.73
2012/8/10	7312	51	790	7441.12	223	0.57
2012/8/13	7349	161	887	7436.3	220	0.57

附表 1：TX201303 的一些資訊（資料來源：TEJ）（續）

日期	每日結算價	成交張數	未平倉合約數	標的證券價格	剩餘天數	年股利率（估）
2012/8/14	7404	259	1019	7479.25	219	0.54
2012/8/15	7360	51	1014	7467.74	218	0.45
2012/8/16	7420	40	1011	7490.21	217	0.37
2012/8/17	7398	30	1010	7467.92	216	0.37
2012/8/20	7368	23	1012	7431.91	213	0.33
2012/8/21	7441	60	1011	7506.81	212	0.26
2012/8/22	7421	30	1013	7496.58	211	0.16
2012/8/23	7431	26	1005	7505.17	210	0.14
2012/8/24	7410	26	994	7477.53	209	0.14
2012/8/27	7384	53	1015	7468.22	206	0.14
2012/8/28	7330	37	1019	7361.94	205	0.14
2012/8/29	7333	15	1014	7391.15	204	0.13
2012/8/30	7302	28	1017	7371.44	203	0.09
2012/8/31	7316	27	1020	7397.06	202	0.09
2012/9/3	7370	46	1016	7450.53	199	0.08
2012/9/4	7374	20	1013	7451.35	198	0.08
2012/9/5	7276	37	1013	7367.44	197	0.08
2012/9/6	7260	47	1019	7326.72	196	0.07
2012/9/7	7348	31	1027	7424.91	195	0.07
2012/9/10	7382	38	1028	7482.74	192	0.06
2012/9/11	7383	12	1029	7485.13	191	0.06
2012/9/12	7505	60	1021	7570.45	190	0.04
2012/9/13	7496	19	1025	7578.8	189	0.03
2012/9/14	7661	140	1072	7738.05	188	0.03
2012/9/17	7678	34	1084	7762.22	185	0.03
2012/9/18	7694	51	1096	7734.26	184	0.02
2012/9/19	7734	61	1099	7781.91	183	0.02

附表 1：TX201303 的一些資訊（資料來源：TEJ）（續）

日期	每日 結算價	成交 張數	未平倉 合約數	標的證券 價格	剩餘 天數	年股利 率（估）
2012/9/20	7702	49	1105	7727.55	182	0.02
2012/9/21	7711	37	1118	7754.59	181	0.02
2012/9/24	7722	59	1111	7768.3	178	0.01
2012/9/25	7701	44	1111	7734.13	177	0.01
2012/9/26	7645	30	1098	7669.63	176	0.01
2012/9/27	7682	21	1099	7683.8	175	0.01
2012/9/28	7676	38	1104	7715.16	174	0.01
2012/10/1	7639	11	1100	7675.72	171	0.01
2012/10/2	7683	39	1098	7718.68	170	0.01
2012/10/3	7659	115	1102	7684.63	169	0.01
2012/10/4	7664	36	1103	7682.34	168	0.01
2012/10/5	7662	30	1107	7690.65	167	0.01
2012/10/8	7589	54	1116	7615.89	164	0.01
2012/10/9	7560	24	1119	7592.01	163	0.01
2012/10/11	7402	73	1143	7451.72	161	0.01
2012/10/12	7373	65	1151	7437.04	160	0.01
2012/10/15	7380	48	1158	7418.9	157	0.01
2012/10/16	7410	65	1161	7471.02	156	0.01
2012/10/17	7391	155	1183	7464.4	155	0.01
2012/10/18	7407	38	1197	7465.41	154	0.01
2012/10/19	7345	48	1194	7408.76	153	0.01
2012/10/22	7305	94	1203	7373.04	150	0.01
2012/10/23	7255	83	1193	7337.48	149	0.01
2012/10/24	7261	108	1204	7314.88	148	0.01
2012/10/25	7210	48	1214	7262.08	147	0
2012/10/26	7049	199	1237	7134.06	146	0
2012/10/29	7070	124	1241	7091.67	143	0

附表 1：TX201303 的一些資訊（資料來源：TEJ）（續）

日期	每日結算價	成交張數	未平倉合約數	標的證券價格	剩餘天數	年股利率（估）
2012/10/30	7116	103	1266	7182.59	142	0
2012/10/31	7093	107	1276	7166.05	141	0
2012/11/1	7123	219	1283	7179.64	140	0
2012/11/2	7152	65	1297	7210.47	139	0
2012/11/5	7130	103	1290	7185.36	136	0
2012/11/6	7210	79	1305	7236.68	135	0
2012/11/7	7209	131	1311	7287.18	134	0
2012/11/8	7149	100	1302	7242.63	133	0
2012/11/9	7235	144	1320	7293.22	132	0
2012/11/12	7187	65	1322	7267.75	129	0
2012/11/13	7037	120	1326	7136.05	128	0
2012/11/14	7067	73	1348	7159.75	127	0
2012/11/15	7051	225	1324	7143.84	126	0
2012/11/16	7046	107	1308	7130.07	125	0
2012/11/19	7054	56	1326	7129.04	122	0
2012/11/20	7082	133	1377	7145.77	121	0
2012/11/21	7003	296	1448	7088.49	120	0
2012/11/22	7045	631	1464	7105.76	119	0
2012/11/23	7273	183	1466	7326.01	118	0
2012/11/26	7340	123	1434	7407.37	115	0
2012/11/27	7375	99	1458	7430.2	114	0
2012/11/28	7382	56	1452	7434.93	113	0
2012/11/29	7468	134	1442	7503.55	112	0
2012/11/30	7549	239	1497	7580.17	111	0
2012/12/3	7546	120	1476	7599.91	108	0
2012/12/4	7550	179	1415	7600.98	107	0
2012/12/5	7607	166	1456	7649.05	106	0

附表 1：TX201303 的一些資訊（資料來源：TEJ）（續）

日期	每日結算價	成交張數	未平倉合約數	標的證券價格	剩餘天數	年股利率（估）
2012/12/6	7596	112	1461	7623.26	105	0
2012/12/7	7615	132	1429	7642.26	104	0
2012/12/10	7580	91	1433	7609.5	101	0
2012/12/11	7590	86	1450	7613.69	100	0
2012/12/12	7655	122	1471	7690.19	99	0
2012/12/13	7733	138	1497	7757.09	98	0
2012/12/14	7663	94	1507	7698.77	97	0
2012/12/17	7609	365	1724	7631.28	94	0
2012/12/18	7621	313	1861	7643.74	93	0
2012/12/19	7636	230	1928	7677.47	92	0
2012/12/20	7534	159	1930	7595.46	91	0
2012/12/21	7469	287	1917	7519.93	90	0
2012/12/22	7501	42	1912	7540.14	89	0
2012/12/24	7492	44	1911	7535.52	87	0
2012/12/25	7643	151	1887	7636.57	86	0
2012/12/26	7606	95	1914	7634.19	85	0
2012/12/27	7600	134	1927	7648.41	84	0
2012/12/28	7652	122	1908	7699.5	83	0
2013/1/2	7742	198	1897	7779.22	78	0
2013/1/3	7795	136	1885	7836.84	77	0
2013/1/4	7747	108	1873	7805.99	76	0
2013/1/7	7714	109	1852	7755.09	73	0
2013/1/8	7678	342	1764	7721.66	72	0
2013/1/9	7710	227	1800	7738.64	71	0
2013/1/10	7815	278	1861	7811.64	70	0
2013/1/11	7785	401	1936	7819.15	69	0
2013/1/14	7801	307	1999	7823.97	66	0

附表 1：TX201303 的一些資訊（資料來源：TEJ）（續）

日期	每日結算價	成交張數	未平倉合約數	標的證券價格	剩餘天數	年股利率（估）
2013/1/15	7712	295	2082	7765.02	65	0
2013/1/16	7665	363	2127	7700.43	64	0
2013/1/17	7600	1281	2420	7616.64	63	0
2013/1/18	7699	879	2486	7732.87	62	0
2013/1/21	7690	818	2553	7724.92	59	0
2013/1/22	7735	1148	2653	7759.1	58	0
2013/1/23	7709	794	2731	7744.18	57	0
2013/1/24	7669	1706	2880	7695.99	56	0
2013/1/25	7638	1110	3122	7672.58	55	0
2013/1/28	7717	1555	3398	7714.67	52	0
2013/1/29	7802	1725	3650	7802	51	0
2013/1/30	7785	1948	4086	7832.98	50	0
2013/1/31	7834	1680	4375	7850.02	49	0
2013/2/1	7849	2111	4753	7855.97	48	0
2013/2/4	7927	3268	5865	7923.16	45	0
2013/2/5	7891	2121	6522	7886.94	44	0
2013/2/6	7891	3837	7991	7906.65	43	0
2013/2/18	7932	17769	16778	7943.53	31	0
2013/2/19	7953	23831	33338	7960.88	30	0
2013/2/20	8010	53725	48810	8029.1	29	0
2013/2/21	7949	63895	51687	7957.46	28	0
2013/2/22	7951	85371	53228	7947.72	27	0
2013/2/23	7992	27144	52802	7986.89	26	0
2013/2/25	7941	72527	53349	7947.68	24	0
2013/2/26	7883	82377	52770	7880.9	23	0
2013/2/27	7879	53936	53282	7897.98	22	0
2013/3/1	7936	44461	53687	7964.63	20	0

附表 1：TX201303 的一些資訊（資料來源：TEJ）（續）

日期	每日結算價	成交張數	末平倉合約數	標的證券價格	剩餘天數	年股利率（估）
2013/3/4	7844	94448	57501	7867.34	17	0
2013/3/5	7911	74896	55822	7932.71	16	0
2013/3/6	7945	83576	54147	7950.3	15	0
2013/3/7	7939	72539	54014	7960.51	14	0
2013/3/8	8008	81964	57483	8015.14	13	0
2013/3/11	8042	79351	56515	8038.72	10	0
2013/3/12	7998	75116	55518	7994.71	9	0
2013/3/13	7989	106264	53439	7995.51	8	0
2013/3/14	7950	80451	53628	7951.76	7	0
2013/3/15	7909	108975	50810	7927.49	6	0
2013/3/18	7792	102089	43007	7811.34	3	0
2013/3/19	7831	76505	28651	7838.47	2	0
2013/3/20	7795	52532	15008	7798.03	1	0

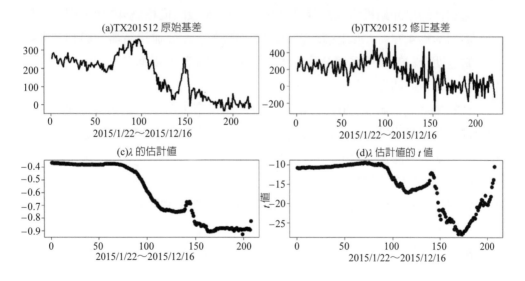

圖 3-38　TX201512 月期

本章習題

1. 遠期交易與期貨交易的差異爲何？

2. 就讀者而言，遠期（期貨）價格是否可以用以預測未來現貨價格？

3. 遠期價格是一個固定數值，而期貨價格卻是逐日變動，我們怎能說遠期價格會等於期貨價格？二者的關係究竟爲何？

4. 就讀者而言，期貨價格的決定，最困難的部分爲何？爲什麼？

5. 就 1.1 節的例 3 而言，30 天過後，335 天期的期貨價格爲何？其逐日清算的價值變化爲何？

6. 令 $\mu = 0.02$、$\sigma = 0.2$、$T = 0.25$、以及 $S(0) = 9,200$，重做 1.1 節的例 4 與 5。

7. 何謂「基差」？其有何特徵？

8. 就表 3-5 而言，阿德總共有多少方式計算損益？其分別爲何？

9. 試於 TEJ 內下載 TX201512 的所有資料，並繪製如圖 3-7 與 3-8 所示。

10. 續上題，繪製出修正基差的時間走勢。

11. 續上題，試估計出模型 2 的所有結果。提示：參考圖 3-38。

12. 1 個月前投資人以 50.25 元的價位買進 A 股的 100 天期遠期合約，不過現在環境已改變，該投資人已不需要原先的遠期合約，故準備賣出 A 股新遠期合約以沖銷投資人的遠期部位。目前 A 股的價格爲 45 元，假定無風險利率爲 4.75%，於上述二個合約的期限內，A 股並沒有發放股利，則新的遠期合約的價位爲何？投資人於到期時的淨部位爲何？

13. 續上題，期初之淨部位爲何？

14. 試於 TEJ 內下載 TX201509 的所有資料，模型 1 與 2 的結果各爲何？

15. 試說明或證明模型 2 的 λ 估計值與 -1 有無顯著差異，有何涵義？

16. 原始基差與修正基差的時間走勢是否屬於 $I(0)$？

17. 何謂 ECM？試解釋之。

18. 想想我們如何利用現貨價格模擬出期貨價格？試說明之。

19. 利用 1.1 節內例 3 的資料，計算遠期價格與現貨價格之間的相關係數。

20. 續上題，每隔 15 日計算一次遠期價格與現貨價格之間的相關係數（即移動相關係數），其結果爲何？

21. 續習題 14，每隔 15 日計算一次遠期價格與現貨價格之間的相關係數（即移動相關係數），其結果爲何？

22. 何謂共整合？試解釋之。

23. 一年期遠期合約的股票有發放股利，該股票目前的價格為 63.375 元，預計發放現金股利如下：1 個月以及 7 個月後分別為 1.5 元與 2 元。假定 1 個月、7 個月、以及 12 個月的國庫券價格分別為 0.9967、0.9741、以及 0.9512，上述國庫券的面額皆為 1 元。試計算該預付遠期與遠期合約的價格。

24. 表 3-11 是有關於臺灣國庫券貼現率之資訊，試將表內的貼現率改為對應的連續利率。假定 1 年有 360 日。

表 3-11　臺灣國庫券貼現率（2017 年 2 月）

到期期限	遠期價格	貼現率（%）
30		0.29
91		0.31
182		0.45

說明：1. 貼現債券與貼現率之間的關係可參考第 2 章內之（3-1）與（3-2）式。
　　　2. 貼現率資料來源：央行網站

25. 續上題，假定 $S(0) = 9,759.76$ 且不考慮股利，試計算表 3-7 內之遠期價格。

26. 續上題，假定連續股利支付率按照到期期限分別為 0.15%、0.25%、以及 0.3%，試計算對應之遠期價格。

27. 試解釋（3-20）式的意思。

28. 我們如何複製出一口有發放股利的「買進的遠期合約」？

29. 試說明（3-23）式。

30. 若實際與理論遠期價格有差距，投資人如何套利？

31. 利用表 3-12 內的資訊，計算 90 天期的美元遠期匯率之理論價格，其中 $r(f) = 0.9\%$ 與 $r(d) = 0.795\%$。假定 1 年有 365 日。

32. 續上題，利用表 3-12 的資訊計算理論的遠期匯率。

33. 我們是否可以用持有成本模型解釋遠期匯率的決定？

34. 由利率平價理論可以看出何結果？若人民幣的利率高於臺灣新臺幣利率（相同期限），則人民幣兌新臺幣的遠期匯率會如何？

35. 利用表 3-12，試利用遠期匯率計算隱含的日本的貼現率。

表 3-12　美元與日圓的資訊（假定 1 年有 360 日）

到期日	匯率（美元／日圓）	美國貼現率（%）	日本貼現率（%）
即期	0.011009		
30 天期	0.011047	4.55	0.35
90 天期	0.011123	4.75	0.45
180 天期	0.011249	4.95	0.55

36. 就讀者而言，何種標的資產是投資人所容易擁有的？（交易量大的股票資產）。

37. 就讀者而言，何種標的資產是投資人所不容易擁有的？（貴重金屬）。

38. 一位投資人借入 206,000 美元買進玉米 100,000 英斗（bushels），該玉米預備儲存 3 個月。投資人需於每月初支付 200 美元的儲存與保險成本且皆是以借入的方式融資，假定無風險連續利率為 1%，試計算 3 個月期的玉米遠期價格。

39. 續上題，預付遠期價格為何？

40. 續上題，若實際遠期價格為每英斗 2.1 美元，該投資人如何套利？

41. 何謂便利殖利率？試解釋之。

42. 何謂隱含的便利殖利率？試解釋之。

43. 現貨價格與期貨價格之間是否能進行無風險套利？試解釋之。

44. 何謂 IRR？試解釋之。

45. 至 TEJ 下載 CDF201508 月期合約的所有資訊，試繪製出原始基差、修正基差、實際期貨價格以及理論期貨價格的時間走勢。

46. 續上題，以模型 2 估計，結果為何？有何涵義？提示：可參考圖 3-39。

47. 利用 R 以及（3-20）式，我們不難模擬出期貨的價格走勢。利用 1.1 節例 3 的臺股指數資料同時假定 $r = 0.01$；另外，假定 δ 為均等分配的隨機變數，其值介於 0 與 0.02 之間。試模擬出期貨的價格時間走勢。

48. 續上題，分別繪製出原始基差與修正基差的時間走勢。提示：可參考圖 3-40。

49. 續上題，若以模型 2 估計，結果為何？

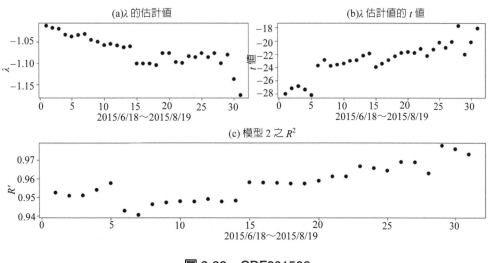

圖 3-39　CDF201508

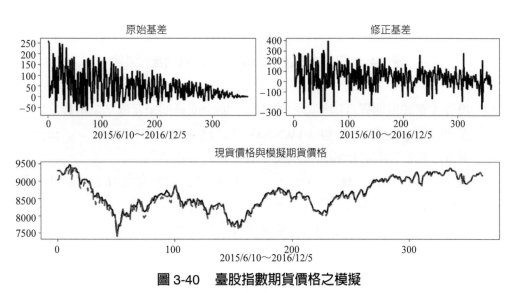

圖 3-40　臺股指數期貨價格之模擬

50. 爲何期貨無法「無風險套利」？

51. 何謂多頭避險？何謂空頭避險？

52. 何謂基差風險？試解釋之。

53. 假定投資人於 CDF201603 上市之前已用每股 145 元買進 2 張台積電股票，該投資人爲了避險，於 CDF201603 上市時用 147 元的價位賣出一口

台積電期貨。假定該投資人於 2015/8/24 以每股 115 元賣出台積電股票，同時以 116.5 元結清台積電期貨部位，該投資人的獲利為何？可以參考圖 3-41。

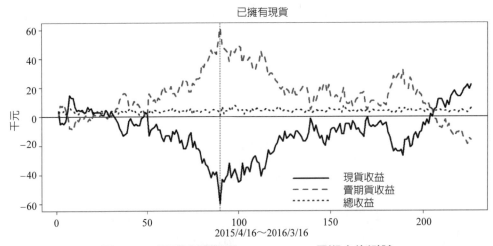

圖 3-41　已擁有現貨用 CDF201603 月期合約避險

54. 投資人應該用期貨合約期限內的期初、期中或是期末避險？試解釋之。

55. 至 TEJ 下載臺灣 50 指數（TWN50）（2015/1/22～2015/12/16），試計算與臺股指數之間的相關係數以及 β 值，有何涵義？

56. 至 TEJ 下載 OTC 指數（OTC99）（2015/1/22～2015/12/16），試計算與臺股指數之間的相關係數以及 β 值，有何涵義？

57. 續上題，如何計算收益的最小變異期貨合約口數？

Chapter 4

二項式定價模型

　　第 2 章我們雖有使用 BS 公式計算歐式買權與賣權的（理論）價格，不過我們並未解釋該公式的意義，原因是我們要先有（標的）資產價格隨時間經過的動態隨機過程觀念，因此第 2 章的介紹僅止於靜態或比較靜態分析而已。事實上，欲了解 BS 公式的涵義，我們還有另一種簡單的方法，該方法就稱為「二項式選擇權定價模型（the binomial option pricing model，簡稱為二項式模型）」。值得注意的是，此處所謂的「二項式」指的就是二項式機率分配（binomial probability distribution）。

　　二項式模型有何優點？至少我們可以整理出下列的結果：

(1) 因 BS 公式假定標的資產價格是屬於對數常態分配，依直覺而言，透過一定的設定，二項式模型內的標的資產價格應會接近於對數常態分配，原因是二項式分配的極限分配就是常態分配。因此，藉由二項式模型應也可以導出 BS 公式。

(2) 利用二項式模型除了可以讓我們知道如何複製一種衍生性商品外，更重要的是可以看出「無風險套利」行為於定價模型內扮演的角色；也就是說，由供需決定的均衡價格，其背後就隱藏著無法套利的價格。

(3) 既然標的資產價格是屬於一種隨機過程，如前所述，衍生性商品就是因避險而生，不過因標的資產價格會隨時間改變，故衍生性商品的避險也會隨之改變；因此，我們應該使用動態避險，利用二項式模型竟可以讓我們看到動態避險的雛形。

(4) 二項式模型可以讓我們看到每時點衍生性商品的價格的演變過程，如此自

然可以增進對該衍生性商品的了解。

(5) 二項式模型可以讓我們評估複雜的衍生性如美式選擇權或其他的衍生性商品。

(6) 更重要的是，二項式模型讓我們見識到平賭定價法（martingale pricing）的用處，而平賭定價法普遍用於評價一般的衍生性商品。

如此來看，二項式模型是吸引人的；也就是說，二項式模型與 BS 的重要性，應不分軒輊。

1. 常態分配與對數常態分配

如前所述，對數常態分配的假定是重要的，本書的重點或架構幾乎是立基於該假定。本節我們將介紹導出資產價格屬於對數常態分配的二種方法，其一是利用對數報酬率的特性，另一則是透過幾何布朗運動（Geometric Brownian Motion, GBM）的假定，二種方法則皆與資產價格屬於簡單隨機漫步過程有關。

1.1 對數常態分配

對數常態分配是指一個隨機變數 y 經過取對數[1]後為常態分配，即 $\log y$ 屬於常態分配；當然，我們也可以反過來看，若隨機變數 x 屬於常態分配，則 $y = e^x$ 屬於對數常態分配。通常，常態分配可用於模型化（對數）報酬率，而對數常態分配則可以用於模型化資產價格如股價；因此，資產價格與其（對數）報酬率的關係，猶如對數常態分配與常態分配之間的關係。

顧名思義，對數報酬率是經由取對數而得的報酬率，即若 $r(0,t)$ 表示 0 至 t 期的對數報酬率，寫成：

$$r(0,t) = \log(S_t / S_0) \tag{4-1}$$

則 t 期的資產價格 S_t 可以寫成：

---

[1] 本書所指的對數是指自然對數，即 $\log = \ln$，$\ln$ 為自然對數。

$$S_t = S_0 e^{r(0,t)} \qquad\qquad (4\text{-}2)$$

因此，當我們使用對數報酬率時，相當於使用連續的報酬率，亦即對數報酬率就是連續的報酬率。比較（4-1）與（4-2）二式，最起碼可以知道使用對數報酬率的另一個用處，就是資產價格不會為負值。換句話說，就是因為資產價格不可能為負值而假定其屬於對數常態分配，如此反而背後是假定連續的報酬率是屬於常態分配。

直覺而言，二個獨立的常態分配之和仍為常態分配，不過若轉成對應的對數常態分配，卻是二個獨立的對數常態分配的乘積仍為對數常態分配。即若 r_1 與 r_2 是二個獨立常態分配的隨機變數，則 $S_1 = e^{r_1}$ 與 $S_2 = e^{r_2}$ 為二個對應的獨立對數常態隨機變數，而其乘積為：

$$S_1 \times S_2 = e^{r_1} \times e^{r_2} = e^{r_1 + r_2}$$

換言之，二個獨立的常態分配之乘積不再是常態分配，而二個獨立的對數常態分配之和亦不為對數常態分配。了解上述的關係是有意義的，因為於第 2 節介紹的二項式模型內，連續的報酬率是屬於二項式分配，按照中央極限定理，二項式分配隨機變數之和的極限為常態分配。因此，於二項式模型內，股票（資產）的連續報酬率接近於常態分配，而股價（資產價格）則接近於對數常態分配。

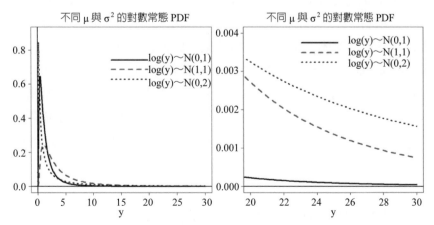

圖 4-1　不同 μ 與 σ^2 的對數常態分配 PDF（右圖為左圖尾部的放大）

若 $\log y \sim N(\mu, \sigma^2)$，則對數常態分配的 PDF 可寫成：

$$f(y; \mu, \sigma) = \frac{1}{y\sigma\sqrt{2\pi}} e^{-\frac{1}{2}\left(\frac{\log y - \mu}{\sigma}\right)^2} \tag{4-3}$$

其中 μ 與 σ^2 分別表示 $\log y$ 的期望值與變異數。利用 R，我們不難看出 μ 與 σ^2 於對數常態分配 PDF 內所扮演的角色。圖 4-1 繪製出 μ 與 σ^2 分別為 0 與 1、1 與 1 以及 0 與 2 之對數常態分配 PDF 的三種形狀。於圖內，可知對數常態分配的 PDF 並非屬於對稱形的型態，其反而屬於右偏的分配；另一方面，我們也可以看出若 μ 值相同，較高變異數的 PDF，因峰頂較為陡峭，重心雖較集中於左側，不過右邊卻有較厚的尾部，隱含著較高變異數有可能會產生較高的價格，可以參考圖 4-1 的右圖，該圖是左圖內 PDF 尾部的放大。

同理，若 $x \sim N(\mu, \sigma^2)$，則 e^x 的期望值與變異數分別為：

$$E(e^x) = e^{\mu + \frac{1}{2}\sigma^2} \tag{4-4}$$

與

$$Var(e^x) = e^{2\mu + \sigma^2}\left(e^{\sigma^2} - 1\right) \tag{4-5}^2$$

（4-4）式隱含的意思為 $E(e^x) \neq e^{\mu}$。事實上，根據指數函數的性質如圖 4-2 的左圖所示，$E(y) > e^{E(x)}$；也就是說，$y = e^x \Rightarrow E(y) > e^{E(x)}$，隱含著資產價格的平均數會大於對數報酬率平均數的指數值，此種結果亦可以稱為簡森不等式（Jensen's inequality）。若以臺股指數日收盤價序列（2000/1/4～2017/8/11）為例（取自英文 YAHOO 網站），圖 4-2 的右圖繪製出該序列以對數常態分配模型化的實際 PDF（黑色實線），而（紅色）虛線則是根據日收盤價對數值序列的平均數與變異數所繪製的理論 PDF，於圖內可以看出利用理論 PDF 可以

2　相對上我們較少使用 e^x 的變異數如（4-5）式，因為我們是使用波動率來衡量資產價格的波動。

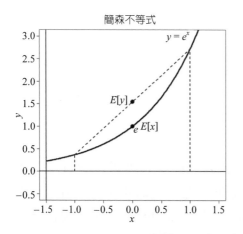
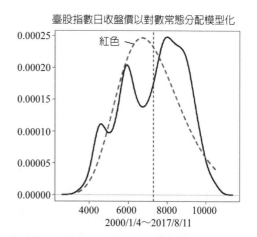

圖 4-2　簡森不等式與臺股指數日收盤價以對數常態分配模型化

取得日收盤價序列的許多額外資訊，即若假定 x 表示對數日對數報酬率序列，則 $E(e^x)$ 的估計值約為 7,305.07 點而 $e^{E(x)}$ 的估計值則約為 7,108.02 點，顯然 $E(e^x) > e^{E(x)}$。因此，透過簡森不等式，我們知道資產價格的平均數如 $E(y)$ 需要進一步調整，才能轉換成以對數報酬率的平均數指數值如 $e^{E(x)}$ 表示；其次，由（4-4）式可知，若假定資產價格屬於對數常態分配，上述調整因子為 $0.5\sigma^2$。

利用上述性質，我們不難可以使用直覺的方式說明資產價格如股價屬於對數常態分配的意義。首先令 S_T 表示 T 期股價，S_T 可寫成：

$$S_T = S_{T-1}[S_T / S_{T-1}] \tag{4-6}$$

因此 S_T 亦可寫成 S_{T-1} 乘上 T 期股價的「簡單報酬率」。（4-6）式給予我們一個啟示：若將簡單報酬率改成對數報酬率呢？令 $T = n\Delta t$，而 r_n 表示第 n 個連續（或對數）報酬率，則：

$$S_n = S_{n-1}e^{r_n} \tag{4-7}$$

（4-7）式的另一種解釋方式是 S_n 是由 S_{n-1} 依連續成長率 r_n 的速度成長。利用

（4-7）式，我們反而可以推導出（4-8）式[3]，即：

$$S_T = S_0 e^{r(0,T)} = S_0 e^{\sum_{i=1}^{n} r_i} \qquad (4\text{-}8)$$

我們至少可以從（4-8）式看出下列的四種涵義：

(1) 除了使用（4-6）式之外，我們尚有另外一種方式可以得到資產的價格。例如：圖 4-3 內的圖 (a) 繪製出臺股指數日對數報酬率的時間走勢（2015/6/10～2016/12/5）[4]，而利用（4-8）式，我們也可以使用對應的日對數報酬率序列繪製出臺股指數日收盤價的時間走勢圖，如圖 (c) 所示，其中 $S_0 = 9298.5$ 點（2015/6/10）。圖 (b) 則繪製出臺股指數日收盤價的實際時間走勢，比較圖 (b) 與 (c) 二圖內的走勢，可發現二者是完全相同；因此，只要有期初值以及日對數報酬率序列，我們依舊能得出對應的資產價格序列。

(2) 圖 4-4 分別繪製出上述臺股指數日對數報酬率序列的自我相關與偏自我相關係數圖[5]，於圖內自然可以看出當期與其落後期日對數報酬率之間毫無相關[6]，此不禁讓我們懷疑臺股指數日收盤價序列有可能是由一種簡單的隨機漫步過程所產生的，可以參考第 3 章的（3-33）式。

---

[3] 即令 $n = 1$，可得 $S_1 = S_0 e^{r_1}$；其次，令 $n = 2$，可得 $S_2 = S_1 e^{r_2} = S_0 e^{r_1} e^{r_2} = S_0 e^{r_1+r_2}$。以此類推。

[4] 該資料取自第 3 章 1.1 節的例 3。

[5] 顧名思義，偏自我相關（partial autocorrelation）係數只檢視當期與落後期之間的相關係數（假定其他期不變），因此自我相關與偏自我相關係數的差異頗類似於簡單迴歸與複迴歸模型內參數的意義，可上網查詢或參考《財統》。

[6] 於右圖內的偏自我相關係數圖可以看出當期（日）與其落後 8 期（日）以及 20 期（日）的日對數報酬率有關，此應該是「抽樣誤差」或「外力衝擊」所造成的，畢竟我們只檢視 365 個交易日的資料或是我們實在無法解釋爲何當期不是與其落後 1 期有關而反而與其落後 8 或 20 期有關。

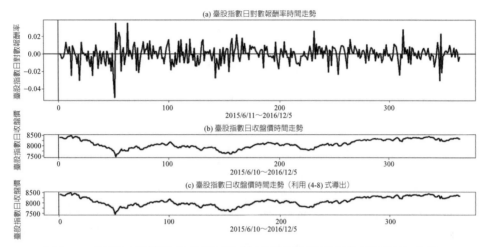

圖 4-3　利用日對數報酬率時間走勢估計臺股指數日收盤價時間走勢

(3) 倘若簡單的隨機漫步過程可以用於模型化資產價格如臺股指數日收盤
　價，那又與（4-8）式有何關係？其實圖 4-4 透露出一個訊息，就是日
　對數報酬率序列可能屬於一種白噪音隨機過程或是一種獨立且相同分配
　（Independently Identical Distribution, IID）的隨機過程，則利用（4-8）式
　我們不是可以模擬出臺股指數日收盤價序列的多種實現值時間走勢嗎？換
　言之，圖 4-5 的上左與上右圖分別利用常態與標準 t 分配模擬出上述臺股
　指數日收盤價期間之時間走勢[7]，於圖內可看出資產價格序列如臺股指數日
　收盤價序列，原來可能只是圖內多種實現值走勢的其中之一。

(4) 圖 4-5 上圖內的走勢圖還有另外一層涵義，那就是圖內是按照臺股指數日
　收盤價於 2015/6/10～2016/12/5 期間的資訊所模擬出的結果；換言之，若 T
　期表示 2016/12/5 當天的日收盤價，則豈不是透過上圖可以得到對應的 S_T
　的機率分配嗎？該分配就繪製於圖 4-5 內的下圖。有意思的是，二種 S_T 的
　機率分配皆接近於對數常態分配。（若樣本數夠大，t 分配會接近於常態
　分配）。

---

[7]　即圖內的 1,000 種實現值是利用 $S_0 = 9298.5$ 點（2015/6/10）為期初值以及上述期間
　臺股指數日對數報酬率的樣本平均數與樣本標準差（以年率表示），分別以常態與
　標準 t 分配（自由度為 4）模擬而得，可以參考所附之 R 指令。有關於標準 t 分配
　的定義則可參考《財統》或《財數》。

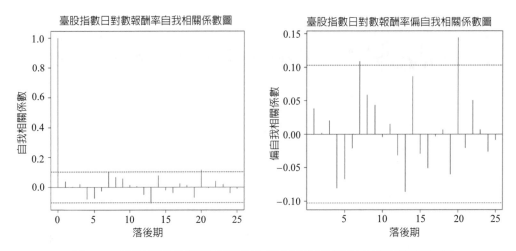

圖 4-4　臺股指數日對數報酬率自我相關係數與偏自我相關係數圖

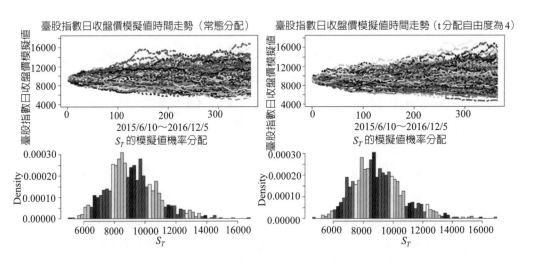

圖 4-5　利用常態分配與 t 分配（自由度為 4）模擬臺股日收盤價走勢

其實，因 $T = n\Delta t$，故（4-8）式內的 $r(0,T)$ 表示從第 0 期至第 T 期的對數報酬率，其可以由 n 個日對數報酬率相加而得。因此，若假定 $\log S_t$ 屬於簡單的隨機漫步過程為：

$$\log S_t = c\Delta t + \log S_{t-1} + \sigma\sqrt{\Delta t}\,\varepsilon_t \tag{4-9}$$

其中 ε_t 屬於 iid 標準常態隨機變數。求解（4-9）式後，可得：

$$\log S_T = \log S_0 + cT + \sigma\sqrt{\Delta t}\sum_{i=1}^{n}\varepsilon_i \qquad (4\text{-}10)$$

其中 $c = \mu - 0.5\sigma^2$，而 μ 與 $\sigma\sqrt{\Delta t}$ 分別表示 r_t 的預期報酬率與標準差[8]。換句話說，若假定 r_t 屬於 iid 常態分配，則（4-8）式尚有另外一種表示方式，該方式就是（4-10）式。

利用（4-10）式，我們可以得到 $\log S_T$ 亦屬於常態分配，寫成：

$$\log S_T \sim N\left[\left(\log S_0 + \mu - q - \frac{1}{2}\sigma^2\right)T, \sigma^2 T\right] \qquad (4\text{-}11)$$

利用（4-11）式，可以得到：

$$S_T = S_0 e^{\left(\mu - q - \frac{1}{2}\sigma^2\right)T + \sigma\sqrt{T}\varepsilon_T} \qquad (4\text{-}12)$$

其中 q 表示股利支付率。換言之，第 3 章的（3-9）式並沒有考慮股利支付率，我們於（4-11）式內額外再加入 q 項，表示 q 的提高會使得 S_T 下降。

如前所述，若假定對數報酬率屬於常態分配，則對應的資產價格應屬於對數常態分配，我們可以進一步思考若資產價格屬於對數常態分配，則其隨機過程或時間走勢為何？答案就是（4-12）式可以視為資產價格屬於對數常態分配的隨機過程，而其時間走勢則可參考圖 4-5 的上圖；換言之，圖 4-5 內的走勢亦可視為（4-12）式的時間實現值走勢，該走勢就是一種隨機過程的實現值走勢。

---

[8] 我們可以解釋為何（4-9）式內用 $c = \mu - 0.5\sigma^2$ 而不是用 μ 來表示確定趨勢的係數。因 $E(x) = \mu$ 以及 $Var(x) = \sigma^2$，利用（4-4）式可得 $E(e^x) = e^{\mu + \frac{1}{2}\sigma^2}$。令 $y = \log(S_T/S_0)$，利用（4-10）式可知 $E(y) = cT$ 與 $Var(y) = \sigma^2 T$，故可得：

$$E(e^y) = E(S_T/S_0) = e^{\left(c + \frac{1}{2}\sigma^2\right)T} \Rightarrow E(S_T) = e^{\log S_0 + \left(c + \frac{1}{2}\sigma^2\right)T} = e^{\log S_0 + \mu T} = S_0 e^{\mu T}$$

$E(S_T)$ 可視為 S_T 內的「確定趨勢」部分，而從（4-8）式可知 $E[r(0,T)] = \mu T$，故若不考慮「隨機趨勢」成分，S_T 就是按照 μT 的成長率成長。

例 1

利用圖 4-2 內的資料可以得到臺股指數日對數報酬率的平均數與標準差分別約為 0.0038% 與 1.39%。若假定 1 年約有 252 個交易日，則上述平均數與標準差轉換成用年率表示分別約為 0.96% 以及 22.03%，後者亦可稱為波動率（volatility）。若假定臺股指數屬於對數常態分配且其期初值為 8,756.55 點（2000/1/4），利用（4-12）式，計算第 2 年指數的實現值與預期值，即 S_2 與 $E(S_2)$ 為何？假定 $q = 0$。

解 因 1 年日對數報酬率的預期值（即平均數）與波動率分別約為 0.96% 與 22.03%，故 2 年預期值與波動率分別約為 1.92% 與 31.16%[9]，故按照（4-12）式可得：

$$S_2 = 8755.55 e^{(0.0096 - 0.5 \times 0.2203^2) \times 2 + 0.2203 \times \sqrt{2} \varepsilon_2}$$

以及

$$E(S_2) = 8755.55 e^{0.0096 \times 2} \approx 9478.76 點$$

圖 4-6 繪製出 5,000 種 S_2 實現值的次數分配，可看出 S_2 的確接近於對數常態分配，其中平均數約為 9,470.8 點，其與上述 $E(S_2)$ 約為 9,478.76 點差距不大。倘若 S_2 內忽略 $0.5\sigma^2 T$ 項，則

$$S_{2a} = 8755.55 e^{0.0096 \times 2 + 0.2203 \times \sqrt{2} \varepsilon_2}$$

其中 5,000 種 S_{2a} 實現值的平均數約為 9,933.49 點，顯然與 $E(S_2)$ 的差距頗大。

---

[9] 即 $22.03\% \times \sqrt{2}$

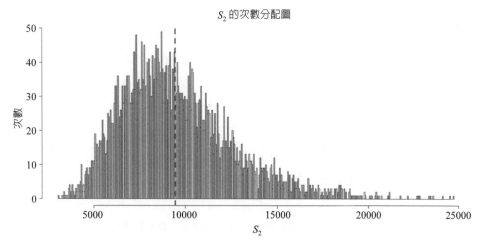

圖 4-6　S_2 的次數分配圖

例 2

　　續例 1，S_2 之 1 個標準差的範圍爲何？

解　2 年指數價格上升 1 個標準差爲 [10]：

$$S_{2u} = 8755.55e^{(0.0096-0.5\times0.2203^2)\times2+0.2203\times\sqrt{2}\times1} = 11644.53\text{點}$$

同理，2 年指數價格下降 1 個標準差爲：

$$S_{2d} = 8755.55e^{(0.0096-0.5\times0.2203^2)\times2-0.2203\times\sqrt{2}\times1} = 6193.69\text{點}$$

例 3　**對數常態分配機率的計算**

　　利用（4-11）與（4-12）式，我們可以分別於常態分配與對數常態分配下

---

[10] 就常態分配的隨機變數 x 而言，其與標準常態隨機變數 z 的關係爲 $x = \mu \pm z\sigma$，其中 μ 與 σ 分別爲 x 之期望值與標準差；換言之，透過標準化過程，x 亦可以 μ（平均數）爲中心向左（或右）擴充 z 個標準差（σ）表示。於此例內 $\varepsilon = z$，故 1 個標準差相當於 $\varepsilon = 1$。因對數常態分配屬於右偏的分配，故中位數（median）應位於平均數的左側。

計算機率值。換言之，於（4-11）式內可知 $\log S_T$ 屬於平均數與變異數分別 M 與 $\sum$ 的常態分配，其中 $M = \log S_0 + (\mu - q - 0.5\sigma^2)T$ 與 $\sum = \sigma^2 T$，而 μ 與 σ 分別表示 S_t 的預期報酬率與波動率（二者皆用年率表示）。利用例 1 的資料以及假定 $q = 0$、1 年有 252 個交易日與 $S_0 = 8756.5$ 點，我們得到 1 年（即 $T = 1$）M 與 V 的估計值分別約為 9.06 與 0.0485。若以上述估計值表示常態母體的參數，可以繪製出 $\log S_T$ 與 S_T 分配的 PDF 如圖 4-7 所示。於圖 4-7 內，我們進一步計算出 $\log S_T$ 小於 $\log K$ 的機率約為 0.6144，其中 $K = 9200$，此隱含著 1 年後指數價格小於 9,200 點的機率為 0.6144，即：

$$P(\log S_T < \log K) = P(S_T < K) = 0.6144$$

值得注意的是，令 $N(\cdot)$ 表示標準常態分配的 CDF，則：

$$P(S_T < K) = N(-d_2) = P(z \leq -d_2)$$

其中 z 為標準常態分配的隨機變數，而

$$d_2 = \frac{\log(S_0) - \log(K) + (\mu - q - 0.5\sigma^2)T}{\sigma\sqrt{T}}$$

按照（4-11）式，$-d_2$ 相當於將 $\log K$ 標準化。可以參考圖 4-7，於該圖內，可以看出 $P(\log S_T < \log K) = P(S_T < K)$，表示欲計算上述機率，可有二種方式計算，即分別可用常態分配（左圖）與對數常態分配（右圖）計算。值得注意的是，圖內亦顯示出 $N(d_2) = P(S_T \geq K)$ 與 $N(-d_2) = P(S_T < K)$ 的意義，前者以紅色面積表示。參考所附之 R 指令。

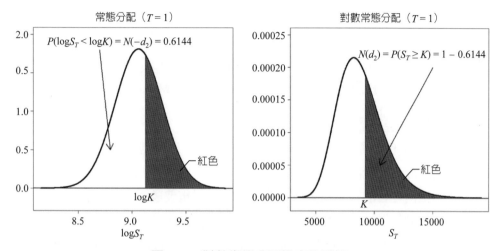

圖 4-7　對數常態分配機率的計算

1.2 一般化維納過程與 Itô's lemma

如前所述，資產價格如股價或報酬率皆是一種隨機過程。事實上，隨機過程可以分成連續的與間斷的隨機過程二種。間斷的隨機過程是指該過程的時間變動是固定的，例如我們可以日或週等頻率檢視股價的變化，而連續的隨機過程則認為時間的變動是連續的，不過連續的隨機過程通常用以建立許多複雜的衍生性商品模型。換句話說，連續的隨機過程大多是屬於「理論的」的觀念，可惜的是不易觀察的到，我們也只能藉由對應的間斷隨機過程了解連續隨機過程所隱含的性質或涵義。例如：第 3 章介紹的維納過程就是屬於一種連續的隨機過程，只是我們是以對應的間斷隨機過程，而以模擬的方式了解維納過程背後所隱含的意思；因此，學習衍生性商品必須擁有連續與間斷隨機過程的觀念，二者的觀念是相輔相成的。

1.1 節我們曾強調對數資產價格若是屬於簡單的（標準）常態隨機漫步過程，此相當於在說明資產價格是屬於對數常態分配的假定；或者說，資產價格是假定屬於幾何布朗運動（GBM）。GBM 是一般化維納過程（generalized Wiener process, GWP）的一個特例，因此欲了解 GBM，就須先清楚 GWP 的意義。

於《財數》一書內，我們曾強調衍生性商品的價格其實就是一種隨機

函數。數學家 Itô 於 1951 年曾發展出許多有關於檢視隨機函數的結果，因此研究隨機函數的微積分，亦可稱為 Itô 微積分或是隨機微積分（stochastic calculus）。於 Itô 微積分內，與本書的內容有關的就是 Itô's lemma；也就是說，於 GWP 內，我們可以透過 Itô's lemma 導出 GBM。

1.2.1 一般化維納過程

直覺而言，我們不會用上個月或上週的股價來預測明日的股價，我們反而只會使用今日的資訊包含股價來預測明日的股價，因此就明日股價的預測而言，我們相信今日的資訊比上個月或上週的資訊重要多了，此時我們就相當於假定明日股價是屬於一種馬可夫過程（Markov process）。

其實簡單隨機漫步過程如（4-9）或（4-10）式就是一種馬可夫過程，因為我們要預測明日的（對數）價格，除了確定趨勢外，剩下的只有今日的價格以及無法預測到的部分（誤差項）。有意思的是，明日股價無法預測到的部分竟然與今日股價或後天股價無法預測到的部分無關，因此若將每日股價皆無法預測不到的部分加總（即所有的誤差項加總），於第 3 章內，我們稱上述加總就是股價的隨機趨勢，不過若是以連續的隨機過程表示以及誤差項屬於常態分配，則股價的隨機趨勢竟然就是維納過程！因此，維納過程亦可視為一種馬可夫過程，因為過去的誤差項（預測不到的部分，於今日已是已知）無助於明日誤差的預期。

既然維納過程就是由許多不相關的誤差項以「連續加總」的方式構成，我們不就可以得到有關於維納過程的一些性質嗎？換句話說，若 W 屬於維納過程 [11]，須滿足下列二個性質：

(1) 於微小的時間變動 Δt 下，W 的變動為：

$$\Delta W = \varepsilon \sqrt{\Delta t} \qquad\qquad (4\text{-}13)$$

其中 ε 表示標準常態隨機變數。

---

[11] 如前所述，我們所講的維納過程是標準的維納過程，即後者的平均數與變異數為 0 與 T（年）。

(2) 於不同時間下，ΔW 之間是相互獨立的。

我們從性質 (1) 可知 ΔW 就是一個平均數與變異數分別為 0 與 Δt 的常態分配，而性質 (2) 就是強調 W 屬於一種馬可夫過程。

我們可以進一步檢視於 T 年下 W 的值為何？令 $T = n\Delta t$，$W_T = W_T - W_0$（通常假定 $W_0 = 0$，表示期初值為 0），則：

$$W_T = \sum_{i=1}^{n} \varepsilon_i \sqrt{\Delta t} \qquad (4\text{-}14)$$

（4-14）式可以與第 3 章的（3-39）式比較，顯然前者是以間斷的型態而後者則是以連續的型態表示；是故，以間斷的型態來呈現反而可以讓我們更了解維納過程的意思。若我們分別以 $\Delta t = 1/252$、$\Delta t = 1/52$ 以及 $\Delta t = 1/12$ 代入（4-14）式，其相當於分別表示日、週以及月的情況，圖 4-8 就是利用上述情況分別繪製出維納過程的不同頻率時間走勢。我們不應忘記維納過程本身就是表示一種隨機趨勢，因此圖 4-8 內的走勢（圖）崎嶇不平，隱含著未來值的不可預測性。

其實，圖 4-8 內的走勢圖提供我們一個重要的訊息，即當 $\Delta t \to 0$，維納過程的走勢又會如何？我們知道 $W_{\Delta t}$ 相當於是平均數與變異數分別為 0 與 Δt 的常態分配；有意思的是，當 $\Delta t \to 0$，$(\Delta t)^{0.5}$ 不像 $(\Delta t)^2$ 遞減的速度相當快，即 $(\Delta t)^{0.5}$ 遞減的速度相當緩慢，可以參考圖 4-9 內的圖 (a) 與 (b) 二圖。換句話說，

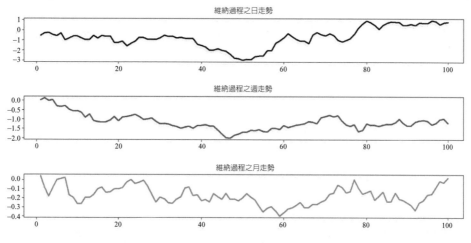

圖 4-8　不同頻率的維納過程走勢

當 $\Delta t \to 0$，$W_{\Delta t}$ 的標準差接近於 0 的速度相當緩慢，隱含著 $W_{\Delta t}$ 未必等於 0，可以參考圖 4-9 內的圖 (c) 與 (d) 二圖；尤其是圖 (d)，當我們考慮 $\Delta t = 0.0001$ 時，$W_{\Delta t}$ 未必會等於 0，反而它是屬於一個（常態）分配，故 W_t 的走勢並不是一條圓滑的曲線，其走勢反而如圖 4-8 所示，是呈一種不規則的「鋸齒狀」走勢 [12]。

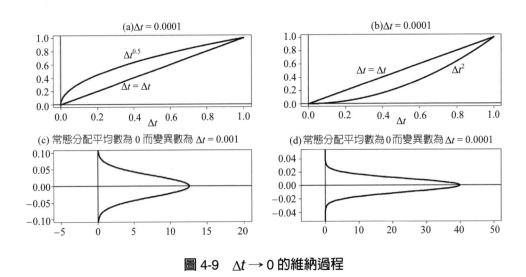

圖 4-9　$\Delta t \to 0$ 的維納過程

若與以具有漂浮項的隨機漫步過程比較，前述維納過程只描述部分的特徵而已；換言之，前述維納過程可以擴充至更一般化的情況，即 GWP 可寫成：

$$\Delta X = \alpha \Delta t + \sigma \sqrt{\Delta t} \varepsilon \qquad （4-15）$$

或

$$X_t = X_0 + \alpha t + \sigma W_t \qquad （4-16）$$

---

[12] 直覺而言，利用簡單的隨機漫步過程亦可以解釋爲何 W_t 的走勢是一種不規則鋸齒狀的走勢。按照該過程，我們無法預測 $t + 1$ 期的結果，但是 t 若是以日、小時、分或是以秒表示呢？也就是說，股價若是屬於簡單的隨機漫步過程，則下一秒的股價爲何？不是有可能「隨時反覆無常」嗎？因此，股價的時間走勢像不規則的鋸齒狀。

其中參數 α 就是表示隨機過程 X_t 的確定趨勢係數。按照（4-16）式，假定 X_0 = 0.1、α = 0.2 以及 σ = 0.3，我們可以分別繪製出 X_t 內的確定趨勢與隨機趨勢部分，如圖 4-10 內的走勢圖所示。顯然，於該圖內可以看出確定趨勢能支配隨機趨勢的走勢，不過值得注意的是，圖內只繪製出 GMP 的其中一種實現值走勢而已。

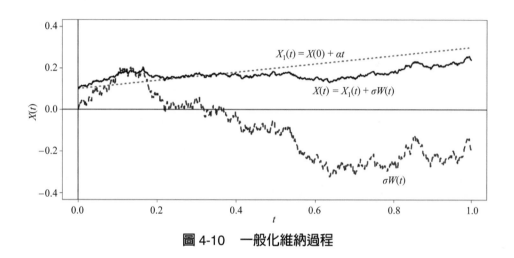

圖 4-10　一般化維納過程

例 1

　　（4-15）與（4-16）式分別可以用於模擬 GMP 的實現值時間走勢，如圖 4-11 內的走勢圖所示。即於圖 4-11 內，假定 $\sigma = 2^{0.5}$、$T = n\Delta t$、$T = 1$、$n = 1000$ 以及 $X_0 = 0.1$；另外，於圖 (a) 與 (c) 二圖內假定 $\alpha = 0$，但是圖 (b) 與 (d) 二圖內則假定 $\alpha = 0.1$。換言之，於圖 4-11 的左二圖內，我們不考慮有確定趨勢的情況，但是右二圖內的走勢則有含確定趨勢。我們可以看出 GMP 不僅可用（4-15）式表示，同時亦可用（4-16）式模擬，因為利用二式皆可以模擬出相同的結果。至於確定趨勢所扮演的角色，於我們的例子內，仍不明顯；當然，確定趨勢是否顯著，取決於 α 值的大小而定。

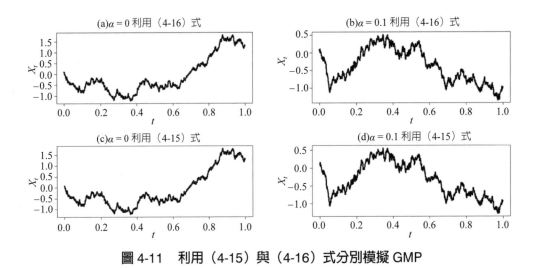

圖 4-11　利用（4-15）與（4-16）式分別模擬 GMP

例 2　GMP 或維納過程為何會有崎嶇不平的走勢？

　　例 1 說明了 GMP 或維納過程就是一種簡單的隨機漫步過程。第 3 章 4.2 節曾指出簡單的隨機漫步過程是屬於一種非定態隨機過程，因此 GMP 或維納過程亦屬於一種非定態隨機過程。如前所述，非定態過程有一個重要的特徵，就是於受到外力衝擊後，原先的走勢會受到影響而改變其原有的趨勢，故可稱非定態過程具有隨機趨勢。若檢視（4-15）式，可以發現於 GMP 內，隨機的來源就是維納過程，而維納過程本身就充滿著不確定性，因為它竟然於每一個時點下就是一種平均數與變異數分別為 0 與 Δt 的常態分配。例如：就例 1 的假定而言，因 $\Delta t = 0.001$，因此 $(\Delta t)^{0.5}\varepsilon$ 的實現值大致介於 -0.1 與 0.1 之間，而該區間可以繪製如圖 4-12 內的圖 (a) 所示。因為 $(\Delta t)^{0.5}\varepsilon$ 實現值的不確定性，但是它又是代表誤差項，因此習慣上我們稱其為一種外力的衝擊。換句話說，維納過程本身就是表示程度不一的外力衝擊。

　　圖 4-12 內的圖 (b) 與 (c) 二圖分別取自圖 4-11 內的圖 (c) 與 (d)，不過於圖 4-12 內，我們多考慮於期中（如圖內的垂直虛線）出現一個較巨大的負面衝擊，其走勢則如圖內的（紅色）虛線所示。我們發現受到衝擊後，原先的走勢竟然「平行地」往下移動，此說明了外力衝擊的確左右 GMP 的走勢而不會消失。

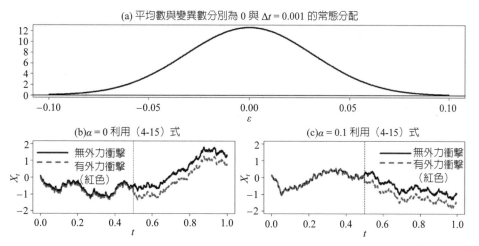

圖 4-12　GMP 受到巨大外力衝擊的結果（以圖 4-11 內 (c) 與 (d) 圖為例）

1.2.2　GBM與Itô's lemma

首先我們先考慮下列簡單迴歸模型 1 與 2：

$$模型 1：S_t = \alpha_0 + \alpha_1 t + \varepsilon_t \quad 與 \quad 模型 2：S_t = e^{\beta_0 + \beta_1 t + \varepsilon_t}$$

其中 $t = 1, \cdots, n$。顯然，模型 2 亦可寫成 $\log S_t = s_t = \beta_0 + \beta_1 t + \varepsilon_t$。若 S_t 表示臺股指數日收盤價（2000/1/4～2017/8/11)（使用圖 4-2 內的資料），然後使用最小平方法估計模型 1 與 2，估計結果分別為：

$$模型 1：\hat{S}_t = 5387.527 + 0.879t \quad 與 \quad 模型 2：\hat{s}_t = 8.5914 + 0.00013t$$

我們如何解釋上述的估計結果？尤其是 α_1 與 β_1 的估計值？α_1 與 β_1 的估計值分別約為 0.879 與 0.00013，若 1 年假定有 252 個交易日，則 α_1 與 β_1 的估計值的年率估計值分別約為 221.508 以及 3.276%。因此，於其他情況不變下，α_1 的估計值表示臺股指數的年增價格約為 221.508 點，而 β_1 的估計值的年增成長率則約為 3.276%！比較特別的是，β_1 的估計值的計算是以固定成長的模型

計算，因此 3.276% 亦是表示固定成長率[13]。是故，若以模型 2 來計算，其中 β_1 的估計可能較符合一般投資人的想法；也就是說，若投資人的必要報酬率是 3.276%，投資人的意思應該是指不管臺股指數目前的價位為何，投資人的報酬率皆為 3.276%。

了解模型 1 與 2 的差異後，我們當然也希望能於前述的 GWP 內分別擁有一個固定成長的漂浮率以及波動率，因此模型 2 倒是提供一個可供參考的架構。首先，先考慮模型 2 內的確定項部分（即令 $\varepsilon_t = 0$），即：

$$S_T = S_0 e^{\beta_1 T} \tag{4-17}$$

其中 $S_0 = e^{\beta_0}$。(4-17) 式提醒我們固定成長率為 β_1，β_1 亦可稱為對數成長率或是連續成長率。當然，於實際的應用上我們必須考慮不確定性，此時波動率的考慮亦應該不受 S_t 的影響，因此（4-17）式可以再擴充成：

$$S_T = S_0 e^{\beta_1 T + \sigma \sqrt{T} \varepsilon_T} \tag{4-18}$$

（4-18）式是將模型 2 的誤差項擴充至含有不同程度的擴散力道（以固定的波動率表示）。接下來，(4-18) 式若以微分的型態表示可寫成：

$$dS_t / S_t = \beta_1 dt + \sigma dW_t \tag{4-19}$$

其中 $dW_t = \sqrt{dt} \varepsilon_t$。因此（4-19）式只是將模型 2 的誤差項改成以維納過程表示而已，當然此時我們多加上 S_t 的固定波動率，以衡量或表示不確定誤差項的擴散力道。同理，(4-19) 式亦可以改成以間斷的形式表示，即：

$$\Delta S_t / S_t = \beta_1 \Delta t + \sigma \sqrt{\Delta t} \varepsilon_t \tag{4-20}$$

比較（4-15）與（4-20）二式的差異，可以發現前者是以「絕對差異（即

---

[13] 可注意 $\beta_1 = \dfrac{\partial \log S_t}{\partial t} = \dfrac{dS_t}{S_t}$。有關於固定成長模型的介紹，可參考《財數》。

ΔS_t)」而後者則以「相對差異率（即 $\Delta S_t / S_t$）」表示 S_t 的變動，我們就稱（4-19）或（4-20）式屬於一種 GBM。

（4-20）式提醒我們按照 GBM 的設定，$\Delta S_t / S_t$ 是屬於一種平均數與變異數分別為 $\beta_1 \Delta t$ 與 $\sigma^2 \Delta t$ 的常態分配，可寫成：

$$\Delta S_t / S_t \sim N(\beta_1 \Delta t, \sigma^2 \Delta t) \qquad (4\text{-}21)$$

若比較（4-12）與（4-18）二式，或是比較（4-11）與（4-21）二式，顯然於（4-18）與（4-21）二式內，我們仍可進一步找出上述二式內的涵義，此時我們可以使用 Itô's lemma 說明。Itô's lemma 提供了一種簡單的方式，讓我們了解確定函數與隨機函數的差別。

傳統微積分探討的函數大多屬於確定函數，顧名思義，確定函數就是指該函數內並無不確定變數（即無隨機變數)；換言之，考慮一個 $f(x_t, t)$，其中 x_t 是一個確定變數，故 $f(x_t, t)$ 屬於一種確定函數[14]。利用泰勒（Taylor）展開式，可得：

$$\Delta f(x_t, t) = \frac{\partial f}{\partial x_t} \Delta x_t + \frac{\partial f}{\partial t} \Delta t + \frac{1}{2} \frac{\partial^2 f}{\partial x_t^2} (\Delta x_t)^2 + \frac{\partial^2 f}{\partial x_t \partial t} \Delta x_t \Delta t + \frac{1}{2} \frac{\partial^2 f}{\Delta t^2} (\Delta t)^2 + \cdots$$
$$(4\text{-}22)$$

我們於圖 4-9 的圖 (b) 內已經知道當 $\Delta \to 0$，確定變數如 Δt 或 Δx_t 皆會接近於 0，故（4-22）式可再改寫成：

$$df(x_t, t) = \frac{\partial f}{\partial x_t} dx_t + \frac{\partial f}{\partial t} dt \qquad (4\text{-}23)$$

（4-23）式就是 $f(x_t, t)$ 的全微分結果。類似地，考慮一個隨機函數如 $G(S_t, t)$，其中 S_t 是 W_t 的函數，則按照（4-22）式可得：

---

[14] 想像 $x_t = 0.3t$ 而 $f(x_t, t) = x_t^2 + 6t + 2$，則 x_t 與 $f(x_t, t)$ 不是分別屬於一種確定變數與確定函數嗎？它們雖稱為變數，但是卻可以預測的。

$$\Delta G(S_t,t) = \frac{\partial G}{\partial S_t}\Delta X_t + \frac{\partial G}{\partial t}\Delta t + \frac{1}{2}\frac{\partial^2 G}{\partial S_t^2}(\Delta S_t)^2 + \frac{\partial^2 G}{\partial \Delta S_t \partial \Delta t}\Delta S_t \Delta t + \frac{1}{2}\frac{\partial^2 G}{\Delta t^2}(\Delta t)^2 + \cdots$$

不過我們於圖 4-9 內已知當 $\Delta \to 0$，隨機變數如 ΔS_t 未必會接近於 0，故按照（4-22）式，可得：

$$dG(S_t,t) = \frac{\partial G}{\partial S_t}dS_t + \frac{\partial G}{\partial t}dt + \frac{1}{2}\frac{\partial^2 G}{\partial S_t^2}(dS_t)^2 \qquad （4-24）$$

換言之，比較（4-23）與（4-24）二式，可知確定函數與隨機函數的全微分並不相同，後者因函數的變數是一種分配，故即使該分配的平均數為 0，但是其變異數卻不容被忽略。

根據（4-19）式，可得 $dS_t = \beta_1 S_t dt + \sigma S_t dW_t$，代入（4-24）內，整理後可得 [15]：

$$dG(S_t,t) = \left(\frac{\partial G}{\partial S_t}\beta_1 S_t + \frac{\partial G}{\partial t} + \frac{1}{2}\frac{\partial^2 G}{\partial S_t^2}\sigma^2 S_t^2\right)dt + \frac{\partial G}{\partial S_t}\sigma S_t dW_t \qquad （4-25）$$

（4-25）式就是 Itô's lemma 所描述的 $G(S_t, t)$ 與 S_t 的隨機過程。換句話說，根據（4-25）式，$G(S_t, t)$ 與 S_t 有一個共同的隨機來源，該來源是一個常態分配，其漂浮率為：

$$\left(\frac{\partial G}{\partial S_t}\beta_1 S_t + \frac{\partial G}{\partial t} + \frac{1}{2}\frac{\partial^2 G}{\partial S_t^2}\sigma^2 S_t^2\right)$$

---

[15] 將 $dS_t = \beta_1 S_t dt + \sigma S_t dW_t$ 代入（4-24）式可得：

$$dG(S_t,t) = \frac{\partial G}{\partial S_t}(\beta_1 S_t dt + \sigma S_t dW_t) + \frac{\partial G}{\partial t}dt + \frac{1}{2}\frac{\partial^2 G}{\partial S_t^2}\sigma^2 S_t^2 dt$$

可以注意的是 $\Delta \to 0$，$dt \to 0$，故 $dtdW_t = 0$ 與 $(dt)^2 = 0$。另外，因 ε_t 為標準常態分配的隨機變數，可知 $Var(\varepsilon_t) = E(\varepsilon_t^2) - E(\varepsilon_t) = E(\varepsilon_t^2) = 1$，故可知：

$$E[(dW_t)^2] = E[(\sqrt{dt}\varepsilon_t)^2] = dtE(\varepsilon_t^2) = dt$$

不過因 $Var[(dW_t)^2] = (dt)^2 Var(\varepsilon_t^2) \approx 0$，故 $E[(dW_t)^2] = (dW_t)^2 = dt$。將上式整理後即可得（4-25）式。

而波動率則為$\frac{\partial G}{\partial S_t}\sigma S_t$。

上述過程稍嫌抽象，不過只要檢視下列的例子，我們自然可以釋疑。假定$G(S_t, t) = \log S_t$以及使用（4-19）式，因

$$\frac{\partial G}{\partial S_t} = \frac{1}{S_t} \text{、} \frac{\partial^2 G}{\partial S_t^2} = -\frac{1}{S_t^2} \text{ 以及 } \frac{\partial G}{\partial t} = 0$$

代入（4-25）式後可得：

$$dG(S_t, t) = \frac{dS_t}{S_t} = \left(\beta_1 - \frac{1}{2}\sigma^2\right)dt + \sigma dW_t \tag{4-26}$$

對（4-26）式積分，可得：

$$\log S_T - \log S_0 = \left(\beta_1 - \frac{1}{2}\sigma^2\right)T + \sigma W_T \tag{4-27}$$

因此，(4-27) 式隱含著$\log S_T$是一個平均數與變異數分別為$\log S_0 + \left(\beta_1 - \frac{1}{2}\sigma^2\right)T$與$\sigma^2 T$的常態分配[16]。是故，比較（4-11）與（4-27）式（當然後者可再加入股利支付率），可知$\beta_1 = \mu$。

例 1 **Itô's lemma 應用於期貨（遠期）價格**

第 3 章我們曾強調期貨（遠期）價格應該也是屬於一種隨機過程，不過我們大多使用直覺的方式說明。於此我們也可以藉由 Itô's lemma 導出期貨（遠期）價格隨機過程。即若期貨合約標的資產為股票且於合約期間內並沒有發放股利，假定標的資產價格的變化可寫成$dS_t = \mu S_t dt + \sigma S_t dW_t$；另一方面，令$r$表示固定不變的無風險利率，則$t$期期貨價格可寫成：

$$F_t = S_t e^{r(T-t)}$$

---

[16] 可記得$W_T = \sqrt{T}\varepsilon_T$。

利用 Itô's lemma 以及上式，可得：

$$\frac{\partial F_t}{\partial S_t} = e^{r(T-t)} \, 、 \, \frac{\partial F_t}{\partial t} = -re^{r(T-t)} 以及 \frac{\partial^2 F_t}{\partial S_t^2} = 0$$

將上述微分結果以及 $dS_t = \mu S_t dt + \sigma S_t dW_t$ 代入（4-24）式內，可得：

$$dF_t = \left[e^{r(T-t)} \mu S_t - rS_t e^{r(T-t)} \right] dt + e^{r(T-t)} \sigma S_t dW_t$$

因 $F_t = S_t e^{r(T-t)}$，故上式可再寫成：

$$dF_t = (\mu - r)F_t dt + \sigma F_t dW_t$$

即期貨價格亦可寫成 GBM 的型式。可以注意的是，若 $\mu = r$，則期貨價格並無漂浮率。

例2　投資人的必要報酬率？

　　嚴格來說，假定 $q = 0$，比較（4-12）與（4-17）二式，可以發現當 $\beta_1 = \mu$ 時，二式仍有差異，究竟投資人的必要報酬率是 $\beta_1 = \mu$ 呢？還是 $\beta_1 = \mu - 0.5\sigma^2$？[17] 也就是說，我們利用模型 2 得到 β_1 的估計值內是否有包括 $0.5\sigma^2$？因為模型 2 是一個簡單的迴歸模型，我們自然無法由 β_1 的估計值再過濾出屬於 $0.5\sigma^2$ 的部分。不過，利用（4-17）與（4-11）二式，我們倒是可以再取得一些額外的資訊。首先，利用（4-17）式可得：

$$\beta_1 = \frac{1}{T} \log\left(\frac{S_T}{S_0} \right)$$

　　而且利用（4-8）式，β_1 亦可寫成 $\beta_1 = r(0, T)/T$，也就是說 β_1 竟然也是對數報酬率的平均數！因此若假定 β_1 是一個隨機變數而 S_T 屬於對數常態分配如

---

[17] 其實，於註 8 內我們已經知道 $\beta_1 = \mu$。

（4-11）式，則 β_1 豈不是一個平均數與變異數分別為 $\mu - 0.5\sigma^2$ 與 σ^2/T 的常態分配嗎？

若仍以臺股指數日收盤價（2000/1/4～2017/8/11）為例，利用模型 2 我們已經估計出 β_1 的估計值約為 3.276%，我們再進一步估計出 σ 值約為 22.03%（第 1.1 節的例 1），因此若將 β_1 與 σ 的估計值分別視為 μ 與 σ，圖 4-13 分別繪製出 1 年與 10 年的 β_1 機率分配。圖 4-13 繪製出二種可能：其一是以 $\mu - 0.5\sigma^2$ 為平均數如圖 (a) 與 (b)，另一則是以 μ 為平均數如圖 (c) 與 (d)。於圖內可以看出我們的無奈，因為有一大半的 β_1 值竟然為負值，顯示出投資人的必要報酬率估計的困難度 [18]，還好於後面的章節內我們不太需要估計投資人的必要報酬率。

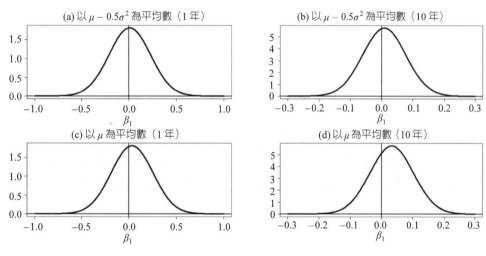

圖 4-13 β_1 的機率分配

例 3 **波動率的估計與其次數分配**

如前所述，資產價格隨機過程內波動率 σ 扮演著資產價格隨機性的擴散角色，即 σ 愈大（小），資產價格波動的幅度愈大（小）。通常我們是使用報酬率的標準差來估計 σ，不過因波動率一般是以年率計算，故按照資產價格為簡

---

[18] 當然，投資人的必要報酬率亦可以用其他方法如 CAPM 估計。

單隨機漫步過程的假定，用不同頻率估計出的波動率仍須進一步做修正。例如 1 年有 m 個交易日，若假定資產價格隨機過程為 GBM 如（4-19）式所示，則由日報酬率所計算出的波動率不是還要乘上 $m^{0.5}$ 嗎？

底下我們仍使用臺股指數日收盤價序列（2000/1/4～2017/8/11）的例子來說明如何估計波動率。假定 $m = 252$，我們不禁思考一個問題：於上述樣本期間內，曾經出現過的最高與最低波動率為何？於上述樣本期間內總共有 4,339 個日收盤價，我們以日對數報酬率取代日（簡單）報酬率，故總共有 4,338 個日報酬率。現在出現一個問題：我們究竟要用多大的樣本數來估計波動率，即若寫成 $T \cdot m$，則 $T = ?$ 我們當然無法回答此一問題，我們可以提供的是，找出所有的可能！因此，若 $T = 1$，此相當於利用 1 年的日報酬率資料來估計波動率，但是於整個樣本期間內，總共可有多少個以 m 個日報酬率資料所估計的波動率？我們的意思是指，若每隔 m 個日報酬率資料估計一次，則總共可有多少個波動率的估計值？讀者可想想看，若 $T = 0.5$，則可提供出多少個估計值？

圖 4-14 就是提供於 $T = 1$ 下所有估計值的次數分配圖（可參考所附的 R 指令）；換言之，我們總共有 4,338 個日報酬率資料，若每隔 252 個日報酬率資料估計一次波動率，則總共可有 4,087 個估計值。於上述的 4,087 個估計值內，最大值與最小值分別為 38.29% 與 9.532%；另外，第一個四分位數、中位數、平均數以及第三個四分位數分別為 14.03%、18.06%、20.48% 以及 25.66%。是

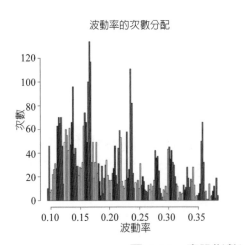
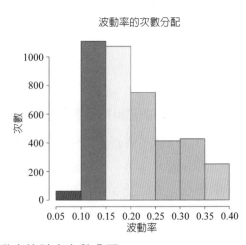

圖 4-14　臺股指數波動率估計之次數分配

故，於例 2 內所使用的波動率估計值（22.03%）只是屬於其中之一而已。

於圖 4-14 的左圖內，我們大致可看出波動率的估計值介於某小區間的次數，也許圖內是將區間的寬度分得太細了；也就是說，若將所有的波動率估計值分成 7 個小區間，則對應的次數分配圖如圖 4-14 的右圖所示，我們反而容易取得更多的資訊，即波動率的估計值介於 10% 與 20% 之間的可能性最大，其機率值約為 53%。

例 4

續例 3，假定臺股指數收盤價屬於 GBM 且 $\mu = 0.03$、$S_0 = 8756.5$ 點與 $q = 0$。我們考慮三種波動率的估計值，即 σ 值分別為 22.03%、38.29%（最大值）以及 9.532%（最小值），圖 4-15 分別繪製出日、週以及月收盤價之時間走勢。我們可以看出波動率愈小（大），其模擬的走勢愈平坦（不平坦）；雖說如此，我們應記得圖 4-15 只繪出其中一種可能值。

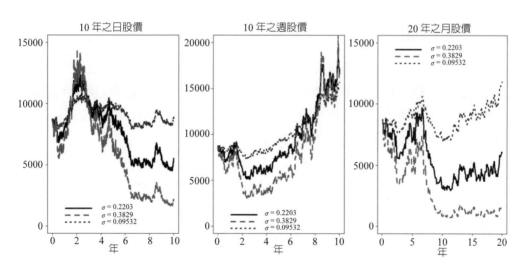

圖 4-15　於 GBM 與不同波動率之下，臺股指數日、週以及月收盤價的模擬走勢

2. 二項式模型的雛形

二項式模型是一種著名的選擇權定價方法，如前所述，利用二項式模型不

僅可以得到與 BS 相同的結果外，同時亦具有下列四個非常重要的特色，值得我們注意。四個特色分別為：

(1) 讓我們認清選擇權的定價是來自於無風險套利的本質。

(2) 二項式模型提供一個簡單評估選擇權的方法，該方法就是繪製所謂的二元樹狀圖（binomial trees diagram）。

(3) 若無其他的方法可以評估美式選擇權或其他複雜的衍生性商品，最起碼二項式模型可以提供一種評估方法。

(4) 於選擇權定價模型內有一個重要的性質是有關於「無風險評價（risk-neutral valuation）」模式，二項式模型提供一個簡單的方式讓我們了解該模式。

底下我們分成二節來介紹二項式模型以及上述的特色，本節先建立二項式模型的雛形，故可以視為一種了解二項式模型內涵的「預備工作」，而於第 3 節則介紹二項式模型與其應用。

2.1 二元樹狀圖

直覺而言，我們應該不容易了解選擇權理論價格的決定，因為要決定只擁有某商品部分權利的「公平價格」，我們仍欠缺可以思考的架構或模式，還好二項式模型及時補了此一缺口；換言之，若要了解選擇權如何定價，二項式模型反而提供了一種簡單且快速了解的模式。

其實二項式模型思考的模式是來自於二項式（機率）分配，而後者最簡單的例子，莫過於是擲一個公正銅板的情況。想像資產價格如股價每時點的變動是依投擲一個公正銅板的結果而定：即出現正面，股價會上升；出現反面，股價會下跌。既然只有二種結果且依銅板的結果而定，隱含著不同時點的價格之間並無關聯，故二項式模型背後有看到簡單隨機漫步過程的影子。我們先看一個簡單的例子。假定目前股價為 100 元，假定該股票目前並無發放股利的計畫。於下一期（$t = 1$）股價的變動只有二種可能，不是 140.7 元就是 83.3 元，二種可能的機率值皆為 0.5。換言之，按照二項式模型的假定，0 期與 1 期股價之間的關係可寫成：

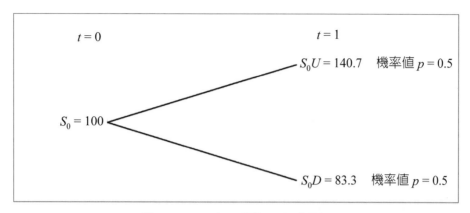

圖 4-16　只有 1 期的二項式股價

$$S_1 = \begin{cases} S_0U, & p \\ S_0D, & 1-p \end{cases} \qquad （4\text{-}28）$$

其中 U 與 D 分別表示向上因子（up factor）與向下因子（down factor）；另外，p 與 $1-p$ 分別表示向上與向下因子所對應的機率值。就上述簡單的例子而言，顯然期初股價爲 $S_0 = 100$，而 $U = 1.407$ 與 $D = 0.833$，因是公平的銅板，故 $p = 0.5$。可以參考圖 4-16，圖內顯示出二元樹狀圖的開頭。

雖說圖 4-16 內只有二種價格，不過只要 U 與 D 固定不變，我們不難想像多期之後，可出現有多種價格；例如：圖 4-17 繪製出上述簡單例子於 $t = 4$ 的樹狀圖，我們可以看出已有五種價格。因此，雖說單期價格的變動皆只有二種可能，不過，只要將整個期間分成 n 期，透過二元樹狀圖，就會有 $n + 1$ 種價格的結果。

若讀者熟悉二項式分配，自然可以看出圖 4-17 內 $t = 4$ 期股價的機率分配就是二項式分配[19]；不過，我們有興趣的卻是，股價從 $t = 0$ 至 $t = T$ 的走勢，可以參考圖 4-18。利用圖 4-17 的假定，圖 4-18 繪製出 $T = 5$ 的二元樹狀圖，我

---

[19] 即令 x 表示價格向上的次數，$x = 0,1,2,\cdots,n$，其中 n 表示實驗的總次數，則 x 爲二項式機率分配的隨機變數，其機率函數可寫成 $f(x) = \dfrac{n!}{x!(n-x)!}p^x(1-p)^{n-x}$，其中 p 表示價格向上的機率。例如出現 $S_0U^2D^2$ 的機率，是將 $n = x = 2$ 代入上述機率函數內，即可得出圖內的結果。

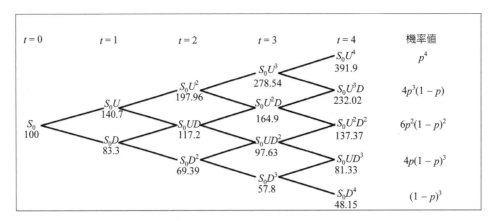

圖 4-17　t = 4 之二項式股價

們繪出其中二條股價的時間走勢圖，讀者亦可想像尚存在何種路徑？若再檢視圖 4-18，一個有意思的想法是，若單獨只看到圖內的一種股價的時間走勢，我們是否知道其實那只是二元樹狀圖內其中之一的走勢？或者說，按照二元樹狀圖，至 $t = T$ 時，S_T 的分配為何？

（4-28）式倒是提供回答上述想法的一個依據，也就是說，(4-28) 式可以重新寫成更一般化的方式，即；

$$S_t = \begin{cases} S_{t-1}U, & p \\ S_{t-1}D, & 1-p \end{cases} \tag{4-29}$$

按照（4-29）式，因 t 期的股價仍只受到 t − 1 期的股價的影響，故（4-29）式仍只是在描述於 S_{t-1} 為已知的前提下，S_t 卻「隨意亂走」，不過因只有二種選擇，故可將（4-29）式視為一種「二項式的隨機漫步過程」，因此圖 4-18 內的股價時間走勢，竟然也是一種屬於隨機漫步的實現值走勢。

（4-29）式所提供的資訊並不止於此，若對（4-29）式取對數值，我們不是可以得到 t 期股價的對數報酬率不是 U 就是 D 嗎？利用（4-7）、（4-8）以及（4-28）三式，我們自然可以發現第 0 期至第 T 期的對數報酬率，即 $r(0,T)$，亦可用 T 期的對數價格表示，即 $\log S_T = \log S_0 + r(0,T)$；換言之，我們欲檢視 S_T 的分配，利用 $\log S_T$ 分配來取代可能較為容易。可以參考圖 4-19。

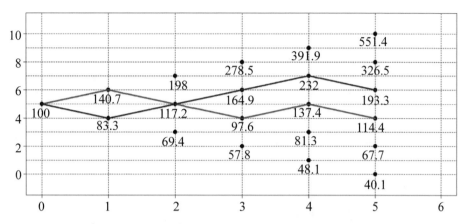

圖 4-18　續圖 4-17，$t = 5$ 之二項式股價走勢

　　圖 4-19 延續圖 4-17 內的假定，我們分別繪製出於 $t = T = n$ 的前提下，$\log S_T$ 的分配，其中 n 分別為 50、100、250 以及 500。我們的意思是指，我們應該不容易利用二元樹狀圖繪製出 $T = n$ 的情況，尤其是 n 值逐漸增大時，此時我們可以使用（4-29）式取代二元樹狀圖，只是（4-29）式所代表的是一種機率分配（二項式分配），我們如何取得 $\log S_T$ 的分配？我們可以透過蒙地卡羅模擬（Monte Carlo simulation）方法[20] 得出該分配，也就是說，我們如何得出圖 4-17 或 4-18 的結果？一種可以使用的方法是採取「抽出放回（with replacement）」的方式，即於 U 與 D 內以「抽出來後再回去」的方式抽出 U 或 D，隨著增加抽出放回的次數，U 或 D 出現的機率值不就會接近於 0.5 嗎？利用抽出放回搭配蒙地卡羅模擬方法，我們幾乎可以將二元樹狀圖內的所有結果皆找出來了。因此，圖 4-19 內的模擬次數（即抽出放回的次數）為 5,000 次，於圖內可以看出隨著 n 值的提高，$\log S_T$ 的分配竟逐漸接近於常態分配，圖內的實線就是對應的常態分配的 PDF。

　　因此，圖 4-19 內所隱含的意思竟是，股價若按照二項式模型的假定來變動，最終股價的分配會接近於對數常態分配！既然如此，我們不是可以按照（4-20）式設計出一種二元樹狀圖嗎？也就是說，透過 U 與 D 的設計，我們是有辦法得出與（4-20）式一致的二元樹狀圖，即將（4-29）式內的 U 與 D

---

[20] 於後面章節內我們會再使用蒙地卡羅模擬方法，該方法其實是根源於統計學內的大數法則原理或中央極限定理，可參考《財數》。

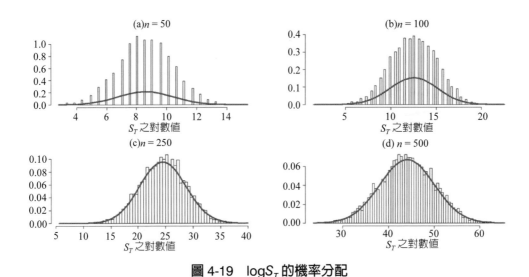

圖 4-19　$\log S_T$ 的機率分配

改成：

$$S_t = \begin{cases} S_{t-1}e^{\mu\Delta t + \sigma\sqrt{\Delta t}}, & p \\ S_{t-1}e^{\mu\Delta t - \sigma\sqrt{\Delta t}}, & 1-p \end{cases} \quad (4\text{-}30)$$

換言之，利用（4-30）式可得：

$$r_t = \log(S_t / S_{t-1}) = \begin{cases} \mu\Delta t + \sigma\sqrt{\Delta t}, & p \\ \mu\Delta t - \sigma\sqrt{\Delta t}, & 1-p \end{cases} \quad (4\text{-}31)$$

故（4-31）式只是將（4-30）式內的股價改成用對數報酬率表示而已。利用（4-31）式且令 $p = 1/2$，我們可以進一步計算 r_t 的期望值與變異數分別為：

$$E(r_t) = (\mu\Delta t + \sigma\sqrt{\Delta t})(1/2) + (\mu\Delta t - \sigma\sqrt{\Delta t})(1/2) = \mu\Delta t$$

與

$$Var(r_t) = (\sigma\sqrt{\Delta t})^2(1/2) + (-\sigma\sqrt{\Delta t})^2(1/2) = \sigma^2\Delta t$$

結果我們發現因 r_t 有可能遭受 $\sigma\sqrt{\Delta t}$ 或 $-\sigma\sqrt{\Delta t}$ 的衝擊，故稱 r_t 的期望值即 $\mu\Delta t$ 為漂浮率，當然 σ 會主導衝擊的幅度，故稱為波動率。

利用前述臺股指數（2000/1/4～2017/8/11）的資料以及（4-30）式，即令 $S_0 = 8756.5$、$\mu = 0.03$、$\sigma = 0.2203$ 以及 $T = 1 = n\Delta t$，圖 4-20 繪製出於上述假定的前提下，$\log S_T$ 的分配。類似於圖 4-19，於圖 4-20 內，亦可發現隨著 n 值的逐漸提高，$\log S_T$ 的分配最後竟然屬於平均數與變異數分別為 $\log S_0 + \mu T$ 與 $\sigma^2 T$ 常態分配。讀者亦可計算當 $n = 250$ 或 500 時，$\log S_T$ 分配的期望值與變異數是否與期初的預設值一致。

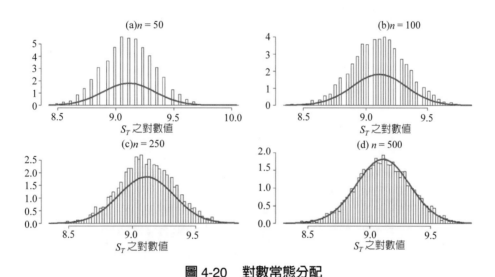

圖 4-20　對數常態分配

例 1

利用圖 4-20 內的假定，我們可以繪製出 $n = 5$ 的二元樹狀圖如圖 4-21 所示。假定我們想要計算 $S_0 U^2 D$ 與 $S_0 U D^3$ 的位置（如圖 4-17 所示），不過按照（4-30）式，此時因：

$$U = \mu\Delta t + \sigma\sqrt{\Delta t}$$

與

$$D = \mu \Delta t - \sigma \sqrt{\Delta t}$$

以及

$$S_1 = \begin{cases} S_0 e^U \\ S_0 e^D \end{cases} \Rightarrow S_2 = \begin{cases} S_1 e^U = \begin{cases} S_0 e^U e^U = S_0 e^{2U} \\ S_0 e^D e^U = S_0 e^{D+U} \end{cases} \Rightarrow S_3 = \begin{cases} S_2 e^U \cdots \\ S_2 e^D \end{cases} \\ S_1 e^D = \begin{cases} S_0 e^U e^D = S_0 e^{U+D} \\ S_0 e^D e^D = S_0 e^{2D} \end{cases} \end{cases}$$

故要計算如圖 4-17 內 $S_0 U^2 D$ 的位置，相當於圖 4-21 內欲計算 $S_0 e^{2U+D}$ 的位置，故約可得 9,838.7；同理，欲計算圖 4-17 內 $S_0 U D^3$ 的位置，則相當於圖 4-21 內欲計算 $S_0 e^{U+3D}$ 的位置，後者則約為 7,365.2。其餘可類推。

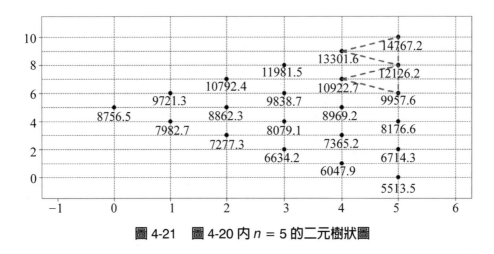

圖 4-21　圖 4-20 內 $n = 5$ 的二元樹狀圖

例 2　CRR 方法

二項式模型又可稱為 CRR 模型[21]。按照 CRR 方法，(4-30) 式可以改寫成：

---

[21] Cox, J.S., Ross and M. Rubinstein (1979), "Option pricing: a simplified approach." *Journal of Financial Economics* 7, 229-264.

$$S_t = \begin{cases} S_{t-1}e^{\sigma\sqrt{\Delta t}}, & p = 0.5 + 0.5(\mu/\sigma)\sqrt{\Delta t} \\ S_{t-1}e^{\sigma\sqrt{\Delta t}}, & 1-p = 0.5 - 0.5(\mu/\sigma)\sqrt{\Delta t} \end{cases} \quad (4\text{-}32)$$

其實（4-30）與（4-32）二式的設定方式差距不大，我們以圖 4-20 的圖 (d) 內的假定說明。若使用 CRR 方法，即使用（4-32）式，可計算出 p 值約為 0.503。若模擬次數仍為 5,000 次，可繪製出 $\log S_T$ 的分配如圖 4-22 所示，我們可以看出該分配接近於平均數與變異數分別為 $\log S_0 + UT$ 與 σ^2 的常態分配，可以參考所附的 R 指令。

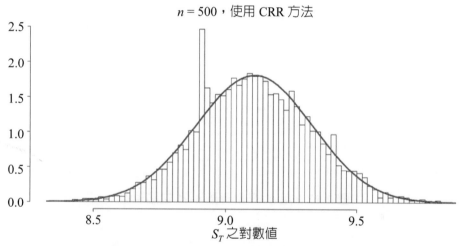

圖 4-22　使用 CRR 方法模擬出 logS_T 的分配

例 3

　　直覺來講，若仔細思索二元樹狀圖如圖 4-21 右上角之三角形，於 $t = 4$ 股價若為 13,301.6，按照假定，$t = 4$ 期的股價各有 0.5 的可能性為 14,767.2 或為 12,126.2，因此於 $t = 4$ 時，$t = 5$ 期股價的預期值（即期望值）不就是 13,446.7（$0.5 \times 14767.2 + 0.5 \times 12126.2$）嗎？若將該預期值以 $e^{-\mu\Delta t}$ 計算貼現值不就會回到 $t = 4$ 股價為 13,301.6 嗎？結果竟然不是，反而是 13,366.2 如圖 4-23 內所示。同理，$t = 4$ 期股價若為 10,922.7（圖 4-21），$t = 5$ 期股價的預期值則為 11,041.85 而其貼現值卻為 10,975.8（圖 4-23）而不是 10,922.7；因此，圖 4-23

內的每期股價（$t = 5$ 期股價除外）相當於計算圖 4-21 每期股價預期值的現值，讀者自然可以嘗試計算出圖 4-23 內其餘的股價。最後，我們仍要提醒讀者注意的是圖 4-21 與 4-23 的結果並不一致，正確的話，二圖的結果應是一樣的。

二元樹狀圖的涵義為 $t + 1$ 期的股價是由 t 期的股價所衍生，而上述的直覺想法卻是「反其道而行」，即 t 期的股價可否由 $t + 1$ 期的股價「還原」？圖 4-23 的結果提醒我們上述的直覺想法仍欠缺思考一個關鍵因素，於下一節內，它竟然告訴我們該關鍵因素就是忽略無風險套利因素！

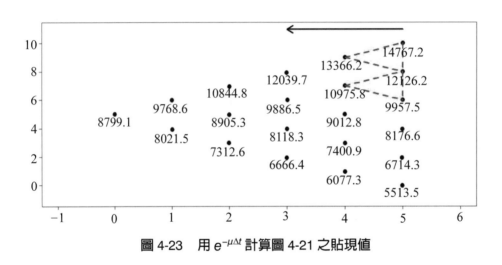

圖 4-23　用 $e^{-\mu\Delta t}$ 計算圖 4-21 之貼現值

2.2 選擇權定價

為什麼我們要思考圖 4-23？也就是說，為何我們要將圖 4-21 的股價「往前還原」？原來二項式模型可以用來決定選擇權的價格，其原理就是從「到期日可以往前還原」價格！我們先考慮一個單期為 1 年而履約價為 9,100 的歐式買權的簡單例子。我們假想該買權是以臺股指數為標的資產，仍延續圖 4-21 內的假定，即 $S_0 = 8756.5$、$\mu = 0.03$ 與 $\sigma = 0.2203$；其次，將向上與向下因子分別改寫成：

$$U = e^{\mu\Delta t + \sigma\sqrt{\Delta t}} \ 與 \ D = e^{\mu\Delta t - \sigma\sqrt{\Delta t}} \qquad （4-33）$$

利用上述假定以及（4-33）式（因只考慮單期，故 $\Delta t = 1$），可得 U 與 D 分別約為 1.2844 與 0.8267。是故，按照二元樹狀圖，我們可以得到於 $t = 1$ 期的二種狀態下，標的資產價格分別約為 11,247.01 與 7,239.14，而分別以 S_1^U 與 S_1^D 表示。該簡單的單期二元樹狀圖繪製如圖 4-24 所示。

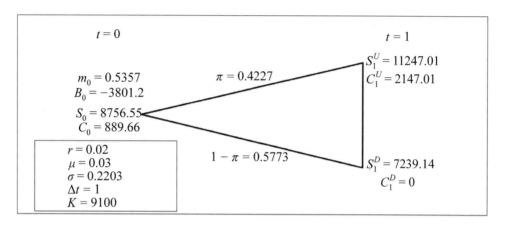

圖 4-24　1 期買權的定價

於圖 4-24 內，我們發現存在一種「虛構的」機率 π，其可寫成：

$$\pi = \frac{e^{r\Delta t} - D}{U - D} \tag{4-34}$$

其中 r 表示無風險連續利率，而 $D < r < U$[22]。若假定 $r = 0.02$，則可得 π 值約為 0.4227。為何我們要計算虛構的機率 π 值，因為按照圖 4-24，若以此虛構的機率 π 值計算 S_1 的期望值，然後再計算該期望值的現值，結果竟可還原至 S_0，即：

$$
\begin{aligned}
E^\pi(S_1)e^{-r\Delta t} &= [\pi S_1^U + (1-\pi)S_1^D]e^{-r\Delta t} \\
&= [0.4227(11247.01) + (0.5773)(7239.14)]e^{-0.02} \\
&= 8756.55
\end{aligned}
$$

---

[22] $D < r < U$ 隱含著股票資產的報酬未必優於無風險資產的報酬；相反地，無風險資產的報酬也未必優於股票資產的報酬。

其中 $E^\pi(S_1)$ 表示用虛構的 π 值來計算 S_1 的期望值。換言之，若履約價為 $K = 9100$，按照圖 4-24，則到期買權的價值分別可為：

$$c_1^U = \max(S_1^U - K, 0) = \max(11247.01 - 9100, 0) = 2147.01$$

與

$$c_1^D = \max(S_1^D - K, 0) = \max(7239.14 - 9100, 0) = 0$$

既然 $E^\pi(S_1)$ 可貼現還原為 S_0，同理我們亦可將 c_1 的期望值貼現而得 c_0，c_0 即為此簡單買權於第 0 期的價格；換言之，我們可以得到該買權的市價為：

$$c_0 = E^\pi(c_1)e^{-r\Delta t} = [\pi c_1^U + (1-\pi)c_1^D]e^{-r\Delta t}$$
$$= [0.4227(2147.01) + (0.5773)(0)]e^{-0.02} = 889.66$$

是故按照上述的計算過程，我們可以重新檢視圖 4-23 的情況。此相當將前述 1 年期（履約價為 9,100）的買權分成 6 個時期來看，即 $\Delta t = 1/5$，我們可以計算出每時期標的資產價格與對應的買權價格，該結果就如圖 4-25 所示，可以注意的是，圖內的 π 值約為 0.4653。讀者可以嘗試計算每時點的結果。

圖 4-25 的結果是有意義的，因為它竟然可以將圖 4-21 的結果「還原」；換言之，後者是標的資產價格按照二項式模型的假定隨時間變化，結果前者竟然可以將其「向前還原」！我們發現能夠「向前還原」的關鍵，是虛構的機率值 π 與無風險利率 r 的使用；也就是說，我們是以 r 計算未來價格預期值的貼現值，當然該預期值是根據 π 所計算而得。因此，若 π 值的確存在，我們欲計算買權的價格，我們反而不需要 μ 值的使用或估計（μ 為投資人的必要報酬率），怪不得 CRR 方法如（4-32）式的使用，根本就不考慮 μ 值！

為何上述虛構的機率 π 值具有如此神奇的功能？我們發現其竟然與複製的買權資產組合有關，我們再回到圖 4-24 的情況。考慮一個複製買權的資產組合的期初值為 V_0，該資產組合是由標的資產與無風險資產所構成，後二者的數量分別為 m_0 與 B_0，故可寫成：

$$V_0 = m_0 S_0 + B_0 \tag{4-35}$$

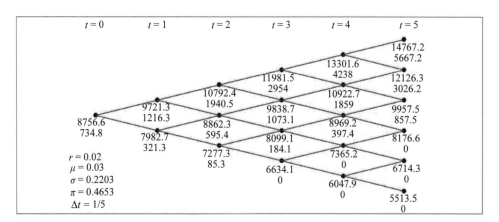

圖 4-25　$S_0 = 8756.5$、$K = 9100$、$r = 0.02$、$\mu = 0.03$、$\sigma = 0.2203$、$\pi = 0.4653$
與 $\Delta t = 1/5$ 的買權價格

我們稱 V_0 能複製買權，其關鍵點就在於 m_0 與 B_0 數量的調整。就圖 4-24 內的
資訊而言，我們發現於 $t = 1$ 期時，V_0 亦有二種可能的結果，即 V_1^U 與 V_1^D；另
一方面，若調整 m_0 與 B_0 的數量使得 $V_1 = c_1$，則 V_0 不就是 c_0 嗎？換句話說，
$V_1 = c_1$ 可寫成：

$$\begin{cases} m_0 S_1^U + B_0 e^{r\Delta t} = c_1^U \\ m_0 S_1^D + B_0 e^{r\Delta t} = c_1^D \end{cases} \tag{4-36}$$

解（4-36）式，可得：

$$m_0 = \frac{c_1^U - c_1^D}{S_1^U - S_1^D} \text{ 與 } B_0 = \frac{S_1^U c_1^D - S_1^D c_1^U}{e^{r\Delta t}(S_1^U - S_1^D)} \tag{4-37}$$

因此透過（4-37）式可知，利用 $t = 1$ 期的買權價格與標的資產價格可決
定出 m_0 與 B_0 值，從而可決定出 V_0 值，故我們可以進一步利用（4-37）式導
出虛構的機率值 π，即（4-34）式。也就是說，因

$$V_0 = m_0 S_0 + B_0 = e^{-r\Delta t} E^\pi(c_1) = e^{-r\Delta t}(\pi c_1^U + (1-\pi)c_1^D)$$

整理後可得出 π 值（可以參考附錄 1）。是故，我們是利用 m_0 與 B_0 值間接計

算出 π 值。上述的結果是有意義的，既然 V_0 的資產組合可以複製出買權而且是無風險的（此處風險只有標的資產價格不是上升就是下降二種，而該資產組合所考慮的就是上述二種風險，故 V_0 是屬於一種無風險組合），故 V_0 亦可以賺取無風險報酬，即 V_0 單期的報酬不就是 $V_0 e^{r\Delta t}$ 嗎？因此 $V_0 e^{r\Delta t}$ 的貼現值就是 V_0！此可以解釋為何我們是使用 $e^{-r\Delta t}$ 而不是使用 $e^{-\mu\Delta t}$ 計算貼現值。

若仍以圖 4-24 內的資訊為例，可得 m_0 與 B_0 分別約為 0.5357 與 -3,801.2，代入（4-35）式內，可得 V_0 = 889.6。因此，我們說資產組合 V_0 可以複製出買權 c_0，因為 V_0 與 c_0 值竟然相等；換言之，投資人可以 889.66 元買入 0.5357 的臺股指數（價格為 S_0 = 8756.5），其餘不足的部分則以借入 3,801.2 元的資金彌補，沒想到此種行為相當於買進一種 1 年期履約價為 9,100 的歐式買權！因此，使用二項式模型不僅可以用於決定買權的價格，同時竟也可以看出該買權的複製品，而該複製品的成分是由部分的標的資產與無風險資產所構成。

其實使用二項式模型的優點尚不止於此，若再細看二項式模型的二元樹狀圖如圖 4-25 與 4-26 所示，我們發現投資人以複製的資產組合 V_0 購買一個買權 c_0，於第 0 期至第 T 期（到期日）期間之間，竟然存在一種動態的自我融通（dynamic self-financing）調整過程；也就是說，若將圖 4-25 內的每時點以一個小三角形表示，則該小三角形不就像圖 4-24 嗎？換言之，我們可以計算圖 4-25 內的每時點的 m_t 與 B_t，其結果就是圖 4-26。

圖 4-26 內的各點結果是利用（4-37）式計算而得，例如點 $S_0 D$（可以參考圖 4-17）內 m_t 與 B_t 值是透過點 $S_0 UD$、$S_0 D^2$ 與 $S_0 D$ 所圍成的小三角形所計算而得；同理，點 $S_0 U^4$ 內 m_t 與 B_t 值則是透過點 $S_0 U^4 D$、$S_0 U^5$ 與 $S_0 U^4$ 所圍成的小三角形所計算而得。其餘各點的計算可類推。我們可以比較每時點內 m_t 與 B_t 值的變化，就可以得到一個重要的結果：投資人的投資組合若是以複製衍生性商品為標的，隨著時間經過衍生性商品的價格會改變（即標的資產價格有改變），則該投資人的投資組合成分比重也要隨之改變，因此投資人需要隨時調整其投資比重，此就是所謂的動態調整。圖 4-26 內各點的比較，就可知道動態調整的必須性，即若沒有進行動態調整，投資人如何能達成複製衍生性商品的目的？

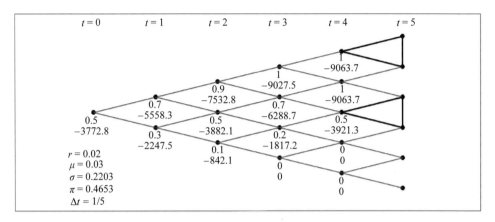

圖 4-26　圖 4-25 內每時點之 m_t 與 B_t

賣權價格的決定

前述利用二項式模型來決定歐式買權價格的過程，亦可以適用於歐式賣權價格的決定。我們先考慮一個簡單歐式賣權的例子。假定 $S_0 = K = 100$、$\Delta t = 1/2$、$U = 1.1752$、$D = 0.8857$ 以及 $r = 0.0598$，則該歐式賣權的二元樹狀圖繪製如圖 4-27 所示。利用（4-34）式可計算 π 值為：

$$\pi = \frac{e^{r\Delta t} - D}{U - D} = \frac{e^{0.0598(1/2)} - 0.8857}{1.1752 - 0.8857} = 0.4998$$

我們可以進一步計算該賣權於到期的價值，即 $p_2 = \max(K - S_2, 0)$；例如：

$$p_2^{UD} = \max(K - S_2^{UD}, 0) = \max(K - S_0 UD, 0) = \max(100 - 104.0875, 0) = 0$$

其餘可類推。讀者可以利用所估計的 π 值練習如何將 S_2 與 p_2 反推至 S_0 與 p_0。是故，從圖內可看出該賣權於 0 期的價格約為 5.0786。

同理，利用（4-35）～（4-37）式，我們亦可以計算出每時點所對應的 m_t 與 B_t 值，於圖內可看出放空（部分）現貨而將所得的資金投資於無風險性資產的投資組合可以複製一個賣權。

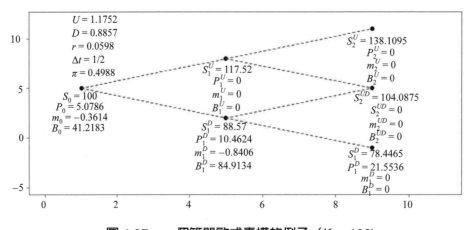

圖 4-27　一個簡單歐式賣權的例子（$K = 100$）

例2 **Delta 避險**

若我們重新檢視（4-37）式，可發現 m_0 竟然就是一個斜率值；也就是說，寫成較一般的形式可爲：

$$m_t = \frac{\Delta c_t}{\Delta S_t} \to \frac{\partial c_t}{\partial S_t}$$

換言之，若參考圖 4-28 的右圖，自然可以發現 m_t 就是買權價格 c_t 曲線上一點的斜率值。圖 4-28 是按照 BS 公式（$K = 9200$、$r = 0.02$、$q = 0$、$\sigma = 0.25$ 以及 $T = 1$）所繪製而成，其中 c_t 曲線上每點表示不同的現貨價格 S_t 所對應的買權價格。於第 5 章內，我們會證明 $\partial c_t / \partial S_t = N(d_1)$，其中 N(·) 表示標準常態分配的 CDF；因此，$m_t = N(d_1)$，隱含著不同的 S_t 所對應 m_t 並不相同，圖 4-28 的左圖，則繪製出 $m_t = N(d_1)$ 曲線的形狀。

我們可以舉一個例子說明。假定 $S_t = 9200$，我們可以計算 m_t 值約爲 0.5812，若按照上述斜率值的意義，相當於計算右圖內 A 點切線的斜率，故可解釋成：於其他情況不變下，現貨價格（平均）上升 1（點），估計買權價格約會（平均）上升 0.5812（點）；換言之，我們是使用 A 點切線的斜率值取代 A 點的斜率值，故 m_t 值相當於提供「一次式直線」的估計值。雖說我們從（4-35）～（4-37）式可以知道 m_t 值亦表示複製買權的資產組合內現貨資產的投資

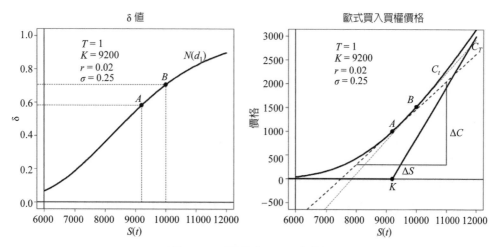

圖 4-28　買權之 Delta 避險

份額，不過顯然用斜率值來解釋 m_t 值反而更有更深入一層的涵義，因為它亦可以表示買權賣方的 Delta 避險比率。

　　想像買權的賣方手中並沒有現貨資產，則買權賣方的風險不就是與現貨資產的價格呈正向的關係嗎（即現貨價格愈高，買權賣方的風險愈大）？當然，買權的賣方也未必立即購買全部的現貨資產，反而 m_t 值提供了一個估計值，即只買 58.12% 的現貨資產；不過，若 $S_t = 10000$，m_t 值約為 0.705，故買權賣方擁有現貨資產的比重亦須拉高至 70.5%，可參考圖 4-28 內的 B 點。因此，左圖內 $N(d_1)$ 曲線每點除了表示複製買權的資產組合內現貨資產的投資份額外，亦可表示買權賣方的 Delta 避險比率。

3. 二項式模型與其應用

　　前一節我們使用一些數值的例子簡單介紹二項式模型的架構，其中至少有五點值得我們注意：

(1) 就圖 4-24 的例子而言，真實的機率並未扮演著重要的角色；也就是說，即使樂觀的投資人預期有 90% 而悲觀的投資人預期只有 10% 的可能性，股價指數會從 8,756.55 點上升至 11,247.01 點，上述二種投資人大概皆能接受

買權的價格爲 889.664 點的事實。換言之，只要上述投資人皆能接受股價指數不是從 8,756.55 點上升至 11,247.01 點，就是下跌至 7,239.137 點，則利用（4-35）～（4-37）式所得到複製的資產組合 V_0 是與眞實的機率無關。

(2) 就二項式模型而言，它的確是一種「有效的」定價模型；也就是說，敏感的讀者也許會有一個疑問：爲何股價不是上升就是下跌二項？而不是三項或 n 項變動？其實（4-35）～（4-37）式已經幫我們解答了，股價不是上升就是下跌，故我們要複製出買權的價格只需要二種資產：無風險資產與標的資產；換言之，若二項式模型已經可以用於決定選擇權的價格，那爲何需要 n 項式模型？何況後者不是需要額外再考慮 $n-1$ 種資產嗎？我們如何找出額外的 $n-1$ 種資產？

(3) 直覺而言，我們有興趣的重心大多集中於風險性資產上，反倒是對無風險性資產較少關注；不過，二項式模型倒是提醒我們可以注意無風險性資產所扮演的角色，即若是要複製出買權或賣權的資產組合，無風險性資產竟然也是該組合內的構成分子之一種選項。

(4) 其實圖 4-24 內還有一個涵義，就是我們是使用「逆推法（backward induction）」，即從到期日反向往回推至期初；換言之，就選擇權合約而言，我們當然可以知道到期時合約的價值，故二項式模型的逆推法反倒是提供一種方式，使得我們可以觀察到這些合約於不同時間的價位。

(5) 既然樂觀與悲觀的投資人皆能接受（4-35）～（4-37）式，則 π 不就是可以稱爲風險中立的機率嗎？也就是說，π 並不是眞實的機率值，而是一種「仿傚」眞實機率型態的估計值。換句話說，π 除了具有 $0 \le \pi \le 1$ 以及 $\sum \pi = 1$ 的性質外，我們以 $E^\pi(S_t)$ 取代 $E(S_t)$，就是強調前者以 π 而後者以眞實機率來計算期望值。我們於前一節內，的確可以看出 π 於二項式模型內扮演著一個重要的角色。

　了解二項式模型的基本架構後，我們就可以進一步來看二項式模型，此可以分成二部分：其一是等值平賭測度（equivalent martingale measure），另一則是二項式模型的應用。

3.1 等值平賭測度

第 2 節內最吸引人或最神奇的概念就是虛構的機率值 π，如前所述，π 亦稱風險中立機率；不過，使用後者的名稱，容易讓人誤聯想到投資人是屬於風險中立的偏好。事實上，為了與等值平賭測度觀念一致，π 可稱為等值平賭機率。

等值平賭測度有牽涉到「平賭（martingale）」的觀念，後者通常是指一種「公平的賭博（fair gamble）」，而我們如何認定一場公平的賭博呢？竟然是未來的預期價格恆等於目前的價格！換句話說，若投資人認為買賣股票是一種公平的遊戲，就是認為股價過程屬於一種平賭隨機過程，該過程隱含著未來的股價之不可預測，故未來股價的預期價格會等於目前的價格。因此，平賭隨機過程我們根本不會太陌生，因為不含常數項（即無漂浮項）的隨機漫步過程或是維納過程就是一種平賭隨機過程；但是，GWP 與 GBM 卻不是，因後二者的漂浮率（項）不為 0，隱含二過程內含有可以預期的確定趨勢，故 GWP 與 GBM 的未來走勢，並非完全不可預期，二者並不屬於平賭隨機過程。

如此來看，前一節所描述的二項式選擇權定價方法內應該有牽涉到一種轉換過程，該過程就是將不屬於平賭隨機過程轉換成平賭隨機過程，結果我們看到的竟然是將實際的機率值 p 轉成虛構的 π，而利用後者所計算的未來價格預期值現值竟會等於目前的價格。因此，我們將上述轉換過程稱為等值平賭測度過程[23]。事實上，於（4-35）～（4-37）式與本章的附錄內，我們有注意到為了得到 π 值，基本上有牽涉到無風險套利過程；因此，於二項式模型內，我們是藉由無風險套利過程取代上述的轉換過程，結果二者竟然完全相同。換言之，等值平賭測度過程亦可以利用套利理論（arbitrage theorem）達成。

何謂套利理論？我們竟然也可以用套利理論來幫我們決定衍生性商品的價格！直覺而言，套利理論相當於在說明不存在套利的機會或空間，而後者竟然是：「我們沒辦法無中生有」或是「天下沒有免費（白吃）的午餐（There is no such a thing as a free lunch）」，是故套利理論亦可以用無法套利的準則表

---

[23] 我們可以使用 Girsanov 定理進行轉換，可以上網查詢或參考 Neftci, S.N. (2000), *An Introduction to the Mathematics of Financial Derivatives*, 2nd, Academic Press.

示。因此，於一定的假定下 [24]，無法套利的準則可以為：

定理 1：無法套利的準則

二種資產組合的價值（價格）若於 T 期相等，則 t 期二種資產組合的價值（價格）亦會相同，其中 $t \le T$。（定理 1 的證明可參考例 1）

利用定理 1，於（4-35）～（4-37）式內，自然可以得到 $V_1 = C_1 \Rightarrow V_1 = C_0$。接下來，我們來看如何利用定理 1 得出 π 值。若再檢視圖 4-24 內的資訊，可以發現事實上我們總共考慮三種資產，即標的資產、無風險性資產以及買權，三種資產的價格分別為：

$$A_0 = \begin{bmatrix} P_0^B \\ S_0 \\ c_0 \end{bmatrix} \text{與} \quad A_1 = \begin{bmatrix} e^{r\Delta t} P_0^B & e^{r\Delta t} P_0^B \\ S_1^U & S_1^D \\ c_1^U & c_1^D \end{bmatrix} \tag{4-38}$$

其中 A_0 是將上述三種資產價格以向量（矩陣）的型態表示，P_0^B 表示第 0 期無風險性資產價格。由於第 1 期價格不是上升就是下降二種狀態，即標的資產價格與買權價格分別有 S_1^U 與 S_1^D 以及 c_1^U 與 c_1^D 二種結果，故 A_1 變成一個 3×2 的矩陣；另一方面，因具有無風險的性質，不管出現何種狀態，無風險資產皆能賺取固定的報酬率 r，其中 r 表示無風險利率（以連續型式表示）。為了分析方便，我們假定 $P_0^B = 1$。

等值平賭測度過程強調未來（即 1 期）與目前（即 0 期）存在一定的關係，故（4-38）式可再寫成：

$$\begin{bmatrix} 1 \\ S_0 \\ c_0 \end{bmatrix} = \begin{bmatrix} e^{r\Delta t} & e^{r\Delta t} \\ S_1^U & S_1^D \\ c_1^U & c_1^D \end{bmatrix} \begin{bmatrix} \pi_1 \\ \pi_2 \end{bmatrix} \Rightarrow \begin{cases} 1 = e^{r\Delta t}\pi_1 + e^{r\Delta t}\pi_2 \\ S_0 = S_1^U\pi_1 + S_1^D\pi_2 \\ c_0 = c_1^U\pi_1 + c_1^D\pi_2 \end{cases} \tag{4-39}$$

---

[24] 證券市場無法套利的假定可以為：(1) 套利是不可能的，(2) 交易成本、租稅以及賣空的限制並不存在，(3) 可用無風險利率借貸，(4) 所有的證券可以無限地分割。

其中 π_1 與 π_2 分別爲正數值的常數。利用 $S_1^U = S_0 U$、$S_1^D = S_0 D$、$c_1^U = c_0 U$ 以及 $c_1^D = c_0 D$ 的關係（圖 4-24），(4-39) 式可以改寫成：

$$\begin{cases} 1 = \widetilde{p}_1 + \widetilde{p}_2 \\ e^{r\Delta t} = U\widetilde{p}_1 + D\widetilde{p}_2 \\ e^{r\Delta t} = U\widetilde{p}_1 + D\widetilde{p}_2 \end{cases} \qquad （4\text{-}40）$$

其中 $\widetilde{p}_1 = e^{r\Delta t}\pi_1$ 與 $\widetilde{p}_2 = e^{r\Delta t}\pi_2$。求解（4-40）式，可得：

$$\widetilde{p}_1 = \frac{e^{r\Delta t} - D}{U - D}$$

因此 $\widetilde{p}_1 = \pi$。因於前一節內，我們已經利用複製買權的方式得出 π 值，故（4-38）～（4-40）式豈不是說明於無風險套利下，存在一種等值平賭測度嗎？因此，π 亦可稱爲等值平賭機率。

了解等值平賭測度的存在與意義後，我們可以正式介紹平賭定價法或稱爲風險中立評價法。延續（4-35）～（4-37）式，我們可以將 t 期的買權價格 c_t 寫成一般化的形式，即：

$$c_t = e^{-r\Delta t}[\pi c_{t+\Delta t}^U + (1-\pi)c_{t+\Delta t}^D] \qquad （4\text{-}41）$$

其中我們以連續的無風險利率 r 計算貼現值，$c_{t+\Delta t}^U$ 與 $c_{t+\Delta t}^D$ 分別表示第 $t + \Delta t$ 期上升與下降後的買權價格，而 π 與 $1 - \pi$ 則表示所對應的等值平賭機率。是故，(4-41) 式描述了平賭定價法的過程：選擇權的價格可以由未來選擇權價格預期值的現值表示，其中該預期值是利用等值平賭機率計算而得。

嚴格來說，(4-41) 式的形式仍不符合平賭過程的定義（可以參考例 2），即我們如何知道買權的價格是屬於一種平賭過程呢？雖然我們不知買權的絕對價格是否屬於一種平賭過程，但是（4-41）式卻告訴我們買權的相對價格卻是屬於一種平賭過程，其中的關鍵是 $e^{r\Delta t}$ 的使用。也就是說，$e^{r\Delta t}$ 存在有「複利」的考慮因素，即 $e^{r(t+\Delta t)} = e^{rt}e^{r\Delta t} \Rightarrow e^{r\Delta t} = e^{r(t+\Delta t)}/e^{rt}$。將上述結果代入（4-41）式，可得：

$$\frac{c_t}{M_t} = \frac{1}{M_{t+\Delta t}}[\pi c_{t+\Delta t}^U + (1-\pi)c_{t+\Delta t}^D] = \pi \frac{c_{t+\Delta t}^U}{M_{t+\Delta t}} + (1-\pi)\frac{c_{t+\Delta t}^D}{M_{t+\Delta t}} \quad （4\text{-}42）$$

其中 $M_t = e^{rt}$ 而 $M_{t+\Delta t} = e^{r(t+\Delta t)}$。(4-42) 式可再改寫成一般的形式，即：

$$\frac{c_t}{M_t} = E_t^\pi\left[\frac{c_{t+1}}{M_{t+1}}\right] \quad （4\text{-}43）$$

其中 $E_t^\pi(\cdot)$ 表示利用蒐集至 t 期的資訊對未來（買權）價格的預期值，當然該預期值是利用等值平賭機率計算而得。於財務理論內，通常我們會將資產價格以另外一種資產價格表示，故資產價格有些時候會用相對價格的形式表示，我們就將該轉換過程稱爲規格化（normalization）。因此，(4-43) 式的涵義是買權的規格化價格（即買權的價格用債券或貨幣市場帳戶表示[25]）屬於一種平賭的過程；沒想到，利用此種關係，竟可以用於決定出買權的價格！

綜合以上所述，二項式模型可解釋成：於無法套利的前提下（利用資產市場以及債券市場（或貨幣市場）），存在（唯一）一種等值平賭機率，利用該機率我們可以發現規格化的資產價格是屬於一種平賭過程。

例 1

我們嘗試證明定理 1。想像 I 與 J 是二個資產組合，其中 $V(I, T) = V(J, T)$ 表示於第 T 期時 I 與 J 的價值相等。假定於第 t 期時（$t < T$），若 $V(I, t) < V(J, t)$，則投資人可以執行一個新的投資策略，即買 I 而賣 J 並將差額 $D(t) = V(J, t) - V(I, t)$ 投資於無風險資產上，後者有 r 的報酬率。是故於第 t 期時，投資人新的投資組合的價值爲：

$$V(I, t) - V(J, t) + D(t) = 0$$

顯然該投資人於第 t 期時並不需要有額外的資本支出。不過於第 T 期時，該投資人卻有 $V(I, T) - V(J, T) + D(T) = D(t)e^{r(T-t)}$ 的收益，故該投資人不是就有「無

---

[25] 無風險資產可以用債券或貨幣市場帳戶表示。

中生有」的收益嗎？投資人有一部「免費賺錢」的機器？顯然與無法套利的準則衝突，因此 $D(t)$ 必須等於 0，即就所有的 t 而言，$V(I, t) = V(J, t)$。

例 2　**平賭過程的定義**

　　我們說一個隨機過程 $\{S_t, t \in [0, \infty]\}$ 屬於一種平賭過程，指的是存在一群訊息結構 I_t 以及機率 p 值下，具有下列的性質：

(1) 於 I_t 的前提下，S_t 為一個已知的結果。
(2) S_t 的非條件預期值（unconditional forecasts）為有限值，即 $E(S_t) < \infty$。
(3) 就所有的 t 而言（$t < T$），$E_t(S_T) = S_t$；換言之，若 S_t 屬於一種平賭過程，S_T（未來的 S_t）的最佳預期值竟然就是 S_t。

因此，按照上述的定義，若 S_t 屬於一種平賭過程，表示於現有的資訊下，我們是無法預期未來的 S_t。如前所述，無漂浮項的簡單隨機漫步過程以及維納過程（或布朗運動）皆是屬於一種平賭過程，透過後二者的時間走勢圖，可以知道平賭過程的走勢大概為何？或者說，為何維納過程（或布朗運動）的時間走勢是崎嶇不平，平賭過程也提供另外一種解釋方式，就是未來值為完全不可測所造成的。

例 3

　　當我們遇到一個隨機過程並不是屬於一種平賭過程時，平賭定價法提醒我們可先將其轉成平賭過程後，利用（4-43）式以及逆推法，自然可以找出對應的金融商品價格。例如：標的資產價格為 S_t 的買權到期價格可寫成：

$$c_T = \max(S_T - K, 0)$$

其中 T 表示到期日而 K 表示履約價格。於到期前如第 t 期（$t < T$），因 c_T 為未知，故投資人可以利用現有的資訊 I_t 而取得對 c_T 的預期值為：

$$E^p(c_T \mid I_t) = E_t^p(c_T) = E_t^p[\max(S_T - K, 0)]$$

其中 p 表示真實的機率。因該買權屬於風險性資產，故按照逆推法可得：

$$c_t = e^{-\mu(T-t)} E_t^p(c_T)$$

或

$$c_t < e^{-r(T-t)} E_t^p(c_T)$$

其中 μ 與 r 分別表示投資人的必要報酬率與無風險利率，因 $\mu - r > 0$ 表示投資人的風險貼水，因此投資人對 c_T 的預期值通常較低。反觀平賭定價法是將買權視為一種公平的遊戲，故可找出對應的等值平賭機率 π 值，使得：

$$c_t = e^{-r(T-t)} E_t^\pi(c_T) = E_t^\pi[e^{-r(T-t)}c_T] \Rightarrow e^{-rt}c_t = E_t^\pi(e^{-rT}c_T)$$

是故 $e^{-rt}c_t$ 為一種平賭過程。

3.2 二項式模型的應用

讀者應該有注意到第 2 節我們有使用二種二項式模型，即以（4-32）或（4-33）式計算股價變動的情況；換言之，後者有保留漂浮項且具有股價向上與向下機率值皆為 0.5 的特性，而前者則未必具有上述特性。雖說如此，二模型卻皆可用於計算（歐式）選擇權的價格，因此底下的應用，只要我們使用其中一種模型，讀者不妨練習使用另一種模型取代。

本節我們嘗試以二項式模型計算三種型態的歐式選擇權，至於二項式模型於美式選擇權的應用，將另闢專章討論。

3.2.1 股票以及指數選擇權

於第 2 節內，圖 4-20 的結果是讓人印象深刻的，因為我們利用模擬的方式說明了若 S_t 按照（4-30）式的設定方式，$\log S_T$ 最後竟然屬於平均數與變異數分別為 $\log S_0 + \mu T$ 與 $\sigma^2 T$ 常態分配，即 S_T 屬於相同平均數與變異數的對數常態分配。換言之，若 $\log S_T \sim N(\log S_0 + \mu T, \sigma^2 T)$，根據（4-4）式，可得：

$$E\left[\frac{S_T}{S_0}\right] = e^{(\mu+0.5\sigma^2)T} \qquad (4\text{-}44)$$

不過若將（4-30）式改成：

$$S_t = \begin{cases} S_{t-1}e^{(r-0.5\sigma^2)\Delta t + \sigma\sqrt{\Delta t}} &, \quad p \\ S_{t-1}e^{(r-0.5\sigma^2)\Delta t - \sigma\sqrt{\Delta t}} &, \quad 1-p \end{cases} \qquad (4\text{-}45)$$

其中 $p = 0.5$。按照上述的推理過程，(4-45) 式背後竟然隱含著 $\log S_T$ 仍是屬於常態分配，即 $\log S_T \sim N\left[\log S_0 + (r-0.5\sigma^2)T, \sigma^2 T\right]$，故（4-44）式可再改寫成：

$$E\left[\frac{S_T}{S_0}\right] = e^{rT} \qquad (4\text{-}46)$$

（4-46）式隱含著 $E(S_T) = S_0 e^{rT}$。(4-46) 式的涵義是使用等於 0.5 的機率值（即 $p = 0.5$），利用無風險利率 r 即可將 S_T 的預期值貼現還原成 S_0。

其實利用（4-40）式，可知存在一種等值平賭機率 π 值，使得：

$$E^\pi(S_T) = S_0 e^{rT} \qquad (4\text{-}47)$$

即透過（4-45）式的設定以及對數常態分配的性質，我們竟然也可以得到類似的結果。沒想到（4-45）式的設定方式竟然擁有如此神奇的功能，我們也可以進一步利用（4-34）與（4-45）二式，可知：

$$\pi = \frac{e^{0.5\sigma^2\Delta t} - e^{-\sigma\sqrt{\Delta t}}}{e^{\sigma\sqrt{\Delta t}} - e^{-\sigma\sqrt{\Delta t}}} \qquad (4\text{-}48)$$

利用模擬的方式，應可知 π 值會接近於 1/2。（4-45）式的設定方式是 Jarrow 與 Rudd（簡稱為 JR）[26] 所採用，故稱為 JR 方法（模型）。

---

[26] Jarrow, R. and A. Rudd (1983), *Option Pricing*, Homewood, Illinois, 183-188.

我們舉一個例子比較 JR 方法與 CRR 方法之異同。假定 $S_0 = 9,200$、$q = 0$、$r = 0.02$、$\sigma = 0.25$、$K = 9200$ 以及 $T = 1$，利用 BS 公式，我們可以計算出歐式買權價格約為 1,000.09（點）。令 $T = n\Delta t$，其中 $n = 1,2,\cdots,200$，我們可以分別利用 JR 方法與 CRR 方法於不同的 n 之下，計算出對應的買權價格，其結果就繪製於圖 4-29。圖 4-29 的上圖與下圖分別繪製出 JR 方法與 CRR 方法的估計結果，其中左圖為買權價格而右圖則為對應的 π 估計值。於圖內可以看出隨著 n 的提高，二方法的買權估計值竟皆接近於 BS 的估計值，而 π 的估計值亦會接近於 0.5。是故，利用圖 4-29 的結果，我們可有下列的啟示：

(1) 利用 JR 或 CRR 方法（模型），我們的確不需要估計投資人的必要報酬率 μ 值，就可以估計出買權的價格。

(2) 直覺而言，上述的 n（步）似乎需要很大的數值，才能準確地估計到買權的價格；不過，於圖內我們發現不需要如此，因為於 $n = 200$ 時，利用 JR 方法的買權估計值約為 1,000.89（點），而 CRR 的估計值則約 998.96（點），二者皆接近於 BS 的估計值。換言之，若假定每個交易日資產價格不是上升就是下降，而且上升或下降的幅度於每個交易日之下皆相同；上述假定我們總覺得不可思議，沒想到利用二項式模型竟然可以估計到對應的 1 年期的歐式買權價格。

(3) 按照上述的估計結果，似乎使用 JR 模型比較方便，因為於 $n = 1$ 時，π 的

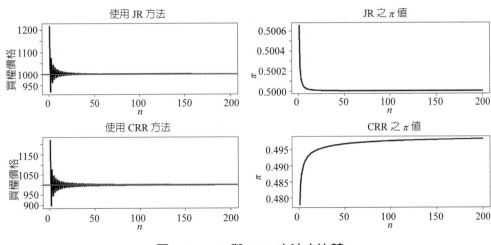

圖 4-29　JR 與 CRR 方法之比較

估計值約為 0.5007；也就是說，使用 JR 模型我們可以假定 $\pi = 0.5$，此時誤差應不會很大。

(4) 值得注意的是，二模型皆假定 r 與 σ（估計值）皆固定不變。

例1　使用 R 的程式套件估計

本書較少使用 R 的程式套件，不過有些時候為了節省時間，使用程式套件的確比較方便。就二項式模型而言，R 的 fOptions 程式套件內有提供多種的模型可供參考。利用圖 4-29 內的假定，我們也可以使用該程式套件內的 CRR 與 JR 模型，估計歐式買權的價格如圖 4-30 所示，可參考所附的 R 指令或 fOptions 的使用手冊。

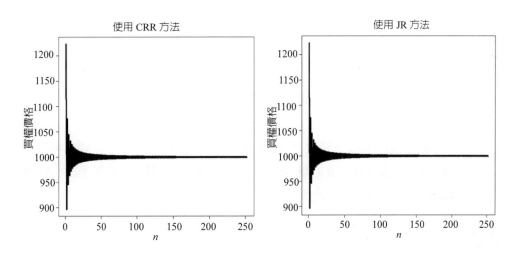

圖 4-30　使用 fOptions 程式套件重新估計圖 4-29

例2　股利的考慮

至目前為止，我們多半將股票選擇權與指數選擇權視為一體，也就是說，我們將「臺股指數」視為一種股票，因此計算臺指買權與臺指賣權價格的方法與股票的買權與賣權價格的計算方法並沒有什麼不同。當然股票選擇權與指數選擇權是有差別的，第一個明顯的差異是來自於股利發放的考慮；也就是說，通常於指數選擇權內，我們是將股利發放改成以使用連續的股利支付率表示，

但明顯地就單一股票而言，卻可能事先知道未來股利的支付時間與金額，因此就上述二種選擇權合約而言，對於股利支付的處理是不相同的。

我們應該如何處理間斷的股利支付？此處我們只考慮一種最簡單的模型，該模型可稱為「委託保管股利模型（Escrowed Dividend Model, EDM）」[27]。按照 EDM，我們可以先計算出股利支付的現值，即 PVD，然後再調整標的資產的期初價格 S_0；換言之，S_0 應會下降 PVD，如此自然會影響到波動率的估計，進而影響到買權或賣權的價格，不過 EDM 仍不失其簡單易懂的特性，反而利用 EDM 可以快速地計算出買權或賣權的價格。我們可以舉一個例子說明 EDM 的使用[28]。假定 $S_0 = 100$、$K = 90$、$r = 0.1$、$\sigma = 0.25$、$D_1 = D_2 = 2$、$t_1 = 0.25$、$t_2 = 0.5$ 以及 $T = 0.75$；也就是說，上述假定標的資產為股票的一種歐式買權合約，該合約的履約價為 90 元而 9 個月後到期。假定該標的資產分別於 3 個月與半年後各發放 2 元的股利且期初標的資產價格為 100 元，故按照 EDM，我們可以先計算出股利支付的現值為：

$$PVD = D_1 e^{-r(T-t_1)} + D_2 e^{-r(T-t_2)} = 2e^{-0.1(0.5)} + 2e^{-0.1(0.25)} \approx 3.8531$$

故期初標的資產價格調整後為 $S_0 \approx 96.1469$。若上述假定仍維持不變，利用 $T = n\Delta t$，其中 $n = 220$，用 CRR 與 JR 方法計算該買權的價格分別約為 15.6497 元與 15.6404 元，而利用 BS 公式則約為 15.6465 元。

例3 連續的股利支付率

如同第 2 章可知，若有考慮連續的股利支付率，則（4-46）式可改寫成：

$$E(S_T) = S_0 e^{-qT} e^{rT} = S_0 e^{(r-q)T}$$

從而（4-45）式可改寫成：

---

[27] 有興趣的讀者可參考 Haug, E. G. (2006), *The Complete Guide to Option Pricing Formulas*, second edition, McGraw-Hill. 於該書內，亦有考慮到多種間斷股利支付的模型。

[28] 該例子取自 Haug (2006)，可參考註 27。

$$S_t = \begin{cases} S_{t-1}e^{(r-q-0.5\sigma^2)\Delta t + \sigma\sqrt{\Delta t}} & , \quad p \\ S_{t-1}e^{(r-q-0.5\sigma^2)\Delta t - \sigma\sqrt{\Delta t}} & , \quad 1-p \end{cases} \qquad (4\text{-}49)$$

是故（4-34）式亦需改成：

$$\pi = \frac{e^{(r-q)\Delta t} - D}{U - D} \qquad (4\text{-}50)$$

只要於本章的附錄內將 r 改以 $r-q$ 取代就可以取得（4-50）式。因此，若有考慮連續的股利支付率，之前考慮過的二項式模型有些微的調整。我們舉一個簡單的例子說明。利用例 2 的假定，不過將間斷的股利支付改為連續的股利支付率，即假定 $q = 0.05$；其次，我們改考慮 1 年期的情況，即 $T = 1$。假定 $T = n\Delta t$，其中 $n = 5$，利用（4-49）式，我們可以繪製出如圖 4-31 的左圖所示之股價二元樹狀圖。值得注意的是，若利用（4-50）式計算的 π 值（亦約為 0.5），並無法將股價「還原」，如右圖所示，還好二圖的差距並不大；也就是說，若提高 n 值，二圖的差距會逐漸縮小。值得注意的是，此時計算「還原值」的貼現率仍為 r。是故，若有考慮連續的股利支付率，應避免使用較小的 n 值。

我們可以利用 JR 模型與 CRR 模型說明上述的結果。考慮 $n = 5$ 與 $n = 500$

股價

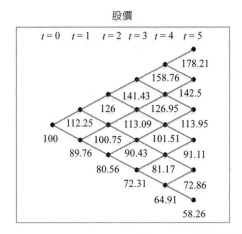

還原股價

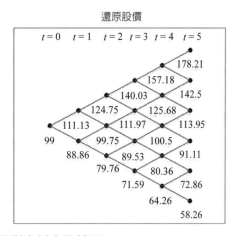

圖 4-31　考慮連續股利支付率的情況

的情況，利用 JR 模型估計買權的價格分別約為 17 與 17.26，而 CRR 模型的估計值則分別為 16.98 與 17.26。最後利用 BS 模型，買權價格的估計值則約為 17.26。讀者可注意所附的 R 程式，得知如何於 R 內使用上述三模型。

例4 指數選擇權的收益

指數選擇權合約的收益非常類似於股票選擇權合約的收益，故指數買權於到期的收益可寫成：

$$c[I_N(T),K,r_f,T] = M \begin{cases} I_N(T) - K; & I_N(T) \geq K \\ 0 & ; \ I_N(T) < K \end{cases} \tag{4-51}$$

其中 $I_N(T)$ 表示指數於第 T 期（到期）的價值，M 表示每點指數的價值。同理，指數賣權於到期的收益可寫成：

$$p[I_N(T),K,r_f,T] = M \begin{cases} K - I_N(T); & I_N(T) \leq K \\ 0 & ; \ I_N(T) > K \end{cases} \tag{4-52}$$

因此就臺股指數而言，因每點相當於新臺幣 50 元，故 $M = 50$ 元。讀者應可從（4-51）～（4-52）二式內了解指數選擇權「較為奇特」的表示方式。

例5 資產組合保險

於本例中，我們將說明指數賣權的資產組合保險功能。於第 2 章內，我們已經知道賣權具有保護標的資產價格下跌的保險功能；因此，若有一個基金的管理者完全以複製臺股指數為標的，此時該管理者不是就會注意到具有資產組合保險的臺指賣權嗎？

假定該管理者所掌控的資產組合目前價值新臺幣 2 千萬元（2015/12/16），該管理者看到的是如第 2 章內表 2-9 的結果；也就是說，於 2015/12/16 當天臺股指數的開盤價為 8,144.03 點，而 2016 年 3 月期臺指賣權有四種合約，其對應的履約價分別為 7,800 點、8,000 點、8,200 點與 8,400 點，則該管理者如何利用上述四種賣權避險？假定該管理者不希望 3 個月後資產組合的價值低於 M_1 元，例如 $M_1 = 19,742,100$ 元。

假定該資產組合的確能完全複製臺股指數，即該資產組合的價值與臺股指

數呈現完全正相關的情況，此隱含著資產組合的價值 $V(t)$ 與臺股指數 $I_N(t)$ 之間的關係可寫成：

$$V(t) = a + bI_N(t) \qquad (4\text{-}53)$$

其中 a 與 b 為二個常數。該管理者就是要找出 a 與 b 值為何？

　　若檢視（4-53）式可以發現 $I_N(t)$ 與 $V(t)$ 皆是一個隨機變數，我們不僅無法知道二者的未來值為何，更不用說至 2016 年 3 月時 $V(T)$ 與 $I_N(T)$ 的價值為何？假定該管理者欲使用履約價為 $K = 8,000$ 點的賣權，而於 2015/12/16 當天該賣權的價格為 $p_0 = 258$ 點，則該管理者應如何做？若到期時 $I_N(T)$ 低於 K，則該管理者就是要挑選 n 個賣權合約的口數，使得 3 個月後資產組合的價值不低於 M_1，即：

$$bI_N(T) + n \cdot 50 \cdot [K - I_N(T)] - n \cdot 50 \cdot p_0 \geq M_1 \qquad (4\text{-}54)$$

我們不難了解（4-54）式的意義，因為其中 $bI_N(T)$ 表示資產組合到期的價值，$n \cdot 50 \cdot [K - I_N(T)]$ 為到期 n 個賣權合約的價值，最後 $50np_0$ 則表示 n 個賣權合約的購入成本。

　　將（4-54）式整理後，可得：

$$(b - 50n)I_N(t) + 50n(K - p_0) \geq M_1 \qquad (4\text{-}55)$$

我們可以發現若 $b = 50n$，則按照（4-55）式可得：

$$n \geq \frac{M_1}{50(K - p_0)} \qquad (4\text{-}56)$$

因此將上述該管理者的「考慮值」代入（4-54）式，可得出 $n \geq 51$，故 $b \geq 2,550$。是故，就（4-53）式而言，因 $I_N(0)$ 為 8,144.03 點，若選擇 $n = 51$，則 $b = 2,550$ 以及 $a = -767,276.5$。該管理者自然可以透過 n 的調整以改變 a 與 b 值。

　　上述的結果是建立在資產組合與（臺股）指數的報酬之間是屬於完全正相

關的情況，倘若該資產組合與指數的報酬之間並非完全正相關，則指數賣權只能提供部分的保險。換言之，若指數賣權只能提供部分的資產組合保險，則我們可以利用該資產組合的 β 值，即按照上述管理者選擇 $n = 51$ 的例子，若該資產組合的 β 值為 2，則該管理者應選 $n = 51 \times 2 = 102$ 口賣權。

3.2.2 外匯選擇權

本節我們將檢視如何利用二項式模型計算歐式外匯選擇權的價格。其實外匯衍生性商品的定價頗類似於股價指數的衍生性商品，只是後者有已知的股利支付率。外匯選擇權的交易普遍存在於全球各大交易所與櫃臺交易內，不過於此我們只以臺灣期交所的美元兌人民幣選擇權合約（RHO）為例說明（讀者可參考期交所內 RHO 契約的規定）。顧名思義，RHO 合約是一種歐式外匯選擇權，其標的資產為人民幣，合約的規模為 10 萬美元，其中權利金是以 1 點 = 0.0001 為單位，每點相當於人民幣 10 元。RHO 合約並不是採取實物交割，而是到期以現金交割（清算）的方式進行，因此前述合約的規模，可視為一種名目本金。

> **例 1** 美元兌人民幣匯率以及其對數報酬率之時間走勢

為了了解 RHO 合約，我們當然先檢視美元兌人民幣匯率的時間走勢。圖 4-32 之上圖繪製出 2012/1/2～2017/9/26 期間美元兌人民幣匯率的日時間走勢圖（該序列資料取自中央銀行網站），我們可以發現日匯率時間走勢頗類似於資產價格如股價的走勢，因此類似於之前介紹過的股票或指數選擇權的假定，我們亦可假定匯率屬於一種 GBM 或屬於對數常態分配。下圖則繪製出同期間日匯率對數報酬率的時間走勢圖，同理我們可以利用該日匯率對數報酬率序列人民幣匯率估計波動率。

> **例 2** 波動率的估計

類似於圖 4-14，我們也可以利用例 1 內的資料，估計人民幣匯率的波動率。假定 1 年有 252 個交易日，則我們可以估計出上述樣本期間內所有的波動率，其結果就繪製於圖 4-33。圖 4-33 內的上圖繪製出波動率估計值的時間走勢，我們發現人民幣大概自 2015/8/12（即圖 4-31 與 4-32 內的垂直虛線）後就有較大的貶值幅度，此相當於人民幣出現空頭行情，因此波動率的估計值一直

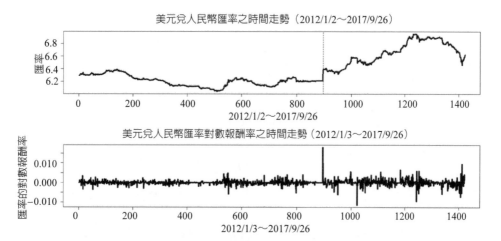

圖 4-32　美元兌人民幣匯率以及其對數報酬率之時間走勢（2012/1/2～2017/9/26）

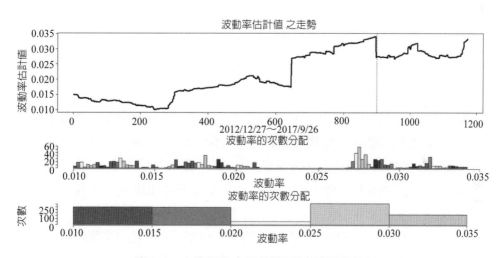

圖 4-33　美元兌人民幣匯率波動率的估計

維持於高波動的水準；也就是說，雖然圖 4-33 內的直方圖顯示出人民幣匯率波動率的估計值於期間內大概是介於 1.013% 與 3.416% 之間，不過若是使用較近期的資料，人民幣匯率波動率的估計值仍應使用較高的水準。

例 3　**買權與賣權的到期收益**

　　令 S_t 表示第 t 期美元兌人民幣匯率（CYN/USD），則於到期時（第 T

期），買權的收益可寫成：

$$c[S_T, K, r, T] = M \begin{cases} S_T - K & ; \ S_T \geq K \\ 0 & ; \ S_T < K \end{cases}$$

其中 $M = 10$ 萬美元。同理，賣權的到期收益亦可寫成：

$$p[S_T, K, r, T] = M \begin{cases} K - S_T & ; \ S_T \leq K \\ 0 & ; \ S_T > K \end{cases}$$

例如：買權與賣權合約的履約價皆爲 $K = 6.3730$[29]，而到期時 $S_T = 6.3935$，因採取現金交割，故該買權的到期收益爲 $M(S_T - K) = 100,000(6.3935 - 6.373) = 2050$ 點，相當於 20,500 人民幣。同理，若到期時 $S_T = 6.3535$，則該賣權的到期收益爲 $M(K - S_T) = 100,000(6.373 - 6.3535) = 1950$ 點，相當於 19,500 人民幣。我們也可以進一步繪製出美元兌人民幣匯率買權與賣權的到期收益曲線如圖 4-34 所示，該圖是假定履約價爲 $K = 6.5$。綜合以上所述，外匯選擇權頗類似於指數或股票選擇權。

接下來，我們就可以利用二項式模型來檢視美元兌人民幣匯率選擇權。首先假定美元兌人民幣匯率 S_t 屬於對數常態分配，而美元與人民幣各只有一種固定不變的（連續）無風險利率，分別以 r_U 與 r_C 表示[30]；其次，考慮一種 1 年期的美元兌人民幣匯率買權（$T = 1$）。由於有二種無風險利率，我們該如何思考上述匯率選擇權的二項式模型呢？直覺而言，其實我們亦可以將美元視爲一種資產如同股票，如同股票的收益爲股利支付率 q，美元的報酬就是 r_U，故我們可以用 r_U 取代 q。另一方面，美元的價位爲何？不就是美元兌人民幣匯率嗎？故美元此種「股票」是用人民幣計價，其適用的貼現率當然就是 r_C，故以 r_C 取代 r。

因此，類似於（4-49）式的設定方式，於匯率選擇權內，我們以（4-57）式表示單期匯率的二元變動，即：

---

[29] 可記得匯率的 1 點相當於 0.0001，故該履約價亦可稱爲 730 點。
[30] 此相當於假定美元與人民幣的利率結構是一條水平線。

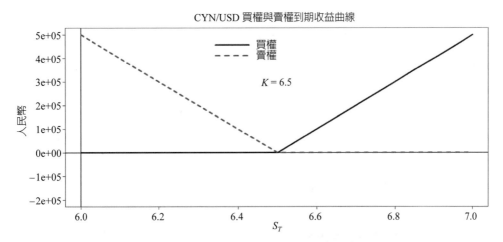

圖 4-34　履約價為 6.5 之美元兌人民幣匯率買權與賣權到期收益曲線（買方）

$$S_t = \begin{cases} S_{t-1}U & , & p \\ S_{t-1}D & , & 1-p \end{cases} \qquad (4\text{-}57)$$

其中 p 表示眞實的機率值，而

$$U = \exp[(r_C - r_U - 0.5\sigma^2)\Delta t + \sigma\sqrt{\Delta t}] \text{ 與 } D = \exp[(r_C - r_U - 0.5\sigma^2)\Delta t - \sigma\sqrt{\Delta t}] \qquad (4\text{-}58)$$

同理，根據（4-50）式，風險中立機率值 π 的計算，可寫成：

$$\pi = \frac{e^{(r_C - r_U)\Delta t} - D}{U - D} \qquad (4\text{-}59)$$

　　透過 3.2.1 節的例 3，我們已經知道若使用較小的 n 值，以二項式模型估計選擇權的價格有誤差，不過爲了說明起見，我們仍使用較小的 n 值說明如何利用二項式模型估計匯率的買權價格。假定 $S_0 = 6.3256$、$\sigma = 0.03$、$K = 6.4325$、$T = n\Delta t = 1$、$r_U = 0.02$、$r_C = 0.03$ 以及 $n = 5$，利用（4-47）～（4-48）二式，可繪製出美元兌人民幣匯率買權之二元樹狀圖，如圖 4-35 所示。圖 4-35 的左圖與右圖分別繪製出匯率與買權價格的二元樹狀圖，因使用（4-58）式計

算匯率或買權價格，故我們相當於使用 JR 模型計算出圖 4-35 內的結果。讀者
亦可練習如何利用 CRR 模型繪製出類似於圖 4-35 的結果。因利用上述假定，
使用 BS 模型所估計的買權價格約為 0.0553（第 0 期），明顯地與圖 4-35 內的
結果有差距；不過若提高 n 值至 250，上述的差距已明顯降低。同樣地，使用
CRR 模型亦有類似的結果，可以參考所附的 R 指令。

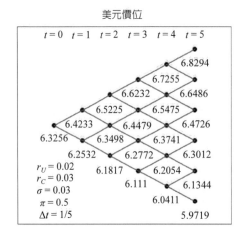
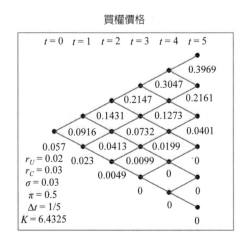

圖 4-35　美元兌人民幣匯率以及買權價格之二元樹狀圖

例 4　**賣權的價格**

　　利用圖 4-35 內的假定，若賣權與買權的履約價皆相同，則我們可以繪製
賣權價格的二元樹狀圖如圖 4-36 的右圖所示，於圖內可看出賣權的價格約為
0.099，不過若以 BS 模型估計則約為 0.0974。同理，若 n = 250，則利用 JR 模
型估計約為 0.0973。

例 5　**賣權之 Delta 避險比率**

　　以圖 4-36 為例，我們考慮一個資產組合 V_t 可以複製該賣權，我們只考慮
V_0 的情況，其餘可類推。即利用（4-35）式可知 $V_0 = m_0 S_0 + B_0$，其中 S_0 與 B_0
分別表示美元匯率與以人民幣表示的無風險債券數量（第 0 期）；由於 V_0 可以
複製賣權，故透過（4-36）式與圖 4-36，可得：

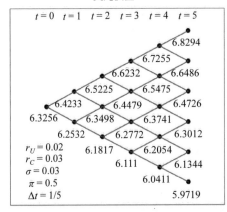
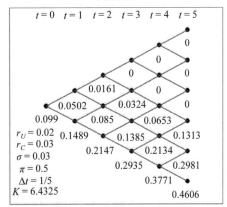

圖 4-36　美元兌人民幣匯率以及賣權價格之二元樹狀圖

$$\begin{cases} m_0 S_1^U + B_0 e^{r_C \Delta t} = p_1^U \\ m_0 S_1^D + B_0 e^{r_C \Delta t} = p_1^D \end{cases} \Rightarrow \begin{cases} 6.4233 m_0 + e^{0.03(1/5)} B_0 = 0.0502 \\ 6.2532 m_0 + e^{0.03(1/5)} B_0 = 0.1489 \end{cases}$$

　　求解上述聯立方程式，可得 m_0 與 B_0 的估計值[31]。類似於上述的求解過程，我們可以計算出所有的 m_t 與 B_t 結果，該結果就繪製如圖 4-37 所示。利用圖內的 m_0 與 B_0 估計值可計算 V_0 約為 $-0.5827 S_0 + 3.7556 = 0.0697$，顯然與圖 4-36 的右圖結果 $p_0 = 0.099$ 稍有差異，不過我們已經知道於 n 值較小時會有誤差；因此，於圖 4-37 的計算過程中，我們改用 $n = 500$，可得 $m_0 = -0.5718$ 與 $B_0 = 3.7139$，從而 $V_0 = 0.0971$，若與例 2 的 BS 模型的估計價格差距不大。

　　我們如何解釋 $m_0 = -0.5718$ 與 $B_0 = 3.7139$ 呢？我們已經知道會有風險的考量是指賣權的賣方，賣方擔心的是未來美元價格的下跌，故其需要放空標的資產避險，m_t 就是指賣方的避險比率，可寫成：

$$\frac{\partial p_t}{\partial S_t} = m_t$$

　　因此 $m_0 = -0.5718$ 可解釋成：第 0 期時，於其他情況不變下，若美元匯率（平均）上升（下降）1 點，賣權的價格會（平均）降低（上升）0.5718 點。

---

[31] 即 $m_0 = -0.5802$ 與 $B_0 = 3.7547$，此結果與用電腦計算而得的圖 4-37 稍有不同。

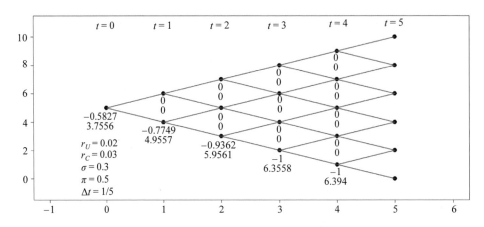

圖 4-37　圖 4-36 所對應的 m_t 與 B_t（上與下）

是故隨著時間經過，賣方需隨 m_t 值調整其美元的部位。至於 $B_0 = 3.7139$ 或 B_t 的角色呢？其實 B_t 只是扮演著「自我融通」的被動角色；也就是說，就 RHO 合約而言，因合約金額為 10 萬美元而賣權的（價格）美元匯率為 0.0974 人民幣，故賣方（一口）的權利金收益為 9,738.611 人民幣。因避險的考量，故賣方需放空 m_0S_0，約可得 361,684.4 人民幣，再加上權利金收益後，總計約為 371,423 人民幣；換言之，賣方期初的總收益約等於合約金額乘上 B_0（以人民幣表示），而將該總收益投資於人民幣無風險資產上，即 B_t 竟表示第 t 期時「1 美元內有 B_t 人民幣投資於人民幣無風險資產上」！

　　因此，「情勢」逐漸明朗了，原來圖 4-37 內的 m_t 與 B_t 就是表示賣方 Delta 避險（不使用額外資金）之自我融通動態部位的調整（美元與人民幣無風險資產部位）。按照上述 $n = 500$ 的估計結果，讀者不妨利用所附的 R 指令找出對應的 m_1^D、B_1^D、p_1^D 以及 S_1^D 等的估計值，看看賣方是否可以進行「自我融通動態調整」？有關於賣方的 Delta 避險策略，第 5 章將會再詳細介紹。

3.2.3　期貨合約選擇權

　　二項式模型不僅可用於計算選擇權的價格，同時亦可用於計算期貨的價格；也就是說，於二項式模型內，我們利用標的資產與無風險性資產所構成的資產組合 V_t 可以複製選擇權合約價格，同時 V_t 亦可用於複製期貨合約的價值。我們先看一個簡單的例子。假想一個標的資產為股票的 1 年期期貨合約，

而我們半年結算一次。令 $F(0,2)$ 表示該期貨合約的期初價格，由於「逐半年結算」一次，故半年後相當於產生一種新的期貨合約，其價格為 $F(1,2)$，但是期初價值為 0，最後到期時（$t = 2$），期貨價格與標的資產價格重疊，即 $F(2,2)$ = $S(2)$。

　　我們以圖 4-38 左圖內 $S(t)$ 的二元樹狀圖為例，該圖是假定 $S(0) = 100$、U = 1.1752 以及 $D = 0.8857$，故可以繪製出一種簡單只有 2 期的樹狀圖。如前所述，於到期時，期貨價格會等於標的資產價格，因此上述 1 年期的期貨價格可有三種可能，分別以 $F(2,2)^U = 138.1$、$F(2,2)^{UD} = 104.09$ 以及 $F(2,2)^D = 78.45$ 表示。

　　類似於（4-35）式，我們可以想像 V_t 的組成成分為 m_t 與 B_t，其分別表示對應的股票與無風險資產數量。就上述例子而言，考慮 $t = 1$ 的情況，即若 S_1^U = $S_0 U = 117.52$，則 V_t 可寫成：

$$V_1^U = m_1^U S_1^U + B_1^U \qquad （4\text{-}60）$$

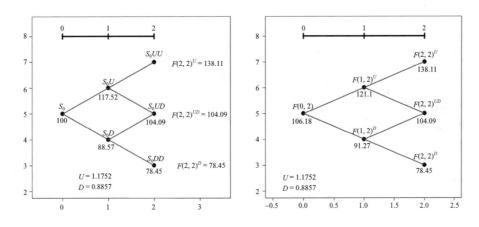

圖 4-38　一種簡單的期貨合約

不過，V_1^U 究竟複製了什麼？我們可以注意到因期貨合約有逐期按照市價結算的性質，此相當於每期皆有一個新的期貨合約產生，而這些新的期貨合約的期初價值皆為 0，故 V_1^U 亦可寫成：

$$V_1^U = m_1^U \, 117.52 + B_1^U = 0 \qquad (4\text{-}61)$$

雖然如此，V_1^U 於第 2 期時有二個價值，即 $F(2,2)^U - F(1,2)^U$ 與 $F(2,2)^{UD} - F(1,2)^U$；因此，假定 $r = 0.06$，故 V_1^U 於第 2 期時可寫成：

$$m_1^U(138.11) + B_1^U(1.0305) = 138.11 - F(1,2)^U \qquad (4\text{-}62)$$

與

$$m_1^U(138.11) + B_1^U(1.0305) = 104.09 - F(1,2)^U \qquad (4\text{-}63)$$

利用（4-61）～（4-63）三式，我們可以計算出 $F_1^U = 121.1$、$m_1^U = 1$ 與 $B_1^U = -117.52$。同理，按照同樣計算過程，我們不難計算 F_1^D、m_1^D 與 B_1^D 以及最後的 F_0、m_0 與 B_0。

上述的計算過程也可以用一般化的型式表示，即類似於（4-61）式，於 $t = 0$ 時該複製資產組合的價值為：

$$V_0 = m_0 S_0 + B_0 = 0 \qquad (4\text{-}64)$$

如前所述，期貨合約的期初價值為 0，該複製品應也不例外，故由（4-64）式可知：

$$B_0 = -m_0 S_0 \qquad (4\text{-}65)$$

即投資於股票所需的資金是以無風險性資產融通。

於 $t = 1$ 時，若股價為 S_1^U，則類似於（4-62）與（4-63）二式，可分別得：

$$m_0 S_1^U + B_0 e^{r\Delta t} = F(1,2)^U - F(0,2) \qquad (4\text{-}66)$$

與

$$m_0 S_1^D + B_0 e^{r\Delta t} = F(1,2)^D - F(0,2) \qquad (4\text{-}67)$$

換言之，(4-66)～(4-67) 二式表示於 $t = 1$「結算」時，$t = 0$ 的期貨合約價值。
我們可以進一步求解 (4-66) 與 (4-67) 二式，即前者減去後者，可得：

$$m_0 = \frac{F(1,2)^U - F(1,2)^D}{S_1^U - S_1^D} \qquad (4\text{-}68)$$

其次，利用 (4-65)～(4-68) 四式可得：

$$F(0,2) = \pi F(1,2)^U + (1 - \pi)F(1,2)^D \qquad (4\text{-}69)$$

其中

$$\pi = \frac{e^{r\Delta t}S_0 - S_1^D}{S_1^U - S_1^D} = \frac{e^{r\Delta t} - D}{U - D} \qquad (4\text{-}70)$$

(4-69) 式的推導可以參考本章的附錄 2。

同理，按照 (4-69) 式，我們分別得到：

$$F(1,2)^U = \pi F(2,2)^U + (1 - \pi)F(2,2)^{UD}$$

與

$$F(1,2)^D = \pi F(2,2)^{UD} + (1 - \pi)F(2,2)^D$$

(4-69) 式提醒我們存在另外一種逆轉法，即可以透過第 t 期期貨價格的
期望值「逆推」出第 $t - 1$ 期的期貨價格，而該期望值卻是使用 (4-70) 式的 π
值所計算而得。因此，利用二項式模型來檢視期貨合約價格，我們可以發現期
貨合約的價格亦是一種平賭過程，隱含著未來期貨合約價格之不可測；有意思
的是，因 (4-70) 與 (4-34) 二式是相同的，故 π 值就是之前介紹過的等值平
賭機率，透過 π 值所計算出的未來期貨合約價格的期望值竟然就是目前的期貨

合約價格（不需要計算現值）！可以參考圖 4-38 的右圖，值得注意的是，因 $S_2 = F_2$，即我們仍要使用未來股價期望值的貼現值，才能反推出期初的股價。

既然利用二項式模型可以計算出期貨合約的價格，那我們不是可以利用二項式模型進一步計算以期貨合約為標的資產的選擇權價格嗎？換言之，於期貨選擇權內，我們是以股票的期貨合約取代股票，另外再搭配無風險性資產所形成的資產組合用以複製該期貨選擇權。使用股票的期貨合約取代股票，至少有二個優點：第一，通常期貨合約的交易成本較對應的股票低；第二，於放空策略的操作，相對上期貨合約的限制較少 [32]。

為了說明起見，我們繼續使用圖 4-38 的例子。考慮一種以上述期貨合約為標的資產的 1 年期買權，該買權的履約價為 110。於 $t = 0$ 時，我們可以使用由 m_F 數量的期貨合約以及投資於無風險資產的 B_F 資金所組成的資產組合複製該買權，故期初該資產組合的成本為：

$$V(0,2) = m_F(0,2) \times 0 + B_F(0,2) = B_F(0,2) \qquad (4\text{-}71)$$

可記得期初期貨合約的價值為 0，因 $V(0,2)$ 能複製買權，$V(0,2)$ 與買權二者的價值應相同，即 $V(0,2) = B_F(0,2) = c_F(0,2)$，其中 $c_F(0,2)$ 表示第 0 期買權價格。於 $t = 1$ 時，若股價為 117.52，則新的期貨合約價格可為 121.1，該新的期貨合約可有（121.1 − 106.18）的收益，因該資產組合可以複製買權，故可得（可以參考圖 4-39）：

$$m_F(0,2)(121.1 - 106.18) + B_F(0,2)e^{0.06(1/2)} = 13.64 \qquad (4\text{-}72)$$

同理，若股價為 88.57，對應的新期貨合約價格為 91.27，故新的期貨合約收益為（91.27 − 106.18）以及資產組合的價值為：

---

[32] 為了避免影響股市的價格，股市的交易通常會有「報升規則（uptick rule）」或稱為「上漲拋空」的限制，即放空的價格必須高於最新的成交價。於臺灣股市的交易內，「禁止平盤以下放空」就有類似的限制。其實就讀者而言，讀者較喜歡「認股權證」呢？抑或是「認售權證」呢？為何最先只有前者的發行？「看壞」市場的，當然先暫緩。

$$m_F(0,2)(91.27 - 106.18) + B_F(0,2)e^{0.06(1/2)} = 0 \qquad (4\text{-}73)$$

求解（4-72）與（4-73）二式可分別得出 $m_F(0) = 0.46$ 以及 $B_F(0) = 6.62$，因此最後買權價格爲 $c_F(0) = 6.62$。

（4-71）～（4-73）三式其實可以寫成更一般化的情況，即（4-71）式可改寫成：

$$V(t,T_F) = m_F(t,T_F) \times 0 + B_F(t,T_F) = B_F(t,T_F) \qquad (4\text{-}74)$$

其中 T_F 表示買權的到期日。同理，(4-72) 與（4-73）二式亦可改寫成：

$$m_F(t,T_F)[F(t+\Delta t,T_F)^U - F(t,T_F)] + B_F(t,T_F)e^{r\Delta t} = c_F(t+\Delta t,T_F)^U \qquad (4\text{-}75)$$

與

$$m_F(t,T_F)[F(t+\Delta t,T_F)^D - F(t,T_F)] + B_F(t,T_F)e^{r\Delta t} = c_F(t+\Delta t,T_F)^D \qquad (4\text{-}76)$$

其中 c_F 爲對應的買權價格。求解（4-75）與（4-76）二式內的 m_F 與 B_F，可分別得：

$$B_F(t,T_F) = \frac{\begin{vmatrix} F(t+\Delta t,T_F)^U - F(t,T_F) & c_F(t+\Delta t)^U \\ F(t+\Delta t,T_F)^D - F(t,T_F) & c_F(t+\Delta t)^D \end{vmatrix}}{\begin{vmatrix} F(t+\Delta t,T_F)^U - F(t,T_F) & e^{r\Delta t} \\ F(t+\Delta t,T_F)^D - F(t,T_F) & e^{r\Delta t} \end{vmatrix}}$$

$$= \frac{c_F(t+\Delta t)^D[F(t+\Delta t,T_F)^U - F(t,T_F)] - c_F(t+\Delta t)^U[F(t+\Delta t,T_F)^D - F(t,T_F)]}{e^{r\Delta t}[F(t+\Delta t,T_F)^U - F(t+\Delta t,T_F)^D]}$$

$$(4\text{-}77)$$

與

$$m_F(t,T_F) = \frac{c_F(t+\Delta t,T_F)^U - c_F(t+\Delta t,T_F)^D}{F(t+\Delta t,T_F)^U - F(t+\Delta t,T_F)^D} \qquad (4\text{-}78)$$

值得注意的是，利用（4-74）式，可知：

$$c_F(t, T_F) = B_F(t, T_F) \qquad （4\text{-}79）$$

換言之，圖 4-39 的資訊就是根據（4-74）～（4-79）式所計算而得。讀者可以自行演算看看。

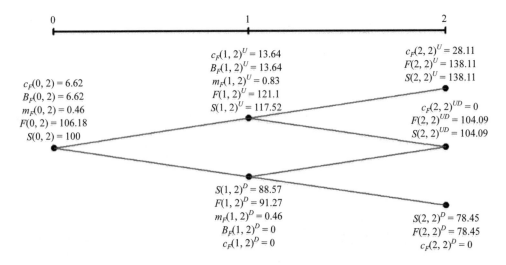

圖 4-39　一種簡單的期貨合約歐式買權（延續圖 4-38，履約價為 110）

例 1 ┃ **計算期貨合約的 m_t 與 B_t**

　　按照（4-66）與（4-67）二式，可得：

$$B_0 = \frac{\begin{vmatrix} S_1^U & F(1,2)^U - F(0,2) \\ S_1^D & F(1,2)^D - F(0,2) \end{vmatrix}}{\begin{vmatrix} S_1^U & e^{r\Delta t} \\ S_1^D & e^{r\Delta t} \end{vmatrix}} = \frac{S_1^U[F(1,2)^D - F(0,2)] - S_1^D[F(1,2)^U - F(0,2)]}{e^{r\Delta t}(S_1^U - S_1^D)}$$

或利用（4-65）與（4-68）二式，可以繪製二元樹狀圖如圖 4-40 所示，該圖是利用圖 4-38 內的資訊。

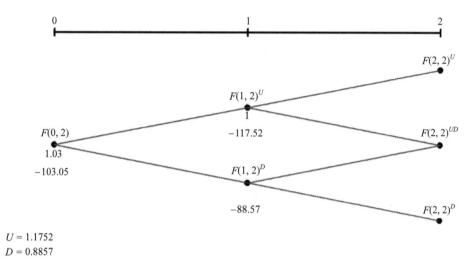

圖 4-40　圖 4-38 內的 m_t 與 B_t（上與下）

例 2

假定 $S_0 = 8756.5$ 而其向上以及向下因子分別為：

$$U = e^{[(r-0.5\sigma^2)\Delta t+\sigma\sqrt{\Delta t}]} \text{與} D = e^{[(r-0.5\sigma^2)\Delta t-\sigma\sqrt{\Delta t}]}$$

其中 $r = 0.02$、$\sigma = 0.2203$、$T = n\Delta t = 1$ 以及 $n = 5$。試分別繪製出 S_t 與 F_t 之二元樹狀圖。

解　類似於圖 4-38，我們可以繪製出 S_t 與 F_t 之二元樹狀圖如圖 4-41 所示。

例 3　期貨買權與賣權

利用例 2 的假定，假想各存在一種期貨合約履約價皆為 8,000 的歐式買權與歐式賣權，試利用二項式模型計算買權與賣權價格。

解　續例 2 的假定，我們使用 $n = 250$。利用（4-74）~（4-79）式 [33]，可分別計算出買權與賣權價格分別約為 1,274.13 與 359.17。上述計算結果與使用

---

[33] 將買權合約以賣權合約取代，即可計算出賣權價格。

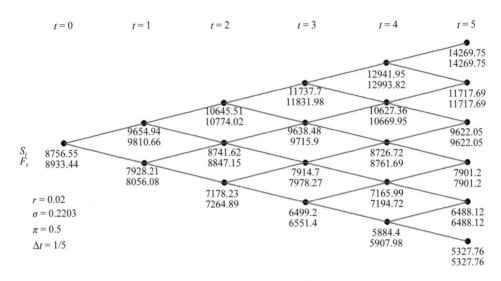

圖 4-41　例 2 的二元樹狀圖

Black 模型（第 5 章會介紹）所計算的 1,274.39 與 359.43 結果差距不大。

例 4　期貨合約選擇權的 Delta 避險比率

　　第 3 章我們曾強調於無風險利率固定不變下，期貨合約與遠期合約的價格是一致的；換言之，股票（無股利支付）期貨合約的公平價格可用（3-8）式表示，該式可再改寫成：

$$F(t, T_F)e^{-r(T_F - t)} = S(t) \qquad (4\text{-}80)$$

將（4-80）式代入（4-37）式可得：

$$m_S(t, T_F) = \frac{c(t + \Delta t, T_F)^U - c(t + \Delta t, T_F)^D}{[F(t + \Delta t, T_F)^U - F(t + \Delta t, T_F)^D]e^{-r[T_f - (t + \Delta t)]}} = m_F(t, T_F)e^{r[T_F - (t + \Delta t)]} \qquad (4\text{-}81)$$

　　其中 $m_S(t, T_F)$ 表示股票買權的 Delta 避險比率。因 $e^{r[T_F - (t + \Delta t)]} \geq 1$，故由（4-81）式可知 $m_S(t, T_F) \geq m_F(t, T_F)$。因此，(4-81) 式提醒我們注意：第一，

就 Delta 避險比率的絕對值而言，股票期貨買權不會高於對應的股票買權；第二，若無風險利率固定不變，股票期貨買權與其對應的股票買權的 Delta 避險比率之間存在有如（4-81）式的關係。

附 錄

附錄 1

$$V_0 = m_0 S_0 + B_0 = e^{-r\Delta t}[\pi c_1^U + (1-\pi)c_1^D] \Rightarrow e^{r\Delta t}(m_0 S_0 + B_0) = c_1^D + \pi(c_1^U - c_1^D)$$

$$\Rightarrow e^{r\Delta t}\left[\frac{c_1^U - c_1^D}{U - D} + \frac{Uc_1^D - Dc_1^U}{e^{r\Delta t}(U - D)}\right] = c_1^D + \pi(c_1^U - c_1^D)$$

$$\Rightarrow e^{r\Delta t}\left[\frac{c_1^U(e^{r\Delta t} - D) - c_1^D(e^{r\Delta t} - U)}{e^{r\Delta t}(U - D)}\right] = c_1^D + \pi(c_1^U - c_1^D)$$

$$\Rightarrow \left[\frac{c_1^U(e^{r\Delta t} - D) - c_1^D(e^{r\Delta t} - U)}{U - D} - \frac{c_1^D(U - D)}{U - D}\right] = \pi(c_1^U - c_1^D)$$

$$\Rightarrow \left[\frac{c_1^U(e^{r\Delta t} - D) - c_1^D e^{r\Delta t} + c_1^D U - c_1^D U + c_1^D D}{U - D}\right] = \pi(c_1^U - c_1^D)$$

$$\Rightarrow \left[\frac{(e^{r\Delta t} - D)(c_1^U - c_1^D)}{U - D}\right] = \pi(c_1^U - c_1^D) \Rightarrow \pi = \frac{e^{r\Delta t} - D}{U - D}$$

附錄 2

利用（4-66）式可得：

$$F(0,2) = F(1,2)^U - m_0 S_1^U - B_0 e^{r\Delta t} = F(1,2)^U - m_0 S_1^U + m_0 S_0 e^{r\Delta t}$$

$$= F(1,2)^U + m_0(S_0 e^{r\Delta t} - S_1^U)$$

$$= F(1,2)^U + \left[\frac{F(1,2)^U - F(1,2)^D}{S_1^U - S_1^D}\right](S_0 e^{r\Delta t} - S_1^U)$$

$$= F(1,2)^U \left[\frac{S_1^U - S_1^D}{S_1^U - S_1^D}\right] + \left[\frac{F(1,2)^U - F(1,2)^D}{S_1^U - S_1^D}\right](S_0 e^{r\Delta t} - S_1^U)$$

$$= \frac{F(1,2)^U S_1^U - F(1,2)^U S_1^D + F(1,2)^U S_0 e^{r\Delta t} - F(1,2)^U S_1^U - F(1,2)^D S_0 e^{r\Delta t} + F(1,2)^D S_1^U}{S_1^U - S_1^D}$$

$$= F(1,2)^U \left[\frac{S_0 e^{r\Delta t} - S_1^D}{S_1^U - S_1^D} \right] + F(1,2)^D \left[\frac{S_1^U - S_0 e^{\Delta t}}{S_1^U - S_1^D} \right]$$

$$= F(1,2)^U \left[\frac{S_0 e^{r\Delta t} - S_1^D}{S_1^U - S_1^D} \right] + F(1,2)^D \left[\frac{S_1^U - S_1^D}{S_1^U - S_1^D} - \frac{S_0 e^{\Delta t} - S_1^D}{S_1^U - S_1^D} \right]$$

$$= \pi F(1,2)^U + (1 - \pi) F(1,2)^D$$

本章習題

1. 若對數報酬率屬於簡單的隨機漫步過程，我們有幾種方式可以模擬出資產價格的走勢？

2. 為何對數報酬率就是連續的報酬率？

3. 若 $\mu = 0.96\%$、$\sigma = 22.03\%$、$S_0 = 8756.5$ 以及 1 年有 252 個交易日，試利用（4-9）式模擬出 1～4 年 S_T 的各 100 種時間走勢。

4. 續上題，若改成用（4-10）式模擬呢？

5. 續上題，假定 $q = 0$，計算指數價格 3 個月後落於 7,000 點與 9,000 點之間的機率。

6. 續上題，我們如何於常態分配與對數常態分配計算機率？

7. 就圖 4-6 而言，其中位數為何？可用何方式表示？提示：可參考該圖的 R 指令。

8. 若以連續型的方式來表示 GMP，其數學型態為何？提示：$dX_t = \alpha dt + \sigma dW_t$。

9. 何謂 GMP？試解釋之。

10. 試模擬或繪製出 GMP 的日、週以及月之時間走勢圖。

11. GMP 或維納過程受到外力衝擊的影響是暫時性的，抑或是恆久性的結果？

12. 為何 GMP 或維納過程會有崎嶇不平的走勢？試解釋之。

13. 為何維納過程就是由大小程度不一的外力衝擊所構成？（就股價而言，我們預測不到的部分，就是與股價無關的外力衝擊）。

14. GMP 與 GBM 有何不同？試解釋之。

15. 續上題，其與簡單的隨機漫步過程有何不同？

16. 何謂 Itô's lemma？試解釋之。

17. 續 1.2.2 節的例 3，若 $T = 0.5$，則波動率估計值的次數分配爲何？

18. 續 1.2.2 節的例 3，若 $T = 2$，則波動率估計值的次數分配爲何？

19. 我們如何模擬出 GBM 的時間走勢？試解釋之。

20. GBM 與對數常態分配有何關係？

21. 何謂二項式隨機漫步過程？試舉一例說明。

22. 續上題，試將讀者的例子以二元樹狀圖表示。

23. 擲一個公正的骰子 N 次，其結果爲何？該結果是否可以用二項式分配表示？

24. 於圖 4-20 內，若 $p = 1/6$，其結果爲何？

25. 續上題，本書的骨幹是假定資產價格屬於對數常態分配，我們可有多少種方法可以得出資產價格接近於對數常態分配？試說明之。

26. 資產價格屬於對數常態分配的假定有何特色？其優缺點爲何？

27. 試用中文說明「抽出放回搭配蒙地卡羅」模擬方法。

28. 試解釋圖 4-23 的意思。

29. 何謂二元樹狀圖？其有何用處？

30. 假定 $S_0 = 100$、$T = n\Delta t = 1$、$\mu = 0.11$ 以及 $\sigma = 0.25$，試利用（4-30）式繪製出 $n = 3$ 的二元樹狀圖。

31. 續上題，試利用 $e^{-\mu\Delta t}$ 將二元樹狀圖「還原」，結果爲何？

32. 續上題，若 $e^{-r\Delta t}$ 取代 $e^{-\mu\Delta t}$，其中 $r = 0.02$ 表示無風險利率，結果又爲何？

33. 續上題，有何涵義？

34. 何謂 CRR 方法？有何優點？

35. 試解釋二項式模型。

36. 假定 $S_0 = K = 9200$、$r = 0.02$、$\sigma = 0.25$ 以及 $T = n\Delta t$，試使用 CRR 方法計算 $n = 5$ 的歐式買權價格。

37. 續上題，計算每期對應之 m_t 與 B_t。

38. 假定 $S_0 = 9200$、$K = 9300$、$r = 0.02$、$\sigma = 0.25$ 以及 $T = n\Delta t$，試使用 CRR 方法計算 $n = 6$ 的歐式賣權價格。

39. 續上題，計算每期對應之 m_t 與 B_t。

40. 假定 $S_t = K = 8200$、$q = 0$、$r = 0.02$、$\sigma = 0.25$ 以及 $T = 0.8$，試利用 BS 公式計算買權之 δ 值。

41. 續上題，試解釋該估計 δ 值的意思。

42. 續上題，若 $S_t = 8200$ 為未知，試繪製出所有的 δ 值。

43. 為何選擇權的定價不需要考慮投資人必要報酬率的估計值？

44. 按照二項式模型，選擇權的價格會受到哪些因素的影響？

45. 為何 π 值可以稱為風險中立的機率？

46. π 值亦可以稱為等值平賭機率，試解釋之。

47. 何謂平賭過程？

48. 若對數股價於 T 期屬於平均數與變異數分別為 $\log S_0 + \mu T$ 與 $\sigma^2 T$ 的常態分配，我們如何將對數股價轉換成一種平賭過程？

49. 續上題，試舉一例說明。

50. 我們如何找出 π 值？

51. CRR 與 JR 模型有何不同？試解釋之。

52. $S_0 = 100$、$K = 90$、$r = 0.1$、$\sigma = 0.25$、$q = 0.01$ 以及 $T = 0.75$，試分別利用 CRR 方法與 JR 方法計算歐式買權的價格。

53. 續上題，假定 $n = 5$，利用 fOptions 程式套件繪製出歐式賣權之 CRR 模型的二元樹狀圖。

54. 我們如何利用臺指賣權從事資產組合保險？試解釋之。

55. 續 3.2.1 節的例 4，若管理者選擇履約價為 8,400 點的賣權，其結果又為何？假定賣權價格為 450 點。

56. 股票選擇權與指數選擇權有何不同？

57. 若考慮連續的股利支付率，於二項式模型內，如何做調整？試解釋之。

58. 我們如何利用二項式模型計算匯率選擇權價格？試解釋之。

59. 如何利用 fOptions 程式套件計算匯率選擇權價格？

60. 何謂股價指數期貨合約選擇權？試解釋之。

61. 我們如何利用二項式模型計算股價指數期貨合約選擇權？試解釋之。

62. 續上題，該二項式模型與股價指數選擇權的二項式模型有何不同？

Chapter 5

BSM模型

敏感的讀者應會注意到第 4 章的二項式模型一定與 BS 模型有關聯，否則我們怎麼會使用 BS 模型的估計值為標的，來評估二項式模型所計算出的歐式買權或賣權價格？沒錯，於衍生性商品定價模型內，除了 BS 模型外，有可能找不到完整的數學公式可供計算衍生性商品的公平價格；換句話說，我們不需要訴諸於隨機微積分或偏隨機微分方程式等複雜抽象的數學方法，反而利用 BS 公式很快就能計算出歐式買權或賣權的價格。因此，原始 BS 模型的貢獻是不容忽視的，不過因 Robert Merton 及時使用平賭定價法修正原始的 BS 模型，故現今 BS 模型亦可稱為 BSM 模型[1]。

嚴格來講，二項式模型與 BSM 模型的關係是相當密切的，因為二模型的假定幾乎完全相同；或是說，BSM 模型是一個連續的模型，其有完整的數學公式，而二項式模型卻是對應的間斷模型，其反而是使用數值方法（numerical method）。因此，於二項式模型內的動態調整（即 m_t 與 B_t 的隨時間調整）是屬於間斷的，但是於 BSM 模型內則是屬於連續的動態調整；換言之，若能「無縫接軌」，二項式模型與 BSM 模型其實是相同的。職是之故，本章欲介紹 BSM 模型，相當於在介紹二項式模型的連續型態數學模型。

雖然 BSM 模型是一種完整的數學模型，不過於實際的應用上，至少有下列四點值得我們注意：

---

[1] Black, F. and M. Scholes (1973), "The pricing of options and corporate liabilities", *Journal of Political Economy*, 81, 637-659. Merton, R. C. (1973), "Theory of rational option pricing", *Bell Journal of Economics and Management Science*, 4, 141-83. Fischer Black 與 Robert Merton 二人於 1997 年得到諾貝爾經濟學獎。

(1) 直覺而言，於二項式模型內若 m_t 與 B_t 的調整相當頻繁，此舉雖可降低標的資產價格變動所引起的風險（即 Delta 避險），不過此時交易成本不是相當可觀嗎？顯然 BSM 模型並沒有考慮該交易成本。

(2) 除了標的資產價格變動所引起的風險外，尚存在利率或波動率等變動所引起的風險；也就是說，BSM 模型背後假定利率或波動率等參數固定不變，但是於實際市場交易內，卻非如此。

(3) 畢竟 BSM 模型仍只是一種估計歐式選擇權價格的模型，該模型本身就存在著誤差，我們是否還有其他的替代模型可以降低該誤差？

(4) BSM 模型假定標的資產價格屬於 GBM 或對數常態分配，倘若標的資產價格並不屬於上述分配，則使用 BSM 模型的誤差為何？

　　因此，BSM 模型並非是一種完美無缺失的模型，不過因 BSM 模型幫我們建立許多亦可適用於檢視其他複雜的選擇權商品的觀念與方法，故我們仍需進一步檢視 BSM 模型。

　　本章我們將分成三節來介紹 BSM 模型。第 1 節將介紹 BSM 模型的使用與應用；第 2 節將利用 Delta 避險觀念導出 BSM 模型的另一種表示方式（偏微分方程式）；第 3 節則有關於 BSM 的避險參數的介紹。

1.BSM 模型

　　於本節我們將分成二個部分來介紹 BSM 模型。首先，第一部分將說明 BSM 模型的性質以及使用方式；第二部分則介紹 BSM 模型的應用。

1.1BSM 模型的使用

　　如前所述，BSM 模型可用於估計歐式選擇權的（公平）價格，其買權與賣權價格可寫成：

$$c_t = S_t e^{-q(T-t)} N(d_1) - K e^{-r(T-t)} N(d_2) \qquad (5\text{-}1)$$

與

$$p_t = Ke^{-r(T-t)}N(-d_2) - S_t e^{-q(T-t)}N(-d_1) \quad\quad （5-2）$$

其中

$$d_1 = \frac{\log(S_t / K) + (r - q + \sigma^2 / 2)(T - t)}{\sigma\sqrt{T-t}} \quad\quad （5-3）$$

以及

$$d_2 = \frac{\log(S_t / K) + (r - q - \sigma^2 / 2)(T - t)}{\sigma\sqrt{T-t}} = d_1 - \sigma\sqrt{T-t} \quad\quad （5-4）$$

其中 c_t、p_t 與 S_t 分別表示第 t 期買權價格、賣權價格以及標的資產價格；另外，K、r、q、σ 以及 T 分別表示履約價、無風險利率、股利支付率、波動率以及到期日。最後，$N(\cdot)$ 表示標準常態分配的 CDF。（5-1）～（5-4）式是可以延伸的；也就是說，若我們要計算 c_0 與 p_0 值，其實只要將各式內的第 t 期視為第 0 期即可。

　　BSM 模型通常被視為一種可以決定歐式股票選擇權價格的模型，因此若仔細檢視（5-1）～（5-4）式的型態，我們不難想像出 BSM 模型背後的假定；換言之，BSM 模型的推導是透過下列的假定：

(1) 股票的連續報酬率是屬於獨立的常態分配，此隱含著股價是屬於對數常態分配或 GBM。
(2) 股票連續報酬率的波動率是已知且為一個固定數值。
(3) 未來股利的支付是已知的。
(4) 無風險利率是一個已知的常數。
(5) 不存在交易成本與租稅。
(6) 投資人幾乎可以從事低成本的放空操作以及用無風險利率借貸。

　　上述 (2)～(6) 的假定通常較容易出現財務或經濟理論的假定上，畢竟財務或經濟理論的存在並不受限於經濟環境的限制。因此，就 BSM 模型而言，比較特別或重要的假定是假定 (1)；也就是說，若假定股價服從對數常態分配或

GBM，其相當於假定股價的時間走勢不會出現「跳動（jumps）」的情況，而反而是屬於一種連續性的走勢。

於（5-1)～(5-4) 式內，不僅可以看出買權與賣權價格因有完整的數學公式，故我們可以利用 R 自行設計出 c_t 與 p_t 的函數；另一方面，於上述式子內亦可看出 c_t 與 p_t 值會受到 6 個參數的影響，其中 r、q、σ 以及 T 皆以年率表示，我們先來看例 1 與 2。

例 1

假定 $S_t = 41$、$K = 40$、$\sigma = 0.3$、$r = 0.08$、$T = 0.25$（3 個月）以及 $q = 0$，試計算 BSM 之買權與賣權價格。

解 利用（5-1)～(5-4) 式，可知：

$$\hat{d}_1 = \frac{\log\left(\dfrac{41}{40}\right) + \left(0.08 - 0 - \dfrac{0.3^2}{2}\right)(0.25)}{0.3\sqrt{0.25}} \approx 0.373$$

與

$$\hat{d}_2 = \hat{d}_1 - \sigma\sqrt{T} \approx 0.373 - 0.3\sqrt{0.25} \approx 0.223$$

故買權的價格為：

$$41e^{-(0)(0.25)}N(\hat{d}_1) - 40e^{-(0.08)(0.25)}N(\hat{d}_2) \approx 3.399$$

而賣權的價格為：

$$40e^{-(0.08)(0.25)}N(-\hat{d}_2) - 41e^{-(0)(0.25)}N(-\hat{d}_1) \approx 1.607$$

因此距離到期日尚有 3 個月的歐式買權與賣權價格分別約為 3.399 與 1.607。

例2　間斷的股利支付

續例 1，該股票 1 個月後將支付 3 元的股利，則買權與賣權的價格又為何？

解　我們可以先計算出 3 元股利的現值，即：

$$PVD = 3e^{-0.08(1/12)} \approx 2.98元$$

然後再以 $S_t' = S_t - PVD = 41 - 2.98 = 38.02$ 元取代 S_t。利用 S_t' 以及 $q = 0$，我們重新以 BSM 公式計算可得出買權與賣權的價格分別約為 1.763 元與 2.951 元。顯然，股利的支付會降低買權的價格，同時拉高賣權的價格。

讀者透過上述例 1 與 2 以及所附的 R 指令，自然會發現如何使用 BSM 模型。因此，我們要使用 BSM 模型之前，反而需要了解各參數所扮演的角色。我們可以先藉由圖形如圖 5-1 與 5-2 說明。上述二圖基本上是以 $K = 9,200$、$r = 0.2$、$q = 0.2$、$T = 0.5$ 以及 $\sigma = 0.5$ 為基準，為了得出不同參數值對 c_t 與 p_t 值的影響，於圖 5-1 與 5-2 內，我們分別再考慮單一參數的二種可能值，如此自然看出該參數值對 c_t 與 p_t 值的影響。

我們先檢視圖 5-1 的結果。首先若檢視各圖內的走勢圖，圖 5-1 內各圖的買權價格曲線不就顯示出 $\partial c_t / \partial S_t > 0$ 的結果嗎？換言之，對買權而言，標的資產價格愈高（低）愈有利（不利），是故買權價格與標的資產價格之間是呈正向的關係。另外，圖 5-1 內的圖 (a) 是考慮不同履約價對買權價格的影響，除了履約價為 9,200 外（其對應的買權價格曲線為一條實線），我們再分別考慮履約價為 8,800 與 9,600 的二種可能（其對應的買權價格曲線皆以虛線表示）；即於圖內可看出，若其他情況不變，履約價與買權價格之間是呈負向的關係，可寫成 $\partial c_t / \partial K < 0$。按照同樣的推理方式，其餘各圖隱藏的結果分別為 $\partial c_t / \partial r > 0$、$\partial c_t / \partial T > 0$ 以及 $\partial c_t / \partial \sigma > 0$。

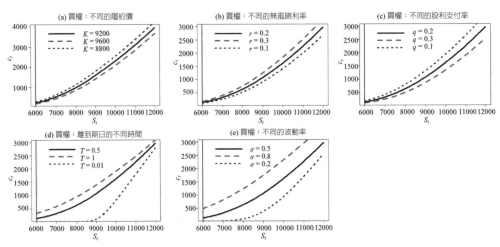

圖 5-1　受到不同參數值影響的歐式買權價格曲線

類似於圖 5-1，讀者應不難解釋圖 5-2 的結果。因此，我們可以進一步整理出：

$$c_t = f(S_t, K, r, T, \sigma) \text{ 與 } p_t = g(S_t, K, r, T, \sigma) \qquad (5\text{-}5)$$
$$ +\ \ -\ \ +\ +\ + \phantom{\text{ 與 } p_t = g(} -\ \ +\ -\ +\ +$$

其中例如因 $\partial c_t / \partial S_t > 0$ 與 $\partial c_t / \partial K < 0$，故函數底下分別以「＋」與「－」符號表示，其餘可類推。讀者可以嘗試解釋各符號的含意。

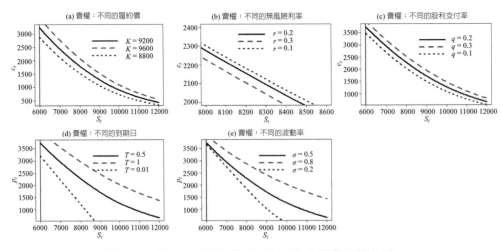

圖 5-2　受到不同參數值影響的歐式賣權價格曲線

例3　再談波動率之估計

由（5-5）式可以看出（BSM 模型）買權與賣權價格會受到不同參數值的影響，因此若我們欲利用（5-1）～（5-2）二式估計買權或賣權價格，則需事先估計上述參數值。不過，就上述不同參數的估計而言，其中以波動率的估計較爲麻煩，可以參考第 4 章 1.2.2 節。底下，我們舉一個實際的例子說明。

若我們想要利用 BSM 模型估計臺股指數選擇權（TXO）的買權與賣權價格，第一個步驟恐怕是要先繪製出臺股指數的時間走勢圖，如圖 5-3 上圖的走勢圖所示，該圖是利用 2000/1/4～2017/8/11 期間臺股指數日收盤價所繪製而成。假定我們所處的時間剛好是 2010/10/21（標的資產日收盤價爲 8,131.23 點），故我們所面對的有 2011 年 1 月期履約價爲 9,000 點的買權與賣權合約，該合約的期間爲 2010/10/21～2011/1/19，上述合約期間則繪製如圖內垂直虛線所示（2011/1/19 標的資產日收盤價則爲 9,086.02 點）。因此，從「事後」來看，臺股指數正處於多頭行情，只是於 2010/10/21 當時未必能看出。

圖 5-3 的中圖繪製出前述臺股指數日對數報酬率的時間走勢，於圖內可看出上述買權與賣權合約期間臺股指數的「波動」並不大；不過，於當時我們也未必能清楚事後的結果。雖說如此，我們倒是從圖內可以看出一個結果來，即空頭（行情）時波動擴大，多頭（行情）時波動縮小。換句話說，我們雖然無法從日收盤價的走勢看出「波動」，不過倒是可以從「行情」的走勢如空頭或多頭行情得知「波動」的變化；比較重要的是，我們反而可以從日對數報酬率的時間走勢看出「波動」的變化，因此我們習慣上是以日對數報酬率的（樣本）標準差估計波動率（以年率表示，可以參考第 4 章）。

其實，日對數報酬率的時間走勢圖內尚有一個特色值得我們注意，就是波動率具有群聚（volatility clustering）的現象，即「大波動伴隨大波動或是小波動伴隨著小波動」[2]。既然波動率具有群聚的現象，即使不知未來行情如何，我們不就可以利用滾動的（或稱移動的）波動率估計嗎？假定 1 年有 252 個交易日，圖 5-3 的下圖繪製出每隔 1 年的滾動的波動率估計值時間走勢，果然於上述買權與賣權合約期間內，我們所估計出的波動率估計值是下降的。

---

[2] 我們也可以解釋爲何存在著上述現象，即受到一個外力衝擊後會有「餘波盪漾」結果。

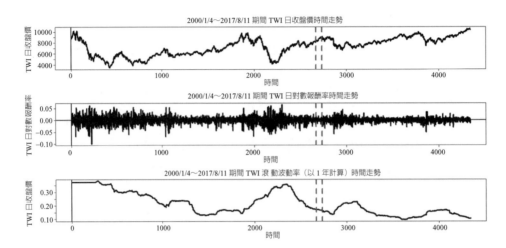

圖 5-3　TWI 日收盤價、日對數報酬率以及波動率時間走勢（2000/1/4～2017/8/11）

隱含波動率

　　就（5-1）與（5-2）式而言，若知道所有的參數值，則使用市場上實際的買權與賣權價格，我們豈不是可以計算該市場價格所隱藏的買權與賣權的隱含波動率（implied volatility）嗎？以例 1 內買權與賣權合約為例[3]，利用 TEJ 與例 1 內的資料[4]，我們可以分別利用 BSM 模型計算出理論的買權與賣權價格序列資料，而其時間走勢圖則繪製如圖 5-4 所示（左圖為買權而右圖為賣權）。換言之，圖 5-4 內的左（右）上圖繪製出買權（賣權）實際與理論價格的時間走勢，雖說理論的買權價格普遍高於實際的買權價格，但是賣權的理論與實際價格卻不分軒輊，因此於圖內我們的確看出 BSM 模型扮演著重要的參考依據。

　　若我們進一步利用買權與賣權的實際價格計算隱含的波動率，其結果就繪

---

[3]　二合約簡寫成 TXO201101C9000 與 TXO201101P9000。

[4]　除了買賣權日結算價資料取自 TEJ 外，我們再使用 TEJ 所提供的無風險利率資料（1 年期定存），即 2010/10/21～2011/1/4 為 1.13% 而 2011/1/5～2011/1/19 為 1.19%。至於波動率估計值與臺股指數日收盤價的資料則取自例 1。另外，假定股利支付率為 0。

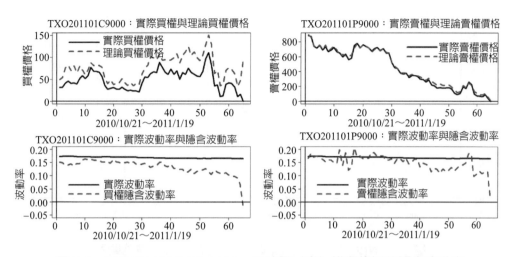

圖 5-4　TXO201101C (P) 9000　理論買（賣）權價格以及隱含波動率

製於圖 5-4 內的下圖[5]；有意思的是，買權與賣權的隱含波動率序列竟會隨時間逐日下降，隱含著多頭行情。

　　了解 BSM 模型的使用方式後，接下來我們來看 BSM 模型內 $N(d_1)$ 與 $N(d_2)$ 所扮演的角色，可以參考圖 5-5。圖 5-5 是按照圖 5-2 的「基本參數值假定」所繪製而成的，其中垂直虛線可以對應至履約價。由於 $N(\cdot)$ 表示標準常態分配的 CDF，利用常態分配為一個對稱分配的性質，我們不難得到 $N(d_i) + N(-d_i) = 1$（$i = 1,2$）的結果，如圖內的水平虛線所示；因此，$N(-d_i)$ 可以由計算 $1 - N(d_i)$ 而得。於第 4 章 1.1 節內，我們已經說明了 $N(d_2)$ 以及 $N(-d_2)$ 的意義，其分別可以表示 $P(S_t > K)$ 以及 $P(S_t \leq K)$。因此，於圖 5-5 的右圖內，我們進一步以實線表示上述的關係，可注意於履約價（垂直虛線）上的二點，其分別表示 $N(d_2)$ 以及 $N(-d_2)$，故二點累積機率的相加等於 1。

　　至於 $N(d_1)$ 以及 $N(-d_1)$ 的意義則與部分預期（partial expectation）或稱為截斷預期（truncated expectation）的觀念有關。考慮一個二項式模型與履約價為 50 元的賣權合約，假定於到期時標的資產價格分別為 20 元、40 元、60 元

---

[5] 我們是使用牛頓逼近法（Newton-Raphson method）計算隱含波動法，該方法可以參考《財統》或《財數》。

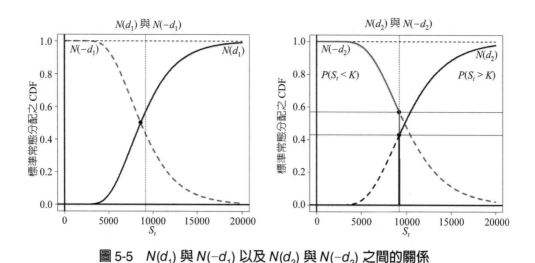

圖 5-5 $N(d_1)$ 與 $N(-d_1)$ 以及 $N(d_2)$ 與 $N(-d_2)$ 之間的關係

以及 80 元，而其對應的機率值則分別為 1/8、3/8、3/8 與 1/8。於此假定下，可知該賣權處於價內的未來價格分別為 20 元與 40 元；因此，類似於期望值的計算，我們可以計算出部分的預期值如：

$$\sum_{S_T < 50} P(S_T)S_T = \frac{1}{8} \times 20 + \frac{3}{8} \times 40 = 17.5元$$

換言之，我們如何解釋上述的 17.5 元？此不是表示只計算 $E(S_T)$ 內的 $S_T < K$ 部分嗎？也就是說，未來標的資產價格的預期可以讓該賣權處於價外、價平以及價內三種結果，而我們只截取其中一個部分的預期結果（即後者）而已。

值得注意的是，部分預期值並非條件預期值；換句話說，按照上述簡單的例子，可知未來價格小於 50 元的機率為 1/2，即 $P(S_T) = 1/2$，因此可以進一步計算部分的條件預期值為：

$$\sum_{S_T < 50} P(S_T \mid S_T < 50)S_T = \frac{\left(\dfrac{1}{8} \times 20 + \dfrac{3}{8} \times 40 \right)}{0.5} = 35元 \ ^6$$

即該賣權處於價內的條件下，未來 S_T 的預期值為 35 元。

6　可記得條件預期值為 $E(y \mid x) = \sum yP(y \mid x)$，其中 $P(y \mid x)$ 表示條件機率。

上述的觀念可以繼續延伸，我們再重新檢視（5-1）與（5-2）二式，其分別可以再寫成：

$$c_t = e^{-r(T-t)} E^\pi(S_T \mid S_T > K) P^\pi(S_T > K) - e^{-r(T-t)} E^\pi(K \mid S_T > K) P^\pi(S_T > K)$$
（5-6）

與

$$p_t = e^{-r(T-t)} E^\pi(K \mid K > S_T) P^\pi(K > S_T) - e^{-r(T-t)} E^\pi(S_T \mid K > S_T) P^\pi(K > S_T)$$
（5-7）

其中 $E^\pi(S_T \mid S_T > K)$ 與 $E^\pi(S_T \mid K > S_T)$ 分別表示於 $S_T > K$ 與 $K > S_T$ 的條件下對 S_T 的預期。

將（5-1）與（5-2）二式改以用（5-6）與（5-7）二式表示是不意外的，因為買權與賣權的價格相當於分別在計算於 $S_T > K$ 與 $K > S_T$ 的條件下，$S_T - K$ 與 $K - S_T$ 預期值的現值。上述二個條件期望值若換成分別用買權與賣權解釋，不就是表示「選擇權價內的預期」嗎？也就是說，其不是表示「於買權（賣權）屬於價內的條件下，對未來價格的預期」嗎？只不過是二者的預期是以「虛構的機率值 π」計算。

其實（5-6）與（5-7）二式的寫法，我們也不會太陌生，因為二式就是在描述 $e^{-rt}c_t$ 與 $e^{-rt}p_t$ 皆是屬於一種平賭過程；換句話說，若我們能找到等值平賭機率例如 π，BSM 模型內的買權與賣權價格竟皆是一種平賭過程！此種結果我們也不意外，因為第 4 章的二項式模型早就幫我們指出上述結果了。因此，若比較（5-1）～（5-2）以及（5-6）～（5-7）式，我們可以得出買權與賣權於價內的條件預期值分別為：

$$E(S_T \mid S_t > K) = S_t e^{(\mu-q)(T-t)} \frac{N(d_1)}{N(d_2)}$$
（5-8）

與

$$E(S_T \mid K > S_t) = S_t e^{(\mu-q)(T-t)} \frac{N(-d_1)}{N(-d_2)} \tag{5-9}$$

其中 μ 仍是表示投資人的必要報酬率。因此，我們可以解釋爲何 BSM 模型內的買權與賣權價格如（5-1）與（5-2）式內爲何不使用 μ 而使用無風險利率 r。原來於 BSM 模型內，我們也可以像二項式模型一樣，找到一個能複製買權或賣權的無風險資產組合，透過套利理論，該無風險資產組合自然也有 r 的報酬。另一方面，除了 $N(d_2)$ 以及 $N(-d_2)$ 的意義之外，（5-8）與（5-9）二式，說明了 $N(d_1)$ 以及 $N(-d_1)$ 所扮演的角色，其竟然與部分的預期有關。

我們繼續延續圖 5-5 內的假定，另外假定 $\mu = 0.3$ 以及 $t = 0.5$，利用（5-8）與（5-9）二式，可以繪製出 $E(S_T \mid S_t > K)$ 與 $E(S_T \mid S_t < K)$ 的圖形如圖 5-6 內的實線所示，可以留意圖內實線是表示標的資產價格的（條件）預期值。我們分別舉二個例子說明。就買權而言，假定目前標的資產價格爲 10,000（點）而履約價爲 9,200（點），即 $S_t = 10,000$ 而 $K = 9,200$，顯然該買權是處於價內的情況，我們可以進一步利用（5-8）式計算 S_T 的預期價格爲 13,253.74（點），此結果就表現於圖 5-6 左圖內的黑點；同理，若 $S_t = 8,000$，則於 $K = 9,200$ 下，賣權亦是處於價內的情況，利用（5-9）式，我們可以得到 S_T 的預期價格爲 6,885.43（點），其亦表現於右圖內的黑點上。

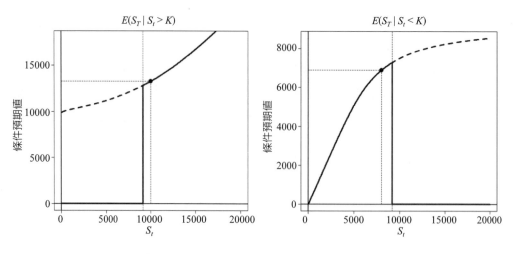

圖 5-6　$E(S_T \mid S_t > K)$ 與 $E(S_T \mid S_t < K)$

檢視買賣權平價理論

　　第二章我們曾介紹（歐式）買賣權平價理論，利用 BSM 模型我們可以重新檢視該理論。重寫（2-10）式，可得：

$$p(S_T, K, r, T, \sigma) - c(S_T, K, r, T, \sigma) + S_T = K \tag{5-10}$$

　　（5-10）與（2-10）二式的最大差別是，於前者除了考慮無風險利率 r 外，我們也多加上波動率參數 σ 的考慮。（5-10）式提醒我們（貼現）債券可以利用買一個賣權、賣一個買權以及買標的資產的投資策略複製；換言之，（5-10）式又可寫成：

$$p(S_t, K, r, T, \sigma) - c(S_t, K, r, T, \sigma) + S_t = e^{-r(T-t)}K \tag{5-11}$$

即（5-11）式類似於（2-9c）式。利用圖 5-4 內的資料，我們可以進一步檢視臺股指數選擇權如 TXO201101C9000 與 TXO201101P9000 合約，是否符合買賣權平價理論，其結果就繪製如圖 5-7 所示 [7]。

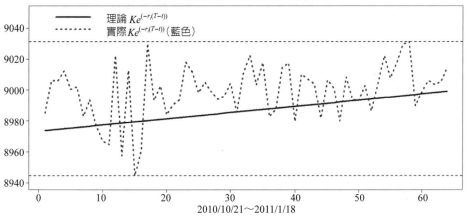

圖 5-7　用 TXO201101C9000（P9000）合約檢視買賣權平價理論

---

[7] 圖 5-7 只繪製出 2010/10/21～2011/1/18 期間的結果，即只繪製至到期日的前一天走勢。

利用 BSM 模型，我們不難證明（5-11）式的確是存在的，其結果就如圖內的實線所示，故該實線我們稱爲理論的 $Ke^{-r(T-t)}$ 線；另一方面，(藍色)虛線則稱爲實際的 $Ke^{-r(T-t)}$ 線，表示該虛線是利用標的資產價格、實際買權與賣權結算價計算而得。比較理論的 $Ke^{-r(T-t)}$ 線與實際的 $Ke^{-r(T-t)}$ 線之間的差距，可以得出以後者複製（貼現）債券的最大高估與低估值（前者約爲 49.8 點而後者則約爲 34.81 點）；換言之，以實際的標的資產價格、實際買權與賣權結算價複製 $Ke^{-r(T-t)}$，其誤差大概介於 49.8 點與 -34.81 點之間。

1.2 BSM 模型的應用

如前所述，BSM 模型通常用於計算歐式股票選擇權的公平價格，當然我們亦可將 BSM 模型推廣至其他型態的（歐式）選擇權上。第 4 章的 3.2 節我們曾介紹二項式模型於指數選擇權、外匯選擇權以及期貨（合約）選擇權等的應用，理所當然 BSM 模型亦可應用於上述選擇權上；因此，本節亦將分成三個部分來介紹 BSM 模型的應用。

1.2.1 指數選擇權

首先，我們先來看指數選擇權的應用。一般而言，資產組合（基金）的管理者（操盤人）可以利用指數選擇權以保障該資產組合價值下跌的風險。如前所述，賣權具有資產組合保險的功能，因此該管理者可以利用臺指賣權合約避險（每點相當於新臺幣 50 元）。假定該管理者以複製臺股指數爲操盤的目標，該管理者所得到的資產組合的 β 值應該等於 1，此隱含著該資產組合的報酬幾乎接近於臺股指數的報酬。若我們進一步假定該資產組合與臺股指數的股利收益率相同，則該資產組合幾乎可以視爲臺股指數的替代品。

假定目前該資產組合的市場價值爲 450 萬元而目前臺股指數爲 9,000 點，即 $S_t = 9,000$，則每口臺指賣權合約價值相當於 45 萬元；因此，若該資產組合的 β 值等於 1，此相當於該管理者可以購買 10 口臺指賣權合約避險。假定該管理者計算出 $r = 0.02$、$q = 0.01$、$\sigma = 0.16$ 以及 $T = 0.25$（3 個月）而其有三種履約價分別 8,900 點、9,000 點以及 9,100 點的臺指賣權可供選擇。利用 BSM 模型，該管理者可以分別計算出上述三種賣權合約的價格分別爲 227.6844 點、275.019 點以及 327.6578 點，因買進 10 口合約，故（賣權）權利金的支出分別爲 113,842.2 元、137,509.5 元以及 163,928.9 元。有意思的是，上述三種賣

權合約可以保障 3 個月後該資產組合的價值分別不會低於 445 萬元、450 萬元以及 455 萬元。若讀者是該管理者，讀者會選擇哪一種賣權？

　　於上述的分析內，該管理者應買進賣權的口數為 10β；因此，若該資產組合的 β 值等於 2，則該管理者應買進 20 口的賣權。

例 1　利用期貨合約複製指數賣權

　　考慮臺股指數選擇權。假定 $S_0 = 9{,}200$、$K = 9{,}200$、$r = 0.02$、$q = 0.01$、$T = 63/365$ 以及 $\sigma = 0.2$。利用 BSM 模型可計算出臺指賣權合約的價格約為 326.62 點，因每點為新臺幣 50 元，故每口臺指賣權合約的權利金價值約為 16,331 元。假定某基金管理者發現其必須買進 100 口臺指賣權避險。如第 4 章所述，我們亦可使用標的資產如臺股指數與無風險性資產複製出上述臺指賣權，不過因臺股指數並不是一種商品，因此若將臺股指數改成與臺指賣權有相同到期期限的臺股指數期貨合約呢？根據期貨合約逐日按照市價結算的性質，利用臺股指數期貨合約與無風險性資產所形成的資產組合可以複製上述臺指賣權，該組合的價值可寫成：

$$16{,}331 = m_F \times 0 + B \Rightarrow B = 16{,}331$$

換言之，欲複製上述臺指賣權，投資人需存入 16,331 元的資金於無風險性資產上。

　　我們可以利用臺指賣權的 Delta 值等於「複製品」的 Delta 值以決定期貨合約的數量。本章的第 3 節我們會介紹歐式賣權的 Delta 值等於 $e^{-qT}[N(d_1) - 1]$，因此上述臺指賣權的 Delta 值約為 -0.4734，故臺股指數平均上升 1 元，該賣權合約的價值平均約會下降 $-0.4734 \times 50 = -23.6717$ 元。

　　利用第 3 章的（3-30）式，我們可以計算期貨合約的 Delta 值，即：

$$\frac{dF(t,T_F)}{dS(t)} = e^{(r-q)(T_F-t)} \Rightarrow dF(t,T_F) = e^{(r-q)(T_F-t)}dS(t)$$

　　即期貨合約的 Delta 值為 $e^{(r-q)(T_F-t)}$。於上式內，T_F 表示期貨合約的到期期限，而於本例中 $T_F = T$。將上述假定值代入上式，可得期貨合約的 Delta 值約

為 1.0017。因此，若臺股指數變動為 $dS(t)$，則期貨合約的價格會變動 $dF(t, T_F)$ = $1.0017dS(t)$，故資產組合價值的變動為：

$$m_F \times 200 \times dF(t, T_F) = m_F \times 200 \times 1.0017dS(t)$$

可記得臺股期貨每點為新臺幣 200 元；另一方面，臺股指數的變動並不會影響到無風險資產數量的變動。因資產組合的價值等於賣權的價格，故若臺股指數上升 1 點，即 $dS(t) = 1$，則資產組合價值約會下降 23.6717 元，即：

$$-23.6717 = m_F \times 200 \times 1.0017 \Rightarrow m_F \approx -0.1182 \qquad （5\text{-}12）$$

是故，投資人需賣出 0.1182 口臺股期貨合約方能複製一口臺指賣權合約；也就是說，該基金管理者需買進 100 口臺指賣權合約，相當於需賣出 12 口臺指期貨合約！

我們可以進一步將（5-12）式寫成一般的形式，即：

$$m_F = \frac{H_A}{H_F} \frac{A_1}{A_2} \qquad （5\text{-}13）$$

其中 H_A 與 H_F 分別表示臺指賣權與臺股指數期貨合約的 Delta 值，而 A_1 與 A_2 則分別表示臺指賣權與臺股指數期貨合約的價值。

例 2

一個資產組合價值 5 千萬元，為了避免該資產組合價值的下跌，該資產組合的管理者需要買進一種履約價為 4.85 千萬美元的歐式賣權。假定該資產組合是以模仿臺股指數為主，目前臺股指數為 10,000 點，而該管理者欲買進 1,000 口履約價為 9,750 點的半年期臺股指數賣權[8]；因此，於此情況下，$S_0 =$ 10,000、$K = 9,750$ 以及 $T = 0.5$；其次，假定 $r = 0.02$、$q = 0.01$ 以及 $\sigma = 0.25$。倘若該管理者無法購買上述臺指賣權，則其也可以自行用複製臺指賣權的方式

---

[8]　$9,750 \times 50 \times 1,000 = 4.85$ 千萬元。

進行避險；換言之，利用 BSM 模型我們可以計算出該臺指賣權的 Delta 值為：

$$e^{-qT}[N(d_1) - 1] \approx -0.3955$$

此隱含著 39.55% 的資產組合於期初需賣出並將所取得的資金投資於無風險性資產上。雖說如此，該管理者仍必須隨時監控該資產組合賣出的比重。例如：假定隔日臺股指數下跌至 9,900 點，此時臺指賣權的 Delta 值變成 −0.4175，則該資產組合賣出並投資於無風險性資產的比重就應再提高 2.2%；相反地，若隔日台股指數不降反升至 11,000，此時臺指賣權的 Delta 值反而變成 −0.2103，則反而原先資產組合的 18.52% 需買回。

例 3

續例 2，假定該管理者改用 9 個月期的臺指期貨合約複製臺指賣權，即 $T = 0.5$ 與 $T_F = 0.75$，則由例 1 可知該臺指期貨合約的 Delta 值約為：

$$H_F = e^{(r-q)T_F} = e^{(0.02-0.01)(0.75)} = 1.0075$$

而臺指賣權的 Delta 值則為：

$$H_A = e^{-qT}[N(d_1) - 1] = e^{-0.01(0.5)}[N(0.2022) - 1] \approx -0.3955$$

按照（5-13）式，可得：

$$m_F = \frac{H_A}{H_F} \frac{A_1}{A_2} = \frac{-0.3955}{1.0075} \frac{(S_0 \times 50)}{(S_0 \times 200)} = \frac{-0.3955}{1.0075} \frac{50}{200} \approx -0.0981$$

故該管理者應放空 98 口臺股期貨合約。

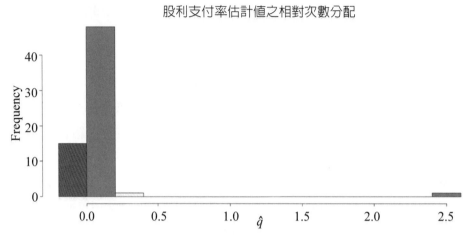

圖 5-8　TXO201101C9000（P9000）合約股利支付率估計值之次數分配圖

例 4　**估計股利支付率**

其實若有考慮到股利的支付，(5-11) 式可以再改寫成：

$$p(S_t, K, r, T, \sigma) - c(S_t, K, r, T, \sigma) + S_t e^{-q(T-t)} = e^{-r(T-t)} K \qquad （5-11a）$$

也就是說，利用 3.2.1 節內的 EDM，我們可以先除去股價（指數）股利的現值，即以$S_t e^{-q(T-t)}$取代 S_t；換言之，若檢視 BSM 模型，可以發現 BSM 模型就是使用 EDM 的做法，因此根據（5-11a）式，我們反而可以利用實際的買權與賣權價格序列估計股利支付率。利用圖 5-7 內的資料以及（5-11a）式，我們可以估計所隱含的股利支付率估計值；換言之，圖 5-8 繪製出該估計值的次數分配圖，由圖內可以看出股利支付率的估計值大致介於 0 與 20% 之間（即出現最多的次數）。我們可以進一步計算出該股利支付率估計值的中位數與平均數分別約為 1.48% 與 5.61%，此也許可以做為單一估計值的代表。

1.2.2　外匯選擇權

第 4 章 3.2.2 節我們曾以二項式模型計算歐式外匯選擇權的價格，自然後者的理論價格亦可用 BSM 模型計算。當我們欲利用 BSM 模型計算歐式外匯選擇權的價格時，只要將外匯視為股票，故匯率相當於股價，股利支付率相

當於外匯的利率，與股價同一幣別的利率就是 BSM 模型內的利率。例如：就美元兌人民幣選擇權合約（RHO）而言，BSM 模型內的無風險利率為人民幣利率 r_C，美元匯率為標的資產價格 S_t，故股利支付率 q 為美元（無風險）利率 r_U。假定 $S_0 = 6.3256$、$K = 6.4325$、$r_C = 0.03$、$r_U = 0.02$、$\sigma = 0.03$ 以及 $T = n\Delta t = 1$，利用 BSM 模型可以分別計算出（RHO）買權價格與賣權價格分別約為 0.0553 與 0.0974，故每口買權合約與賣權合約價值約為 5,531.44 人民幣與 9,736.05 人民幣（每口 RHO 合約的規格為 100,000 美元）。

　　除了利用 BSM 模型可以計算出（RHO）買權價格與賣權價格，我們亦可以使用二項式模型估計，其結果如圖 5-9 所示。於圖 5-9 內，我們利用上述假定以及考慮 $n = 1,2,\cdots,500$，利用（JR）二項式模型分別計算買權價格與賣權價格，其結果則分別繪製於左圖與右圖。從圖內可以看出，隨著 n 值的增加，以二項式模型估計的買權價格與賣權價格會趨向於 BSM 模型的計算值（紅色虛線），故圖 5-9 內的結果，依舊顯示出即使用於計算（歐式）外匯選擇權，二項式模型的極限仍為 BSM 模型。

例 1　再談到期收益曲線

　　利用 BSM 模型，我們可以容易地繪製出買權與賣權的買方與賣方的到期收益曲線。以圖 5-9 的 RHO 選擇權為例，假定 $T = 0$，則利用 BSM 模型可以繪製出四種交易者的到期收益曲線，如圖 5-10 所示。

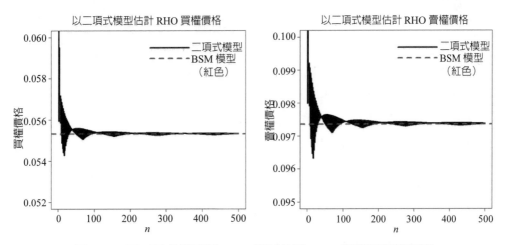

圖 5-9　用二項式模型與 BSM 模型估計 RHO 買權與賣權價格

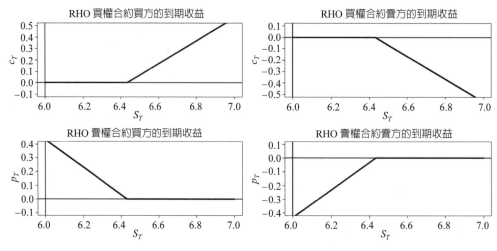

圖 5-10　RHO 買權與賣權合約的買賣方到期收益曲線

例2　波幅遠期合約

　　波幅遠期合約（Range-Forward Contract, RFC）可以說是一種（傳統）外匯遠期合約的改良；也就是說，外匯交易人因擔心未來外匯匯率的下跌，故可能以賣出該外匯遠期合約避險，不過單獨使用遠期合約卻無法消除未來該外匯匯率的上升所帶來的風險。同理，買遠期外匯雖可以避免未來外匯匯率上升的風險，但是若未來外匯匯率不升反降，該外匯交易人反而會有損失。

　　我們以上述美元兌人民幣匯率爲例。倘若外匯交易人以 K_1 的遠期匯率賣出美元的遠期合約，其到期收益曲線就繪製於圖 5-11 內的圖 (a)。如前所述，若交易人到期時手中有美元，只能以 K_1 的匯率賣出美元，但是卻無法以高於 K_1 的匯率賣出；同理，若交易人到期時並沒有美元現貨，此時實際匯率若高於 K_1，交易人反而會有損失。換言之，圖 (b) 繪製出以 K_2 的匯率買進遠期美元合約的到期收益曲線，我們可以看出到期時美元匯率若低於 K_2，買進遠期美元合約的交易人依舊會有損失。

　　我們發現使用美元（外匯）的選擇權合約似乎可以改善上述遠期交易的缺失。以前述 RHO 與圖 5-10 內的假定爲例，若買權（賣權）與美元（兌人民幣）遠期合約的期限一致，考慮二種履約價，即 $K_1 = 6.2325$ 與 $K_2 = 6.4325$。想像一種投資策略：分別買進 K_1 的賣權與賣出 K_2 的買權（一口）合約，其到期收

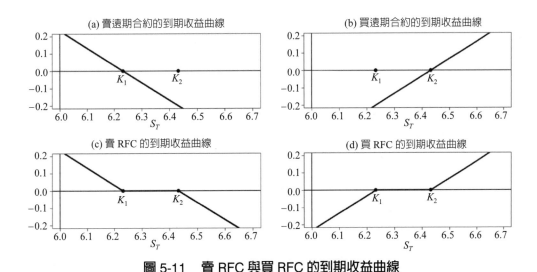

圖 5-11　賣 RFC 與買 RFC 的到期收益曲線

益曲線就繪製於圖 (c)。於圖內可看出該投資策略相當於以買權與賣權合約的「組合」操作，避免了 K_1 與 K_2 之間的波幅（range）風險，我們就稱該投資策略為一種賣出的 RFC。同理，一種買進的 RFC，相當於分別賣出 K_1 的賣權與買進 K_2 的買權（一口）合約，其到期收益曲線就如圖 (d) 所示；明顯地，買進的 RFC 改善了買遠期美元合約的缺失。

例 3　買權空頭與賣權多頭價差策略

續例 2，第 2 章我們曾介紹選擇權內的多頭與空頭價差交易，前者是指買低履約價同時賣高履約價買權（賣權）的交易組合策略，而後者則是指同時賣低履約價與買高履約價買權（賣權）的交易組合策略，當然上述買權與賣權的標的資產與到期期限須一致。利用圖 5-11 內的假定，我們倒是可以分別繪製出買權空頭與賣權多頭價差策略的到期收益曲線，如圖 5-12 所示。比較圖 5-11（下圖）與 5-12，竟可發現二者居然有些類似，讀者應可以解讀二者的意義。

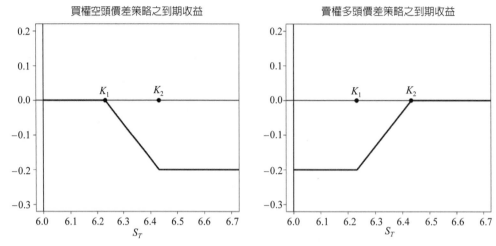

圖 5-12　買權空頭與賣權多頭價差策略之到期收益

例 4

　　考慮一種 4 個月期英鎊的歐式買權。假定目前英鎊的匯率為 1.6，英鎊與美元的無風險利率分別為 11% 與 8%，該買權的履約價為 1.6 美元而波動率為 20%。試計算該買權的價格。若該買權的價格為 0.043 美元，則其隱含的波動率為何？

解　因英鎊以美元計價，故可將英鎊視為一種股票，其股利支付率就是英鎊的利率；因此，假定 $S_0 = 1.6$、$K = 1.6$、$r = 0.08$、$q = 0.1$、$T = 4/12$ 以及 $\sigma = 0.2$ 的資訊，利用 BSM 模型可計算出買權的價格約為 0.0639 美元。當買權的價格為 0.043 美元時，其隱含的波動率約為 14.11%。

1.2.3 期貨合約選擇權或其他

　　如前所述，BSM 模型原本是用於計算歐式股票選擇權的價格，結果我們將其應用於計算歐式指數選擇權與歐式外匯選擇權價格上，於本節，我們繼續擴充 BSM 模型至計算歐式期貨合約或其他的歐式選擇權價格，其中的關鍵是連續的股利支付率的使用。也就是說，第 3 章 1.2 節已經提醒我們若無風險利率固定不變，遠期合約與期貨合約的價格會趨於一致；因此，我們可以改寫第 3 章的（3-30）式為：

$$F(t,T_F) = S_t e^{(r-q)(T_F-t)} = e^{r(T_F-t)} S_t e^{-q(T_F-t)} \qquad (5\text{-}14)$$

其中 $F(t, T_F)$ 為到期日為 T_F 之第 t 期期貨合約價格。透過（5-14）式，可以發現 $S_t e^{-q(T_F-t)}$ 項竟然就是「預付期貨合約」的價格 $F(t,T_F)e^{-r(T_F-t)}$，即：

$$S_t e^{-q(T_F-t)} = F(t,T_F)e^{-r(T_F-t)} \qquad (5\text{-}15)$$

換言之，根據期貨合約的理論價格如（3-30）式可知，淨股票價格（股價扣除掉股利支付的現值）竟然就是股票期貨合約理論價格的現值！

若期貨合約與以該期貨合約為標的資產的歐式選擇權的到期日一致，即 $T_F = T$，將（5-15）式代入 BSM 模型，可得：

$$c_t = e^{-r(T-t)}[F_t N(d_1) - KN(d_2)] \text{與} p_t = e^{-r(T-t)}[KN(-d_2) - F_t N(-d_1)] \qquad (5\text{-}16)$$

其中

$$d_1 = \frac{\log(F_t/K) + \frac{1}{2}\sigma^2(T-t)}{\sigma\sqrt{T-t}} \text{ 與 } d_2 = \frac{\log(F_t/K) - \frac{1}{2}\sigma^2(T-t)}{\sigma\sqrt{T-t}} = d_1 - \sqrt{T-t}$$

（5-16）式就稱為 Black 模型[9]。利用 Black 模型，我們可以計算歐式期貨合約選擇權的價格。例如：假定 $S_0 = 8,756.5$、$r = 0.02$、$q = 0.01$、$\sigma = 0.2203$、$K = 8,000$ 以及 $T = T_F = 1$，利用（5-14）式可以計算出期貨合約的理論價格約為 8,844.56，利用後者我們可用 Black 模型進一步計算出以該期貨合約為標的資產的買權與賣權價格分別約為 1,211.49 與 383.66。

事實上，我們也可以應用二項式模型估計上述假定的期貨合約的買權與賣權價格。假定 $T = n\Delta t = 1$，其中 $n = 1,2,\cdots,250$，即利用二項式模型（第 4 章）分別計算不同 n 之下的期貨合約買權與賣權價格，其計算結果就繪製於圖 5-13，圖內的（紅色）虛線表示 Black 模型的計算值。類似於圖 5-9 的結果，

---

[9]　其實再檢視（5-15）式，可知 Black 模型的導出相當於將 BSM 模型內的 S_t 與 q 分別以 F_t 與 r 取代。

圖 5-13 亦顯示出隨著 n 值的提高，不管買權價格抑或是賣權價格，二項式模型的估計結果皆會趨向於 Black 模型的計算值。因此，BSM 模型應用於歐式期貨合約選擇權上，就是 Black 模型。

若再檢視 Black 模型的導出過程，可發現該模型可以應用的範圍相當廣泛；也就是說，因期貨合約的標的資產可以是「種類繁多、五花八門」的商品，那不同標的資產的期貨合約選擇權（歐式），不就是皆可以利用 Black 模型計算出對應的理論買權與賣權價格嗎？

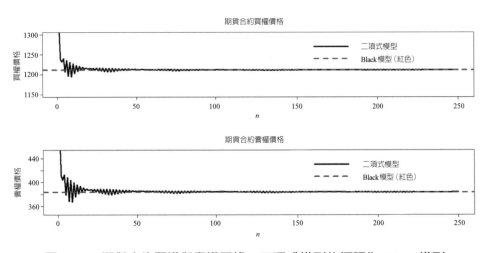

圖 5-13　期貨合約買權與賣權價格：二項式模型的極限為 Black 模型

例 1

考慮一種標的資產為原油的期貨合約的 4 個月期（歐式）賣權。目前該期貨合約的價格為 50 美元，賣權的履約價亦為 50 美元；假定無風險利率為 3% 而期貨價格的波動率為 25%。試計算該賣權的價格。

解 此相當於 $F_t = 50$、$K = 50$、$r = 0.03$、$\sigma = 0.25$ 以及 $T = 4/12$，代入（5-16）式內，可計算出賣權的價格約為 2.85 美元。

例 2

6 個月期的黃金期貨合約價格為 2,100 美元，無風險利率為 5% 而期貨價

格的波動率為 20%。試計算 2,000 美元的歐式黃金期貨合約的買權價格。

解 此相當於 $F_t = 2100$、$K = 2000$、$r = 0.05$、$\sigma = 0.2$ 以及 $T = 6/12$，代入（5-16）式內，可計算出賣權的價格約為 168.1 美元。

例 3　股票期貨合約選擇權

9 個月期的台積電期貨合約價格為 220 元，無風險利率為 2% 而期貨價格的波動率為 23%。試計算 230 元的歐式台積電期貨合約的賣權價格。

解 此相當於 $F_t = 220$、$K = 230$、$r = 0.02$、$\sigma = 0.23$ 以及 $T = 9/12$，代入（5-16）式內，可計算出賣權的價格約為 22.94 元。

例 4　外匯期貨合約選擇權

99 天期的英鎊期貨合約的歐式賣權，其履約價為 1.6（USD/GBP）。目前英鎊的匯率為 1.5840，其波動率為 12.04%；另一方面，英鎊與美元的無風險利率分別 5.93% 與 5.75%，試計算該賣權的價格為何？其賣權的 Delta 值為何？假定該期貨合約的規格為 62,500 美元。

解 如前所述，我們可將英鎊視為一種股票，其「股利支付率」就是英鎊的利率；因此，我們可將（3-24）式改寫成：

$$F(t, T_F) = S(t)e^{[r_U - r_B](T_F - t)} \qquad (3\text{-}24a)$$

其中 $F(t, T_F)$、$S(t)$、r_U、r_B 以及 T_F 分別表示（第 t 期）英鎊期貨合約價格、（第 t 期）英鎊現貨價格、美元的無風險利率、英鎊的無風險利率以及期貨合約的到期期限。因此，根據（3-24a）式與上述已知資訊，可計算出該期貨合約的理論價格約為 1.5832 美元。依據該理論價格的估計值，我們可以使用 Black 模型計算出該期貨合約的歐式賣權價格約為 0.048 美元，於其賣權的 Delta 值則約為 −0.5455。

例 5

續例 4，假想一家金融機構欲複製出該期貨合約價值為 1 千萬美元的賣權，利用上述賣權價格，可知複製賣權的組合價值為 480,011.5 美元。利用（4-

74）式，可知：

$$480,011.5 = m_F \times 0 + B \Rightarrow B = 480,011.5$$

即該金融機構為了複製賣權，於期初需存入 480,011.5 美元於無風險資產（美元）上；另一方面，因英鎊匯率變動所引起的組合價值的變動會等於賣權價格的變動，故我們可以從二個角度來看：首先，若英鎊匯率有變動，該賣權價格的變動為：

$$Delta \times dS = -0.5455 \times 10,000,000 \times dS$$

其次，該複製組合價值的變動為：

$$m_F \times 62,500 \times dF$$

利用（3-24a）式可知：

$$dF = e^{[r_U - r_B](T_F - t)}dS = e^{(0.0575-0.0593)(99/365)}dS = 0.9995dS$$

故可得：

$$m_F \times 62,500 \times dF = m_F \times 62,500 \times 0.9995dS = -0.5455 \times 10,000,000 \times dS$$

因此 $m_F \approx -87.33$，即複製的組合需放空 87 口期貨合約。

2.BSM 模型的偏微分方程式

　　既然 BSM 模型是參與歐式選擇權市場交易的造市者或投資人常使用的模型，我們不禁會提出一個疑問：究竟 BSM 模型是如何推導出來的？或是說，當初 BS 是如何建構 BS 模型？原來，BS 當初就是在探究造市者（投資人）如

何從事 Delta 避險，即發行（賣）買權的造市者（投資人）如何面對標的資產價格上升所招致的風險。為了分析此種風險，我們當然需要一種能包括標的資產價格的函數，第 4 章介紹的 Itô's lemma 倒是提供一個方式，使我們可以檢視選擇權價格因標的資產價格的變動所引起的反應。BS 就是利用標的資產價格屬於 GBM 的假定，同時藉由 Itô's lemma 得以檢視選擇權價格的行為；不過，BS 最後得到的卻是一種偏微分方程式型態。換言之，BSM 模型是從研究造市者（投資人）如何從事 Delta 避險著手。

2.1 間斷的 Delta 避險

如前所述，BS 最初關心的是發行（賣）買權的造市者（投資人）的 Delta 避險問題，沒想到最後竟能推導出複雜的 BSM 模型。於本節我們使用二種方式來介紹 Delta 避險，其一是使用間斷的 Delta 避險，另一則使用連續的 Delta 避險。學過二項式模型的我們對於間斷的 Delta 避險並不會太陌生，因為本節所探討的內容頗類似於第 4 章，比較意外的是連續的 Delta 避險，因為其最後竟然可以導出 BSM 模型，該結果我們也不意外，因為二項式模型的「連續版」就是 BSM 模型，只是此時 BSM 模型是以偏微分的型態呈現。換句話說，本節介紹的間斷的 Delta 避險，類似於二項式模型內的風險中立定價模型；至於連續的 Delta 避險則用於說明定價模型內所隱藏的偏微分方程式。

假定一家公司正在等候該公司研發部門 1 年後的研發成果，亦即研發結果若令人滿意，該公司的股價就會上升至 S_1^U；相反地，若研發結果令人失望，則股價會跌至 S_1^D。明顯地，該公司目前的股價 S_0 會介於 S_1^U 與 S_1^D 之間，因為若 S_0 低於（高於）S_1^U 與 S_1^D，則 S_0 會立刻下跌（上升）。假定研發成功的機率為 p，而研發失敗的機率為 $1 - p$。

假定投資人相當關心該公司的發展狀況且有注意到該公司的（歐式）股票選擇權（1 年後到期），顯然該選擇權的價值 f 取決於 1 年後 S_1 是否為 S_1^U 或 S_1^D；換言之，我們是否有辦法計算出 f 目前的價值？欲回答上述問題，首先我們先來看該公司股價的預期值。若投資人的預期必要報酬率為 μ（以連續率表示），則 1 年後股價的預期值為：

$$E(S_1) = pS_1^U + (1 - p)S_1^D = S_0 e^{\mu} \qquad （5\text{-}17）$$

（5-17）式的涵義是有意思的，因為若 S_1^U 與 S_1^D 為已知，我們可以藉由真實機率 p 值計算得出 μ 值；不過，從另外一個角度來看，若於期初知道 μ 與 $E(S_1)$ 值，利用（5-17）式，我們豈不是可以反推出 p 值嗎？

同理，1 年後的選擇權價值可寫成：

$$E(f_1) = pf_1^U + (1-p)f_1^D$$

不過因於到期時，利用 S_1^U 與 S_1^D 的結果，我們可以知道（歐式）選擇權對應的價值，即 f_1^U 與 f_1^D，故可以得到到期的選擇權預期值 $E(f_1)$。我們不難將 $E(f_1)$ 貼現成現值，一種最簡單的方式是利用無風險利率 r 計算貼現值 $e^{-r}E(f_1)$，不過我們卻無法使用 r 將（5-17）式貼現還原成 S_0，除非 $\mu = r$，即 $e^{-r}E(S_1) = S_0 e^{\mu-r} \neq S_0$。因此如何得出 $\mu = r$ 的確需費一番功夫。

我們如何找出選擇權的價格？我們先思考一種情況。若股價是按照我們所擔心的方向變動，此是表示於選擇權交易內我們會有損失，那我們是否可以先「未雨綢繆」呢？假想有一個投資組合策略 B 是由一種選擇權與放空標的資產所組成，該投資策略的特色是不管未來標的資產價格為何（上升或下降），該投資組合的價值皆相同；換言之，若該投資組合的目前價值為 $B_0 = f_0 - S_0\Delta$，則：

$$B_1 = f_1^U - S_1^U \Delta = f_1^D - S_1^D \Delta \tag{5-18}$$

其中 Δ 表示標的資產放空的股數，則利用（5-18）式可得：

$$\Delta = \frac{f_1^U - f_1^D}{S_1^U - S_1^D} \tag{5-19}$$

雖說我們仍未導出 f_0 的價值為何，不過我們已經可以避開風險了；也就是說，利用（5-19）式找出 Δ 值，則不管未來股價為何，B_0 的未來值即 B_1 值並不會受到影響。值得注意的是，(5-19) 式的導出並不需要利用 p、μ 或 r 值。

既然已經完全避險了，亦即 B_0 就是一種完全無風險的投資組合，故 B_0 與 B_1 之間的關係是明確的，二者之間可寫成：

$$\frac{B_1}{B_0} = e^r \qquad (5\text{-}20)$$

因 B_0 可以視為一種無風險資產，故其 1 年的報酬率不就是 r 嗎？利用 $B_0 = f_0 - S_0\Delta$ 以及（5-18）～（5-20）三式，經過簡單的代數操作可得：

$$S_0 = e^{-r}[\tilde{p}S_1^U + (1-\tilde{p})S_1^D] = e^{-r}E^{\tilde{p}}(S_1) \qquad (5\text{-}21)$$

其中 $\tilde{p}$ 值表示一種虛構的機率，其可寫成：

$$\tilde{p} = \frac{e^r S_0 - S_1^D}{S_1^U - S_1^D} \qquad (5\text{-}22)$$

（5-21）式提醒我們既然可以將 $E^{\tilde{p}}(S_1)$ 還原成 S_0，自然也可以應用於選擇權價格的決定，即：

$$f_0 = e^{-r}[\tilde{p}f_1^U + (1-\tilde{p})f_1^D] = e^{-r}E^{\tilde{p}}(f_1) \qquad (5\text{-}23)$$

例 1　等值平賭機率

$\tilde{p}$ 若與（4-34）式比較，即以 $S_1^U = S_0U$ 以及 $S_1^D = S_0D$ 代入（5-22）式可得出 $\tilde{p} = \pi$，故 $\tilde{p}$ 亦可稱為等值平賭機率或風險中立機率。

例 2　f 是一種買權的價格

續例 1，比較（5-19）與（4-37）二式，若 f 是一種買權的價格，即 $f_1^U = c_1^U$ 與 $f_1^D = c_1^D$，故 $\Delta = m_0$ 以及 $f_0 = V_0$，上述投資組合策略與第 4 章的 B_0 是相同的。由此可知，B_0 實際上就是無風險資產，故 1 年後可變成 B_0e^r；換言之，上述投資組合策略 B 就是利用買權與標的資產複製出一種無風險資產。利用前述 TXO201101C9000 的資料，我們試著以 BSM 模型計算出理論買權價格，然後再以該理論買權價格與實際買權的結算價得出 B_t 值，其結果就繪製如圖 5-14 所示。於圖內，可看出雖然實際買權的結算價普遍低於理論買權價格（圖 (a)），但是最後得出的 B_t 值，二者的差距並不大（可以參考圖 (d)，其中虛線表示用實際的買權結算價），隱含著可用理論買權價格取代實際的買權結算價

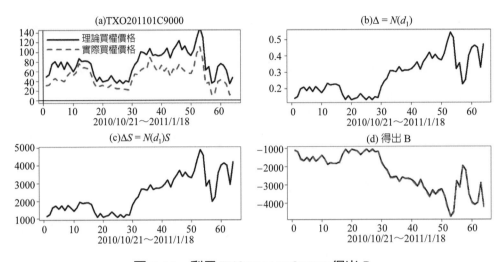

圖 5-14　利用 TXO201101C9000 得出 B

的可行性。另一方面，由圖 (b) 與 (d) 內的走勢圖可以看出 Δ 與 B 值會隨時間改變，而且前者為正數值而後者為負數值。

　　因此，我們可以從 Delta 避險的角度來解釋第 4 章內的 B_0，即就買權而言，因買方已付權利金，故已不擔心風險（即最大的損失就是權利金）；反觀，賣方因已收權利金，反而需承擔風險，故此處的 Delta 避險是指賣方所採取的避險策略；也就是說，買權的賣方因擔心未來標的資產價格上升，因此反而必須借入資金買進標的資產，故 $\Delta > 0$ 與 $B < 0$。

例3　f 是一種賣權的價格

　　續例 2，若 f 是一種賣權的價格呢？類似於圖 5-14，圖 5-15 是利用 TXO201101- P9000 合約的資料所繪製而成，讀者應不難解釋圖內的意思。值得注意的是，此時 Δ 值為 $-N(d_1)$（第 3 節會介紹），其為負值，表示賣權的賣方因擔心未來價格下跌會有風險，故放空標的資產以避險，另外將放空所得的資金投資於無風險資產，因此 $B > 0$。

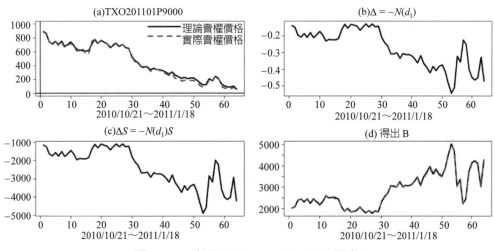

圖 5-15　利用 TXO201101P9000 得出 B

2.2 連續的 Delta 避險

圖 5-14 與 5-15 繪製出 Δ 與 B 值隨交易日變動的情況，此顯示出圖內的結果只是「粗略」的結果，因為理論上選擇權的賣方亦可以採取「每小時、每分或每秒」的方式避險；換言之，若縮小時間的變化至 dt，其結果為何？首先，利用（5-20）式可得：

$$df_t - \Delta dS_t + (r-q)\Delta S_t dt = rf_t dt \qquad (5\text{-}24)$$

其中 q 表示（連續的）股利支付率。（5-24）式的推導可以參考本章的附錄 1。若假定標的資產價格屬於 GBM，即：

$$dS_t = (\mu - q)S_t dt + \sigma S_t dW_t$$

利用第 4 章內的 Itô's lemma，可得：

$$df_t = \left(\frac{\partial f}{\partial t} + (\mu - q)S_t \frac{\partial f_t}{\partial S_t} + \frac{1}{2}\sigma^2 S_t^2 \frac{\partial^2 f_t}{\partial S_t^2} \right)dt + \sigma S_t \frac{\partial f_t}{\partial S_t} dW_t$$

將 dS_t 以及 df_t 分別代入（5-24）式內，可得：

$$\left(\frac{\partial f}{\partial t} + (\mu - q)S_t \frac{\partial f_t}{\partial S_t} + \frac{1}{2}\sigma^2 S_t^2 \frac{\partial^2 f_t}{\partial S_t^2} - \Delta S_t \mu \right)dt + \sigma S_t \left(\frac{\partial f}{\partial S_t} - \Delta \right)dW_t = rB_t dt$$

（5-25）

（5-25）式的推導可以參考本章的附錄 2。檢視（5-25）式，可知因 B_t 屬於無風險性資產，故其應不包含「不確定性」的部分，故 dW_t 項前面的係數應等於 0，即（5-25）式隱含著：

$$\frac{\partial f_t}{\partial S_t} = \Delta$$

（5-26）

因此就連續的 Delta 避險而言，Δ 就是選擇權價格 f_t 對標的資產價格 S_t 的偏微分。因 $B_t = f_t - \Delta S_t$，將（5-26）式代入（5-25）式內，可得：

$$\frac{\partial f_t}{\partial t} + (r - q)S_t \frac{\partial f_t}{\partial S_t} + \frac{1}{2}\sigma^2 S_t^2 \frac{\partial^2 f_t}{\partial S_t^2} = rf_t$$

（5-27）

（5-27）式就是 BSM 模型背後所隱含的偏微分方程式。利用 $\partial f_0 / \partial t = -\partial f_0 / \partial T$ 的性質 [10]，(5-27) 式亦可寫成：

$$\frac{\partial f_t}{\partial T} = (r - q)S_t \frac{\partial f_t}{\partial S_t} + \frac{1}{2}\sigma^2 S_t^2 \frac{\partial^2 f_t}{\partial S_t^2} - rf_t$$

（5-28）

由於牽涉到較進階的數學推導過程，於此我們並未打算利用（5-28）式推導出（5-1）～（5-4）式 [11]；不過（5-27）或（5-28）式的結果倒是提醒我們可以注意下列的特性：

---

[10] 即例如 dt 表示增加 1 天，dT 則表示距離到期日減少 1 天。

[11] 讀者應不難於網路或較進階的衍生性商品書籍內得到以（5-27）式推導出（5-1）～（5-4）式的結果。

(1) 就 BSM 模型而言，我們有二種表示方式：其一是可以用於計算選擇權價格方程式如（5-1）～（5-2）式，另一則是以偏微分方程式表示的（5-27）或（5-28）式。顯然，價格方程式與對應的偏微分方程式之間的關係是相當密切的；也就是說，也許我們不習慣使用偏微分方程式，但是卻知道如何應用價格方程式以計算出選擇權價格，就數學而言，「求解」上述偏微分方程式就是價格方程式。

(2) BSM 模型提供了檢視（複雜的）衍生性商品價格的一種「範例」。也就是說，面對複雜或奇特的衍生性（選擇權）商品，透過「完全避險」的策略，也許我們可以得到對應的偏微分方程式；不過，該偏微分方程式未必能找到以完整數學模型表示的對應價格方程式，此時我們可以使用一些數值方法取代。

(3) 就（5-27）或（5-28）式的推導過程中，我們依舊可以看到投資人的必要報酬率如 μ 並未扮演著重要的角色。

(4) 如前所述，BSM 模型是假定標的資產價格服從 GBM，由於選擇權價格是屬於一種平賭過程，此隱含著未來價格之不可預測性，因此標的資產價格與選擇權價格的時間走勢皆是屬於崎嶇不平的，其亦隱含著標的資產價格與選擇權價格的不可微分性。既然上述二種價格皆不具微分性，那我們如何看待偏微分方程式如（5-27）式？

(5) 類似於之前介紹過的「共整合」觀念，雖然標的資產價格與選擇權價格皆不可測，但是二種價格之間的關係不是確定的嗎？選擇權價格不是會隨著標的資產價格的變動「亦步亦趨」嗎？只不過是，二種價格之間未必屬於直線的關係。

(6) 我們如何知道上述二種價格之間有可能屬於非直線的關係？其實 Itô's lemma 已經提醒我們了，也就是說，（5-27）式的推導過程就是利用一種簡單的函數設定方式，即假定 $f_t(S_t, t)$，利用 Itô's lemma，除了第一階的偏微分之外，我們也可以得到 f_t 對 S_t 的第二階偏微分。因此，也許我們無法想像微分的關係如 df_t / dS_t，但是 $\partial f_t / \partial S_t$ 或 $\partial^2 f_t / \partial S_t^2$ 卻是可以接受的；換言之，我們應該可以想像出 $\partial f_t / \partial S_t$ 是一條平滑的曲線！

　　了解上述特性後，我們再來看連續的 Delta 避險。連續的 Delta 避險亦稱為瞬間的避險（instantaneous hedging）或稱為完全避險，其是指欲「彌補」因

標的資產價格有微小的變動所引起選擇權價格變動的風險。究竟連續的 Delta
避險表示何意思？或是說，究竟完全避險的過程為何？我們已經知道 Delta 避
險有牽涉到複製選擇權的資產組合觀念，既然可以得到選擇權的「複製品」，
那投資人（造市者）應該就不需要再提供額外的資金才對；換言之，此處完全
避險過程應該是指一種完全能自我融資的資產組合。我們重新再檢視投資人的
自我融資過程。

假定一位投資人於期初並沒有任何財富，該投資人買了一種股票選擇權並
採用標的資產避險（Delta 避險），當然所需的資金完全以無風險資產因應。
利用（5-26）式，可知該投資人的部位為：

$$f_t - \Delta_t S_t + B_t = 0 \qquad (5\text{-}29)$$

（5-29）的意思是指，若該選擇權為一種買權（賣權），則該投資人是賣出一
種買權（賣權），同時借入（存入）資金並買進（放空）Δ_t 數量的標的資產
避險[12]。

若投資人投資組合的依據是來自於（5-29）式，則隨著時間的變動 dt，該
投資人的部位變成：

$$(f_t + df_t) - \Delta_t(S_t + dS_t) - \Delta_t S_t q dt + B_t(1 + r dt) = 0 \qquad (5\text{-}30)$$

值得注意的是，於（5-30）式內，Δ_t 並未隨著 dt 改變；另一方面，(5-30) 式
內亦有考慮股利支付的結果，即於期初買進（放空）標的資產可獲得（需支付）
股利收益（支出）。最後，無風險資產的應計利息支出（收益）為 $B_t r dt$。利
用（5-29）式，(5-30) 式可以進一步改寫成：

---

[12] 我們可以舉一個簡單的例子說明。假定買權的價格為 5 元，當標的資產價格為 50
元時，$\Delta_t = 0.7$，故該投資人於期初的現金流入為 $5 - 0.7 \times 50 + B_t = 0 \Rightarrow B_t = 30$ 元。
同理，若賣權的價格亦為 5 元，則標的資產價格為 50 元時，$\Delta_t = -0.7$，故該投資人
於期初的現金流入為：$5 + 0.7 \times 50 + B_t = 0 \Rightarrow B_t = -40$ 元。因此上述二種情況，投資
人於期初不是借入（賣債券）30 元就是存入（買債券）40 元。

$$(df_t - \Delta_t dS_t) + (B_t r - \Delta_t S_t q)dt = dB_t + \Psi dt = 0 \quad（5\text{-}31）$$

其中Ψdt可以稱爲融資成本（financing costs）。（5-31）式的結果並不難理解，也就是說，隨著時間經過，投資人因避險需要除了須改變B_t的變動外，尚需考量利息與股利流量的變化。

不過，當時間從t移至$t+dt$時，因此時股價已移至$S_t + dS_t$，Δ_t應也改變成$\Delta_{t+dt} = \Delta_t + (\Delta_{t+dt} - \Delta_t) = \Delta_t + d\Delta_t$才對，因此（5-29）式可再改寫成：

$$(f_t + df_t) - \Delta_{t+dt}(S_t + dS_t) + (B_t + dB_t) = 0 \quad（5\text{-}32）$$

用（5-32）式「減去」(5-31)式後，可得：

$$-(\Delta_{t+dt} - \Delta_t)(S_t + dS_t) + (B_t + dB_t - B_t) - (B_t r - \Delta_t S_t q)dt = 0 \quad（5\text{-}33）$$

（5-33）式可以進一步簡化，可得：

$$dB_t = \Psi_t dt + d\Delta_t S_{t+dt} \quad（5\text{-}34）$$

其中$d\Delta_t = \Delta_{t+dt} - \Delta_t$以及$S_{t+dt} = S_t + dS_t$。（5-31）式提醒我們欲達成完全避險的目標，除了因Δ_t的變動須重新調整標的資產的部位外，尚須考慮融資成本；因此，(5-34)式亦可以視爲滿足自我融資的條件。

例 1　動態避險的模擬

上述連續（瞬間）的 Delta 避險，因需要於微小的時間變動dt下，按照Δ_t的變動調整標的資產避險的部位，此步驟相當於將原本的資產組合重新再組合一次，故亦稱爲「再平衡的資產組合（rebalancing portfolio)」；不過，比較麻煩的是，隨著時間的經過，「再平衡的資產組合」不是要再建構（調整）無窮多次嗎？此種隨時間調整的過程就稱爲「動態避險」調整過程；換言之，所謂的動態避險過程，相當於要再建構無窮多次的（再平衡）資產組合。

理論來講，雖然連續的動態避險過程是存在的，不過於實際上卻難以

實現，我們可以試著先以模擬的方式說明。直覺而言，於（5-34）式內，若 $dt \to 0$，隱含著 $d\Delta_t \to 0$，則 $dB_t \to 0$；換言之，若避險的調整次數愈頻繁，隱含著 $dB_t \to 0$。

　　我們可以用模擬的方式說明上述 $dB_t \to 0$ 的情況。假定標的資產為股票且期初價格為 10 元，現在有一種履約價為 10 元的 1 年期買權（即 $T = 1$），該買權合約以 1 股為單位；其次，亦假定該股票價格服從 GBM，其中 $\mu = 0.1$、$q = 0$ 與 $\sigma = 0.25$，利用第 4 章我們可以模擬出 1 年股價的日時間走勢。若 1 年有 250 個交易日以及無風險利率為 2%，即 $m = 250$ 與 $r = 0.02$，利用 BSM 模型我們可以計算出該買權的價格 c_t 與對應的 $\Delta_t = N(d_1)$，故可得出 $B_t = -c_t + \Delta_t S_t$；因 $\Delta_t > 0$ 表示需做多標的資產，故 $B_t < 0$。

　　若將 BSM 模型所計算出的買權價格視為實際的買權價格，則我們應該可以利用所得到 Δ_t 與 B_t 複製出買權。依直覺而言，若複製（調整）的次數愈頻繁，所複製出的買權價格應會愈接近於實際的價格，隱含著 dB_t 應會愈接近於 0。該結果可繪製於圖 5-16。於圖 5-16 內，我們以 $i \cdot m$ 表示複製（調整）的次數，其中 i 值分別為 0.2、0.5、1 與 10。例如於 (a) 圖內，因 $i = 0.2$，相當於每隔 5 個交易日複製 1 次，故 1 年約複製了 50 次買權，其中 $dt = 0.2$，圖內則繪製出 dB_t 的走勢。因此，從圖內的 (b)～(d) 圖內可以看出，隨著 i 值的提高，dB_t 變動的幅度逐漸縮小至接近於 0。讀者可以嘗試進一步計算於各圖內（5-34）式是否成立。

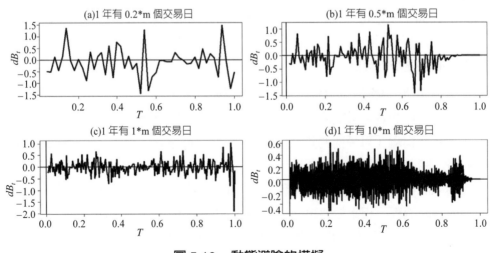

圖 5-16　動態避險的模擬

例2 停止損失策略

　　如前所述，機構投資人（造市者）發行一種買權（賣買權）時會擔心標的資產價格的上升，故其可以透過買進標的資產避險；也就是說，該投資人的避險策略竟是一種「買高賣低」的（投資）策略。其實「買高賣低」的投資策略亦可稱為一種「停止損失策略（stop-loss strategy)」，即投資人採取於 $S_t \geq K$ 時買進，於 $S_t < K$ 時賣出標的資產的投資策略。我們可以舉一個例子說明。表 5-1 列出標的資產價格的 10 期時間走勢，該時間走勢圖則繪製於圖 5-17。假定 $K = 100$，則投資人採取停止損失策略相當於 S_t 的走勢向上穿越過 $K = 100$ 時買進 S_t，而於 S_t 的走勢向下穿越過 $K = 100$ 時則賣出 S_t。因此，我們可以計算出最後的結果，如表 5-1 所示。雖然表 5-1 是相當簡化的結果，不過透過表 5-1 的結果，我們不難延伸出機構投資人採取 Delta 避險策略的困難處，可以分述如下：

(1) 採取停止損失策略的投資人，於每期的投資策略是比較 S_t 與 K 的差距，只是該投資人未必可用 K 元買進或賣出標的資產，因此買進或賣出的時機點皆有誤差。

(2) 假定於 t 期 S_t 的走勢向上穿越過圖內的 A 點，則投資人立即就需買進標的資產；不過，若過不久標的資產價格又立即反轉向下穿越過圖內的 B 點，則投資人又立即需要賣出標的資產，因此若短時間 S_t 向上與向下反轉的次數相當頻繁，則投資人不是會「疲於奔命」同時交易成本又會大大的增加嗎？

(3) 就採取停止損失策略的投資人而言，若減少交易次數，雖然可以降低交易成本，但是有可能反而會喪失掉許多獲利的機會；同理，就機構投資人採取 Delta 避險策略而言，若減少避險次數，卻無法符合「複製無風險資產」的要求，反而無法降低風險。

(4) 因此不管投資人採取何投資策略，似乎皆在「交易成本」與「投資績效」二者之間取得一定的替換關係。

表 5-1　一種停止損失策略（元）

期	S_t	買	賣	成本	累積成本
1	100	100	--	100	100
2	96	--	− 96	− 96	4
3	98	--	--	--	4
4	103	103	--	103	107
5	95	--	− 95	− 95	12
6	103	103	--	103	115
7	95	--	− 95	− 95	20
8	105	105	--	105	125
9	112	--	--	--	125
10	108	--	--	--	125

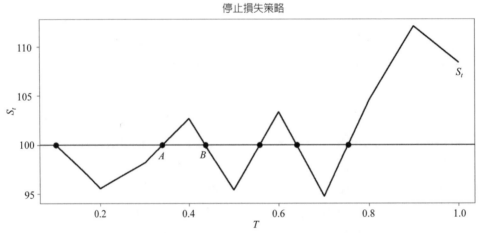

圖 5-17　停止損失策略內標的資產價格走勢

例 3 價內買權 Delta 避險策略的模擬

　　我們試著以模擬的方式來說明買權 Delta 避險策略。假定 $S_0 = 9,000$、$\mu = 0.1$、$\sigma = 0.25$、$q = 0$、$r = 0.02$、$T = 1$ 以及 1 年有 250 個交易日。利用上述假定，首先我們以 GBM 模擬出臺股指數的 1 年實現值，接下來再用 BSM 模

型計算出買權的 Delta 值。假想機構投資人發行一種履約價為 9,000 點（$K = 9,000$）的買權，每點為新臺幣 50 元；不過，此時會遇到一個實際的問題，即該投資人應該選何種資產當作臺股指數的替代品？換言之，目前並無一種商品稱為「臺股指數」，也許可以找相同期間的臺股期貨合約或假想存在一種可以複製臺股指數的資產組合，該投資人就是用後者避險。如前所述，因避險的需要，投資人應隨時調整其避險部位，但是礙於成本的考量，該機構投資人打算用週頻率的 Delta 避險策略，其避險結果可列於表 5-2。

　　表 5-2 的計算過程如下。於期初指數為 9,000 點時，對應的 Delta 避險值約為 0.58，故投資人必須借入 261,474.1 元的資金買進 58% 的「替代指數」[13]；其次，該借入資金的利息成本（1 週）則約為 100.6 元（即 $261,474.1 \times (e^{0.02(1/52)} - 1)$），故期初該投資人的總成本支出為 261,574.7 元（即 261,474.1 + 100.6）。接下來，我們來看第 1 週的情況。第 1 週因臺股指數下跌至 8,876.76 點同時 Delta 值亦下降 2%，表示投資人需再減少 2%「替代指數」的持有量，即賣出後可得 $8,876.76 \times 50 \times 0.02 \approx 8,876.8$ 元，故借入資金可降至 252,597.3 元，此時因 1 週的利息成本約為 97.2 元，是故第 1 期的總成本為 −8,779.6 元，因此期初至第 1 期的累積總成本約為 252,795.1 元。讀者可以按照上述的過程，計算出不同週頻率的各種成本。

　　按照表 5-2 的結果，最後該投資人總共需支出 486,047.7 元的「避險」成本。由於期初買權價格若以 BSM 模型計算約為 976.25 點，故賣買權的投資人約可得 48,812.51 元的權利金（即 976.25×50）；另一方面，因避險所購買的標的資產「替代品」，其價值約為 458,075 元（即 $9,161.5 \times 50$），故該投資人的「潛在」收益約為 506,887.5 元，因此於本例中該投資人未必會有損失。但是，若該投資人不採取 Delta 避險策略，於到期時卻約有 8,075 元的損失（沒有包括期初的權利金收益）（即 161.5×50）。利用所模擬的資料，讀者應該也可以計算以其他頻率調整的避險成本。

---

[13] 表 5-2 的結果是按照實際的結果計算而得，即實際的 Delta 避險值為 0.5810536，故期初的購買成本為 $9,000 \times 0.5810536 \times 50 = 261,474.1$ 元，而並非 $9,000 \times 0.58 \times 50 = 261,000$ 元；換言之，表 5-2 內的結果是電腦計算的結果，可參考所附的 R 指令。

表 5-2　價內 9,000 臺指選擇權買權之 Delta 避險（週頻率調整）

週	臺股指數（模擬值）	Delta 值	買標的資產成本（額外）	利息成本（額外）	總成本（額外）	累積成本
0	9,000	0.58	261,474.1	100.6	261,574.7	261,574.7
1	8,876.76	0.56	−8,876.8	97.2	−8,779.6	252,795.1
2	9,056.45	0.59	13,584.7	102.4	13,687.1	266,482.2
3	8,956.74	0.57	−8,956.7	99.0	−8,857.7	257,624.5
⋮	⋮	⋮	⋮	⋮	⋮	⋮
47	9,114.7	0.6	45,573.5	114.8	45,688.3	301,870.2
48	8,971.8	0.49	−49,344.9	95.8	−49,249.1	252,621.1
49	9,052.19	0.58	40,734.9	111.5	40,846.4	293,467.5
50	9,161.65	1	192,394.7	185.5	192,580.2	486,047.7

例 4　價外買權 Delta 避險策略的模擬

　　延續例 3，表 5-3 列出另一種買權 Delta 避險策略的模擬結果；也就是說，表 5-2 是屬於價內買權而表 5-3 則是屬於價外買權的避險結果，讀者應可以解釋表 5-3 內的結果。

表 5-3　價外 9,000 臺指選擇權買權之 Delta 避險（週頻率調整）

週	臺股指數（模擬值）	Delta 值	買標的資產成本（額外）	利息成本（額外）	總成本（額外）	累積成本
0	9,000	0.58	261,474.1	100.6	261,574.7	261,574.7
1	9,144.42	0.61	13,716.6	105.9	13,822.5	275,397.2
2	9,107.59	0.60	−4,553.8	104.1	−4,449.7	270,947.5
3	9,281.25	0.63	13,921.9	109.5	14,031.4	284,978.9
⋮	⋮	⋮	⋮	⋮	⋮	⋮
47	9,043.76	0.55	126,612.7	106.5	126,719.2	281,457.1
48	8,649.78	0.23	−138,396.5	53.2	−138,343.3	143,113.8
49	8,310.49	0.01	−91,415.4	18.0	−91,397.4	51,716.4
50	8,463.87	0.00	−4,231.9	16.4	−4,215.5	47,500.9

3. 避險參數分析

直覺而言，前述連續的 Delta 避險所強調的「完全避險」這個說法有點誤用，因為按照（5-5）式而言，S_t 只是 c_t 與 p_t 價格函數內的其中一個參數而已，其他的參數值若也隨著時間改變呢？我們已經知道 Delta 值其實就是 c_t 與 p_t 價格函數內的一個偏微分數值，即 $\partial c_t / S_t$ 或 $\partial p_t / S_t$，若是其他的偏微分數值如 $\partial c_t / \sigma$ 或 $\partial p_t / \partial T$ 等數值呢？於選擇權的術語內，除了 Delta 值之外，倒還真的有特殊的名詞如 Theta、Gamma、Veg 以及 Rho 值，分別表示不同的涵義。若我們同時檢視上述特殊的名詞的內涵，就稱為避險參數（Greek letters）分析。

如前所述，我們亦可以分別用一種資產組合複製出買權與賣權合約，是故避險參數分析除了可以檢視買權或賣權價格受到不同參數值（變動）的影響外，亦可以表示某一資產組合隨著時間經過如何受到資產價格、利率、波動率或合約到期期限變動的影響，如此來看，避險參數分析的重要性不容忽視。透過 BSM 模型的使用與應用，我們反倒是可以見識到從事避險參數分析的一個具體例子。例如：可以見到的避險參數分析的操作策略有 Delta 中性部位（Delta neutral position）、Delta-Gamma 避險或是 Delta-Gamma-Vega 避險等策略，經由 BSM 模型，我們反而容易掌握其中的訣竅。

因此本節可以分成二部分來看：於第 1 部分，我們分別以模擬的方式來檢視 BSM 模型內的不同避險參數以及於其中所隱含的意義；第 2 部分則進一步利用 BSM 模型分別檢視不同的避險參數操作策略。

3.1 BSM 模型的避險參數

利用（5-5）式，我們可以分別計算 BSM 模型下，買權與賣權價格對不同參數值變動的敏感度，即：

$$\Delta_t^c = \frac{\partial c_t}{\partial S_t} = e^{-q(T-t)} N(d_1) \text{ 與 } \Delta_t^p = \frac{\partial p_t}{\partial S_t} = e^{-q(T-t)} [N(d_1) - 1] \qquad (5\text{-}35)$$

（5-35）式就是我們已經使用多次的歐式買權與賣權合約的 Delta 值或避險比率 [14]（Δ 音 delta）。

---

[14] 於此我們並沒有詳細推導出 BSM 模型的避險參數。有關於各種避險參數的推導過

　　倘若我們從事 Delta 避險，一個自然的反應是我們的避險值對 S_t 變動的敏感度為何？Delta 值或避險比率對 S_t 變動的敏感度稱為 Gamma 值（Γ 音 gamma），可寫成：

$$\Gamma_t^c = \frac{\partial \Delta_t}{\partial S_t} = \frac{\partial^2 c_t}{\partial S_t^2} = \frac{e^{-q(T-t)}}{S_t \sigma \sqrt{T-t}} N'(d_1) \ \text{與} \ \Gamma_t^p = \frac{\partial \Delta_t}{\partial S_t} = \frac{\partial^2 p_t}{\partial S_t^2} = \Gamma_t^c \quad （5\text{-}36）$$

有意思的是，歐式買權與賣權價格的 Gamma 值是相同的，如（5-36）式所示。

　　買權與賣權價格對到期期限的敏感度稱為買權與賣權價格的 Theta 值（Θ 音 theta），可寫成：

$$\Theta_t^c = \frac{\partial c_t}{\partial t} = -rKe^{-r(T-t)}N(d_2) + qS_t e^{-q(T-t)}N(d_1) - \frac{K\sigma e^{-r(T-t)}}{2\sqrt{T-t}}N'(d_2) \quad （5\text{-}37）$$

與

$$\Theta_t^p = \frac{\partial p_t}{\partial t} = \Theta_t^c + rKe^{-r(T-t)} - qS_t e^{-q(T-t)} \quad （5\text{-}38）$$

由於買權與賣權具有時間價值，故隨著到期日的接近，於其他情況不變下，買權與賣權價格應會下降，隱含著 Theta 值為負數值；相反地，距離到期日愈遠，買權與賣權價格反而較高。值得注意的是，因時間皆用年率表示，故（5-37）與（5-38）二式的結果亦以年率表示；也就是說，若要取得每日的 Theta 值，我們還要除以 365[15] 買權與賣權價格對到期期限的敏感度稱為買權與賣權價格的 Vega 值（ν 音 vega），可寫成：

程，有興趣的讀者可以參考 Chen, Hong-Yi, Cheng-Few Lee and Weikang Shih, (2008), "Derivations and applications of Greek Letters-review and integration", 收編於 *Handbook of Quantitative Finance and Risk Management* (Springer) 一書內（p491-503）。

[15] 此是表示 1 年有 365 日。若只著重於交易日的計算，假定 1 年有 252 個交易日，則上述 Theta 值應除以 252。可參考所附的 R 指令，我們是以 1 年有 365 日計算 Theta 值。

$$v_t^c = \frac{\partial c_t}{\partial \sigma} = S_t e^{-q(T-t)} N'(d_1)\sqrt{T-t} \, \text{與} \, v_t^p = \frac{\partial p_t}{\partial \sigma} = v_t^c \qquad (5\text{-}39)$$

類似於買權與賣權價格的 Gamma 值，買權與賣權價格的 Vega 值亦相同。值得注意的是，波動率是以百分比表示，故依（5-39）式所計算的結果仍需除以100。

買權與賣權價格對利率的敏感度稱為買權與賣權價格的 Rho 值（ρ 音rho），可寫成：

$$\rho_t^c = \frac{\partial c_t}{\partial r} = (T-t)Ke^{-r(T-t)}N(d_2) \, \text{與} \, \rho_t^c = \frac{\partial p_t}{\partial r} = -(T-t)Ke^{-r(T-t)}N(-d_2)$$
$$(5\text{-}40)$$

上述的結果是以利率變動 1（即 100%）表示。通常我們是以利率變動 1% 表示對利率的敏感度，故（5-40）式的結果仍需除以 100。

最後，我們來看買權與賣權價格對（連續）股利支付率的敏感度稱為買權與賣權價格的 Psi 值（ψ 音 psi），可寫成：

$$\psi_t^c = \frac{\partial c_t}{\partial q} = -(T-t)S_t e^{-q(T-t)}N(d_1) \, \text{與} \, \psi_t^c = \frac{\partial p_t}{\partial q} = (T-t)S_t e^{-q(T-t)}N(-d_1)$$
$$(5\text{-}41)$$

類似於 Rho 值，(5-41)式的結果仍需除以 100。

假定 $S_0 = 8{,}756.5$、$K = 8{,}700$、$r = 0.02$、$q = 0.01$、$\sigma = 0.2203$ 以及 $T = 1$，利用（5-35）～（5-41）式，我們可以計算出上述假定之買權合約的避險參數分別為：$\Delta_t^c \approx 0.5677$、$\Gamma_t^c \approx 0.0002$、$\Theta_t^c \approx -1.1169$、$v_t^c \approx 3.9995$、$\rho_t^c \approx 4.4363$ 以及 $\psi_t^c \approx -49.7076$；至於賣權合約則為 $\Delta_t^p \approx -0.4224$、$\Gamma_t^p \approx 0.0002$、$\Theta_t^p \approx -0.8871$、$v_t^p \approx 33.9995$、$\rho_t^p \approx 41.4363$ 以及 $\psi_t^p \approx 36.9866$。讀者可參考所附的 R 指令並且嘗試解釋上述估計值的意義。

3.1.1 再談Delta值

利用 3.1 節內歐式買權合約的假定，我們再來檢視 Delta 值的涵義，可以參考圖 5-18。首先來看買權合約的情況。圖 (a) 與 (c) 分別繪製出該買權合約價格函數與其對應的 Delta 值函數，而後者就是前者（曲線上）之點斜率值（即

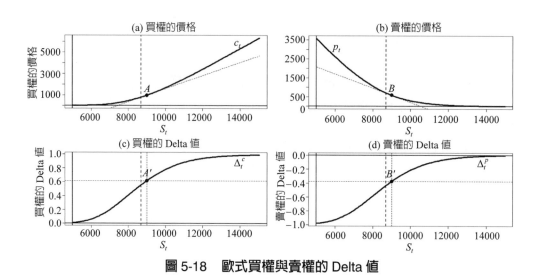

圖 5-18　歐式買權與賣權的 Delta 值

切線斜率值）；換句話說，於圖 (c) 內的函數值可以看出買權合約的 Delta 值為正數值，且隨 S_t 的提高而遞增。因此，買權合約的賣方（空方）為了從事 Delta 避險，必須做多該合約標的資產的 Delta 值比重。例如：A 點（$S_t = 9,000$）的 Delta 值約為 0.6153（A' 點），表示買權的賣方需買進合約的 61.53%。同理，圖 (b) 與 (d) 分別繪製出賣權合約（與買權合約的假定相同）的價格函數與其對應的 Delta 值函數；可以注意的是，此時因 Delta 值為負數值，顯示出賣權的賣方需放空標的資產，才能達到 Delta 避險的目的。

　　若再仔細檢視圖 5-18 內的結果，可以發現價平、價內與價外買權的 Delta 值並不相同（圖內的垂直虛線可對應至履約價）；也就是說，於履約價的左側（右側），屬於價外（價內）買權的情況，其對應的 Delta 值大致小於 0.5，且隨著 S_t 的下降（上升）而遞減（遞增），最終趨近於 0 (1)。至於價平買權的情況，則其對應的 Delta 值大致維持於 0.5 附近。

　　我們可以進一步擴充上述的檢視結果，可參考圖 5-19。圖 5-19 仍沿襲圖 5-18 內的假定，只不過於圖 5-19 內，我們再考慮不同的到期期限；也就是說，圖內的 c_1、c_2、c_3 以及 c_T 表示不同到期期限的買權價格曲線，其對應的到期期限（T 值）分別為 2、1、0.5 以及 1e-05。換言之，c_T 表示到期買權收益曲線，故其於履約價處，收益曲線有出現向上凹折的情況；因此，按照上述到期期限的順序，於履約價處，對應的 Delta 值分別約為 0.5754、0.5562、

0.5411 以及 0.5002。同理，於價內買權處（$S_t = 9,200$），對應的 Delta 值分別約為 0.6422、0.6522、0.6770 以及 1；至於價外的情況（$S_t = 8,200$），則約為 0.5018、0.4504、0.3916 以及 0。

　　因此，我們再進一步找出屬於上述三種情況的更多結果，該結果就繪製於圖 5-20。就價內買權而言，由右圖可以看出，離到期日愈近，Delta 值會遞增，最後會接近於 1，左圖只是繪製出相反的結果。利用圖 5-19 的結果，讀者應該不難解釋圖 5-20 內的價平買權與價外買權的情況。

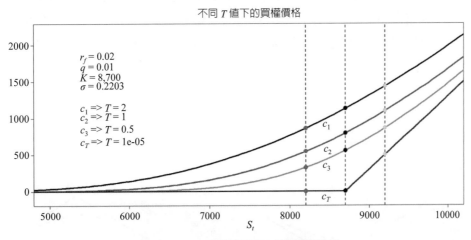

圖 5-19　不同到期日下的買權價格

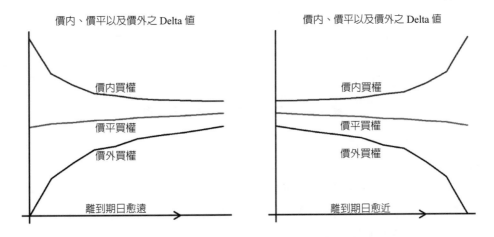

圖 5-20　S_t 於 8,200、8,700 以及 9,200 處不同到期期限之買權 Delta 值

例 1 **再談多頭跨式交易策略**

　　第 2 章曾介紹多頭（買）與空頭（賣）跨式交易策略，前者是指同時買進（一口）買權與賣權合約，而後者則是同時賣出（一口）買權與賣權合約，當然買權與賣權的履約價與到期日皆相同。以圖 5-19 內的假定為例，上述二種交易策略的「潛在」與到期收益曲線以及對應的 Delta 值曲線則繪製如圖 5-21 所示。

　　於圖 5-21 內，我們考慮二種情況，其一是 $T \approx 0$（接近於到期），而另一則是 $T = 1$。若將跨式交易策略視為一種投資組合或一種商品，於圖內可以看出該投資組合的 Delta 值會隨 S_t 的變化而改變。就 $T \approx 0$ 而言，該投資組合的 Delta 值竟然以履約價為劃分界線（垂直虛線），即 Delta 值不是 0 就是 1；另一方面，就 $T = 1$ 而言，其 Delta 值則介於 -1 與 1 之間。直覺而言，似乎除了空頭跨式交易策略之外，投資人採取跨式交易策略不需考慮 Delta 避險；不過，若該投資人發行一種商品稱為「多頭跨式」商品而該商品的組成份子未必屬於期交所的商品呢？

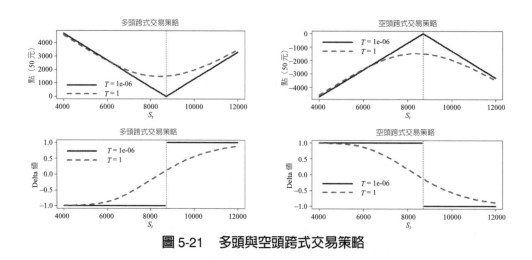

圖 5-21　多頭與空頭跨式交易策略

例 2

　　利用（5-35）式，我們不難繪製出於不同的 S_t 與 T 值下，Delta 值的 3D 立體圖，如圖 5-22 所示。圖 5-22 是延續圖 5-19 內的假定，所繪製的買權 Delta 值，可參考所附之 R 指令。

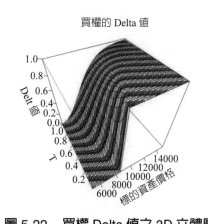

圖 5-22　買權 Delta 值之 3D 立體圖

例3

試繪製出不同到期期限的歐式買權與賣權之 Delta 值曲線。

解 利用（5-35）式與圖 5-19 內的假定，我們可以繪製出不同到期期限的歐式
買權與賣權之 Delta 曲線如圖 5-23 所示。由圖內可看出，各曲線未必相交
於履約價處（垂直虛線），以賣權為例，我們可以發現到期期限愈長，其
對應的價內的 Delta 值愈大，而價外的 Delta 值反而愈小。至於買權的情
況，讀者應該可以解釋其內所隱含的意思，可參考所附之 R 指令。

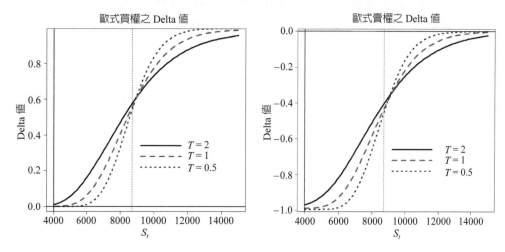

圖 5-23　不同到期日之買權與賣權的 Delta 值曲線

例 4 買權（價格）之（標的資產）價格彈性

選擇權的價格彈性指的是，於其他情況不變下，選擇權價格變動的百分比除以標的資產價格變動的百分比。若標的資產價格變動的百分比以 dS_t / S_t 表示，則買權價格變動的百分比為 $dS_t \Delta_t^c / c_t$，故買權的價格彈性 ε_t^c 可寫成：

$$\varepsilon_t^c = \frac{\dfrac{dS_t \Delta_t^c}{c_t}}{\dfrac{dS_t}{S_t}} = \frac{S_t \Delta_t^c}{c_t}$$

同理，賣權的價格彈性 ε_t^p 可寫成：

$$\varepsilon_t^p = -\frac{\dfrac{dS_t \Delta_t^p}{p_t}}{\dfrac{dS_t}{S_t}} = -\frac{S_t \Delta_t^p}{p_t}$$

因 $\Delta_t^p \leq 0$，而 ε_t^p 以正數值表示賣權（價格）對 S_t 的「絕對」敏感程度，故上式內有加上一個負號。我們舉一個例子說明。利用圖 5-19 內的假定，以及 S_t = 8,756.5 與 $T = 1$，可以計算出 ε_t^c 與 ε_t^p 分別約為 6.0097 與 5.3961，表示若 S_t 上升 1%，買權價格與賣權價格分別約會上升 6.0097% 與下降 5.3961%。因此，類似於圖 5-23，我們可以進一步繪製出買權與賣權的價格彈性曲線，如圖 5-24 的上圖所示。從圖內可以看出，於上述的假定下（圖 5-19），買權的價格彈性竟普遍大於對應的賣權彈性。有意思的是，買權與賣權的價格彈性竟然隨著到期日的接近而上升，我們可以知道那是因買權與賣權價格下降所致（時間價值下降）。

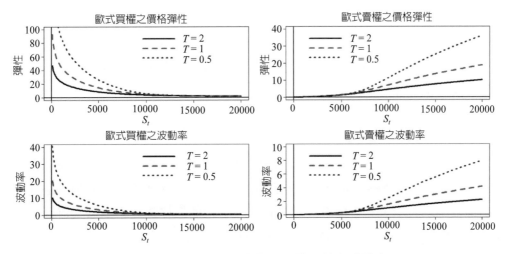

圖 5-24　歐式買權與賣權的價格彈性與波動率

例5 選擇權的波動率

續例 4，利用所計算的買權以及賣權價格彈性，我們亦可以進一步計算買權與賣權的波動率，即：

$$\sigma_t^c = \sigma \times \varepsilon_t^c \text{ 與 } \sigma_t^p = \sigma \times \varepsilon_t^p \tag{5-42}$$

其中 σ_t^c 與 σ_t^p 分別表示買權與賣權的波動率。我們不難了解（5-42）式的涵義，按照買權（賣權）的價格彈性是指若 S_t 變動 1%，買權（賣權）的價格會變動 $\varepsilon_t^c(\varepsilon_t^p)$%，而 S_t 平均變動的幅度為 σ，故買權（賣權）的幅度為 $\sigma_t^c(\sigma_t^p)$。我們再舉一個例子說明。假定 $K = 8,700$、$r = 0.02$、$q = 0.01$ 以及 $\sigma = 0.2203$，我們考慮 $S_t = K$ 以及 T 分別為 1 與 1/12 的情況。就買權而言，對應的 σ_t^c 分別約為 134.04% 與 442.66%；就賣權而言，則對應的 σ_t^p 分別約為 117.17% 與 425.81%。因此就價平買權與價平賣權而言，到期期限尚有 1 年時，其波動率分別約為 134.04% 與 117.17%；不過，當到期期限只剩下 1 個月時，其波動率竟上升至分別約為 442.66% 與 425.81%[16]！

---

[16] 當 T 從 1 降至 1/12 時，買權與賣權價格分別各從 795.35 降至 224.05 以及 709.64 降至 216.81，即於距離到期日只有 1 個月時，因買權與賣權價格較低，此時計算出的

利用（5-42）式，圖 5-24 的下圖繪製出 3 種不同到期日的買權與賣權波動率曲線，我們可以看出深價內與深價外買權與賣權的波動率頗為類似，深價內買權與賣權的波動率接近於 0，而深價外買權與賣權的波動率反而隨著到期日的接近而提高。

例 6　選擇權的報酬率以及夏普比率

2.1 節或第 4 章的二項式模型強調我們可以用股票與無風險性資產的資產組合複製買權或賣權，因此買權或賣權的報酬可以用股票報酬率與無風險利率的加權平均表示，其中權數竟然是買權或賣權的價格彈性！以歐式買權合約（的價格彈性）為例，該買權合約的報酬率 μ_t^c 可以寫成：

$$\mu_t^c = \varepsilon_t^c \mu_t^S + (1 - \varepsilon_t^c)r \qquad (5\text{-}43)$$

其中 μ_t^S 表示股票的必要報酬率[17]。因此，該買權合約的風險貼水可以寫成：

$$\mu_t^c - r = \varepsilon_t^c(\mu_t^S - r) \qquad (5\text{-}44)$$

換言之，（5-44）式提醒我們如何估計買權合約的風險貼水：即標的資產的風險貼水與該買權合約價格彈性之乘積。同理，（5-43）～（5-44）二式亦適用於賣權合約上，只不過因二者的價格彈性並不相同，故買權與賣權合約的風險貼水亦有差別。

既然我們已經知道如何計算買權與賣權合約的風險貼水，當然可以再進

價格彈性較大，使得買權與賣權的波動率較高。也許透過能複製買權與賣權的資產組合的觀念，可以解釋為何買權與賣權會有較大的波動率。例如透過借入資金買進標的資產的組合可以複製買權，而放空標的資產與買無風險資產可以複製賣權，因此買權與賣權的組成成分內分別有「借資金（槓桿操作）」以及「放空」等風險較大的財務操作因素；另一方面，也因即將到期，「反轉」的機會降低，風險增大。

[17] 因 $c_t = \Delta_t^c S_t + (c_t - \Delta_t^c S_t) = \Delta_t^c S_t + B_t$，故

$$c_t \mu_t^c = \Delta_t^c S_t \mu_t^S + (c_t - \Delta_t^c S_t)r \Rightarrow \mu_t^c = \frac{\Delta_t^c S_t}{c_t}\mu_t^S + \left(1 - \frac{\Delta_t^c S_t}{c_t}\right)r$$
$$\Rightarrow \mu_t^c = \varepsilon_t^c \mu_t^S + (1 - \varepsilon_t^c)r$$

一步檢視二合約的夏普比率（Sharpe ratio, SR）。資產的夏普比率是指該資產的風險貼水以其對應的資產波動率表示；就買權合約而言，該合約的夏普比率為：

$$SR_t^c = \frac{\varepsilon_t^c(\mu_t^S - r)}{\varepsilon_t^c \sigma} = \frac{\mu_t^S - r}{\sigma} \qquad （5-45）$$

即我們可以利用（5-42）與（5-44）二式得出（5-45）式。（5-45）式的結果是不令人意外的，因為買權或賣權合約係由標的資產所衍生而來，故二合約的風險貼水與波動率亦與標的資產的風險貼水與波動率有關，因此二合約的夏普比率自然會「回歸」至標的資產的夏普比率；也就是說，(5-45）式告訴我們一個重要的結果：儘管買權與賣權合約的風險貼水與波動率並不相同（其中對應的價格彈性扮演著關鍵的角色），但是買權合約、賣權合約以及標的資產的夏普比率卻皆是相同的。

　　上述的結果並不難用模擬的方式說明。假定 $S_0 = 8756.5$、$\mu_t^S = 0.1$、$r = 0.02$、$q = 0.01$、$\sigma = 0.2203$、$T = m\Delta t = 1$ 以及 $m = 252$。利用 GBM，我們可以模擬出一組 S_t 的時間走勢；另外假定 S_t 的買權與賣權合約的履約價為 8,700 而到期期限為 T。利用（5-43）～（5-45）三式，我們可以繪製如圖 5-25 內的結果。圖 5-25 內的 (a) 與 (b) 圖分別繪製出買權（賣權）合約的報酬率與風險貼水時間走勢；值得注意的是，上述走勢是從到期日「向前」計算對應的報酬率與風險貼水。有意思的是，於接近到期日時，因對應的價格彈性較大（圖 5-24），拉高了二合約的報酬率與風險貼水；另一方面，於我們的假定內，亦可看出即使 μ_t^S 為一個固定的數值，二合約的報酬率與風險貼水卻皆為一種會隨時間改變的數值，隱含著我們相對上較難掌握二合約的報酬率或風險貼水數值。圖 5-25 內的下圖進一步繪製出買權（賣權）的夏普比率的時間走勢，其中由 (c) 圖可以看出買權與賣權的夏普比率走勢重疊；最後，(d) 圖繪製出標的資產夏普比率的時間走勢，比較 (c) 與 (d) 二圖，可以發現其實二圖是相同的。

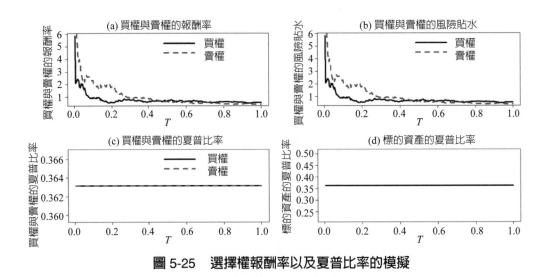

圖 5-25　選擇權報酬率以及夏普比率的模擬

3.1.2　其餘的避險參數

　　接下來，考慮其他的避險參數。首先，我們來看買權與賣權合約的 Theta 值，可以參考圖 5-26，該圖亦根據圖 5-19 的假定所繪製而成。通常，我們皆會認為因時間價值的減少，故愈接近於到期日，買權或賣權的價格會愈低；不過，若檢視圖 5-26 的結果，可能須修改上述的想法。按照 Theta 的定義：於其他情況不變下，愈接近到期日 1 天（或 1 交易日），買權或賣權的價格會減

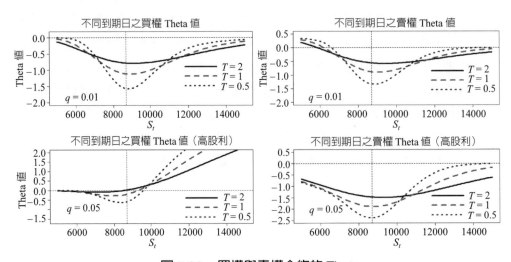

圖 5-26　買權與賣權合約的 Theta

少 Theta 值。因此，若檢視圖 5-26 內的各圖的結果，可以發現除了深價內賣權與高股利的深價內買權之外（垂直虛線可對應至履約價），買權或賣權的 Theta 值大致為負值。也就是說，上圖是假定股利支付率為 1%，而下圖則考慮股利支付率為 5%；是故，右上圖與左下圖可以看到於深價內區段間，竟然出現 Theta 值為正數值的情況，且距離到期日愈近，Theta 值反而更高（讀者可解釋為何會如此）。除了上述二種情況外，於各圖內，可以發現於價平時，Theta 值遞減的速度最快。

我們進一步檢視 Gamma 避險參數。按照定義，Gamma 值是表示 S_t 變動引起 Delta 值的變化；因此，Gamma 值相當於檢視 Delta 值曲線，該曲線上每點斜率值的變化。若檢視圖 5-23 內買權與賣權 Delta 曲線，可以發現隨著 S_t 的上升，不管買權或賣權合約，其對應的 Delta 值亦會增加，不過買權的 Delta 值會接近於 1 而賣權會接近於 0；雖然如此，二合約的 Gamma 值卻皆為正數值。利用圖 5-23，可看出買權與賣權 Delta 曲線斜率值的變化其實是相同的，即二曲線之點斜率值（切線斜率值）皆隨著 S_t 的上升出現「由小變大、由大變小」的特性，故買權與賣權合約皆有相同的 Gamma 值，我們從買權與賣權平價理論亦可得出相同的結果。

若假定買權與賣權合約有相同的到期日與履約價，我們可以進一步繪製出與圖 5-23 對應的買權或賣權合約的 Gamma 曲線如圖 5-27 所示。有意思的是，因二合約有相同的 Gamma 值，故圖 5-27 內的 Gamma 曲線不僅屬於買權合約，

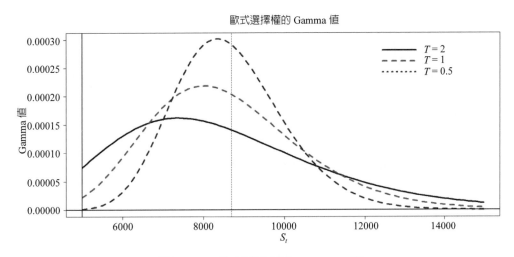

圖 5-27　歐式選擇權的 Gamma 值

同時亦屬於賣權合約；換句話說，圖內履約價（垂直虛線）的右側屬於價內買權的範圍，但是就賣權合約而言，卻是屬於價外賣權的範圍。同理，履約價的左側屬於價外買權或是價內賣權的區段。

因此，我們可以解釋圖 5-27 內的結果。如前所述，因 Delta 曲線具有 S 形狀，故對應的 Gamma 曲線具有轉折的特性，而有單峰的型態如圖內所示，值得注意的是，轉折或單峰的頂點所對應的未必是履約價；也就是說，圖 5-27 繪製出三種到期期限的 Gamma 曲線，各曲線皆接近於一種單峰的分配。就買權合約而言，因深價內與深價外的 Delta 值分別為 1 與 0，故二區段的 Gamma 值皆接近於 0。可惜的是，我們從圖 5-27 內的結果可以看出 Gamma 曲線之高度竟然會隨著到期期限縮小且左移，隱含著到期期限愈長的 Gamma 曲線會離價平區段愈遠，且曲線的「尾部變厚」，使得深價內或深價外區段的 Gamma 值變大。因此，買權或賣權合約的 Gamma 值與到期期限的長短以及內含價值有關，我們再進一步以圖 5-28 的結果說明。圖 5-28 繪製出不同到期期限買權之 Gamma 值[18]，於圖內可以看出到期期限愈短，價平買權的 Gamma 值愈大，而價內買權的 Gamma 值愈小；相反地，到期期限愈長，反而是價內買權的

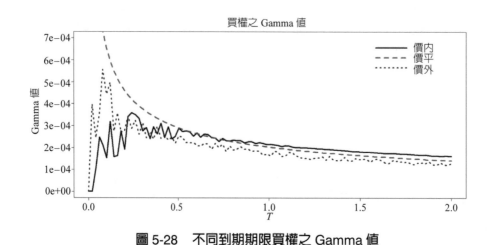

圖 5-28　不同到期期限買權之 Gamma 值

---

[18] 於 S_t 內，我們分別將 7,500～8,000 以及 9,000～9,500 區段視爲價外買權與價內買權區段（履約價爲 8,700），若分別以抽出放回的方式從上述二區段抽取 S_t，我們不就可以繪製出圖 5-28 的結果嗎？可以參考所附的 R 指令。

Gamma 值愈大。就數學而言，因買權或賣權的價格曲線呈現出開口向上（凸向於東南側）的型態，故 Gamma 值會大於 0。於下一節內，我們自然會說明如何使用 Gamma 值。

最後，我們再繼續檢視其餘的避險參數如 Vega 與 Rho，可以參考圖 5-29 與 5-30。讀者應有能力解釋二圖的意義，於此就不再贅述。

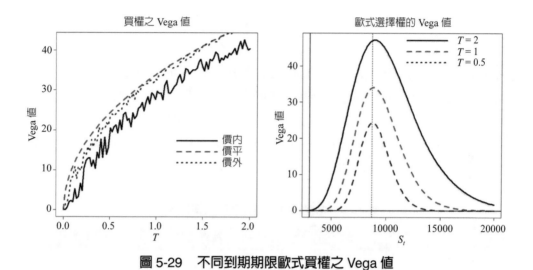

圖 5-29　不同到期期限歐式買權之 Vega 值

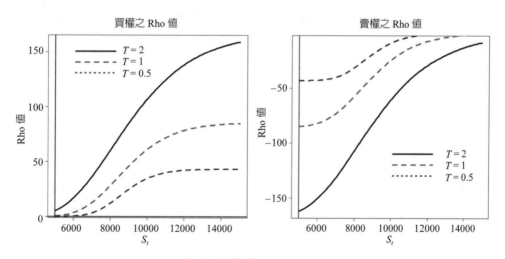

圖 5-30　三種到期期限歐式買權與賣權之 Vega 值

資產組合的避險參數

第 3.1.1 節的例 1 提醒我們可以將一種資產組合視爲一種商品，從而可以計算該商品的 Delta 值；因此，上述觀念可以進一步擴充至一般化的情況，即考慮一種資產組合，其內包含 n 種資產（包括選擇權等衍生性商品），則該資產組合的 Delta 值可寫成：

$$\Delta_{portfolio} = \sum_{i=1}^{n} w_i \Delta_i \qquad (5\text{-}46)$$

其中 w_i 與 Δ_i 分別表示第 i 種資產的比重權數以及 Delta 值。當然，(5-46) 式可以再擴充至計算其他的避險參數。我們再舉一個例子說明。假定 $S_t = 40$、$K_1 = 40$、$K_2 = 40$、$r = 0.08$、$\sigma = 0.3$ 以及 $T = 91/365$。考慮一種多頭價差買權交易策略（即同時買進低履約價買權與賣出高履約價買權），利用 (5-46) 式，該策略的避險參數可整理成如表 5-4 所示。

表 5-4　多頭價差投資組合之避險參數

	買權 1	買權 2	組合
w_i	1	−1	-
價格	2.7804	0.9710	1.8094
Delta	0.5824	0.2815	0.3009
Gamma	0.0652	0.0563	0.0088
Vega	0.0780	0.0674	0.0106
Theta	−0.0173	−0.0134	−0.0040
Rho	0.0511	0.0257	0.0255

時間價差或跨期價差策略

假定 $K = 10,500$、$r = 0.021$、$q = 0.015$、$\sigma = 0.25$、$T_1 = 60/365$ 以及 $T_2 = 90/365$。考慮一種（歐式）買權時間價差（time spread）或跨期價差（calendar spread）投資策略，即同時買進一口到期期限較短（T_1）的買權與賣出一口到期期限較長（T_2）的買權合約。利用上述假定，我們可以繪製出該投資策略的價格曲線如圖 5-31 所示。由於到期期限的差異，圖 5-31 內的價格曲線最起碼

於到期期限較短的買權尚未到期之前「有效」；換言之，(機構)投資人發行到期期限較短的買權卻可用到期期限較長 (T_2) 的買權合約避險，因爲該投資組合的 Delta 值大致皆能維持於較低的水準如圖 5-32 所示（該圖是根據圖 5-31 內的假定所繪製）[19]。

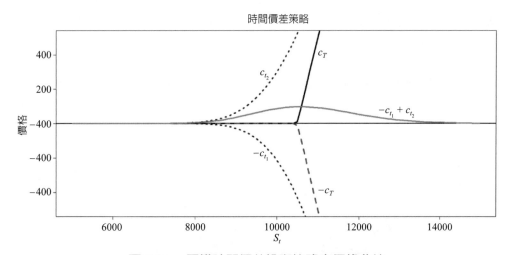

圖 5-31　買權時間價差投資策略之價格曲線

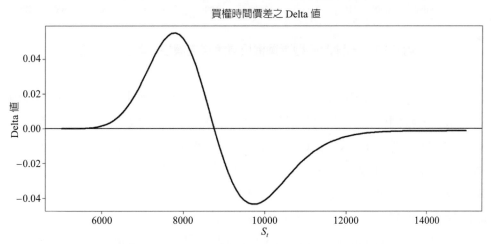

圖 5-32　買權時間價差投資策略之 Delta 曲線

---

[19] 以臺股指數選擇權爲例，因採取現金結算交割，故若發行的買權有損失 $(S_{T_1} > K)$，可透過賣出到期期限較長的買權彌補，因 $c_{T_1}(T_2) \geq S_{T_1} - K$。

例 3　海鷗型選擇權投資策略

假定 $K_1 = 10,500$、$K_2 = 10,700$、$K_3 = 10,900$、$r = 0.021$、$q = 0.015$、$\sigma = 0.25$ 以及 $T = 60/365$。考慮一種稱為海鷗型選擇權（seagull option）投資策略：賣一口 K_1 的賣權合約、買一口 K_2 的買權以及賣一口 K_3 的買權，當然賣權與買權合約的標的資產相同，到期期限一致。圖 5-33 的左圖分別繪製出該投資策略組成成分之到期收益與第 t 期價格曲線，而右圖則繪製出該投資策略的到期收益與第 t 期價格曲線。

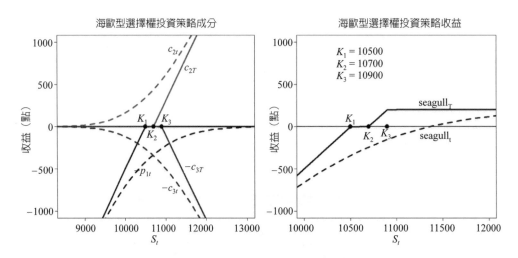

圖 5-33　一種海鷗型選擇權投資策略之價格（收益）曲線

表 5-5 進一步列出該海鷗型選擇權投資策略的到期與未到期市場價值（用點表示），我們可以看出若到期時 S_T 為 10,000，其到期收益為 −500；不過若 S_T 為 11,000，則到期收益為 200。同理，於未到期時（離到期日尚有 60 天），若 S_t 為 10,000，其收益為 660.07，而若 S_t 為 11,000 時，則收益為 114.61（用 BSM 模型計算而得）。從上述圖 5-33 與表 5- 5 的結果可以知道採取該投資策略的投資人較擔心（採取後）未來價格的下降；因此，我們可以進一步繪製出該策略的 Delta 曲線如圖 5-34 所示，於該圖內可以看出 Delta 值皆為正數值，不過隨著 S_t 的下降，其對應的 Delta 值反而提高。

表 5-5　海鷗型選擇權投資策略的到期收益以及未到期市場價值（點）

	賣 K_1 賣權	買 K_2 買權	賣 K_3 買權	海鷗型
S_T				
10,000	−500	0	0	−500
10,800	0	100	0	100
11,000	0	300	−100	200
S_t				
10,000	702.35	−160.22	117.94	660.07
10,800	292.03	−490.60	394.18	195.61
11,000	225.37	−609.47	498.72	114.61

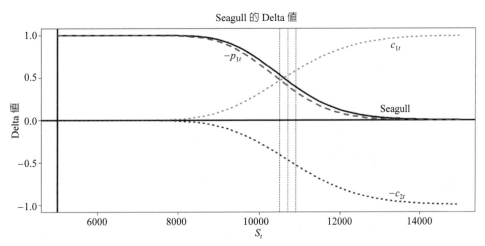

圖 5-34　海鷗型選擇權投資策略之 Delta 曲線

3.2 一般的情況

　　於尚未介紹之前，我們先看一個簡單的例子。假定我們能完全複製臺股指數且賣了 10 口臺股指數買權（二者皆為每點新臺幣 50 元）。目前的條件為：$S_0 = 9,700$、$r = 0.02$、$\sigma = 0.25$、$K = 9,700$、$q = 0$ 以及 $T = 65/365$。利用上述假定，我們進一步利用 BSM 模型計算該買權的價格與買權的避險參數，其結果分別列於表 5-6。

表 5-6　買權價格與買權的避險參數

買權價格	Delta	Gamma	Vega	Theta	Rho
424.816	0.5345	0.0004	16.2692	-3.3895	8.4759

　　因我們賣了 10 口臺股指數買權，此可視為擁有一個資產組合，當然我們想要知道應如何避險，使得我們的資產組合價值幾乎與臺股指數價格的（微小）變動無關；另一方面，我們也希望該資產組合是一種自我融通的組合。如前所述，我們可將賣出買權的收益投資於購買 m_S 數量的臺股指數以及 B 數量的無風險資產。因此該資產組合的價值可寫成：

$$Portfolio_t = -10 \times c_t \times 50 + m_S S_t \times 50 + B_t = 0 \qquad (5\text{-}47)$$

其中賣買權可視為一種負債，故買權價格 c_t 之前加上一個「負號」；由於賣出買權的收益分別投資於現貨資產與無風險性資產，故（5-47）式顯示出我們的資產組合價值為 0 元。利用上述資訊可知 $c_0 = 424.816$ 以及 $S_0 = 9,700$，因此期初資產組合價值為：

$$\begin{aligned} Portfolio_0 &= -10 \times c_t \times 50 + m_S S_t \times 50 + B_t \\ &= -212,408 + 485,000 m_S + B_0 = 0 \end{aligned} \qquad (5\text{-}48)$$

　　利用（5-47）式，可得資產組合的 Delta 值為：

$$\Delta_0^{Port} = \frac{\partial Portfolio_0}{\partial S_0} = -500 \Delta_0^c + 50 m_S = -500(0.5345) + 50 m_S = 0 \Rightarrow m_S = 5.345$$

因此於期初應購買 5.345 股的臺股指數。將 $m_S = 5.345$ 代入（5-48）式，可得 $B_0 = -2,379,917$。換句話說，為了避險買進臺股指數的成本為 2,592,325 元（5.345×9700×50），除了賣了 10 口臺股指數共有 212,048 元的收入之外，不足的部分完全以借入 2,379,917 元因應。

　　直覺而言，因資產組合的淨值與 Delta 值皆為 0，隱含著資產組合面對即使臺股指數有了微小的變動，我們的資產組合價值仍不受影響。例如：臺股指

數若有上升，我們會提高臺股指數的購買量，成本雖有增加，不過因買權價格上升提高了我們的收入，二者互相抵銷，因此可以維持資產組合的淨值仍爲 0 元。

　　然而事實眞的是如此嗎？假想已過了 1 天，我們必須支付 1 天的利息爲 130.41，即 $B_0(e^{r/365} - 1)$，故 1 天後資產組合的價值爲：

$$Portfolio_1 = -10 \times c_1 \times 50 + m_S S_1 \times 50 - (B_0 + 130.41) \qquad （5-49）$$

顯然隔天資產組合的價值取決於 c_1 與 S_1。表 5-7 列出 5 種可能的結果，即臺股指數隔天各有可能上升或下降 50 (100)，我們來檢視其中一種可能。假定隔天臺股指數上升至 9,750，買權的價格亦上升至 448.61，故買權部位價值爲 -224,306.1 元，同時現貨臺股指數的價值 2,605,688 元，因期初借入金額加上利息爲 2,380,047.41，因此資產組合的價值約爲 1,334 元，顯然該資產組合的價值並不爲 0[20]。同理，若隔天台股指數若不是 9,750，而是其他的價格如表 5-7 所示，從表內亦可以看出我們的資產組合價值仍無法維持等於 0。

　　上述例子提醒了使用 BSM 模型或避險的困難處，我們至少可以分成下列四項說明：

(1) 即使投資人的避險部位是在建立 Delta 中性資產組合（Delta neutral portfolio）上，不過於上述例子內，我們發現仍存在避險誤差：也就是說，即使忽略交易成本（即調整新的資產組合部位相當頻繁），仍可能存在無法達到自我融資調整的目標。

(2) BSM 模型假定波動率與無風險利率參數固定不變，若隨著時間經過，上述二參數有變動，有可能破壞了原先資產組合的調整，故即使能完全地避險，仍有可能存在著避險誤差。

---

[20] 即使我們使用隔天的 Delta 值，按照上述的計算方式可得 $m_S = 5.537$，故總共需使用 2,699,287 元的資金購買臺股指數，扣掉期初購買的部分（2,592,325 元），即隔天需多借入 106,962 元投資於現貨市場，因此資產組合的價值並不因考慮隔天的 Delta 值而改變。

表 5-7　Delta 中性避險的績效（隔天）(單位：元)

指數價格 S_1	買權價格 c_1	買權部位價值 $-500c_1$	臺股指數部位價值 $50m_sS_1$	資產組合價值 $Portfolio_1$
9,600	369.96	−184,980.9	2,565,600	571.71
9,650	395.19	−197,597.4	2,578,963	1,317.69
9,700	421.41	−210,707.1	2,592,325	1,570.46
9,750	448.61	−224,306.1	2,605,688	1,334.03
9,800	476.78	−238,389.0	2,619,050	613.55

(3) 如前所述，BSM 模型是假定標的資產價格屬於對數常態分配或 GBM，也就是說，於 BSM 模型內不會出現標的資產價格有「跳動」的走勢[21]；換言之，若出現無預期的外力衝擊而使得標的資產價格迅速上升或下跌，有可能讓資產組合的調整「措手不及」，反而增加了無預期的調整成本。

(4) 即使能達到 Delta 中性的避險目標，不過因尚存在其他參數亦會影響到選擇權的價格，使得資產組合的價值仍會改變，提高了避險的困難度。

　　因此，我們再重新檢視上述的例子而以較一般化的形式表示。由於我們的資產組合價值的成分內有包括選擇權價格，利用（5-5）式，可知：

$$Portfolio_t = \Omega(t,\ S_t,\ \sigma,\ r) \tag{5-50}$$

　　也就是說，上述資產組合價值會受到四種參數值的影響。利用泰勒序列，(5-50) 式可寫成：

$$d\Omega = \frac{\partial \Omega}{\partial t}dt + \frac{\partial \Omega}{\partial S_t}dS_t + \frac{\partial \Omega}{\partial \sigma}d\sigma + \frac{\partial \Omega}{\partial r_f} + \frac{1}{2}\frac{\partial^2 \Omega}{\partial S_t^2} + \cdots \tag{5-51}$$

（5-51）式表示上述四種參數值有了微小的變動，立即會引起資產組合價值的「瞬間」的變動。類似選擇權的避險參數，我們亦可以資產組合的避險參數取

---

[21] 可參考《財數》一書。

代（5-51）式，可寫成：

$$\Delta\Omega = Theta_\Omega \times \Delta t + Delta_\Omega \times \Delta S_t + Vega_\Omega \times \Delta\sigma$$
$$+ Rho_\Omega \times \Delta r + \frac{1}{2} \times Gamma_\Omega \times (\Delta S_t)^2 + \cdots$$

（5-52）

其中避險參數下標有 Ω，表示資產組合的避險參數，而 Δ 表示變動量。

例 1　資產組合避險參數的計算

利用表 5-6 的結果，試計算期初資產組合的避險參數。

解 利用（5-47）式，可知：

$$Delta_\Omega = -500 \times Delta_c + m_S \times 50 = 0$$

$$Theta_\Omega = -500 \times Telta_c = 1{,}694.75$$

$$Gamma_\Omega = -500 \times Gamma_c = -0.2$$

$$Vega_\Omega = -500 \times Vega_c = -8{,}134.6$$

$$Rho_\Omega = -500 \times Rho_c = -4{,}237.95$$

因 $Delta_\Omega = 0$ 表示該期初資產組合存在著 Delta 中立，隱含著 S_t 有微小的變動，該資產組合的價值並不受影響。其次，因 $Theta_\Omega = 1{,}694.75$ 表示若到期期限減少 1 天，資產組合的價值反而會提高 1,694.75 元，此是因將賣買權視為一種屬於負債，1 天後負債減少所致。接下來，我們來看 Gamma 值。雖然，該資產組合擁有 Delta 中立的特性，不過因 S_t 有微小的變動後亦會改變買權的 Delta 值，顯然資產組合的「建構」若忽略後者，Delta 中立會被破壞，即若 S_t 上升 1 點，資產組合價值的變動並不是 0 元而反而是 -0.2 元。最後，我們來看該資產組合的 Vega 值與 Rho 值，此表示波動率與無風險利率若分別上升 1%，資產組合的價值分別會減少 8,134.6 元與 4,237.95 元，讀者應可解釋為何會如此。

例 2

於表 5-7 內，我們再考慮臺股指數由 9,700 上升至 9,750 的情況，此相當於考慮 $\Delta t = 1$ 與 $\Delta S_t = 50$。類似於（5-52）式，買權價格的變化可寫成：

$$\Delta c = Theta_c \times \Delta t + Delta_c \times \Delta S_t + Vega_c \times \Delta \sigma$$
$$+ Rho_c \times \Delta r + \frac{1}{2} \times Gamma_c \times (\Delta S_t)^2 + \cdots$$

利用表 5-6 的結果，可知：

$$Theta_c \times \Delta t = -3.4236 \times 1 = -3.4236$$
$$Delta_c \times \Delta S_t = 0.5537 \times 50 = 27.685$$
$$\frac{1}{2} \times Gamma_c \times (\Delta S_t)^2 = \frac{1}{2} \times 0.0004 \times 50^2 = 0.5$$

因此若波動率與無風險利率維持不變，可知買權價格的變動為：

$$dc = Theta_c \times \Delta t + Delta_c \times \Delta S_t + \frac{1}{2} \times Gamma_c \times (\Delta S_t)^2$$
$$= -3.4236 + 27.685 + 0.5 = 24.7614$$

其與表 5-6 與 5-7 的買權價格差距為 23.9941 (448.6121 - 424.618）的結果差距不大。

例 1 與 2 的例子提醒我們若 dS_t 並不是屬於微小的變動，此時若忽略 Gamma 避險參數的考量，不僅買權的價格會受到影響，同時資產組合價值的變動亦受波及。例如：以表 5-7 為例，若 $\Delta S_t = 50$，於其他情況不變下，透過（5-52）式，資產組合價值的變動為：

$$\frac{1}{2} \times Gamma_\Omega \times (\Delta S_t)^2 = 0.5 \times (-0.2) \times 50^2 = -250$$

即資產組合的價值會減少 250 元。因此，若需考慮其他的避險參數，我們可以下列方式處理。我們可以將（5-47）式擴充至包括更多的選擇權合約（有相同的標的資產），即：

$$Portfolio_t = V(t) \times 50 + m_S S_t \times 50 + B_t = 0 \qquad （5\text{-}53）$$

其中 $V(t)$ 表示第 t 期選擇權部位的價值，可寫成：

$$V_t = n_1 V_1(t, K_1, T_1) + n_2 V_2(t, K_2, T_2) + n_3 V_3(t, K_3, T_3) \qquad （5\text{-}54）$$

其中 n_i 與 V_i 表示第 i 種選擇權購買的數量與價格。就上述的例子而言，$n_1 = -10$、$n_2 = n_3 = 0$ 以及 $V_1 = c(t, 9700, 65/365)$（買權價格）。

例 3　Delta-Gamma 中性

延續例 1 與 2 的情況，若投資人欲達到 Delta-Gamma 中性的結果，考慮另一個買權合約其履約價與到期期限分別為 9,750 與 100/365，即 $n_1 = -10$、$K_1 = 9,700$、$T_1 = 65 / 365$、$K_2 = 9,750$、$T_2 = 100 / 365$ 以及 $n_3 = 0$，因此按照（5-53）與（5-54）二式，可得：

$$
\begin{aligned}
Portfolio_0 &= V(0) \times 50 + m_S S_0 \times 50 + B_0 = 0 \\
&\Rightarrow [n_1 \times c_1(0, K_1, T_1) + n_2 \times c_2(0, K_2, T_1)] \times 50 + m_S \times S_0 \times 50 + B_0 = 0 \\
&\Rightarrow [n_1 \times (424.816) + n_2 \times (507.573)] \times 50 + m_S \times (485,000) + B_0 = 0 \\
&\Rightarrow 21,240.8 n_1 + 25,378.65 n_2 + 485,000 m_S + B_0 = 0 \\
&\Rightarrow B_0 = -21,240.8 n_1 - 25,378.65 n_2 - 485,000 m_S
\end{aligned}
$$

另一方面，因 Delta 中性可得：

$$\frac{\partial Portfolio_0}{\partial S_0} = \frac{\partial [V(0) \times 50]}{\partial S_0} + 50 \times m_S = 0$$

$$\Rightarrow n_1 \times \frac{\partial c_1}{\partial S_0} \times 50 + n_2 \times \frac{\partial c_2}{\partial S_0} \times 50 + 50 \times m_S = 0$$

$$\Rightarrow n_1 \times (0.5345) + n_2 \times (0.5271) + m_S = 0$$

$$\Rightarrow m_S = -0.5345 n_1 - 0.5271 n_2$$

而 Gamma 中性可得：

$$\frac{\partial^2 Portfolio_0}{\partial S_0^2} = \frac{\partial^2 [V(0) \times 50]}{\partial S_0^2} = 0$$

$$\Rightarrow 50 n_1 \frac{\partial^2 c_1}{\partial S_0^2} + 50 n_2 \frac{\partial^2 c_2}{\partial S_0^2} = 0$$

$$\Rightarrow n_1 (0.0004) + n_2 (0.0003) = 0$$

$$\Rightarrow n_2 = 12.3858$$

因此將 $n_2 = 12.3858$ 分別代入上二式，可得 $m_S = -1.184$ 以及 $B_0 = 472,307.2$。

換句話說，投資人於期初賣了 10 口買權合約，若該投資人欲達成 Delta-Gamma 中性的避險目標，其必須再找出另一種相同標的資產且到期期限較長的買權避險。

例 4

例 3 內的結果是有意思的，因為期初投資人賣了 10 口履約價為 9,700 買權合約，不過該投資人為了達到 Delta-Gamma 中性的避險目標，反而需再買進約 12 口履約價為 9,750 的買權合約，結果反而需放空標的資產 574,233 元，最後於期初匯存入 472,307.2 元於無風險資產上，隔天約有 25.88 元的利息收益。類似於表 5-7，表 5-8 列出於不同指數價格下，該投資人的資產組合價值。比較表 5-7 與 5-8 的結果，可發現採取 Delta-Gamma 中性的避險目標，投資人的資產組合價值已接近於 0 元。

表 5-8　Delta-Gamma 中性避險的績效（隔天）（單位：元）

指數價格	9,600	9,650	9,700	9,750	9,800
資產組合價值	3.57	3.8	2.15	−0.81	−4.08

例 5

　　續例 4，假定隔天波動率由 0.25 上升至 0.3，則該投資人資產組合的價值為何？

解　可參考表 5-9。

表 5-9　波動率上升　Delta-Gamma 中性避險的績效（隔天）（單位：元）

指數價格	9,600	9,650	9,700	9,750	9,800
資產組合價值	21,671.13	21,778.45	21,884.14	21,988.54	22,092.20

附 錄

附錄 1：（5-24）式的導出

　　我們可以將 B_0 與 B_1 改寫成更一般化的形式，即將 0 期至 1 期改成考慮 t 期至 $t+dt$ 的情況，則：

$$B_{t+dt} = f_{t+dt} - \Delta S_{t+dt} - q\Delta S_t dt \text{ }^{22} \text{ 與 } B_t = f_t - \Delta S_t$$

利用（5-19）式可得：

$$\frac{B_{t+dt}}{B_t} = e^{rdt} \approx 1 + rdt$$

---

[22] 於 dt 期間因放空股票故需支付股利收益。

其中 $e^{rdt} \approx 1 + rdt^{23}$，故可得：

$$f_{t+dt} - \Delta S_{t+dt} - q\Delta S_t dt = (f_t - \Delta S_t)[1 + rdt]$$

$$\Rightarrow (f_{t+dt} - f_t) - \Delta(S_{t+dt} - S_t) + (r-q)\Delta S_t dt = rf_t dt$$

$$\Rightarrow df_t - \Delta dS_t + (r-q)\Delta S_t dt = rf_t dt$$

其中 $df_t = f_{t+\Delta t} - f_t$ 以及 $dS_t = S_{t+\Delta t} - S_t$。

附錄 2：（5-25）式的導出

將 $dS_t = \mu S_t dt + \sigma S_t dW_t$ 與 $df_t = \left(\dfrac{\partial f}{\partial t} + \mu S_t \dfrac{\partial f_t}{\partial S_t} + \dfrac{1}{2}\sigma^2 S_t^2 \dfrac{\partial^2 f_t}{\partial S_t^2} \right)dt + \sigma S_t \dfrac{\partial f_t}{\partial S_t}dW_t$ 代入（5-23）式內，可得：

$$\left(\frac{\partial f}{\partial t} + \mu S_t \frac{\partial f_t}{\partial S_t} + \frac{1}{2}\sigma^2 S_t^2 \frac{\partial^2 f_t}{\partial S_t^2} \right)dt + \sigma S_t \frac{\partial f_t}{\partial S_t}dW_t - \Delta(\mu S_t dt + \sigma S_t dW_t) + r\Delta S_t dt = rf_t dt$$

$\Rightarrow$

$$\left(\frac{\partial f}{\partial t} + \mu S_t \frac{\partial f_t}{\partial S_t} + \frac{1}{2}\sigma^2 S_t^2 \frac{\partial^2 f_t}{\partial S_t^2} \right)dt + \sigma S_t \frac{\partial f_t}{\partial S_t}dW_t - \Delta S_t(\mu dt + \sigma dW_t) = r(f_t - \Delta S_t)dt$$

$\Rightarrow$

$$\left(\frac{\partial f}{\partial t} + \mu S_t \frac{\partial f_t}{\partial S_t} + \frac{1}{2}\sigma^2 S_t^2 \frac{\partial^2 f_t}{\partial S_t^2} - \Delta S_t \mu \right)dt + \sigma S_t \left(\frac{\partial f}{\partial S_t} - \Delta \right)dW_t = r(f_t - \Delta S_t)dt$$

$$= rB_t dt$$

---

[23] 可於 R 內試下列結果：$\exp(0.02*0.01) \approx 1.0002$。

本章習題

1. 假定 $S_t = 8,900$、$r = 0.02$、$K = 9,000$、$q = 0.01$、$\sigma = 0.16$ 以及 $T = 0.5$，試利用 BSM 模型計算買權與賣權的價格。

2. 續上題，計算 $N(d_1)$、$N(-d_1)$、$N(d_2)$ 與 $N(-d_2)$。

3. 續上題，若 $c_t = 350$ 與 $p_t = 400$，試計算對應的隱含波動率。

4. 續上題，不過 $T = 1$ 而 $t = 0.5$，假定 $\mu = 0.1$，計算 $E(S_T \mid S_t > K)$ 與 $E(S_T \mid S_t < K)$ 為何？

5. 試解釋圖 5-6 的意思。

6. 試解釋 $N(d_1)$ 以及 $N(-d_1)$ 的意思並導出其數學式。

7. 利用買賣權平價理論，試以模擬的方式說明如何利用買權合約複製出對應的賣權合約（即合約期間與履約價皆相同）。

   提示：參考下圖。

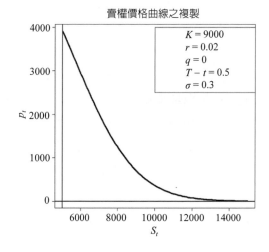

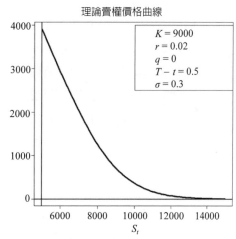

8. 利用表 5-10 內的資訊，計算 BSM 模型的價格（$S_t = 9,500$、$r = 0.02$、$q = 0.015$ 以及 $\sigma = 0.2$）。

9. 續上題，試計算隱含波動率。

10. 續上題，試計算賣權的 Delta 值。

11. 續上題，經過了 1 天，賣權的 Delta 值又為何？

12. 續上題，有何涵義？

表 5-10　臺股指數選擇權的一些資訊

型態	距到期日的天數	履約價	權利金價格
賣權	36	9,500	250
賣權	63	9,600	350
賣權	63	9,700	410
買權	63	9,600	275
買權	63	9,700	250

13. 一家證券商發行了一種以臺股指數爲標的歐式認購權證，每點仍爲新臺幣 50 元。該證券商打算用臺股期貨合約避險，底下是相關的資訊。目前臺股指數爲 9,800，該認購權證之履約價爲 9,850，距離到期日仍有 120 天而波動率爲 25%；另一方面，目前期貨合約價格爲 9,750，距離到期日仍有 155 天。假定 120 天期無風險利率爲 1.98%、155 天期無風險利率爲 2.03% 以及股利支付率爲 1.15%。試回答下列問題：

    (A) 該認股權證的價格以及 Delta 值爲何？

    (B) 期貨合約的 Delta 值爲何？

    (C) 試描述該證券商如何避險。

14. 我們如何利用 BSM 模型計算外匯的歐式買權與賣權價格？

15. 目前歐元兌美元的即期匯率爲 1.2311（USD/EUR），若歐元與美元的無風險利率分別爲 4.4% 與 4.03%，以及歐元的波動率爲 8.15%，試計算 35 天期 1.222 的（歐式）歐元買權與賣權合約價格。假定該選擇權的規格爲 62,500 歐元。

16. 續上題，買權與賣權合約的 Delta 值分別爲何？

17. 表 5-11 列出 RHO 選擇權合約的一些資訊，其中 $S_0 = 6.3256$、$r_C = 0.03$、$r_U = 0.02$ 以及 $\sigma = 0.03$。試利用 BSM 模型計算對應的買權與賣權價格。

18. 續上題，試計算買權與賣權之隱含波動率。

19. 利用表 5-11 的資訊，試繪製出 RFC 之買與賣的到期收益曲線。

20. 試敘述 Black 模型。

21. 我們如何利用 Black 模型計算歐式外匯期貨合約選擇權？

22. 臺灣目前尚未有期貨合約選擇權，本節介紹的觀念與方法有何用處？

表 5-11　RHO 選擇權的一些資訊

型態	距到期日的天數	履約價	權利金價格
買權	36	6.3211	0.0285
買權	99	6.3231	0.0356
買權	99	6.3245	0.0521
賣權	36	6.3211	0.0088
賣權	99	6.3231	0.0285
賣權	99	6.3245	0.0299

23. 利用（5-13）式，重新檢視 1.2.3 節的例 5

24. 使用 BSM 模型有何優缺點？

25. 何謂間斷的 Delta 避險？

26. 2.1 節的 B_0 與第 4 章內的 B_0 有何不同？

27. 於 2.1 節內，我們如何複製選擇權合約？其與第 4 章有何不同？

28. 利用買權或賣權價格的資料，我們如何得出 B_t？

29. 試敘述 Delta 避險策略的步驟。

30. 利用 2.2 節例 3 內的假定，試模擬出臺股指數 1 年的走勢。

31. 續上題，利用 BSM 模型計算出各交易日的買權價格與對應的 Delta 值。

32. 續上題，計算出交易日的複製買權的無風險資產金額。

33. 何謂 Delta 值？買權與賣權的 Delta 值有何不同？

34. 想像二種投資策略：其一是同時買進一口買權與賣權；另一則是同時賣出一口買權與賣權。假定買權與賣權皆有相同的履約價與到期日。於到期時，上述二種投資策略的收益曲線為何？其對應的 Delta 值又為何？

35. 續上題，若 $T = 1$，其價格曲線與對應的 Delta 值又為何？

36. 試解釋買權或賣權價格彈性所扮演的角色。

37. 資產組合的 Delta 值為何？試解釋之。

38. 試解釋表 5-2 的結果。

39. 若將 3.1.2 節例 2 的買權以賣權取代，其結果為何？

40. 何謂 Delta 中性的資產組合？

41. 何謂 Gamma 中性的資產組合？

42. 何謂 Delta-Gamma 中性的資產組合？

43. 投資人欲達到 Delta-Gamma-Vega 中性的避險目標，該投資人應如何做？

Chapter 6

蒙地卡羅方法

第 4 章我們曾經使用蒙地卡羅方法，不過那時並未多介紹該方法。本章我們嘗試探討蒙地卡羅方法於衍生性商品或財務上的應用。為何需要學習蒙地卡羅方法？大致可以分成下列四點說明：

(1) 通常我們所講的模擬方法，有可能就是指蒙地卡羅方法。
(2) 我們已經知道所觀察到的（財經）觀察值，皆是屬於隨機變數的實現值，因此於擬定決策之前可以先用模擬的方式檢視或評估該決策，其中所用的模擬方法，就是屬於一種蒙地卡羅方法。
(3) 本書至目前為止大致以檢視歐式選擇權合約與其價格為主，事實上歐式選擇權是一種簡單的合約，就其價格的決定而言，我們其實只比較到期標的資產價格與履約價之間的差異而已；換言之，至今我們仍未介紹或檢視美式選擇權合約或其價格，原因就在於美式選擇權合約具有提前履約的特性，我們當然不能只關心該合約於到期時的情況。更重要的是，美式選擇權價格的決定並沒有像 BSM 模型能提供一個完整的數學式子，此時我們要計算這些選擇權合約價格，只能使用數值方法。蒙地卡羅方法就是一種有用的數值方法。
(4) 選擇權合約的種類可以說是「五花八門」，是相當豐富的，其中不乏有些選擇權合約的價格是與標的資產價格行走的路徑有關或標的資產是由多種資產所構成，我們如何決定該類選擇權價格？蒙地卡羅方法提供了其中的一種選項。

其實蒙地卡羅模擬方法是一種簡單的數值方法，其原理原則我們倒是可以用統計學內的中央極限定理（Central Limit Theorem, CLT）或大數法則（Law of Large Numbers, LLN）解釋，CLT 或 LLN 的觀念我們並不陌生，因此蒙地卡羅模擬方法應該是一種容易接受的數值方法。可惜的是，既然稱為模擬方法，那就是表示會用電腦模擬，早期我們並未多接受電腦的訓練，以致於幾乎無法思考蒙地卡羅模擬方法。如今，我們已經要求讀者用 R 來思考與模擬，故要熟悉該方法已不是一件困難的事了。本章的目的就是要用 R 來介紹蒙地卡羅模擬方法；也就是說，本書後面的章節，多少會再使用蒙地卡羅模擬方法，本章只是預先幫讀者準備而已[1]。

1. 何謂蒙地卡羅方法？

直覺而言，學過統計學的我們皆知道樣本（sample）與母體（population）之間的關係，即我們是用樣本來估計母體。一個簡單的想法是：「當然樣本數愈多，愈容易估計到母體」，上述這句話不就是指 LLN 嗎？也就是說，LLN 是指隨著檢視的次數增多了，事情終究會「真相大白、水落石出」。通常，統計學是用樣本平均數估計母體平均數的方式來說明 LLN，即只要母體的平均數的確存在，隨著抽出樣本數的提高，樣本平均數終究會估計到母體平均數，這不就是 CLT 嗎？換言之，統計學只是用 CLT 來說明 LLN 而已！不過，因無法抽出無窮多的樣本數，故由樣本平均數估計母體平均數難免會有誤差，我們就用一個隨機變數表示該誤差，該隨機變數就是標準誤（standard error）[2]。是故，透過上述直覺想法，使用蒙地卡羅方法應注意三種會產生「誤差」的可能：第一是究竟要觀察多少次，真相才會大白？第二則是標準誤（差）要多大，我們才可以接受？第三是每次觀察需要多大樣本數？

---

[1] 有關於蒙地卡羅方法的介紹於文獻上是相當豐富的，本章只能算是以導論或以直覺方式介紹。就蒙地卡羅方法應用於衍生性商品而言，有興趣的讀者可以參考 Glasserman, P.(2003), *Monte Carlo Methods in Financial Engineering*, Springer. 該書有較完整的介紹。

[2] 標準誤就是樣本平均數抽樣分配（sampling distribution）的標準差。只要母體標準差 σ 的確存在，則上述標準誤可寫成 $\sigma/\sqrt{n}$（無限母體），其中 n 表示樣本數；因 σ 為未知，故標準誤亦可視為一種隨機變數。

　　因此，要了解蒙地卡羅方法的原理並不難，只是我們是否可以用 R 來說明？讀者不妨先練習看看。

1.1 LLN 與 CLT 的應用

　　嚴格來說，按照數學上的定義，CLT 與 LLN 還是有差異的。我們先來看 LLN 的定義：若 $x_1, x_2, \cdots x_n$ 屬於一系列獨立且具相同分配（iid）的隨機變數，其中 $E(x_i) = \mu$（就所有的 i 而言），則由 $x_1, x_2, \cdots x_n$ 的實現值所計算的平均數 $\bar{x}$ 會隨著 n 的提高而收斂至 μ 值，故可寫成：

$$\bar{x} = \sum_{i=1}^{n} x_i / n \overset{p}{\to} \mu \quad \text{當 } n \to \infty$$

其中 $\overset{p}{\to}$ 表示機率極限（converges in probability）。或者 LLN 亦可寫成：

$$\lim_{n \to \infty} P\left(\left|\bar{x} - \mu\right| < \varepsilon\right) = 0$$

其中 ε 表示任何一個正數值，即 $\bar{x}$ 與 μ 值之間差距的機率會隨 n 的增加而縮小[3]。至於 CLT，統計學則較偏向於下列定義：$x_1, x_2, \cdots x_n$ 屬於 iid 的隨機變數，其中 $E(x_i) = \mu$ 與 $Var(x_i) = \sigma^2$（就所有的 i 而言），則：

$$\frac{\bar{x} - \mu}{\frac{\sigma}{\sqrt{n}}} \sim N(0,1) \text{ 或 } \frac{\sum_{i=1}^{n} x_i - n\mu}{\sigma\sqrt{n}} \sim N(0,1)$$

也就是說，CLT 除了可用 $\bar{x}$ 的（抽樣）分配表示之外，亦可以使用實現值（樣本）的總和的分配表示。

　　因此，若要解釋為何 CLT 會成立，LLN 倒是提供一種直覺的想法；換言之，因為我們無法抽出無窮大的樣本數，故 LLN 未必可以觀察得到，而反倒是 CLT 可以藉由蒙地卡羅模擬方法檢視，可以參考圖 6-1 與 6-2。二圖是假定 S_t 屬於對數常態分配，其中 $S_0 = 9{,}600$、$\mu = 0.1$、$q = 0.015$、$\sigma = 0.3$ 以及 $T = 1$。

---

[3]　上述定義稱為弱式（weak）LLN，可上網查詢。

前面的章節已經提醒我們，若 S_t 亦屬於 GBM，則 $\log S_T$ 屬於平均數與標準差分別為 $M = \log S_0 + (\mu - q - 0.5\sigma^2)T$ 與 $\Sigma = \sigma\sqrt{T}$ 的常態分配。

利用 R，我們不難可以藉由蒙地卡羅方法以模擬的方式說明或證明 CLT 的確存在，其步驟可整理成：

步驟 1：根據上述假定可知 $\log S_T$ 屬於平均數與標準差分別為 9.2095 與 0.3 的常態分配或於 R 內 S_T 屬於相同平均數與標準差的對數常態分配（即於 R 內，對數常態分配與常態分配使用相同平均數與標準差）；因此，我們可以使用 *rnorm*(·) 與 *rlnorm*(·) 指令分別抽取出 $\log S_T$ 與 S_T 的觀察值。圖 6-1 與 6-2 就是使用 *rlnorm*(·) 指令抽出 n 個觀察值。

步驟 2：有了 S_T 的 n 個觀察值，我們將 S_T 轉成 $\log S_T$ 後再計算其平均數。

步驟 3：步驟 1 與 2 重複 N 次，總計有 N 個 $\log S_T$ 的平均數。

步驟 4：繪製該 N 個 $\log S_T$ 平均數的機率分配。

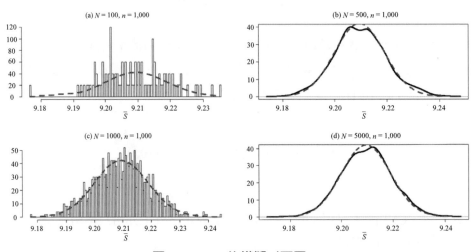

圖 6-1 CLT 的模擬（不同 N）

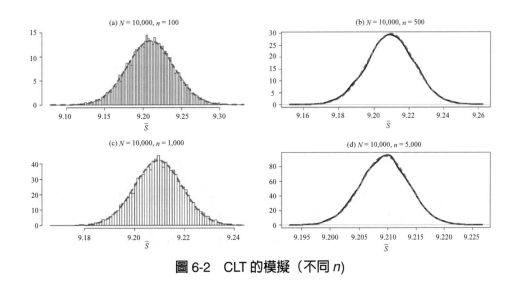

圖 6-2　CLT 的模擬（不同 n)

　　圖 6-1 與 6-2 就是按照上述步驟所繪製而成，其中虛線表示對應的常態分配。換言之，圖 6-1 是於 $n = 1,000$ 下，考慮不同的模擬次數 N，而圖 6-2 則是於 $N = 10,000$ 下，考慮不同的觀察值個數 n。若檢視圖 6-1 與 6-2 內的各小圖，可以發現除了由 $n = 1,000$ 與 $N = 100$（圖 6-1 之左上圖）所繪製的抽樣分配看不出具體的機率分配形狀外，其餘各圖倒是逐漸接近於理論的常態分配（圖內虛線）。因此，此例告訴我們一個事實：即使每次抽出不小的樣本數（n），若檢視的次數太少（N），仍無法看到事情真相的雛形[4]。因此，LLN 與 CLT 的觀念應該相輔相成，前者也許是真理的所在（只有一點），但是沒有後者的輔助（是一個分配），有可能仍無法觀察到真相的形狀。

　　上述的模擬步驟，可以算是我們初次正式使用蒙地卡羅方法；有點意外的是，原來我們在接觸 CLT 時，竟不知 CLT 的背後其實就隱藏著蒙地卡羅方法。我們再來檢視圖 6-1 與 6-2 的情況。二圖除了幫我們了解 LLN 與 CLT 的確存在外，更重要的是我們發現上述蒙地卡羅方法竟可以推廣至其他用途，例如其可以用於計算面積、機率甚至於資產的價格等；不過，在還未介紹蒙地卡羅方法的應用之前，我們需要知道使用蒙地卡羅方法有何缺點？

---

[4]　此有點類似與朋友朝夕相處 1 個月，可能仍無法了解朋友真正的想法；或是連續 1 個月認真觀察股市，有可能仍無法抓住買賣股票的訣竅。

雖然上述模擬步驟 1 是要先知道對數常態分配的參數值 M 與 Σ，我們才能從對數常態分配內抽取出樣本來；但是，利用圖 6-1 與 6-2 的結果，我們不會反向思考嗎？究竟利用蒙地卡羅方法可不可以估計到 M 與 Σ 值？使用該方法的估計誤差有多大？按照圖 6-1 與 6-2 的 n 與 N 值的設定方式，我們以模擬的結果估計 M 與 Σ 值，該結果就列於表 6-1[5]。

表 6-1　估計 M 與 Σ 值的絕對估計誤差（%）

	N = 100	N = 500	N = 1,000	N = 5,000	N = 10,000
n = 100	0.125 (0.686)	0.070 (0.361)	0.151 (0.541)	0.061 (0.141)	0.035 (0.005)
n = 500	0.156 (0.051)	0.066 (0.097)	0.009 (0.138)	0.001 (0.169)	0.004 (0.229)
n = 1,000	0.108 (0.730)	0.051 (0.504)	0.023 (0.145)	0.018 (0.478)	0.004 (0.476)
n = 5,000	0.018 (0.636)	0.014 (1.145)	0.003 (0.615)	0.001 (0.217)	0.006 (0.090)
n = 10,000	0.014 (0.088)	0.009 (0.293)	0.007 (0.117)	0.003 (0.196)	0.000 (0.205)

註：小括號內之值表示 Σ 的絕對估計誤差。

表 6-1 內的結果是讓人意外的，因為該結果多少與我們直覺衝突。直覺而言，隨著 n 與 N 值的提高，M 與 Σ 值的估計誤差應該降低才對，不過表內的結果卻顯示出未必會如此。例如就 Σ 值估計的絕對誤差而言，於 $n = 100$ 與 $N = 10,000$ 下只有 0.005%，但是於 $n = 10,000$ 與 $N = 10,000$ 下卻高達 0.205%。原來上述所使用的方法是屬於一種原始的蒙地卡羅方法（a crude Monte Carlo method），使用起來相對上較無效率；換言之，文獻上或網路上不乏許多宣稱可以改善蒙地卡羅效率的方法，第 2 節我們會介紹其中的四種方法。雖說如此，即使應用較原始的蒙地卡羅方法，我們已經可以看出其具有多種的用途。

例 1　GBM 的模擬

類似於第 3 章內的圖 3-39，我們可以模擬資產價格屬於 GBM 的時間走勢，其結果可參考圖 6-3；換言之，圖 6-3 的結果是利用圖 6-1 與 6-2 的假定，並以 $T = m\Delta t = 1$ 所繪製而成，其中 $m = 252$。因此，圖 6-3 內的圖形相當於假

---

[5]　我們以樣本平均數 $\bar{x}$ 估計母體平均數 μ，因 $\bar{x}$ 的標準誤為 $s(\bar{x}) = \sigma / \sqrt{n}$，故用 $s(\bar{x})\sqrt{n}$ 估計 σ。

定 S_t 服從 GBM，我們利用模擬的方式得以檢視 S_t 的每日路徑（交易日）2,000 次（$N = 2,000$）；也就是說，若思考圖 6-3 的繪製過程（可參考所附的 R 指令），可以發現該過程與上述的蒙地卡羅方法的步驟非常類似（即以 m 取代 n），故圖 6-3 的繪製相當於可以視爲蒙地卡羅方法的一種應用。

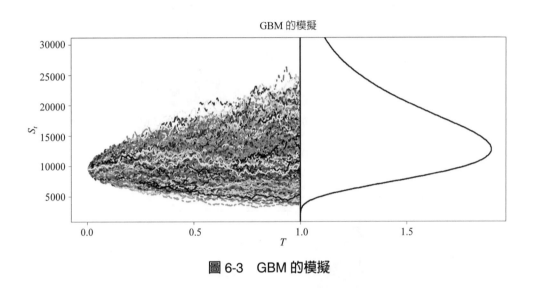

圖 6-3　GBM 的模擬

例 2

　　例 1 的結果是讓人印象深刻的，因爲若我們只檢視 $T = 1$ 的 S_T 路徑，豈不是可以得到 S_T 的實證分配（empirical distribution）嗎？我們已經知道 S_t 若屬於 GBM，則 S_T 應該屬於對數常態分配；也就是說，S_T 的理論分配是對數常態分配，當然不容易觀察到，但是我們卻可用 S_T 的實證分配來檢視對應的理論分配，因此實證分配與理論分配之間的關係，猶如樣本與母體之間的關係。類似的情況，正如同 CLT 所描述的，$\bar{x}$ 的抽樣分配亦可視爲（標準）常態分配的實證分配。

　　利用圖 6-3 內的結果，我們可以截取其中 S_T 的觀察值後，再估計 S_T 的抽樣分配，其結果就繪製如圖 6-4 所示。圖 6-4 內分別繪製出 $\log S_T$ 與 S_T 的實證分配，其中紅色虛線表示對應的理論分配，右圖內的藍色虛線只是將 S_T 的直方圖以圓滑的曲線取代而已（類似於圖 6-1 與 6-2 的右圖）。

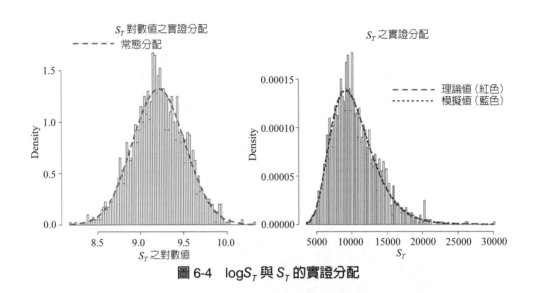

圖 6-4　logS_T 與 S_T 的實證分配

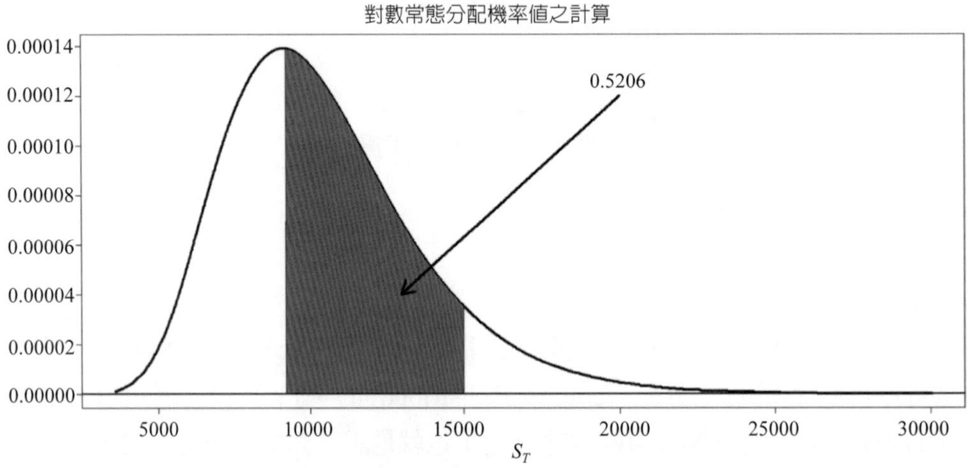

圖 6-5　對數常態分配機率值的計算

例3　機率的計算

　　圖 6-1 與 6-2 是根據平均數與變異數分別為 9.2095 與 0.3 的常態分配而得，按照上述常態分配的參數值，我們可以繪製出 S_T 的理論對數常態分配如圖 6-5 所示。根據圖 6-5 的對數常態分配的 PDF，我們進一步計算 S_T 介於 9,200 與 15,000 之間的機率值約為 0.5206；不過，若是使用圖 6-3 內 S_T 的觀察值資

料計算上述區間的機率值卻約只有 0.521，明顯存在有些微的估計誤差。我們可以解釋爲何會有上述的估計誤差，因爲我們畢竟只使用 $N = 2,000$ 與 $m = n = 252$ 的模擬條件而已。

例 4　LLN 之應用

　　例 3 的結果是可以再進一步檢視的，因爲我們可以再擴充至使用較大的 N 與 $m = n$ 值以計算對應的機率值，圖 6-6 繪製出其中一種可能；也就是說，利用圖 6-5 內的假定，圖 6-6 的結果是使用 $N = 5,000$ 以及 $m = 2,12,22,\cdots502$ 所繪製而成。從圖 6-6 內可以看出當 $m(n)$ 逐漸提高後，估計的機率值逐漸接近於眞正的機率值（紅色水平線）；因此，圖 6-6 的結果不是用於表示「樣本機率」如何接近於「母體機率」嗎？我們每天所預測出來的機率值（如天氣預測），其實只是一種樣本機率值，無怪乎會出現預測錯誤。

　　由此例可以看出使用蒙地卡羅方法的優點，就是事先已經知道眞正的機率值爲何，而我們可以透過模擬的方式檢視樣本機率值如何地估計母體機率值。換言之，若我們有想出一種解決問題的方法，但是不是很確定該方法是否正確，難道不會事先用模擬的方式檢視看看嗎？

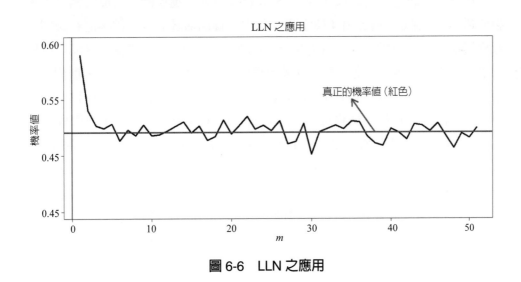

圖 6-6　LLN 之應用

1.2 一些應用

　　大概了解（原始）蒙地卡羅方法後，利用圖 6-4 的觀念，我們不是馬上可以計算歐式選擇權的價格嗎？利用圖 6-1 與 6-2 的假定，另外再考慮 $r = 0.05$ 以及 $K = 9,500$，透過 BSM 模型，我們可以計算出買權與賣權的理論價格分別約為 1,193.03 以及 1,047.85。當然，我們也可以使用蒙地卡羅方法計算上述買權與賣權的價格，其過程分述如下：

步驟 1：先用 GBM 模擬出 $S_1(T), S_2(T), \cdots, S_N(T)$ 的觀察值。

步驟 2：分別計算模擬的買權與賣權的貼現價格，即 $c_i = e^{-rT} \max[S_i(T) - K,0]$ 以及 $p_i = e^{-rT} \max[K - S_i(T),0]$。

步驟 3：分別計算 $\bar{c} = \dfrac{1}{n}\sum_{i=1}^{N} c_i$ 與 $\bar{p} = \dfrac{1}{n}\sum_{i=1}^{N} p_i$，其中 $\bar{c}$ 與 $\bar{p}$ 分別用於估計買權與賣權的理論值。

因此，透過蒙地卡羅方法的使用，可以發現其實歐式買權與歐式賣權價格的計算，竟然仍只是 CLT 或 LLN 觀念的應用！

　　利用上述假定，我們以 $N = 1 \sim 500$ 執行蒙地卡羅模擬，模擬的結果則繪製於圖 6-7。圖 6-7 繪製出 4 種小圖，其中左圖為估計的買權價格而右圖則為賣權價格的機率分配。值得注意的，因我們是用 $\bar{c}$ 與 $\bar{p}$ 分別表示買權與賣權價格，因此圖內各圖相當於表示買權或賣權價格的抽樣分配（可參考所附的 R 指令）。根據 CLT，上述抽樣分配會接近於常態分配，我們可以使用 BSM 模型所計算出的買權價格或賣權價格當作母體的平均數。圖內買權與賣權價格（各有 500 種）的平均數分別約為 1,192.69 與 1,046.81，此可視為樣本平均數，故其與母體平均數（即 1,193.03 與 1,047.85）之間的差距並不大；不過，買權與賣權價格的（樣本）標準差卻分別約為 89.98 與 57.92，由於是使用 $m = n = 252$，故可知買權與賣權分配的母體標準差的估計值分別約為 5.67 與 3.65[6]，顯然前者高於後者，表示買權的估計誤差高於賣權的誤差。

---

[6]　按照標準誤 $\sigma/\sqrt{n}$，可得 $89.98/\sqrt{252} \approx 5.67$ 與 $57.92/\sqrt{252} \approx 3.65$。若讀者執行所附的 R 指令，估計結果應與上述結果有差距。

　　利用上述結果，若以買權與賣權價格的平均數與標準差爲基準，於上圖已經知道買權與賣權價格的機率分配接近於常態分配（CLT）；利用該分配（下圖），我們當然能進一步估計理論價格的 95% 信賴區間，其分別約爲 1,016.34～1369.04（買權價格）以及 932.75～1,159.81（賣權價格）。

　　上述結果乍看之下，似乎是多餘的；不過，若所面對的不是歐式選擇權而是其他無理論價格的買權或賣權合約呢？換句話說，利用蒙地卡羅方法反而有可能可以取得更多的資訊。

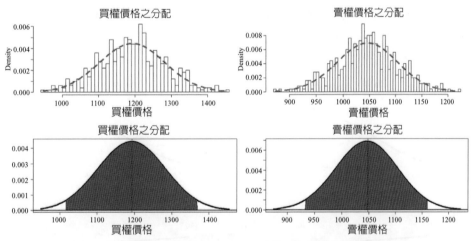

圖 6-7　利用蒙地卡羅方法得出買權與賣權價格的抽樣分配

　　上述蒙地卡羅方法的應用尚不止於此，直覺而言，該方法應該也可以用於計算歐式買權與賣權的避險參數；不過，於未介紹之前，我們應先了解所謂的數值偏微分（numerically partial differentiation）的概念。我們可以回想偏微分的定義：

$$\frac{\partial f[x_1,\cdots,x_i(t),\cdots,x_n]}{\partial x_i} = \lim_{\varepsilon \to 0} \frac{f[x_1,\cdots,x_i(t)+\varepsilon,\cdots,x_n]-f[x_1,\cdots,x_i(t),\cdots x_n]}{\varepsilon} \quad (6\text{-}1)$$

其中 $f(\cdot)$ 是一個具有 n 個自變數且可以微分的函數，而 ε 爲一個非 0 的數值。(6-1) 式的定義我們並不陌生，因爲只要 $\varepsilon \to 0$，（6-1）式相當於就是在計算 $f(\cdot)$ 的「點斜率」。因此，若將 $f(\cdot)$ 視爲買權或賣權價格，而 x_i 視爲 S_t，則

（6-1）式不就是在計算於某一特定的 S_t 下，買權或賣權合約的 Delta 值嗎？

我們已經熟悉 R 的操作，欲利用（6-1）式以計算買權或賣權合約的 Delta 值的確不是一件困難的事；也就是說，令 ε 分別表示 −1 逐次增加至 0.0001 的序列，代入（6-1）式，即可得出圖 6-8 的結果。利用圖 6-7 內的假定，首先圖 6-8 的上圖分別利用 BSM 模型繪製出買權與賣權合約的 Delta 值序列。假定我們想要計算二合約於 $S_0 = 9,600$ 下的理論 Delta 值（於上圖分別以垂直虛線表示），利用上述的 ε 值序列以及（6-1）式，即可繪製出如圖 6-8 內的下圖。於圖內可看出，隨著 ε 逐漸接近於 0，計算的 Delta 值逐漸接近於理論值（由上至下是以 $-\varepsilon$ 取代）（水平線表示理論值）。是故，其他的避險參數亦可用類似的方法計算。

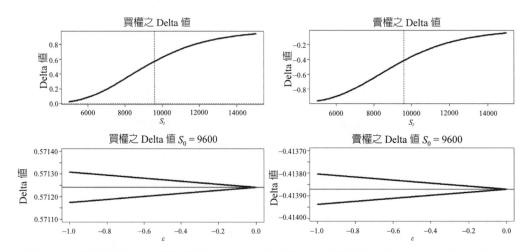

圖 6-8　利用蒙地卡羅或數值微分方法計算買權合約與賣權合約的 Delta 值（於 S_0 = 9,600 處）

接下來，我們來看如何用蒙地卡羅方法計算買權或賣權的 Delta 值。圖 6-9 重新複製圖 6-3 內 S_t 的走勢，假定我們想要計算 $t = t_1$ 處的買權或賣權的 Delta 值（如圖內的垂直虛線處），我們應如何做？圖 6-8 內的缺點是 ε 是一個確定的數值，我們如何取得一個不確定的 ε 值呢？圖 6-9 似乎可以幫我們解答此一問題，也就是說，可先挑選圖 6-9 內其中一條 S_t 走勢為基準（如圖內以較粗的曲線表示），若分別計算該基準走勢與其他 S_t 走勢於 $t = t_1$ 處的差距，豈不是可以取得多個不確定的 ε 值嗎？

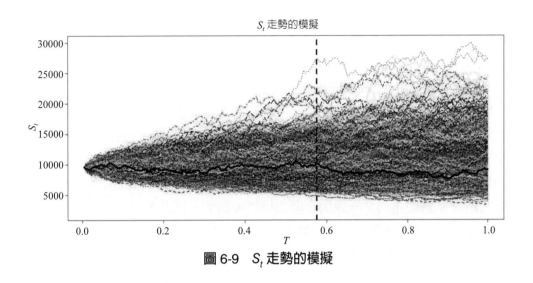

圖 6-9　S_t 走勢的模擬

　　利用圖 6-3 與 6-7 內的假定，我們更改 N 與 m 分別為 5,000 與 500，再重新模擬 S_t 走勢，然後按照上述取得不確定 ε 值的方式後，再分別代入（6-1）式，即可取得多種的 Delta 值，利用這些估計結果，即可繪製出圖 6-10 內的直方圖。我們進一步計算該直方圖的平均數，可以得出買權與賣權合約的 Delta 值分別約為 0.5975 與 −0.3919，此可視為使用蒙地卡羅方法所估計的實證值。利用第 5 章的（5-35）式，可以得出買權與賣權合約的理論 Delta 值分別約為

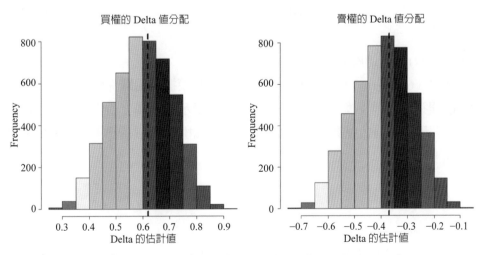

圖 6-10　以蒙地卡羅方法估計買權與賣權合約的 Delta 值

0.6198 與 −0.3696（分別於圖內以垂直虛線表示）。比較實證值與理論值之間的差距，雖然有估計誤差的存在，不過我們已經可以利用數值差分的方式計算 Delta 值。

最後，我們再介紹一種蒙地卡羅方法的應用。若仔細檢視圖 6-3 內多條 S_t 時間走勢的模擬過程，應可以發現這些 S_t 的走勢其實是相互獨立的；也就是說，從 rnorm 或 rlnorm 指令內抽出 n 個觀察值，此相當於從一個 *iid* 的母體（常態分配）抽取出觀察值，因此上述 n 個觀察值彼此之間應該互相獨立的。那我們是否可以抽出有關聯的觀察值出來？也就是說，為何我們需要能模擬出相互有關係的 S_t 時間走勢？全球的金融市場是連動的，因此若同時檢視多種股價指數或多種匯率等走勢，這些走勢本來就有關聯的，因此我們的確需要思考如何能模擬出多元變數的 GBM 走勢。

我們先舉一個簡單的例子。假定我們要模擬出 $S_1(t)$ 與 $S_2(t)$ 的走勢，其中 $S_1(t)$ 與 $S_2(t)$ 之間是有關係的；也就是說，$S_1(t)$ 與 $S_2(t)$ 分別可寫成：

$$
\begin{aligned}
dS_1(t) &= \mu_1 S_1(t)dt + \sigma_1 S_1(t)dW_1(t) \\
dS_2(t) &= \mu_2 S_2(t)dt + \sigma_2 S_2(t)dW_2(t)
\end{aligned}
\tag{6-2}
$$

其中 $W_1(t)$ 與 $W_2(t)$ 是表示二個維納過程。假定 $dW_1(t)$ 與 $dW_2(t)$ 之間的相關係數為 ρ，即二者之間的共變異數可寫成[7]：

$$
dW_1(t)dW_2(dt) = \rho dt
\tag{6-3}
$$

其中 $(dW_1(t))^2 = (dW_2(t))^2 = dt$。

利用（6-2）～（6-3）二式，我們不難利用 R 模擬出相關係數為 ρ 的二個常態分配觀察值序列；換言之，若 z_1 與 z_2 分別表示二個獨立的標準常態隨機變數，則利用上述隨機變數我們可以將其轉成相關係數為 ρ 的標準常態分配隨機變數 u_1 與 u_2，即：

---

[7] 相關係數 $\rho_{xy} = \dfrac{Cov(x,y)}{\sigma_x \sigma_y}$，其中 $Cov(\cdot)$ 表示共變異數，而 σ 表示標準差。

$$u_1 = z_1$$
$$u_2 = \rho z_1 + \sqrt{1-\rho^2}\, z_2 \qquad\qquad (6\text{-}4)$$

讀者可以證明 u_1 與 u_2 亦屬於標準常態分配，同時二者之間的相關係數為 ρ。

有了（6-4）式，我們自然可以模擬出二種互有關係的 GBM 時間走勢。假定 $S_1(0) = 9{,}600$ 與 $S_2(0) = 9{,}000$、$\mu_1 = 0.1$ 與 $\mu_2 = 0.2$（$q_1 = q_2 = 0$）、$\sigma_1 = 0.25$ 與 $\sigma_2 = 0.3$、$m = 252$ 與 $T = 1$，利用（6-4）式，可以繪製出圖 6-11 內之 $S_1(t)$ 與 $S_2(t)$ 走勢，其中左圖繪製出二走勢之散布圖（scatter diagram），而右圖則繪製出二走勢之對數值時間走勢；於二圖內皆可看出 $S_1(t)$ 與 $S_2(t)$ 屬於同方向變動的走勢。

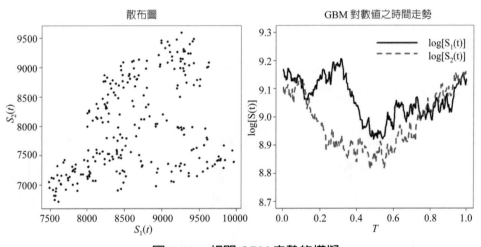

圖 6-11　相關 GBM 走勢的模擬

上述的模擬過程可以擴充至 n 維度空間的情況。考慮一個多元變數常態分配 PDF，其可寫成：

$$f(x) = \frac{1}{(2\pi)^{n/2}\,|\Sigma|^{1/2}} \exp\left\{-\frac{1}{2}(x-\mu_x)^T \Sigma^{-1}(x-\mu_x)\right\} \qquad (6\text{-}5)$$

其中 $x = (x_1, x_2, \cdots, x_n)^T$ 是一個 $n \times 1$ 隨機變數向量，μ_x 與 Σ 分別表示對應的平均數向量與共變異數矩陣。我們以 $n = 3$ 說明 μ_x 與 Σ 的性質，即：

$$\mu_x = \begin{bmatrix} \mu_1 \\ \mu_2 \\ \mu_3 \end{bmatrix} \text{與} \ \Sigma = \begin{bmatrix} \sigma_1^2 & \sigma_{12} & \sigma_{13} \\ \sigma_{21} & \sigma_2^2 & \sigma_{23} \\ \sigma_{31} & \sigma_{32} & \sigma_3^2 \end{bmatrix} = \begin{bmatrix} \sigma_1^2 & \sigma_1\sigma_2\rho_{12} & \sigma_1\sigma_3\rho_{13} \\ \sigma_2\sigma_1\rho_{21} & \sigma_2^2 & \sigma_2\sigma_3\rho_{23} \\ \sigma_3\sigma_1\rho_{31} & \sigma_3\sigma_2\rho_{32} & \sigma_3^2 \end{bmatrix} \quad (6\text{-}6)$$

其中 $\mu_i = E(x_i)$、$\sigma_i^2 = Var(x_i)$、$\sigma_{ij} = Cov(x_i, x_j)$（共變異數）以及 $\rho_{ij} = Cor(x_i, x_j)$（相關係數）（$i, j = 1,2,3$）。

例 1　三條互有關聯的 GBM 走勢

假定 $\rho_{12} = 0.653$、$\rho_{13} = 0.405$、$\rho_{23} = 0.372$、$\mu_x = (0.012, 0.008, 0.001)^T$ 以及

$\Sigma = \begin{bmatrix} \sigma_1^2 & \sigma_{12} & \sigma_{13} \\ \sigma_{21} & \sigma_2^2 & \sigma_{23} \\ \sigma_{31} & \sigma_{32} & \sigma_3^2 \end{bmatrix} = \begin{bmatrix} 0.02 & 0.016 & 0.013 \\ 0.016 & 0.032 & 0.015 \\ 0.013 & 0.015 & 0.054 \end{bmatrix}$。利用（6-5）～（6-6）二式以及 $T =$

1、$m = 252$ 與 $S_0 = (2147.35, 10198.04, 2989.29)^T$，我們可以模擬出三條互有關聯的 GBM 時間走勢如圖 6-12 所示。於圖內，可看出三條走勢具有相同的向上趨勢走勢[8]，可以參考所附的 R 指令。

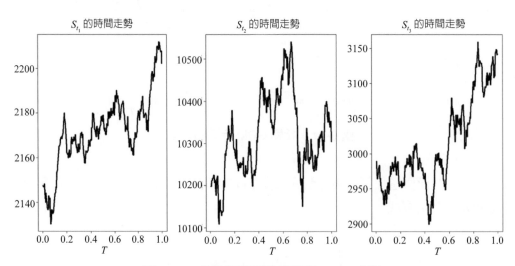

圖 6-12　模擬三條互有關聯的 GBM 走勢

---

[8] 其實三條 GBM 走勢是利用 NASDAQ、Nikkei 225（日經）以及 SSE（上海綜合）的月股價指數收盤價（2010/1～2017/10）的條件所編製而成，上述資料取自英文 YAHOO 網站。

例2

　　利用圖 6-7 內的假定，我們可以來看買權與賣權的實證價格（利用蒙地卡羅方法計算而得）如何隨著 N 值的擴大，逐漸收斂至對應的理論價格。考慮 $N = 2,3,\cdots,197$ 的情況下，我們分別計算買權與賣權的實證價格，其結果可繪製於圖 6-13，其中水平線（紅色）表示對應的理論價格。於該圖內，我們可以看出即只使用較小的 N 值，買權與賣權的實證價格會收斂至理論價格的「雛形」已然成形，只不過圖 6-7 與 6-13 的模擬，需使用較久的時間，表示原始的蒙地卡羅方法，仍存在有相當大的改善空間。

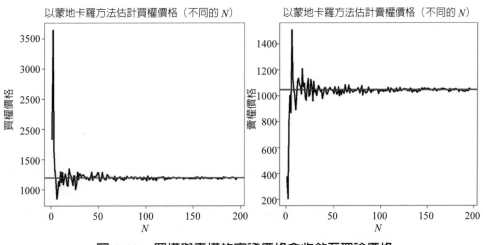

圖 6-13　買權與賣權的實證價格會收斂至理論價格

例3　再用數值微分方法計算 Delta 值

　　我們曾使用（6-1）式計算買權或賣權的 Delta 值；不過，（6-1）式若改成：

$$\frac{\partial f[x_1,\cdots,x_i(t),\cdots,x_n]}{\partial x_i} = \lim_{\varepsilon \to 0} \frac{f[x_1,\cdots,x_i(t)+\varepsilon,\cdots,x_n] - f[x_1,\cdots,x_i(t)-\varepsilon,\cdots x_n]}{2\varepsilon}$$

（6-1a）

　　估計的效果較佳。例如仍使用圖 6-7 的假定以及欲計算 $S_0 = 9,600$ 處的 Delta 值。利用第 5 章的（5-35）式可得理論的買權與賣權合約的 Delta 值分

別約為 0.5712407 與 −0.4138712。若 $\varepsilon = 0.1$，分別代入（6-1）與（6-1a）式，可得買權與賣權合約的 Delta 值分別約為 0.5712474 與 −0.4138645，以及 0.5712407 與 −0.4138712，顯然後者可用較大的 ε 值。

例 4　利用數值微分計算 Gamma 值

圖 6-8 以及例 3 提供一個簡易的方式以計算其他的避險參數，即我們可以利用買權或賣權的價格計算避險參數；不過，因 Gamma 值的計算有牽涉到第二階（偏）微分，使得計算過程與其他的避險參數計算不同。我們以單一自變數的情況說明。於 x_0 處，利用泰勒展開式（計算至第二階微分），可得：

$$f(x_0 + \varepsilon) \approx f(x_0) + f'(x_0)\varepsilon + \frac{1}{2}f''(x_0)\varepsilon^2$$

$$f(x_0 - \varepsilon) \approx f(x_0) - f'(x_0)\varepsilon + \frac{1}{2}f''(x_0)\varepsilon^2$$

其中 $\varepsilon = x - x_0$。利用上式，可得：

$$f''(x_0) = \frac{1}{\varepsilon^2}[f(x_0 + \varepsilon) - 2f(x_0) + f(x_0 - \varepsilon)] \qquad （6-7）$$

是故若 $f(\cdot)$ 與 x_0 分別以買權（或賣權）價格函數與 S_0 取代，（6-7）式相當於在計算於 S_0 處的 Gamma 值。

利用圖 6-7 內的假定，我們先利用第 5 章的（5-36）式計算買權（賣權）的 Gamma 理論值約為 0.000134。令 $\varepsilon = 0.001$，利用（6-7）式計算出的 Gamma 值則約為 0.000133，其與理論值之間的差距並不大；雖說如此，（6-7）式的使用應特別注意，因 ε 值位於分母，故反而不能使用太小的 ε 值，可以參考圖 6-14。利用（6-7）式，圖 6-14 繪製出二種不同 ε 值下的 Gamma 值，其中左圖使用 $|\varepsilon| \geq 0.0001$ 而右圖則集中於 $|\varepsilon| < 0.0001$ 的情況。於右圖內可以看出當 $|\varepsilon| < 0.0001$ 時，計算出的 Gamma 值（絕對值）已有隨 ε 值的縮小而增大；其實，於左圖內，我們已經可以看出有此種「不穩定」的跡象，使用者可以留意。

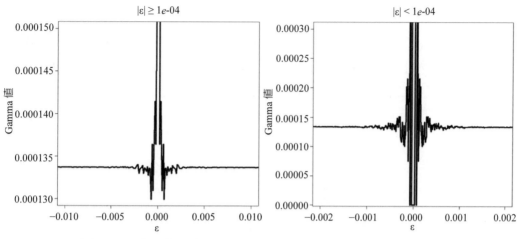

圖 6-14　利用數值微分方法計算歐式選擇權合約的 Gamma 值

2. 變異數降低法

於前述的 CLT 或 LLN 內，我們可以透過產生一連串隨機變數觀察值 x_1, $x_2, \cdots, x_n$ 以估計未知的參數 $\mu = E(x)$。就 $\bar{x}_n$ 而言，其估計的標準誤為 $\sigma/\sqrt{n}$，其中 σ^2 為 x_i 的變異數。因此，欲降低上述標準誤，其實有二種來源，其一是降低 $1/\sqrt{n}$，此當然根源於 LLN；另一則是降低標準差 σ，通常我們可以使用變異數降低法（variance reduction methods）處理。顯然後一來源重要多了，因為於相同的 n 之下，若新的方法能「擊敗」原始方法，自然就產生了一種新的蒙地卡羅方法，如此來看，前述的原始蒙地卡羅方法，或許可以稱為標準的蒙地卡羅方法，新的蒙地卡羅方法就是要超越為標準的蒙地卡羅方法。

其實標準的（原始的）蒙地卡羅方法最為人詬病的問題，就是其（實證值）向理論值接近的速度太慢了，此隱含著不易降低估計誤差；因此，若有新的方法可以降低估計誤差，自然就可以提高上述的「逼近速度」，如此就不需要使用太大的模擬數（即 N）。上述的變異數降低法就是欲達成上述目標，而提出標準的蒙地卡羅方法的修正版。本節的目的，就是要介紹變異數降低法，此可以分成四小節檢視。

2.1 逆變數法

逆變數法（method of antithetic variables）可以說是一種最簡單的變異數降低法。我們先用一個簡單的例子說明。假定我們欲估計 $\mu = E(x)$，我們可以透過 x_1 與 x_2 產生二種結果，其中 $E(x_1) = E(x_2) = \mu$ 以及 $Var(x_1) = Var(x_2) = \sigma^2$。於上述的情況下，可知：

$$Var(\bar{x}) = Var\left[\frac{1}{2}(x_1 + x_2)\right] = \frac{1}{4}\left[Var(x_1) + Var(x_2) + 2Cov(x_1, x_2)\right]$$
$$= \frac{\sigma^2}{2} + \frac{1}{2}Cov(x_1, x_2) \tag{6-8}$$

因此，若 $Cov(x_1, x_2) < 0$，則 $Var(\bar{x})$ 會下降；換言之，若 x_1 與 x_2 之間呈現負相關，則 x_1 與 x_2 平均數的變異數會低於 x_1 與 x_2 之間互為獨立關係的變異數。因此，逆變數法的使用相當於要改變標準蒙地卡羅方法的抽樣方式。

我們如何抽出 x_1 與 x_2 之間呈現負相關的樣本來？其實（6-4）式已經提供有用的線索了；換言之，最大的負相關不就是 $\rho = -1$ 嗎？因此，利用（6-4）式，若假定 z_1 與 z_2 之間呈現完全負相關，則 $z_2 = -z_1$。使用圖 6-1 與 6-2 的假定，考慮 $N = 200,000$ 的模擬次數，我們可以分別使用標準與逆變數法的蒙地卡羅方法計算歐式選擇權價格，其結果則繪製於圖 6-15。

圖 6-15 分別考慮買權、賣權以及（買）跨式（可參考第 2 章）價格的計算，因此圖內分別繪製出上述三種價格的實證分配。讀者可以分別出圖 6-7 與 6-15 的區別嗎？為何前者類似於常態分配，而後者則與對數常態分配相似？原來圖 6-7 的繪製就是在說明 CLT 的確存在，因為它竟是買權（賣權）平均數的抽樣分配，風險中立的定價原理不就是強調買權（賣權）價格就是到期收益之期望值的貼現值嗎？蒙地卡羅方法只是用平均數估計上述期望值而已，因此這又是 LLN 觀念的應用。至於圖 6-15，則是欲估計買權（賣權）價格的母體分配，該母體分配未必會接近於對數常態分配[9]。

---

[9] 應該不會完全是對數常態分配，因為（到期）價外的價格為 0；因此，我們所關心的，應該是圖 6-7 內的抽樣分配，此點頗類似於統計學內的統計推論。其實讀者若有執行圖 6-7 或 6-13 的 R 指令，應可發現二圖需花費較長的執行時間（因我們先模

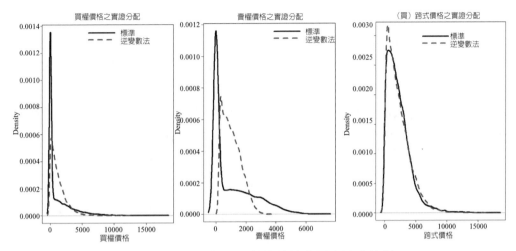

圖 6-15　標準與逆變數法蒙地卡羅方法之比較

　　讀者可以留意我們如何使用逆轉法（參考所附的 R 指令）。原來我們只是應用（6-8）式而已；也就是說，z_1 與 z_2 各分別使用 $N/2$ 次以模擬出 S_T，然後自然可以進一步計算出選擇權價格。因此利用標準的與逆變數法的蒙地卡羅方法各可以得出 N 個選擇權價格的「觀察值」，即可繪製出圖 6-15 的圖形。當然，我們會進一步計算上述 N 個觀察值的平均數，其就是以蒙地卡羅方法所計算出的選擇權價格 [10]。是故，若以標準的蒙地卡羅方法計算，買權價格、賣權價格以及跨式價格分別約為 1,192.58、1,035.71 與 2,228.29；至於使用逆變數法，則分別約為 1,184.89、1,041.55 與 2,226.44。最後，若以 BSM 模型計算，則分別約為 1,193.03、1,047.85 與 2,240.88。因此，若只單獨比較各估計價格的差異，的確不容易看出優劣，此時我們只能再檢視估計的實證分配標準差。

　　其實從圖 6-15 內已可看出逆變數法的使用優於標準的方法，因為後者所

擬出整條 S_t 走勢，再取 S_T 值)。至於圖 6-15，因只模擬出 S_T 值而且只使用一個 N 值，故其執行的時間較短，我們當然可以使用較大的 N 值。換言之，圖 6-7 的使用只是為了說明如何由整條 S_t 走勢內取得 S_T 值而已，就歐式買權與賣權價格的計算而言，當然用圖 6-15 的方法較佳。

[10] 若以風險中立的定價原則來看，BSM 模型所計算出的選擇權價格，其實就是一種平均數的觀念。

估計的實證分配波動幅度較大（圖內實線），因其右尾部較厚且較長；反觀，使用逆變數法所得的實證分配相對上較集中，隱含著估計誤差較小（圖內虛線）。其實我們也可以利用比較二者的變異係數（CV），看出逆變數法的變異較低。讀者可以嘗試計算看看。

（6-8）式是欲估計 $E(x)$，其應可以繼續擴充至估計 $E[f(x)]$ 的情況，標準的蒙地卡羅方法當然仍是使用 $\frac{1}{n}\sum_{i=1}^{n}f(x_i)$ 計算，其中 $f(x)$ 是 x 的函數；不過，逆變數法估計 $E[f(x)]$ 的估計式卻是：

$$\hat{f}_{AN} = \frac{1}{2n}\sum_{i=1}^{n}\left[f(x_i) + f(y_i)\right]$$

其中 y_i 就是一種逆變數。我們可以進一步看出使用逆變數法如何降低變異數。假定 $Var[f(x)] = \sigma^2$ 與 $Cor[f(x), f(y)] = \rho$（相關係數），則：

$$Var[\hat{f}_{AN}] = \frac{1}{4n^2}\sum_{i=1}^{n}\left\{Var[f(x_i)] + Var[f(y_i)] + 2Cov[f(x_i), f(y_i)]\right\}$$
$$= \frac{1}{4n^2}(2n\sigma^2 + 2n\sigma^2\rho) = \frac{\sigma^2}{2n}(1+\rho)$$

（6-9）

從（6-9）式內可以看出當 $f(x)$ 與 $f(y)$ 彼此無關時（即 $\rho = 0$），逆變數法與標準的蒙地卡羅方法是一致的。相反地，若 $\rho = -1$，則最佳的選擇是使用逆變數法，因為其估計式的變異數竟然降為 0；可惜的是，完全負相關的逆變數 y_i 卻不容易尋找。例如：於圖 6-15 內雖然我們分別使用 z_1 與 $z_2 = -z_1$ 二種完全負相關的標準常態隨機變數以模擬出 S_{T_1} 與 S_{T_2}，不過 S_{T_1} 與 S_{T_2} 之間未必呈現出完全負相關的走勢，可以參考圖 6-16 的左上圖，該圖是隨機抽出 100 個 z_1 的觀察值所繪製而成。

利用圖 6-16 左上圖內所得到的 z_1 與 z_2 的觀察值，我們考慮一種線性的轉換，即令 $f(z_i) = a + bz_i$，右上圖（圖 6-16）則繪製出 $f(z_1)$ 與 $f(z_2)$ 之間的散布圖，其中 $a = 3$ 與 $b = 4$，於圖內可看出 $f(z_1)$ 與 $f(z_2)$ 之間居然也是呈現完全負相關的情況。我們繼續考慮一種二次式函數轉換，即令 $f(z_i) = a + bz_i + cz_i^2$，其結果就繪製於圖 6-16 的下圖，我們可以發現 c 值愈小，即 $f(\cdot)$ 愈接近於線性轉換，$f(z_1)$ 與 $f(z_2)$ 之間接近於完全負相關的可能性愈大，隱含著逆變數法的使用，估計誤差就愈小。

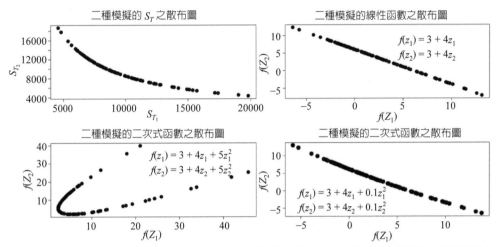

圖 6-16　由 z_1 與 $z_2 = -z_1$ 所衍生的到期價格以及一次式與二次式函數之散布圖

例 1　**常態分配與逆常態分配**

　　圖 6-15 或 6-16 內 z_1 與 $z_2 = -z_1$ 二者之間的關係，其實頗類似於一種函數與其逆函數（inverse function）之間的關係。不過，因 z_1 與 z_2 二者皆爲標準常態分配的隨機變數，自然容易取得 z_1 的逆（函數）觀察值；但是，若隨機變數 x 屬於常態分配，我們是否找出對應的「逆分配」隨機變數？利用常態分配標準化的性質，我們的確可以找出一個常態分配與其對應的「逆常態分配」，二者的關係可寫成 [11]：

$$x = 2\mu - y \qquad (6\text{-}10)$$

其中隨機變數 x 與 y 皆屬於平均數與標準差分別爲 μ 與 σ 的常態分配。利用（6-10）式的關係，我們可以分別繪製出圖 6-17 之上圖之 x 與 y 分配的 PDF（假定 μ 與 σ 分別爲 3 與 2）。雖然於圖內可看出 x 與 y 分配的 PDF 同屬於相同平均數與標準差的常態分配，不過透過（6-10）式，我們發現 x 與 y 的觀察

---

[11] 因 $z_1 = -z_2 \Rightarrow (y - \mu)/\sigma = -(x - \mu)/\sigma \Rightarrow y - \mu = -x + \mu \Rightarrow x = 2\mu - y$。

值之間竟然呈現相反方向走勢，可參考圖 6-17 之下圖[12]。換言之，若從 x 分配內抽出 100 個觀察值，透過（6-10）式，即可取得 y 的 100 個觀察值，再分別繪製出上述觀察值的走勢與散布圖，即可分別得出圖 6-17 左下圖與右下圖的結果。於圖內，自然可以看出 x 與 y 的觀察值走勢完全相反，二者之相關係數等於 -1。

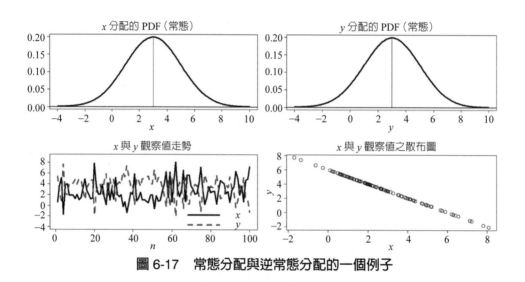

圖 6-17　常態分配與逆常態分配的一個例子

例 2　均等機率分配

除了常態分配之外，均等分配（uniform distribution）也容易找到其「逆分配」。考慮一個連續的函數 $f(x) = e^x$。令 U 表示一種均等分配的隨機變數（介於 0 與 1 之間），則 $1 - U$ 為其對應的逆變數。例如：圖 6-18 的左上圖繪製出 100 個 U 與 $1 - U$ 的觀察值之間的散布圖，我們可以看出該散布圖是一條直線；另外，右上圖則繪製出 $f(U)$ 與 $f(1 - U)$ 之間的散布圖，其卻是一條凹

---

[12] 讀者可能仍會對圖 6-17 的上圖感到困惑，此乃因 R 於繪圖時永遠皆用「由小至大」的排列方式，因此按照（6-10）式，若 x 是以「由小至大」的排列方式表示，則 y 會以「由大變小」的方式展現，故於繪製 y 時 R 會自動轉換；因對稱分配的關係，使得 x 與 y 的分配完全一模一樣。事實上，二分配的分位數是不一樣的，可檢視所附的 R 指令。

口向上的曲線。因此，類似於常態分配，均等分配的隨機變數與其逆隨機變數之間亦是屬於直線的關係，隱含著二者的相關係數亦為 −1。

　　假定我們欲計算 $\int_0^1 e^x dx$ 的積分值，該積分值可用面積表示。於圖 6-6 內，我們已經知道蒙地卡羅方法可以用於計算機率值，就連續的機率函數而言，機率值可用面積表示，故蒙地卡羅方法不是可用於計算面積，也可以用於積分嗎？因此，利用均等分配計算積分的方式[13]，我們嘗試分別使用標準的與逆變數法的蒙地卡羅方法計算上述的積分值。令 $N = 20{,}000$（模擬次數）以及 $n = 1{,}000$（樣本數），其結果則分別繪製於圖 6-18 的下二圖，其中左圖是使用標準的蒙地卡羅方法，而右圖則使用逆變數法。

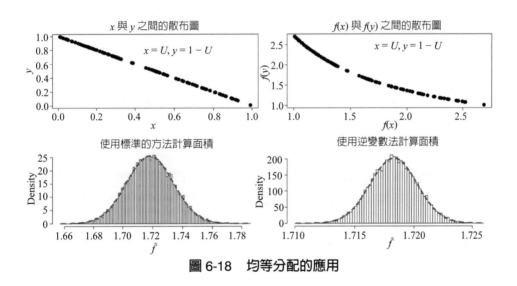

圖 6-18　均等分配的應用

　　因蒙地卡羅方法是用平均數計算上述的積分值，故圖 6-18 的下二圖皆可視為該積分值的抽樣分配；因此，該二圖可以視為一種 CLT 的應用，故抽樣分配接近於常態分配（圖內以虛線表示）。使用定積分技巧，上述積分值約為 1.718282，此可視為上述常態分配的平均數參數值（母體），結果使用標準的蒙地卡羅方法所計算的抽樣分配平均數約為 1.718179（樣本），而使用逆變數法則約為 1.718298，顯然二方法的「樣本平均數皆為母體平均數的不偏估計

---

[13] 利用均等分配的觀念亦可以計算積分值，可以參考《財數》一書，該書是使用標準的蒙地卡羅方法。

式」。至於抽樣分配的標準誤，標準的蒙地卡羅方法約為 0.0157 而逆變數法則約為 0.0020；根據上述標準誤，可以繼續推估母體的標準差估計值分別約為 0.4952 與 0.0626，顯然使用逆變數法會產生較低的標準差估計值。由於上述積分是屬於確定變數的積分，其積分值只是一個數值，故其標準差為 0；因此，使用逆變數法的確會產生較低的誤差，因其標準差的估計值接近於 0。

例3 利用逆變數法證明 CLT 與 LLN

根據圖 6-16 的結論，只要 $f(\cdot)$ 是一種線性函數，使用逆變數法所得到的樣本平均數抽樣分配的標準誤會等於 0。因此只要假定母體屬於均等分配或常態分配，根據（6-10）式或例 2，我們欲證明 CLT 或 LLN 的確存在，應該會有一個令人吃驚的結果，因為使用逆變數法，其樣本平均數的抽樣分配竟然只有一個數值，而該數值竟然就是母體平均數。可惜的是，我們所面對的母體並非只有均等分配與常態分配二種；也就是說，若我們所面對的是一種未知的母體分配，自然就無法使用逆變數法（即無法取得母體變數的逆變數），只能訴諸於其他的方法。

當然我們也可以繼續使用標準的蒙地卡羅方法，圖 6-19 就是繪製出使用該方法所得到的樣本平均數抽樣分配，其中右圖假定平均數與標準差分別為 3 與 2 的常態分配母體，而左圖則假定母體為均等分配，其平均數為 0.5。於圖

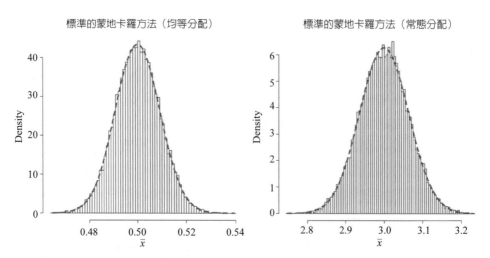

圖 6-19　標準蒙地卡羅方法證明 CLT（母體分別為均等分配與常態分配）

內，應可以看出不管母體分配爲何，CLT 或 LLN 還是存在的。

2.2 分層抽樣法

　　變異數降低法的第二種方法是分層抽樣法（method of stratified sampling）。顧名思義，分層抽樣是屬於（統計學內）隨機抽樣（random sampling）的一種。那爲什麼要考慮分層抽樣？原來，按照簡單隨機抽樣的定義：母體內每一樣本被抽中的可能性皆一樣；只不過，我們隨意的抽樣（例如用 R 內的 rnorm 或 runif 指令）眞的就可以達到隨機抽樣的目標嗎？未必，假定我們要檢視臺灣的民眾對於新的 iPhone 產品的購買意願，我們第一個直覺反應當然是針對臺灣的民眾做一次抽樣調查，姑且將其稱爲調查 1。

　　假定有人發現購買新的 iPhone 產品其實與年齡的分配有關，即老年人（需求不大）以及年輕人（經濟能力較低）應該較中壯年的人購買意願低，因此我們應該分成三個階層抽樣，此種抽樣則稱爲調查 2。就讀者而言，調查 1 較爲合理呢？抑或是調查 2？顯然，若上述「購買新的 iPhone 產品其實與年齡的分配有關」的假說是正確的話，則調查 1 應該是比較沒有效率的抽樣結果；反觀，調查 2 就較爲合理，因爲其有用到上述的假說。讀者應該已經意識到調查 2，其實就是使用分層抽樣方法；也就是說，使用分層抽樣可先將母體（如 15 歲以上）分成三個組別或多種組別，然後按照各組的比重抽取（如 0.25、0.5 與 0.25），即分層抽樣只是強調按照比重來抽取樣本而已，否則有些組的樣本可能根本皆抽取不到。

　　我們如何證明或用模擬的方式說明上述的想法是正確的呢？假定某產業的損益是屬於標準常態分配（經由標準化後），我們有興趣想要計算該損益 5% 的風險值（Value at Risk, VaR）；按照標準常態分配的性質，其風險值約爲 -1.645。若我們分別從標準常態分配內分別抽取出 500 與 2,000 個觀察值序列，再分別計算各序列的 5% 分位數，可以分別得到 -1.535 以及 -1.63，是故隨著樣本數的提高，應該可以估計到上述的 VaR 值，可以參考圖 6-20 的上二圖。於二圖內可以看出（其中左圖抽出 500 個觀察值，而右圖則抽出 2,000 個觀察值），樣本數愈大，由觀察值序列所繪製的直方圖愈接近於標準常態分配。事實上，利用上述觀察值序列，我們也可以反推出風險值約爲 -1.645 對應的機率值分別約爲 0.042（左圖）與 0.0495（右圖）。因此，其實上述調查 1 也不是不能提供參考的價值，只不過抽取的樣本數需較大才行。

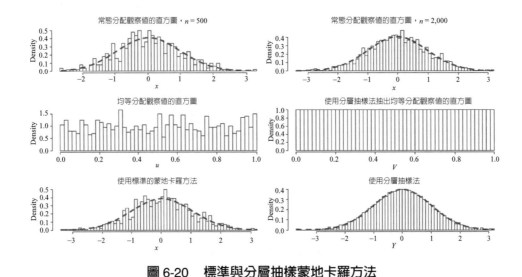

圖 6-20　標準與分層抽樣蒙地卡羅方法

　　既然使用分層抽樣法較合理，那我們如何使用該方法呢？前述均等分配與其性質，倒是提供了一個簡易的方法；換言之，考慮一個均等分配，其隨機變數 y 介於 θ_1 與 θ_2 之間，故該均等分配的 PDF 可以寫成 $f(y) = (\theta_1 - \theta_2)^{-1}$。假定我們想要計算 y 的觀察值介於 a 與 b 之間的機率，則可以計算下列的積分值：

$$P(a \le y \le b) = \int_a^b f(y)dy = \int_a^b \frac{1}{\theta_2 - \theta_1}dy = \frac{b-a}{\theta_2 - \theta_1} \ , \ \theta_1 \le y \le \theta_2 \qquad (6\text{-}11)$$

利用（6-11）式以及簡單的代數操作，可得：

$$V = (\theta_2 - \theta_1)U + \theta_1 \qquad (6\text{-}12)$$

其中 U 是一個介於 0 與 1 之間的均等分配的隨機變數，而 V 亦是一個均等分配，其下限值與上限值分別為 θ_1 與 θ_2[14]。

---

[14]　因 $P(a \le V \le b) = P[a \le (\theta_2 - \theta_1)U + \theta_1 \le b] = P[a - \theta_1 \le (\theta_2 - \theta_1)U \le b - \theta_1]$

$$= P\left(\frac{a - \theta_1}{\theta_2 - \theta_1} \le U \le \frac{b - \theta_1}{\theta_2 - \theta_1}\right) = \frac{b - \theta_1}{\theta_2 - \theta_1} - \frac{a - \theta_1}{\theta_2 - \theta_1} = \frac{b - a}{\theta_2 - \theta_1}$$

故根據（6-11）式，可知 V 屬於介於 θ_1 與 θ_2 之間的均等分配。利用（6-12）式，可知 U 屬於介於 0 與 1 之間的均等分配（即 $V = \theta_1 \Rightarrow U = 0$ 以及 $V = \theta_2 \Rightarrow U = 1$）。

　　因此，透過（6-12）式，可以發現均等分配的一個重要性質：我們可將介於 0 與 1 之間的均等分配轉換成介於 θ_1 與 θ_2 之間的均等分配。我們來看如何利用（6-12）式。假定我們打算將（0, 1）區間分成 n 組，即：

$$A_1 = \left(0, \ \frac{1}{n}\right], A_2 = \left(\frac{1}{n}, \ \frac{2}{n}\right], \cdots, A_n = \left(\frac{n-1}{n}, \ 1\right)$$

因此，就均等分配而言，上述小區間內每一樣本出現的機率值皆為 $1/n$。若 $U_1, U_2, \cdots, U_n$ 表示 n 個獨立的介於 0 與 1 之間的均等分配，則根據（6-12）式，可以將 U_i 轉換成：

$$V_i = \frac{i-1}{n} + \frac{U_i}{n}, \ i = 1, \cdots, n \qquad\qquad （6\text{-}13）$$

　　其中 V_i 為一個介於 $(i-1)/n$ 與 i/n 之間的均等分配。利用（6-13）式，我們不難利用模擬的方式看出分層抽樣的特色，可以參考圖 6-20 內的中（間）二圖，其中左圖是按照 U_i 抽樣，而右圖則以 V_i 抽樣。於圖內可以看出分層抽樣法所強調的，若純粹只從母體（於此例是介於 0 與 1 之間）抽樣，有些組可能會出現抽取的樣本數不夠[15]，但是若使用分組抽樣，上述樣本數不足的情況就可以獲得改善，即利用 V_i 來抽樣所繪製的實證 PDF 曲線幾乎與理論的 PDF 曲線重疊（中右圖）。

　　了解分層抽樣的重要性與原理後，我們就可以進一步檢視標準的蒙地卡羅方法以及該方法下的分層抽樣法有何不同。令 $Y = f(U)$，則 $E(Y)$ 相當於計算 0 與 1 之間的 $f(U)$ 積分值[16]，此就是屬於使用標準的蒙地卡羅方法，因其是使用 $\bar{Y}$ 估計 $E(Y)$。至於分層抽樣法，其估計式則為：

$$\hat{Y} = \frac{1}{n} \sum_{i=1}^{n} f(V_i) \qquad\qquad （6\text{-}14）$$

因此蒙地卡羅方法下的分層抽樣法也是用樣本平均數估計 $E(Y)$，只不過其是

---

[15] 此有點類似於若用常態分配抽樣，常態分配的尾部被抽中的可能性並不高。

[16] 因 U 的觀察值介於 0 與 1 之間，故 $f(U)$ 相當於將機率值轉換成分位數值。

以 V_i 取代標準的蒙地卡羅方法下的 U_i 而已。

令 $n = 1,000$，圖 6-20 的下二圖分別繪製出 $f(\cdot)$ 屬於標準常態分配的情況，其中左圖是使用標準的蒙地卡羅方法，而右圖則使用分層抽樣法。我們從圖內可以看出使用分層抽樣法的確會使實證的 PDF 更接近於理論的 PDF（以虛線表示），我們進一步計算該實證的 PDF 的平均數與標準差分別約為 −0.0004 與 1.001（理論值為 0 與 1）；反觀，使用標準的蒙地卡羅方法，則約為 0.0294 與 1.0307，顯然使用分層抽樣法可以加快實證的 PDF 接近於理論的 PDF 的收斂速度。

例 1 估計 VaR

利用分層抽樣的方式，我們也可以使用計算資產報酬率或損益的風險值。假定資產報酬率屬於標準 t 分配[17]，則該資產報酬率的 α 風險值相當於第 α 個分位數。利用 Dow Jones 指數的日收盤價序列資料（2000/1/4～2017/11/7）（取自英文 YAHOO 網站），先將該序列資料轉換成日對數報酬率資料後，可以進一步計算該日對數報酬率的平均數與標準差分別約為 0.0405% 與 0.8701%。若假定日對數報酬率資料屬於標準 t 分配，同時以上述平均數與標準差當作標準 t 分配的參數值；若假定自由度等於 4，則可以計算出日對數報酬率之 $\alpha = 0.01$ 的風險值估計值約為 −2.2648%，我們以此估計值為理論值。

類似於圖 6-20，假定 $f(\cdot)$ 屬於標準 t 分配，圖 6-21 的左上圖與右上圖分別繪製出日對數報酬率的實證分配（$n = 10,000$），從圖內可看出二種實證分配皆接近於標準 t 分配。利用上述二種實證分配，我們可以進一步計算出 $\alpha = 0.01$ 的風險值估計值分別約為 −2.2562% 與 −2.2646%，顯然利用分層抽樣方式所計算的風險值較接近於理論值。

其實上述二種方法的估計應該還有改善的空間。若將 U 改成 U_1，其中 U 與 U_1 分別為介於 0 與 1 以及 0 與 $\alpha = 0.01$ 之間的均等分配，即利用（6-13）式，由 U_1 可得 V_1。仍假定 $f(\cdot)$ 屬於標準 t 分配，則日對數報酬率的實證分配可以繪製成如圖 6-21 的下二圖所示。有意思的是，因 U_1 只提供 0 與 0.01 之

---

[17] 《財統》曾介紹古典 t 分配與標準 t 分配之區別，以及如何於二分配下計算機率值與分位數。

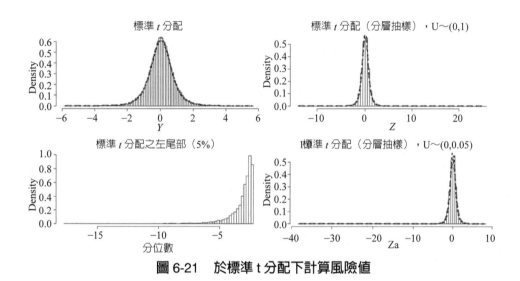

圖 6-21　於標準 t 分配下計算風險值

間的均等分配，故下左圖，我們只看到 $f(U_1)$ 的左尾部而已，因此若要計算風險值，相當於計算 $f(U_1)$ 的最大值，其約為 −2.2649%；至於 V_1，雖說仍是 U_1 的細分，不過因屬於分層抽樣，故由下右圖內可以看出 $f(V_1)$ 仍是完整的實證分配，故仍按照上二圖計算風險值的方式，可得風險值亦約為 −2.2649%。明顯地，二種風險值估計方法的準確度均提高了。

例 2　利用分層抽樣法計算買權與賣權價格

　　我們知道標準的蒙地卡羅方法是按照 GBM 先模擬出到期的標的資產價格如 $S_1(T), \cdots, S_n(T)$ 序列，然後再計算歐式買權價格如：

$$\hat{c} = \frac{e^{-rT}}{n} \sum_{i=1}^{n} \max[S_i(T) - K, 0]$$

上述計算方式並沒有將常態分配的觀察值「分組」，如前所述，除非使用較大的樣本數 n，否則估計誤差將不能被忽視。我們可以透過分層抽樣的方式，提高上述模擬方法的效率，其步驟可寫成：

步驟 1：將 $(-\infty, \infty)$ 區間分成 B 組並決定總樣本數。

步驟 2：令 $V_i = \frac{1}{B}[U_i + (i-1)]$，$i = 0,1,\cdots, B$。其次，決定每組內的樣本數。

步驟 3：利用 $qnorm(V_i)$ 指令取得每組的常態分配觀察值，再按照上式計算每組的 $\hat{c}_i$。

步驟 4：利用每組的 $\hat{c}_i$ 值，再計算其平均數，該平均數即為利用分層抽樣法的估計值。

我們可以舉一個例子說明如何使用蒙地卡羅方法下的分層抽樣法計算歐式買權價格與賣權價格。假定 $n = 2,000$（總樣本數）、$B = 200$（組數）以及 $n_B = 10$（組內樣本數）；另外，假定 $S_0 = 9,600$、$K = 9,500$、$r = 0.03$、$q = 0.015$、$\sigma = 0.3$ 以及 T，利用分層抽樣法可得買權與賣權價格分別約為 1,235.14 與 998.96。二種價格若與 BSM 模型所計算的價格（買權約為 1236.34 與賣權約為 998.50）相比其實差距並不大。

上述分層抽樣法的確可以提高計算效率，即若使用標準的蒙地卡羅方法，於樣本數為 100,000 之下，所計算出的買權與賣權價格則分別約為 1,244.24 與 998.06，顯然使用分層抽樣法可以節省大量的樣本數。

例3　估計買權與賣權價格的抽樣分配

於例 2 內，我們只是利用蒙地卡羅方法計算其中一種結果而已，我們當然也可以計算出多種結果；換言之，我們也可以進一步計算出買權與賣權價格的抽樣分配。計算抽樣分配有一個好處，就是我們可以推估出買權與賣權價格母體分配的標準差。利用例 2 內的假定，我們將總樣本數降為 $n = 1,000$，考慮模擬次數 $N = 2,000$，則買權與賣權價格的抽樣分配可以繪製如圖 6-22 所示，其中上二圖是使用蒙地卡羅方法，而下二圖則使用分層抽樣法（左二圖與右二圖分別為買權價格與賣權價格的抽樣分配）。

若看圖 6-22 內各小圖橫軸的間距，就可以知道分層抽樣法有較小的標準誤，我們進一步估計買權與賣權價格母體分配的標準差。就使用分層抽樣法而言，其分別約為 109.33 與 18.08，而使用標準蒙地卡羅方法則分別約為 2,061.63 與 1,311.4。

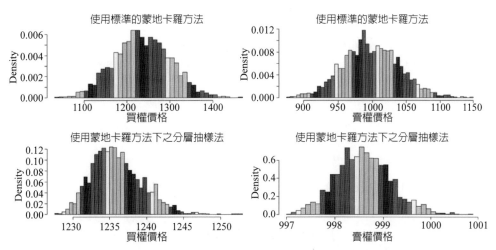

圖 6-22　使用標準的蒙地卡羅方法與分層抽樣法估計買權與賣權價格分配

2.3 控制變異法

　　我們先來看圖 6-23 的情況。圖內不僅繪製出臺股指數的時間走勢（2015/6/10～2016/12/5），同時亦繪製出二條根據 GBM 所得出的模擬走勢。於左圖內，可看出二走勢有點相反，其相關係數的估計值約為 −54%；但是，右圖的二走勢則呈相同方向的走勢，其相關係數的估計值約為 72%。面對圖

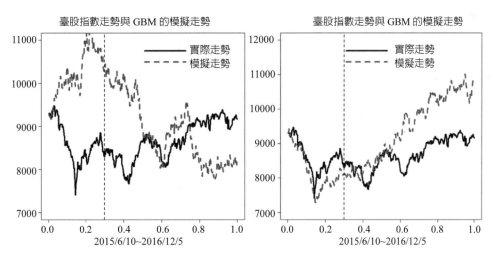

圖 6-23　臺股指數走勢與 GBM 的模擬走勢（2015/6/10～2016/12/5）

6-23 的結果，令 $Y = S_1$，假定我們想要估計 $E(Y)$ 值，如圖內垂直虛線所示，我們應該如何思考？如何做？

控制變異法（method of control variates）倒是提供了一個簡易的方法。若我們能找到一個變數 X（如圖內的模擬值），同時 $E(X)$ 為一個已知的數值，則：

$$E(Y) = E(Y - X) + E(X) \tag{6-15}$$

LLN 提醒我們可用（6-15）式對應的樣本模樣估計，即：

$$\overline{Y} = \frac{1}{n} \sum_{i=1}^{n} (Y_i - X_i) + E(X) \tag{6-16}$$

其中 X_i 與 Y_i 分別表示隨機變數 X 與 Y 的觀察值。若假定臺股指數序列亦屬於 GBM，則樣本平均數 Y 的變異數可寫成：

$$Var(\overline{Y}) = \frac{1}{n} Var(Y - X) = \frac{1}{n} \left[Var(Y) + Var(X) - 2Cov(X,Y) \right] \tag{6-17}$$

可以注意的是 X 與 Y 其實各是一種隨機漫步的走勢（即 $Cov(X_i, X_j) = 0$ 與 $Cov(Y_i, Y_j) = 0$，$i \neq j$）。因此，只要 $Cov(X, Y) > 0$，控制變異法的確可以降低標準的蒙地卡羅方法的變異數（或誤差），因根據（6-17）式，可知：

$$Cov(X, Y) > 0 \Rightarrow Var(Y) > Var(Y - X) \tag{6-18}$$

其中降低的比重為 $| 2Cov(X, Y) - Var(X)|$。因此，只要 X 與 Y 相當接近，於蒙地卡羅方法內使用控制變異法，應該可以提高估計的效率。

其實，我們可以再修正（6-15）式，其可改寫成：

$$Y_{CV} = Y + k[X - E(X)] \tag{6-19}$$

其中 k 是一個常數而 Y 下標有 CV，表示使用控制變異法。使用（6-19）式有一個優點，就是控制變異法的估計式依舊是 $E(Y)$ 的不偏估計式。同理，對（6-

19）式取變異數，可得：

$$\sigma_{CV}^2 = Var(Y) + k^2 Var(X) + 2kCov(X,Y) \qquad （6-20）$$

透過（6-20）式，我們可以看出 k 扮演何種角色？即將 k 視為一種變數，我們可以找出極小化的 k 值為 $k^* = -Cov(X, Y) / Var(X)^{18}$，代入（6-20）式可得：

$$\sigma_{CV(k^*)}^2 = Var(Y) - \frac{Cov^2(X,Y)}{Var(X)} \qquad （6-21）$$

因 $\rho_{XY} = \dfrac{Cov(X,Y)}{[Var(X)Var(Y)]^{0.5}}$，故（6-21）式可再改寫成：

$$\sigma_{CV(k^*)}^2 = Var(Y)(1 - \rho_{XY}^2) \qquad （6-22）$$

類似於（6-18）式，(6-21) 或（6-22）式提醒我們 X 所扮演的角色。原來控制變異法是透過控制 X 來降低 Y 的變異數，因此所謂的控制變異竟然是由 X 來控制 Y 的變異，因此 X 應該稱為一種控制變數，而 Y 則稱為被控制變數。

　　熟悉迴歸分析（regression analysis）[19] 的讀者應該不會對被控制變數 Y 與控制變數 X 之間的關係感到陌生或對上述的推理過程感到意外，我們反而可以稱 Y 為一個被解釋變數，而 X 則稱為一個解釋變數；也就是說，控制變異法若從迴歸分析的角度來看，我們要尋找 Y 的控制變數，豈不是就是要找出可以解釋 Y 變異的解釋變數嗎？如此來看，Y 的控制變數不會只有一個，有可能會有多個（複迴歸模型）。

　　我們來看如何利用迴歸分析的觀念來解釋控制變異法。考慮一個簡單的線性迴歸模型：

$$Y = \beta_0 + \beta_1 X + u, \; u \sim iid(0, \sigma^2) \qquad （6-23）$$

---

[18] $\min\limits_{k} \sigma_{CV}^2$ 的第一階條件為 $2kVar(X) + 2Cov(X, Y) = 0 \Rightarrow k = -Cov(X, Y) / Var(X)$。第二階條件為 $2Var(X) > 0$。

[19] 底下有關於迴歸模型的一些特色與性質，可參考《財統》一書。

利用最小平方法，可知 $b_0 = \overline{Y} - b_1\overline{X}$ 與 $b_1 = \dfrac{\sum\limits_{i=1}^{n}(X_i - \overline{X})(Y_i - \overline{Y})}{\sum\limits_{i=1}^{n}(X_i - \overline{X})^2}$，其中 b_0 與

b_1 分別表示 β_0 與 β_1 的估計式；換言之，前述 k' 的「樣本版」不就是 $-b_1$ 嗎？也就是說，k^* 的估計值可以使用簡單的迴歸直線如（6-23）式取得。因此，控制變異法的估計式可寫成：

$$\hat{Y}_{CV} = \overline{Y} - b_1[\overline{X} - E(X)] = b_0 + b_1\mu_X \qquad (6\text{-}24)$$

其中 $\mu_X = E(X)$，可記得於控制變異法內 μ_X 為已知，即圖 6-23 內模擬值若是來自於 GBM，我們的確知道每一時點的 μ_X。

就簡單直線迴歸模型而言，因樣本迴歸直線 $\hat{Y} = b_0 + b_1 X$ 會通過 $(\overline{X}, \overline{Y})$ 點，即 $\hat{Y} = \overline{Y} + b_1(X - \overline{X})$，故透過（6-24）式可得：

$$\hat{Y}_{CV} = b_0 + b_1\mu_X = \overline{Y} - b_1(\overline{X} - \mu_X) \qquad (6\text{-}25)$$

於（6-18）式內，我們已經知道只要 X 與 Y 之間呈現正相關，即 $Cov(X, Y) > 0$，可以降低 Y 的變異數；換言之，若要提高 Y 估計的效率，不就是需要 $b_1 = -k^*$ > 0 嗎？是故，因 $b_1 > 0$，從（6-25）式可知，若 $\overline{X} \leq \mu_X$，則 $\hat{Y}_{CV} \leq \overline{Y}$；同理，若 $\overline{X} > \mu_X$，則 $\hat{Y}_{CV} > \overline{Y}$。因此，透過簡單迴歸模型的性質，我們可以進一步得到一些有關於控制變異法的資訊。只要我們模擬的結果出現 $\overline{X} > \mu_X$ 的情況，控制變異法的估計需再加上一個調整因子使得該估計往下調整，由（6-25）式可看出，該調整因子就是 $-b_1(\overline{X} - \mu_X)$。

最後，(6-25) 式亦提醒我們注意，原來控制變異法的估計式就是於點 (μ_1, μ_X) 處的迴歸式，其中 μ_1 就是 β_0，我們以如此的方式表示，就是其可以擴充至多種控制變數的情況。既然類似於迴歸式，那控制變異法估計式的變異數不就是迴歸式的變異數嗎？

例1　標的資產價格就是衍生性商品價格的控制變數

就衍生性商品的定價而言，標的資產價格就是衍生性商品價格的控制變

數，因為最能解釋衍生性商品價格的因子，不就是標的資產價格嗎？我們試著以歐式買權與賣權合約說明如何使用控制變異法。

就歐式買權合約價格而言，其控制變數為 S_T，故根據（6-19）式，可知控制變異法的估計式可寫成：

$$c_{CV} = \bar{c} + k_c \{S_T - E[S(T)]\}$$

同理，歐式賣權合約價格的控制變異法估計式為：

$$p_{CV} = \bar{p} + k_p \{S_T - E[S(T)]\}$$

若 $S(T)$ 屬於 GBM，即 $S(T) = S(0)e^{(r-q-0.5\sigma^2)T+\sigma\sqrt{T}Z}$，根據第 4 章的例 1 或（4-4）式，可知 $E[S(T)] = S(0)e^{(r-q)T}$。

我們可以舉一個例子說明。假定 $S_0 = 9,600$、$K = 9,500$、$r = 0.03$、$q = 0.015$、$\sigma = 0.3$ 以及 $T = 1$，故 $E[S(T)] = S_0 e^{(r-q)T} = 9,745.09$；另一方面，按照 BSM 模型可得出買權與賣權價格分別約為 1,236.34 與 998.50。面對上述資訊，首先我們當然先估計買權與賣權合約的 k 值，可以參考圖 6-24。買權與賣權合約 k 值的估計步驟為：

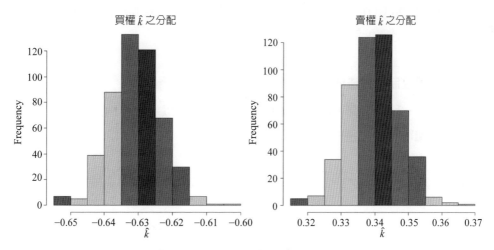

圖 6-24　買權與賣權 $\hat{k}$ 之分配

步驟 1：先模擬出 $S_i(T)$，$i = 1,2,\cdots, n$；然後再計算出買權與賣權的價格，即：
$c_i = e^{-rT} \max[S_i(T) - K, 0]$ 與 $p_i = e^{-rT} \max[K - S_i(T), 0]$。

步驟 2：利用模擬的 $S_i(T)$ 與 c_i 二序列，分別計算出 $Cov[S(T), c]$ 與 $Var[S(T)]$「樣本版」的估計值，即：

$$s_{Sc} = \frac{1}{N-1} \sum_{i=1}^{N} \{[S_i(T) - \overline{S(T)}](c_i - \overline{c})\}$$

與

$$s_S^2 = \frac{1}{N-1} \sum_{i=1}^{N} [S_i(T) - \overline{S(T)}]^2$$

其中 $\overline{S(T)}$ 與 c 分別表示 $S_i(T)$ 與 c_i 的樣本平均數。因此可以進一步取得 k 的估計值為 $\hat{k}_c = -\frac{s_{Sc}}{s_S^2}$。同理，$\hat{k}_p = -\frac{s_{Sp}}{s_S^2}$。

步驟 3：重複步驟 1 與 2 的過程 N 次，即可得出 N 個 $\hat{k}_c$ 與 $\hat{k}_p$。

　　圖 6-24 就是利用上述買權與賣權合約的假定，以及 $N = 500$ 與 $n = 5,000$ 所繪製而成。利用圖內的資訊，可以進一步取得買權 k 的估計值之最小值、平均數與最大值分別約為 -0.6538、-0.6309 與 -0.6034；至於賣權，則分別約為 0.3166、0.3396 與 0.3670。顯然買權 k 的估計值會小於 0，而賣權 k 的估計值會大於 0，讀者應能解釋其意義。

例 2　利用控制變異法估計買權與賣權價格

　　續例 1，利用步驟 3 所得的 k 估計值，我們可以進一步估計買權與賣權價格，此可繼續延續上述的步驟，即：

步驟 4：先模擬出 $S_i(T)$，$i = 1,2,\cdots, N$；然後再計算出買權與賣權的價格，即：

$$c_i = e^{-rT} \max[S_i(T) - K, 0] \text{ 與 } p_i = e^{-rT} \max[K - S_i(T), 0]$$

　　然後利用（6-19）式估計買權與賣權的價格。計算買權與賣權價格的

平均數，可得控制變異法的估計值。

　　因標準的蒙地卡羅方法與控制變異法的估計皆是以平均值表示，圖 6-25 繪製出未平均之前的分配（母體的實證分配）（$N = 1,000$），其中圖 (a) 與 (b) 是使用標準的蒙地卡羅方法，我們可以計算各分配買權與賣權的估計值（平均價格）分別約為 1,277.62 與 1,014.78，以及標準差分別約為 2,152.24 與 1,326.42。圖 (c)～(e) 則是使用控制變異法，其依序分別使用買權 k 估計值的最小值、平均數以及最大值所計算出的分配，各分配的平均數（即買權價格）分別約為 1,260.78、1,261.37 與 1,262.08，而標準差則分別約為 849.21、848.69 與 855.61；至於圖 (f)～(h) 則是使用控制變異法下的賣權分配，其平均數分別約為 1022.94、1023.53 與 1024.23，標準差則約為 849.21、848.69 與 855.81。

　　從上述的結果，我們可以看出使用控制變異法的特色，分述如下：

(1) 使用控制變異法的確可以降低標準的蒙地卡羅方法估計式的變異數。

(2) 我們估計多種 k 估計值的步驟應該可以再簡化（只估計一次即可），因為不管使用何種 k 估計值，其結果的差距並不大。

(3) 第三，也許於其他的應用上，我們較難找到適當的控制變數（如圖 6-23）；但是於衍生性商品的應用上，此種困擾應該可以降低，適當的控制變數不就是標的資產價格嗎？

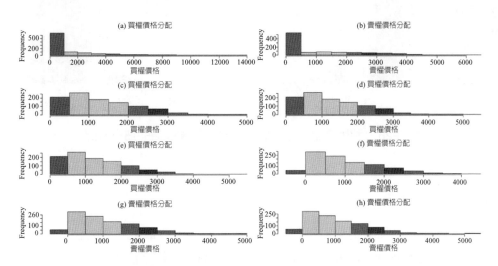

圖 6-25　標準的蒙地卡羅方法與控制變異法的估計值（實證分配）

(4) 如此來看，控制變異法應該頗適用於衍生性商品的定價上。

例3 使用最小平方法估計

　　如前所述，控制變異法亦可以用迴歸模型來思考，我們發現後者的使用不僅可以提高估計的效率，同時亦可以得到買權與賣權價格的抽樣分配；換言之，圖 6-25 可以視為 LLN 的應用，而 CLT 的應用則表現於圖 6-26 上。延續例 1 內假定，圖 6-26 是應用（6-25）式所繪製而得，其模擬過程類似於例 1 與 2 的步驟，只不過是我們是使用最小平方法來估計 k 值，同時因迴歸直線的估計值如 $\hat{Y}_{CV}$ 本身就是一個平均數的概念，那 $\hat{Y}_{CV}$ 的分配，不就是平均數的抽樣分配嗎？因此圖 6-26 內的圖形接近於常態分配，而圖 6-25 內的圖形則接近於對數常態分配。利用圖 6-26 的結果，我們進一步估計買權價格與賣權價格的 95% 信賴區間估計值分別約為 [1,201.97, 1,254.47] 與 [976.42, 1,004.34]，顯然估計到了理論價格。

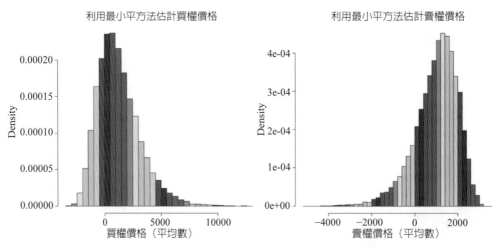

圖 6-26　利用最小平方法估計買權與賣權價格的抽樣分配

2.4 重要抽樣法

　　了解前面三種降低變異數技巧後，我們繼續來看最後一種方法，即重要抽樣法（method of importance sampling）。於尚未介紹之前，我們先來看例子

A。假定我們想要計算 $P(x > 4)$ 的值（機率），其中 x 是一個標準常態隨機變數，利用 R 我們可以容易地計算出該機率值約為 3.17e-05[20]。雖說如此，我們也可以使用（標準的）蒙地卡羅方法計算該機率值，令 $h(x) = I_{[x>4]}(x)$，其中 $I(x)$ 是一種指標函數（indicator function），即：

$$I_{[x>4]}(x) = \begin{cases} 1 & x > 4 \\ 0 & x \leq 4 \end{cases}$$

因此，$P(x > 4) = E[h(x)] = \int_{-\infty}^{\infty} h(x) f(x) dx$，其中 $f(x) = \dfrac{1}{\sqrt{2\pi}} e^{-\frac{x^2}{2}}$ 為標準常態的 PDF。

　　若仔細檢視上述的計算過程，敏感的讀者可能會感到迷惑，因為標準常態分配的觀察值會超過 4 的可能性並不大，就上述我們所抽取的 n 個觀察值內，其中有超過 4 的觀察值只有 32 個；換言之，上述蒙地卡羅方法的估計效率並不高，或者說，該估計式的變異數太大了。我們如何降低上述估計的變異數？可以參考圖 6-27 的上圖。於該圖內，若我們將 $\mu = 0$ 改成 $\mu = 4$ 呢？

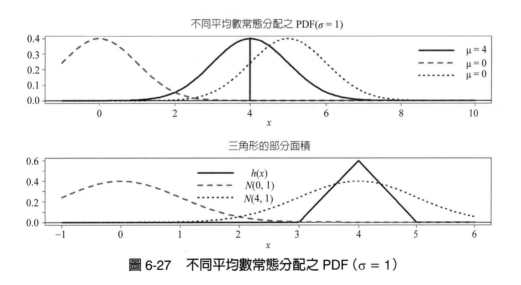

圖 6-27　不同平均數常態分配之 PDF（σ = 1）

---

[20] 即 1-pnorm(4)。

我們再來思考例子 B。若 x 仍屬於標準常態分配的隨機變數，$h(x)$ 的函數型態爲：

$$h(x) = \begin{cases} 0 & x < 3 \\ 0.6 \times (x-3) & 3 \le x < 4 \\ -0.6 \times (x-5) & 4 \le x \le 5 \\ 0 & x > 5 \end{cases}$$

那我們如何計算 $h(x)$ 的機率（面積）？當然第一步是先繪製出 $h(x)$ 的型態如圖 6-27 的下圖所示。於圖內可以看出 $h(x)$ 的形狀是一個三角形，而欲計算 $h(x)$ 的機率，仍然是以 N(4,1) 取代 N(0,1) 的 PDF 的方式較爲有效。

因此上述二個例子皆顯示出可以用 $g(x)$ 取代 $f(x)$，其中 $g(x)$ 爲 N(4,1) 的 PDF，可寫成：

$$g(x) = \frac{1}{\sqrt{2\pi}} e^{-\frac{(x-4)^2}{2}}$$

我們如何使用上述的想法呢？可以回想 $h(x)$ 的機率亦可以用平均數表示，即：

$$E[h(x)] = \int h(x) f(x) dx \qquad (6\text{-}26)$$

如前所述，我們欲以 $g(x)$ 取代 $f(x)$，故（6-26）式可以再改寫成：

$$A = E_f[h(x)] = \int h(x) w(x) g(x) dx = E_g\big[h(x) w(x)\big] \qquad (6\text{-}27)$$

其中 $w(x) = f(x) / g(x)$，而 E[·] 的下標係強調不同「機率的衡量」。讀者應可意識到 $w(x)$ 就是一個「重要的函數（important function）」，或稱爲一種「概似比率（likelihood ratio）」。當我們隨機抽取 x 值，則概似比率亦是一種隨機變數；也就是說，由（6-27）式可以看出爲了計算 A 值，我們不僅可以從 $f(x)$ 內抽取 x 值以計算 $h(x)$ 值，同時亦可以從另一個函數 $g(x)$ 內抽取 x 值以計算 $h(x)$ $w(x)$ 值，二者的估計值是相同的，不過按照圖 6-27 可知二估計值的變異數卻大不相同。因此就 $w(x)$ 而言，我們如何找出適當的 $g(x)$ 出來？顯然變異數的

降低是一個合理的指標，我們希望能達到下列的目標，即[21]：

$$E_g\{[h(x)w(x)]^2\} < E_f\{[h(x)]^2\} \qquad （6\text{-}28）$$

是故按照我們的直覺想法以 $g(x) = \dfrac{1}{\sqrt{2\pi}} e^{-\frac{(x-\mu)^2}{2}}$ 取代 $f(x) = \dfrac{1}{\sqrt{2\pi}} e^{-\frac{x^2}{2}}$，是否

可以達到上述的目標？我們先回到例子 A 的情況。利用標準的蒙地卡羅方法

所取得的估計式為 $\bar{h} = \dfrac{1}{n}\sum_{i=1}^{n} h(x)$，而 $\bar{h}$ 是用於估計 $P_f(x > 4) = \int 1_{[x>4]}(x)\dfrac{e^{-x^2/2}}{\sqrt{2\pi}}$。

若我們從 $f(x)$ 抽取出 n = 100,000 個觀察值，可得出 $\bar{h}$ 值約為 3.2e-05；另一方

面，我們也可以計算出 $h(x)$ 的變異數亦約為 3.2e-05，故使用標準的蒙地卡羅

方法可得出 $s_f^2[h(x)] \approx \bar{h}$ 的結果。接下來，我們來看如何使用重要抽樣法。首

先，我們先計算概似比率，即：

$$w(x) = \frac{f(x)}{g(x)} = \frac{e^{-0.5x^2}}{e^{-0.5(x-\mu)^2}} = \exp\left(-\mu x + \frac{\mu^2}{2}\right) \qquad （6\text{-}29）$$

當然於我們的例子內 $\mu = 4$。我們可以進一步計算出使用重要抽樣法的估計值

約為 3.17-e05，而其變異數則約為 4.53-e09，顯然後者的變異數估計值比使用

標準的蒙地卡羅方法所得的變異數估計值小多了。

　　至於例子 B，若使用標準的蒙地卡羅方法估計，其估計值約為 2.2-e05，

而其 95% 的信賴區間估計值則約為 2.2-e04～2.4-e04 之間；但是，若使用重

要抽樣法，其估計值與 95% 的信賴區間估計值則分別約為 2.2-e05 與 [2.2-e04,

2.21-e04] 之間，故可以看出後者方法的使用，變異數亦可大幅降低。

　　其實上述的概似比率還有更深一層的涵義，我們再回到（6-27）式的情

況。(6-27) 式可以改寫成：

---

[21]　因 $Var(x) = E(x^2) - E(x)^2$，故 $Var_g[h(x)w(x)] = E_g\{[h(x)w(x)]^2\} - A^2$；同理，可得：
$$Var_f[h(x)] = E_f\{[h(x)]^2\} - A^2$$
若 $Var_g[h(x)w(x)] < Var_f[h(x)]$，則 $E_g\{[h(x)w(x)]^2\} < E_f\{[h(x)]^2\}$。

$$E_f(x) = E\left(\frac{h(y)f(y)}{g(y)}\right) = E_g(y) \qquad (6\text{-}30)$$

即 $h(x)$ 可以用另外一種密度函數 $g(y)$ 取代，這之間自然有牽涉到機率衡量以及變數之間的轉換 [22]；另一方面，$g(y)$ 的考慮當然是欲降低 $Var_f(x)$，即類似於（6-28）式，可知 $Var_f(x) > Var_g(y)$，其中：

$$Var_g(y) = E_g(y^2) - [E_g(y)]^2 = \int_R \frac{h^2(x)f^2(x)}{g^2(x)} g(x)dx - [E_g(x)]^2 \quad (6\text{-}31)$$

故根據（6-31）式，只要選擇 $g(x) = h(x)f(x) / E_g(x)$，$Var_g(x)$ 就會等於 0；不過，因 $E_g(x)$ 為未知，故理論上應可降低 $Var_g(x)$，但是我們仍不得其門而入。雖說如此，我們倒是可以提供一個簡單的例子，說明如何利用重要抽樣法計算（歐式）選擇權的價格 [23]。以歐式賣權為例，假定我們想要計算 $E_f(x) = E_f[h(x)]$，其中 $x \sim N(0,1)$ 而 $h(x) = \max(0, K - S_T)$。我們知道若標的資產價格屬於 GBM，則於到期時標的資產價格可為 $S_T = S_0 e^{\eta T + \sigma \sqrt{T} x}$，其中 $\eta = r - q - 0.5\sigma^2$。為了說明起見，假定 $r = 0.5\sigma^2$、$K = 1$、$T = 1$、$q = 0$ 以及 $S_0 = 1$，則 $h(x) = \max(0, 1 - e^x)$，其中 $\beta = \sigma\sqrt{T} = 1$。

利用上述資訊，$E_f(x) = E_f[h(x)]$ 可寫成：

$$E_f[h(x)] = \int_{-\infty}^{\infty} \max(1 - e^x, 0) \frac{e^{-x^2/2}}{\sqrt{2\pi}} dx$$

$$= \int_{-\infty}^{0} (1 - e^x) \frac{e^{-x^2/2}}{\sqrt{2\pi}} dx \qquad (6\text{-}32)$$

我們可以注意到只要 $x < 0$，則 $1 - e^x > 0$，故積分的範圍可以縮小。由（6-32）式可以看出（6-30）式應用於簡化的歐式賣權合約的結果。我們倒是可以進一

---

[22] 此種結果我們當然不會陌生，因為我們已經知道風險中立定價法就是將真實的機率轉換成風險中立的機率；因此，概似比率亦可用 Radon-Nikodym 定理，有興趣的讀者可以參考 Neftci, S.N. (2000), *An Introduction to the Mathematics of Financial Derivatives*, Academic Press.

[23] 此例係參考 Iacus, Stephen M. (2008), *Simulation and Inference for Stochastic Differential Equations: With R Examples*, Springer.

步思考此時要考慮的重要函數為何？我們模仿（6-32）式（積分）內的結果，嘗試使用 $e^{-y/2}$，其型態類似於指數分配（exponential distribution）的 PDF[24]，其中 $x = -\sqrt{y}$；透過變數的轉換，（6-32）式可以再寫成[25]：

$$E_g(y) = E_g[w(y)g(y)] = \int_0^\infty \frac{(1-e^{-\sqrt{y}})}{\sqrt{2\pi}\sqrt{y}} \frac{e^{-y/2}}{2} dy \qquad （6\text{-}33）$$

故透過（6-33）式，可知 $w(y) = \frac{(1-e^{-\sqrt{y}})}{\sqrt{2\pi y}}$ 且 $g(y) = \frac{1}{2}e^{-y/2}$。

　　因此我們可以應用重要抽樣法，即使用（6-33）式，計算上述簡化的賣權價格，其結果可列於表 6-2。表 6-2 列出三種蒙地卡羅之估計結果與其對應的賣權價格的 95% 信賴區間估計值（以中括號表示），其中第 2 欄是列出標準的蒙地卡羅方法的估計結果，而第 3 欄與第 4 欄則分別列出逆變數法與重要抽樣法的估計結果，我們考慮的樣本數 n 分別為 100、1,000 以及 10,000（第 1 欄）。

　　於表 6-2 內，我們可以看出三種方法的 95% 信賴區間估計值大致皆能估計到 BSM 的估計值，不過各估計值的區間寬度卻大不相同；也就是說，在相同的信賴水準之下，區間寬度愈小表示估計的誤差愈小，隱含著估計愈準確。因此，可以看出重要抽樣法優於逆變數法，而逆變數法則優於標準的蒙地卡羅方法，重要抽樣法與逆變數法二者的確有降低變異數的功能。

　　我們進一步考慮一個較為實際的情況。假定 $S_0 = K = 9,800$、$r = 0.03$、$q = 0.015$、$\sigma = 0.1827$ 以及 $T = 110/365$，利用 BSM 公式可以計算出對應的賣權價格約為 367.71。接下來我們使用重要抽樣法估計，即（6-32）式內的 $h(x)$ 可以改成：

$$h(x) = \max(0, K - S_0 e^{(r-q-0.5\sigma^2)T + \sigma\sqrt{T}x})$$

---

[24] 若隨機變數 $y > 0$ 屬於指數分配，其 PDF 為 $g(y) = \frac{1}{\beta}e^{-\frac{y}{\beta}}$，其中 $E(y) = \beta$。

[25] $x = -\sqrt{y} \Rightarrow y = x^2$，可得 $e^y = e^{x^2} \Rightarrow e^y dy = 2(x)e^{x^2}dx \Rightarrow dx = \frac{1}{2(-\sqrt{y})}dy$

因此按照同樣的轉換過程，即使用（6-33）式，我們可以估計出如表 6-2 內的第 5 欄結果。於該結果內可以看出，我們的確可以利用重要抽樣法得出類似於 BSM 的結果。

表 6-2　以變異數降低法估計（簡化的）賣權價格以及其 95% 信賴區間的估計值

(1) n	(2) 標準的	(3) 逆變數法	(4) 重要抽樣法	(5) 重要抽樣法
100	0.1889 [0.1526, 0.2233]	0.1509 [0.1365, 0.1653]	0.1481 [0.1401, 0.1561]	369.07 [366.02, 372.11]
1,000	0.1475 [0.1364, 0.1586]	0.1423 [0.1375, 0.1470]	0.1447 [0.1425, 0.1469]	367.77 [366.90, 368.63]
10,000	0.1421 [0.1386, 0.1456]	0.1432 [0.1417, 0.1447]	0.1447 [0.1440, 0.1454]	367.76 [367.48, 368.03]

說明：1. 第 (2)～(4) 欄對應的 BSM 估計值約爲 0.1446。
　　　2. 第 (5) 欄對應的 BSM 估計值約爲 367.71。

例 1　估計買權價格

表 6-2 是賣權價格的估計結果，若改成相同履約價與到期期限的買權呢？若是考慮用重要抽樣法估計買權的價格，首先（6-32）式需改成：

$$E_f[h(x)] = \int_{-\infty}^{\infty} \max(e^x - 1, 0) \frac{e^{-x^2/2}}{\sqrt{2\pi}} dx$$
$$= \int_0^{\infty} (e^x - 1) \frac{e^{-x^2/2}}{\sqrt{2\pi}} dx \tag{6-34}$$

同理，使用 $e^{-y/2}$，其中 $x = \sqrt{y}$，則（6-34）式可改寫成：

$$E_g(y) = E_g[w(y)g(y)] = \int_0^{\infty} \frac{(e^{\sqrt{y}} - 1)}{\sqrt{2\pi}\sqrt{y}} \frac{e^{-y/2}}{2} dx \tag{6-35}$$

利用（6-35）式，自然就可以計算買權的價格。例如：利用表 6-2 第 5 欄內的假定，我們可以先計算出 BSM 的價格約爲 411.71。若使用重要抽樣法，

於 n 分別為 100、1,000 以及 10,000 之下，買權價格的估計值與其 95% 信賴區間估計值則分別約為 410.28 與 [406.78, 413.77]、411.64 與 [410.63, 412.65] 以及 411.60 與 [411.30, 411.94]，顯然其估計結果並不差。

例2　深價外買權價格之估計

其實圖 6-27 的例子也提醒我們可以用重要抽樣法計算深價外買權（或賣權）的價格。假定我們要計算一種已接近到期的深價外買權。理所當然，若我們以模擬的方式得出 $S_T \leq K$ 的結果，其值大多為 0，故許多模擬值（即抽樣）是浪費掉了。面對此種問題，直覺而言，我們是否可以改用一個較大平均數與變異數的分配取代原先分配的抽樣？假定 $\tilde{z}_i$ 屬於 $N(\mu/\sigma\sqrt{T}, \upsilon^2)$，則 $\tilde{z}_i$ 亦可寫成：

$$\tilde{z}_i = \frac{\mu}{\sigma\sqrt{T}} + \upsilon z_i, \quad z_i \sim N(0,\ 1)$$

因此，重要抽樣法的估計式為：

$$c_{IS} = e^{-rT} \frac{1}{n} \sum_{i=1}^{n} \max\left[S_0 e^{(r-q-0.5\sigma^2)T + \sigma\sqrt{T}\tilde{z}_i} - K, 0 \right] R(\tilde{z}_i)$$

其中

$$R(\tilde{z}_i) = \frac{\dfrac{1}{\sqrt{2\pi}} e^{-\tilde{z}_i^2/2}}{\dfrac{1}{\sqrt{2\pi}\upsilon} e^{-\frac{1}{2\upsilon^2}\left(\tilde{z}_i - \frac{\mu}{\sigma\sqrt{T}}\right)^2}} = \upsilon e^{\frac{z_i^2}{2} - \frac{\tilde{z}_i^2}{2}}$$

若假定 $K = 12{,}000$、$\mu = 0.2$ 以及 $\upsilon = 1$，其餘的參數值仍沿用例 1 的假定，可以計算出 BSM 的買權價格約為 9.8175。若使用重要抽樣法，則買權的價格與標準誤分別約為 9.8419 與 0.1103；至於使用標準的蒙地卡羅方法，則分別約為 9.7328 與 0.8930。的確，重要抽樣法可以取得較為精確的估計值。

例 3 找出最小變異數的 μ 值

　　就前述的例子 A 而言，似乎我們可以再將其擴充至更一般化的情況。也就是說，假定我們仍然欲計算 $P(x > 4)$，不過不是從標準常態分配而是從 $N(0, \sigma^2)$ 內抽取觀察值計算。利用重要抽樣法取代標準的蒙地卡羅方法，仍然可以取得較低的變異數；不過，前述用直覺以 $N(4, \sigma^2)$ 取代 $N(0, \sigma^2)$ 抽樣的判斷方式未必會產生最小的變異數，那我們是否有辦法找出最小變異數的 μ 值？首先，利用 $N(\mu, \sigma^2)$ 應可以找出對應的重要函數，即：

$$f(x) = \frac{1}{\sqrt{2\pi\sigma^2}} e^{-\frac{x^2}{2\sigma^2}} \text{ 與 } g(x) = \frac{1}{\sqrt{2\pi\sigma^2}} e^{-\frac{(x-\mu)^2}{2\sigma^2}}$$

故可得：

$$w(x) = \frac{f(x)}{g(x)} = \frac{e^{-\frac{x^2}{2\sigma^2}}}{e^{-\frac{(x-\mu)^2}{2\sigma^2}}} = e^{-\frac{x^2}{2\sigma^2} + \frac{(x-\mu)^2}{2\sigma^2}} = e^{\frac{-2\mu x + \mu^2}{2\sigma^2}} = e^{\frac{\mu(\mu-2x)}{2\sigma^2}}$$

其中 μ 與 σ 皆是未知參數。假定 $\sigma = 2$ 與 $n = 10,000$，我們可以利用重要抽樣法估計出 $P(x > 4)$ 下之不同的 μ 值與其對應的變異數，該結果就繪製於圖 6-28。於圖 6-28 可以看出最適當的 μ 值並不是 4 而是 4.2（圖內的黑點），顯然我們的直覺與最適解有些微的差距。

3. 準蒙地卡羅方法

　　除了前一節的變異數降低法可以提高標準蒙地卡羅方法的估計效率外，於文獻上尚有準蒙地卡羅方法（quasi Monte Carlo methods）亦可以改善標準蒙地卡羅方法的缺失。準蒙地卡羅方法是使用一種稱為低差異性序列（low discrepancy sequence）的模擬方法，此處低差異性序列又可稱為準隨機數字（quasi-random numbers）序列，後者是根據荷蘭的數學家 van der Corput 於 1937 年提出的序列所發展出來的結果。所謂的準隨機數字就是看起來像隨機

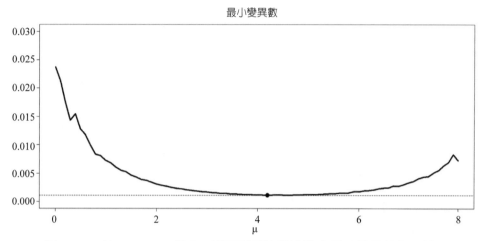

圖 6-28　於 $P(x > 4)$ 之下，利用重要抽樣法找出最小變異數的 μ 值

變數的實現值，結果其竟然不是，其只是一種確定的數值序列而已。

因此，準蒙地卡羅方法與標準蒙地卡羅方法之間的最大差異，在於前者是使用準隨機數字序列，而後者則是使用隨機變數序列；至於模擬的過程或步驟，二方法則非常類似。既然準蒙地卡羅方法是根據標準蒙地卡羅方法的缺失所發展出來的，其結果自然優於後者。於本節內，我們將分成三小節介紹準蒙地卡羅方法，其中 3.1 節將介紹 van der Corput 序列；3.2 節則介紹將 van der Corput 序列擴充至多元變量的情況；3.3 節介紹一些應用。

3.1 van der Corput 序列

其實準蒙地卡羅方法非常類似於 2.2 節的分層抽樣法，我們可從圖 6-20 的中二圖看出端倪。換言之，圖 6-20 的中左圖是繪製出均等分配隨機變數的「抽樣」結果，由於是隨機變數的實現值，故於圖內可以看到隨機抽樣的結果，即未必每一結果皆會被抽中；至於圖 6-20 的中右圖則是繪製出分層抽樣的結果，其相當於每一樣本皆有可能被抽中，不過若從另外一種角度來看該圖，我們會認為圖內的觀察值走勢是一種隨機變數的實現值走勢嗎？「擲一個公正的骰子 6 次，1～6 點真的皆會出現 1 次嗎？」。

　　由於存在隨機性，故於有限的樣本下，反而有些結果未必容易觀察得到。雖說如此，倘若現在存在一些序列的排列方式「像隨機變數實現值的走勢」呢？我們的意思是指例如 0.5、0.25、0.75、0.125、0.625、…，所構成的序列走勢，我們稱該序列走勢是一種 van der Corput 序列走勢。例如：圖 6-29 分別繪製出二種（時間）走勢圖，其中上圖是一種均等分配隨機變數實現值走勢，而下圖則是一種 van der Corput 序列走勢圖，我們於圖內，的確不易分別出二圖的差異。其實，van der Corput 序列並不是一種隨機變數實現值序列，其反而是一種確定性的序列，由於「亂中有序」，故稱 van der Corput 序列是一種準隨機數字序列。

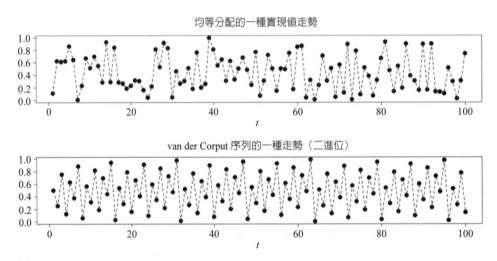

圖 6-29　均等分配的一種實現值走勢與 van der Corput 序列的一種走勢（二進位）

　　我們可以進一步來看 van der Corput 序列究竟是如何形成的？可以參考圖 6-30。原來 van der Corput 就是想出一種方式可以將 0 與 1 之間的區間「均勻的分割」成相同的小區間，圖 6-30 就是繪製出第 1～16 步驟的過程，該過程詳細列於表 6-3 內的第 5 欄；當然，上述分割可以延續下去，圖 6-29 的下圖就是繪製出 1～100 步驟所對應的數值。

　　究竟 van der Corput 是如何想出圖 6-30 或表 6-3 的結果？考慮下列式子：

$$n = n_0 + n_1 b + n_2 b^2 + \cdots \qquad (6\text{-}36)$$

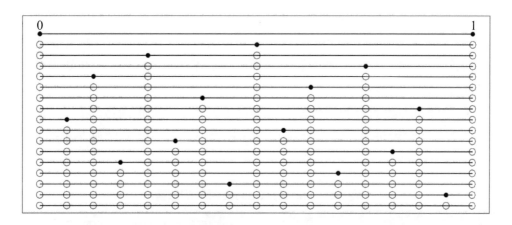

圖 6-30　0 與 1 之間的點（van der Corput 序列）（二進位）

其中 n_j 為小於 b 之含 0 正整數，即 $n_j = 0, 1, 2, \cdots, b - 1$。van der Corput 想出一種聰明的方式，其中關鍵點就是 b 值的使用。換言之，即 $b = 2$ 表示計數的方式是採取二進位法（binary algorithm）；同理，若 $b = 3$ 則是表示採取三進位法計數，以此類推。因此，(6-36) 式內的 b 值為大於等於 2 的整數。van der Corput 發現一旦決定 b 值後，0 與 1 之間的第 n 個分割點 y_n 取決於：

$$y_n = \frac{n_0}{b} + \frac{n_1}{b^2} + \frac{n_2}{b^3} + \cdots \tag{6-37}$$

利用（6-36）與（6-37）二式，我們重新來看表 6-3 的情況。假定 $b = 2$，故按照（6-36）式可知 n_j 不是 0 就是 1。例如考慮表內的 $n = 7$ 情況，因 n 是從 0 開始，故其對應於表內的第 8 個步驟；也就是說，表內是採取二進位法，根據（6-36）式可知 $n_0 = 1, n_1 = 1, n_2 = 1, n_3 = \cdots = 0$ 代入（6-37）式內可得：

$$y_7 = 1 \times \frac{1}{2} + 1 \times \frac{1}{2^2} + 1 \times \frac{1}{2^3} + 0 \times \frac{1}{2^4} = \frac{7}{8}$$

可以注意 y_7 分子部分的排列恰為 1110，此即為表內第 4 欄（逆二進位法）的

第 8 個步驟之值（忽略小數點），故對應的二進位為 0111（第 3 欄）[26]。是故，van der Corput 是利用（6-36）式取得 n_j 值，再按照（6-37）式得到 y_n 值；比較特別的是，因 y_n 值為介於 0 與 1 之值，故上述逆二進位與二進位數值皆以小數點表示。

　　直覺而言，我們會如何分割上述 0 與 1 區間？我們可能會用表 6-3 內第 2 欄的方法；也就是說，若只分割 16 次，則每一間隔不是 1/16 嗎？不過，按

表 6-3　van der Corput 序列的取得

步驟	直覺	二進位	逆二進位	van der Corput 序列
1	0	0.0000	0.0000	0
2	1/16	0.0001	0.1000	1/2
3	2/16 = 1/8	0.0010	0.0100	1/4
4	3/16	0.0011	0.1100	3/4
5	4/16 = 1/4	0.0100	0.0010	1/8
6	5/16	0.0101	0.1010	5/8
7	6/16 = 3/8	0.0110	0.0110	3/8
8	7/16	0.0111	0.1110	7/8
9	8/16 = 1/2	0.1000	0.0001	1/16
10	9/16	0.1001	0.1001	9/16
11	10/16 = 5/8	0.1010	0.0101	5/16
12	11/16	0.1011	0.1101	13/16
13	12/16 = 3/4	0.1100	0.0011	3/16
14	13/16	0.1101	0.1011	11/16
15	14/16 = 7/8	0.1110	0.0111	7/16
16	15/16	0.1111	0.1111	15/16

---

[26] 例如步驟 1～8 分別採用逆二進位相當於 1000(0001)、0100(0010)、1100(0011)、0010(0100)、1010(0101)、0110(0110)、1110(0111) 以及 0001(1000)，其中小括號內之值為使用二進位法。

照上述直覺想法，其分割點的走勢卻是一條直線，如圖 6-31 所示；但是，van der Corput 卻別出心裁地想出奇特的分割方法，即若看到圖 6-29 或圖 6-31 內 van der Corput 數列的走勢，我們會想到原來那只是想要將 0 與 1 區間分成 100 個或 16 個等分的步驟嗎？

　　其實，van der Corput 序列的產生並非只有一種方式，也就是說圖 6-29 或圖 6-31 內的 van der Corput 序列是按照二進位法所取得的分割點；換言之，根據（6-36）與（6-37）二式，不同的進位法所得到的 van der Corput 序列走勢應不會相同。例如：圖 6-31 繪製出使用不同進位法所得到的 van der Corput 序列，我們從圖內可以看出愈高進位法所取得的序列，其「類似隨機性」的走勢愈不明顯。

　　雖說如此，van der Corput 序列會引起我們的注意，原因就在於該序列事實上是將 0 與 1 之間的區間平均分割，故該序列應該會比均等分配的觀察值序列更「均勻」。例如：圖 6-33 的圖 (a) 與 (b) 二圖繪製出均等分配的二種實現值走勢，由於隨機性的關係（即有些觀察值並不會出現），使得上述二種實現值走勢並不如圖 6-32 的上二圖的序列會平均「布滿」整個平面空間，此種結果會有何種涵義呢？事實上，我們可以將上述均等分配觀察值序列與 van der Corput 序列轉換成標準常態分配的觀察值序列（參考例 1），進一步利用轉換後的序列繪製出標準常態分配的實證 PDF，即圖 6-33 內的圖 (c) 與 (d) 二圖就是分別利用圖 (a) 與 (b) 二圖內序列所繪製的實證 PDF。同理，圖 6-33 內的

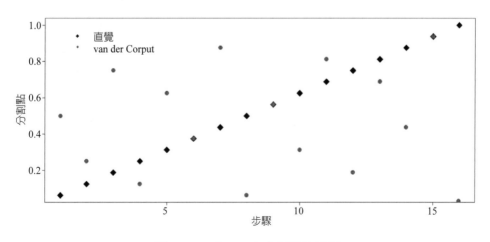

圖 6-31　表 6-3 內分割點的繪製

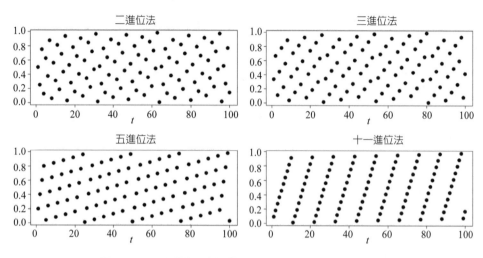

圖 6-32　不同進位法所得到的 van der Corput 序列

(e)～(h) 四圖內的實證 PDF 亦是利用圖 6-32 內的 van der Corput 序列所繪製而成（可參考所附的 R 指令）。為了比較起見，圖 6-33 內亦繪製出對應的標準常態分配的 PDF (虛線)。

　　透過圖 6-33，大概就可以知道爲何準蒙地卡羅方法會建議採用準隨機變數 (準隨機數字) 而不使用傳統的隨機變數模擬。如前所述，因 LLN 的關係，圖 6-33 的圖 (a) 與 (b) 二圖需使用較大數量的觀察值序列（圖內只使用 100 個觀察值）才會顯現出均等分配的特性，而使用 van der Corput 序列卻只需要較少準隨機變數的觀察值就可以模擬出標準常態分配的觀察值，如圖 6-33 的下圖所示。有意思的是，即使 van der Corput 序列並沒有呈現出隨機性，如圖 6-32 的下二圖內的走勢，其竟然也可以模擬出標準常態分配的觀察值，而且效果並不差。因此，相對上可以使用較少的模擬值，準蒙地卡羅方法當然會優於傳統的蒙地卡羅方法。

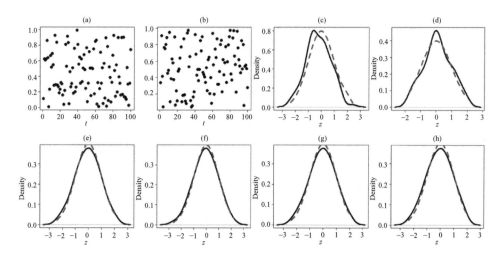

圖 6-33　均等分配觀察值與 van der Corput 序列轉換成標準常態分配的 PDF

例 1　**將 (0,1) 內的觀察值轉換成標準常態分配的觀察值**

　　於《財統》一書內，我們已經知道每一種機率分配有四種特徵，以常態分配為例，若用 R 來表示，可以分別用 dnorm、pnorm、qnorm 以及 rnorm 指令來描述（標準）常態分配的四種特徵[27]。若我們留意 van der Corput 序列或均等分配的觀察值，可以發現每一觀察值皆介於 0 與 1 之間，故可將每一觀察值視為一種特定的機率值，透過 qnorm 指令的使用，不就可以將上述特定的機率值轉換成標準常態分配的觀察值（即分位數）嗎[28]？例如：圖 6-34 內圖 (a) 的 $Z = f(P)$ 就是一個標準常態分配的分位數函數，透過該函數可以得出不同機率值 P 所對應的標準常態分配分位數 Z；也就是說，假定 P_1 值約為 0.9741，利用 $q = f(P)$ 可得出分位數 Z_1 約為 1.9447。除了利用上述的分位數函數之外，我們也可以利用標準常態分配的 CDF，間接取得 Z_1 值，如圖內的圖 (d) 所示；

---

[27] 我們已多次使用該四種特徵，應不需要再贅述。

[28] 該轉換可稱為逆轉換法（inverse transformation method），即該方法相當於在描述如何利用均等分配的隨機變數轉換成連續機率分配的隨機變數；換言之，我們可以透過逆轉換法得知一種連續機率分配的隨機變數如 rnorm 指令是如何產生的。有關於逆轉換法的說明或使用，有興趣的讀者可參考 Ross, S.M. (2010), Introduction to Probability Models, Tenth edition, Elsevier.

換言之，分位數函數的逆函數就是 CDF。最後，圖 6-34 內圖 (c) 說明了利用標準常態分配的 PDF，我們可以計算 $P(Z \leq Z_1) = P_1$。

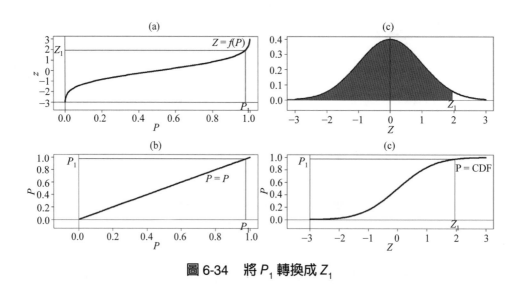

圖 6-34　將 P_1 轉換成 Z_1

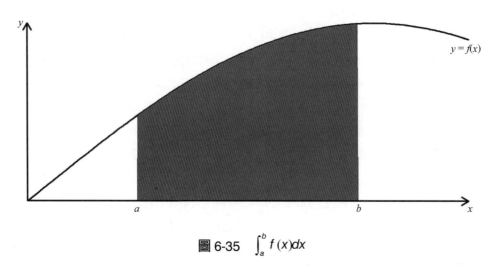

圖 6-35　$\int_a^b f(x)dx$

例 2　數值積分

　　如《財數》一書內所述，標準的蒙地卡羅方法亦可以應用數值積分（numerical integration）上。利用圖 6-35 內的 $y = f(x)$ 函數，我們可以使用標

準的蒙地卡羅方法估計面積 I 為：

$$I = \int_a^b f(x)dx \approx \frac{b-a}{n}\sum_{i=1}^n f(x_i) \tag{6-38}$$

即蒙地卡羅估計值相當於 $f(x_i)$ 的平均數，其中 $a \leq x_i \leq b$。讀者可以參考所附之 R 指令檢視如何用（6-38）式計算圖 6-35 內的面積。

例3　使用準隨機數字序列

　　假定我們想要利用（6-38）式計算 $\int_0^1 x^2 dx$，因 x 為介於 0 與 1 之值，故若使用蒙地卡羅方法計算上述面積，我們可以考慮使用均等分配的觀察值或 van der Corput 序列。圖 6-36 繪製出 $f(x) = x^2$ 的型態以及均等分配的觀察值或 van der Corput 序列散布的情況；換言之，標準蒙地卡羅方法是使用左圖，而準蒙地卡羅方法則是利用右圖以計算上述面積。從圖內可以看出準蒙地卡羅方法的使用的確較占優勢。如前所述，van der Corput 序列可以均勻分布於整個平面空間，反觀均等分配的觀察值，若樣本觀察值的數目不足（圖內是利用 500 個觀察值以及二進位法），則不易準確地估計到 $f(x)$ 底下的面積。例如：表 6-4 分別列出不同樣本觀察值數 n 下，利用標準蒙地卡羅方法與準蒙地卡羅方法計

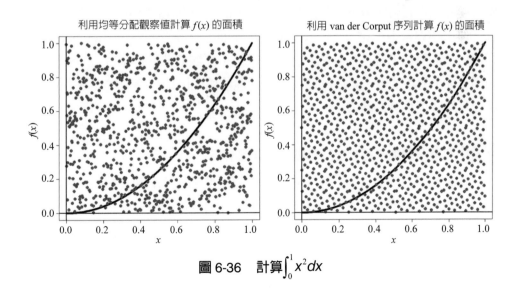

圖 6-36　計算 $\int_0^1 x^2 dx$

算上述面積的估計值。表內的準蒙地卡羅方法，我們考慮三種 van der Corput 序列，其中 Halton 與 Sobol 序列（二者皆用單一變量）皆取自二進位的 van der Corput 序列，只是 Sobol 序列排列的順序稍有差異，Halton 與 Sobol 序列將於 3.2 節內介紹。

表6-4　使用蒙地卡羅方法估計圖 6-36 內面積（理論值約為 0.3333）

n	均等分配	Halton	Sobol	Sobol (s = 1)
500	0.3353	0.3309	0.3331	0.3332
1,000	0.3420	0.3321	0.3331	0.3334
5,000	0.3345	0.3330	0.3332	0.3333
10,000	0.3327	0.3332	0.3333	0.3333
100,000	0.3339	0.3333	0.3333	0.3333
1,000,000	0.3332	0.3333	0.3333	0.3333

說明：1. 均等分配是指其抽出的觀察值；其次，Halton 與 Sobol 則取其單一變量序列。
　　　　Halton 與 Sobol 將於 3.2 節內介紹。
　　　2. Halton 與 Sobol 序列的單一變量皆等於 van der Corput 序列（二進位）。
　　　3. Sobol (s = 1) 是指 Sobol 序列採用「干擾碼（scrambling）」的方式調整，見 3.2 節。

圖 6-36 提醒我們使用標準蒙地卡羅方法的缺點，即其估計值趨向於理論值的速度較為緩慢，表 6-4 列出其中一種可能；也就是說，按照我們的模擬方式，使用標準蒙地卡羅方法計算 $f(x)$ 底下的面積，竟然於使用 1,000,000 個觀察值之下仍無法準確地估計到對應的理論值；反觀準蒙地卡羅方法的使用，約使用 5,000 個觀察值，其估計值就收斂至理論值。因此，準蒙地卡羅方法的使用亦可以降低估計的變異。

例4　利用準蒙地卡羅方法計算歐式選擇權價格

圖 6-33 內由 van der Corput 序列轉換成標準常態分配觀察值的方式提醒我們可以立即應用準蒙地卡羅方法；換言之，歐式選擇權價格的計算因只需要使用到期的標的資產價格 S_T 的機率分配，故利用 van der Corput 序列就可以使用蒙地卡羅方法計算歐式選擇權價格。假定 S_T 屬於對數常態分配、$S_0 = 9,800$、$K = 9,800$、$r = 0.03$、$q = 0.015$、$\sigma = 0.1827$ 以及 $T = 110/365$，利用 BSM 公式

可以計算出買權與賣權的價格分別為 411.709 與 367.707。若以上述價格為理論價格，圖 6-37 分別繪製出於 $n = 10,000$ 之下，使用標準與準蒙地卡羅方法估計「原始」歐式買權與賣權價格（以對數值表示）的次數分配，其中準蒙地卡羅方法是使用二進位的 van der Corput 序列。當然，上述分配的平均數就是蒙地卡羅方法的估計值。於圖內可看出「原始」歐式買權與賣權價格（以對數值表示）的次數分配未必會接近於常態分配，就標準的蒙地卡羅方法而言，其買權與賣權價格的估計值分別約為 417.7265 與 368.6679；至於準蒙地卡羅方法的估計值則分別約為 411.0063 與 368.0543，顯然相對上使用後者的方法較可以估計到對應的理論值。

　　雖說如此，值得我們注意的是，因圖 6-37 內只使用一種二進位的 van der Corput 序列，而該序列是一種確定性的數值序列，即使再模擬多次，下圖的結果並不會改變，故此處準蒙地卡羅方法的估計值只有一個；反觀標準蒙地卡羅方法的估計值卻是屬於一種隨機變數，即我們可以進一步得到買權與賣權價格的抽樣分配或從事統計上的區間估計。因此，此處介紹的準蒙地卡羅方法應是一種簡易型的方法，值得進一步作修正。

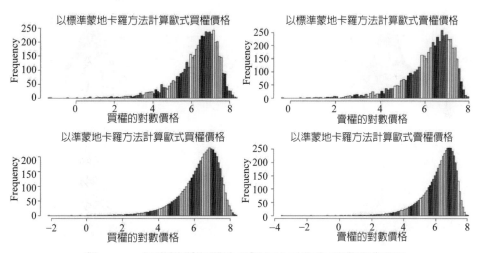

圖 6-37　以標準與準蒙地卡羅方法計算歐式選擇權價格

3.2 Halton 與 Sobol 序列

3.1 節內介紹的 van der Corput 序列有二個缺點，其一是 van der Corput 序列只是一種單一變量的數值序列，另一則是該序列並不是一種隨機過程。有關於上述的第一種缺點，Halton 與 Sobol 分別進一步將 van der Corput 序列擴充至多元變量序列的情況，其中 Halton 序列的第一種變量序列就是二進位的 van der Corput 序列，而其餘的變量序列則取質數（prime number）進位的 van der Corput 序列。至於 Sobol 序列則以二進位的 van der Corput 序列為主，其中不同種變量序列有不同的排列方式[29]。我們先來看如何應用 Halton 與 Sobol 序列，可參考圖 6-38。

圖 6-38 的圖 (a) 繪製出二元標準常態分配的理論 PDF（相關係數為 0），而圖 (b)～(d) 則分別使用二元均等分配的觀察值以及二元 Halton 與 Sobol 序列所繪製的實證 PDF，其中 Halton 與 Sobol 序列皆取其第一及第二種變量序列。從圖內可以看出利用二元均等分配觀察值所得到的實證 PDF（即圖 (b)），其

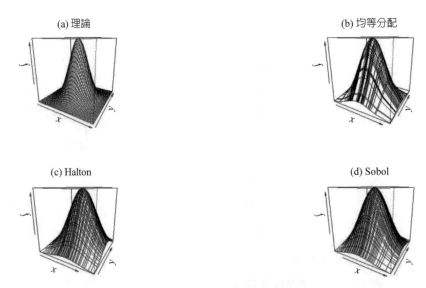

圖 6-38　繪製二元標準常態分配的 PDF

---

[29] 此處我們並未詳細介紹 Halton 與 Sobol 序列的導出過程，有興趣的讀者可上網查詢或參考本章註 1。

「均勻散布」的配適度並不如二元 Halton 與 Sobol 序列所估計的實證 PDF，而後二者的「配適度」則不分軒輊。因此，圖 6-38 相當於是圖 6-33 的二元變量之推廣，即若我們有考慮到多元變量的情況，我們倒是可以使用 Halton 與 Sobol 序列。

延續（6-38）式，我們可以利用蒙地卡羅方法計算 s 元變量立方體（cube）之體積，即（6-38）式可再改寫成：

$$\int_{[0,1]^s} f(X)dx = \int_0^1 \cdots \int_0^1 f(x_1, x_2, \cdots, x_s)dx_1 dx_2 \cdots dx_s \qquad （6-39）$$

其中 $[0,1]^s$ 表示每一變量的觀察值為介於 0 與 1 之間的數值。（6-39）式說明了可以使用 s 重積分的方式計算 s 元變量之立方體體積。當然於此處我們不會介紹多重積分技巧，我們仍舊利用蒙地卡羅方法而以數值積分的方式取代；換言之，假定我們要計算圖 6-38 內的聯合機率值，其中 x 與 y 值皆介於 0 與 1 之間。由於蒙地卡羅方法是以平均數取代積分，因此我們仍可利用（6-38）式計算上述機率值，只不過此時 X 的觀察值為 x_1 與 x_2 所構成的 $n \times 2$ 矩陣。

利用 R 內的程式套件 [30]，我們可以先計算出上述聯合機率值約為：

$$\int_{[0,1]^2} f(X)dx = \int_0^1 \int_0^1 f(x_1, x_2)dx_1 dx_2 \approx 0.1165$$

其中 $f(x_1, x_2)$ 為二元標準常態分配的 PDF。類似於表 6-4，表 6-5 列出標準與準蒙地卡羅方法估計上述聯合機率值的估計結果，其中前者是使用均等分配的觀察值，而後者則使用 Halton 與 Sobol 序列。相對於利用標準的蒙地卡羅方法，表 6-5 內亦顯示出準蒙地卡羅方法用較少的樣本數就可以計算出上述聯合機率值。

如前所述，由 van der Corput 序列擴充而來的 Halton 與 Sobol 序列並不是一種多元變量隨機過程的實現值，相反地二序列仍是屬於一種確定的數列；換言之，我們如何利用 Halton 與 Sobol 序列取代均等分配的隨機變數序列，而進一步應用於財務分析或準蒙地卡羅方法上？干擾碼方法（scrambling methods）

---

[30] R 內的程式套件（cubature）有提供指令可用於計算多重積分的情況。

表 6-5　使用蒙地卡羅方法估計 $\int_0^1 \int_0^1 f(x_1, x_2) \approx 0.1165$

n	均等分配	Halton	Sobol	Sobol ($s = 1$)
250	0.1162	0.1169	0.1166	0.1164
500	0.1156	0.1167	0.1165	0.1165
1,000	0.1171	0.1167	0.1165	0.1165
5,000	0.1166	0.1166	0.1165	0.1165
10,000	0.1164	0.1165	0.1165	0.1165

說明：1. 均等分配是指其抽出的觀察值；其次，Halton 與 Sobol 則皆取其第一與第二變量序列。
　　　2. Sobol ($s = 1$) 是指 Sobol 序列採用「干擾碼（scrambling）」的方式調整。

的使用是一種可行的方式；也就是說，干擾碼方法就是將一個確定數值（序列）轉換成一種類似於隨機變數（序列）的方法，即利用該方法，我們可以將確定性的數值序列「調整」成：

$$z_n = x_n + g \pmod{1} \tag{6-40}$$

其中 x_n 表示一種 $[0, 1]^s$ 的準隨機數值，而 $g \pmod 1$ 則為一種 s 元（維度）的虛擬隨機數值（psudo random number）[31]，我們可藉由例 1 知道如何於電腦內產生虛擬的隨機數值。

　　由於我們的目的是「應用」，故於此我們仍不會介紹干擾碼方法，不過藉由 R 內程式套件的應用，我們倒是可以知道干擾碼方法的妙用[32]。例如：圖 6-39 繪製出分別利用標準蒙地卡羅方法、Halton 與 Sobol 序列所模擬出 $\log S_T$ 的長條圖（由 GBM 而來），圖內三小圖皆是假定 $S_0 = 100$、$\mu = 0.1$、$\sigma = 0.25$、$T = 1$、m = 252（1 年的交易日數）以及 $N = 5,000$（模擬次數）。我們從圖內可以看出使用標準蒙地卡羅方法與 Sobol 多元變數序列（有使用干擾碼方法）所模

---

[31] 通常寫成 $a \bmod b$ 是計算 a 除以 b 後所得之餘數。於 R 內可用「%%」指令，試於 R 內練習 5%%2 或 11%%4 指令，應可得 1 或 3。

[32] R 內的程式套件（randtoolbox）不僅有提供產生 Halton 與 Sobol 序列的指令，同時亦於 Sobol 序列指令內，有提供三種產生干擾碼的方法，可以參考所附的 R 指令。

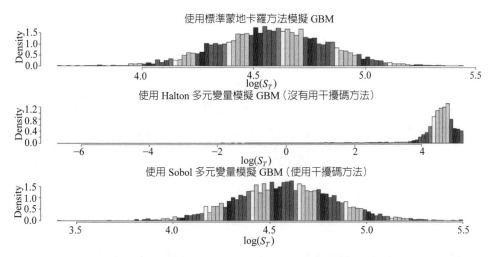

圖 6-39　利用標準蒙地卡羅、Halton 與 Sobol 序列模擬 GBM（logS_T 之分配）

擬出的 logS_T 機率分配非常接近於常態分配，前者的平均數與標準差分別約為 4.674 與 0.245，而後者則約為 4.674 與 0.25[33]。反觀利用 halton 多元變數序列（沒有使用干擾碼方法）所模擬出的 logS_T 機率分配則是屬於一種左偏的機率分配；因此，利用干擾碼方法可將 Sobol 多元變數確定序列轉換成 Sobol 多元隨機變數序列。

其實圖 6-39 只是繪製出 S_T 的機率分配而已，我們當然可以繪製出整條 S_t 的模擬時間走勢。例如：根據圖 6-39 內中圖與下圖的模擬結果，圖 6-40 與 6-41 分別繪製出部分的 S_t 模擬時間走勢。我們可以發現圖 6-40 內 S_t 的走勢非常類似於圖 6-3；有意思的是，看到圖 6-41 內的走勢圖，的確很難讓人想像，其實那也是要模擬出 GBM 的時間走勢呢？是故，干擾碼方法相當於將確定性序列隨機化。圖 6-40 的繪製是應用 Owen 所建議的干擾碼方法（可以參考 randtoolbox 的使用手冊）；換言之，利用該方法，準蒙地卡羅方法反倒是變成一種容易採用的方法。

---

[33] 根據 GBM 的性質，可記得 logS_T 屬於平均數與標準差分別為 $MU = \log S_0 + (\mu - 0.5\sigma^2)T$ 與 $\Sigma = \sigma\sqrt{T}$ 的常態分配。按照上述假定，可得 MU 與 Σ 分別約為 4.5802 與 0.25。

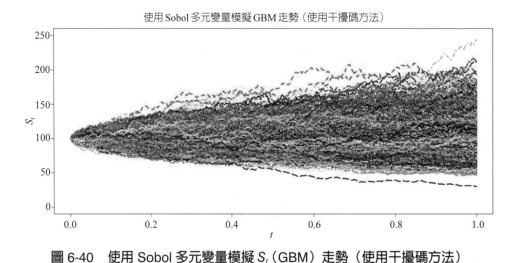

圖 6-40　使用 Sobol 多元變量模擬 S_t（GBM）走勢（使用干擾碼方法）

因此，透過干擾碼方法如（6-40）式的使用，使得「準隨機變數」非常類似於「隨機變數」。換言之，我們也可以重新再繪製多次圖 6-40 或 6-41 內的走勢，只是圖 6-41 內的走勢是屬於確定數值序列，再一次或多次繪製的走勢圖應該還是相同的；但是，圖 6-40 內的走勢卻是屬於準隨機數值序列，其與前者最大的不同就在於若模擬多次，其多次的 GBM 走勢則未必一樣，只是讀者應記得於後者，每次的模擬，應改變其模擬的「源頭」(即改變 seed）。

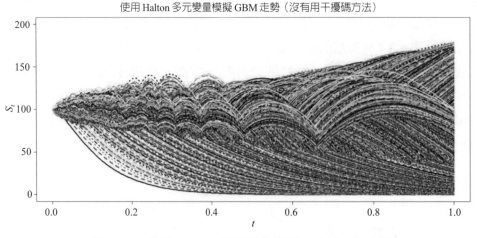

圖 6-41　使用 Halton 多元變量模擬 S_t（GBM）走勢

　　如前所述，Halton 與 Sobol 序列是一種多變量的確定數值序列，若讀者有練習 R 的指令，應該會發現 3.1 節內的 van der Corput 指令（使用程式套件 vipor）若有考慮不同的進位法，其所得出的數值亦以矩陣的形式表示（讀者應記得 van der Corput 序列只是一種單一變量序列）；因此，若檢視圖 6-32 內的散布圖，可以發現第 i 種與第 j 種變量序列（即不同進位法）之間有可能會呈現出相關的情況。類似於圖 6-32，Halton 與 Sobol 序列的不同變量序列之間是否相關？經過干擾碼方法調整後的準隨機變數 Sobol 多元變量之間是否相關？

　　為了回答上述問題，圖 6-42 分別繪製出 Halton、Sobol (s=0)（沒有用干擾碼方法）以及 Sobol (s=1)（有使用干擾碼方法）之不同變量之間的散布圖。例如：於上圖的散布圖內，可看出 Halton 多元變量之間可能存在著相關的情況，其中以圖 (c) 最爲明顯；反觀，Sobol（s=0）與 Sobol（s=1）多元變量之間的散布圖，則看不出存在有相關的情況。是故，圖 6-42 內的圖形給予我們一個啓示：我們幾乎可以將 Sobol($s = j$)($j = 1, 2, 3$)（例 3）視爲一種準多元隨機變數，而各變數之間是無關的。因此，我們也可以得出接近於 iid 的準隨機變數的實現值。

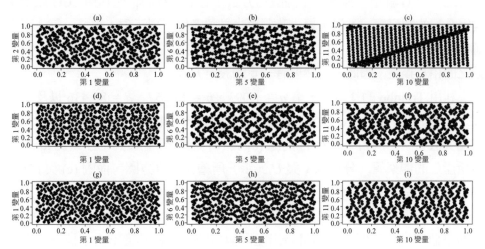

圖 6-42　Halton（上圖）、Sobol (s=0)（中圖）與 Sobol (s=1)（下圖）的不同變量之間的散布圖

例 1 均等分配隨機變數的模擬

於《財統》一書內，我們有強調使用 R 內的 *set.seed*(·) 指令的用處，敏感的讀者也許會感到困惑：「既然是一種隨機變數，其實現值為何，應該是不能確定的，那為何只要使用 *set.seed*(·) 指令，每次該隨機變數的實現值皆會相同？」。或者說，若讀者多執行幾次圖 6-40 或 6-41 內所附的 R 指令，其結果皆會相同，圖內的走勢不是屬於一種隨機過程嗎？原來，電腦內建的隨機變數指令並不是一種真正的隨機變數，反而是一種仿傚的虛擬隨機變數；換言之，未必使用電腦才可以產生虛擬的隨機變數，我們也可以自己設計。此處我們介紹一種最簡單且被廣泛使用的方法，該方法稱為線性餘數產生器（Linear Congruential Gererators, LCG）。

LCG 是一種反覆運算過程，其可寫成：

$$u_{i+1} = (au_i + b) \bmod d$$

其中稱 u_0 為種子（seed)、參數 a、b 與 d 分別稱為乘數（multiplier）、轉移（shift）以及模數（modulus），因此透過上式可知 u_{i+1} 其實就是一種餘數；換言之，LCG 就是一種會產生餘數的方法。底下，我們希望利用 LCG 以產生均等分配的觀察值。不過，事先我們至少必須考慮下列三項：第一，每一觀察值出現的機率皆相同；第二，須符合均等分配的第 1～4 級動差；第三，觀察值之間相互獨立。因此，自然要有一定的設定方式。

利用 Trumbo 的建議 [34]，令 $a = 1,093$、$b = 18,257$、$d = 86,436$ 以及 $u_0 = 1,234$，利用 LCG 以及 $x = (u + 0.05) / d$ 的轉換，我們可以繪製出圖 6-43 的直方圖與散布圖。例如：圖 6-43 的圖 (a) 與 (b) 就是分別根據 LCG 以及 runif 指令所產生的觀察值（分別以 x 與 U 表示）所繪製的直方圖，而圖 (c) 與 (d) 則利用上述觀察值所繪製的散布圖，其中 xa 與 xb 分別表示取 x 內 1～1,000 以及 2～1,001 的觀察值序列，以及 Ua 與 Ub 分別表示取 U 內 1～1,000 以及 2～1,001 的觀察值序列。我們從圖內可看出左圖與右圖的差距其實不大，值得注意的

---

[34] Stat3401 的上課講義，可參考 Bruce E. Trumbo 的網站（www.sci.csueastbay.edu/~btrumb）。

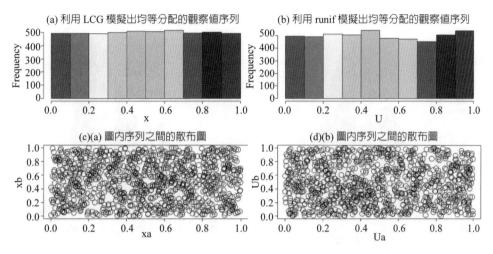

圖 6-43　使用 LCG 以及 runif 指令產生均等分配的觀察值

是，若改變上述 $u_0 = 1,234$ 的設定，我們各可以產生一組新的觀察值序列，讀者不妨試試。

例 2　利用 Sobol (s = 1) 序列計算歐式買權與賣權價格

於 3.1 節的例 4 內，我們曾利用 van der Corput 序列估計歐式買權與賣權價格。直覺而言，利用干擾碼方法，我們可以進一步利用該方法估計出歐式買權與賣權價格的抽樣分配；換言之，只要改變 Sobol (s = 1) 序列內「種子」的設定，我們豈不是可以得到更多以 Sobol 序列估計歐式買權與賣權價格嗎？因此，我們也可以利用準蒙地卡羅方法得到歐式買權與賣權價格的抽樣分配，可參考圖 6-44。該圖是利用 3.1 節例 4 內的假定，於模擬次數為 10,000 之下所繪製而成，其中虛線直線為分配的平均數，而黑點為 BSM 的估計值。讀者可以嘗試改變模擬次數或與以標準蒙地卡羅方法得到的抽樣分配比較。

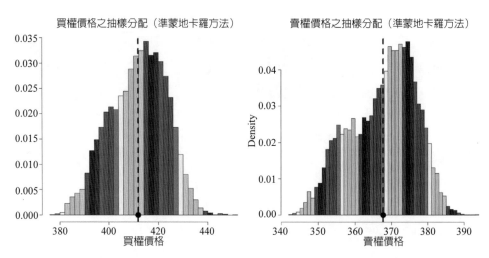

買權價格之抽樣分配（準蒙地卡羅方法）　　　賣權價格之抽樣分配（準蒙地卡羅方法）

圖 6-44　利用準蒙地卡羅方法得出歐式買權與賣權價格的抽樣分配

例 3　不同的干擾碼方法

　　於例 2 內可以看出透過干擾碼方法幾乎可以將 Sobol 序列轉換成一種隨機變數序列，使用起來相當方便，使得看似抽樣複雜的準蒙地卡羅方法變成一種可行的模擬方法；事實上，程式套件 randtoolbox 內有提供由三種不同的干擾碼方法轉換的 Sobol 序列。例如：圖 6-45 內的走勢圖就是根據該程式套件所繪製的 Sobol 第 1 種變量序列走勢（曲線），而虛線則是對應的用不同干擾碼

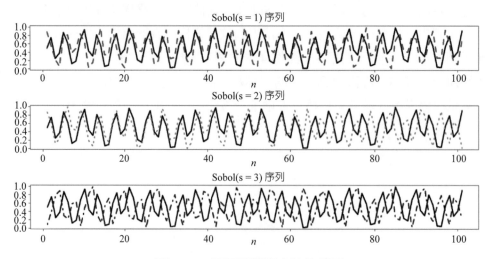

圖 6-45　不同干擾碼方法的使用

方法所轉換的 Sobol(s = i) 序列走勢，其中 i = 1, 2, 3 對應於該程式套件所提供的三種干擾碼方法，其內建的「種子」為 4711。讀者可以嘗試改變上述種子的設定以得出更多的模擬值。

3.3 亞式選擇權

第 2 節或 3.1～3.2 節內的應用我們皆使用簡單的歐式選擇權來說明，此處我們考慮另外一種價格不易被操控的選擇權合約，該合約稱為亞式選擇權（Asian options）[35]。亞式選擇權屬於第 8 章會介紹的新奇選擇權（exotic options），我們會先介紹亞式選擇權就是強調可以用蒙地卡羅方法來計算亞式選擇權合約的價格。亞式選擇權與之前介紹的選擇權合約最大的不同就是到期時，合約上的收益是以標的資產價格的平均價格與履約價之間的差異計算；因此，亞式選擇權是一種對價格路徑依賴（path-dependency）頗深的選擇權合約，不同於之前介紹的歐式選擇權合約，後者價格的計算其實是與過去的標的資產價格無關。另一方面，由於是以合約期間內的標的資產平均價格取代單一標的資產價格，故亞式選擇權合約的交易量通常較低，隱含著合約價格不易被操控[36]。

是故，亞式選擇權合約亦可分成歐式與美式二種型態，而買權與賣權合約的到期收益可以分別寫成 max[$A - K$, 0] 與 max[$K - A$, 0]，其中 A 表示合約期限內標的資產的平均價格而 K 表示履約價。上述到期收益型態亦可稱為固定履約價（fixed strike）的亞式選擇權；另一方面，若到期收益分別改成 max[$S_T - \lambda A$, 0] 與 max[$\lambda A - S_T$, 0]，其中 λ 是一個常數而 S_T 表示 T 期（到期）標的資產價格，則稱為浮動履約價（floating strike）的亞式選擇權。因此，於亞式選擇權內 A 不僅可以取代 S_T，同時亦可以取代 K。

既然於亞式選擇權內 A 扮演著重要的角色，我們不禁好奇 A 究竟是如何計算的？最簡單的計算方式就是使用算術平均數（arithmetic average）計算，即：

---

[35] 最早的亞式選擇權合約於 1987 年出現於日本東京的「價格平均原油合約」上，故稱此種型態合約為亞式選擇權。

[36] 直覺而言，於接近到期時，因亞式選擇權的標的資產價格是以合約期限內的平均價格計算，故較不容易被市場力量左右。

$$A_T = \frac{1}{T+1}\sum_{t=0}^{T} S_t \text{ 與 } A_T^c = \frac{1}{T}\int_0^T S_t dt \tag{6-41}$$

其中 A_T 與 A_T^c 分別表示間斷型態與連續型態的算術平均數。另外，A_T 或 A_T^c 的計算未必從 0 期開始，有可能是計算 v 至 T 期的標的資產價格平均數；當然，亦可能以日、週或其他頻率的平均數爲主。由於並無「平均數」的標的資產，故亞式選擇權合約大多用現金結算。有意思的是，市場上的亞式選擇權合約大多是按照（6-41）式計算標的資產平均價格，故其屬於算術平均數亞式選擇權合約。可惜的是，即使假定 S_t 屬於對數常態分配，我們並不知 A_T 或 $\log A_T$ 究竟屬於何種分配；換言之，就算術平均的亞式選擇權合約的價格而言（含歐式），我們並沒有明確的數學公式表示。

若假定 S_t 屬於對數常態分配，則根據第 4 章，可知我們另有一種計算平均數的方式，該方式稱爲幾何平均數（geometric average），幾何平均數可以寫成：

$$G_T = \left[\prod_{t=0}^{T} S_t\right]^{\frac{1}{T+1}} \text{（間斷）與或} G_T^c = \exp\left(\frac{1}{T}\int_0^T S_t dt\right) \text{（連續）} \tag{6-42}$$

即幾何平均數的計算亦可分成間斷與連續二種型態。就操作或觀念而言，當然間斷的型態比較容易，故底下我們皆以間斷的型態表示。(6-42) 式亦可寫成：

$$\log G_T = \frac{1}{T+1}\sum_{t=0}^{T}\log S_t \tag{6-43}$$

比較（6-41）與（6-43）二式，可以發現幾何平均數亦可寫成算術平均數的型式，只不過後者的計算要先將 S_t 轉換成 $\log S_t$。於底下，自然可以發現用（6-43）式來計算會優於使用（6-42）式。

其實，(6-43) 式還可以再改寫成 [37]：

$$g_T = \log\frac{G_T}{S_0} = \frac{1}{T+1}\left[\sum_{t=0}^{T}\log\frac{S_t}{S_0}\right] = \frac{1}{T+1}\sum_{t=0}^{T} r_t \tag{6-44}$$

---

[37] 若對（6-42）式取對數值可得：

其中 r_t 表示 $0 \sim t$ 期的對數報酬率。因此，若 S_0 為已知數值，透過（6-44）式可知因 r_t 屬於常態分配而常態分配之和仍為常態分配，故 $\log G_T$ 或 g_T 屬於常態分配。因此，利用幾何平均數的計算，理論上我們反而可以得到較為明確的結果；也就是說，幾何平均數與算術平均數計算結果的差距為何？我們是否可以利用前者取代後者？

其實從國高中數學就已經知道算術平均數會大於等於幾何平均數（可以上網查詢），於此我們倒是可以用模擬的方式說明。若 S_t 屬於 GBM，假定 $S_0 = 9{,}800$、$\mu = 0.2$、$\sigma = 0.25$、$T = 1$ 以及 $m = 252$（1 年有 252 個交易日），我們模擬出 $n = 50$ 條 S_t 走勢後，再分別計算每條 S_t 的 A_T 與 G_T，即可繪製出圖 6-46 內的散布圖。我們從圖內可以看出算術平均數的確會大於對應的幾何平均數，我們甚至可以進一步計算圖內 50 個 S_t 之算術平均數價格的最小值、平均數以及最大值分別約為 7,457、10,590 與 12,940，至於幾何平均數則分別約為 7,354、10,530 以及 12,880；因此，利用幾何平均數估計對應的算術平均數應會低估。

接下來，我們來看 A_T 的機率分配究竟呈何種形狀？如前所述，透過（6-44）式以及上述假定，已知 g_T 是屬於常態分配；不過，我們仍不知 a_T 是屬於何種分配（其中 $a_T = \log(A_T / S_0)$）？按照上述算術平均數與幾何平均數的模擬計算方式，我們先利用 GBM 模擬出 20,000 條 S_t，然後再分別計算對應的 A_T 與 G_T，其結果就分別繪製於圖 6-47 的上圖。類似於圖 6-46，於圖 6-47 的上圖顯示出，雖然算術平均數會大於等於幾何平均數，不過實際上二者是非常接近的。

$$G_T = \left[S_0 \times S_1 \times \cdots \times S_T \right]^{\frac{1}{T+1}}$$

$$\Rightarrow \log G_T = \frac{1}{T+1} \left[\log S_0 + \log S_1 + \cdots \log S_T \right] = \frac{1}{T+1} \sum_{t=0}^{T} \log S_t$$

$$\Rightarrow \log G_T - \log S_0 = \frac{1}{T+1} \sum_{t=0}^{T} \log S_t - \log S_0$$

$$\Rightarrow g_T = \log \frac{G_T}{S_0} = \frac{1}{T+1} \left[\sum_{t=0}^{T} \log \frac{S_t}{S_0} \right] = \frac{1}{T+1} \sum_{t=0}^{T} r_t$$

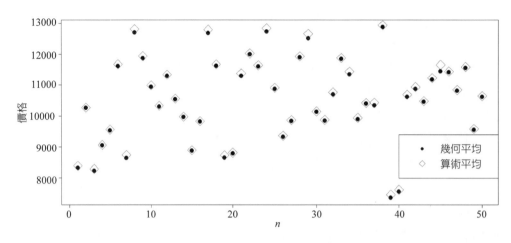

圖 6-46　算術平均數與幾何平均數的比較

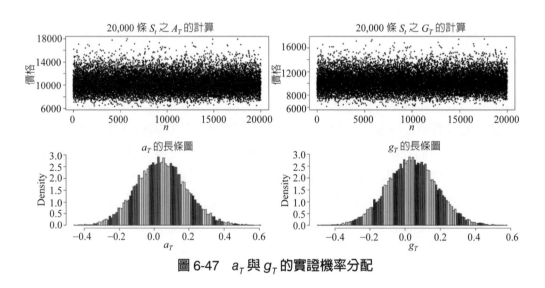

圖 6-47　a_T 與 g_T 的實證機率分配

　　我們可以再重新解釋圖 6-47 的意思。簡單地說，圖 6-47 上圖的意思是指先按照 GBM 模擬出 0 至 T 期的 S_t 觀察值，再分別計算出觀察值的算術平均數與幾何平均數，然後再分別繪製於圖內，相同的動作重複 20,000 次，故分別各有 20,000 個算術平均數與幾何平均數，而下圖則分別繪製對應的直方圖（以實證機率型態呈現）。我們從圖內可看出模擬的 A_T 與 G_T 或 a_T 與 g_T 的分配非常類似；因此，由於 g_T 會接近於常態分配（右下圖），故用常態分配來推估 a_T 的分配，其效果應不差。事實上，利用圖 6-47 的模擬資料，我們可以進一

步再檢視 A_T 與 G_T 之間的差距，可以參考表 6-6。表 6-6 列出上述 A_T 與 G_T 模擬資料的基本敘述統計量，我們可以發現二者之間雖有差距，不過該差距應不算太大（讀者亦可以計算 A_T 與 G_T 之間的相關係數為何？）。圖 6-47 或表 6-6 內的結果，隱含著一個重要的啟示：最能解釋算術平均數的變數就是幾何平均數。換言之，我們應能透過幾何平均的亞式選擇權價格了解到算術平均的亞式選擇權價格！

表 6-6　圖 6-47 內模擬值的敘述統計量

	Min	Q_1	Q_2	*Mean*	Q_3	*Max*	*SD*
A_T	6,209	9,257	10,210	10,340	11,260	17,940	1,535
G_T	5,968	9,225	10,170	10280	11,200	17,490	1,501

說明：第一列各個變數的意義分別為最小值、第一個四分位數、中位數、第三個四分位數、最大值以及標準差。

　　了解算術平均數與幾何平均數的關係後，我們就可以來檢視亞式選擇權。如前所述，亞式選擇權可以分成固定履約價與浮動履約價二種情況，假定 $\lambda = 1$，則二種情況下之買權與賣權的到期收益可分別寫成：

$$c_{fix} = \max[A-K,0];\ c_{float} = \max[S_T - A,0]$$
$$p_{fix} = \max[K-A,0];\ p_{float} = \max[A-S_T,0]$$

其中 A 又可以分成 A_T 與 G_T 二種；因此，亞式選擇權算是一種頗為複雜的選擇權。圖 6-47 或表 6-6 說明了我們可以利用幾何平均數取代算術平均數的可能；換句話說，於亞式選擇權合約內，我們發現（歐式）幾何平均的亞式選擇權合約價格（固定履約價）亦可以用類似於 BSM 公式計算，即：

$$c_t = S_t e^{(b_A-r)(T-t)}N(d_1) - Ke^{-r(T-t)}N(d_2) \text{ 與 } p_t = Ke^{-r(T-t)}N(-d_2) - S_t e^{(b_A-r)(T-t)}N(-d_1)$$

（6-45）

其中

$$d_1 = \frac{\log(S_t / K) + (b_A + \sigma_A^2 / 2)(T - t)}{\sigma_A \sqrt{T - t}}; \ d_2 = d_1 - \sigma_A \sqrt{T - t} \qquad （6\text{-}46）$$

因此，若與 BSM 公式比較，（6-45）與（6-46）二式內只是分別用 $b_A = \frac{1}{2}\left(b - \frac{\sigma^2}{6}\right)$ 與 $\sigma_A = \frac{\sigma}{\sqrt{3}}$ 取代 BSM 公式內的 $b = r - q$ 與 σ 而已 [38]。

假定 $S_0 = K = 9,800$、$r = 0.07$、$q = 0.05$、$\sigma = 0.25$ 以及 $T = 1$，利用（6-45）與（6-46）二式，可以得到幾何平均的亞式買權與賣權價格分別約為 549.1968 與 505.3081；不過，若利用上述假定以 BSM 公式計算，其買權與賣權價格則分別約為 1,013.359 與 828.7698。顯然，因亞式選擇權合約用標的資產的平均價格計算，由於波動較小，故相對上比同條件的「陽春型」的歐式選擇權合約便宜。

如前所述，（歐式）算術平均亞式選擇權價格並無明確的數學公式表示，因此上述利用（6-45）式所計算出的買權與賣權價格可用於估計算術平均亞式買權與賣權價格。不過，因算術平均數會大於等於幾何平均數，故若以幾何平均亞式買權價格估計對應的算術平均亞式買權價格，應會產生低估的情況；也就是說，就固定履約價的亞式買權價格而言，算術平均亞式買權價格應會大於等於對應的幾何平均亞式買權價格。同理，算術平均亞式賣權價格應會小於等於對應的幾何平均亞式賣權價格，故以後者估計前者，應會有高估的可能。

除了可以用（6-45）式估計對應的算術平均亞式選擇權價格之外，我們還可以用蒙地卡羅方法估計；不過，因「算術平均數的最佳解釋變數為幾何平均數」，故可以使用 2.3 節內的控制變異法估計。令 Y 與 X 分別表示算術平均與幾何平均亞式選擇權價格，我們以（6-45）式所計算出的價格為 $E(X)$，利用（6-25）式，自然可以估計出 Y 值。換句話說，利用上述的假定，我們先使用「準蒙地卡羅的控制變異法（可以參考所附的 R 指令）」估計算術平均亞式買權與賣權價格，其分別約為 574.3996 與 482.2216。由於蒙地卡羅方法是以平均價格來表示選擇權價格，故若重複相同的動作 1,000 次，不就可以得出算術平均亞式買權與賣權價格的抽樣分配嗎？該抽樣分配就分別繪製於圖

---

[38] （6-44）與（6-45）二式係取自 Haug, E.G.(2006), *The Complete Guide to Option Pricing Formulas*, 2nd edition, McGraw-Hill.

6-48。我們再進一步計算圖內二抽樣分配的平均數，可得出買權與賣權價格分別約為 574.4442 與 482.2865。若與利用（6-45）所計算的結果為 549.1968 與 505.3081 比較，頗符合算術平均高於幾何平均亞式買權價格以及算術平均小於幾何平均亞式賣權價格的「直覺想法」。重要的是，利用 CLT 或 LLN，圖 6-48 內的抽樣分配的樣本統計量不是可以用於估計母體的參數嗎？

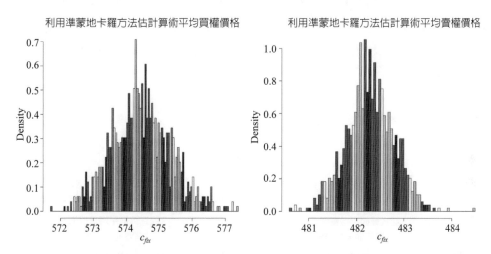

圖 6-48　使用準蒙地卡羅方法（控制變數）估計算術平均亞式買權與賣權價格

例 1　**使用 fExoticOptions 程式套件**

　　程式套件 fExoticOptions 內除了有提供（6-45）式的函數指令外，尚有提供 Turnbull and Waleman 以及 Levy 針對算術平均亞式買權與賣權價格的估計函數（可以參考 fExoticOptions 的使用手冊或註 38）；換言之，利用後二者以及圖 6-48 內的假定，可以估計出買權與賣權價格皆約為 578.2991 與 486.3123。上述估計結果頗接近於利用圖 6-48 所估計出的結果。

例 2　**標準蒙地卡羅與準蒙地卡羅方法**

　　圖 6-48 內的抽樣分配是利用算術平均數與幾何平均數之間的關係，使用控制變異法所估計出的結果。倘若我們忽視上述二者之間的關係，「純粹」以標準的蒙地卡羅與準蒙地卡羅方法估計，其結果又會是如何？圖 6-49 繪製出

該結果。換言之，若單獨只使用標準的蒙地卡羅方法估計算術平均的亞式買權價格與賣權價格，其分別約為 365.1861 與 693.6037 (上圖抽樣分配的平均數)，我們可以進一步估計出二價格的標準誤分別約為 15.6179 與 17.0966，故根據 CLT，可得「母體買權與賣權價格」的 95% 信賴區間估計值分別約為 [334.575, 395.7972] 與 [660.0944, 727.113]。同理，若只使用準蒙地卡羅方法估計，則買權與賣權價格的 95% 信賴區間估計值分別約為 [342.535, 387.1584] 與 [678.894, 708.5023]。因此，若以例 1 或圖 6-47 的結果為「母體真正的參數值」，單獨只使用標準的蒙地卡羅或準蒙地卡羅方法估計母體參數值，應是估計不到的。

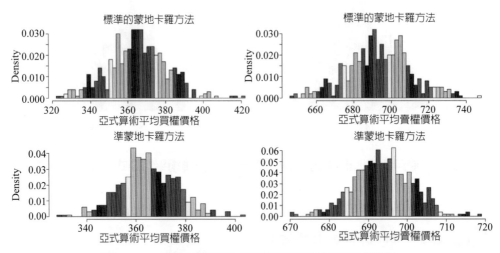

圖 6-49　使用標準蒙地卡羅與準蒙地卡羅方法估計

本章習題

1. 試分別舉一個例子說明 LLN 與 CLT。
2. 何謂蒙地卡羅方法？試解釋之。
3. 蒙地卡羅方法與 LLN 或 CLT 之間有何關聯？
4. 蒙地卡羅方法亦可以用於計算面積，試解釋之。
5. 擲一個公正的骰子 6 次，為何不會出現 1~6 點各 1 次？

6. 續上題，我們如何知道該骰子是公正的？

7. 若檢視所附的 R 指令，可以發現 GBM 的模擬是繁瑣的，若只要得出 S_T 的觀察值，可用何方式達成？提示：使用 rlnorm。

8. 為什麼我們可以利用蒙地卡羅方法計算歐式選擇權的價格？其誤差為何？

9. 為什麼我們需要模擬出互有關連的 GBM 走勢？

10. 我們如何模擬出 n 種資產價格走勢？試解釋之。提示：利用 mvtnorm 程式套件。

11. 我們是否可以使用蒙地卡羅方法模擬出歐式買權合約的 Vega 曲線？試解釋之。

12. 使用蒙地卡羅方法的缺點為何？

13. 利用圖 6-7 的假定，試用數值微分方法計算歐式買權合約的 Vega 值。

14. 何謂逆變數法？使用該方法的步驟為何？

15. 試解釋常態分配隨機變數與逆常態分配隨機變數的關係。

16. 何謂分層抽樣？試解釋之。

17. 我們如何進行分層抽樣？

18. 試敘述使用分層抽樣法計算歐式買權與賣權價格的步驟。

19. 何謂控制變數法？試解釋之。

20. 為何控制變數法可以降低標準的蒙地卡羅方法估計式的變異數？

21. 為何控制變數法可以用最小平方法取代？

22. 何謂重要抽樣法？試解釋之。

23. 何謂準蒙地卡羅方法？

24. 試解釋 van der Corput 序列。

25. 試描述如何利用 van der Corput 序列估計歐式買權與賣權價格。

26. 何謂 Halton 與 Sobol 序列？其有何用處？

27. 何謂干擾碼方法？

28. 準隨機變數與虛擬隨機變數有何不同？試解釋之。

Chapter 7

美式選擇權

　　如前所述，選擇權合約可以分成歐式選擇權與美式選擇權二種，二種選擇權因合約上的內容、限制或規定較為簡易，故上述選擇權亦稱為陽春型的選擇權（plain vanilla options）。若以上述二種選擇權合約內容為標準，擴充合約內容至複雜甚至於較多限制或規定的情況，則我們稱該類選擇權合約為新奇選擇權。

　　至目前為止，我們所討論的選擇權合約範圍，大致以歐式選擇權為主；接下來，我們當然需要介紹另一種陽春型的選擇權：美式選擇權。換句話說，於本章我們將介紹美式選擇權合約的特性以及與其相關的定價模型，至於新奇選擇權合約部分，則留待下一章介紹。

　　美式選擇權合約會引起我們注意並另闢專章討論，最起碼可以歸納出下列六點原因：

(1) 國際上有名的交易所，不少是採用美式選擇權合約交易。

(2) 如前所述，臺灣權證市場的權證型態，多數亦以美式選擇權合約為主。

(3) 許多金融工具內含美式選擇權性質，最明顯的例子莫過於可轉換公司債券（Convertible Bonds, CB）（即債券持有人可於一定的期限內，將公司債轉換成公司股票），因此 CB 內含一種美式買權合約。

(4) 美式選擇權與歐式選擇權最大的差異是前者可以隨時提前履約，本章底下自然會看出相對於美式買權的定價而言，美式賣權的定價較為複雜。

(5) 至目前為止，美式選擇權的價格並無明確的數學公式可以表示，因此討論美式選擇權的定價模式，自然會牽涉到不同的定價模型；因此，若要得到

美式選擇權的價格，可能需同時比較不同模型所計算出的價格。

(6) 因無明確的數學公式可以表示美式選擇權價格，因此美式選擇權價格的計算不是會使用複雜的數學式子，就是會牽涉到許多不同數值方法的使用，此時已經需要利用電腦計算或演算了。

　　本章底下將分成 4 節討論。第 1 節將介紹美式選擇權合約的性質以及一些美式選擇權價格模型，上述模型的特色是美式選擇權價格可以用完整的數學式子表示。第 2 節則是利用二項式模型來計算美式選擇權的價格，尤其是當標的資產於合約期限內只發放一次股利的情況。第 3 節將介紹數學上的有限差分法（finite difference methods），該方法可用於估計偏微分方程式；第 4 節則介紹蒙地卡羅方法。

1. 美式選擇權合約

　　第 2 章我們曾經簡單介紹過美式選擇權價格的性質，本節將採取另一種方式說明美式選擇權價格的特性。由於美式選擇權合約具有隨時可以提前履約的性質，因此至目前為止，我們仍無法以一個類似於 BSM 模型的完整數學公式表示美式選擇權的（公平）價格；雖說如此，文獻上仍有不少以明確的數學公式嘗試估計美式選擇權的價格，本節將介紹其中二種。

1.1 美式選擇權合約的價格特性

　　本小節可視為第 2 章第 3 節的延伸。重新考慮第 2 章內的（2-13）式，即假定歐式買權與賣權的標的資產、履約價與到期日皆相同，則買權與賣權平價理論可寫成：

$$c_t - p_t = S_0 e^{-q(T-t)} - K e^{-r(T-t)} \qquad （7\text{-}1）$$

其次，考慮一種買（賣）價為 K 的遠期合約，該合約的標的資產與到期日與上述歐式選擇權合約相同，利用第 3 章的（3-20）式，該遠期合約於第 t 期的價值 F_t 為：

$$F_t = S_t e^{-q(T-t)} - K e^{-r(T-t)} \qquad (7\text{-}2)$$

因此，透過（7-1）與（7-2）二式，買賣權平價理論可以改寫成：

$$F_t = c_t - p_t \qquad (7\text{-}3)$$

（7-3）式的涵義並不難理解，因為買進（賣出）遠期合約的到期收益，可以透過同時買（賣）一口歐式買權與賣（買）一口歐式賣權複製（可以參考第 2 章的圖 2-11）。換言之，原本我們並無法知道於第 t 期下該遠期合約的價值為何，但是透過 BSM 公式以及（7-3）式，我們卻有辦法計算出 F_t 值。

考慮未到期前歐式買權與賣權價格，若標的資產價格接近於 0，即深價外買權價格會接近於 0，則按照（7-2）與（7-3）二式可知：

$$\lim_{S_t \to 0} p_t = -F_t = K e^{-r(T-t)} - S_t e^{-q(T-t)} \qquad (7\text{-}4)$$

同理，若標的資產價格接近於 ∞，則（深價外）賣權價格會接近於 0，按照買權與賣權平價理論，買權價格則會接近於遠期價格，即：

$$\lim_{S_t \to \infty} c_t = F_t = S_t e^{-q(T-t)} - K e^{-r(T-t)} \qquad (7\text{-}5)$$

圖 7-1 繪製出上述結果，於圖內可以看出於未到期時，遠期（潛在）收益直線恰為買權價格與賣權價格的漸近線（左圖），而右圖則繪製出到期的結果。

圖 7-1 內的圖形說明了歐式買權（或賣權）合約優於相同條件下之遠期合約，因為未到期時的買權或賣權價格曲線皆位於漸近線上，隱含著買權或賣權合約相對上比遠期合約有價值。因此，美式選擇權合約價格的第一個特性（優點）就是它優於相同條件下的遠期合約。其實，前述第一個特性是來自於歐式選擇權合約是包含於美式選擇權合約內，即美式選擇權的持有人若沒有提前履約，則美式選擇權合約相當於歐式選擇權合約，故美式選擇權合約的成分內有包括歐式選擇權合約；理所當然，於相同的條件下，美式選擇權合約會比歐式選擇權合約有價值，即：

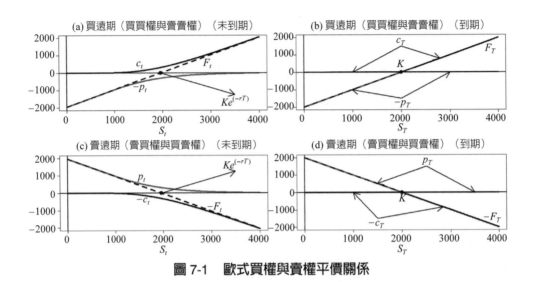

圖 7-1　歐式買權與賣權平價關係

$$C_t \geq c_t \text{ 與 } P_t \geq p_t \tag{7-6}$$

其中 C_t 與 P_t 分別表示第 t 期美式的買權與賣權價格，c_t 與 p_t 則分別表示第 t 期歐式的買權與賣權價格。

　　（7-6）式可以視爲美式選擇權合約價格的第二個特性。既然美式選擇權合約有提前履約的優點，我們倒是可以進一步思考持有美式選擇權合約的投資人會不會提前履約？此當然分成買權與賣權二個部分來檢視。首先考慮美式買權合約的情況。如前所述，美式買權的價值應會高於相同條件下遠期合約的價值，即 $C_t \geq S_t e^{-q(T-t)} - K e^{-r(T-t)}$，其中若 $q = 0$，則 $C_t \geq S_t - K e^{-r(T-t)} \geq S_t - K$[1]；也就是說，倘若標的資產於合約期間內沒有發放股利，美式買權的價值會高於立即履約的收益，故美式買權合約的持有人並不會提前履約，可以參考圖 7-2 的左圖。於該圖內，黑色實線表示立即履約的收益曲線（即 $S_t - K$），而虛線則表示對應的買進遠期合約的收益曲線（即 $S_t e^{-q(T-t)} - K e^{-r(T-t)}$）。是故，於 $q = 0$ 之下，遠期收益曲線普遍高於立即履約的收益曲線，因此我們可以想像美式買權的價格曲線應位於 $q = 0$ 的虛線之上。

　　有意思的是，若 $q > 0$，美式買權的持有人會提前履約的條件爲：

---

[1]　即若 $r > 0$，則 $K e^{-r(T-t)} < K$。

$$S_t e^{-q(T-t)} - Ke^{-r(T-t)} < S_t - K \Rightarrow K[1-e^{-r(T-t)}] < S_t[1-e^{-q(T-t)}] \qquad （7\text{-}7）$$

於圖 7-2 的左圖內，我們可以先看出會提前履約的二種可能：其一是 $q > r$ 的情況，如圖內的 $q > r$ 的虛線所示；另外一種可能則是即使 $0 < q < r$，若該買權處於深價內的情況（垂直虛線的右側），可看出立即履約的收益亦有可能會較高。上述二種提前履約的可能，我們透過（7-7）式亦可看出端倪。

　　至於美式賣權的部分，則可參考圖 7-2 內的右圖，此時黑色實線可以對應至立即履約的收益曲線（即 $K - S_t$），而虛線則是表示賣出遠期合約的收益曲線。與美式買權不同的是，於圖內可看出，當 $0 \leq q < r$ 時，因立即履約的收益普遍較高，故美式賣權的持有人應該有可能會提前履約（當然上述的可能必須是處於價內的前提下）。雖說如此，美式賣權的持有人當然也有可能不會提前履約，圖內有繪製出一種可能，那就是當 $q > r$ 時，即使該賣權是處於價內的情況下，持有人仍有可能並不會提前履約；不過，仍有例外，若該賣權是處於深價內的情況（垂直虛線的左側），立即履約的收益反而會較高，持有人反而會提前履約。

　　因此，不同於歐式買權與歐式賣權價格曲線幾乎呈現出「對稱」的情況，但是美式買權與美式賣權的價格卻是不對稱的。也就是說，通常美式買權的持有人並不會提前履約，故美式買權的價格應有可能會接近於歐式買權的價格；

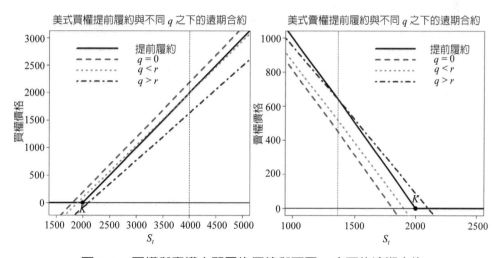

圖 7-2　買權與賣權立即履約價值與不同 q 之下的遠期合約

但是美式賣權的持有人卻有可能隨時會提前履約，故其價格反而較難捉摸。

例1 美式選擇權的買權與賣權平價理論

不同於歐式選擇權的買權與賣權平價關係，美式選擇權的買權與賣權平價關係並無明確的數學公式表示；不過，就短期合約而言，我們倒是可以找出美式賣權價格與美式買權價格差異的上下限。考慮一種到期為 T 而履約價為 K 的美式買權與美式賣權合約，二合約皆有可能會於第 $t = \tau$ 期提前履約。我們當然有興趣想要知道該二合約的價值為何？就（美式）買權的持有人而言，若於第 τ 期提前履約，其是以 K 取得 S_τ，故至第 T 期時該持有人的收益為 $S_T - Ke^{-r(T-\tau)}$；同理，賣權的持有人若於第 τ 期提前履約則至第 T 期時的收益為 $Ke^{r(T-\tau)} - S_T$。考慮下列的四種投資策略：

投資策略 A：賣出一種到期為 T 的遠期合約，該合約的標的資產與上述美式選擇權相同，其賣價為 K；是故，該遠期合約的期初價值與到期收益分別為 $Ke^{-rT} - S_0$ 與 $K - S_T$。

投資策略 B：同時買進一口賣權合約與賣出一口買權合約，不過該賣權於第 τ 期提前履約，而買權則持有至到期。

投資策略 C：買進一種到期為 T 的遠期合約，該合約的標的資產與上述美式選擇權相同，其買價為 Ke^{rT}；是故，該遠期合約的期初價值與到期收益分別為 $S_0 - K$ 與 $S_T - Ke^{rT}$。

投資策略 D：同時買進一口買權合約與賣出一口賣權合約，不過該買權於第 τ 期提前履約，而賣權則持有至到期。

首先我們來檢視表 7-1 的結果。於狀況 1 之下，我們比較投資策略 A 與 B 的情況，於表內可看出，不管到期時 S_T 的價位如何，投資策略 A 的到期收益皆較優，因此為了避免套利，投資策略 A 的期初價值應較投資策略 B 高，故可得出美式買權價格與美式賣權價格差異的上限為：

$$Ke^{-rT} - S_0 \geq P_0 - C_0 \Rightarrow C_0 - P_0 \leq S_0 - Ke^{-rT} \qquad (7\text{-}8)$$

表 7-1　期初價值與到期收益

	期初價值	到期收益 $S_T \leq K$	到期收益 $S_T > K$
狀況 1			
投資組合 A	$Ke^{-rT} - S_0$	$K - S_T$	$K - S_T$
投資組合 B	$P_0 - S_0$	$K - S_T - [S_T - Ke^{r(T-\tau)}]$	$0 - [S_T - Ke^{r(T-\tau)}]$
狀況 2			
投資組合 C	$S_0 - K$	$S_T - Ke^{rT}$	$S_T - Ke^{rT}$
投資組合 D	$C_0 - P_0$	$0 - [Ke^{r(T-\tau)} - S_T]$	$S_T - K - [Ke^{r(T-\tau)} - S_T]$

同理，於表 7-1 內檢視狀況 2，可知投資組合 D 優於投資組合 C，故可得出美式買權價格與美式賣權價格差異的下限為：

$$S_0 - K \leq C_0 - P_0 \qquad (7\text{-}9)$$

利用（7-8）與（7-9）二式，可以得出美式買權價格與美式賣權價格差異的上下限為：

$$S_0 - K \leq C_0 - P_0 \leq S_0 - Ke^{-rT} \qquad (7\text{-}10)$$

例2　**美式賣權價格的上下限值**

利用（7-10）式，我們可以得出美式賣權價格的上下限為：

$$C_0 - S_0 + Ke^{-rT} \leq P_0 \leq C_0 - S_0 + K \qquad (7\text{-}11)$$

我們不難證明（7-11）式會成立。考慮一個投資組合策略 E：買進一口美式賣權、買進標的資產、賣出 Ke^{-rT} 的貼現債券以及賣出一口美式買權。該投資策略的期初成本為 $P_0 + S_0 - Ke^{-rT} - C_0$。假定該買權於第 τ 期時提前履約而賣權則持有至到期，則該投資策略於第 τ 期的價值為：

$$P_\tau + S_\tau - Ke^{-r(T-t)} - (S_\tau - K) = P_\tau + K[1 - e^{-r(T-t)}] \geq 0 \ （因 e^{-r(T-t)} \leq 1）$$

若該買權並沒有提前履約，則由表 7-2 內可知不管到期時 S_T 的價位為何，投資組合 E 的到期收益為 0。因此，無論發生何事，投資組合策略 E 的收益至少會大於或等於 0，是故為避免套利，投資組合策略 E 的期初成本必須大於 0，即：

$$P_0 + S_0 - Ke^{-rT} - C_0 \geq 0 \Rightarrow P_0 \geq C_0 - S_0 + Ke^{-rT}$$

故 $C_0 - S_0 + Ke^{-rT}$ 為 P_0 的下限值。

接下來，我們考慮投資策略 F：買進一口買權、賣出一口賣權、放空標的資產以及保留 K 元現金。同理，若賣權於第 τ 期時提前履約而買權則持有至到期，則於第 τ 期時，投資策略 F 的價值為 $C_\tau - (K - S_\tau) - S_\tau + K \geq 0$；另一方面，若賣權與買權皆持有至到期日，則於表 7-2 內亦可看出投資策略 F 的到期收益亦為 0，故投資策略 F 的價值至少大於或等於 0。因此投資策略 F 的期初成本應該不是負數值，即 $C_0 - P_0 - S_0 + K \geq 0$ 隱含著 P_0 的上限值為 $C_0 - S_0 + K$。

表 7-2　投資策略 E 與 F 之到期收益

	$S_T \leq K$	$S_T > K$		$S_T \leq K$	$S_T > K$
投資策略 E			投資策略 F		
賣買權	0	$-(S_T - K)$	買買權	0	$(S_T - K)$
買賣權	$K - S_T$	0	賣賣權	$-(K - S_T)$	0
買標的資產	S_T	S_T	放空標的資產	$-S_T$	$-S_T$
借入	$-K$	$-K$	保有現金 K	K	K
合計	0	0	合計	0	0

例3　美式賣權價格的上下限值（續）

圖 7-2 提醒我們若標的資產於合約期限內沒有發放股利，則美式買權的持有人應不致於會提前履約，故美式買權價格有可能接近於歐式買權價格；換言之，若以 BSM 公式計算出的歐式買權價格取代美式買權價格，利用（7-11）式，我們不是可以得出美式賣權價格的上下限值嗎？有意思的是，若以歐式買

權價格取代美式買權價格，則根據（7-11）式，美式賣權價格的下限值就是歐式賣權價格（歐式買賣權平價關係），圖 7-3 繪製出該結果，即歐式賣權價格曲線與美式賣權價格的下限值曲線重疊；另一方面，於圖 7-3 內亦可看出若以歐式買權價格取代美式買權價格，美式賣權價格的上限值曲線竟然高於賣權到期收益曲線的折現值。

例 4　**多頭價差與多頭勒式交易策略（未到期）**

　　美式選擇權合約具有提前履約的特性，使得我們得以注意合約未到期的情況。圖 7-4 利用 BSM 公式各分別繪製出二種未到期多頭價差與多頭勒式交易策略的價值曲線[2]，於圖內我們分別考慮 $T = 1$ 與 $T = 0.5$ 二種情況，其價值曲線以紅色虛線表示，而實線則表示對應的到期收益曲線。利用圖 7-4 內的各圖，我們可以看出未到期的價值曲線，如何隨著時間經過而接近於到期的收益曲線。值得注意的是，未到期的價值曲線是一條圓滑的曲線，該曲線未必以到期收益曲線爲漸近線，如圖內的勒式交易策略（圖內藍色虛線是到期收益的貼現值曲線）所示。

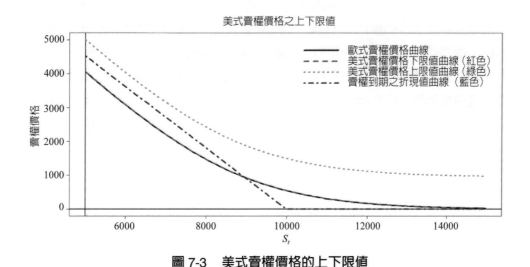

圖 7-3　美式賣權價格的上下限值

---

[2]　多頭價差交易策略是指同時買進低履約價的買權與賣出高履約價的買權，而多頭勒式交易策略則是指同時買進低履約價的買權與高履約價的賣權，可參考第 2 章。

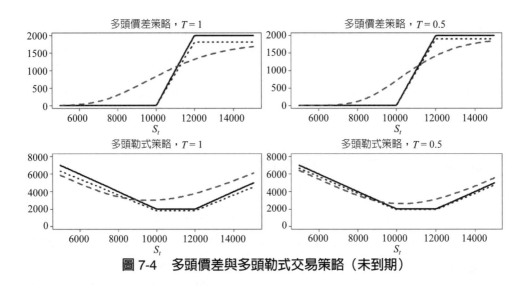

圖 7-4　多頭價差與多頭勒式交易策略（未到期）

1.2 BAW 與 BSAm 模型

　　本節我們將介紹二種美式選擇權的定價模型（公式），其中之一稱為 BAW 模型，另一則稱為 BSAm 模型[3]。值得注意的是，二模型雖然有提出完整的數學公式表示合約價格；不過，二模型卻也只是美式選擇權價格的估計模型而已。既然美式選擇權合約相對上比歐式選擇權合約較具有彈性，畢竟前者於合約期限內，隨時可以提出立即履約的要求，因此若要以完整的數學公式表示美式選擇權價格，自然所使用的數學式子較為複雜，或是數學模型的內容較為龐大；還好，我們已經使用 R 來思考，看到複雜的數學模型未必會束手無策，讀者反而能更進一步了解為何本書要強調我們的確需要用電腦語言（例如 R）來當作輔助工具。

---

[3]　BAW 是 Barone-Adesi 與 Whaley 的簡稱。BAW 模型是來自於 Barone-Adesi, G. and Whaley, R.E. (1987), "Efficient analytic approximation of American option values", *Journal of Finance*, 42(2), 301-320. 至於 BSAm 模型則取自於底下二篇文章，其中之一為 Bjerksund, P. and Stensland, G. (1993), "Closed-form approximation of American Options", *Scandinavian Journal of Management*, 9, 87-99. 另外一篇為 Bjerksund, P. and Stensland, G. (2002), "Closed-form valuation of American Options", Working paper NHH.

1.2.1　BAW模型

首先來看 BAW 模型。為了節省空間，底下將以買權合約為主，類似的推理過程亦適用於賣權合約。假定 $S = S_0$，圖 7-5 分別繪製出一條相同標的資產、到期日以及履約價的美式買權與歐式買權價格曲線，其分別以 C 與 c 表示[4]。於圖內可看出，美式買權多了一條限制式，即 $C > S - K$，使得二價格曲線有顯著的差異；換言之，美式買權因比歐式買權多了一項特性，即價內買權合約可於到期前的任何一個時點提前履約，故其價格會大於立即履約的價值。因此，圖 7-5 說明了美式買權與歐式買權價格曲線的分歧與相似之處，即當 S 愈小，二曲線愈接近，隱含著美式買權價格與歐式買權價格的差異愈小；反觀，當 S 愈大，二曲線之間的差距愈大，即美式買權價格與歐式買權價格的差異愈大。

我們如何解釋上述美式買權價格與歐式買權價格之不同呢？或是說我們如何知道圖 7-5 內價格曲線的漸近線呢？我們可以重新檢視 BSM 模型的偏微分方程式如第 5 章的（5-28）式；換言之，重寫該式可得：

$$-\frac{\partial c}{\partial T} + bS\frac{\partial c}{\partial S} + \frac{1}{2}\sigma^2 S^2 \frac{\partial^2 c}{\partial S^2} = rc \qquad (7\text{-}12)$$

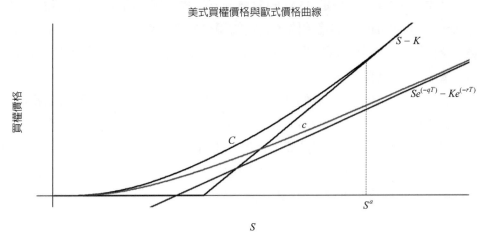

圖7-5　美式買權價格曲線之履約界限與圓滑條件

---

[4]　圖 7-6 內的美式買權價格曲線是利用 BAW 模型所繪製而成，可參考所附的 R 指令。

其中 $b = r - q$。因(7-12)式屬於 BSM 的(歐式)買權價格的偏微分方程式,故透過(7-5)式可知若 $S \to \infty$,則 $c \to Se^{-qT} - Ke^{-rT}$,將上述結果代入(7-12)式,顯然符合上述偏微分方程式;另一方面,若 $S \to 0$,則因 $\partial c / \partial S \to 0$ 以及 $\partial^2 c / \partial S^2 \to 0$,透過 BSM 公式,亦滿足上述偏微分方程式。因此,於圖 7-6 內,可知歐式價格曲線的左右側的漸近線分別為 $c = 0$ 以及 $c = Se^{-qT} - Ke^{-rT}$。

至於美式買權價格曲線呢?若 $S \to 0$,則 $c \to S - K$,代入(7-12)式可得 $-bS \neq r(K - S)$,顯然不符合(7-12)式;因此,$c = S - K$ 並不是(7-12)式或是 BSM 方程式的一個解。直覺而言,圖 7-5 已經幫我們解釋美式買權價格曲線其實是由二部分所構成,即其可分成提前履約與不提前履約二部分。換句話說,若 $S \to \infty$,則 $c \to S - K$,但是若 $S \to 0$,則 $C \to c$;因此,於 $S \to 0$ 與 $S \to \infty$ 之間一定存在一個臨界價格 S^a 如圖 7-6 所示,於 S^a 的右側屬於可能會提前履約的部分,而於 S^a 的左側則屬於不會提前履約的部分,故 S^a 的左側屬於滿足 BSM 的偏微分方程式的部分。是故,美式買權價格函數可以寫成:

$$C = \begin{cases} S - K & S \geq S^a \\ f(S,T) & S < S^a \end{cases} \tag{7-13}$$

其中 $f(S, T)$ 表示滿足 BSM 的偏微分方程式的解,而 S^a 則稱為履約邊界(exercise boundary)價格。除了履約的邊界條件之外,其實圖 7-5 也說明了美式買權價格存在著「圓滑條件(smoothness conditions)」,隱含著美式買權價格曲線是一條圓滑的曲線[5]。

有了上述的觀念後,我們就可以檢視 BAW 模型。假定美式買權價格與歐式賣權價格的關係為 $C = c + \phi$,其中 ϕ 表示可能會提前履約的貼水;當然,我們的目的就是要找出方法以計算出 ϕ 值。如前所述,若 $S < S^a$(即不會提前履約),我們可以利用 BSM 的偏微分方程式計算 C;因此,於上述不會提前履約的範圍內,同樣也可以用 BSM 的偏微分方程式計算 ϕ 的可能值。因此類似

---

[5] 若以買權與標的資產構成一個資產組合而言,因於 S^a 的右側該資產組合的價值固定為 K,即 $C + S^a = K$,故標的資產價格上升對該資產組合的價值無影響;另一方面,於 S^a 的左側表示標的資產價格下跌,對該資產組合價值的變動為 $-\dfrac{\partial C}{\partial S_0}\bigg|_{S=S^a} \delta S - \delta S$,因此只要 $\partial C / \partial S = -1$,該資產組合價值的變動亦為 0。

於（7-12）式，可得：

$$\frac{1}{2}\sigma^2 S^2 \frac{\partial^2 \phi}{\partial S^2} + bS\frac{\partial \phi}{\partial S} - r\phi - \frac{\partial \phi}{\partial T} = 0 \qquad （7\text{-}14）$$

在尚未解釋（7-14）式之前，我們倒是可以先透過圖 7-6 檢視 ϕ 值隨時間的演變過程，其可以整理成下列五種特色：

(1) ϕ 值只定義於 $S < S^a$ 的區域。

(2) S^a 值會受到 r、q、σ 以及 T 參數的影響；例如：從圖 7-6 內可看出到期期限愈長，S_0^a 值反而會上升（$S^a < S^a$），即期限愈長，履約界限的價格愈高。

(3) 若 $S \to 0$，則 $\phi \to 0$。於圖內可看出 C（美式買權價格）與 c（歐式買權價格）曲線的差距愈小，隱含著 $\phi \to 0$。

(4) 若 S 愈大但是仍小於 S^a，從圖 7-5 可知 C 曲線會接近於 $S - K$ 而 c 曲線會接近於 $Se^{-qT} - Ke^{-rT}$；因此，若 q 愈小，$\phi = C - c \approx K(1 - e^{-rT})$。

(5) 若 $T \to 0$，則 $\phi \to 0$。即到期時，美式買權價格與歐式買權價格應會相等。

　　利用上述特色 (4)，定義一個新的變數為 $v = \phi / X$，其中 $X = 1 - e^{-rT}$，則其微分可得：

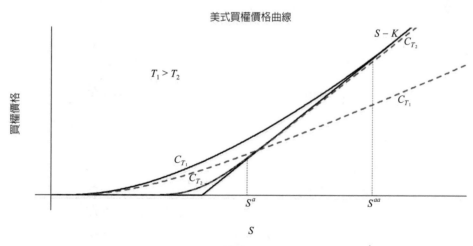

圖 7-6　以 BAW 模型繪製美式買權價格曲線

$$-\frac{r\phi}{X} - X\frac{\partial v}{\partial T} = -\frac{\partial \phi}{\partial T} - r\phi \;^6$$

代入（7-14) 式後可得：

$$\frac{1}{2}S^2\sigma^2\frac{\partial^2\phi}{\partial S^2} + bS\frac{\partial\phi}{\partial S} - \frac{r\phi}{X} - X\frac{\partial v}{\partial T} = 0 \qquad\qquad （7\text{-}15）$$

　　利用上述圖 7-6 的特色，可知若 $S \to 0$，則 $\phi \to 0$，故 $v \to 0$；其次，當 S 愈大但是仍小於 S^a（特色 (4)），因 ϕ 趨向於一個常數值 KX，故 v 趨向於 K，隱含著 $\partial v / \partial T = 0$。最後，若 $T \to 0$，則 $X \to 0$（特色 (5)），隱含著 $X\partial v / \partial T \to 0$。因此，上述結果說明了（7-15）式內的 $X\partial v / \partial T$ 項有可能為 0，BAW 模型就是假定該項等於 0。

　　若 $X\partial v / \partial T$ 項等於 0，則（7-15）式就變成了一種於微分方程式內稱為 Cauchy-Euler 的第二階齊次的微分方程式（the second-order homogeneous differential equation）[7]。換言之，若 $X\partial v / \partial T$ 項等於 0，則（7-15）式可寫成：

$$S^2\frac{\partial^2\phi}{\partial S^2} + NS\frac{\partial\phi}{\partial S} - \frac{M}{X}\phi = 0 \qquad\qquad （7\text{-}16）$$

其中 $N = \dfrac{b}{0.5\sigma^2}$ 與 $M = \dfrac{r}{0.5\sigma^2}$。參考例 1，可知（7-16）式的一般解為：

$$\phi = A_1 S^{\lambda_1} + A_2 S^{\lambda_2}$$

其中 $\lambda_1 = \dfrac{1}{2}\Big[-(N-1) + \sqrt{(N-1)^2 + 4M/X}\Big]$ 與 $\lambda_2 = \dfrac{1}{2}\Big[-(N-1) - \sqrt{(N-1)^2 + 4M/X}\Big]$ 分別表示（7-16）式的二個根（roots），而 A_1 與 A_2 值則取決於邊界條件。

---

[6] 因 $v = \phi / X$ 與 $X = 1 - e^{-rT}$，故：

$$\frac{\partial v}{\partial T} = \frac{\partial[X^{-1}\phi]}{\partial T} \Rightarrow \frac{\partial v}{\partial T} = X^{-1}\frac{\partial\phi}{\partial T} - X^{-2}re^{-rT}\phi \Rightarrow -X\frac{\partial v}{\partial T} = -\frac{\partial\phi}{\partial T} + \frac{re^{-rT}\phi}{X}$$

$$\Rightarrow -\frac{r\phi}{X} - X\frac{\partial v}{\partial T} = -\frac{\partial\phi}{\partial T} + \frac{re^{-rT}\phi}{X} - \frac{r\phi}{X} = -\frac{\partial\phi}{\partial T} - \frac{r\phi X}{X} = -\frac{\partial\phi}{\partial T} - r\phi$$

[7] 可參考例如 Zill, D.G. and Cullen, M.R. (2009), *Differential Equations with Boundary-Value Problems*, Seventh Edition, Brooks/Cole, Cengage Learning.

　　因 λ_1 與 λ_2 皆爲實數，其中 λ_1 大於 0 而 λ_2 小於 0；不過，因 $\lim\limits_{S\to0}\phi\to0$，從圖 7-7 可知 $\lim\limits_{S\to0}S^{\lambda_1}$ 與 $\lim\limits_{S\to0}S^{\lambda_2}$ 分別接近於 0 以及大於 0，故可知 $A_2=0$ 與 $A_1\neq0$。利用前述之圓滑條件與 $b=r-q$，可得 $A_1=\dfrac{1}{\lambda_1(S^a)^{\lambda_1-1}}\left\{1-e^{(b-r)T}N[d_1(S^a)]\right\}$[8]。是故，(7-13) 式可改成：

$$C=\begin{cases}S-K & S\geq S^a\\ c+\phi=c+B_1(S/S^a)^{\lambda_1} & S<S^a\end{cases}\qquad(7\text{-}17)$$

其中 $B_1=A_1(S^a)^{\lambda_1}=\dfrac{S^a}{\lambda_1}\left\{1-e^{(b-r)T}N[d_1(S^a)]\right\}$。

　　(7-17) 式爲 BAW 模型的美式買權價格公式，利用類似的推理過程，我們可以得出 BAW 模型的美式賣權價格公式爲[9]：

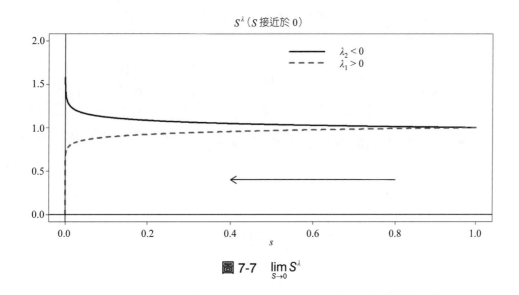

S^λ（S 接近於 0）

圖 7-7　$\lim\limits_{S\to0}S^\lambda$

---

[8] 利用第 5 章的 (5-34) 式可知 $\dfrac{\partial c}{\partial S}=e^{-qT}N(d_1)$。因此於 $S=S^a$ 處，因 $S^a-K=c+A_1(S^a)^{\lambda_1}$，利用前述之圓滑條件可得 $1=e^{-qT}N[d_1(S^a)]+\lambda_1A_1(S^a)^{\lambda_1-1}$，故可得 A_1 值。

[9] 可以參考 Haug, E.G. (2006), *The Complete Guide to Option Pricing Formulas*, 2nd edition, McGraw-Hill.

$$P = \begin{cases} p + B_2(S/S^{aa})^{\lambda_2} & S > S^{aa} \\ K - S & S \leq S^{aa} \end{cases} \quad （7\text{-}18）$$

其中 P 與 p 分別表示美式賣權價格以及歐式賣權價格（可用 BSM 公式計算），S^{aa} 為美式賣權合約履約界限價格，而 $B_2 = -\dfrac{S^{aa}}{\lambda_1}\left\{1 - e^{(b-r)T}N[-d_1(S^{aa})]\right\}$。

就上述美式買權與賣權合約而言，我們如何找出對應的履約界限價格 S^a 與 S^{aa}？我們先檢視（7-17）式，可知 S^a 出現於：

$$S^a - K = c(S^a, K, T) + \left\{1 - e^{(b-r)T}N[d_1(S^a)]\right\}\frac{S^a}{\lambda_2}$$

其中 $LHS(S_i) = S_i - K$ 而 $RHS(S_i) = c(S_i, K, T) + \left\{1 - e^{(b-r)T}N[d_1(S_i)]\right\}\dfrac{S_i}{\lambda_2}$。我們可以使用牛頓逼近法（Newton-Raphson method）找出合適的 S_i 值，即：

$$\frac{\partial RHS(S_i)}{\partial S_i} = b_i = e^{(b-r)T}N[d_1(S_i)](1 - 1/\lambda_2) + \left\{1 - \frac{e^{(b-r)T}n[d_1(S_i)]}{\sigma\sqrt{T}}\right\}\frac{1}{\lambda_2}$$

而 S_{i+i} 可依 $RHS(S_i) + b_i(S - S_i) = S - K \Rightarrow S_{i+1} = \dfrac{K + RHS(S_i) - b_iS_i}{(1 - b_i)}$ 計算求得[10]。上述反覆計算過程可以持續至誤差至可接受的範圍；例如：

$$\frac{LHS(S_i) - RHS(S_i)}{K} < 0.00001$$

類似的過程亦適用於找出 S^{aa}。

我們舉一個簡單的例子說明 BAW 模型的應用。假定 $S_0 = K = 100$、$r = 0.1$、$q = 0.05$、$T = 1$ 以及 $\sigma = 0.3$，利用 BAW 公式計算出的美式買權與賣權價

---

[10] 牛頓逼近法其實來自於一階泰勒展開式，故相當於美式買權價格曲線找出一條切線，可以參考《財數》。

格分別為 13.5707 與 9.6546，其中 S^a 與 S^{aa} 分別約為 247.5365 與 71.9879；另一方面，若上述假定亦適用於歐式買權與賣權合約，則其買權與賣權價格分別為 13.5372 與 8.898。

> **例 1　Cauchy-Euler 齊次方程式之求解**

　　第二階 Cauchy-Euler 齊次微分方程式可寫成：

$$ax^2 \frac{d^2 y}{dx^2} + bx \frac{dy}{dx} + cy = 0 \qquad (7\text{-}19)$$

其中 a、b 與 c 為固定的常數。Cauchy-Euler 微分方程式的特色是自變數的次方與微分的次方一致，例如 x^2 可以對應至 d^2y / dx^2，以此類推。由於（7-19）式並無常數項，故（7-19）式的一般解（general solution）並不包括特殊解（particular solution）。為了取得（7-19）式的一般解，我們嘗試以 $y = x^\lambda$ 代入（7-19）式，可得特性方程式（characteristic equation）為：

$$a\lambda^2 + (b - a)\lambda + c = 0$$

　　求解該特性方程式，若其解為不同的實數 $\lambda_1 \neq \lambda_2$（即不同的根），（7-19）式的一般解就可寫成：

$$y = c_1 x^{\lambda_1} + c_2 x^{\lambda_2}$$

其中 c_1 與 c_2 為固定的常數。我們可以舉一個例子說明。假定：

$$x^2 \frac{d^2 y}{dx^2} - 2x \frac{dy}{dx} - 4y = 0$$

故可得特性方程式為 $\lambda^2 - 3\lambda - 4 = 0$，可得二個根分別為 $\lambda_1 = -1$ 與 $\lambda_2 = 4$，故其一般解為 $y = c_1 x^{-1} + c_2 x^4$。可參考圖 7-8，該一般解受到不同常數項 c_1 與 c_2 的影響。

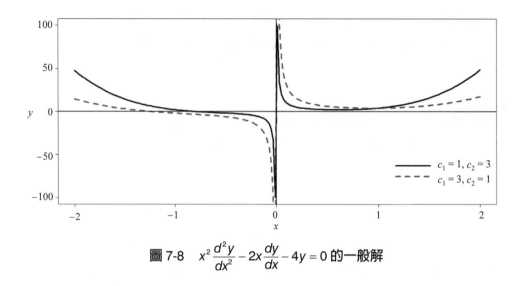

圖 7-8　$x^2 \dfrac{d^2y}{dx^2} - 2x \dfrac{dy}{dx} - 4y = 0$ 的一般解

例 2 美式賣權履約界限價格與圓滑條件

試繪製出美式賣權履約界限價格以及圓滑條件。

解 可參考圖 7-9。即於 S^{aa} 的右側，美式賣權的持有人並不會提前履約；相反地，若 S 落於 S^{aa} 的左側，則持有人有可能會提前履約（左圖）。圖 7-9 內的右圖說明了美式賣權價格的圓滑條件。

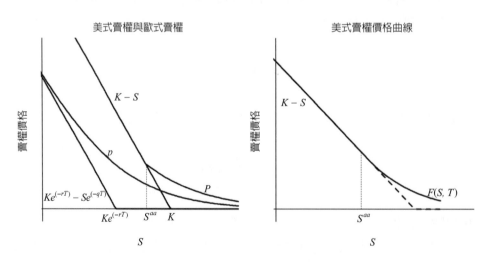

圖 7-9　美式賣權履約界限價格以及圓滑條件

例3 **多頭價差策略與多頭勒式策略**

　　我們也可以利用 BAW 模型重做 1.1 節例 4 內的策略，其結果就繪製於圖 7-10，讀者應該可以解釋圖內的結果。

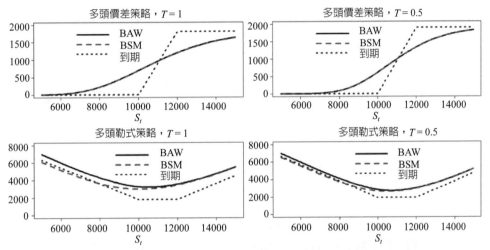

圖 7-10　使用 BAW 模型進行多頭價差策略與多頭勒式策略

例4 **σ 與 S^a 以及 σ 與 S^{aa} 之間的關係**

　　於 BAW 模型內，我們不難看出 σ 與 S^a 以及 σ 與 S^{aa} 之間的關係，如圖 7-11 所示；換句話說，若其他情況不變，σ 與 S^a 之間呈現出正的關係，而 σ 與 S^{aa} 之間則為負的關係，可以參考所附的 R 指令。讀者應可以解釋圖 7-11 內的涵義。

1.2.2 BSAm模型

　　BSAm 模型其實可以分成二部分說明，其一為 BSAm93 模型，另一則為 BSAm02 模型（參考註 3）。BSAm93 模型較為簡易而 BSAm02 模型則較為複雜，不過二模型皆有完整的數學模型表示美式買權價格，透過 Bjerksund 與 Stensland 的賣權 - 買權轉換（put-call transformation），使得我們不需要有額外的數學公式以計算美式賣權價格（相同履約價與到期日）。Bjerksund 與 Stensland 二人宣稱 BSAm02 模型不僅計算速度較快且有效，同時也較 BAW

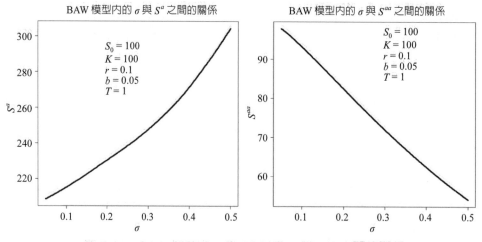

圖 7-11　BAW 模型內 σ 與 S^a 以及 σ 與 S^{aa} 之間的關係

模型與 BSAm93 模型能準確計算美式選擇權價格。底下只列出 BSAm93 模型，BSAm93 模型是取自於 Haug（2006）（註 9），而 BSAm02 模型則取自於 Bjerksund 與 Stensland（2002）的原文（註 3）[11]。

　　BSAm93 模型估計美式買權價格是根據一種處於平坦的界限（flat boundary）的履約策略，該模型透過數值檢視後，發現就期限較長的合約而言，較 BAW 模型的估計值準確。BSAm93 模型可寫成：

$$C = \alpha S^{\beta} - \alpha\phi(S,T,\beta,I,I) + \phi(S,T,1,I,I)$$
$$- \phi(S,T,1,K,I) - K\phi(S,T,0,I,I) + K\phi(S,T,0,K,I) \qquad （7\text{-}20）$$

其中

$$\alpha = (I - K)I^{-\beta}$$

---

[11] BSAm93 與 BSAm02 模型雖有完整的數學公式，但是因牽涉到複雜的數學式子，不適合於此介紹其推導過程；不過，利用二模型的數學公式，直接用 R 來「翻譯」倒是一件不錯的練習。我們並未列出 BSAm02 模型的數學模型，不過筆者的確用 R 來「翻譯」上述數學模型，有興趣的讀者可於網路上找出原文對照看看。

$$\beta = \left(\frac{1}{2} - \frac{b}{\sigma^2}\right) + \sqrt{\left(\frac{b}{\sigma^2} - \frac{1}{2}\right)^2 + \frac{2r}{\sigma^2}}$$

$\phi(S, T, \gamma, H, I)$ 是一個函數，其可寫成：

$$\phi(S,T,\gamma,H,I) = e^\lambda S^\gamma \left[N(d) - \left(\frac{I}{S}\right)^\kappa N\left(d - \frac{2\log(I/S)}{\sigma\sqrt{T}}\right) \right]$$

其中

$$\lambda = \left[-r + \gamma b + \frac{1}{2}\gamma(\gamma-1)\sigma^2 \right] T,$$

$$d = -\frac{\log(S/H) + [b + (\gamma - 0.5)\sigma^2]T}{\sigma\sqrt{T}},$$

$$\kappa = \frac{2b}{\sigma^2} + (2\gamma - 1),$$

$$I = B_0 + (B_\infty - B_0)[1 - e^{h(T)}],$$

$$h(T) = -(bT + 2\sigma\sqrt{T})\left(\frac{B_0}{B_\infty - B_0}\right),$$

$$B_\infty = \frac{\beta}{\beta - 1}K,$$

$$B_0 = \max\left[K, \left(\frac{r}{r-b}\right)K \right]$$

我們仍延續之前各變數的意義，值得注意的是 $b = r - q$，故連續的股利支付率包含於 b 內；另一方面，I 稱為觸發價格（trigger price），該價格於 BSAm93 模型內扮演著重要的角色。即若 $S \geq I$，立即履約是美式買權持有人的最適決策，持有人可得買權的內含價值 $S - K$；另一方面，若 $b \geq r$，該買權並不會被提前履約，此時美式買權價格相當於 BSM 模型的價格。

如前所述，BSAm 模型並不需要額外的賣權價格公式，透過適當的轉換，

亦可以得到對應的美式賣權價格；換句話說，利用 Bjerksund 與 Stensland 的賣權－買權轉換，可得出：

$$P(S, K, r, b, T, \sigma) = C(K, S, r - b, -b, T, \sigma) \qquad （7-21）$$

其中 $C(\cdot)$ 是根據（7-20）式所計算而得的美式買權價格，可以留意（7-21）式內各已知參數的排列順序。

假定 $K = 100$、$r = 0.08$、$b = -0.04$、$\sigma = 0.3$ 以及 $T = 0.75$，利用（7-20）與（7-21）二式，我們可以分別繪製出 BSAm93 模型下之美式買權與美式賣權價格曲線（相同履約價與到期日），如圖 7-12 所示。於圖內可以看出 BSAm93 模型下的買權與賣權價格曲線非常類似於 BAW 模型的買賣權價格曲線，後者可以參考圖 7-6 與 7-9 二圖。因此，我們可以藉由上述二圖了解圖 7-12 內的涵義。

利用圖 7-12 內的假定與（7-20）式，我們可以計算出 BSAm93 模型內買權合約的觸發價格約為 141.2068（左圖內的垂直虛線）；換言之，若標的資產價格高於該觸發價格，買權合約的持有人有可能會提前履約。雖說如此，若只單獨使用（7-21）式，我們恐怕無法計算出賣權合約的觸發價格；不過，利用美式賣權價格的「圓滑條件」，我們可以「猜出」圖 7-12 內右圖的觸發價格約落於 59 附近（切線），即賣權合約的持有人於標的資產價格低於 59 時，有可能會提前履約。

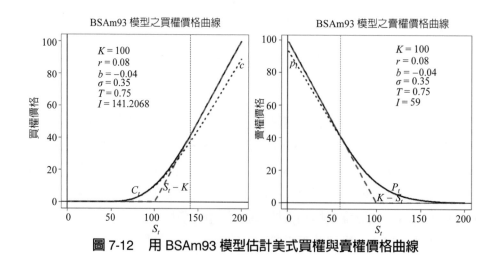

圖 7-12　用 BSAm93 模型估計美式買權與賣權價格曲線

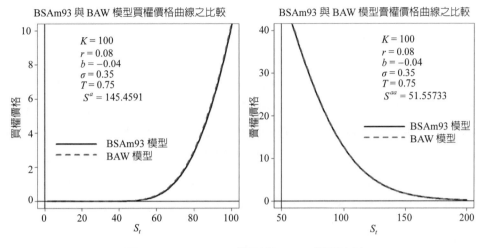

圖 7-13　BSAm93 模型與 BAW 模型比較

既然 BSAm93 模型與 BAW 模型的結果頗為接近，我們倒是可以進一步比較二模型的差異。利用圖 7-12 內的假定，使用 BAW 模型，圖 7-13 繪製出對應的美式買權與賣權價格曲線。為了比較起見，圖 7-13 內亦繪製出 BSAm93 模型的買權與賣權價格曲線，我們從圖內可以看出 BAW 模型的買權與賣權價格約高於對應的 BSAm93 模型價格；另一方面，圖內亦顯示出 BAW 模型的觸發價格（即 S^a 與 S^{aa}），其中買權的觸發價格約為 145.46 而賣權則約為 51.56，二價格亦接近於圖 7-12 內的價格。

例 1　二元常態分配的 CDF

因 BSAm02 模型的美式買權價格公式較為複雜，我們並未將其列出。讀者若有檢視該公式，可以發現其需要使用二元標準常態分配的累積分配函數 $M(a, b; \rho)$，即該函數可以寫成：

$$M(a,b;\rho) = \frac{1}{2\pi\sqrt{1-\rho^2}} \int_{-\infty}^{a} \int_{-\infty}^{b} e^{-\frac{x^2 - 2\rho xy + y^2}{2(1-\rho^2)}} \, dxdy$$

其中 x 與 y 皆為標準常態分配的隨機變數，而 ρ 為二變數之間的相關係數。

通常，於衍生性商品的定價模型內，無可避免地，我們會用到 $M(a, b; \rho)$ 的計算。我們利用 mvtnorm 程式套件內的函數指令設計一個 $CDF(a, b, \rho)$ 函數，用以估計 $M(a, b; \rho)$。我們舉一個例子說明如何使用 $CDF(a, b, \rho)$ 函數。至英文 YAHOO 網站下載 DOW 與 TWI 月股價指數收盤價序列資料（2015/1～2017/12），轉換成月對數報酬率序列資料後，再將二序列資料標準化（依常態分配）；應該可以發現標準化前與標準化後，二對數報酬率序列之間的相關係數皆約為 52.64%。若假定標準化後的月對數報酬率屬於二元常態分配，利用上述 $CDF(a, b, \rho)$ 函數，可以得到 DOW 與 TWI 的月對數報酬率至多分別約為 3.86% 以及 3.61% 的聯合累積機率約為 74.77%。

例2 BSAm02 模型

利用圖 7-12 內的假定以及令 $S_0 = 100$，使用 BSAm02 模型可以估得美式買權合約價格約為 10.3；值得注意的是，於 BSAm02 模型內有二個觸發價格（即 X 與 x），用上述假定估得的觸發價格分別約為 $X \approx 141.21$ 以及 $x \approx 129.26$。另一方面，仍延續上述假定，利用 BSAm93 模型估得的美式買權合約價格約為 10.24 而觸發價格約為 141.21，至於 BAW 模型則分別約為 10.39 與 145.46，似乎於上述的假定下，BAW 模型的買權價格最高，其次為 BSAm02 模型的買權價格，最低為 BSAm93 模型的價格。

同理，我們也可以利用（7-21）式的關係，估計對應的賣權價格，按照上述的順序，賣權價格的估計值分別約為 12.64、12.63 以及 12.72；因此，若 BSAm 模型較為正確的話，BAW 模型於上述的假定下，不管買權或是賣權價格，皆有高估的可能。讀者可以嘗試用不同的假定，比較三種模型所估計的價格高低。

例3 三個模型之比較

利用圖 7-12 內的假定，我們繪製出 BAW、BSAm93 以及 BSAm02 模型的買權價格曲線，可以參考圖 7-14。讀者應能解釋該圖的涵義，參考所附的 R 指令。

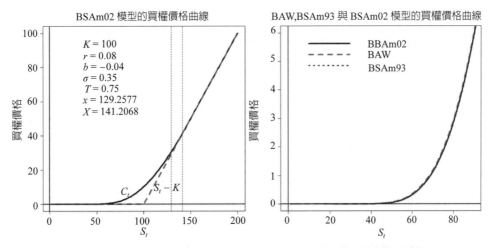

圖 7-14 BAW、BSAm93 以及 BSAm02 模型的買權價格曲線

2. 樹狀圖

如前所述，美式選擇權價格因無明確的數學公式可供計算，除了本章 1.2 節所介紹的用於估計美式選擇權價格的模型之外，事實上我們也可以使用一些基本的數值方法計算美式選擇權的價格。其實，用數值方法計算選擇權的價格，我們並不陌生，因為第 4 章所介紹的二項式模型就是屬於數值方法內的其中一種方法。本節將說明如何利用二項式模型的樹狀圖來決定美式選擇權的價格。除了二元樹狀圖之外，我們亦可將二元樹狀圖擴充至三元樹狀圖（trinomial trees），而後者的使用可以算是有限差分法的前身，有限差分法將在本章第 3 節介紹。

2.1 二元樹狀圖

至目前為止，我們對於標的資產若有發放股利的處理方式皆是使用 EDM（第 4 章 3.2.1 節的例 2），即期初標的資產價格扣除掉合約期限內股利發放的現值，BSM 模型或是本章 1.2 節的模型就是使用 EDM 方法。上述方法應用在例如指數選擇權上，也許並不是一件嚴重的問題，畢竟指數的股利發放並不常見，故我們可以用假想的連續股利支付率 q 來表示股利的發放；雖說如此，上述 EDM 方法未必適用於股票選擇權上，因後者的股利發放是以間斷的方式，此時再用 q 取代，可能會有偏差。

不過於尚未考慮股利發放所衍生的問題之前，我們先來看如何利用二項式模型計算美式選擇權的價格。考慮第 4 章的 CRR 模型，其中風險中立的機率 π 可以寫成：

$$\pi = \frac{a - D}{U - D} \qquad (7\text{-}22)$$

其中 $U = e^{\sigma\sqrt{\Delta t}}$、$U = e^{-\sigma\sqrt{\Delta t}}$ 與 $a = e^{(r-q)\Delta t}$。（7-22）式可對應於第 4 章的（4-50）式。假定美式與歐式買權與賣權合約的條件完全相同，令 $S_0 = 50$、$K = 50$、$r = 0.1$、$q = 0$、$\sigma = 0.4$ 以及 $T = 5/12$；也就是說，上述合約的標的資產若為股票，該股票於合約期間內並沒有支付股利，我們嘗試利用二項式模型計算該美式買權的價格。圖 7-15 繪製出 $n = 5$ 下之歐式與美式買權價格的二元樹狀圖，其中左圖分別繪製出 S_t 與買權每一時點的內含價值，而右圖則繪製出歐式與美式買權價格的樹狀圖。換句話說，我們如何計算出美式買權的價格？原來我們可以比較每一時點歐式買權價格與買權的內含價值（即立即履約的價值）的高低；就美式買權而言，當然取較高的價值為買權價格。有意思的是，圖 7-15 的右圖顯示出歐式與美式買權價格竟然完全相等，此種結果並不出乎我們的意料之外；也就是說，若股票於合約期限內沒有發放股利，美式買權的持有人並不會提前履約，不過因歐式與美式買權的價格完全相同，故圖內的價格只可當做美式買權價格的下限值。如此來看，若沒有股利發放，利用二項式模型來計

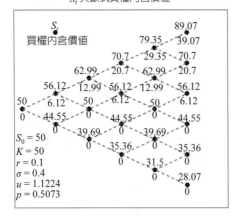
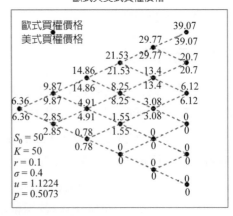

圖 7-15　歐式與美式買權價格的樹狀圖

算美式買權價格，只能估計到美式買權的下限值。

　　類似於圖 7-15，圖 7-16 亦繪製出歐式與美式賣權價格的二元樹狀圖。值得注意的是，此時每一時點美式賣權價格的取得是來自於賣權合約的內含價值與「後一時點風險中立的期望值」（每一時點的價值是採取逆推法計算，可以參考所附的 R 指令）的比較。於圖內，可以看出每一時點的歐式與美式賣權價格未必會相等，尤其是當賣權處於價內時，美式賣權價格普遍高於歐式賣權價格；另一方面，我們也可以注意到，當價內價值與美式賣權價格相等時，賣權合約的持有人有可能會提前履約。因此，當 $q = 0$（沒有股利發放）時，利用二項式模型估計美式選擇權價格時，美式買權與歐式買權價格會相同；但是，用二項式模型計算美式賣權與歐式賣權價格時，前者會高於後者。美式買權與美式賣權合約並沒有出現「對稱」的情況。

　　圖 7-15 與 7-16 的結果，是只利用 $n = 5$ 的二項式模型估計，若擴充至 $n = 500$，則利用二項式模型所得到美式買權與賣權價格的估計值分別約為 6.114 與 4.283，而歐式買權與賣權價格的估計值則分別約為 6.114 與 4.0734；顯然，因 $q = 0$，使得美式買權價格相當接近於歐式買權價格，但是美式賣權價格卻高於歐式賣權價格。利用相同假定，用 BAW 模型估計，可得美式買權與賣權價格的估計值分別約為 6.1165 與 4.285；另一方面，若用 BSAm93 模型計算，則分別約為 6.1165 與 4.2274。明顯地，上述三種模型估計值之間的差距並不大；換言之，不用複雜的模型，我們也可以利用二項式定價模型估計美式選擇權價格。

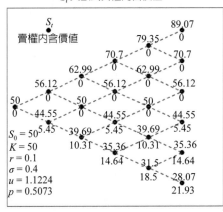
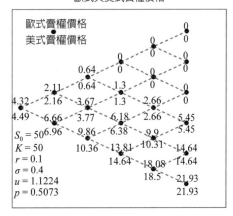

圖 7-16　歐式與美式賣權價格的樹狀圖

例 1 $q > 0$ 的情況

假定 $S_0 = K = 9,800$、$r = 0.04$、$q = 0.06$、$\sigma = 0.3$ 以及 $T = 1$，利用二項式模型，於 $n = 500$ 之下，可得出美式買權價格、歐式買權價格、美式賣權價格以及歐式賣權價格的估計值分別約為 1,050.97、1,020.245、1,208.182 以及 1,206.69。利用圖 7-2，我們可以解釋上述四個估計值之間的差距。也就是說，於 $q > r$ 之下，美式買權的持有人有可能會提前立即履約，故美式買權價格高於對應的歐式買權價格；同理，持有美式賣權的投資人未必會提前履約，故美式賣權價格接近於對應的歐式買權價格。我們也可以進一步繼續用 BAW 或 BSAm 模型估計，就 BSAm93 模型而言，其美式買權與賣權價格的估計值分別約為 1043.777 與 1207.56，其與上述二項式模型的估計值差異不大。

例 2 美式外匯選擇權

某外匯目前的匯率為 154.85（以本國幣表示）。假定目前距離以該外匯為標的資產的美式選擇權合約到期日尚有 35 天，該美式選擇權合約的買權與賣權履約價皆為 152。假定目前本國利率為 4.03%、外匯利率為 4.49% 以及該外匯的波動率為 11.95%，利用第 4 章 3.2.2 節所介紹的觀念，我們亦可以使用二項式模型估計該美式買權與賣權價格；換言之，可將外匯利率視為股利支付率，故上述已知條件相當於令 $S_0 = 154.85$、$K = 152$、$r = 0.0403$、$q = 0.0449$、$\sigma = 0.1195$ 以及 $T = 35/365$，於 $n = 500$ 之下，利用二項式模型可得出美式買權價格、歐式買權價格、美式賣權價格以及歐式賣權價格的估計值分別約為 3.919、3.9075、1.1365 以及 1.1365。我們可以看出上述買權價格（美式與歐式）的估計值相當接近，而賣權價格（美式與歐式）的估計值亦完全相同。利用 BAW 模型倒是可以解釋上述結果，即該模型美式買權與賣權的估計值分別約為 3.9147 與 1.1357，而對應的 S^a 與 S^{aa} 估計值則分別約為 164.5033 與 132.7983（即 $S_0 < S^a$ 與 $S_0 > S^{aa}$），顯然美式買權與賣權的持有人並不會立即履約，故歐式與美式價格的估計值相當接近。

例 3 美式期貨選擇權合約

考慮一種再 4 個月後就到期的美式指數期貨選擇權合約，假定目前期貨價格為 300，而該買權與賣權的履約價亦為 300；另外，目前無風險利率為 8%

以及期貨價格的波動率為 30%。由第 5 章 1.2.3 節的 Black 模型可知，相當於將目前期貨價格視為 S_0，而將連續的股利 q 以無風險利率取代，即可計算出歐式期貨選擇權合約價格。類似的觀念亦可應用於二項式模型內，即上述假定相當於令 $S_0 = 300$、$K = 300$、$r = q = 0.08$、$\sigma = 0.3$ 以及 $T = 4/12$；於 $n = 500$ 之下，利用二項式模型可得出美式與歐式買權價格皆約為 20.2555，而美式與歐式賣權價格的估計值則皆約為 20.1479。上述估計結果亦可以與 BSAm93 模型的估計值比較；有意思的是，後者的美式買權與賣權價格亦皆約為 20.2319。

> **例 4　百慕達選擇權**（Bermudan options）

　　二項式模型不僅可以計算歐式與美式選擇權價格，尚可以用於計算百慕達選擇權價格。百慕達選擇權合約是介於歐式與美式選擇權合約之間的選擇權合約，也就是說，百慕達選擇權合約的持有人只能於合約期限內的若干時點要求立即履約，故百慕達選擇權價格應介於歐式與美式選擇權價格之間。我們舉一個簡單的例子說明。假定一種百慕達賣權合約只能於期中與到期時履約，我們如何計算該百慕達賣權合約價格？當然，只要能於二元樹狀圖內找出可以立即履約的時點，再找出該時點的賣權內含價值與歐式賣權價格（後一時點價格期望值貼現值）的最大值，即可計算出該百慕達賣權合約價格。因此，反而百慕達選擇權價格較對應的美式選擇權價格的計算簡單。假定 $S_0 = K = 100$、$r = 0.1$、$q = 0$、$\sigma = 0.3$ 與 $T = 1$，令 $n = 4$（即從期初價格之後，二元樹狀圖內有 4 個時點）；若立即履約的頻率（frequency）等於 2，此相當於該百慕達賣權只能於期中與到期時履約，我們可以計算出該賣權的期初價格約為 7.4565，而對應的歐式賣權與美式賣權價格則分別約為 6.5029 與 7.9712。果然，百慕達賣權價格是介於歐式與美式賣權價格之間。可以參考所附的 R 指令，讀者應不難將其擴充至可以計算百慕達買權價格。

2.2 比例與間斷的股利支付

　　2.1 節是介紹於連續股利支付率的假定下，我們利用二項式模型估計美式選擇權價格的情況。現在我們來考慮其他的股利發放型態，圖 7-17 繪製出其中二種可能，其中左圖為標的資產有發放股利比例率為 δ 的股利（即股利為股價的 δ 比率），而右圖則發放固定金額為 D_{iv} 的股利，二種股利皆只有於 $t = \tau$ 期時發放。面對圖 7-17 的二種股利發放方式，我們如何計算選擇權價格？

　　當然最簡單的是左圖的情況，於圖內可看出樹狀圖內的除息日以及之後的股價皆向下移動 δ 比率，因此左圖內的樹狀圖可以想成是由二種樹狀圖所構成，其中之一的期初價格為 S_0，另一的期初價格則為 $S_0(1-\delta)$，我們只要知道 $t=\tau$ 期位於樹狀圖內的何處，再合併上述二種樹狀圖即可計算出選擇權價格。我們舉一個例子說明。假定 $S_0 = 50$、$K = 50$、$r = 0.1$、$T = 1$、$\sigma = 0.4$、$\tau = 0.5$ 以及 $\delta = 0.05$，利用上述「合併的」二項式模型，我們可以先繪製出 S_t 之樹狀圖如圖 7-18 所示。

於 $t=\tau$ 時點支付固定的股利率 δ　　　　於 $t=\tau$ 時點支付固定的股利 d

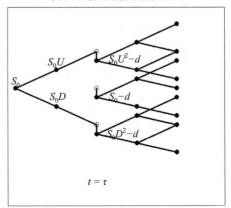

圖 7-17　某一時點支付固定的股利率 δ 或股利 $d = D_{iv}$

S_t（股利支付之前）　　　　　　　S_t（股利支付之後）

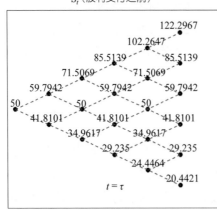
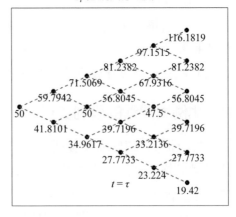

圖 7-18　S_t 之樹狀圖（比例之股利支付率）

　　利用上述假定，圖 7-18 繪製出 $n = 5$ 之下 S_t 的樹狀圖，其中左圖是繪製沒有股利支付而右圖則是支付 $\delta = 0.05$ 比率股利支付後的樹狀圖。比較左右二圖的差距，自然可以發現於除息日 $\tau = 0.5$ 當天，股價下降 δ 的情況。例如：於 S_0U^2 節點（node）處，股價上升至 85.5139（左圖），除息後股價跌至 81.2382（右圖）；其餘各點的情況，可以類推。利用圖 7-18 內 S_t 的樹狀圖，我們進一步估計對應的美式與歐式買權價格與賣權價格，其結果就繪製於圖 7-19，從圖內可看出美式與歐式買權價格相當接近，而美式與歐式賣權價格則差異較為明顯。因此，透過圖 7-18 與 7-19，利用二項式模型，我們亦可估計股利支付率為「比率」的情況。

　　比較麻煩的是圖 7-17 右圖內的結果，於圖內可以看出於 $t = \tau$ 期時發放 D_{iv} 金額的股利，除息日之後股價的樹狀圖形狀已經改變；也就是說，若股利是以固定金額表示時，此時二元樹狀圖的「節點」數目已經增多了。Hull[12] 提供一個方法以解決上述節點過多的情況；也就是說，就股價而言，我們可以拆成二部分來看，其中之一是屬於不確定的部分以 S^* 表示，另一部分則為股利的現值。假定於合約期限內，標的資產只於 $t = \tau$ 期時發放股利，其中 $k\Delta t \leq \tau \leq (k + 1) \leq \Delta t$，則 S^* 可為：

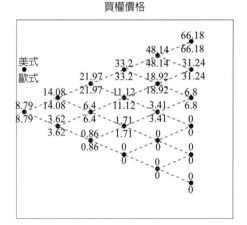

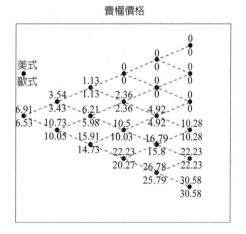

圖 7-19　利用圖 7-18 內的資訊計算美式與歐式選擇權價格

---

[12] Hull, J.C. (2012), *Options, Futures, and Other Derivatives*, Prentice Hall.

$$S^* = \begin{cases} S & i\Delta t > \tau \\ S - de^{-r(\tau - i\Delta t)} & i\Delta t \leq \tau \end{cases}$$

若 σ^* 表示 S^* 的波動率，假定 σ^* 為固定數值且等於 σ，其中後者為 S 的波動率。二項式模型內的參數 p、U 與 D 的計算（第 4 章），當然需改成用 σ^* 取代 σ[13]；我們可以先用 S_0^* 建構一個樹狀圖，然後再於 $i\Delta t$ 時點加上股利的現值，如此構成一種新的樹狀圖，即後者每一時點的價格為：

$$S_0^* U^j D^{j-1} + D_{iv} e^{-r(\tau - i\Delta t)} \qquad j = 0,1,\cdots,i \qquad （7\text{-}23）$$

利用新的樹狀圖，自然可以計算出不同的選擇權價格。

我們使用 Hull 的例子說明上述的情況，假定 $S_0 = 52$、$K = 50$、$r = 0.1$、$\sigma = 0.4$、$T = 5/12$、$\tau = 0.2917$ 以及 $D_{iv} = 2.06$。如前所述，我們可以先計算出 $S_0^* = S_0 - D_{iv} e^{-r\tau} \approx 50$，並以此建構樹狀圖，其結果就如圖 7-20 內的左圖所示。接下來，利用該圖以及（7-23）式，即可繪製新的樹狀圖（右圖），比較左右

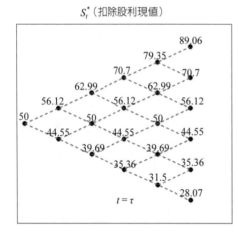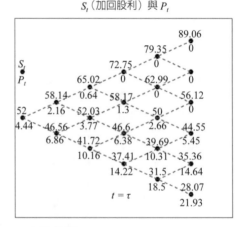

圖 7-20　使用 Hull 方法估計

---

[13] 事實上，σ^* 會大於 σ (Hull, 2002)；也就是說，股利的考慮會影響原來的波動率，有關於間斷股利（模型）的考量，本書並未進一步探討，有興趣的讀者可參考 Haug, E. G. (2006), *The Complete Guide to Option Pricing Formulas*, second edition, McGraw-Hill.

二圖，就可看出考慮間斷的股利支付後，標的資產價格的變化。例如：比較圖 7-20 內 S_t^* 與 S_t 的走勢，可看出雖說 $t = 0$ 期是不相同的，不過於 $t = \tau$ 期之後，二者的走勢卻是相同的。利用新的樹狀圖（右圖），即可計算出美式賣權價格。

最後，於 $n = 100$ 下美式賣權與歐式賣權價格分別約為 4.2115 與 4.0636。有意思的是，若不使用 Hull 的方法，用 S_0^* 取代 S_0 所計算出的美式賣權與歐式賣權價格則分別約為 4.2784 與 4.0636；也就是說，於此例子內，使用 Hull 方法所計算出的美式賣權價格低於使用 EDM 的價格，不過就歐式賣權而言，二種方法的結果卻是相同的。

例 1　使用 AmericanCallOpt 程式套件

事實上，我們可以利用 AmericanCallOpt 程式套件內的指令，計算股利支付率為標的資產價格比例的美式買權價格，我們不難將其擴充至可以計算美式賣權價格以及歐式選擇權價格的情況。例如：利用圖 7-18 內的假定，於 $n = 250$ 之下，可估計美式買權價格、歐式買權價格、美式賣權價格以及歐式賣權價格分別約為 8.664、8.5263、6.8658 與 6.2682。

例 2　RGM 模型

我們是用二項式模型來得出圖 7-20 的結果，其實間斷的股利支付模型亦有明確的數學公式，不過此只侷限於美式買權價格的決定。RGM 模型的特色應該是提出一種方式來處理間斷的股利支付[14]。倘若標的資產只於第 $t = \tau$ 期發放股利 D，其中 $\tau < T$，則 RGM 所提出的美式買權價格公式可以寫成：

$$C_0 = (S_0 - De^{-r\tau})N(b_1) + (S_0 - De^{-r\tau})M\left(a_1, b_1; -\sqrt{\frac{\tau}{T}}\right)$$

$$-Ke^{-rT}M\left(a_2, b_2; -\sqrt{\frac{\tau}{T}}\right) - (K - D)e^{-r\tau}N(b_2)$$

（7-24）

---

[14] RGM 模型是指由 Ross、Geske 與 Whaley 三人所發展出的模型，（7-24）式取自 Haug (2006)。RGM 模型存在不少的缺失，此處我們並未進一步探討上述缺失，有興趣的讀者可參考 Haug (2006)，同註 13。

其中

$$a_1 = \frac{\log\left[\dfrac{S_0 - De^{-r\tau}}{K}\right] + (r + \sigma^2/2)T}{\sigma\sqrt{T}}, \quad a_2 = a_1 - \sigma\sqrt{T}$$

$$b_1 = \frac{\log\left[\dfrac{S_0 - De^{-r\tau}}{I}\right] + (r + \sigma^2/2)\tau}{\sigma\sqrt{\tau}}, \quad b_2 = b_1 - \sigma\sqrt{\tau}$$

於（7-12）式內，$M(a, b; \rho)$ 表示上限值分別為 a 與 b 而相關係數為 ρ 的二元變數常態分配的 CDF。

　　直覺而言，倘若標的資產只於第 τ 期發放股利 D，則除息後的買權價格（即 τ 至 T 期間）應可以用 BSM 公式計算，畢竟至合約到期前不會再有股利的發放。倘若我們有考慮到於除息前提前履約，此時應會比較提前履約與不提前履約的價值；換言之，除息前提前履約可得含息價格減履約價的價值，而不提前履約的價格為歐式買權價格，故存在一個臨界價格 I 使得提前履約與不提前履約的價值相等，即 $I + D - K = c$，其中 c 表示利用除息價格所計算的 BSM 買權價格。直覺而言，若 $I = \infty$ 或是 $D \leq K[1 - e^{-r(T-\tau)}]$，則提前履約並不是一種最適的情況，故 RGM 模型提出一個類似於 BSM 公式的做法，其中標的資產價格是以該價格減去股利的現值取代。

　　因此，RGM 模型的最大貢獻是提出一個完整的數學式子如（7-24）式所示。當然，（7-24）式比 BSM 公式複雜，但是（7-24）式的特色卻是於風險中立的情況下，用於計算有可能會提前履約的美式買權價格；另一方面，RGM 模型是可以繼續推廣至合約期限內發放一次以上的股利，此時當然需要使用多元變數常態分配的 CDF[15]。

　　假定 $S_0 = 80$、$K = 82$、$r = 0.06$、$D = 4$、$\tau = 0.25$、$\sigma = 0.3$ 以及 $T = 4/12$，利用（7-12）式，我們可以計算該美式買權價格約為 4.386；另一方面，$S_0 =$

---

[15] 於所附的 R 指令內，我們有使用到多元變數常態分配的 CDF，後者是利用 mvtnorm 程式套件，可以參考 1.2.2 節的例 1。

80 用 $S_0^a = S_0 - De^{-rt} \approx 76.06$ 取代，可以計算出 BSM 的歐式買權價格約為 3.51，顯然美式買權價格大於對應的歐式買權價格。利用圖 7-20 的 Hull 方法，於 $n = 500$ 之下，可估計美式買權價格、歐式買權價格、美式賣權價格以及歐式賣權價格分別約為 4.3858、3.5105、7.988 與 7.8272。顯然，利用 Hull 的方法，不僅可以得出與 RGM 相同的結果之外，尚可以計算其他的選擇權價格。

2.3 三元樹狀圖

正如二元樹狀圖內的（標的資產）價格於每一時點有上升與下降二種可能；顧名思義，三元樹狀圖則強調未來價格有上、中與下三種可能。雖然第 4 章我們強調二項式模型因只需要二種資產就可複製出選擇權價格，顯示出二項式模型是一種經濟有效的模型；不過，就估計選擇權價格的速度或準確度而言，二項式模型可能不如三項式（定價）模型。直覺而言，可以參考圖 7-21，三元樹狀圖於價格平面上的「緊密度」超過對應的二元樹狀圖，有可能能更準確地估計到選擇權的價格。

其實三項式模型是一種有效估計歐式或美式選擇權價格的模型，該模型是由 Boyle（1986）[16] 所提出，其三元樹狀圖的建構非常類似於二元樹狀圖，只不過前者比後者多考慮了一項價格的變動。例如：圖 7-22 的樹狀圖相當於將圖 7-21 內的虛線（長方形）放大；也就是說，若將圖 7-21 內每一時點價格的變動放大，其結果就非常類似於圖 7-22。

我們可以將圖 7-22 內的一步樹狀圖寫成以更一般化的型式表示：

$$S_{t+\Delta t} = \begin{cases} S_t u & \pi_u \\ S_t m & \pi_m = 1 - \pi_u - \pi_d \\ S_t d & \pi_d \end{cases} \qquad (7\text{-}25)$$

換言之，三項式模型除了仍延續二項式模型分別以 π_u 與 π_d 表示向上與向下的機率外，其亦多考慮了一項不變因子 m，而其對應的機率為 $\pi_m = 1 - \pi_u - \pi_d$；值得注意的是，此處的機率是指風險中立的機率。類似於二項式模型，利用風

---

[16] Boyle, P.P. (1986), "Option valuing using a three jump process", *Internal Option Journals*, 3, 7-12.

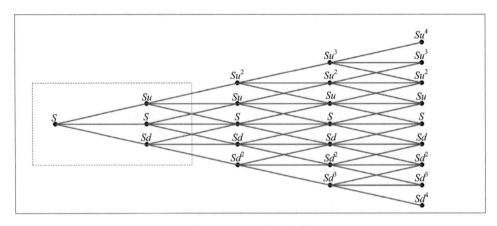

圖 7-21 三元樹狀圖

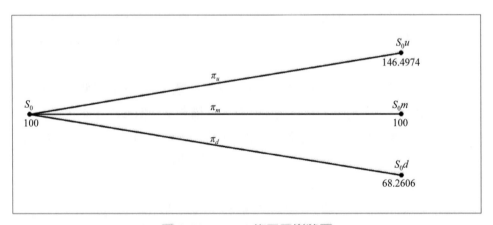

圖 7-22 $n = 1$ 的三元樹狀圖

險中立的機率，可知無風險套利的條件為：

$$S_t = e^{-r\Delta t}(\pi_u S_t u + \pi_m S_t m + \pi_d S_t d)$$ （7-26）

其中 r 表示無風險利率。因此，透過（7-26）式的性質，我們也可以使用逆推法，計算選擇權的價格。

為了避免三元樹狀圖內有過多的節點，即樹狀圖內的價格節點未必重疊（non-recombining）如圖 7-17 的右圖所示，Boyle 建議採用下列的設定方式，即：

$$u = e^{\sigma\sqrt{2\Delta t}} \text{、} u = e^{-\sigma\sqrt{2\Delta t}} \text{與 } m = 1 \tag{7-27}$$

其中對應的（風險中立）機率則為：

$$\pi_u = \left(\frac{e^{\frac{(r-q)\Delta t}{2}} - e^{-\sigma\sqrt{\frac{\Delta t}{2}}}}{e^{\sigma\sqrt{\frac{\Delta t}{2}}} - e^{-\sigma\sqrt{\frac{\Delta t}{2}}}} \right)^2 \text{、} \pi_d = \left(\frac{e^{\sigma\sqrt{\frac{\Delta t}{2}}} - e^{\frac{(r-q)\Delta t}{2}}}{e^{\sigma\sqrt{\frac{\Delta t}{2}}} - e^{-\sigma\sqrt{\frac{\Delta t}{2}}}} \right)^2 \text{與 } \pi_m = 1 - \pi_u - \pi_d \tag{7-28}$$

其中 σ 與 q 分別表示（S_t）波動率與連續的股利支付率。我們舉一個例子說明。令 $S_0 = 100$、$r = 0.1$、$q = 0.05$、$\sigma = 0.27$ 以及 $T = 1$。先考慮一個簡單的情況，即 $\Delta t = T/n$，其中 $n = 1$，故此相當於考慮圖 7-22 的情況；換言之，利用上述假定以及（7-27）～（7-28）二式，可以分別得出 $S_0 u$ 與 $S_0 d$ 分別約為 146.4974 與 68.2606，而對應的機率值則分別約為 0.2685 與 0.232，其中 p_m 的估計值約為 0.4993。將上述的計算結果代入（7-26）式，可以「還原」S_0 約為 95.1229，不過因使用連續的股利支付率，按照 EDM，S_0 須調整為 $S_0 e^{-qT} \approx$ 95.1229；換言之，若假定 $q = 0$ 或 n 值變大，透過（7-26）式，應可以還原為 S_0。因此，類似於二項式模型的逆推法，我們應也可以利用三項式模型計算選擇權的價格。

延續上述假定，我們考慮一種履約價 $K = 110$ 的美式買權合約，於 $n = 4$ 的情況下，我們不難得出類似於圖 7-21 的三元樹狀圖，其結果就繪製於圖 7-22。於該圖內，黑點的上方與下方分別表示標的資產價格與買權價格；有意思的是，因採用 Boyle 的設定方式，即多了一種標的資產價格的不變因子，此相當於 $u = 1/d$，使得我們檢視圖 7-21 或 7-22 內的樹狀圖時，會發現每一時點相同列的標的資產皆相同，但是對應的買權價格卻未必會相同。利用圖 7-22 內的樹狀圖，讀者可以檢視看看逆推法是否成立。

我們可以進一步比較三項式模型與其他模型的估計結果。若美式與歐式選擇權的條件皆相同，利用圖 7-23 內的假定，於 $n = 250$ 之下，使用三項式模型分別估計美式買權價格、歐式買權價格、美式賣權價格以及歐式賣權價格，其結果則分別約為 8.3896、8.3895、14.1598 與 12.7986。若改用二項式模型估計，則分別約為 8.3954、8.3952、14.1654 與 12.8044。比較上述結果，可以發現雖然二模型的估計值不分軒輊，不過卻存在著以三項式模型取代二項式模型

的可能性。

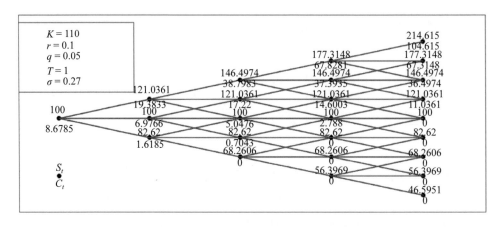

$K = 110$
$r = 0.1$
$q = 0.05$
$T = 1$
$\sigma = 0.27$

圖 7-23　$n = 4$ 之美式買權的三元樹狀圖

例 1　**以三項式模型估計歐式買權與賣權價格**

　　利用圖 7-23 內的假定，我們先以 BSM 模型計算出歐式買權與賣權價格分別約為 8.3931 與 12.8023，然後再於不同的 n 之下，分別以三項式與二項式模型估計上述歐式買權與賣權價格。圖 7-24 分別繪製出不同的三項式與二項式模型估計值與 BSM 模型的計算值之間的差距，結果從圖內可看出，相對於二項式模型而言，以三項式模型估計 BSM 模型的誤差不僅較小，且波動幅度也

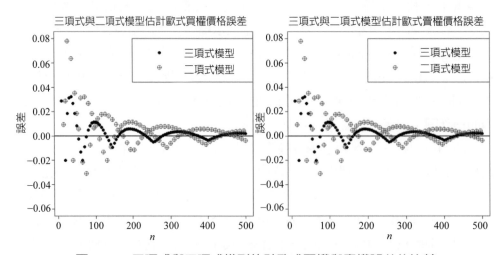

圖 7-24　三項式與二項式模型估計歐式買權與賣權誤差的比較

較平穩。

例2 三項式模型優於二項式模型？

　　由例1內可知，就歐式買權與賣權價格的估計值而言，三項式模型優於二項式模型。現在我們來看美式買權與賣權價格的估計。不像歐式選擇權價格有明確的數學模型，此處我們以 BSAm02 模型的估計值來表示美式買權與賣權價格的指標，然後再分別以三項式與二項式模型估計美式買權與賣權價格（利用圖 7-24 內的假定），其結果就繪製於圖 7-25。圖 7-25 的結果非常類似於圖 7-24，仍是顯示出三項式模型的估計優於二項式模型。雖說如此，圖 7-25 內的右圖，顯示出估計美式選擇權價格的無奈，因為若 BSAm02 模型是正確的話，則三項式或二項式模型的估計值仍存在著誤差；相反地，若三項式或二項式模型是正確的話，則用 BSAm02 模型估計，豈不是表示用該模型來估計美式選擇權價格仍存在著誤差？圖內只顯示出美式賣權價格估計的不確定性，若改用其他的假定，也許也可以得到美式買權價格估計的困難度，讀者可以試試。

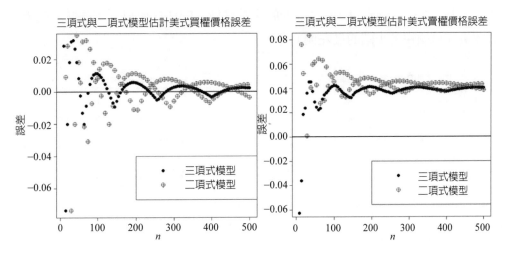

圖 7-25　三項式與二項式模型估計美式買權與賣權誤差的比較

例3 估計 Delta 值

第 6 章的 1.2 節，我們曾經利用數值微分的方式計算選擇權合約的 Delta 與 Gamma 值，此處自然也可以利用三項式模型計算選擇權的避險參數值；換言之，第 6 章的（6-1a）式亦可改寫成：

$$\frac{\partial f}{\partial S} = \frac{f(S_0 + \Delta S) - f(S_0 - \Delta S)}{2\Delta S}$$（7-29）

其中 $f(\cdot)$ 表示選擇權價格而 ΔS 表示標的資產價格的變動。仍利用圖 7-23 內的假定，我們考慮 $\Delta S \to 0$，利用（7-29）式以及使用二項式與三項式模型，可分別得到歐式與美式選擇權合約的 Delta 估計值，其結果就繪製於圖 7-26。於圖內可看出，除了美式賣權的 Delta 估計值（右下圖以二項式模型估計），相對上變化較大之外，其餘的估計值則較為穩定。若使用 BSM 模型估計歐式買權與賣權的 Delta 值，其值分別約為 0.4632 與 -0.4881；不過，若使用三項式與二項式模型估計，於 $\Delta S = 1e-08$ 之下，則分別約為 0.4784 與 -0.4728 以及 0.4773 與 -0.4740，似乎以二項式模型的估計值較為接近於「真實值」。雖說如此，圖 7-26 的各圖亦顯示出接近於「真實值」的估計值以「鋸齒狀」的方式收斂（可檢視各小圖的最左側）。

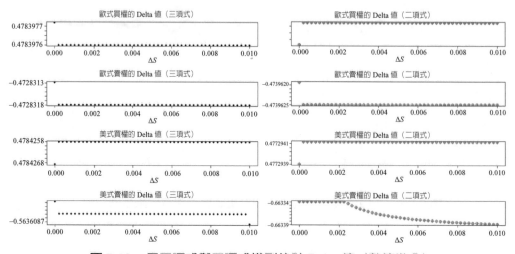

圖 7-26　用三項式與二項式模型估計 Delta 值（數值微分）

例 4　估計 Gamma 值

　　續例 3，我們也可以利用三項式模型價格的估計值估計對應的 Gamma 值，即第 6 章的（6-7）式亦可改寫成：

$$\frac{\partial^2 f}{\partial S^2} = \frac{f(S_0 + \Delta S) + f(S_0 - \Delta S) - 2f(S_0)}{\Delta S^2} \tag{7-30}$$

　　因此，利用圖 7-23 內的假定與（7-30）式，圖 7-27 分別繪製出不同的 ΔS 值之下，二項式與三項式模型估計歐式與美式選擇權的 Gamma 值。不同的 ΔS 值之下，我們從圖內可看出二項式與三項式模型估計值變化的情況，其中三項式模型的估計值收斂較爲穩定（上圖），但是二項式模型的估計值除了美式賣權之外（右下圖），其餘則呈現出收斂不安定的情況 [17]。因歐式買權與賣權的 Gamma 值相等，故圖 7-27 內並沒有列出歐式賣權的情況；有意思的是，美式買權與賣權的 Gamma 值並未必相同，可以參考右四小圖。

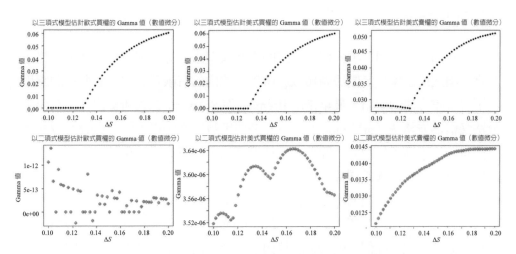

圖 7-27　用二項式與三項式模型估計歐式與美式選擇權的 Gamma 值

---

[17] 可注意圖 7-26 與 7-27 內橫軸的尺度，即由右至左表示 $\Delta S \to 0$。

例 5 **三項式模型的其他設定方式**

（7-27）與（7-28）二式的設定方式是 Boyle 根據 CRR 模型而來，其實三項式模型亦有其他的設定方式。例如：Hull（同註 12）亦提供一種三項式模型的設定方式，其可寫成：

$$u = e^{\sigma\sqrt{3\Delta t}} \text{、} d = 1/u \text{、}$$

$$p_d = -\sqrt{\frac{\Delta t}{12\sigma^2}}\left(r - q - \frac{\sigma^2}{2}\right) + \frac{1}{6} \text{、} \quad p_m = \frac{2}{3} \text{ 與 } p_d = \sqrt{\frac{\Delta t}{12\sigma^2}}\left(r - q - \frac{\sigma^2}{2}\right) + \frac{1}{6}$$

是故，仍用圖 7-23 內的假定，於 $n = 250$ 之下，利用 Hull 的方法，估計美式買權與賣權價格分別約為 8.3936 與 14.159；上述結果與前述利用 Boyle 方法的估計值差異不大。

3. 有限差分法

第 2 節我們利用二項式與三項式的樹狀模型來計算美式買權與賣權價格，其實二項式或三項式定價法頗類似於數值方法內的有限差分法。於財務的應用上，有限差分法的使用，最早是由 Brennan 與 Schwartz 二人所提出[18]。有限差分法又稱為方格法（grid models），其是利用數值方法以求解偏微分方程式。有限差分法不僅可以用於計算歐式選擇權價格，同時亦可以用於計算美式選擇權價格或其他的奇異選擇權價格。

直覺而言，一方面偏微分方程式內的（偏）微分式子若以數值微分的方式取代，另一方面模仿二項式或三項式模型的逆推法，根據不同選擇權價格模型的偏微分方程式，我們不就可以計算出該選擇權的價格嗎？因此，有限差分法的觀念與計算方式，我們應該不會覺得陌生。底下，列出有限差分法的計算過程：

---

[18] Brennan, M.J. and Schwartz, E.S. (1978), "Finite difference methods and jump processes arising in the pricing of contingent claims: a synthesis", *Journal of Financial and Quantitative Analysis*, 13 (3), 461-464.

(1) 建立一個方格，其中橫軸表示時間而縱軸表示價格。

(2) 有限差分法係利用數值微分的方式，而於上述方格內估計對應的偏微分方程式。

(3) 如同二項式模型的樹狀圖，有限差分法亦從方格的最右側（到期）往左逆推至最左側（期初）。

(4) 當然，不同的數值微分方法，有不同的逆推方式。

3.1 顯式有限差分法

　　於尚未介紹之前，我們先來看如何設計一個方格。假定我們面對的是一種到期日為 T 的歐式選擇權合約，可以先將時間區間 $[0, T]$ 分成 n 個相同寬度的小區間，即 $T = n\Delta t$；因此，我們總共有 $n + 1$ 個時段，即 $t_i = i\Delta t$，$i = 0,1,2,\cdots,$ n。另一方面，我們先找出標的資產價格 S_t（$t \in [0,T]$）的上下限區間值 $[S_{min},$ $S_{max}]$，然後再將上下限區間值內分成 m 個相同長度，即 $\Delta S = (S_{max} - S_{min}) / m$ 表示每段時間價格的增量。因此，標的資產價格亦可以用 $x_j = S_{min} + j\Delta S$ 表示，其中 $j = 0,1,2,\cdots, m$。如此，於方格內，總共可劃出有 $(n + 1) \times (m + 1)$ 個點。例如：圖 7-28 繪製出 $S_{min} = 0$、$S_{max} = 60$、$n = 10$、$n = 6$ 以及 $T = 1$ 的一個方格，而方格內的一點可依 (i, j) 表示。換句話說，於圖內，從縱軸與橫軸的座標可以分別看出標的資產價格以及對應的時間點；也就是說，假定履約價 K 介於 S_{min} 與 S_{max} 之間，若 $f_{i, j+1}$ 表示 $t_i = i\Delta t$ 與 $S_{j+1} = x_{j+1}$ 的買權或賣權價格，我們自然可以從圖內找到對應的點。換言之，上述買權或賣權價格可以寫成：

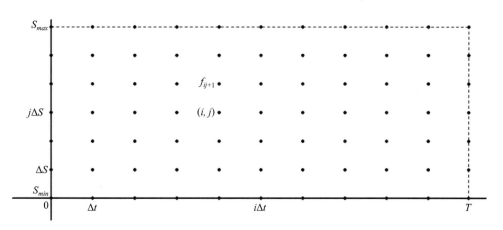

圖 7-28　繪製一個方格

$$f_{i,j+1} = f(t_i, x_{j+1}) = f[i\Delta t, S_{\min} + (j+1)\Delta S], \quad i = 0,1,2,\cdots, n, \quad j = 0,1,2,\cdots, m$$

當然，我們也可以再繼續擴大上述的 n 與 m 值，如此自然可以提高方格內各點的緊密度，如圖 7-29 所示。

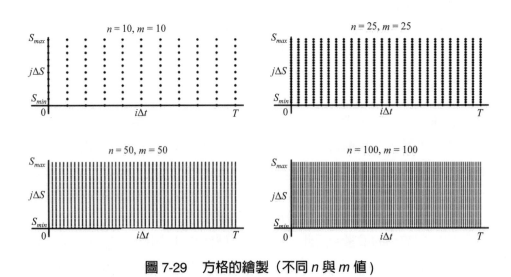

圖 7-29　方格的繪製（不同 n 與 m 值）

首先我們介紹顯式有限差分法（explicit finite difference method）。如前所述，有限差分法就是以數值方法估計偏微分方程式。利用（7-12）式，BSM 模型內歐式買權或賣權價格的偏微分方程式可以寫成：

$$\frac{\partial f}{\partial t} + (r-q)S\frac{\partial f}{\partial S} + \frac{1}{2}\sigma^2 S^2 \frac{\partial^2 f}{\partial S^2} = rf \tag{7-31}$$

如前所述，我們可以用數值微分的估計方式取代（7-31）式內的偏微分，即：

$$\frac{\partial f}{\partial S} = \frac{f_{i,j+1} - f_{i,j-1}}{2\Delta S} \tag{7-32}$$

（7-32）式可稱為中心差分估計（centered difference approximation）。其次，為了取得二階偏微分的數值微分，我們仍須使用二種數值微分，其中之一稱為前向差分估計（forward difference approximation），即：

$$\frac{\partial f}{\partial S} = \frac{f_{i,j+1} - f_{i,j}}{\Delta S} \tag{7-33}$$

另外一種則稱爲後向差分估計（backward difference approximation），即：

$$\frac{\partial f}{\partial S} = \frac{f_{i,j} - f_{i,j-1}}{\Delta S} \tag{7-34}$$

利用（7-33）與（7-34）二式，可得：

$$\frac{\partial^2 f}{\partial S^2} = \frac{\dfrac{f_{i+1,j} - f_{i,j}}{\Delta S} - \dfrac{f_{i,j} - f_{i,j-1}}{\Delta S}}{\Delta S} = \frac{f_{i,j+1} + f_{i,j-1} - 2f_{i,j}}{\Delta S^2} \tag{7-35}$$

最後，我們使用前向差分估計取代時間微分，即：

$$\frac{\partial f}{\partial t} = \frac{f_{i+1,j} - f_{i,j}}{\Delta t} \tag{7-36}$$

將（7-32）、（7-35）與（7-36）三式代入（7-31）式內，可得：

$$\frac{f_{i+1,j} - f_{i,j}}{\Delta t} + (r-q)j\Delta S \frac{f_{i,j+1} - f_{i,j-1}}{2\Delta S} + \frac{1}{2}\sigma^2 (j\Delta S)^2 \frac{f_{i,j+1} + f_{i,j-1} - 2f_{i,j}}{\Delta S^2} = rf_{i,j} \tag{7-37}$$

整理後，(7-37）式亦可寫成：

$$f_{i,j} = a_j f_{i+1,j-1} + b_j f_{i+1,j} + c_j f_{i+1,j+1} \tag{7-38}$$

其中

$$a_j = \frac{1}{1+r\Delta t}\left[-\frac{1}{2}(r-q)j\Delta t + \frac{1}{2}\sigma^2 j^2 \Delta t\right]$$

$$b_j = \frac{1}{1+r\Delta t}\left(1-\sigma^2 j^2 \Delta t\right)$$

$$c_j = \frac{1}{1+r\Delta t}\left[\frac{1}{2}(r-q)j\Delta t + \frac{1}{2}\sigma^2 j^2 \Delta t\right]$$

從（7-38）式可以看出顯式有限差分法的定價方式，即三個未來值 $f_{i+1,\,j+1}$、$f_{i+1,\,j}$ 以及 $f_{i+1,\,j-1}$ 可決定 $f_{i,\,j}$ 的價值，可以參考圖 7-30。當然，我們的興趣在於期初該選擇權於 S_0 下的價格，因此可以透過逆轉法計算而得。有意思的是，除了事先可以知道圖 7-30 內方格的右邊界（即到期）選擇權價值（包含美式選擇權）之外，我們亦可以得到該選擇權於方格內上下邊界的性質。例如：依直覺而言，於 $S = S_{max}$ 處可知 $\partial c/\partial S = \partial C/\partial S = 1$ 以及 $\partial p/\partial S = \partial P/\partial S = 0$，而於 $S = S_{min}$ 處則可得 $\partial c/\partial S = \partial C/\partial S = 0$ 與 $\partial p/\partial S = \partial P/\partial S = -1$；另一方面，就美式賣權而言，若 $S = S_{max}$，則 $P = 0$，而若 $S = S_{min}$，則 $P = K$。

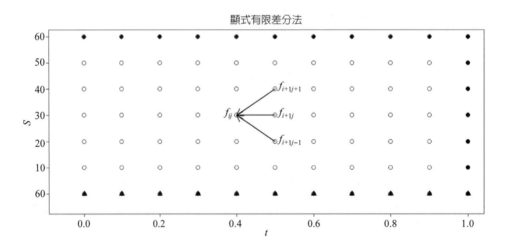

圖 7-30　顯式有限差分法之定價（$S_{min} = 0$、$S_{max} = 60$ 以及 $T = 1$）

上述美式賣權的性質，提醒我們不需要再額外找出美式選擇權的偏微分方程式，而以（7-37）式取代即可；也就是說，透過顯式有限差分法，我們可以事先計算出（7-37）式於方格內各點的歐式買權或賣權價格，然後再逐一比較提前履約價值與各點價格，並以前者取代後者的可能性。我們先舉一個簡單的例子說明。假定 $S_0 = K = 40$、$r = 0.1$、$q = 0.09$、$\sigma = 0.3$、$T = 1$、$S_{max} = 2S_0$、$S_{min} = 0$ 以及 $n = m = 10$，利用顯式有限差分法，我們可以計算美式賣權價格如圖 7-31 內的方格所示。

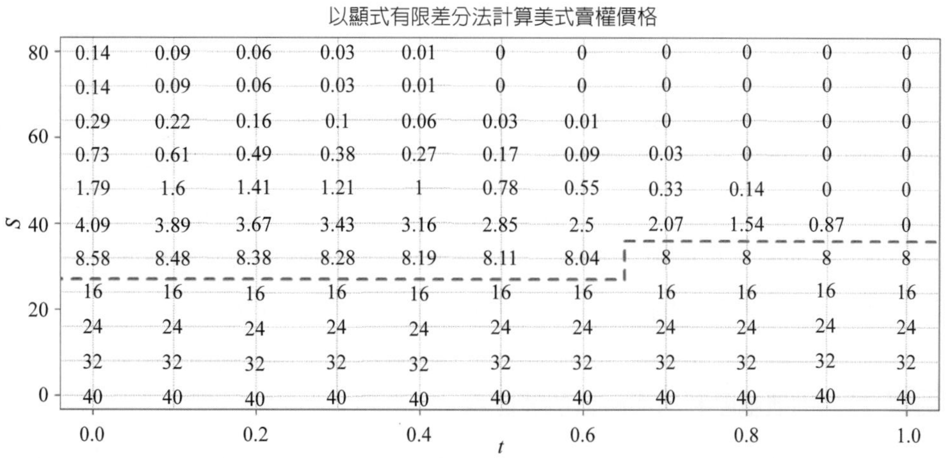

以顯式有限差分法計算美式賣權價格

圖 7-31　以顯式有限差分法計算美式賣權價格

　　應該不用多提醒，圖 7-31 內方格虛線以下，可以看出美式賣權合約於各時點以提前立即履約價值取代歐式賣權價格；不過，上述虛線只是依直覺繪製，讀者自然可以試著逐一比較。因此，從圖內可看出，於上述的假定下，該美式賣權的期初價格約為 4.09。若保留上述的假定，令 $n = 500$ 以及 $m = 80$，使用顯式有限差分法分別計算歐式買權價格、歐式賣權價格、美式買權價格以及美式賣權價格，其分別約為 4.5201、4.1552、4.594 以及 4.2994；另一方面，以 BSM 公式分別計算歐式買權與歐式賣權合約價格則分別約為 4.5215 與 4.1577。因此，就歐式選擇權合約價格而言，顯式有限差分法倒也提供一個簡易的計算方式。

　　就美式買權與賣權價格而言，我們另以二項式模型估計，於 $n = 500$ 之下，可得出二價格分別約為 4.5946 與 4.3005，該結果亦與上述利用顯式有限差分法的估計值差距不大；是故，我們又得出一種方法可以估計美式選擇權價格。

　　若比較（7-26）與（7-38）二式，可以發現三項式模型與顯式有限差分法有些類似，畢竟二方法皆是利用下一期的三種價格計算本期的價格，此處我們不打算深入比較二方法之間的關係，而以下列的例子說明上述二方法還是有差別的。於底下的例子內，可以注意若稍不留意而單獨只使用一種方法計算，可能會有偏差。

例 1　顯式有限差分法的估計值並不穩定

　　顯式有限差分法的估計值並不穩定，我們舉一個例子說明。利用圖 7-32 內的假定，我們以 $n = 500$ 以及 $m = 100$ 估計歐式買權價格、歐式賣權價格、美式買權價格以及美式賣權價格，其結果竟分別約為 $-5.85\mathrm{e}{+}134$、$-1.43\mathrm{e}{+}110$、4.5954 以及 $3.51\mathrm{e}{+}61$。換言之，於我們的例子內，m 值最多不應超過 80，否則就容易出現「奇怪」的估計值；相反地，於 $n = 250$ 下，三項式模型的估計值則分別約為 4.5193、4.1556、4.5945 與 4.3001。

例 2　較高的無風險利率與較低的波動率

　　續例 1，若改用 $r = 0.5$、$q = 0$ 與 $\sigma = 0.1$，於 $n = 100$ 以及 $m = 10$ 之下，以顯式有限差分法估計歐式買權價格、歐式賣權價格、美式買權價格以及美式賣權價格，其結果分別約為 15.417、-0.2862、15.417 以及 0，其中 a_5、b_5 與 c_5 的估計值分別約為 -0.0113、0.9775 以及 0.0138；至於用三項式模型（$n = 100$）估計上述價格則分別約為 15.7388、0、15.7388 以及 0.1281，其中 π_u、π_m 與 π_d 的估計值分別約為 0.4559、0.4386 與 0.1055。若用 BSM 模型估計歐式買權與賣權價格則分別約為 15.7388 與 0，而若用 BAW 模型估計美式買權與賣權價格則分別約為 15.7388 與 0.1443。至於若用 BSAm 模型估計，其結果則與 BSM 模型的估計結果相同。

　　上述的例子說明若遇到了無風險利率較高與波動率較低的情況時，我們應注意顯式有限差分法的使用，因為其有可能會得出負數的 a_j、b_j 與 c_j 估計值；另一方面，我們從上述例子可以看出 a_j、b_j 與 c_j 的角色頗類似於「機率值」，因其估計值的總和為 1。畢竟 a_j、b_j 與 c_j 並不是真正的機率值，因此若有負數的估計值出現，我們倒也可以接受，不過此時用於選擇權價格的估計應該就會有偏差，我們從上述例子內就可以看出利用顯式有限差分法估計歐式賣權價格竟會出現負數的估計值，不過若改用 $m = 50$，上述的負數就會趨近於 0。因此，由此例可以看出使用數值方法的缺點。

例 3　較低的波動率

　　假定 $S_0 = K = 30$、$r = 0.02$、$q = 0.01$、$T = 1$ 以及 $\sigma = 0.02$。於 $n = 250$ 以及 $m = 50$ 之下，以顯式有限差分法估計歐式買權價格、歐式賣權價格、美式

買權價格以及美式賣權價格,其結果分別約為 0.1808、0、0.2955 以及 0,其中 a_5、b_5 與 c_5 的估計值分別約為 −8e−0.5、1 以及 0.0001;至於用三項式模型($n = 100$)估計上述價格則分別約為 0.4123、0.1168、0.4123 以及 0.1168,其中 π_u、π_m 與 π_d 的估計值分別約為 0.2671、0.2335 與 0.4994。若用 BSM 模型估計歐式買權與賣權價格則分別約為 0.4124 與 0.1169;若用 BSAm02 模型估計美式買權與賣權價格則分別約為 0.4124 與 0.1457。

　　上述假定易出現於外匯選擇權合約上,因外匯的波動率通常並不大;使用顯式有限差分法估計賣權價格容易有偏誤。

例 4　高的無風險利率

　　續例 3,若改用 $r = 0.6$ 與 $q = 0.3$,於 $n = 50$ 以及 $m = 50$ 之下,以顯式有限差分法估計歐式買權價格、歐式賣權價格、美式買權價格以及美式賣權價格,其結果分別約為 5.6165、−0.1443、5.6165 以及 0,其中 a_5、b_5 與 c_5 的估計值分別約為 −0.0149、0.9998 以及 0.0151;至於用三項式模型($n = 50$)估計上述價格則分別約為 −52.8522、−59.055、8.894 以及 0,其中 π_u、π_m 與 π_d 的估計值分別約為 1.5641、0.0628 與 −0.6269。若用 BSM 模型估計歐式買權與賣權價格則分別約為 5.7602 與 0;若用 BAW 模型估計美式買權與賣權價格則分別約為 5.8699 與 0.0073。值得注意的是,若改用二項式模型估計($n = 50$),不僅風險中立機率的估計值高達 1.5631,同時上述四種選擇權的估計值竟分別高達 9.5e+11、9.5e+11、10610.65 與 −0.0471。

　　因此,上述例子說明了顯式有限差分法、二項式以及三項式模型的估計並不具有「穩健的」特性;還好,較高的無風險利率如 $r = 0.6$ 並不常見,我們所用的例子未必合理。

3.2 隱式有限差分法

　　前述的顯式有限差分法雖說較為簡易,但是用於估計選擇權價格時卻容易出現不安定的估計值;因此,我們需要考慮其他型態的有限差分法。本節介紹隱式有限差分法(implicit finite difference method),使用該方法的目的就是要改善顯式有限差分法的缺失。顧名思義,隱式有限差分法的解並未直接顯示於偏微分方程式內;也就是說,(7-37)式亦可寫成:

$$f_{i+1,j} = a_j^I f_{i,j-1} + b_j^I f_{i,j} + c_j^I f_{i,j+1} \qquad (7\text{-}39)$$

其中

$$a_j^I = \frac{1}{2}(r-q)j\Delta t - \frac{1}{2}\sigma^2 j^2 \Delta t$$

$$b_j^I = 1 + \sigma^2 j^2 \Delta t + r\Delta t$$

$$c_j^I = -\frac{1}{2}(r-q)j\Delta t - \frac{1}{2}\sigma^2 j^2 \Delta t$$

因此根據（7-39）式，可以參考圖 7-32，不像顯式有限差分法的逆推法，隱式有限差分法反而利用 $i\Delta t$ 的價格資訊以取得 $(i+1)\Delta t$ 的價格，不過此種想法顯然不適用於選擇權的定價。

就隱式有限差分法用於計算選擇權的價格而言，圖 7-30 內的上下邊界以及右邊界亦適用於圖 7-32；雖說如此，我們如何利用隱式有限差分法計算選擇權的價格？我們還是先從選擇權的到期價值（右邊界）思考，令 $i = n - 1$，則利用（7-39）式可得：

$$a_j^I f_{n-1,j-1} + b_j^I f_{n-1,j} + c_j^I f_{n-1,j+1} = f_{n,j} \quad , \quad \mathrm{j} = 1,2,\cdots,m-1 \qquad (7\text{-}40)$$

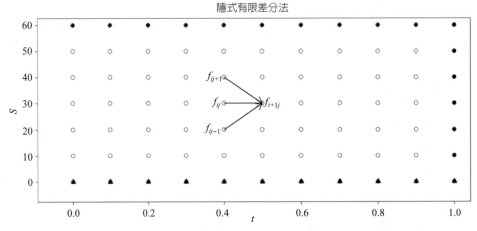

圖 7-32　隱式有限差分法之定價（$S_{min} = 0$、$S_{max} = 60$ 以及 $T = 1$）

因此，（7-40）式就是一個聯立方程式體系，該體系內有 $m-1$ 條方程式以及 $m-1$ 個未知變數，即 $f_{n-1,j}$ $(j=1,2,\cdots,m-1)$ ；換言之，將（7-40）式展開可得：

$$\begin{cases} a_1^I f_{n-1,0} + b_1^I f_{n-1,1} + c_1^I f_{n-1,2} = f_{n,1} \\ a_2^I f_{n-1,1} + b_2^I f_{n-1,2} + c_2^I f_{n-1,3} = f_{n,2} \\ \vdots \\ a_{m-1}^I f_{n-1,m-2} + b_{m-1}^I f_{n-1,m-1} + c_{m-1}^I f_{n-1,m} = f_{n,m-1} \end{cases} \quad （7\text{-}41）$$

因 a_j^I、b_j^I、c_j^I 與 $f_{n,j}$ 為已知數值，故（7-41）式顯示出原來隱式有限差分法是利用求解聯立方程式的方法計算選擇權的價格！

我們可以進一步以矩陣的型式表示，即（7-41）式可以改寫成：

$$Ax = b \quad （7\text{-}42）$$

其中

$$A = \begin{bmatrix} b_1^I & c_1^I & 0 & 0 & 0 & 0 & \cdots & 0 \\ a_2^I & b_2^I & c_2^I & 0 & 0 & 0 & \cdots & 0 \\ 0 & a_3^I & b_3^I & c_3^I & 0 & 0 & \cdots & 0 \\ \vdots & \vdots & \vdots & \vdots & 0 & 0 & 0 & \vdots \\ 0 & 0 & 0 & 0 & 0 & a_{m-2}^I & b_{m-2}^I & c_{m-2}^I \\ 0 & 0 & 0 & 0 & 0 & 0 & a_{m-1}^I & b_{m-1}^I \end{bmatrix}$$

而已知的 b 與未知的變數向量分別為：

$$b = \left(f_{n,1} - a_1^I f_{n-1,0}, f_{n,2}, \cdots, f_{n,m-1} - c_{m-1}^I f_{n-1,m} \right)^T \text{ 與 } x^T = \left(f_{n-1,1}, f_{n-2,2}, \cdots, f_{n-1,m-1} \right)$$

利用 R，上述聯立方程式體系的求解倒也不是難事 [19]。利用圖 7-31 內的假定，另外令 $m = n = 500$，使用隱式有限差分法估計歐式買權、歐式賣權、美式買權以及美式賣權價格、其結果分別約為 4.53、4.1562、4.5946 以及 4.2996。後二者的估計可與 BSAm02 模型的估計約為 4.5917 與 4.2924 比較，二種方法的估計結果，彼此之間的差距並不大。

因此，若與顯式有限差分法的估計值比較，雖然隱式有限差分法的計算過程較為複雜，但是其估計值較不受到不同 m 與 n 值的影響，其估計反而具有較大的韌性（robustness）。

例 1　變數的轉換

當我們假定標的資產價格屬於 GBM 時，此時有限差分法的使用，以 $\log S$ 為標的資產價格反而比用 S 來得有效；換言之，定義 $Z = \log S$，則（7-31）式可以改寫成：

$$\frac{\partial f}{\partial t} + \left(r - q - \frac{\sigma^2}{2} \right) \frac{\partial f}{\partial Z} + \frac{1}{2} \sigma^2 \frac{\partial^2 f}{\partial Z^2} = rf$$

也就是說，此時方格的劃分是以 Z 而非以 S 為主。因此，（7-39）式又可以寫成：

$$f_{i+1,j} = \alpha f_{i,j-1} + \beta f_{i,j} + \gamma f_{i,j+1} \tag{7-43}$$

其中

$$\alpha = \frac{\Delta t}{2 \Delta Z} (r - q - \sigma^2 / 2) - \frac{\Delta t}{2 \Delta Z} \sigma^2$$

$$\beta = 1 + \frac{\Delta t}{\Delta Z^2} \sigma^2 + r \Delta t$$

---

[19] 若 $A = \begin{bmatrix} 1 & 4 & 7 \\ 2 & 5 & 8 \\ 3 & 6 & 10 \end{bmatrix}$ 與 $b = \begin{bmatrix} 1 \\ 0 \\ 3 \end{bmatrix}$ 可得 $x \approx \begin{bmatrix} 2.33 \\ -7.33 \\ 4 \end{bmatrix}$，於 R 內可使用 solve(A,b) 指令求解 x 值。

$$\gamma = -\frac{\Delta t}{2\Delta Z}(r - q - \sigma^2 / 2) - \frac{\Delta t}{2\Delta Z}\sigma^2$$

　　隱式有限差分法若以 log$S$ 為標的資產價格，從（7-33）式可以看出於 Δt 與 ΔZ 不變下，式內的參數值 α、β 與 λ 值竟然不再受到 j 值的影響，反而變成固定的數值；因此，使用（7-33）式計算美式選擇權價格，相對上來得有效。

　　因此，仍以圖 7-31 的假定為主，再考慮 $m = n = 500$，使用（7-33）式估計歐式買權、歐式賣權、美式買權與美式賣權價格，其估計結果分別約為 4.5212、4.1576、4.5946 與 4.2996。上述估計結果幾乎與使用（7-39）式的估計結果無異。

例2

　　我們進一步來檢視使用（7-43）式計算美式買權與賣權價格的穩健性。仍使用例 1 內的假定，不過我們先維持 $n = 500$ 不變，分別使用（7-33）式計算不同的 m 值下的美式買權與美式賣權價格，其估計結果就繪製於圖 7-33。於圖內可以看出二種計算價格的安定性（上為賣權價格而下為買權價格）。

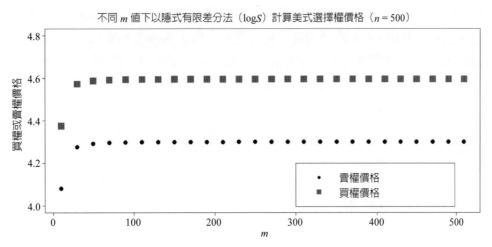

圖 7-33　不同 m 值下隱式有限差分法（以 log$S$ 為標的）之計算（$n = 500$）

例 3

利用 3.1 節例 4 的假定，我們使用（7-43）式估計，其結果仍不理想；例如：α、β 與 γ 的估計值分別約爲 −56.9528、139.9009 與 −81.9361，隱含著無法估計到眞實的選擇權價格。

4. 最小平方蒙地卡羅法

第 6 章我們曾經介紹以及使用蒙地卡羅模擬方法計算歐式選擇權合約價格，一個的自然反應是，美式選擇權價格是否也可以使用蒙地卡羅模擬方法計算？答案是可以的，不過因美式選擇權合約具有提前履約的性質，使得用模擬方法計算美式選擇權合約價格的過程趨向於複雜化。本節我們將介紹一種簡單的模擬方法，該方法稱爲最小平方蒙地卡羅法（Least Square Monte Carlo approach, LSM）。LSM 是由 Longstaff 與 Schwartz 所提出[20]，其可用於計算美式選擇權合約價格。

爲了了解 LSM 的內涵，首先我們可以先檢視一個由 Longstaff 與 Schwartz 所提供的簡單例子。考慮一個標的資產爲股票的美式賣權合約，該股票於合約期限內並沒有支付股利。假定該賣權合約的履約價爲 1.1，且時間點只分成 $t = 1,2,3$ 三年，其中 $t = 3$ 爲到期日；另一方面，假定無風險利率爲 6%，而我們所面對的只有 8 條模擬的股票價格路徑，如表 7-3 內的 3.1（即表 7-3.1）所示。表內的股票價格路徑是於風險中立的衡量下所產生的。

因 $t = 3$ 爲到期日，因此表 7-3.2 內列出該賣權合約的到期價值，不過該結果是類似於歐式賣權合約的到期價值，其間並沒有考慮到賣權合約持有人的最適決策；也就是說，一旦持有人於未到期前提前履約，該賣權合約就中止了，自然就不存在該到期價值，因此我們無法使用類似於歐式賣權價格的逆推法，計算未到期前的賣權價格。

---

[20] LongStaff, F.A. and Schwartz, E.S. (2001), "Valuing American options by simulation: a simple least-squares approach", *The Review of Financial Studies*, 14, No. 1, 113-147。

表 7-3　股票價格路徑與 $t = 3$ 之現金流量矩陣

路徑	3.1 股票價格路徑				3.2 $t = 3$ 之現金流量矩陣		
	$t = 0$	$t = 1$	$t = 2$	$t = 3$	$t = 1$	$t = 2$	$t = 3$
1	1.00	1.09	1.08	1.34	--	--	0.00
2	1.00	1.16	1.26	1.54	--	--	0.00
3	1.00	1.22	1.07	1.03	--	--	0.07
4	1.00	0.93	0.97	0.92	--	--	0.18
5	1.00	1.11	1.56	1.52	--	--	0.00
6	1.00	0.76	0.77	0.90	--	--	0.20
7	1.00	0.92	0.84	1.01	--	--	0.09
8	1.00	0.88	1.22	1.34	--	--	0.00

　　我們可以考慮美式賣權合約持有人於 $t = 2$ 的最適決策。倘若於 $t = 2$ 該賣權是處於價內的情況，故該持有人面臨到不是提出提前履約的要求，就是繼續持有該合約至到期的決策。因此，此時該持有人會遇到一個如何預期繼續持有該合約價值的問題，Longstaff 與 Schwartz 建議使用一種二項式的複迴歸模型估計該預期值，即：

$$Y_i = \beta_0 + \beta_1 X_i + \beta_2 X_i^2 + \varepsilon_i \qquad (7\text{-}44)$$

其中 Y_i 表示到期價值之貼現值、X_i 表示立即履約的價值以及 ε_i 表示誤差項。值得注意的是，i 是表示於 $t = 2$ 該賣權處於價內的價格路徑。因此，(7-44) 式內的因變數 Y_i 與自變數 X_i 列於表 7-4.1，其分別取自表 7-3 內以底線表示的部分。

　　利用最小平方法估計 (7-44) 式可以得出 $\hat{Y}_i = -1.070 + 2.983 X_i - 1.813 X_i^2$，根據迴歸模型的假定如 $E(\varepsilon_i) = 0$，可知條件預期函數為 $E(Y \mid X) = \beta_0 + \beta_1 X + \beta_2 X^2$，而我們就是用 $\hat{Y}_i$ 估計對應的 $E(Y \mid X)$，表 7-4.2 列出上述的估計結果（繼續持有）。比較表 7-4.2 內的立即履約與繼續持有二項內的價值，可知立即履約的最適決策會出現於第 4、6 與 7 路徑上，該結果則列於表 7-5.1 內，可以注意的是，如前所述，一旦持有人於 $t = 2$ 提前履約，$t = 3$ 的價值自然為 0。換句話說，表 7-5.1 列出 $t = 2$ 提前履約的現金流量。

表 7-4　$t = 2$ 之迴歸式與最適決策

路徑	4.1 $t = 2$ 之迴歸模型		4.2 $t = 2$ 之最適決策	
	Y	X	立即履約	繼續持有
1	0.00×0.94176	1.08	0.02	0.0369
2	--	--	--	--
3	0.07×0.94176	1.07	0.03	0.0461
4	0.18×0.94176	0.97	0.13	0.1176
5	--	--	--	--
6	0.02×0.94176	0.77	0.33	0.1520
7	0.09×0.94176	0.84	0.26	0.1565
8	--	--	--	--

註：$e^{-0.06} \approx 0.94176$。

　　同理，我們可以透過表 7-3.1 找出 $t = 1$ 處於價內的路徑，其分別為第 1、4、6、7 與 8 路徑，並令其對應的價值為 X_i。我們仍使用迴歸模型估計繼續持有的預期價值，不過此時是以對應的 $t = 2$ 價值現值為 Y_i（可以參考表 7-5.2），繼續用最小平方法估計（7-44）式，可得 $\hat{Y}_i = 2.038 - 3.335X_i + 1.356X_i^2$，表 7-6.1 就是列出 $\hat{Y}_i$ 值以表示繼續持有的預期價值。比較表 7-6.1 內立即履約與繼

表 7-5　於 $t = 2$ 的現金流量（提前履約）與 $t = 1$ 下的迴歸模型

路徑	5.1 於 $t = 2$ 的現金流量			5.2 $t = 1$ 下的迴歸模型	
	$t = 1$	$t = 2$	$t = 3$	Y	X
1	--	0.00	0.00	0.00×0.94176	1.09
2	--	0.00	0.00	--	--
3	--	0.00	0.07	--	--
4	--	0.13	0.00	0.13×0.94176	0.93
5	--	0.00	0.00	--	--
6	--	0.33	0.00	0.33×0.94176	0.76
7	--	0.26	0.00	0.26×0.94176	0.92
8	--	0.00	0.00	0.00×0.94176	0.88

續持有二項，可知賣權持有人立即履約的最適決策會出現於路徑 4、6、7 與 8上。

　　既然已經知道 $t = 1$ 與 $t = 2$ 賣權持有人立即履約的最適決策，我們就可以找出該賣權合約的中止法則（stopping rule），其結果則列於表 7-6.2 內。換句話說，於表 7-6.2 內的路徑 3，因賣權持有人於 $t = 1$ 與 $t = 2$ 並未提出立即履約的要求，故按照路徑 3，該賣權會持有至到期；相反地，考慮路徑 4，持有人於 $t = 1$ 就提出立即履約的要求（以 1 表示），如前所述，一旦履約了，後續合約就中止了（以 0 表示）。因此透過表 7-6.2 內的中止法則，我們可以進一步計算出該賣權合約的現金流量矩陣如表 7-7 所示。

　　根據表 7-7 內賣權的現金流量，我們不難計算出該賣權合約於期初的價格，即：

$$P_0 = \frac{0.07e^{-0.06\times3} + 0.17e^{-0.06} + 0.34e^{-0.06} + 0.18e^{-0.06} + 0.22e^{-0.06}}{8} \approx 0.1144$$

類似地，根據表 7-3.2，我們亦可以計算相同條件下的歐式賣權價格為：

$$p_0 = \frac{0.07e^{-0.06\times3} + 0.18e^{-0.06\times3} + 0.20e^{-0.06\times3} + 0.09e^{-0.06\times3}}{8} \approx 0.0564$$

表 7-6　$t = 1$ 之最適決策與中止法則

路徑	6.1 $t = 1$ 之最適決策		6.2 中止法則		
---	履約	繼續持有	$t = 1$	$t = 2$	$t = 3$
1	0.01	0.0139	0	0	0
2	--	--	0	0	0
3	--	--	0	0	1
4	<u>0.17</u>	0.1092	1	0	0
5	--	--	0	0	0
6	<u>0.34</u>	0.2866	1	0	0
7	<u>0.18</u>	0.1175	1	0	0
8	<u>0.22</u>	0.1533	1	0	0

表 7-7　賣權的現金流量

路徑	$t = 1$	$t = 2$	$t = 3$
1	0.00	0.00	0.00
2	0.00	0.00	0.00
3	0.00	0.00	0.07
4	0.17	0.00	0.00
5	0.00	0.00	0.00
6	0.34	0.00	0.00
7	0.18	0.00	0.00
8	0.22	0.00	0.00

因此，按照表 7-3.1 內的資訊，美式賣權合約價格比相同履約價與到期期限的歐式賣權合約價格貴了約一倍！

上述計算美式賣權的推理過程，讀者可以思考如何用 R 來計算，可以參考所附的 R 指令。換言之，按照上述的例子，我們可以列出 LSM 模型的計算步驟：

步驟 1：模擬出 N 條標的資產價格路徑，可以使用 GBM 模型。

步驟 2：計算出到期賣權合約價值（類似於歐式賣權合約價值）。

步驟 3：可以分成 5 個部分說明：

(1) 使用迴歸模型估計條件預期函數，即令 V_i 與 P_i 分別表示（美式）賣權最適價值與繼續持有的價值，則條件預期函數可寫成：

$$P_i(X) = E[V_{i+1}(X_{i+1}) \mid X = X_i]$$

(2) 假定 P_i 可以由已知的狀態函數估計，即：

$$P_i(X) = E[V_{i+1}(X_{i+1}) \mid X = X_i] = \sum_{k=1}^{M} \beta_{ik} \varphi_k$$

(3) 選出 X，然後再使用最小平方法估計上述迴歸模型。

(4) 只考慮價內賣權的情況。

(5) 找出中止法則。

步驟 4：計算中止法則的現金流量，貼現後再計算平均數。

　　根據上述步驟，我們利用 R 自行設計出一個可以分別計算美式買權與賣權價格的 LSM 函數，只不過因事先需模擬出 N 條的標的資產價格路徑，故使用不同的「$seed$（種子)」，計算出來的美式買權與賣權價格自然就有差異。例如：令 $S_0 = K = 40$、$r = 0.1$、$q = 0.09$、$\sigma = 0.3$、$T = 1$（圖 7-31 的假定）以及 $m = 250$ 與 $n = 1,000$，若設 $seed$ 爲 1,223，則計算出的美式買權與賣權價格分別約爲 4.6008 與 4.377，但是若設 $seed$ 爲 5,678，則分別約爲 4.9524 與 4.4772，顯然買權價格的估計值差距頗大。

　　面對此種情況，我們如何解決？如前所述，我們可以進一步估計上述美式買權與賣權價格的機率分配（抽樣分配），即利用上述假定圖 7-34 繪製出模擬次數爲 1,000 次的結果；按照 CLT，我們從圖內可以看出二種價格的抽樣分配接近於常態分配，其中賣權價格的平均數與標準誤分別約爲 4.3846 與 0.1494（左圖），而買權則分別約爲 4.7496 與 0.233。果然，買權價格的標準差較大。

　　若以上述賣權與買權價格的平均數當作 LSM 模型的估計值，我們倒是可以與其他的模型估計值比較。例如：於相同的條件下，使用 BAW 模型，其賣

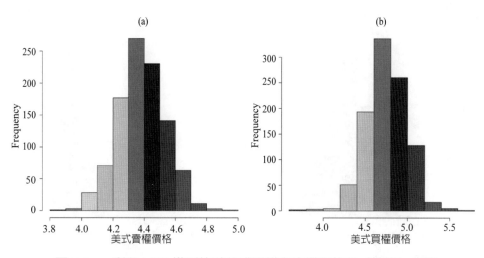

圖 7-34　利用 LSM 模型估計美式買權與賣權價格的（抽樣）分配

權與買權價格的估計值分別約為 4.3422 與 4.6399；使用 BSAm93 模型，分別約為 4.2795 與 4.5717；而使用 BSAm02 模型，則分別約為 4.2924 與 4.5917。明顯地，於我們的假定下，利用 LSM 模型所得到的美式賣權與買權價格的估計值偏高；不過，因無類似於 BSM 模型的「真實」價格可供參考，故我們的確不知上述 LSM 模型的估計值是「高估」呢？抑或是其他模型的估計值「低估」真實的價格？是故，當我們欲估計美式買權或賣權價格時，只能多比較不同模型的估計值。

例 1　逆變數法

既然 LSM 模型是屬於蒙地卡羅方法的應用，我們自然可以利用第 6 章的方法進一步「改善」原始 LSM 模型的估計方法，此處我們只介紹最簡單的逆變數法，讀者自然可以再使用其他的方法。延續圖 7-34 的假定，我們使用逆變數法的 LSM 模型估計美式賣權與買權價格的抽樣分配，其結果就繪製於圖 7-35。由於逆變數法的使用，使得於估計二價格的抽樣分配時，我們可以使用較低的模擬次數；換言之，圖 7-35 的各圖是於 $m = 250$、$n = 500$ 以及模擬次數為 800 次所繪製出的結果。我們從圖內可看出於我們的假定下，美式買權價格的抽樣分配（右圖）的確比較離散；也就是說，美式買權價格抽樣分配的平均數與標準誤分別約為 4.7553 與 0.1916，至於美式買權價格抽樣分配則分別約為 4.3837 與 0.0756。若與圖 7-35 比較，顯然平均數差距不大，但是標準誤

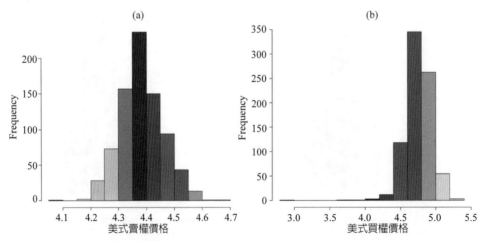

圖 7-35　於 LSM 模型內使用逆變數法估計美式賣權與買權價格抽樣分配

卻明顯下降了。

例 2 　使用 LSMonteCarlo 程式套件

　　基本上，上述 LSM 或逆變數法 -LSM 方法的 R 程式，是筆者參考 LSMonteCarlo 程式套件內的函數指令所設計而來；換言之，於該程式套件內，我們只能估計美式賣權價格，即利用圖 7-34 內的假定，於 $m = 250$ 與 $n = 1,000$ 之下，可以估計出美式賣權價格約為 4.6057 或 4.2296（使用二種不同的「種子」）。

例 3

　　續例 2，利用該程式套件內的函數指令，我們亦可繪製出於不同履約價與波動率下的美式賣權價格的 3D 立體圖，如圖 7-36 所示，可以參考所附的 R 指令。

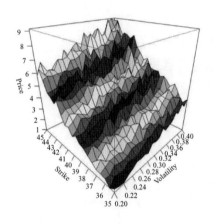

圖 7-36　不同履約價與波動率下的美式賣權價格

本章習題

1. 於何條件下，美式買權的持有人會提前履約？試解釋之。
2. 於何條件下，美式賣權的持有人會提前履約？試解釋之。

3. 若假定美式買權價格接近於歐式買權價格，我們可以得出美式賣權價格的上下限值，如 1.1 節的例 3 所示，似乎可以進一步繪製出「美式」的價差或勒式交易策略，試舉例說明。提示：可以參考圖 7-37。

4. 美式買權與賣權價格的上下限值爲何？試解釋之。

5. 令 $S_0 = 9,800$、$K = 9,500$、$r = 0.02$、$q = 0$、$\sigma = 0.25$ 以及 $\sigma = T$。我們以 BSM 的買權價格取代對應的美式買權價格，試計算對應的美式賣權價格的上、下限值。

6. 續上題，若 $q = 0.01$，則美式賣權價格的上、下限值又爲何？有何涵義？

7. 我們如何得出 BAW 模型的美式賣權價格公式如（7-18）式？

8. 試利用 BAW 公式以及 BSM 公式繪製出不同到期日之美式賣權與歐式賣權價格曲線。

9. 試利用 BAW 公式以及 BSM 公式繪製出不同波動率之美式賣權與歐式賣權價格曲線。

10. 試解釋圖 7-9 內的結果。

11. 試解釋圖 7-11 內的意義。

12. 何謂履約界限價格？試解釋之。

13. 1.2.2 節的觸發價格是何意思？試解釋之。

14. 試解釋美式買權與賣權價格的特性。

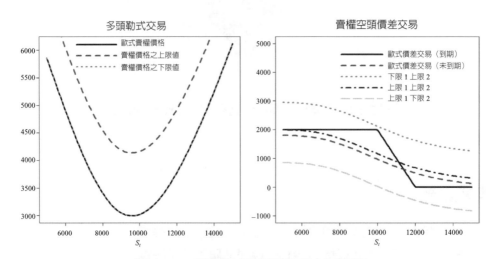

圖 7-37　考慮美式賣權價格的上下限值

15. 利用圖 7-14，試繪製出對應的賣權價格曲線。

16. 令 $S_0 = 42$、$K = 40$、$r = 0.04$、$q = 0.08$、$\sigma = 0.35$ 以及 $T = 0.75$，試分別用 BAW 與 BSAm93 計算美式買權與賣權價格。

17. 續上題，試以 BSAm02 估計，並同時比較觸發價格。

18. 於 BSAm 模型內，賣權的觸發價格並不易估計，我們可用何種方式估計？

19. 試解釋如何利用二項式模型計算美式選擇權價格。

20. 利用 2.1 節的例 1 內的假定，不過以 $q = 0.02$ 取代，使用 fOption 程式套件內的指令（CRR 模型），分別計算美式與歐式選擇權價格。

21. 續上題，有何涵義。

22. 續上題，若改用 BAW 模型估計呢？

23. 我們如何用二項式模型估計美式期貨選擇權價格？

24. 續 2.1 節的例 4，若 $n = 250$，則歐式賣權、百慕達賣權與美式賣權價格為何？

25. 試解釋圖 7-17。

26. 試解釋圖 7-20 的 Hull 方法。

27. 令 $S_0 = 200$、$K = 180$、$r = 0.04$、$\delta = 0.02$、$\sigma = 0.25$、$\tau = 0.3$ 以及 $T = 1$，試比較於 $n = 7$ 之下，S_t 的樹狀圖（沒有股利支付與有股利支付）。

28. 試解釋三項式模型。

29. 試舉一個例子說明美式買權價格估計的困難度。

30. 我們如何利用數值微分方法估計選擇權的避險參數值。

31. 若 ΔS 由 0.0001 遞增至 0.01，試重做圖 7-26。

32. 利用 2.3 節例 5 內 Hull 方法，重做圖 7-23。

33. 何謂顯式有限差分法？試解釋之。

34. 何謂隱式有限差分法？試解釋之。

35. 試解釋 LSM 模型。

36. 試舉一個例子比較二項式模型與三項式模型之不同。

Chapter 8

新奇選擇權

　　本章我們將介紹新奇選擇權。顧名思義，若與前述的陽春型選擇權（即歐式與美式選擇權）比較，新奇選擇權不僅是一種「創新」同時也是一種「奇異」的選擇權；換言之，我們也可以將前述的陽春型選擇權稱爲標準型的選擇權，而將新奇選擇權稱爲非標準型的選擇權。理所當然，標準型的選擇權合約交易容易出現在各交易所內，而新奇選擇權合約的交易則普遍存在於 OTC 的市場上[1]。

　　爲何新奇選擇權合約會受到關注？我們大概整理出下列六個因素：

(1) 就發行者而言，通常新奇選擇權合約的報酬較標準型的選擇權合約高。
(2) 滿足不同交易者的需求，這些交易者包括公司的財務部門的操盤人、基金的管理者、造市者或金融機構等，而需求則包括避險、節稅、符合會計或其他法律上的規定。
(3) 新奇選擇權合約的價格也許可以反映市場上某些重要變數的潛在未來值。
(4) 市場交易人通常發現新奇選擇權合約比較吸引人，即其獲利有可能較高。
(5) 理論上，某一特定的收益型態我們應該可以找到其他的方式複製，新奇選擇權商品提供了許多複製的工具。
(6) 時至今日，有關於金融商品的創新有可能與新奇選擇權的商品有關；換言之，也許尚存在許多未知的獲利機會，有待我們繼續挖掘。

---

[1] 臺灣的衍生性商品市場當然也不例外，如前所述，期交所所發行的交易標的大多屬於歐式選擇權合約的範圍；但是，於證交所交易的權證合約標的，不是屬於美式選擇權合約就是屬於新奇選擇權合約。

　　當然，新奇選擇權雖有上述的優點，但是它們也並非是無懈可擊的；也就是說，底下我們至少也可以列出四個新奇選擇權合約的缺點：

(1) 新奇選擇權合約最大的缺點，恐怕是其於市場上有偏低的流動性；由於「新奇」的特性，以致於其接受度不及標準的選擇權合約，因此即使若干類型的新奇選擇權合約符合市場交易人的需求，但是後者是否可以於市場上用「合理的價格」買到（賣出）足夠的合約數量，仍是一個不確定的情況。

(2) 於本章底下的說明與介紹中，自然可以了解新奇選擇權合約的發行並不如標準選擇權簡易，其中的困難度就是新奇選擇權合約避險的困難度較高；換言之，新奇選擇權合約發行者的門檻較高。

(3) 由於市場流動性較低，故新奇選擇權產品容易淪入人為操縱的工具，自然對「散戶」的交易者較為不利。

(4) 既然新奇選擇權產品容易淪為被操縱的工具，於接近到期時亦容易成為另一種商品的「犧牲品（遭人遺棄）」，故新奇選擇權產品的交易風險較高。

　　雖然如此，於新奇選擇權合約市場上，不乏許多發行成功的例子；或是說，新奇選擇權合約於金融創新的發展空間上，的確也扮演著重要的角色。從下面各節，讀者應該可以發現新奇選擇權合約的性質以及其奇特性，或說金融商品的創新，其實也並非那麼遙不可及。

1. 簡單的新奇選擇權

　　何謂新奇選擇權？此應該不容易定義，不過我們可以用一個簡單的方式分辨，只要不是屬於標準選擇權合約的範圍，就可以通稱為新奇選擇權合約的範圍。新奇選擇權合約的性質及其奇特性是吸引人的，文獻上甚至有人稱其為選擇權合約的第二代[2]。本節我們將介紹四種簡單的新奇選擇權合約，該四種合約的定價模型，係根源於 BSM 模型。

---

[2] 例如 Zhang, P.G. (1998), *Exotic Options: A Guide to Second Generation Options*, World Scientific.

1.1 遠期起點選擇權與 Cliquet 選擇權

　　首先，我們來看遠期起點選擇權合約（forward start options）。顧名思義，遠期起點選擇權合約的「開始執行點」並不是期初購買時點而是未來的某一個時間點，因此遠期起點選擇權合約相當於現在購買到期日為 T 的選擇權，不過卻只能在 τ 期執行，其中 $\tau < T$。是故，遠期起點選擇權合約算是標準選擇權合約的一種簡易的延伸。

　　若欲找出遠期起點選擇權合約的價格模型，我們可以利用 BSM 模型內所具有的齊次函數（homogeneous function）特性；換言之，於到期期限、波動率與無風險利率固定不變下，若標的資產價格與履約價同時上升 k 倍，則對應的歐式買權或賣權合約價格也會增加 k 倍。我們可以舉一個例子說明上述的特性。假定 $S_0 = 100$、$K = 100$、$r = 0.1$、$q = 0.05$、$\sigma = 0.3$ 以及 $T = 1$，利用 BSM 公式，可得對應的買權與賣權合約價格分別約為 13.5372 與 8.8980。假定該標的資產為股票，立即進行股票分割，原來的股票由 1 股變成 2 股，因此股價由（1 股）100 元立即降為（1 股）50 元而履約價格亦變成 50 元，此時再用 BSM 公式計算對應的買權與賣權合約價格則分別約為 6.7686 與 4.4490 元，此恰為股票分割前的一半，因此 BSM 公式對於標的資產價格與履約價滿足齊次函數的特性。

　　令 $f(n, S_0, nK)$ 表示 n 股選擇權價格，則齊次函數的性質是指：

$$f(n, S_0, nK) = S_0 f\left(n, n\frac{K}{S_0}\right) = Kf\left(n\frac{S_0}{K}, n\right) = nf(S_0, K) = nS_0 f\left(1, \frac{K}{S_0}\right) \quad (8\text{-}1)$$

考慮一種於 τ 期執行的選擇權合約（$\tau < T$），該合約的履約價為標的資產價格的 α 倍，則利用（8-1）式可知該合約價格為（1 股）：

$$f(S_\tau, \alpha S_\tau, T - \tau) = S_\tau f(1, \alpha, T - \tau) \qquad (8\text{-}2)$$

利用上述齊次函數的性質，（8-2）式提供另外一種解釋選擇權價格的方式。也就是說，（8-2）式內的 $f(1, \alpha, T - \tau)$ 項內因無隨機變數，故可以視為一種確定項；換言之，於期初購買 $f(1, \alpha, T - \tau)$ 數量的標的資產，其成本價為 $S_0 f(1,$

α, $T - \tau$)，至於 τ 期的價值呢？不就是 $S_\tau f(1, \alpha, T - \tau)$ 嗎？因此，（8-2）式竟然就是 τ 期執行的遠期起點選擇權合約價格，而其現在的（期初）價格為：

$$f(S_0, \alpha S_0, T - \tau) = S_0 f(1, \alpha, T - \tau)$$

倘若至 τ 期期間該標的資產有發放股利 q，則上式可再改寫成：

$$e^{-q\tau} f(S_0, \alpha S_0, T - \tau) = S_0 e^{-q\tau} f(1, \alpha, T - \tau) \tag{8-3}$$

若 $f(1, \alpha, T - \tau)$ 以 BSM 公式取代，則遠期起點買權與賣權合約價格分別可寫成：

$$c_0 = S_0 e^{-q\tau} [e^{-q(T-\tau)} N(d_1) - \alpha e^{-r(T-\tau)} N(d_2)] \tag{8-4}$$

與

$$p_0 = S_0 e^{-q\tau} [\alpha e^{-r(T-\tau)} N(-d_2) - e^{-q(T-\tau)} N(-d_1)] \tag{8-5}$$

其中

$$d_1 = \frac{\log(1/\alpha) + (r - q + \sigma^2/2)(T-\tau)}{\sigma\sqrt{T-\tau}}, \quad d_2 = d_1 - \sigma\sqrt{T-\tau}$$

乍看之下，似乎遠期起點買權與賣權合約價格公式如（8-4）或（8-5）式有些複雜，不過我們先看底下的一個例子，自然就會了解（8-4）與（8-5）二式其實只是 BSM 公式的一種應用而已。假定 $S_0 = 60$、$\alpha = 1.1$、$T = 1$、$\tau = 0.25$、$r = 0.08$、$q = 0.04$ 以及 $\sigma = 0.3$。根據上述假定，利用（8-4）與（8-5）二式可以計算出買權與賣權合約價格分別約為 4.4065 與 8.2971。上述價格其實也可以用 BSM 公式計算，不過其卻需要二個計算步驟：第一，令 $K = \alpha S_0 = 66$、$q = 0$ 以及 $T = 1 - \tau = 0.75$ 代入 BSM 公式內，可得買權與賣權合約價格約為 $c_{0a} = 4.4507$ 與 $p_{0a} = 8.3805$。第二，因 $q = 0.04$，故第一步驟算出的 c_{0a} 與

p_{0a} 需要再做調整，即：

$$c_0 = c_{0a}e^{-q\tau} = 4.4065 \text{ 與 } p_0 = p_{0a}e^{-q\tau} = 8.2971$$

上述結果恰等於上述遠期起點買權與賣權合約價格。因此，（歐式）遠期起點選擇權合約其實只是將標準的（歐式）選擇權合約的到期期限由 T 移至 $T - \tau$ 而已；有意思的是，當 $q = 0$，利用 BSM 公式計算反而比較方便。

上述例子說明了遠期起點選擇權合約的特色：履約價是根據標的資產當期價格的 α 倍而定，其中若 $\alpha = 1$、$\alpha > 1$ 或 $\alpha < 1$，就買權合約而言，其相當於按照價平、價外或價內來決定履約價。上述例子可以看出遠期起點選擇權合約內的用處，因為其若是為一種買權合約，最起碼可用於設計一種激勵員工的附認股權證（warrant）；換言之，公司員工可於未來的 τ 期購買該公司股票，不過因 $\alpha = 1.1$，表示就當期而言，該權證卻仍屬於價外買權的情況。

我們可以繼續利用上述的假定，說明遠期起點選擇權合約的特色，可以參考圖 8-1 內的結果。圖 8-1 內的各圖係繪製出遠期起點選擇權價格與不同的履約價之間的關係，從圖內可發現於未到期前，買權與賣權價格與履約價之間為正關係（有時間價值），但是於到期時，該關係取決於 α 值。圖內考慮二種 α 值的設定，除了 $\alpha = 1.1$ 之外，我們另外再考慮 $\alpha = 0.9$ 的可能。值得注意的是，圖內的橫軸是表示買權與賣權合約的履約價；換句話說，若我們進一步思考遠期起點選擇權合約的性質，可以發現該合約其實是一種履約價會變動的選擇權，即履約價會因期初標的資產價格的不同而改變。有意思的是，若 $T > \tau$，則買權與賣權合約價格皆會隨履約價的提高而上升，此時履約價為 αS_0，可以參考習題 (2)；不過，若 $T = \tau$（執行日就是到期日），則會因 α 值不同，買權與賣權合約價格會有不同。例如：若 $\alpha = 1.1$，因到期買權合約處於價外的情況，故到期買權價格為 0 元，反觀到期賣權合約因處於價內的情況，故到期賣權價格亦會隨履約價的提高而上升。讀者應能解釋 $\alpha = 0.9$ 的情況。

上述遠期起點選擇權合約可以再繼續擴充至成為一系列的遠期起點選擇權合約所構成的資產組合，該組合就稱為 Cliquet 或 Ratchet 選擇權合約。Cliquet 選擇權合約的特色是履約價可以重設，故該合約其實是一種履約價重設（strike

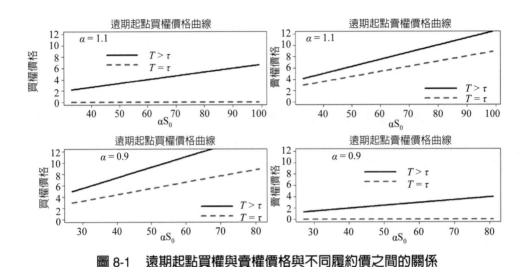

圖 8-1　遠期起點買權與賣權價格與不同履約價之間的關係

reset）的選擇權。根據 Rubinstein（1991）[3]，Cliquet 選擇權合約的價格可以寫成：

$$Cliquet c_0 = \sum_{i=1}^{n} S_0 e^{-q\tau_i} \left[e^{-q(T_i - \tau_i)} N(d_1) - e^{-r(T_i - \tau_i)} N(d_2) \right] \qquad (8\text{-}6)$$

與

$$Cliquet p_0 = \sum_{i=1}^{n} S_0 e^{-q\tau_i} \left[e^{-r(T_i - \tau_i)} N(-d_2) - e^{-q(T_i - \tau_i)} N(-d_1) \right] \qquad (8\text{-}7)$$

其中

$$d_1 = \frac{(r - q + 0.5\sigma^2)(T_i - \tau_i)}{\sigma \sqrt{T_i - \tau_i}} \quad \text{與} \quad d_2 = d_1 - \sigma \sqrt{T_i - \tau_i}$$

比較（8-4）～（8-7）四式，可以發現 Cliquet 選擇權合約是由 n 種「價平」遠期起點選擇權合約所組成，其中每種遠期起點選擇權合約的執行點與到期期限未必相同。

---

[3]　Rubinstein, M. (1991), "Pay now, choose later", *RISK*, 4, p13.

　　因此，Cliquet 選擇權合約強調每次履約價皆按照標的資產的當期價格重設，但是因未來標的資產的當期價格為未知，故相當於該合約屬於履約價為未知的選擇權；如此來看，Cliquet 選擇權合約的確較占優勢，同時其價格相對上就較為便宜。雖然如此，利用（8-6）與（8-7）二式計算 Cliquet 選擇權合約價格卻有相當的缺失，因為若期限較長，二式內的參數值未必仍為固定數值。

例 1　**員工認股權證**

　　考慮一位員工收到一種 3 個月的公司股票遠期起點買權合約，該買權合約是以價外的 10% 計算，目前公司股價為 60、無風險利率為 8%、連續的股利支付率為 4%、波動率為 30% 以及合約到期期限為 1 年，試計算該遠期起點買權合約價格。

解　由題意可知 $\alpha = 1.1$、$S_0 = 60$、$r = 0.08$、$q = 0.04$、$\sigma = 0.3$、$\tau = 3/12$ 以及 $T = 1$，利用（8-4）式，可得買權價格約為 4.4065。

例 2　**遠期起點選擇權合約與不同 α 值之間的關係**

　　利用例 1 內的假定，我們可以繪製出不同 α 值與遠期起點選擇權價格之間的價格曲線，如圖 8-2 所示。從圖內可以看出遠期起點買權價格與 α 值之間呈現負的關係，而賣權價格則與 α 值之間呈現正的關係。

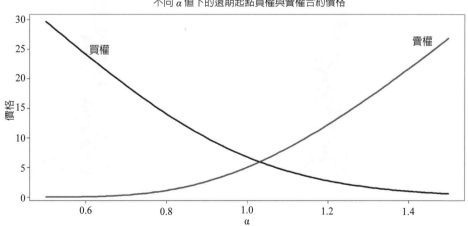

圖 8-2　不同 α 值下的遠期起點買權與賣權合約價格

例 3　Cliquet 買權與賣權合約價格

　　最簡單的 Cliquet 買權與賣權合約，是由 n 種完全相同的遠期起點買權與賣權合約所構成。假定 $S_0 = 100$、$\alpha = 1$、$T = 1$、$\tau = 0.25$、$r = 0.1$、$q = 0.05$ 以及 $\sigma = 0.3$，可以計算一口遠期起點買權與賣權合約價格分別約為 6.4205 與 5.209，若按照 Cliquet 買權與賣權合約來看，上述假定相當於 $n = 4$，即每隔 3 個月重設履約價 1 次，故買權與賣權合約價格分別約為 25.6822 與 20.8360。

例 4　續 Cliquet 買權與賣權合約價格

　　例 3 的例子只是一種極簡易的直覺想法，畢竟 Cliquet 買權與賣權合約內的組成份子：遠期起點選擇權合約內的參數值隨著時間經過並不會相同。例如 S_0 未必會相同（即履約價重設）；另一方面，τ 值應也會不同。我們再想像一種情況。令 $S_0 = 60$、$T = 1$、$r = 0.08$、$q = 0.04$ 以及 $\sigma = 0.3$，假定一種 1 年期的 Cliquet 買權合約是由連續的 1 個月期遠期起點買權合約所組成，其中後者的 S_0 值是介於 60～65 之間的隨機值，是故 S_0 值反而是一種隨機變數；因此，我們可以計算其中一種可能的 Cliquet 買權合約價格約為 26.582 而並非單一遠期起點買權合約價格的 12 倍。事實上，按照上述 S_0 值是一種隨機變數的假定下，我們可以進一步繪製出該 Cliquet 買權與賣權合約價格的（機率）分配，如圖 8-3 所示。

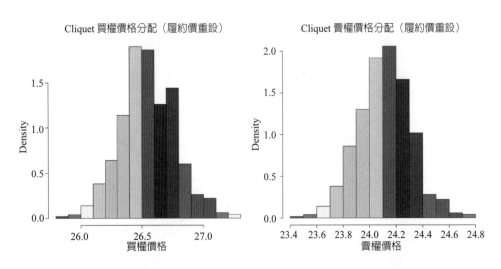

圖 8-3　履約價重設下，1 年期 Cliquet 買權與賣權價格（機率）分配

1.2 任選選擇權與回顧選擇權

本節我們將介紹任選選擇權合約（chooser options）與回顧選擇權合約（lookback options）二種，其中任選選擇權合約可分成簡單的與複雜的二種型態，而回顧選擇權合約則可以分成浮動履約價（floating-strike）與固定履約價（fixed-strike）二種型態。除了複雜的任選選擇權合約之外，其餘三種型態的價格公式內仍可看到 BSM 公式的影子。

1.2.1 任選選擇權合約

顧名思義，任選選擇權合約是一種「如你所願選擇權（as you like it option)」。簡單的任選選擇權合約是指合約的持有人有權利於 τ 期選擇標準的買權或標準的賣權合約，其中履約價為 K 而到期日為 T，當然 $\tau < T$；換句話說，持有人於期初購買簡單的任選選擇權合約時，只知該合約的 K 與 T，而至 τ 期時才要決定該合約是否為買權或賣權合約。明顯地，購買任選選擇權合約的投資人，看重的是買權或賣權合約的（到期）價值。

若合約內的買權與賣權皆屬於有相同履約價與到期日的歐式選擇權，利用買權與賣權平價關係可以幫我們決定該合約的價值，即於 τ 期時，該合約的價值為 $\max(c_\tau, p_\tau)$。利用買權與賣權平價關係可得：

$$
\begin{aligned}
\max(c_\tau, p_\tau) &= \max\left[c_\tau, c_\tau + Ke^{-r(T-\tau)} - S_\tau e^{-q(T-\tau)} \right] \\
&= c_\tau + e^{-q(T-\tau)} \max\left[0, Ke^{-(r-q)(T-\tau)} - S_\tau \right]
\end{aligned}
\tag{8-8}
$$

由（8-8）式可以看出簡單的任選選擇權合約其實是一種由買權與賣權合約所組成的資產組合，其中買權合約的履約價與到期日分別為 K 與 T，而賣權合約的履約價與到期日則分別為 $Ke^{-(r_t-q)(T-\tau)}$ 與 τ；值得注意的是，該資產組合內買權與賣權合約的購買單位分別為 1 與 $e^{-q(T-\tau)}$ 口。

假定 $S_0 = 50$、$K = 50$、$r = 0.08$、$q = 0.04$、$\sigma = 0.25$、$T = 0.5$ 以及 $\tau = 0.25$，利用 BSM 公式可以計算出上述任選選擇權內買權與賣權組成成分價格分別約為 3.9247 與 1.9639，二者合計約為 5.8886，此就是上述假定下的任選選擇權價格。仍保留上述假定，而以 S_t 取代 S_0，即可繪製出如圖 8-4a 所示的價格曲線；換言之，圖 8-4a 繪製出不同當期標的資產價格下的任選選擇權合約價格

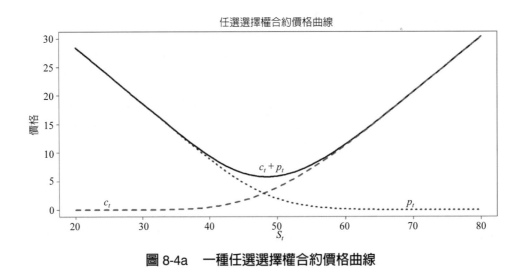

任選選擇權合約價格曲線

圖 8-4a　一種任選選擇權合約價格曲線

曲線，該曲線呈 U 字型，由圖內可以看出其的確是由買權與賣權合約價格曲線之和所組成。

接下來，我們來看複雜的任選選擇權合約。上述簡單的任選選擇權合約的持有人於 τ 期可選擇履約價與到期日皆相同的標準買權或賣權合約；但是，若是選擇的標準買權或賣權合約的履約價與到期日皆不相同，此即為複雜的任選選擇權合約。換句話說，複雜的任選選擇權合約的持有人於 τ 期可選擇履約價與到期日分別為 K_c 與 T_c 的標準買權合約，或是選擇履約價與到期日分別為 K_p 與 T_p 的標準賣權合約，根據 Rubinstein[4]，複雜的任選選擇權合約價格可寫成：

$$Cexcp_0 = S_0 e^{-qT_c} M(d_1, y_1; \rho_1) - K_c e^{-rT_c} M(d_2, y_1 - \sigma\sqrt{T_c}; \rho_1)$$
$$- S_0 e^{-qT_p} M(-d_1, y_2; \rho_2) + K_p e^{-rT_p} M(-d_2, -y_2 + \sigma\sqrt{T_p}; \rho_2) \quad (8\text{-}9)$$

其中

$$d_1 = \frac{\log(S/I) + (r - q + 0.5\sigma^2)\tau}{\sigma\sqrt{\tau}}; \; d_2 = d_1 - \sigma\sqrt{\tau}$$

4　Rubinstein, M. (1991), "Options for the undecided", *RISK*, 4, p14.

$$y_1 = \frac{\log(S_0/K_c) + (r - q + 0.5\sigma^2)T_c}{\sigma\sqrt{T_c}}; \quad y_2 = \frac{\log(S_0/K_p) + (r - q + 0.5\sigma^2)T_p}{\sigma\sqrt{T_p}}$$

$$\rho_1 = \sqrt{\tau/T_c}; \quad \rho_2 = \sqrt{\tau/T_p}$$

而臨界點 I 須滿足下列式子：

$$Ie^{-q(T_c - \tau)}N(z_1) - K_c e^{-r(T_c - \tau)}N(z_1 - \sigma\sqrt{T_c - \tau})$$
$$= K_p e^{-r(T_p - \tau)}N(-z_2 + \sigma\sqrt{T_p - \tau}) - Ie^{-q(T_p - \tau)}N(-z_2) \qquad (8\text{-}10)$$

其中

$$z_1 = \frac{\log(I/K_c) + (r - q + 0.5\sigma^2)(T_c - \tau)}{\sigma\sqrt{T_c - \tau}}; \quad z_2 = \frac{\log(I/K_p) + (r - q + 0.5\sigma^2)(T_p - \tau)}{\sigma\sqrt{T_p - \tau}}$$

雖然（8-10）式看似複雜，不過其仍屬於 BSM 公式的應用，利用牛頓逼近法我們不難找出 I 值；最後，$M(a, b; \rho)$ 仍是表示二元標準常態分配的 CDF（第 7 章）。

假定 $S_0 = 50$、$K_c = 55$、$K_p = 48$、$r = 0.1$、$q = 0.05$、$\sigma = 0.35$、$T_c = 0.5$、$T_p = 0.5833$ 以及 $\tau = 0.25$，利用（8-9）與（8-10）二式，可以計算出複雜的任選選擇權價格約為 6.0507，其中 I 值約為 51.1156。

例 1　複雜的任選選擇權合約價格曲線

仍保留上述計算複雜的任選選擇權價格的假定，而以 S_t 取代 S_0，即可繪製出如圖 8-4b 所示的複雜的任選選擇權價格曲線。由圖內可以看出該價格曲線的形狀仍呈 U 字形，不過不同於簡單的任選選擇權價格曲線可以由買權與賣權價格曲線複製，我們不易由後二者複製複雜的任選選擇權合約。例如：模仿（8-8）式，圖內一種可能複製的買權與賣權資產組合，其占的份額分別為 1 與 m 口，其中買權的履約價與到期日分別為 K_c 與 T_c、賣權則分別為 K_1 與 T_p、$K_1 = K_p e^{-(r-q)(T_p - \tau)}$ 以及 $m = e^{-q(T_p - \tau)}$；我們可以看出複製的資產組合價格曲線與由（8-10）式所計算的價格曲線有些微的差距，隱含著「複雜的」任選選

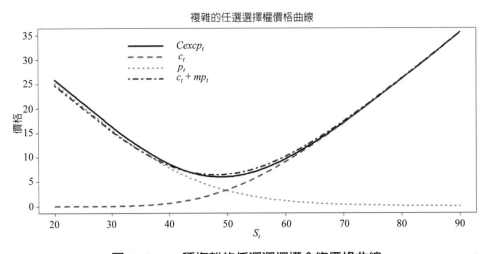

圖 8-4b　一種複雜的任選選擇權合約價格曲線

擇權合約不易被複製。

例 2　另一種找出臨界點 *I* 的方法

　　直覺而言，既然複雜的任選選擇權合約的持有人是於 τ 期才可以決定該選擇權合約屬於買權或賣權，此豈不是隱含著於 τ 期，買權與賣權的價格會相等嗎？換言之，（8-10）式可以有另一種解釋方式：即 $I = S_\tau$ 使得買權與賣權價格相等。是故仍沿用 $S_0 = 50$、$K_c = 55$、$K_p = 48$、$r = 0.1$、$q = 0.05$、$\sigma = 0.35$、$T_c = 0.5$、$T_p = 0.5833$ 以及 $\tau = 0.25$ 的假定，利用（8-10）式或 BSM 公式，我們可以得出圖 8-5 的結果。換句話說，圖 8-5 是假定 *I* 值是由 48 逐步遞增 0.0001 至 52，然後根據（8-10）式所繪製而成，其中圖內二直線的相交點恰對應於 $I = 51.1156$。利用上述 *I* 值可以估計出於 τ 期的歐式買權與賣權價格皆約為 2.2652。

例 3　使用 fExoticOptions 程式套件

　　於 fExoticOptions 程式套件內亦有提供複雜的任選選擇權價格的函數指令，讀者倒是可以嘗試看看。

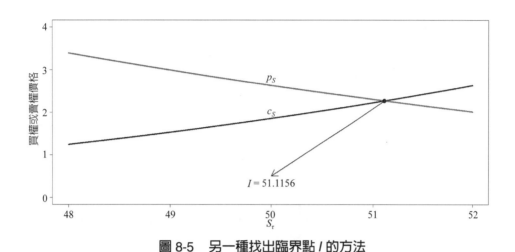

圖 8-5　另一種找出臨界點 I 的方法

1.2.2 回顧選擇權合約

如前所述，我們將檢視二種回顧選擇權合約，其一是浮動履約價回顧選擇權合約，另一則是固定履約價回顧選擇權合約。首先，我們先來看浮動履約價回顧選擇權合約。一種浮動履約價回顧買權合約是指合約的持有人有權於合約期限內以曾經出現過的最低標的資產價格 S_{min} 購買標的資產；同理，一種浮動履約價回顧賣權合約是指合約的買方有權於合約期限內以曾經出現過的最高標的資產價格 S_{max} 賣出該標的資產。換句話說，浮動履約價回顧買權合約是以 S_{min}，而浮動履約價回顧賣權合約則以 S_{max} 為履約價格。

歐式浮動履約價回顧選擇權最早是由 Goldman et al. 所提出[5]，其買權與賣權合約價格可以分別寫成：

$$FloatLbc_0 = S_0 e^{-qT} N(a_1) - S_{min} e^{-rT} N(a_2)$$

$$+ S_0 e^{-qT} \frac{\sigma^2}{2(r-q)} \left[\left(\frac{S_0}{S_{min}} \right)^{-\frac{2(r-q)}{\sigma^2}} N\left(-a_1 + \frac{2(r-q)}{\sigma}\sqrt{T} \right) - e^{(r-q)T} N(-a_1) \right]$$

（8-11）

---

[5]　Goldman, M.B., Sosin, H.B. and Gatto, M.A. (1979), "Path-dependent options: buy low, sell high", *Journal of Finance*, 34 (5), p1111-1127.

$$FloatLbp_0 = S_{\max} e^{-rT} N(-b_2) - S_0 e^{-qT} N(-b_1)$$

$$+ S_0 e^{-rT} \frac{\sigma^2}{2(r-q)} \left[-\left(\frac{S_0}{S_{\max}} \right)^{-\frac{2(r-q)}{\sigma^2}} N\left(b_1 - \frac{2(r-q)}{\sigma} \sqrt{T} \right) + e^{(r-q)T} N(b_1) \right]$$

（8-12）

其中

$$a_1 = \frac{\log(S_0 / S_{\min}) + (r - q + 0.5\sigma^2)T}{\sigma\sqrt{T}}; \ a_2 = a_1 - \sigma\sqrt{T}$$

$$b_1 = \frac{\log(S_0 / S_{\max}) + (r - q + 0.5\sigma^2)T}{\sigma\sqrt{T}}; \ b_2 = b_1 - \sigma\sqrt{T}$$

因此，若從到期日往前回顧，我們的確可以找出合約期限內標的資產的最低與最高價格。假定 $S_0 = 120$、$S_{\min} = 100$、$S_{\max} = 150$、$r = 0.1$、$q = 0.06$、$\sigma = 0.3$ 以及 $T = 0.5$，根據（8-11）與（8-12）二式可以分別計算買權與賣權合約價格分別約為 25.3534 與 31.1754。

雖然我們可以按照（8-11）與（8-12）式計算出歐式浮動履約價回顧選擇權價格，不過實際應用上卻有缺點，畢竟事先我們不知 $S_{\min}$ 與 $S_{\max}$ 值為何？雖說如此，若假定標的資產價格屬於 GBM，利用蒙地卡羅方法倒是可以容易地計算出歐式浮動履約價回顧買權與賣權價格。換言之，若將上述的部分假定改成 $T = 1$、$m = 250$（即 1 年有 250 個交易日）以及 $n = 10,000$（模擬次數），利用 GBM 與標準的蒙地卡羅方法，我們可以得出歐式浮動履約價回顧買權與賣權價格估計值分別約為 30.1274 與 23.1344。另一方面，若每次找出 GBM 模擬值的 $S_{\min}$ 與 $S_{\max}$ 值，其次數分配就分別繪製於圖 8-6 的上圖；我們可以進一步計算 $S_{\min}$ 與 $S_{\max}$ 的最小值與最大值分別約為 37.4606 與 120 以及 120 與 389.6762。最後，利用所得到的 $S_{\min}$ 與 $S_{\max}$ 值，再用（8-11）與（8-12）二式計算出的歐式浮動履約價回顧選擇權價格，其次數分配就分別繪製於圖 8-6 的下圖，其中 c_0 與 p_0 值分別表示利用（8-11）與（8-12）二式所得到的估計值，而圖內的垂直虛線則為前述的蒙地卡羅方法的估計值。我們從圖內可以看出，於我們的假定之下，似乎賣權的波動較大，利用蒙地卡羅方法可能會產生低估

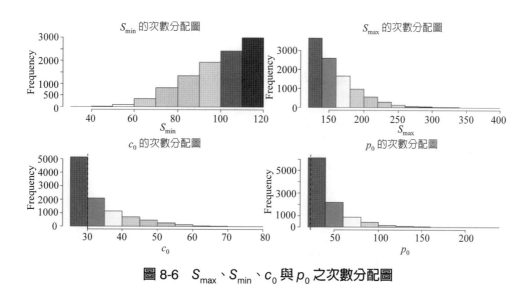

圖 8-6　S_{max}、S_{min}、c_0 與 p_0 之次數分配圖

的情況。

　　接下來，我們來看固定履約價的回顧選擇權合約。根據 Conze 與 Viswanathan[6]，該合約的買權與賣權價格可分別寫成：

$$FixedKLbc_t = S_t e^{(b-r)(T-t)} N(d_1) - Ke^{-r(T-t)} N(d_2)$$

$$+S_t e^{-r(T-t)} \frac{\sigma^2}{2b} \left[-\left(\frac{S_t}{K} \right)^{-\frac{2b}{\sigma^2}} N\left(d_1 - \frac{2b}{\sigma}\sqrt{T-t} \right) + e^{b(T-t)} N(d_1) \right]$$

（8-13）

其中

$$d_1 = \frac{\log(S_t / K) + (b + \sigma^2 / 2)(T-t)}{\sigma\sqrt{T-t}} \quad , \quad d_2 = d_1 - \sigma\sqrt{T-t}$$

---

[6]　Conze, A. and Viswanathan, P. (1991),"Path dependent options: the case of lookback options", *Journal of Finance*, 46, 1893-1907.

以及 $b = r - q$。若 $K \leq S_{\max}$，則：

$$FixedKLbc_t = S_t e^{-r(T-t)}(S_{\max} - K) + Se^{(b-r)(T-t)}N(e_1) - S_{\max}e^{-r(T-t)}N(e_2)$$

$$+ S_t e^{-r(T-t)} \frac{\sigma^2}{2b}\left[-\left(\frac{S_t}{S_{\max}}\right)^{-\frac{2b}{\sigma^2}} N\left(e_1 - \frac{2b}{\sigma}\sqrt{T-t}\right) + e^{b(T-t)}N(e_1) \right]$$

其中

$$e_1 = \frac{\log(S_t / S_{\max}) + (b + \sigma^2 / 2)(T-t)}{\sigma\sqrt{T-t}} \quad , \quad e_2 = e_1 - \sigma\sqrt{T-t}$$

$$FixedKLbp_t = Ke^{-r(T-t)}N(-d_2) - S_t e^{(b-r)(T-t)}N(-d_1)$$

$$+ S_t e^{-r(T-t)} \frac{\sigma^2}{2b}\left[\left(\frac{S_t}{K}\right)^{-\frac{2b}{\sigma^2}} N\left(-d_1 + \frac{2b}{\sigma}\sqrt{T-t}\right) - e^{b(T-t)}N(-d_1) \right] \quad (8\text{-}14)$$

若 $K \geq S_{\min}$，則：

$$FixedKLbp_t = e^{-r(T-t)}(K - S_{\min}) - Se^{(b-r)(T-t)}N(-f_1) + S_{\min}e^{-r(T-t)}N(-f_2)$$

$$+ S_t e^{-r(T-t)} \frac{\sigma^2}{2b}\left[\left(\frac{S_t}{S_{\min}}\right)^{-\frac{2b}{\sigma^2}} N\left(-f_1 + \frac{2b}{\sigma}\sqrt{T-t}\right) - e^{b(T-t)}N(-f_1) \right]$$

其中

$$f_1 = \frac{\log(S_t / S_{\min}) + (b + \sigma^2 / 2)(T-t)}{\sigma\sqrt{T-t}} \quad , \quad f_2 = f_1 - \sigma\sqrt{T-t}$$

因此，根據（8-13）與（8-14）二式，可以看出歐式固定履約價的回顧選擇權與標準的歐式選擇權一樣，事先有預設的履約價 K；就買權而言，到期的收益是依 S_{max}（合約期間出現的最高價）與 K 之間的差距而定。同理，就賣權而言，到期的收益是依 S_{min}（合約期間出現的最低價）與 K 之間的差距而定。

是故，歐式固定履約價的回顧買權與賣權的到期價值可以簡單地寫成：

$$FixedKLBc_T = \max(S_{max} - K, 0) = \max[S_{max} - S_T + (S_T - K), 0] \qquad （8\text{-}15）$$

與

$$FixedKLBp_T = \max(K - S_{min}, 0) = \max[K - S_T + (S_T - S_{min}), 0] \qquad （8\text{-}16）$$

換言之，根據（8-15）與（8-16）二式，可知歐式固定履約價的回顧買權與賣權價格應會高於相同條件下的標準歐式買權與賣權價格。

同理，歐式浮動履約價的回顧買權與賣權到期價值分別可寫成：

$$FloatingKLBc_T = \max(S_T - S_{min}, 0) = \max[S_T - K + (K - S_{min}), 0] \qquad （8\text{-}17）$$

與

$$FloatingKLBp_T = \max(S_{max} - S_T, 0) = \max[S_{max} - K + (K - S_T), 0] \qquad （8\text{-}18）$$

是故，若履約價 K 介於 S_{min} 與 S_{max} 之間，則歐式浮動履約價的回顧選擇權合約優於相同條件下的標準歐式選擇權合約。

例1 歐式浮動與固定履約價的回顧選擇權價格之比較

假定 $S_0 = 100$、$S_{max} = 130.4916$、$S_{min} = 93.7646$、$K_1 = 110$、$K_2 = 120$、$r = 0.1$、$q = 0.05$、$\sigma = 0.3$ 以及 $T = 1$。於 $K_1 = 110$ 之下，利用 BSM 公式，可得歐式買權與賣權價格分別約為 9.5314 與 13.9406，而若用於計算歐式固定履約價的回顧買權與賣權價格則分別約為 27.1938 與 27.5224；至於 $K_2 = 120$，則依

序分別約為 6.5673、20.0248、18.1454 與 36.5708。同理，若上述假定用於計算歐式浮動履約價的回顧買權與賣權價格則分別約為 23.1132 與 31.603。如前所述，歐式固定履約價的選擇權合約優於同條件的標準歐式選擇權合約，故前者計算出的買權與賣權價格皆高於後者的價格。值得注意的是，因 K_1 與 K_2 值皆介於 S_{min} 與 S_{max} 之間，故歐式浮動履約價的回顧買權與賣權價格亦皆介於 BSM 價格與歐式固定履約價的價格之間。

例2 歐式浮動與固定履約價的回顧選擇權價格之比較（續）

　　續例 1，若 $K_3 = 90$，則利用 BSM 公式，可得歐式買權與賣權價格分別約為 18.7368 與 5.0492；同理，歐式固定履約價的回顧買權與賣權價格則分別約為 45.2905 與 10.1951，顯然固定履約價賣權價格不如浮動履約價的賣權價格。再考慮 $K_4 = 140$ 的情況，則按照 BSM 的買權與賣權價格以及固定履約價的回顧買權與賣權價格的順序，其分別約為 2.9667、34.5209、5.8911 與 54.6675；明顯地，固定履約價買權價格低於浮動履約價的賣權價格。

例3 回顧選擇權合約的涵義

　　我們可以想像為何存在著回顧選擇權合約。直覺而言，倘若一位投資人以每股 50 元購買 A 公司的股票，當 A 公司的股價上升至 80 元，該投資人賣出該股票可有每股 30 元的利潤；不過，該投資人會不會「後悔」？萬一股價上升至 100 元呢？倘若不賣，萬一股價跌至 30 元呢？此時，浮動或固定履約價的回顧賣權合約就派上用場了。以前者為例，假定到期時股價仍為 50 元，該投資人若不使用浮動履約價賣權，則其（潛在）利潤為 0 元；不過，若該股票價格於合約期限曾出現過 120 元的最高價，則該投資人若有買進賣權，反而到期時每股有 70 元的收益。因此，回顧選擇權有點類似於「避免後悔」的選擇權。

例4 歐式浮動與固定履約價的回顧選擇權價格曲線

　　比較（8-15）～（8-19）四式，可以發現 S_{min} 與 S_{max} 於歐式浮動與固定履約價的回顧選擇權內所扮演的角色並不相同。例如：圖 8-7 分別繪製出四種不同型態的價格曲線，該圖是假定 $S_0 = S_T = 100$。我們先來看左上圖的情況，如前

所述，歐式浮動履約價的回顧買權合約是將 S_{min} 視為履約價，而圖內繪製出不同 S_{min} 下的價格曲線，故該圖（左上圖）相當於檢視不同履約價下的價格曲線。同理，右上圖繪製出歐式浮動履約價的回顧賣權價格曲線，可以注意的是 S_{max} 為履約價。

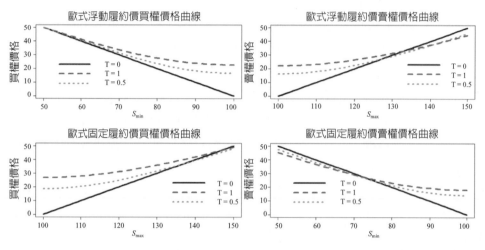

圖 8-7　歐式浮動與固定履約價的回顧買權與賣權價格曲線

假定履約價為 $K = 100$，圖 8-7 的下圖分別繪製出歐式固定履約價的回顧選擇權價格曲線，該曲線與標準的歐式選擇權價格曲線最大的不同是，以 S_{max} 或 S_{min} 取代 S_t（S_T）；因此，下圖價格曲線的形狀類似於標準歐式選擇權的價格曲線，讀者應能解釋各圖內的意思。

2. 全或零選擇權合約

本節我們將介紹一種簡單的新奇選擇權合約，該選擇權合約就稱為全或零選擇權合約（All-or-Nothing options, AN）。AN 又稱為二元選擇權合約（binary options）或數位選擇權合約（digital options）；因此，顧名思義，AN 其實是一種「贏者全拿」的選擇權合約。換句話說，AN 只是將尋常以擲骰子或銅板的遊戲，提升至以標的資產價格取代擲骰子或銅板的遊戲而已。事實上，AN 合約亦可以擴充至一種新且複雜的選擇權合約，該合約可以稱為全或零界限選擇權合約（All-or-Nothing Barrier options, ANB）。本節的目的，就是要介紹此

二種合約。

2.1 簡單的全或零選擇權合約

簡單的二元選擇權合約可以分成二種，其中之一稱為「現金或零」選擇權合約（Cash-or-Nothing options, CN），而另外一種則稱為「資產或零」選擇權合約（Asset-or-Nothing options, AsN）。若以 BSM 模型的角度來看，若 $S_T > K$，買權的買方可得 x 元，此時買權合約變成一種簡單的 CNc；此時，選擇權合約的性質並沒有改變，CNc 只是用 x 元取代 $S_T - K$ 的收益而已。同理，若以標的資產取代 x 元，則歐式買權合約就變成了 AsNc，例如若 $S_T > K$，買權的買方可得一單位（如 1 股）的標的資產；如此，BSM 模型不僅可以用於計算標準的歐式選擇權合約的價格，同時竟也可以成為計算一種「贏者全拿」遊戲價格的模型。按照同樣的思考邏輯，讀者自然可以了解 CNp 或 AsNp 的意義，當然此時 x 元或標的資產的單位定義是依契約上的規定。有意思的是，若將上述的歐式選擇權改成美式選擇權合約呢？似乎可以再創造出更多新的金融商品。

仔細想一想，應會發現 CN 與 AsN 的組合竟可複製出一種歐式選擇權，其中的關鍵在於 $x = K$。假定存在各二種標的資產、履約價以及到期日皆相同的 CN 與 AsN 合約，其中 CN 買權與賣權合約的履約價皆等於 x 元。考慮表 8-1 的資產組合 A 與 B。從表 8-1 內可以看出資產組合 A 的到期收益相當於履約價為 K 的歐式買權合約，而資產組合 B 的到期收益相當於履約價為 K 的歐式賣權合約；因此，歐式選擇權合約應可拆成二個部分，其一是 AsN 合約，另一則為 CN 合約。

因此，BSM 公式如第 5 章的（5-1）～（5-4）式應也可拆成二部分，第 5 章的 1.1 節我們有注意到 BSM 模型內的 $N(d_2)$ 與 $N(-d_2)$ 分別表示 $P(S_t > K)$ 以及 $P(S_t < K)$，因此利用 BSM 公式，我們亦可以計算 CNc 與 CNp 的價格；換言之，CN 的買權與賣權（歐式）價格公式可以分別寫成：

$$CNc_t = xe^{-r(T-t)}N(d_2) \qquad (8\text{-}19)$$

與

表 8-1　資產組合 A 與 B 的到期收益

資產組合 A			資產組合 B		
	$S_T \geq K$	$S_T < K$		$S_T \geq K$	$S_T < K$
買一口 AsN 買權	S_T	0	賣一口 AsN 賣權	0	$-S_T$
賣一口 CN 買權	K	0	買一口 CN 賣權	0	K
	$S_T - K$	0		0	$K - S_T$

$$CNp_t = xe^{-r(T-t)}N(-d_2) \qquad (8\text{-}20)$$

若與（5-1）與（5-2）二式比較，可知（8-19）與（8-20）二式分別爲 BSM 公式內買權與賣權價格公式的第二項。

至於 AsN 的買權與賣權（歐式）價格公式則可以分別寫成：

$$AsNc_t = S_t e^{-q(T-t)}N(d_1) \qquad (8\text{-}21)$$

與

$$AsNp_t = S_t e^{-q(T-t)}N(-d_1) \qquad (8\text{-}22)$$

同理（8-21）與（8-22）二式則爲 BSM 公式的第一項[7]。利用（8-19）～（8-22）四式，我們不難繪圖說明表 8-1 的結果，可以參考圖 8-8。圖 8-8 的左圖分別繪製出資產組合 A 與 B 的到期收益曲線，值得注意的是，圖內是將（8-19）與（8-20）二式內的 x 元設爲 K 元；另一方面，圖 8-8 的右圖則分別使用 BSM 公式繪製出對應的買權與賣權的到期收益曲線。不出意料之外，二圖內的到期收益曲線完全相同，圖內的虛線，是根據另一個履約價所繪製而成。

是故，利用 AsN 與 CN 合約的觀念，使得我們可以從另一個角度來詮釋 BSM 模型；原來，BSM 模型是由二種 AN 模型所構成，其中之一爲 AsN 模型，

---

[7]　（8-1）～（8-4）四式的導出過程可以參考 McDonald, R.L. (2013), *Derivatives Markets*, third edition, Pearson.

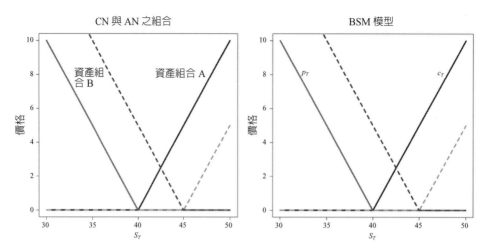

圖 8-8　CN 與 AN 之組合與 BSM 模型所計算出的到期買權與賣權收益曲線

另一則為 CN 模型。既然 BSM 模型可以拆成 AsN 與 CN 模型，理所當然所有會影響 BSM 公式的參數（第 5 章的圖 5-1 與 5-2）亦會影響到 AsN 與 CN 模型內的價格函數。我們可以先檢視 AsN 與 CN 模型的價格曲線，可以參考圖 8-9。

　　圖 8-9 考慮不同到期期限的 AsN 與 CN 合約的價格曲線，其中上圖分別繪製出 CN 買權與賣權的價格曲線（假定 $x = K = 40$ 元），而下圖則分別繪製出 AsN 買權與賣權的價格曲線。我們從圖 8-10 內的確可以看出為何 AN 合約被稱為二元選擇權合約，因為檢視合約的到期收益曲線（即 $T = 0$）形狀，尤其是 CN 的買權或賣權的到期收益，其結果不是可得 x 元的收益，就是 0 元的收益。至於未到期的收益則反應在價格上，故稱為價格曲線。有意思的是，由（8-19）與（8-20）二式可知買權或賣權價格內有含於到期時可得 x 元收益的機率[8]；如此來看，若 $x = 1$ 元，則按照（8-19）與（8-20）二式，CN 合約價格的未來值竟然是於到期時得到 1 元的機率。於圖內可以看出若 r 固定不變，則離到期日愈近，價內（價外）的機率愈高（愈低）；因此，未到期的價格曲線是以到期收益曲線為漸近線。

---

[8]　當然此並非真正的機率，此乃根據 BSM 模型假定的機率（對數常態分配）。

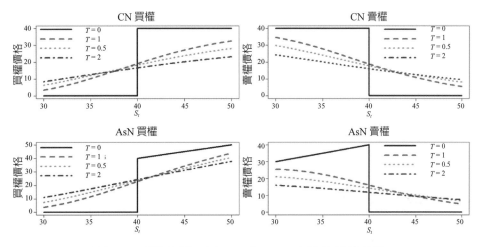

圖 8-9　不同到期日之 CN 與 AsN 合約的價格曲線

　　圖 8-9 的下圖繪製出 AsN 合約的到期收益曲線以及未到期的價格曲線，由於收益是以標的資產的價格表示，故上述曲線的形狀明顯地與 CN 的曲線形狀不同；例如：檢視 AsN 買權合約到期的情況，若 $S_T > K$，則因買方可得 S_T，故其到期收益反而不是水平線，反而是一條隨 S_T 升高而向上的直線。我們可以將 CN 與 AsN 買權與賣權合約的到期收益曲線繪製於同一圖內，其結果就如圖 8-10 所示。比較圖 8-10 內 CN 以及 AsN 買權與賣權合約的到期收益曲線的差異，自然可以發現 CN 以及 AsN 合約之不同。

例1　計算 CN 與 AsN 合約的價格

　　假定 $S_0 = 40$、$K = 40$、$r = 0.1$、$q = 0.05$、$T = 1$、$\sigma = 0.3$ 以及 $x = 40$，我們可以計算出 CN 買權與賣權合約的價格分別約為 18.3374 與 17.8561（元）；至於 AsN 買權與賣權合約的價格則分別約為 23.7523 與 14.2969（元）。如前所述，若 $x = 1$，則 CN 買權合約價格的未來值（至到期）是表示到期可得 1 元的機率；也就是說按照上述的假定，到期取得 1 元的機率約為 0.5，不過若將 S_0 改為 45 元，則到期可取得 1 元的機率值約為 0.6588。

例2　差距選擇權

　　直覺而言，利用圖 8-10 的左圖，我們倒是可以設計出一種新的商品，因

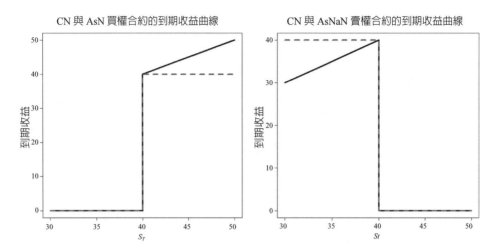

圖 8-10　CN 與 AsN 買權與賣權合約的到期收益曲線

為 AsN 買權到期收益減 CN 買權到期收益仍有正的收益；相反地，CN 買權到期收益減 AsN 買權到期收益就無法得出一種商品，因為商品價格應不為負值。換句話說，前述第一種可能不就是表 8-1 內的資產組合 A 嗎？實際上，倒是真的有此種商品，該商品就稱為差距選擇權（gap options）。差距選擇權的價格公式可以寫成：

$$c = S_0 e^{-qT} N(d_1) - K_1 e^{-rT} N(d_2) \text{ 與 } p = K_1 e^{-rT} N(-d_2) - S_0 e^{-qT} N(-d_1) \quad (8\text{-}23)$$

其中

$$d_1 = \frac{\log(S_0 / K_2) + (r - q + \sigma^2 / 2)T}{\sigma\sqrt{T}} \quad , \quad d_2 = d_1 - \sigma\sqrt{T} \quad (8\text{-}24)$$

因此，按照（8-23）與（8-24）二式的定義，可以知道差距選擇權合約有二個履約價分別為 K_1 與 K_2，其中 K_2 扮演著「門檻」的角色，而 K_1 則為計算收益的依據。例如：若 $S_T > K_2$，則買權的買方可得 $S_T - K_1$ 的收益；同理，若 $S_T < K_2$，則賣權的買方可得 $K_1 - S_T$ 的收益。利用（8-23）與（8-24）二式，我們可以分別繪製出差距買權合約的價格與到期收益曲線，如圖 8-11 的圖 (a) 所示；至於差距賣權合約的價格與到期收益曲線，則繪製於圖 8-11 的圖 (c)。值

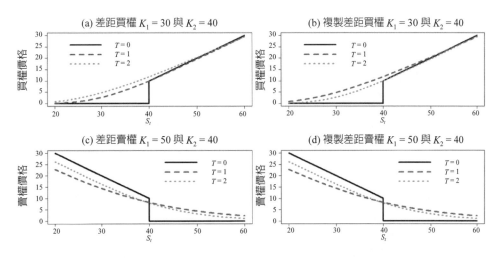

圖 8-11　差距選擇權與其複製的到期收益以及價格曲線

得注意的是，二種合約的 K_1 與 K_2 值並不相同，其中買權合約必須 $K_1 < K_2$，而賣權合約則必須 $K_1 > K_2$，否則二種合約的價格有可能會出現負值。從圖內可以發現雖然差距買權與 AsN 買權合約的到期收益曲線形狀頗為類似，不過二合約的價格曲線位置卻不相同，其中差距買權的價格曲線大致位於到期收益曲線的上方，但是 AsN 買權合約的價格曲線則位於到期收益曲線的上下限值之間（圖 8-9）。我們可以了解為何會有如此的差異，因為差距買權仍類似於標準的以 K_1 為唯一履約價的歐式買權，因 $K_1 < K_2$，故差距買權的價格較低。至於 AsN 買權合約只是標準的歐式買權的一個組成份子，自然其位置會有不同。至於差距賣權合約的價格與到期收益曲線如圖 (c)，讀者應該可以解釋該圖的涵義。

例 3　差距選擇權合約的複製

　　如前所述，差距選擇權合約類似於標準的歐式選擇權合約，以賣權為例，相當於表 8-1 的資產組合 B，不過此時需設 $x = K_1$ 而 $K = K_2$ 即可複製差距賣權的到期收益與價格曲線如圖 8-11 內的圖 (d) 所示，該圖與圖 (c) 一致。讀者可以練習買權的情況。

AN 之 Delta 避險

雖然 AN 選擇權合約較爲簡易，不過實際上我們卻難遇到，原因可能來自於該合約較難避險；以 CN 選擇權合約爲例，圖 8-12 繪製出不同到期日 $x = K = 40$ 元的買權與賣權合約的 Delta 值曲線，於圖內可發現 CN 買權與賣權合約的 Delta 值曲線接近於常態分配的 PDF，並不同於標準的歐式買權與賣權的 Delta 值曲線接近於常態分配的 CDF[9]（第 5 章的圖 5-23）。換言之，圖 8-12 分別考慮 $T = 0.5$ 與 $T = 0.00011$（到期前 1 小時）二種狀況，我們發現到期前 CN 買權與賣權合約的 Delta 值波動幅度相當大，故提高了避險的困難度。

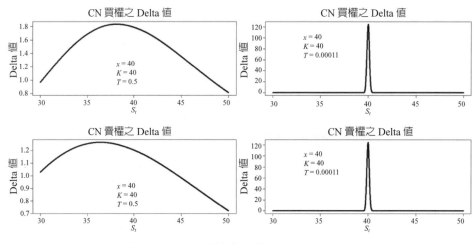

圖 8-12 CN 買權與賣權合約的 Delta 值

CN 的價差與勒式策略

第 2 章我們曾經介紹標準歐式選擇權的價差與勒式策略，圖 8-13 的右圖繪製出標準歐式買權的多頭價差（買低履約價 K_1 與賣高履約價 K_2 的買權）以及買勒式（買低履約價買權與買高履約價賣權）的未到期與到期收益曲線；同

9　即例如 $\dfrac{\partial CNc_t}{\partial S_t} = \dfrac{xe^{-r_f(T-t)}N'(d_2)}{S_t\sigma\sqrt{T-t}}$，而 $\dfrac{\partial CNp_t}{\partial S_t} = \dfrac{xe^{-r_f(T-t)}N'(-d_2)}{S_t\sigma\sqrt{T-t}}$ 其中 N'(·) 爲標準常態分配的 PDF。

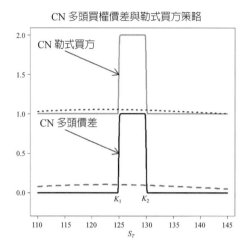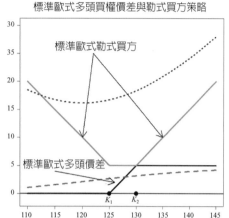

圖 8-13　CN 與標準歐式之價差與勒式策略比較

理，左圖則繪製出相同假定下的 CN 多頭買權價差與買勒式的未到期與到期收益曲線（虛線表示未到期）。比較左右二圖，可以發現二策略的收益曲線形狀並不相同。例如：圖內假定 $x = 1$，當 $S_T > K_2$ 時，CN 多頭買權價差的到期收益為 0 元（即買低履約價買權可得 1 元而賣高履約價買權會損失 1 元），但是標準歐式多頭買權價差的到期收益卻是 $K_2 - K_1$，因此二種到期收益曲線是不同的。有意思的是，就買勒式策略而言，CN 的到期收益於 S_T 介於 K_1 與 K_2 之間卻是多頭買權價差策略到期收益的 2 倍。

2.2 全或零界限選擇權合約

　　前一章介紹的陽春型選擇權合約有一個特色，就是標的資產價格於合約期限內，不管價格為何，只要持有人不提前履約，該選擇權合約將繼續有效至到期日。倘若存在有一種選擇權合約標榜於合約期限內，標的資產價格若有觸及到某一價格水準，則該選擇權合約將失效（提前到期），我們就稱該選擇權合約為一種界限選擇權（barrier option），而上述價格水準則稱為界限價格。換言之，之前我們所介紹或接觸的選擇權合約，其實皆是屬於沒有界限的選擇權。直覺而言，界限選擇權相當於沒有界限的選擇權內設定界限價格，只要標的資產價格有等於界限價格，則界限選擇權合約將失效，其價值變為 0，故界限選擇權價格應不會高於非界限選擇權價格；另一方面，因需檢視標的

資產價格於合約期限的路徑，故界限選擇權屬於一種路徑依賴的選擇權（path-dependent option）[10]。

　　按照上述定義，我們可以將界限選擇權分成三類：

(1) 觸及失效選擇權（knock-out options）：若標的資產價格由高降至觸及到界限價格，則稱爲向下失效型（down-and-out）的界限選擇權；同理，向上失效型（up-and-out）的界限選擇權則指標的資產價格由低升高至觸及到界限價格。

(2) 觸及生效選擇權（knock-in options）：與觸及失效選擇權相反的是觸及生效選擇權，即標的資產價格必須達到界限價格，該選擇權才有效；換言之，向下生效型（down-and-in）與向上生效型（up-and-in）的界限選擇權，必須是標的資產價格跌至與上升至界限價格才生效的選擇權。

(3) 回扣界限選擇權（rebate barrier options）：直覺而言，爲何會出現觸及失效選擇權？此可從保障買方與賣方二方面來看。以買權爲例，若限制價格低於期初標的資產價格，則向下失效買權對買方有利；但是，若限制價格高於期初標的資產價格，則向上失效買權對賣方有利。同理，若限制價格低於（高於）期初標的資產價格，則向上失效（向下失效）賣權對買方（賣方）有停損機制的保障[11]。既然有可能會提前到期，故應該買方給予一個固定金額的「回扣」以補償買方權利金的損失，即爲回扣界限選擇權[12]。

---

[10] 之前介紹過的亞式選擇權或回顧選擇權亦屬於路徑選擇權。

[11] 遇到界限選擇權的時候，我們會好奇期初界限價格是如何決定的？其實該價格的決定應該是與保障選擇權的買方與賣方權利有關。以買權爲例，買權的買方是看多市場行情，因此若限制價格訂於期初標的資產價格之下，向下失效買權反而對買權的買方提供了一種停損的機制；相反地，若限制價格訂於期初標的資產價格之上，當標的資產價格愈高，對買權的賣方愈不利，賣方當然想辦法讓買權提前到期（失效），故有了向上失效買權的出現。不過，向上失效買權的買權價格應高於履約價才合理。類似的直覺想法亦適用於向上失效與向下失效的買權合約上。

[12] 於臺灣權證市場上有下限型認購權證（簡稱牛證）與上限型認售權證（簡稱熊證）二商品的發行，上述二商品相當於標準的認購權證與認售權證商品內各加進一個價格限制，即標的資產價格於合約期限內若有觸及到限制價格，則二商品就提前到期（失效）。換言之，牛證相當於一種向下失效的界限買權；同理，熊證相當於一種向上失效的界限賣權。讀者應注意若有接觸到牛熊證商品，可以留意限制價格究竟是較期初標的資產價格高或低。

我們舉一個例子說明界限選擇權的意義。圖 8-14 繪製出一種履約價為 95 元的界限選擇權合約，從圖內可看出標的資產價格 S_t 開始於 100 元附近，至到期日約為 80 元。倘若該選擇權合約是一種觸及生效賣權，則於圖內可看出因 S_t 於合約期限內有觸及到界限價格 75 元，故到期時該賣權合約的持有人可得 15 元；相反地，若該選擇權合約是一種觸及失效賣權，則反而該持有人於到期時並沒有任何收益。同理，就觸及生效的買權合約而言，即使 S_t 曾經於合約期限內觸及到界限價格，不過因界限價格低於履約價格，於到期時該買權的價值仍為 0 元。

因此，按照上述界限選擇權的定義，其實我們可以將標準的選擇權拆成觸及生效選擇權與觸及失效選擇權二部分；也就是說，觸及生效或觸及失效選擇權皆是屬於標準選擇權的某一部分，自然價格不會高於標準選擇權的價格。事實上，標準選擇權的價格應可拆成觸及失效選擇權價格與觸及生效選擇權價格，即：

標準選擇權價格 = 觸及失效選擇權價格 + 觸及生效選擇權價格（8-25）

換言之，一旦標的資產價格觸及界限價格，選擇權合約會失效，此為觸及失效部分，不過若再加上觸及生效部分，該選擇權合約又恢復了。按照（8-25）式，自然可以知道標準買權合約價格等於觸及失效買權合約價格加上觸及生效

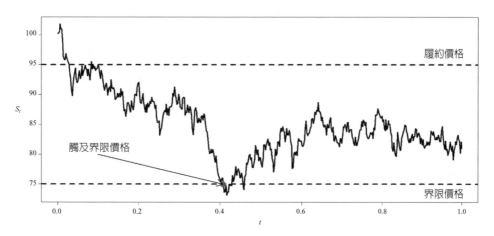

圖 8-14　一種界限選擇權合約

買權合約價格，類似的想法亦適用於賣權合約上。

　　了解界限選擇權的意義後，1.1 節內的 AN 選擇權合約自然可以擴充至 AN 選擇權合約內含界限選擇權部分，此為 ANB 的由來；不過，因 AN 選擇權合約可以分成 AsN 與 CN 二種型態的選擇權合約，而界限選擇權合約又可以分成觸及生效與觸及失效選擇權合約二種型態，而後二者又可以再分成「向上」與「向下」二種，使得 AN 選擇權合約加上界限選擇權的性質後變得複雜，還好了解上述過程後，不難了解多種複雜選擇權合約的組成結構。

　　首先來看 CNB 選擇權合約（Cash-or-Nothing Barrier options, CNB）。我們以 DICNc（Down-and-In Cash-or-Nothing call, DICNc）為例說明，其他型態自然可以類推。考慮一種 DICNc 合約，於期限內標的資產的最高與最低價格分別為 S_t^{max} 與 S_t^{min}，假定界限價格 H 低於期初標的資產價格 S_0，即 $H < S_0$。我們不難了解該 DICNc 合約的意義；也就是說，上述 DICNc 是一種買權合約，若下列二條件成立，持有人可得 x 元：第一，於合約期間內，標的資產價格有觸及到界限價格，即 $S_t^{min} \le H$；第二，到期時，標的資產價格高於履約價，即 $S_T > K$。換言之，DICNc 合約的價格可以分成二個部分來看（其中 $\eta = 1$ 與 $\phi = 1$）[13]：當 $K > H$ 時，買權合約價格為 B_3；另一方面，若 $K < H$，則價格為 $B_1 - B_2 + B_4$。有關於 B_i 的定義，可以參考表 8-2[14]。

　　按照上述的推理過程，我們也可以思考 DICNp（Down-and-In Cash-or-Nothing put, DICNp）合約為何？換句話說，既然是向下生效合約，首先當然必須是 $S_0 > H$；因此，就 DICNp 合約而言，賣權合約的持有人亦須滿足下列二條件方能得到 x 元：第一：於合約期間內，標的資產價格有觸及到界限價格，即 $S_t^{min} \le H$；第二，到期時，履約價高於標的資產價格，即 $K > S_T$。是故，DICNp 合約價格為（其中 $\eta = 1$ 與 $\phi = -1$）：當 $K > H$ 時，賣權合約價格為 $B_2 - B_3 + B_4$；另一方面，若 $K < H$，則價格為 B_1。同理，我們可以分別找出 UICNc 與 UICNp 合約的價格公式分別為（$S_0 < H$）：

---

[13] 即 $\phi = 1$ 表示買權而 $\phi = -1$ 表示賣權；其次，$\eta = 1$ 表示向下而 $\eta = -1$ 表示向上。

[14] 表 8-2 內的變數定義是取自 Haug, E.G. (2006), *The Complete Guide to Option Pricing Formulas*, 2nd edition, McGraw-Hill. 該變數公式係根源於 Reiner, E. and Rubinstein, M. (1991), "Unscrambling the binary code", *Risk*, 4 (9), p75-83. 根據 Reiner 與 Rubinstein 的原著，我們總共有 28 種型態的 ANB。於本節，我們只檢視其中四種。

$$UICNc_t = \begin{cases} B_1 & \text{若} \quad K > H \\ B_2 - B_3 + B_4 & \text{若} \quad K < H \end{cases} \text{（其中 } \eta = -1 \text{ 與 } \phi = 1 \text{）}$$

與

$$UICNp_t = \begin{cases} B_1 - B_2 + B_4 & \text{若} \quad K > H \\ B_3 & \text{若} \quad K < H \end{cases} \text{（其中 } \eta = -1 \text{ 與 } \phi = -1 \text{）}$$

表 8-2　ANB 價格公式內變數之定義

$$A_1 = S_t e^{-q(T-t)} N(\phi X_1) \qquad\qquad B_1 = x e^{-r(T-t)} N\left(\phi X_1 - \varphi\sigma\sqrt{T-t}\right)$$

$$A_2 = S_t e^{-q(T-t)} N(\phi X_2) \qquad\qquad B_2 = x e^{-r(T-t)} N\left(\phi X_2 - \varphi\sigma\sqrt{T-t}\right)$$

$$A_3 = S_t e^{-q(T-t)} (H/S_t)^{2(\mu+1)} N(\eta Y_1) \qquad B_3 = x e^{-r(T-t)} (H/S_t)^{2\mu} N\left(\eta Y_1 - \eta\sigma\sqrt{T-t}\right)$$

$$A_4 = S_t e^{-q(T-t)} (H/S_t)^{2(\mu+1)} N(\eta Y_2) \qquad B_4 = x e^{-r(T-t)} (H/S_t)^{2\mu} N\left(\eta Y_2 - \eta\sigma\sqrt{T-t}\right)$$

$$A_5 = x\left[(H/S_t)^{\mu+\lambda} N(\eta Z) + (H/S_t)^{\mu-\lambda} N\left(\eta Z - 2\eta\lambda\sigma\sqrt{T-t}\right)\right]$$

其中

$$X_1 = \frac{\log(S_t/K)}{\sigma\sqrt{T-t}} + (\mu+1)\sigma\sqrt{T-t}, \; X_2 = \frac{\log(S_t/H)}{\sigma\sqrt{T-t}} + (\mu+1)\sigma\sqrt{T-t},$$

$$Y_1 = \frac{\log(H^2/(S_t K))}{\sigma\sqrt{T-t}} + (\mu+1)\sigma\sqrt{T-t}, \; Y_2 = \frac{\log(H/S_t)}{\sigma\sqrt{T-t}} + (\mu+1)\sigma\sqrt{T-t},$$

$$Z = \frac{\log(H/S_t)}{\sigma\sqrt{T-t}} + \lambda\sigma\sqrt{T-t}, \;\; \mu = \frac{(r-q-0.5\sigma^2)}{\sigma^2}, \;\; \lambda = \sqrt{\mu^2 + \frac{2r}{\sigma^2}}$$

　　我們舉一個例子說明如何計算上述四種合約價格 [15]。假定 $x = 1$、$S_0 = 39$、$K = 40$、$r = 0.045$、$q = 0$、$T = 1$、$\sigma = 0.3$、$H_1 = 35$ 與 $H_2 = 45$。就 $DICNc_t$ 與

---

[15] 利用 fExoticOptions 程式套件，我們可以計算上述四種合約價格，按照 DICNc、
DICNp、UICNc 以及 UICNp 合約順序，於該程式套件內的編號分別為 13、17、14
以及 18。我們利用表 8-2，自行設計出八種函數指令，讀者亦可以練習設計出其他
合約價格的函數指令，可以參考所附的 R 指令。

$DICNp_t$ 而言，其界限價格為 H_1；至於 $UICNc_t$ 與 $UICNp_t$ 的界限價格則為 H_2。根據上述假定，可得 $DICNc_t$、$DICNp_t$、$UICNc_t$ 與 $UICNp_t$ 分別約為 0.2009、0.4858、0.4217 以及 0.1838。

例1 **CN 合約價格**

利用上述所計算出的 $DICNc_t$、$DICNp_t$、$UICNc_t$ 與 $UICNp_t$ 價格，我們可以說明（8-25）式的確存在；換句話說，我們尚須計算出相同假定下的 $DOCNc_t$、$DOCNp_t$、$UOCNc_t$ 與 $UOCNp_t$ 價格，其分別約為 0.2449、0.0244、0.0242 以及 0.3264[16]。因此，根據上述八個價格，下列二式是成立的，即：

$$CNc_t = DICNc_t + DOCNc_t = UICNc_t + UOCNc_t \qquad （8\text{-}25a）$$

與

$$CNp_t = DICNp_t + DOCNp_t = UICNp_t + UOCNp_t \qquad （8\text{-}25b）$$

其中根據（8-19）與（8-20）二式以及上述假定，CNc_t 與 CNp_t 的估計值分別約為 0.4459 與 0.5101，讀者可以驗證（8-25a）與（8-25b）二式是否成立。

例2 **$K = H$？**

若按照例 1 內的 $UICNc_t$ 或 $UOCNp_t$ 的公式，似乎買權或賣權的價格可以分成 $K > H$ 以及 $K < H$ 二部分，而二部分的價格公式並不相同。我們不禁會好奇若是 $K = H$ 的價格公式為何？圖 8-15 繪製出四種結果，即該圖分別繪製出向上觸及生效 CN 買權與賣權，以及向上觸及失效 CN 買權與賣權的價格曲

---

[16]
$$UOCNc_t = \begin{cases} 0, & 若\ K > H \\ B_1 - B_2 + B_3 - B_4, & 若\ K < H \end{cases} （其中\ \eta = -1\ 與\ \phi = 1）$$

與

$$UOCNp_t = \begin{cases} B_2 - B_4, & 若\ K > H \\ B_1 - B_3, & 若\ K < H \end{cases} （其中\ \eta = -1\ 與\ \phi = -1）。$$

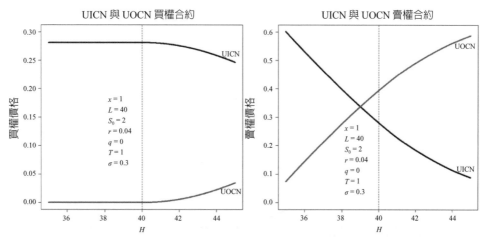

圖 8-15　不同界限價格下的 UICN 與 UOCN 選擇權合約價格曲線

線，其中 $S_0 = 34$、$K = 40$ 與 $T = 1$。我們有興趣的是，於不同的界限價格下，買權與賣權合約的價格為何？圖內考慮 H 為介於 35～45（元）的多種可能，我們可以注意到於 $K = 40$ 附近，價格並未出現明顯的跳動，表示若 $K = H$，其實使用其中一部分的價格公式計算，結果應差距不大。於我們自行設計的 R 或是 fExoticOptions 程式套件內的函數指令並未考慮 $K = H$ 的情況，讀者可以嘗試修改上述函數指令，使其能包括 $K = H$ 的情況。

例3　三種選擇權價格曲線

　　假定 $x = 5$，根據上述 UICN 的公式，我們可以比較 UICN 與 CN 的價格曲線有何不同？圖 8-16 繪製出於 $T = 1/365$ 之下的二種結果，即圖 (a)～(f) 是假定履約價 $K = 125$，而圖 (g)～(l) 則考慮 $K = 115$ 的情況；另一方面，圖 (c)、(f)、(i) 與 (l) 皆假定界限價格 $H = 120$。換句話說，透過圖 8-16 的各小圖，我們可以比較標準、CN 與 UICN 的買權與賣權價格曲線於到期的前一天差異[17]。於圖內，我們可以看出 UICN 的買權與賣權價格曲線，具有下列四種特色：第一，當 $S_{T-1} < K$ UICN 的買權與賣權價格皆為 0，此與標準或 CN 的價格並不相同；第二，因 $x = 5$（即到期時只能收到 $x = 5$），不過於圖 (f) 與 (i) 卻可看

---

[17] 假定所考慮的選擇權合約的到期日皆相同，按照之前的表示方式，到期的前一天相當於 $T = 1/365$，而其對應的標的資產價格為 S_{T-1}。

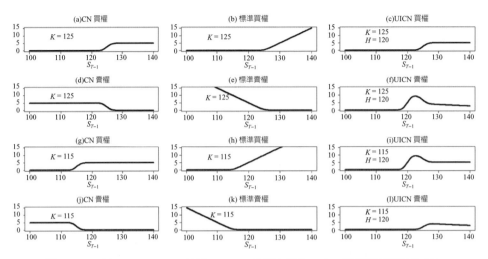

圖 8-16　於 $T = 1/365$ 之下，CN、標準以及 UICN 選擇權價格曲線

到標的資產價格超過界限價格之後有超過 x 的「奇特凸出」現象；第三，就 UICN 買權而言，當 S_{T-1} 愈高，買權價格為固定值；第四，就 UICN 賣權而言，當 S_{T-1} 愈高，賣權價格並非為一個固定數值，而是隨 S_{T-1} 的提高而下降。因此，從圖 8-16 可知，於到期前 UICN 買權或賣權價格變化較大。

例 4　多頭價差與勒式策略

　　續例 3，我們可以進一步比較於買權多頭與買勒式策略下，UICN、CN 與 BSM 的收益曲線有何不同？可以參考圖 8-17。讀者應能解釋圖內的意義。

3. 界限選擇權

　　大致了解 ANB 合約後，我們就可以進一步介紹於 OTC 市場上交易活絡的界限選擇權合約。界限選擇權合約可說是一種活躍的新奇選擇權合約，其不僅容易出現於外匯選擇權市場上，同時亦可能於股票、商品或利率的選擇權市場看到它的蹤影。

　　界限選擇權合約應該可以視為標準選擇權合約的延伸，即後者的收益取決於履約價的高低，但是前者收益的決定，除了需考慮履約價之外，尚需檢視界

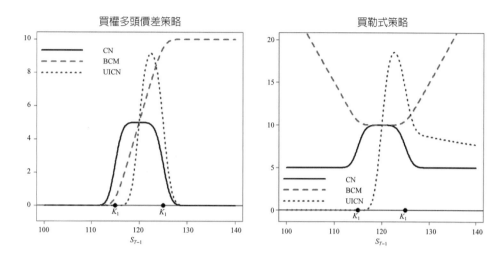

圖 8-17　UICN、CN 與 BSM 之買權多頭與買勒式策略（T = 1/365）

限價格。換言之，界限選擇權合約的引進，相當於將簡單的看多型買權與看空型賣權「複雜化」或是多了一些限制，使得界限選擇權的價格低於相同條件的標準選擇權價格。

　　類似於 ANB 合約，若將標準的選擇權合約擴充至含「觸及生效」與「觸及失效」選擇權合約，該合約就稱為標準的界限選擇權合約，我們可以簡稱該合約為界限選擇權合約。換言之，界限選擇權合約可以依觸及生效與觸及失效二部分，再分別分成向上與向下二種；因此，界限選擇權合約實際上包含了八種買權與賣權合約，可以參考表 8-4。

　　表 8-4 列出界限選擇權（歐式）價格公式，公式內的變數定義，可以參考表 8-3[18]。界限選擇權價格公式頗類似於表 8-2 的二元界限價格公式。雖說二表內變數或參數的定義大多雷同，不過於表 8-3 卻是假定 $x = 1$ 以及多了一個 x_1 變數。x_1 是一種預先設定的現金回扣而於到期時支付的金額，其目的是給予合約持有人，於合約期限內標的資產價格並沒有接觸到觸及生效的界限價格（或是標的資產價格有接觸到觸及失效的界限價格）一種「補貼」。事實上，表 8-2

---

[18] 類似於表 8-2，表 8-3 內的公式是取自 Haug, E.G. (2006), *The Complete Guide to Option Pricing Formulas*, 2nd edition, McGraw-Hill. 該公式係根源於 Reiner, E. and Rubinstein, M. (1991), "Breaking down the barriers", *Risk*, 4 (8), p28-35.

表 8-3　界限選擇權價格公式內變數之定義

$$A = \varphi S_t e^{-q(T-t)} N(\varphi X_1) - \varphi K e^{-r(T-t)} N\left(\varphi X_1 - \varphi\sigma\sqrt{T-t}\right)$$

$$B = \varphi S_t e^{-q(T-t)} N(\varphi X_2) - \varphi K e^{-r(T-t)} N\left(\varphi X_2 - \varphi\sigma\sqrt{T-t}\right)$$

$$C = \varphi S_t e^{-q(T-t)} (H/S_t)^{2(\mu+1)} N(\eta Y_1) - \varphi K e^{-r(T-t)} (H/S_t)^{2\mu} N\left(\varphi Y_1 - \varphi\sigma\sqrt{T-t}\right)$$

$$D = \varphi S_t e^{-q(T-t)} (H/S_t)^{2(\mu+1)} N(\eta Y_2) - \varphi K e^{-r(T-t)} (H/S_t)^{2\mu} N\left(\varphi Y_2 - \varphi\sigma\sqrt{T-t}\right)$$

$$E = x_1 e^{-q(T-t)} \left[N\left(\eta X_2 - \eta\sigma\sqrt{T-t}\right) - (H/S_t)^{2\mu} N\left(\eta Y_2 - \eta\sigma\sqrt{T-t}\right) \right]$$

$$F = x_1 \left[(H/S_t)^{\mu+\lambda} N(\eta Z) + (H/S_t)^{\mu-\lambda} N\left(\eta Z - 2\eta\lambda\sigma\sqrt{T-t}\right) \right]$$

其中

$$X_1 = \frac{\log(S_t/K)}{\sigma\sqrt{T-t}} + (\mu+1)\sigma\sqrt{T-t}, \ X_2 = \frac{\log(S_t/H)}{\sigma\sqrt{T-t}} + (\mu+1)\sigma\sqrt{T-t},$$

$$Y_1 = \frac{\log(H^2/(S_t K))}{\sigma\sqrt{T-t}} + (\mu+1)\sigma\sqrt{T-t}, \ Y_2 = \frac{\log(H/S_t)}{\sigma\sqrt{T-t}} + (\mu+1)\sigma\sqrt{T-t},$$

$$Z = \frac{\log(H/S_t)}{\sigma\sqrt{T-t}} + \lambda\sigma\sqrt{T-t}, \ \ \mu = \frac{(r_f - q - 0.5\sigma^2)}{\sigma^2}, \ \ \lambda = \sqrt{\mu^2 + \frac{2r_f}{\sigma^2}}$$

與 8-3 是相通的，即若 $x_1 = 0$，則理所當然可以由表 8-2 複製出表 8-4。例如：圖 8-8 或表 8-1 的結果提醒我們可以利用 AN 與 CN 的組合複製出買權或賣權合約來。換句話說，一口標準的界限買權合約可以由買進一口 AN 買權合約以及 K 口的 CN 買權合約（$x=1$）所組成的資產組合複製；同理，其他類型的標準界限買權合約亦可用類似的方法複製。雖說如此，我們還是需要利用表 8-4 內的公式，因為單獨利用表 8-2 內的公式，我們還是計算不出 $x_1 \neq 0$ 的界限選擇權合約價格。

　　類似於 ANB 選擇權合約的分類，我們也可以根據表 8-3 內的公式將標準界限選擇權分成八種不同的類型，可以參考表 8-4。以向上觸及生效買權合約（up-and-in call）為例，於 $K > H$ 與 $K < H$ 的情況下，其價格分別為 $UIc_t + A + E$ 與 $UIc_t = B - C + D + E$，其中 $\eta = -1$ 與 $\phi = 1$（各變數的定義可參考表8-3）。因此，利用表 8-4 內的定義，我們可以舉一個例子進一步說明如何計算出不同類型的標準界限選擇權合約價格，可以參考表 8-5。

表 8-4　界限選擇權合約的類型

	$K > H$	$K < H$	η, ϕ
	觸及生效		
向上買權 $(S_t < H)$	$UIc_t = A + E$	$UIc_t = B - C + D + E$	$\eta = -1, \phi = 1$
向上賣權 $(S_t < H)$	$UIp_t = A - B + D + E$	$UIp_t = C + E$	$\eta = -1, \phi = -1$
向下買權 $(S_t > H)$	$DIc_t = C + E$	$DIc_t = A - B + D + E$	$\eta = 1, \phi = 1$
向下賣權 $(S_t > H)$	$DIp_t = B - C + D + E$	$DIp_t = A + E$	$\eta = 1, \phi = -1$
	觸及失效		
向上買權 $(S_t < H)$	$UOc_t = F$	$UOc_t = A - B + C - D + F$	$\eta = -1, \phi = 1$
向上賣權 $(S_t < H)$	$UOp_t = A - B + C - D + F$	$UOp_t = F$	$\eta = -1, \phi = -1$
向下買權 $(S_t > H)$	$DOc_t = A - C + F$	$DOc_t = B - D + F$	$\eta = 1, \phi = 1$
向下賣權 $(S_t > H)$	$DOp_t = B - D + F$	$DOp_t = A - C + F$	$\eta = 1, \phi = -1$

　　於表 8-5 內，我們列出於相同假定下，（不同）期初標的資產價格與歐式的標準選擇權價格與界限選擇權價格。就後者而言，表內只考慮二種界限價格，其分別為 80 與 120。透過表 8-5 的結果，我們可以看出歐式界限選擇權合約具有下列的特性：

(1) 表內的結果顯示出：若條件相同，（8-25）式應會成立；換言之，標準選擇權價格與界限選擇權價格之間的關係分別可為 $c = UIc + UOc = DIc + DOc$ 與 $p = UIp + UOp = DIp + DOp$。

(2) 如前所述，若條件相同，標的資產價格愈高，標準買權價格愈高而標準賣權價格愈低；不過，上述標的資產價格與買權（或賣權）價格的「單調」

表 8-5　標準歐式選擇權與界限選擇權的例子

S_0	80	90	100	110	120	H
c	1.33	4.27	9.58	16.96	25.71	
DOc	0	4.04	9.55	16.96	25.71	80
DIc	1.33	0.23	0.04	0.01	0	80
UOc	0.65	1.33	1.54	0.96	0	120
UIc	0.68	2.95	8.04	16	25.71	120
p	16.46	9.4	4.71	2.09	0.83	
DOp	0	1.81	1.87	1.19	0.58	80
DIp	16.46	7.59	2.83	0.9	0.25	80
UOp	16.45	9.38	4.61	1.75	0	120
UIp	0	0.02	0.1	0.33	0.83	120

說明：1. 假定 $K = 100$、$r = 0.1$、$q = 0$、$\sigma = 0.25$、$T = 0.5$ 以及 $x_1 = 0$。

　　　2. c 與 p 分別表示標準歐式買權與賣權價格。

關係未必適用於界限選擇權上。例如：檢視 UOc 與 DOp 的情況，可以發現當 $S_0 = K$（價平）時，此時向上失效買權價格與向下失效價格最高。

(3) 我們可以進一步利用表 8-5 內的假定繪製出八種界限選擇權價格與標的資產價格之間的價格曲線，其結果就如圖 8-18 所示。可以注意的是，圖 8-18 內的各小圖皆有出現價格為負值的情況，此皆屬於「失效後」的價格（即穿越觸及失效後的價格），我們當然不考慮上述情況。

(4) 利用圖 8-18 的結果，自然可以發現界限選擇權價格與標的資產價格之間的關係並不單純，故若遇到界限買權或賣權合約時，我們無法用標準買權或賣權的觀念判斷。

(5) 類似於圖 8-18，我們也可以進一步檢視不同界限價格與界限選擇權價格之間的關係，其結果可繪製於圖 8-19。於該圖內，我們除去界限選擇權價格為負值的情況，故可從圖內看出於界限價格改變下，對應的界限買權或賣權價格變動的結果。例如：圖 (h) 內可以看出於 $H = 68$ 處，UIp 的價格最高，此應該是不容易用直覺的方式判斷。

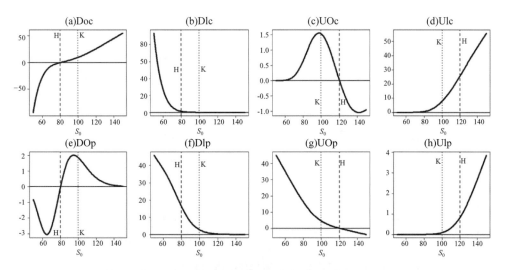

圖 8-18　標的資產價格與界限選擇權價格之間的關係（利用表 8-5 的假定）

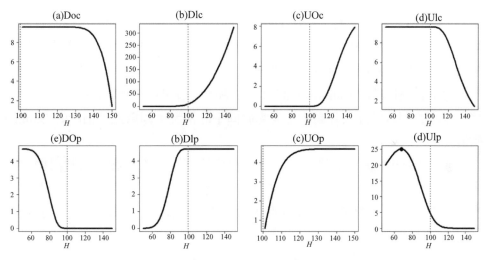

圖 8-19　界限價格與界限選擇權價格之間的關係

例 1　**標準歐式買權與賣權 Delta 與 Gamma 值的估計**

利用表 8-5 內的假定，我們先來檢視圖 8-20 內的結果。圖 (a) 繪製出估計的標準歐式買權價格曲線，除了 $T = 1$ 之外，圖內額外再考慮 $T = 6/12$ 與 $T = 1/12$ 的情況；於圖內可看出隨著到期日的接近，標準歐式買權價格曲線會往下

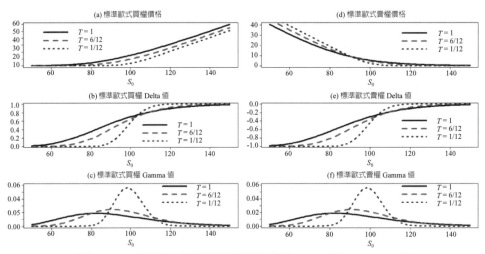

圖 8-20　標準歐式買權與賣權的估計 Delta 與 Gamma 值

移動。圖 (b) 繪製出對應估計的 Delta 值曲線，我們可以看出隨著標的資產價格的上升，估計的 Delta 值由 0（深價外）逐漸上升至接近於 1（深價內），中間的轉換隨著到期日的接近而趨向於快速（曲線愈陡峭）。至於圖 (c) 則繼續繪製出對應估計的 Gamma 值曲線，從圖內可看出隨著到期日的接近，（連續）避險的困難度逐漸升高，尤其處於價平的情況，因為此時估計的 Gamma 值最大。

　　圖 8-20 的左圖是繪製出標準歐式買權的情況，而右圖則繪製出標準歐式賣權的情況。從圖內可以看出賣權的估計價格、Delta 與 Gamma 值曲線，其「解釋方式」非常類似於買權的情況。值得注意的是，其實買權與賣權的 Gamma 值是相同的。

例 2　歐式 DOc 與 DOp

　　類似於圖 8-20，我們也可以分別計算界限選擇權價格、Delta 與 Gamma 值，只不過後二者的計算，我們是使用數值微分的方法 [19]。我們來看 DO 合約的例子，其結果就繪製於圖 8-21（表 8-5 內的假定）。其實，若標的資產價格

---

[19] 可以參考第 7 章的 (7-29) 與 (7-30) 二式。

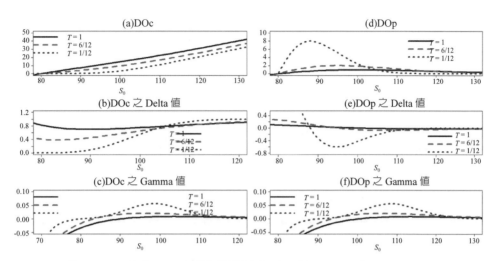

圖 8-21　歐式 DO 買權與賣權的估計價格、Delta 與 Gamma 值

高於限制價格，則歐式 DO 合約的買權與賣權就相當於標準歐式買權與賣權；因此，圖 8-21 內的各小圖類似於圖 8-20 內的各圖，讀者自然可以解釋圖內的涵義。

例3　UIc 與 UIp

續例 2，接下來我們考慮 UI 合約的情況，其結果則可參考圖 8-22。我們可以發現避險的困難度更提高了，雖說 Gamma 估計值的最高點仍位於履約價處，不過於限制價格處卻出現最大的估計 Delta 值，且該估計值超過 1（買權）。其實，敏感的讀者可能會對圖 8-18 內的圖 (h) 感到迷惑，因為 UIp 與高標的資產價格之間竟呈現出正的關係。透過圖 8-22 內的圖 (d)，該困惑自然可以降低，因為於該圖內可以發現，隨著到期日的接近，高標的資產價格的 UIp 竟為負值，顯示出持有人趨向於不履約了。

例4　用二項式模型計算 DO 的買權與賣權價格

除了利用上述明確的公式計算界限選擇權價格之外，我們也可以使用第 4 章的二項式模型計算界限選擇權價格。底下，我們舉一個例子說明。假定 $S_0 = 120$、$K = 100$、$r = 0.1$、$q = 0$、$\sigma = 0.25$、$T = 0.5$、$x_1 = 0$ 以及 $H = 110$，我們欲計算 DO 的買權價格，圖 8-23 繪製出 $n = 4$ 的標的資產價格 S_t 與對應的（歐式）

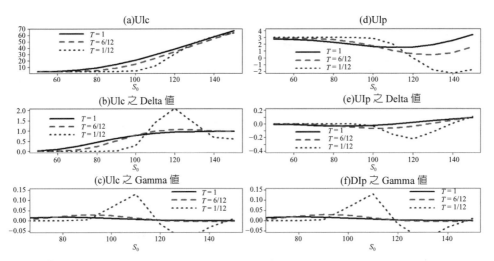

圖 8-22　歐式 DI 買權與賣權的估計價格、Delta 與 Gamma 值

標的資產價格與 DOc 之樹狀圖

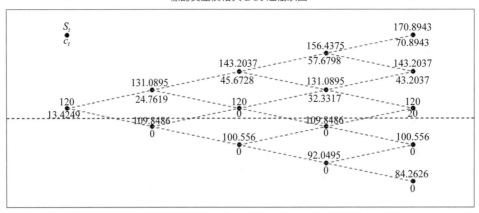

圖 8-23　標的資產價格與 DOc 之二元樹狀圖（$n = 4$）

買權價格 c_t 的二元樹狀圖。從圖內可看出只要 S_t 小於 $H = 110$（圖內水平虛線），買權的價格就變為 0，此尤其表現於 $S_T = 120$ 時，此時 $c_T = 20$，不過因 $S_{T-1} = 109.8486$，顯然觸及到 H，故對應的 $c_{T-1} = 0$。是故，按照逆推法，可得 $c_0 = 13.4249$。我們可進一步擴充 $n = 150$，利用二元樹狀圖可得 $c_0 \approx 17.4334$，此結果與用明確的公式計算的買權價格約為 17.474 相差不遠，因此亦可以使用二元樹狀圖計算上述買權價格。可以參考所附的 R 指令。

例 5 　使用蒙地卡羅方法計算

　　我們也可以用蒙地卡羅方法計算界限選擇權的價格。以 DIc 為例，若 $S_0 =$ 100、$K = 100$、$r = 0.02$、$q = 0$、$\sigma = 0.3$、$T = 1$、$x_1 = 0$ 以及 $H = 90$，利用上述明確的公式可得 DIc 約為 4.4811。若假定標的資產屬於 GBM，於 $n = 10,000$（模擬次數）與 $m = 1,000$（1 年的交易次數）之下，利用標準的蒙地卡羅方法計算 DIc 約為 4.2708，而其 95% 信賴區間估計值則約為 4.0345～4.5071，顯然有估計到上述用明確公式的計算值。雖然用蒙地卡羅方法亦可以估計界限選擇權的價格，不過於此例中，其缺點為必須使用較大的 m 值。

4. 多資產選擇權 [20]

　　至目前為止我們所檢視的大多屬於單一標的資產的選擇權，不過於實際市場上，我們卻可看到多元標的資產選擇權（multivariate options）的應用。本節將介紹二種多資產選擇權，其中一種可稱為一籃子選擇權（basket options），另外一種則稱為彩虹選擇權（rainbow options）。顧名思義，一籃子選擇權的標的資產為多種資產，故其亦可視為一種組合型選擇權；至於彩虹選擇權則可分成最小值選擇權與最大值選擇權，即選擇權的價值取決於多種標的資產的表現。不管是一籃子選擇權或是彩虹選擇權，其價值皆與多種標的資產（對數）報酬率之間的相關程度有關，故多資產選擇權亦可稱相關選擇權（correlation options）。

　　通常，多資產選擇權價格欠缺明確的數學公式，故蒙地卡羅方法常用於計算多資產選擇權價格，只不過大多數電腦語言例如 R 的內建函數指令只能模擬出相互獨立的隨機變數實現值，故若欲使用模擬方法計算多資產選擇權價格，首先必須了解如何模擬出相關隨機變數實現值的方法。因此，本節可以分成三個部分，第一個部分是介紹如何模擬出相關隨機變數實現值的方法，而第二與第三部分則分別檢視彩虹選擇權與一籃子選擇權。

---

[20] 本節部分內容係參考 Chan, N.H. and Wong, H.Y. (2006), *Simulation Techniques in Financial Risk Management*, Wiley-Interscience.

4.1 相關隨機變數的模擬

考慮一個 $X = (X_1, \cdots, X_n)^T$，其中 $X_i \sim N(\mu_i, \sigma_i^2)$，我們稱隨機變數 X 屬於一種多元變量常態分配，即 X 內的元素皆是常態分配的隨機變數。X 的分配可寫成：

$$X \sim N(M, \Sigma) \qquad (8\text{-}26)$$

其中 $M = E(X)$ 與 $\Sigma = Var(X)$ 分別表示平均數向量（$n \times 1$）與變異數 – 共變異數矩陣（$n \times n$）；換言之，$M = (\mu_1, \cdots, \mu_n)^T$ 以及 $\Sigma = [Cov(X_i, X_j)](i, j = 1, \cdots, n)$。

如前所述，多數電腦語言的內建函數指令只能模擬出相互獨立隨機變數的觀察值，若以上述多元變量常態分配為例，其大多只能模擬出 $X \sim N(M, \sigma^2 I_n)$ 的觀察值，其中 σ^2 是一個固定的數值而 I_n 是一個 $n \times n$ 的單位矩陣（identity matrix）；換言之，我們需要有能模擬出 $\Sigma \neq \sigma^2 I_n$ 的觀察值的方法。本節我們將介紹二種方法，其中第一種方法是利用可列斯基拆解（Cholesky decomposition），第二種方法則使用特性根拆解（eigenvalue decomposition）。

其實可列斯基拆解方法，第 6 章我們已經使用過，只不過那時我們並未多做解釋，現在我們可以進一步說明。二個不相關的隨機變數 Z_1 與 Z_2 以及二個有相關隨機變數 X_1 與 X_2 的線性組合關係可以寫成，即：

$$Z_1 = X_1$$
$$Z_2 = \frac{X_2 - \rho X_1}{\sqrt{1 - \rho^2}} \qquad (8\text{-}27)$$

其中 ρ 為 X_1 與 X_2 之間的相關係數。（8-27）式亦可以用矩陣表示，即：

$$X = LZ \qquad (8\text{-}28)$$

其中

$$L = \begin{bmatrix} 1 & 0 \\ \rho & \sqrt{1-\rho^2} \end{bmatrix} \text{與} \ Z \sim N\left(\begin{bmatrix} 0 \\ 0 \end{bmatrix}, \begin{bmatrix} 1 & 0 \\ 0 & 1 \end{bmatrix} \right)$$

換言之，可列斯基拆解就是將 X_1 與 X_2 拆解成為 Z_1 與 Z_2 的線性組合如（8-28）式所示[21]。我們可以進一步利用（8-28）式內 L 矩陣的性質可得：

$$Cor(X) = LZ(LZ)^T = I_2 LL^T = LL^T = \begin{bmatrix} 1 & 0 \\ \rho & \sqrt{1-\rho^2} \end{bmatrix}\begin{bmatrix} 1 & \rho \\ 0 & \sqrt{1-\rho^2} \end{bmatrix} = \begin{bmatrix} 1 & \rho \\ \rho & 1 \end{bmatrix}$$

$$(8\text{-}29)$$

其中 $(LZ)^T = Z^T L^T$ 而 $I_2 = ZZ^T$。（8-29）式說明了可以將 X 的相關矩陣「拆解」成一個下三角矩陣（lower triangular matrix）L 與其轉置矩陣 L^T 的乘積，我們就將（8-29）式稱為可列斯基拆解。

利用 R 內的 $chol(\cdot)$ 函數指令，我們不難模擬出 X 的觀察值。考慮一個隨機向量 $X \sim N(M, \Sigma)$ 如（8-26）式，X 的觀察值可由下列式子產生：

$$X = M + LZ, \ Z \sim N(0_n, I_n) \qquad (8\text{-}30)$$

其中 0_n 為一個元素皆為 0 的 $n \times 1$ 向量，而 L 就是利用可列斯基拆解所得到的下三角矩陣如（8-29）式所示，當然此時 L 是一個 $n \times n$ 矩陣。

我們舉一個例子說明如何利用（8-30）式。至英文 YAHOO 網站下載 NASDAQ、Nikkei 225（日經）以及 SSE（上海綜合）的月股價指數收盤價序列資料（2010/1～2017/10）[22]。首先，當然將上述收盤價轉成對數報酬率後，再

---

[21] 我們不難證明（8-28）式。利用（8-28）式可得：

$$\begin{bmatrix} X_1 \\ X_2 \end{bmatrix} = \begin{bmatrix} 1 & 0 \\ \rho & \sqrt{1-\rho^2} \end{bmatrix}\begin{bmatrix} Z_1 \\ Z_2 \end{bmatrix}$$

故 $E(X_1) = E(X_2) = 0$、$Var(X_1) = 1$、$Var(X_2) = \rho^2 Var(Z_1) + (1-\rho^2)Var(Z_2) = 1$ 以及 $Cov(X_1, X_2) = Cov(Z_1, Z_2\sqrt{1-\rho^2} + \rho Z_1) = \rho$。

[22] 可以參考第 6 章的註 8。

將三種對數報酬率序列標準化[23]，故可得三種對數報酬率的相關係數矩陣約為：

$$\Sigma = \begin{bmatrix} 1 & 0.6529 & 0.4054 \\ 0.6529 & 1 & 0.3721 \\ 0.4054 & 0.3721 & 1 \end{bmatrix}$$

利用可列斯基拆解，可得 Σ 之 L 約為：

$$L = \begin{bmatrix} 1 & 0 & 0 \\ 0.6529 & 0.7574 & 0 \\ 0.4054 & 0.1418 & 0.9031 \end{bmatrix}$$

假定有三種股票期初價格分別為 100、105 與 95，而三種股票報酬率的相關係數矩陣為 Σ。考慮一種由上述三種股票所構成的資產組合 $P = 0.3S_1 + 0.3S_2 + 0.4S_3$，假定：

$$R = \begin{bmatrix} R_1 \\ R_2 \\ R_3 \end{bmatrix} = \begin{bmatrix} 0.1\Delta t + 0.2\sqrt{\Delta t}\,X_1 \\ -0.03\Delta t + 0.4\sqrt{\Delta t}\,X_2 \\ 0.2\Delta t + 0.25\sqrt{\Delta t}\,X_3 \end{bmatrix} \text{ 而 } X = \begin{bmatrix} X_1 \\ X_2 \\ X_3 \end{bmatrix} \sim N(0_3, \Sigma)$$

其中 S_i 為股價而 R_i 表示對數報酬率。若假定 $X = (X_1, X_2, X_3)^T$ 屬於三元變數常態分配，我們自然可以根據（8-30）式模擬出該資產組合 P 的時間走勢。

圖 8-24 的左上圖繪製出於上述條件以及三元常態分配假定下，上述三種股票價格的一種模擬的時間走勢，而左右圖則繪製出 P 的多種模擬時間走勢；於圖內可以看出三種股價的隨機性，不過彼此之間卻有相關。其實左上圖內的走勢是一種簡單的 GBM，利用（8-30）式，我們倒是可以將其內的常態分配改成用標準 t 分配取代[24]，圖 8-24 的下圖繪製出自由度為 4 的模擬結果；因此，

---

[23] 理所當然，標準化序列資料的共變異數矩陣就是相關係數矩陣。

[24] 使用程式套件 fGarch 內的 $rstd(\cdot)$ 函數指令可以模擬出標準 t 分配的觀察值，可以留意該指令的使用需要三種參數值的輸入，於本節我們皆使用平均數為 0、標準差為 1 與自由度為 4，可參考《財統》。

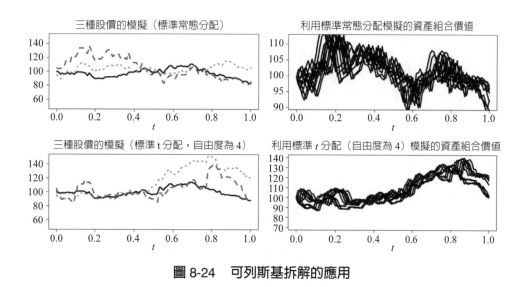

圖 8-24　可列斯基拆解的應用

圖 8-24 係繪製出如何利用上述三種股價指數的相關係數矩陣結構，利用可列斯基拆解模擬出三種股價以及對應的資產組合的時間走勢，其中常態分配未必是唯一的選項。

除了利用可列斯基拆解之外，如前所述，我們亦可使用特性根拆解法模擬出多變量相關的常態或 t 分配觀察值。例如：我們可以將 Σ 拆解成：

$$\Sigma = V\Lambda V^{T} = WW^{T} \tag{8-31}$$

其中 V、Λ 以及 W 分別表示 Σ 之特性向量矩陣、特性根矩陣與 $W = V\Lambda^{1/2}$，有關於 V、Λ 以及 W 的性質可參考例 1。利用 (8-30)～(8-31) 二式以及上述三種股價指數資料，圖 8-25 分別繪製出三種股價指數報酬率分別屬於三元變量常態分配與三元變量標準 t 分配（自由度為 4）的模擬時間走勢。於圖內可看出三種模擬的時間走勢的相關性。

例 1　特性根拆解

上述三種股價指數對數報酬率的相關係數矩陣 Σ 對應的特性根分別約為 $\lambda_1 = 1.9659$、$\lambda_2 = 0.6883$ 與 $\lambda_3 = 0.3458$，而對應的特性向量分別約為：

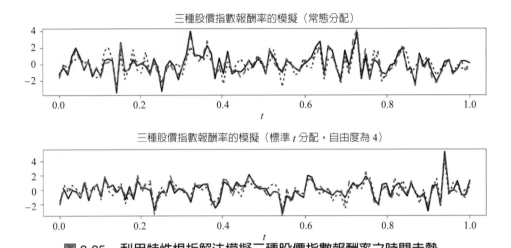

圖 8-25　利用特性根拆解法模擬三種股價指數報酬率之時間走勢

$$v_1 = (0.6196, 0.6094, 0.4948)^T \text{、} v_2 = (0.3072, 0.3918, -0.8672)^T$$

與

$$v_3 = (0.7223, -0.6893, -0.0556)^T$$

若皆寫成矩陣的型式分別為：

$$\Lambda = \begin{bmatrix} 1.9659 & 0 & 0 \\ 0 & 0.6883 & 0 \\ 0 & 0 & 0.3458 \end{bmatrix} \text{與} V = \begin{bmatrix} 0.6196 & 0.3072 & 0.7223 \\ 0.6094 & 0.3918 & -0.6893 \\ 0.4948 & -0.8672 & -0.0556 \end{bmatrix}$$

讀者可以分別檢視 $V^{-1} = V^T$、$\Sigma\lambda_i = \lambda_i v_i$、$\Sigma = V\Lambda V^T$ 以及 $\Sigma = WW^T$ 的性質，其中 λ_i 與 v_i 分別表示單一特性根以及對應的特性向量以及 $W = V\Lambda^{0.5}$，可參考所附的 R 指令。

例2　相關 GBM 的模擬

我們也可以 GBM 的形式模擬 NASDAQ、Nikkei 225 與 SSE 股價指數的時間走勢，其結果就繪製於圖 8-26。可以注意的是，該圖是利用所估計的波

動率以及相關結構所繪製而成，可參考所附的 R 指令。

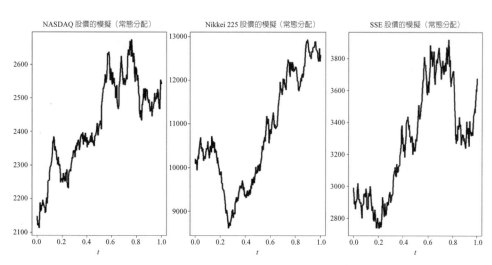

圖 8-26　NASDAQ、Nikkei 225 與 SSE 股價指數的模擬（GBM）

例3　使用標準 t 分配

　　續例 2，以標準 t 分配取代標準常態分配，其餘不變，自然可以繪製出三種股價指數的模擬時間走勢如圖 8-27 所示。

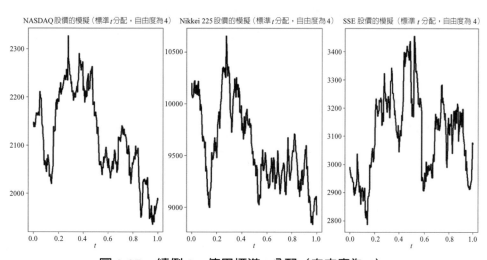

圖 8-27　續例 2，使用標準 t 分配（自由度為 4）

4.2 彩虹選擇權

彩虹選擇權是指選擇權的收益取決於多種風險性資產，每種資產猶如彩虹的其中一種顏色，故稱上述選擇權為彩虹選擇權。因此，彩虹選擇權的標的物為多種資產，而其收益的計算可包括下列型態：

(1) 最大值買權（call on max）：到期時，買權的買方可用履約價購買最高價格的資產。

(2) 最小值買權（call on min）：到期時，買權的買方可用履約價購買最低價格的資產。

(3) 最大值賣權（put on max）：到期時，賣權的買方可用履約價賣出最高價格的資產。

(4) 最小值賣權（put on min）：到期時，賣權的買方可用履約價賣出最低價格的資產。

就歐式彩虹選擇權而言，Johnson[25] 曾提出明確的數學公式以計算買權與賣權價格，以二元標的資產買權與賣權價格為例，其分別可寫成[26]：

$$c_{\min}(S_1,S_2,K,T) = S_1 e^{(b_1-r)T} M(y_1,-d;-\rho_1) + S_2 e^{(b_2-r)T} M(y_2,d-\sigma\sqrt{T};-\rho_2)$$
$$-Ke^{-rT} M(y_1-\sigma_1\sqrt{T}, y_2-\sigma_2\sqrt{T};\rho_2)$$

（8-32）

與

$$c_{\max}(S_1,S_2,K,T) = S_1 e^{(b_1-r)T} M(y_1,d;\rho_1) + S_2 e^{(b_2-r)T} M(y_2,-d+\sigma\sqrt{T};\rho_2)$$
$$-Ke^{-rT}[1-M(-y_1+\sigma_1\sqrt{T}, -y_2+\sigma_2\sqrt{T};\rho_2)]$$

（8-33）

---

[25] Johnson, H. (1987), "Options on the maximum or the minimum of several assets", *Journal of Financial and Quantitative Analysis*, 22, 277-283.

[26] （8-32）～（8-35）四式係取自 Haug, E.G. (2006), *The Complete Guide to Option Pricing Formulas*, 2nd edition, McGraw-Hill.

其中

$$d = \frac{\log(S_1/S_2) + (b_1 - b_2 + \sigma_1^2/2)T}{\sigma\sqrt{T}} \, \cdot \, y_1 = \frac{\log(S_1/K) + (b_1 + \sigma_1^2/2)T}{\sigma_1\sqrt{T}} \, \cdot$$

$$y_2 = \frac{\log(S_2/K) + (b_2 + \sigma_2^2/2)T}{\sigma_2\sqrt{T}} \, \cdot \, \sigma = \sqrt{\sigma_1^2 + \sigma_2^2 - 2\rho\sigma_1\sigma_2} \, \cdot \, \rho_1 = \frac{\sigma_1 - \rho\sigma_2}{\sigma} \text{ 以及}$$

$$\rho_2 = \frac{\sigma_2 - \rho\sigma_1}{\sigma}$$

（8-32）與（8-33）二式分別表示二資產最小值買權價格 $c_{\min}$ 與最大值買權價格 $c_{\max}$，其中 $b_1 = r - q_1$ 與 $b_2 = r - q_2$；也就是說，S_1 與 S_2 分別表示第 1 種與第 2 種標的資產價格，而 q_1 與 q_2 表示對應的股利支付率，σ_1 與 σ_2 則表示對應的波動率，至於其他變數的意義，則類似於前面章節的表示方式。

按照定義，最小值買權與最大值買權的到期收益可以分別寫成 $\max[\min(S_1, S_2) - K, 0]$ 與 $\max[\max(S_1, S_2) - K, 0]$，故最小值賣權與最大值賣權的到期收益可以分別寫成 $\max[K - \max(S_1, S_2), 0]$ 與 $\max[K - \max(S_1, S_2), 0]$；換言之，透過買權的價格公式可以推導出賣權價格公式，即：

$$p_{\min}(S_1, S_2, K, T) = Ke^{-rT} + c_{\min}(S_1, S_2, K, T) - c_{\min}(S_1, S_2, 0, T) \qquad （8\text{-}34）$$

與

$$p_{\max}(S_1, S_2, K, T) = Ke^{-rT} + c_{\max}(S_1, S_2, K, T) - c_{\max}(S_1, S_2, 0, T) \qquad （8\text{-}35）$$

其中

$$c_{\min}(S_1, S_2, 0, T) = S_1 e^{(b_1-r)T} - S_1 e^{(b_1-r)T} N(d) + S_2 e^{(b_2-r)T} N(d - \sigma\sqrt{T})$$

與

$$c_{\max}(S_1, S_2, 0, T) = S_2 e^{(b_2-r)T} + S_1 e^{(b_1-r)T} N(d) - S_2 e^{(b_2-r)T} N(d - \sigma\sqrt{T})$$

我們舉一個例子說明上述公式如何使用。考慮一個賣權，其可讓持有人以履約價為 98 賣出到期時 A 股票與 B 股票價格之最大值。該賣權的到期期限為半年，A 股票與 B 股票的股利支付率分別為 6% 與 9%。目前 A 股票與 B 股票價格分別為 100 與 105，波動率分別為 11% 與 16%，無風險利率為 5%，而二股票報酬率之相關係數為 0.63。因此，上述條件相當於 $S_1 = 100$、$S_2 = 105$、$K = 98$、$T = 0.5$、$r = 0.05$、$q_1 = 0.06$、$q_2 = 0.09$、$\sigma_1 = 0.11$、$\sigma_2 = 0.16$ 以及 $\rho = 0.63$，按照（8-32）～（8-35）四式，可以計算 p_{max} 約為 1.2181；另一方面，我們也可以計算出對應的 p_{min}、c_{max} 與 c_{min} 分別約為 3.5224、8.0701 與 2.9339。

例1 ρ 與選擇權價格之間的關係

上述 p_{max}、p_{min}、c_{max} 與 c_{min} 公式的特色是 ρ 值所扮演的角色，我們不難看出 ρ 值與上述價格之間的關係；換言之，我們仍延續上述例子的假定，只不過我們假定 ρ 值是一個未知數，故利用（8-32）～（8-35）四式，可以進一步繪製出圖 8-28。於該圖內可看出 p_{max}、p_{min}、c_{max} 與 c_{min} 與 ρ 值之間的關係。

例2 利用蒙地卡羅方法估計

利用圖 8-26 的模擬技巧，使用蒙地卡羅方法，我們不難估計 p_{max}、p_{min}、c_{max} 與 c_{min} 等價格。以上述計算 p_{max} 的例子為例，於 $N = 10,000$（模擬次數）

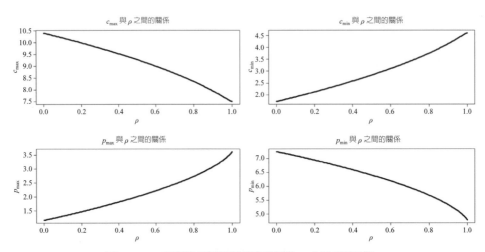

圖 8-28　買權價格與賣權價格與 ρ 之間的關係

與 $n = 250$（1 年交易次數）之下，利用標準的蒙地卡羅方法，可以估得 p_{max} 約為 1.2317，而其 95% 信賴區間估計值則約為 [1.1762, 1.2871]，顯然有估計到用（8-35）式所計算出的 p_{max} 值。是故，利用相同的模擬方法，應可估計二種標的資產以上的彩虹選擇權價格。

例 3　三種標的資產

續例 2，假定亦有第 3 種標的資產，其相關的資料為：$S_3 = 102$、$q_3 = 0.07$、$\sigma_3 = 0.15$、$\rho_{13} = 0.75$ 與 $\rho_{23} = 0.56$；換言之，三種資產報酬率的相關係數矩陣可寫成：

$$\begin{bmatrix} 1 & \rho_{12} & \rho_{13} \\ \rho_{21} & 1 & \rho_{23} \\ \rho_{31} & \rho_{32} & 1 \end{bmatrix} = \begin{bmatrix} 1 & 0.63 & 0.75 \\ 0.63 & 1 & 0.56 \\ 0.75 & 0.56 & 1 \end{bmatrix}$$

我們可以計算三種標的資產的彩虹選擇權價格。以 c_{max} 為例，於 $N = 10,000$ 與 $n = 250$ 之下，利用標準的蒙地卡羅方法，可以估得 c_{max} 約為 9.2737，而其 95% 信賴區間估計值則約為 [9.1004, 9.4469]。

4.3 一籃子選擇權

　　直覺而言，其實一籃子選擇權應該算是一種簡易的選擇權，因為只要將一籃子的標的資產視為單一資產，就歐式選擇權而言，我們不就可以利用 BSM 公式計算其價格嗎？雖說如此，可以用 BSM 公式計算的前提，必須是一籃子標的資產價格之間毫無關係；換言之，若一籃子標的資產價格之間是有相關，利用 BSM 公式計算一籃子選擇權價格應該會有誤差，而且會因相關程度愈高，誤差會更嚴重。因此，一籃子選擇權價格的計算並不單純，也就是說，不像歐式彩虹選擇權有明確的價格數學公式，一籃子歐式選擇權價格並沒有明確的數學公式表示，因此若要計算其價格，蒙地卡羅方法仍提供了一種有用的計算方式。

　　我們舉一個例子說明上述的情況。假定三種股票的期初價格分別為 $S_1(0) = 100$、$S_2(0) = 90$ 與 $S_3(0) = 80$，而其對應的波動率為 $\sigma_1 = 0.4$、$\sigma_2 = 0.3$ 與 $\sigma_3 = 0.35$。三種股票資產的相關係數矩陣為：

$$\begin{bmatrix} 1 & \rho_{12} & \rho_{13} \\ \rho_{21} & 1 & \rho_{23} \\ \rho_{31} & \rho_{32} & 1 \end{bmatrix} = \begin{bmatrix} 1 & 0.3 & 0.3 \\ 0.3 & 1 & 0.3 \\ 0.3 & 0.3 & 1 \end{bmatrix}$$

即任意二種股票報酬率的相關係數皆為 0.3。我們說一籃子選擇權的到期收益是指三種股票資產價格的加總與履約價的差異；因此，買權與賣權的到期收益可以分別寫成：$\max\{[S_1(T) + S_2(T) + S_3(T)] - K, 0\}$ 與 $\max\{K - [S_1(T) + S_2(T) + S_3(T)], 0\}$[27]。利用上述相關係數矩陣與已知的波動率，我們可以進一步估計三種股票資產的共變異數矩陣為：

$$\begin{bmatrix} \sigma_{11} & \sigma_{12} & \sigma_{13} \\ \sigma_{21} & \sigma_{22} & \sigma_{23} \\ \sigma_{31} & \sigma_{32} & \sigma_{33} \end{bmatrix} = \begin{bmatrix} 0.16 & 0.036 & 0.042 \\ 0.036 & 0.09 & 0.0315 \\ 0.042 & 0.0315 & 0.1225 \end{bmatrix}$$

因此，利用可列斯基拆解，假定 $r = 0.05$，我們可以先模擬出一組三種股票資產價格的走勢，如圖 8-29 所示。

於圖 8-29 內，可看出三種股票於到期（$T = 1$）的價格分別約為 105.7004、89.7868 與 48.9107；因此，考慮一個履約價為 $K = 250$ 的一籃子歐式買權合約，其期初價格約為 $\max[(105.7004 + 89.7868 + 48.9107) - K]e^{-0.05} \approx 0$。若將三種股票的加總視為一種資產組合，利用所模擬的股價資料，可知上述資產組合的波動率約為 0.2482（可以參考所附的 R 指令）；因此，若以期初股價的加總為上述資產組合的期初值，利用 BSM 公式，可以計算出該資產組合的買權價格之期初值約為 44.3657，顯然該買權價格與只有 1 次模擬次數的蒙地卡羅（方法）估計值相距甚遠，不過我們可以提高模擬次數再檢視結果為何。

若提高上述蒙地卡羅方法的模擬次數至 10,000 次，按照上述計算一籃子買權價格的方式，可以得到該買權價格約為 41.48，而其對應的 95% 信賴區間估計值則約為 [40.4457, 42.5144]，其結果頗接近於上述利用 BSM 公式所計算的結果。我們再思考另外一種可能。將上述的三種股票報酬率的相關係數皆

---

[27] 當然，上述總價格亦可以加權平均價格取代，故一籃子選擇權亦可稱為資產組合選擇權。

為 0.3 改成皆為 0.8，按照相同的計算過程，可得資產組合的波動率約為 0.3257，而用 BSM 公式計算的買權價格約為 51.3771。同理，蒙地卡羅方法的估計值約為 45.8162，而其對應的 95% 信賴區間估計值則約為 [44.5674, 47.0651]。果然，若相關係數提高，蒙地卡羅與 BSM 的計算值之間的差距就愈大。

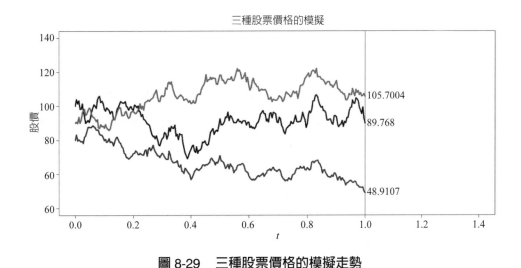

圖 8-29　三種股票價格的模擬走勢

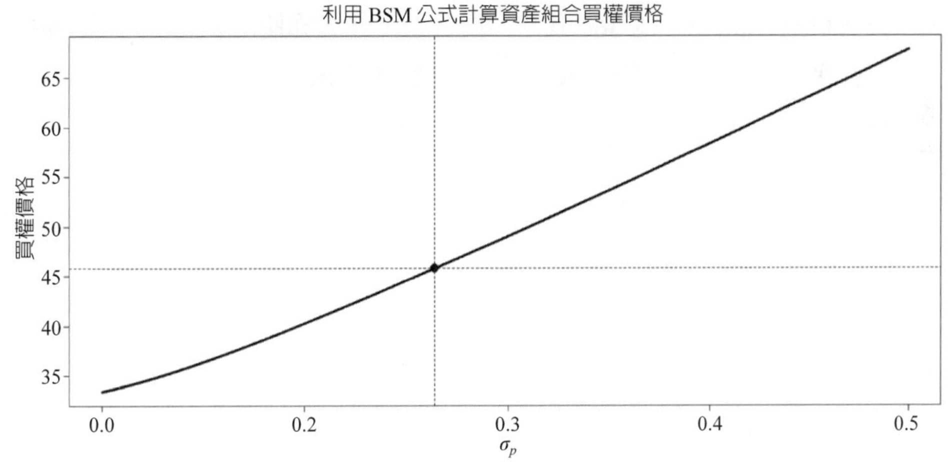

利用 BSM 公式計算資產組合買權價格

圖 8-30　利用 BSM 公式計算隱含波動率

　　若將蒙地卡羅的計算值為 45.8162 視為合理的買權估計值，我們反而可以利用 BSM 公式反推出該買權估計值的隱含波動率，其結果就如圖 8-30 所示。

於圖內可看出隱含波動率約為 0.2646。因此，若欲使用 BSM 公式計算資產組合買權價格，於上述例子內，相當於要反問於上述相關係數結構下資產組合的波動率是否有可能等於 0.2646？

上述利用蒙地卡羅方法計算一籃子選擇權價格的方式，應可推廣至一籃子內有 n 種標的資產的情況；不過，有些時候為了降低計算上的負擔，我們可以使用主成分分析法（Principle Component Analysis, PCA）。顧名思義，PCA 可用於找出 n 種標的資產的主要成分，而以上述主成分的模擬取代 n 種標的資產的模擬，自然可以減輕模擬上的負擔。

假定有一個 n 維度的隨機向量 $X \sim N(0, \Sigma)$，其中 Σ 是一個 $n \times n$ 的共變異數矩陣。就 X 的模擬而言，（8-30）式提醒我們可以使用可列斯基拆解，用 Z 取代 X 的模擬。類似地，PCA 則將（8-30）式改成：

$$X = M + V\sqrt{\Lambda}Z \;,\; Z \sim N(0_n, I_n) \tag{8-36}$$

其中 $V = [v_1, v_2, \cdots, v_n]$ 與 $\Lambda = diag\,[\lambda_1, \lambda_2, \cdots, \lambda_n]$。如同（8-31）式所示，$\Lambda$ 為特性根矩陣而以對角矩陣（diagonal matrix）的形式表示，V 則是對應的特性向量矩陣，其內的特性向量 $v_i\,(i = 1, 2, \cdots, n)$ 又稱為 Σ 的主成分[28]。利用（8-31）式，讀者可以嘗試證明（8-36）式[29]。換言之，PCA 亦使用 Z 來取代 X 的模擬，不過其卻可使用「最主要的主成分」以降低模擬的維度。

PCA 如何降低模擬的維度呢？我們可以將（8-36）式改寫成：

$$X = \sqrt{\lambda_1}v_1 z_1 + \sqrt{\lambda_2}v_2 z_2 + \cdots + \sqrt{\lambda_n}v_n z_n \tag{8-37}$$

---

[28] 於 4.1 節的例 1 內，我們曾經用 R 說明（或證明）$\Sigma v = \lambda v$，其中 Σ 是一個 $n \times n$ 的共變異數矩陣。由於共變異數矩陣屬於半正定矩陣（semi-positive definite matrix），故不難發現 Σ 總共有 n 個非負值實數的特性根 λ。若將上述特性根由大至小排列，即 $\lambda_1 > \lambda_2 > \cdots > \lambda_n$，而對應的特性向量為 $v_i\,(i = 1, 2, \cdots, n)$，其中 v_i 的長度皆為 1。我們稱 v_1 為 Σ 的第 1 個主成分，v_2 為第 1 個主成分，以此類推。

[29] 即 $E(X) = M + E(V\sqrt{\Lambda}Z) = M$ 以及利用（8-31）式可得：
$$Var(X) = \Sigma = Var\left(V\sqrt{\Lambda}Z\right) = \left(V\sqrt{\Lambda}\right)Var(Z)\left(V\sqrt{\Lambda}\right)^T = V\Lambda V^T$$

其中 z_i $(i = 1, 2, \cdots, n)$ 為 iid 之標準常態分配的隨機變數。若將上述特性根由大至小排列，即 $\lambda_1 > \lambda_2 > \cdots > \lambda_n$，而對應的特性向量為 v_i $(i = 1, 2, \cdots, n)$，從（8-37）式可以看出隨著 i 的變大，主成分 v_i 可解釋 X 的「貢獻度」就愈低；是故，X 的估計可以寫成：

$$X \approx \sqrt{\lambda_1} v_1 z_1 + \sqrt{\lambda_2} v_2 z_2 + \cdots + \sqrt{\lambda_m} v_m z_m \qquad (8\text{-}38)$$

其中 $m < n$。只要我們能找出合適的 m 值，我們不就可以用較小維度的 Z 取代 X 的模擬嗎？

於《財數》一書內，我們曾指出 X 的總變異可由 $\lambda_1 + \cdots + \lambda_n$ 表示，而第 1 主成分可以解釋 X 的份額為 $\lambda_1 / (\lambda_1 + \cdots + \lambda_n)$，第 2 主成分可以解釋的份額為 $\lambda_2 / (\lambda_1 + \cdots + \lambda_n)$，以此類推。是故，第 1～$m$ 主成分可以解釋 X 的份額為：

$$X_\lambda = \frac{\sum_{i=1}^{m} \lambda_i}{\sum_{i=1}^{n} \lambda_i} \qquad (8\text{-}39)$$

因此，若使用者利用 PCA 想要達成 100% 的模擬效果，此相當於使用 $m = n$ 的結果；不過，若因 n 值過大，也許使用 $m < n$ 就可以達到可以允許的效果。套用統計學的術語，於 5% 可容忍的誤差下，此相當於要求 $X_r = 95\%$，自然可以找出適當的 m 值。

例 1　PCA 的應用

我們來檢視一籃子選擇權如何利用 PCA 來定價。考慮一種有 10 種標的資產的選擇權。每種標的資產價格屬於 GBM，即：

$$dS_i = \mu_i S_i dt + \sigma_i S_i dW_i, \, i = 1, 2, \cdots, 10$$

其中 $W_1, W_2, \cdots, W_{10}$ 為有相關的維納過程。於風險中立的環境下，我們以無風險利率 r 取代 μ_i，故上式對應的間斷型態為：

其中 $\varepsilon_i = X \sim N(0, \Sigma)$。$W_1, W_2, \cdots, W_{10}$ 之間的相關係數矩陣（即 Σ）為：

$$
\begin{bmatrix}
1 & 0.74 & 0.34 & -0.08 & 0.05 & -0.74 & 0.04 & -0.12 & 0.81 & 0.82 \\
0.74 & 1 & 0.81 & -0.04 & -0.57 & -0.25 & 0.06 & 0.47 & 0.89 & 0.92 \\
0.34 & 0.81 & 1 & -0.17 & -0.83 & 0.2 & -0.09 & 0.78 & 0.65 & 0.72 \\
-0.08 & -0.04 & -0.17 & 1 & 0.01 & -0.05 & 0.94 & -0.04 & -0.09 & -0.05 \\
0.05 & -0.57 & -0.83 & 0.01 & 1 & -0.55 & 0 & -0.94 & -0.41 & -0.45 \\
-0.74 & -0.25 & 0.2 & -0.05 & -0.55 & 1 & -0.16 & 0.65 & -0.4 & -0.4 \\
0.04 & 0.06 & -0.09 & 0.94 & 0 & -0.16 & 1 & -0.06 & 0.04 & 0.06 \\
-0.12 & 0.47 & 0.78 & -0.04 & -0.94 & 0.65 & -0.06 & 1 & 0.31 & 0.34 \\
0.81 & 0.89 & 0.65 & -0.09 & -0.41 & -0.4 & 0.04 & 0.31 & 1 & 0.91 \\
0.82 & 0.92 & 0.72 & -0.05 & -0.45 & -0.4 & 0.06 & 0.34 & 0.91 & 1
\end{bmatrix}
$$

就上述相關係數矩陣而言，我們可以計算出對應的特性根分別為：

4.719、2.843、1.93、0.147、0.104、0.079、0.062、0.056、0.038 與 0.022

上述特性根的加總恰等於 10。按照（8-39）式，若 $m = 3$ 可得 $X_r = 95\%$；換言之，於 5% 可容忍的誤差下，我們只需考慮前 3 個特性根，即利用（8-38）式可知：

$$
X \approx \sqrt{\lambda_1} v_1 z_1 + \sqrt{\lambda_2} v_2 z_2 + \sqrt{\lambda_3} v_3 z_3
$$

其中

$v_1 = -0.31$、-0.44、-0.41、0.05、0.31、0.07、0、-0.27、-0.42 與 -0.43

$v_2 = 0.41$、0.08、-0.22、0.09、0.41、-0.57、0.14、-0.45、0.18 與 0.16

$v_3 = 0.09$、-0.03、0.01、-0.7、0.12、-0.05、-0.69、-0.1、0.02 與 0

因此，利用 PCA，我們可以將不確定的因子（或稱為風險因子）如 $\varepsilon_1, \cdots, \varepsilon_{10}$ 縮減成 3 個獨立的風險因子。

> **例 2**　臺灣與主要貿易對手通貨之日匯率資料

　　實際上，我們會使用實際的資料估計所需的資訊。考慮臺灣於 2017/1/3～ 2018/6/21 期間的主要貿易對手通貨之日匯率資料（取自央行網站），其時間走勢則繪製於圖 8-31。為了比較起見，圖內所考慮的十種貨幣皆以美元的價位表示，於圖內可看出各貨幣兌美元匯率之間存在著若干程度的相關。

> **例 3**　臺灣與主要貿易對手通貨之日匯率資料（續）

　　續例 2，圖 8-31 內的通貨是以美元價位表示，倘若皆以新臺幣表示呢？圖 8-32 繪製出該結果。比較圖 8-31 與 8-32 二圖，可以發現其相關程度竟不分軒輊。

> **例 4**　臺灣與主要貿易對手通貨之日匯率資料（續）

　　續例 3，不同貨幣之間的相關結構亦可以改以使用對數報酬率之間的相關係數表示。直覺而言，畢竟各通貨皆乘上美元兌新臺幣匯率，故以新臺幣計價的通貨如圖 8-32，其報酬率之間的相關係數應較以美元計價的報酬率相關係數高，不過我們發現二者之間的大小並不易判斷，因二者的報酬率相關係數矩陣型態頗為類似，可以參考圖 8-33。於圖 8-33 內，左圖與右圖分別繪製出以美元計價與以新臺幣計價的報酬率相關係數矩陣，我們從圖內的確可看出二者的差異並不大，此隱含著以不同幣別計價的一籃子選擇權價格差異應不大。

> **例 5**　資產組合歐式買權價格的計算

　　續例 2，考慮一種由上述十種通貨所構成的資產組合為標的物的歐式買權合約，上述十種通貨皆以美元計價。若 $T = 1$、$K = 5$ 與 $r = 0.05$，我們可以先計算出各通貨的波動率，即新臺幣、日圓、英鎊、港幣、韓元、加拿大幣、新加坡元、人民幣、澳幣以及歐元的波動率分別約為 0.0361、0.0799、0.0867、0.0044、0.0777、0.0765、0.0429、0.0379、0.0806 與 0.0735；至於上述通貨報酬率的相關係數矩陣，則可參考圖 8-37 內的左圖（可以參考所附的 R 指令）。利用蒙地卡羅方法，令 $N = 10,000$（模擬的次數）以及 $n = 252$（1 年交易的天數），可以計算出一籃子通貨買權價格約為 0.0915，而對應的 95% 信賴區間估計值則約為 [0.0887, 0.0943]。

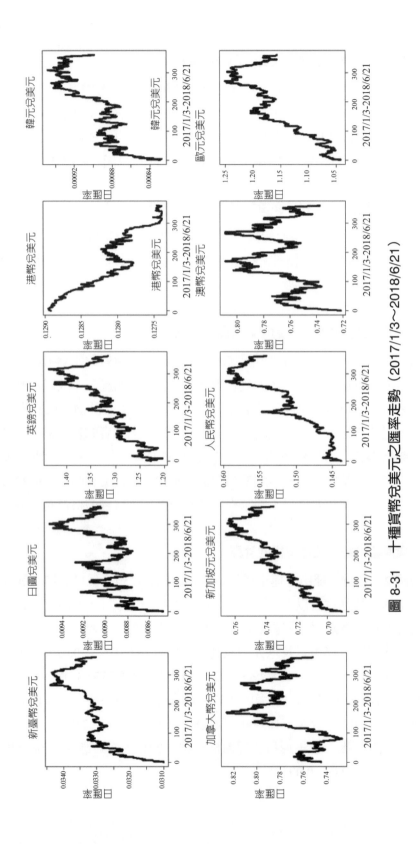

圖 8-31　十種貨幣兌美元之匯率走勢（2017/1/3〜2018/6/21）

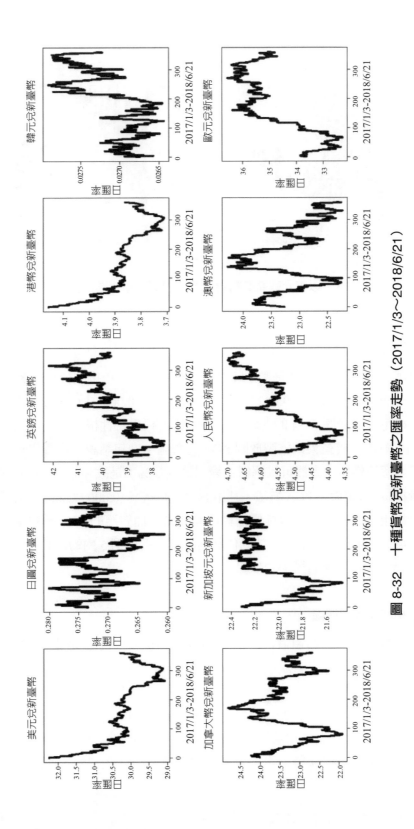

圖 8-32　十種貨幣兌新臺幣之匯率走勢（2017/1/3～2018/6/21）

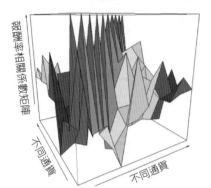
以美元價位表示的報酬率相關係數矩陣

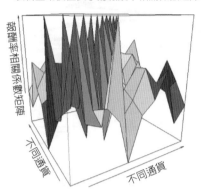
以新臺幣價位表示的報酬率相關係數矩陣

圖 8-33　以美元或新臺幣價位表示的報酬率相關係數矩陣

例 6　利用 PCA 計算

續例 5，計算上述相關係數矩陣之特性根，由大至小排列分別約爲 0.022、0.0055、0.0051、0.0037、0.0024、0.002、0.0008、0.0005、0.0002 以及 0，上述特性根可繪製於圖 8-34 的左圖。如前所述，利用特性根，我們可以計算解釋 X 的貢獻度，其結果則繪製於圖 8-34 的右圖。換句話說，由圖內可看出，利用前六個特性根，大概可以解釋 X 變異的 96.4%；是故，於（8-38）式內，我們選擇 $m = 6$ 來使用 PCA 方法。利用 PCA，於 $N = 10,000$ 以及 $n = 252$ 之下，可以計算上述一籃子通貨買權價格約爲 0.0912，而對應的 95% 信賴區間估計值則約爲 [0.0884, 0.0941]。上述的估計結果頗接近於例 5 內的估計值，顯示出利用 PCA，的確可節省模擬的步驟。

例 7　相對績效選擇權

一種相對績效（relative outperformance）買權是指到期收益爲 $\max\left(\dfrac{S_1}{S_2} - K, 0\right)$，而對應的賣權到期收益則爲 $\max\left(K - \dfrac{S_1}{S_2}, 0\right)$。令 $S_1(0) = 130$、$S_2(0) = 100$、$K = 1$、$T = 0.5$、$r = 0.07$、$q_1 = 0.02$、$q_2 = 0.04$、$\sigma_1 = 0.3$、$\sigma_2 = 0.4$ 以及 $\rho = 0.5$，若使用蒙地卡羅方法估計相對績效歐式買權與賣權價格，於 $N = 10,000$（模擬次數）之下，上述買權價格約爲 0.3754，而對應的 95%

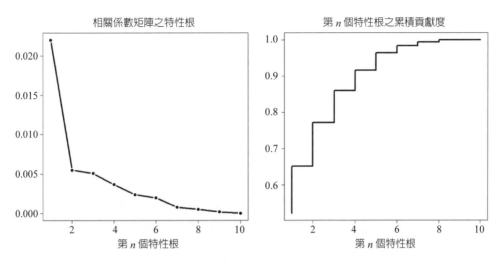

圖 8-34　相關係數矩陣特性根以及累積貢獻度

信賴區間估計值則約為 [0.3691, 0.3817]；至於賣權價格約為 0.0147，而對應的 95% 信賴區間估計值則約為 [0.0138, 0.0157]。

例 8　乘積選擇權 [30]

　　續例 7，相對績效選擇權又可稱為商數選擇權（quotient options），與其對應的是乘積選擇權（product options）；換言之，一種乘積買權是指到期收益為 $\max(S_1 S_2 - K, 0)$，而對應的賣權到期收益則為 $\max(K - S_1 S_2, 0)$。仍按照例 7 的假定，而將 $K = 1$ 改為 $K = 15,000$，仍使用蒙地卡羅方法估計乘積歐式買權與賣權價格，於 $N = 10,000$（模擬次數）之下，上述買權價格約為 1,903.055，而對應的 95% 信賴區間估計值則約為 [1822.563, 1983.547]；至於賣權價格約為 2,928.96，而對應的 95% 信賴區間估計值則約為 [2870.017, 2987.902]。

---

[30] 顯然相對績效與乘積歐式選擇權亦皆屬於多資產選擇權，二種歐式選擇權價格皆有明確的數學公式表示，可以參考 Haug, E.G. (2006), *The Complete Guide to Option Pricing Formulas*, 2nd edition, McGraw-Hill. 另外，於程式套件 fExoticOptions 內亦有提供其他的多資產選擇權價格的函數指令，讀者亦可練習自行設計函數指令與其對照，於此我們就不再贅述。

本章習題

1. 何謂遠期起點選擇權合約？我們如何利用 BSM 模型計算其價格？

2. 何謂 Cliquet 選擇權合約？我們如何利用 BSM 模型計算其價格？

3. 試利用 BSM 模型繪製出履約價為標的資產價格的價格曲線，其形狀為何？

4. 假定 $S_0 = 100$、$\alpha = 1$、$T = 1$、$\tau = 0.5$、$r = 0.07$、$q = 0.05$ 以及 $\sigma = 0.12$，試計算遠期起點買權與賣權合約價格。

5. 續上題，若 $q = 0$，試以 BSM 模型計算遠期起點買權與賣權合約價格。

6. 一種 1 年期 Cliquet 賣權合約是由 1 個月、3 個月、5 個月以及 2 個月期的遠期起點賣權合約所構成，利用例 4 內的假定，試計算該 Cliquet 賣權價格。

7. 試繪製出 Cliquet 買權與賣權價格曲線，其形狀為何？

8. 續上題，試繪製出 Cliquet 買權與賣權之到期價格曲線，其形狀為何？

9. 續上題，若波動率上升了，其結果又如何？

10. 何謂簡單與複雜的任選選擇權合約？

11. 續上題，其分別與 BSM 模型有何關係？

12. 試解釋（8-8）式。

13. 我們如何複製任選選擇權合約？

14. 假定 $K = 50$、$r = 0.08$、$q = 0.04$、$\sigma = 0.25$、$T = 0.5$ 以及 $\tau = 0.25$，試繪製出簡單任選選擇權價格曲線。於接近到期時，該價格曲線又為何？

15. 續上題，若 σ 改為 0.4，其結果又為何？有何涵義？

16. 續上題，若改成複雜的任選選擇權合約呢？我們如何繪製出其價格曲線？

17. 何謂歐式浮動履約價的回顧買權與賣權合約？試解釋之。

18. 何謂歐式固定履約價的回顧買權與賣權合約？試解釋之。

19. 回顧選擇權合約有何用處？

20. 假定 $S_0 = 10,000$、$\mu = 0.2$、$K_1 = 9,800$、$K_2 = 12,000$、$r = 0.1$、$q = 0.05$、$\sigma = 0.3$、$m = 250$、$n = 1$ 以及 $T = 1$，試以 GBM 模擬出一組 S_t 的時間走勢。計算 S_{min} 與 S_{max}。

21. 續上題，試分別計算出歐式固定與浮動履約價的回顧買權與賣權價格，

　　其間的關係為何？

22. 試以標準的蒙地卡羅方法繪製出歐式浮動履約價的回顧買權與賣權價格的抽樣分配。(可參考圖 8-35）。

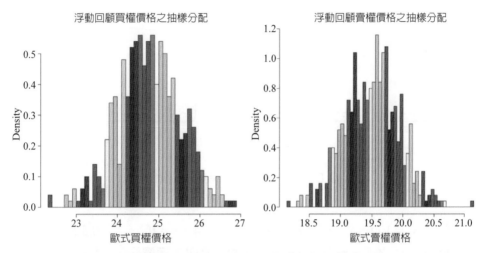

浮動回顧買權價格之抽樣分配　　　　浮動回顧賣權價格之抽樣分配

圖 8-35　以標準蒙地卡羅方法估計浮動履約價回顧買權與賣權價格之抽樣分配

23. 何謂 AsN 與 CN 選擇權合約？試解釋之。

24. 何謂差距選擇權合約？試解釋之。

25. 我們如何複製差距選擇權合約？試解釋之。

26. 歐式選擇權合約可以分成哪二個部分？

27. 我們如何複製歐式選擇權合約？試解釋之。

28. 為什麼較難利用 CN 選擇權合約避險？試解釋之。

29. 續圖 8-12，試以 AsN 取代 CN。提示：可參考圖 8-36。

30. 試解釋界限選擇權合約。

31. 何謂向上觸及生效與向上觸及失效選擇權合約？

32. 何謂向下觸及生效與向下觸及失效選擇權合約？

33. 若 $H = 60$、$x = 1$、$K = 100$、$S_0 = 150$、$r = 0.1$、$q = 0$、$\sigma = 0.25$ 以及 $T = 1$，試分別計算 DOCN 的買權與賣權價格、並解釋其意義。

34. 續上題，若將 H 與 K 分別改成 100 與 60，試分別計算 DOCN 的買權與賣權價格、並解釋其意義。

35. 試解釋界限選擇權內八種合約的意思。

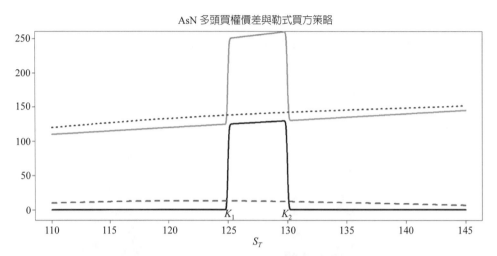

AsN 多頭買權價差與勒式買方策略

圖 8-36　AsN 價差與勒式策略比較

36. 假定 $S_0 = 100$、$K = 90$、$r = 0.08$、$q = 0.04$、$\sigma = 0.3$、$T = 0.5$ 以及 $x_1 = 3$，於 $H = 95$ 之下，試計算 DI 與 DO 的買權與賣權價格。

37. 續上題，於 $H = 110$ 之下，試計算 UI 與 UO 的買權與賣權價格。

38. 續上題，試使用 fExoticOptions 程式套件內的函數指令計算。

39. 續上題，試計算界限選擇權內八種合約的 Delta 與 Gamma 值。

40. 試繪製出表 8-5 界限選擇權內八種合約的 Delta 值曲線。

41. 試繪製出表 8-5 界限選擇權內八種合約的 Gamma 值曲線。

42. 試解釋如何用二元樹狀圖計算界限選擇權價格。

43. 試解釋如何用蒙地卡羅方法計算界限選擇權價格。

44. 至英文 YAHOO 網站下載與上述三種股價指數（4.1 節）同時間的臺灣加權股價指數（TWI）月收盤價，試分別繪製出四種股價指數月收盤價的時間走勢圖。

45. 試分別計算上述四種股價指數之波動率。

46. 試分別計算上述四種股價指數對數報酬率之相關係數。

47. 試計算對數報酬率標準化後之共變異數矩陣，其有何涵義？

48. 利用可列斯基拆解，試計算對數報酬率相關係數矩陣之下三角矩陣，並證明該下三角矩陣乘以對應的上三角矩陣等於上述相關係數矩陣。

49. 利用特性根拆解，試分別找出上述相關係數矩陣的特性根矩陣與特性向

量矩陣，並證明（8-31）式。

50. 試利用（8-30）式以可列斯基拆解模擬上述四種對數報酬率的時間走勢。

51. 續上題，改用標準 t 分配（自由度為 4）模擬。

52. 試敘述如何模擬相關的 GBM。

53. 試於圖 8-26 與 8-27 內加進 TWI 的模擬。

54. 何謂彩虹選擇權？試解釋之。

55. 利用圖 8-28 的假定以及 $\rho = 0.63$，試以蒙地卡羅方法計算 p_{min}。

56. 試繪製出 c_{max} 與 p_{max} 之到期曲線與未到期曲線，其分別有何特色？

57. 不同 ρ 值對 c_{max} 與 p_{max} 之未到期曲線有何影響？可以參考圖 8-37。

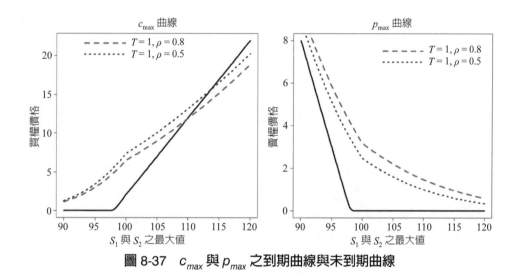

圖 8-37　c_{max} 與 p_{max} 之到期曲線與未到期曲線

58. 續上題，試繪製出 c_{min} 與 p_{min} 之到期曲線與未到期曲線，並說明不同 ρ 值對 c_{min} 與 p_{min} 之未到期曲線有何影響？可以參考圖 8-38。

59. 利用（8-29）式，重做例 2。

60. 何謂蒙地卡羅下的 PCA 方法，試解釋之。

61. 利用例 2 的資料，若用美元計價，於 $r = 0.05$ 與 $K = 1.2$ 之下，試計算十種通貨之歐式最大值買權價格。

62. 續上題，計算十種通貨之歐式最大值賣權價格。

63. 續上題，若 $K = 0.00075$，其餘假定沒變，十種通貨之歐式最小值買權與賣權價格分別為何？

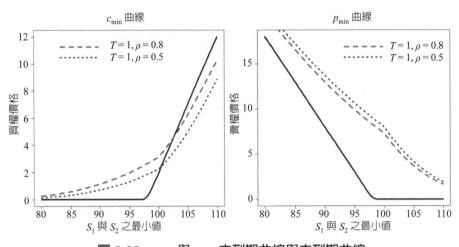

圖 8-38 c_{min} 與 p_{min} 之到期曲線與未到期曲線

64. 於 4.3 節的例 7 內，若將 ρ 值改為 $\rho = -0.5$，其餘假定沒變，則買權與賣權價格分別為何？

65. 於 4.3 節的例 8 內，若將 ρ 值改為 $\rho = -0.5$，其餘假定沒變，則買權與賣權價格分別為何？

利率與利率交換

　　本章可以分成二個部分來看，第一部分是有關於利率而第二部分則是利率交換合約的介紹。爲何要介紹上述二部分，當然是爲了要進一步了解利率衍生性商品的特性。嚴格來說，至目前爲止，我們並沒有完整的介紹基本的衍生性商品，原因就在於我們並沒有介紹與利率相關的商品；事實上，利率以及利率的衍生性商品於當代金融市場扮演著非常重要的角色，不過其定價或分析方式未必與一般的衍生性商品相同。換言之，有關於利率的觀念以及利率的衍生性商品的重要性是不容忽視的，不過我們如何看待上述商品？例如：本書第 1～8 章內，通常假定標的資產價格屬於 GBM，但是利率本身或是利率衍生性商品的標的資產價格如債券價格是否也可以用 GBM 表示？自然需要我們進一步來檢視。

　　如前所述，除了遠期、期貨與選擇權交易之外，基本的衍生性商品交易尚包括交換（合約）交易；因此，有關於對衍生性商品的基本認識，我們尚缺交換交易商品的介紹。其實，交換合約商品可以說是上述三種基本衍生性商品的延伸；也就是說，若存在一連串連續的衍生性商品交易，該交易就相當於屬於交換交易了。因此，本章的目的，除了要介紹（或複習）與利率相關的觀念以及商品外，另一個最主要的目的就是要介紹交換交易，如此算是完成了有關基本衍生性商品的介紹。由於利率衍生性商品較爲複雜，本章亦可以視爲下一章的前身。

　　爲何利率商品或利率的衍生性商品較爲複雜？也許是因爲存在有太多利率了，第 2 章我們曾經簡單介紹過利率結構觀念，即每一時點就有許多不同期限的利率，而這些利率之間的關係是否維持一定的關係？利率曲線的形狀爲何？

無怪乎當有接觸到利率模型時會遇到也需能解釋利率結構的「多因子」模型；
因此，於衍生性商品內，利率商品相對上所用的數學模型就抽象複雜許多了。
面對此種情況，我們也只有逐漸抽絲剝繭，逐步去了解了。

本節可以分成四個部分。第 1 節我們將介紹傳統衡量利率風險的方式，
而第 2 節則介紹利率期貨合約的性質。第 3 節將說明交換交易的原理與定價方
式，而第 4 節則是利率交換交易的介紹。

1. 債券

第 2 章我們曾提到可以用不同的方式來描述利率結構，本節將擴充上述的
想法，即利率曲線又可以稱為收益率曲線，此處收益率指的是到期收益率或殖
利率；換言之，利率結構亦可稱為收益率結構，利率與收益率幾乎是一個同義
詞。因此，本節可以分成二部分介紹，其中 1.1 節說明了透過適當的轉換，我
們可以看出收益率的表示方式其實不只一種；其次，1.2 節則繼續檢視有關於
債券的一些性質。

1.1 債券收益率

表 9-1 列出目前（無風險）債券收益率 1～4 年（以 $T = 1, 2, 3, 4$ 表示）的
相關訊息，我們發現相同的資訊可以用五種方式表示[1]。如同前面章節的表示方
式，我們以 $i_t(t_1, t_2)$ 表示從 t_1 至 t_2 期的（簡單）利率；但是，當期為 $t = t_1$ 時，
我們省略下標而寫成 $i(t_1, t_2)$。

首先我們檢視第 2 欄簡單貼現債券收益率的情況。例如：$i(0, 1) = 6\%$ 表
示第 1 年簡單貼現債券的收益率為 6%，我們從另外一個角度來看，此隱含著
第 1 年期的簡單貼現債券約為 0.9434 元（面額為 1 元）；是故，我們不難將
第 2 欄內的簡單貼現債券收益率轉換成第 3 欄的簡單貼現債券價格，即：

---

[1] 即可以利用表內的其中一欄資訊，可以計算出另一欄的結果；不過因需要同時列於
表內，自然會牽涉到不同小數點以下不同位數的認定；因此，讀者若使用其他的方
式計算，其結果未必與表內的結果完全相同。當然，為了說明起見，表內的第 2 欄
是純粹假定的結果，於實際的金融市場上未必可以觀察到。

表 9-1　收益率的五種表示方式

到期 （年）	貼現債券 收益率（%）	貼現債券 價格	1 年期隱含 遠期利率（%）	平價債券 收益率（%）	連續複利 收益率（%）
1	6	0.9434	6	6	5.8269
2	6.5	0.8817	7.0024	6.4842	6.2975
3	7	0.8163	8.0071	6.9548	6.7659
4	7.5	0.7488	9.0141	7.4097	7.2321

$$B(0,T) = \frac{1}{[1+i(0,T)]^T} \tag{9-1}$$

由（9-1）式可以看出收益率 $i(0, T)$ 就是扮演著利率的角色；換言之，我們提到利率商品或利率的衍生性商品，指的就是債券商品或債券的衍生性商品。

其實，讀者對於本書經常使用簡單貼現債券的觀念應不會感到意外，因為（9-1）式就是貼現因子（discount factor）的表示方式，即按照表內的例子，若今年投資 0.8817 元，2 年後可得 1 元；因此，若 T 年後可得 C_T 元，現在的價值（價格）為：

$$C_T \times B(0,T) = \frac{C_T}{[1+i(0,T)]^T}$$

表 9-1 內第 4 欄的結果可以利用第 2 或 3 欄的結果計算而得。換句話說，$i(0, 1)$ 與 $i(0, 2)$ 分別表示第 1 年與第 2 年的收益率，則利用上述二種收益率，我們不是可以計算隱含的收益率 $i(0, 1, 2)$ 嗎？我們稱 $i(0, 1, 2)$ 為 1 年後的 1 年期隱含遠期利率（implied forward rate）。若我們現在投資 1 元，2 年後可得 $[1 + i(0, 2)]^2$ 元；另一方面，我們也可以現在投資 1 元，1 年後而繼續投資 $[1 + i(0, 1)]$ 元，故 2 年後可得 $[1 + i(0, 1)][1 + i(0, 1, 2)]$ 元，上述二種投資方式應該會相同。換言之，$i(0, 1, 2)$ 的定義應滿足：

$$[1+i(0,1)][1+i(0,1,2)] = [1+i(0,2)]^2 \Rightarrow 1+i(0,1,2) = \frac{[1+i(0,2)]^2}{1+i(0,1)} \tag{9-2}$$

根據上述的推理以及（9-1）式，我們不難將（9-2）式擴充至寫成更一般的形式，即：

$$[1+i(0,T_1,T_2)]^{T_2-T_1} = \frac{[1+i(0,T_2)]^{T_2}}{1+i(0,T_1)^{T_1}} = \frac{B(0,T_1)}{B(0,T_2)} \tag{9-3}$$

即 T_1 期後 $T_2 - T_1$ 期的隱含遠期利率可以透過 T_1 與 T_2 期的貼現債券價格比率計算而得。

接下來，利用表 9-1 內第 2 欄的資訊，我們不僅可以進一步計算附息債券的價格，同時也可以計算平價收益率（par coupon）（表內第 5 欄）。顧名思義，平價收益率是指平價附息債券的收益率[2]。因此，類似於貼現債券價格的資訊，我們也可以計算簡單的附息債券價格 B_c，即：

$$B_c = \sum_{k=1}^{n} cB(0,t_k) + B(0,T) \tag{9-4}$$

其中 $t_k = kT/n$。值得注意的是，該附息債券的票面金額亦為 1 元，故票面利息 c 亦稱為票面收益率。若不同期的利率皆為確定的數值，利用（9-4）式，可知 c 的決定可寫成：

$$c = \frac{B_c - B(0,T)}{\sum_{k=1}^{n} B(0,t_k)} \tag{9-5}$$

因此，若該簡單的附息債券以平價的方式出售隱含著 $B_c = 1$ 元，則（9-5）式亦可再改寫成：

---

[2] 於《財數》一書內，我們曾分別出到期收益率、當期收益率（current yield）以及票面利率之不同。當附息債券以平價的方式出售（即價格等於面額），到期收益率不僅等於當期收益率，同時亦等於票面利率。通常因附息債券的到期收益率（簡稱為收益率）不易計算，習慣上我們是以當期收益率取代債券的收益率，其中當期收益率是按照票面利息除以債券價格計算。

$$c = \frac{1 - B(0,T)}{\displaystyle\sum_{k=1}^{n} B(0,t_k)} \tag{9-6}$$

是故，c 亦可稱爲平價收益率。

　　最後，我們來看連續複利收益率的計算。直覺而言，任何收益率（以年率表示）皆能以貼現債券價格表示；相反地，利用已知的貼現債券價格，不就可以計算對應的收益率嗎？因此，利用表 9-1 內第 3 欄的資訊，我們自然也可以計算出對應的連續複利收益率（第 6 欄），即：

$$B(0, T) = e^{-r(0,T)T} \tag{9-7}$$

其中 $r(0, T)$ 表示目前至 T 期的連續利率。透過（9-7）式，可以得出 $r(0, T)$ 的表示方式爲：

$$r(0,T) = \frac{1}{T} \log\left[\frac{1}{B(0,T)}\right] \tag{9-8}$$

　　上述表 9-1 的介紹，是從已知的貼現債券價格資訊計算出對應的附息債券收益率，不過於實際的應用上，我們卻是反其道而行；也就是說，在市場上我們反而容易觀察到附息債券的資訊，反而需要計算出對應的貼現債券價格。先來看下面的例子。

例 1 **計算貼現債券價格與收益率**

　　假定我們擁有表 9-2 內第 2 與 3 欄的附息債券資訊，該債券面額爲 100，且每年支付一次利息。我們的目的是利用表內附息債券資訊取得對應的貼現債券價格（第 4 欄）與收益率（第 5 欄）。我們已經知道附息債券的價格相當於未來的收益總現值，即：

表 9-2　由附息債券資訊計算貼現債券價格與收益率

到期（年）	票面利率（%）	附息債券價格	貼現債券價格	貼現債券收益率（%）
1	5	101	0.9619	3.9604
2	5.5	101.5	0.9119	4.7170
3	5	99	0.8536	5.4170
4	6	100	0.7890	6.1034

$$\begin{cases} 101 = 105B(0,1) \\ 101.5 = 5.5B(0,1) + 105.5B(0,2) \\ 99 = 5B(0,3) + 5B(0,1) + 105B(0,3) \\ 100 = 6B(0,1) + 6B(0,2) + 6B(0,1) + 106B(0,4) \end{cases}$$

上式亦可以用矩陣的型態表示，即：

$$\begin{bmatrix} 101 \\ 101.5 \\ 99 \\ 100 \end{bmatrix} = \begin{bmatrix} 105 & 0 & 0 & 0 \\ 5.5 & 105.5 & 0 & 0 \\ 5 & 5 & 105 & 0 \\ 6 & 6 & 6 & 106 \end{bmatrix} \begin{bmatrix} B(0,1) \\ B(0,2) \\ B(0,3) \\ B(0,4) \end{bmatrix} \Rightarrow \begin{bmatrix} B(0,1) \\ B(0,2) \\ B(0,3) \\ B(0,4) \end{bmatrix} = \begin{bmatrix} 0.9619 \\ 0.9119 \\ 0.8536 \\ 0.7890 \end{bmatrix}$$

此即為表 9-2 內第 4 欄的結果，利用該結果，我們不難計算出對應的收益率。

例 2　拔靴法

接下來，我們來檢視表 9-3 的情況。我們已經擁有表 9-3a 的貼現債券資訊，我們希望利用表 9-3b 附息債券資訊來計算對應的貼現債券價格或收益率。此處介紹一種利用一些附息債券的資訊計算出對應的貼現債券價格的方法，該方法稱為拔靴法（bootstrapping method）[3]。首先，來看如何計算出 1 年又

---

[3] 上述拔靴法與統計學內的拔靴法並不相同，後者是強調「抽出放回」的抽樣動作，而前者則類似於「插補法」。於《財統》一書內，我們曾簡略介紹過統計學內的拔靴法。

2 個月期的貼現債券收益率，即利用表 9-3 內的資訊，可得：

$$103.7 = \frac{5}{(1+0.046)^{2/12}} + \frac{105}{(1+x)^{1+2/12}} \Rightarrow x \approx 0.0541 \qquad (9\text{-}9)$$

其中（9-9）式的計算有利用到二項級數（binomial series）的應用[4]。（9-9）式說明了如何利用已知的貼現債券收益率（即 2 個月期）以及附息債券的相關資訊計算出相同到期期限的貼現債券收益率（即 1 年又 2 個月）（此處仍假定附息債券每年付息一次且面額為 100）。同理，類似於（9-9）式的計算方式，我們可以分別計算出 1 年又 9 個月與 2 年期的貼現債券收益率約為 5.69% 與 5.79%。利用上述計算出的 1 與 2 年期貼現債券收益率，我們可以進一步計算出 3 年期貼現債券收益率為：

$$97.6 = \frac{5}{1+0.051} + \frac{5}{(1+0.0579)^2} + \frac{105}{(1+x)^3} \Rightarrow x \approx 0.0595$$

---

[4] 直覺而言，（9-9）式應寫成：

$$103.7 = \frac{5}{1+0.046(6/12)} + \frac{105}{1+x(1+6/12)} \Rightarrow x \approx 0.054360$$

不過透過二項級數可知：若 k 為一任何實數且 $|x| < 1$，則

$$(1+x)^k = \sum_{n=0}^{\infty} \binom{k}{n} x^n = 1 + kx + \frac{k(k-1)}{2!}x^2 + \frac{k(k-1)(k-2)}{3!}x^3 + \cdots$$

二項級數之定義可參考微積分教科書例如 Stewart, J. (2008), Calculus, Thomson. 於（9-9）式內因 $0 \le x < 1$，故可知 $(1+0.046)^{2/12} \approx 1 + 0.046(2/12)$ 或 $(1+x)^{(1+2/12)} \approx 1 + x(1+2/12)$。

表 9-3a　貼現債券資訊

	1 天	1 個月	2 個月	3 個月	6 個月	9 個月	1 年
貼現債券收益率（%）	4.4	4.5	4.6	4.7	4.9	5	5.1

表 9-3b　附息債券資訊

到期	票面利率（%）	附息債券價格
1 年 2 個月	5	103.7
1 年 9 個月	6	102
2 年	5.5	99.5
3 年	5	97.6

例 3　貼現債券收益率曲線

　　續例 2，利用表 9-3 內的資訊我們可以再進一步估計並繪製出貼現債券收益率曲線如圖 9-1 所示。為了取得圓滑的收益率曲線，圖內使用複迴歸模型估計該收益率曲線（以虛線表示），其中 $\hat{x}$ 為估計的複迴歸曲線。

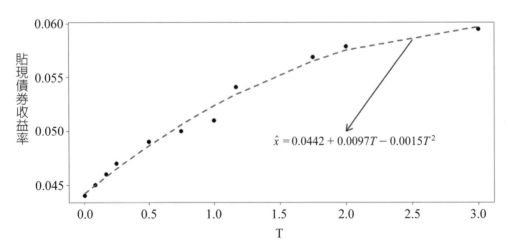

$$\hat{x} = 0.0442 + 0.0097T - 0.0015T^2$$

圖 9-1　利用表 9-3 內的資訊繪製收益率曲線

例 4　**確定與隨機利率**

　　考慮底下二種情況。情況 1 是假定 1～20 年期的即期利率（spot interest rate）是從 2% 逐年遞增 0.3158% 至 8%，而情況 2 則是 1～20 年期的即期利率於 2% 與 8% 的範圍內隨機變動，利用（9-3）式，我們可以計算情況 1 與 2 的隱含 1 年期遠期利率並繪製出其利率曲線如圖 9-2 所示。圖 9-2 的左圖繪製出確定與隨機即期利率曲線，而右圖則繪製出確定與隨機 1 年期隱含遠期利率曲線。從圖內可以看出隨機 1 年期隱含遠期利率曲線（以虛線表示）的波動幅度較大，甚至於有可能出現負值的情況；反觀，即期利率曲線就有較小的波動幅度。圖 9-2 所隱含的意義爲：利率結構有多種方式可以表示，顯然若以 1 年期隱含遠期利率來表示反而可以看出其內有可能隱含著負值的情況。

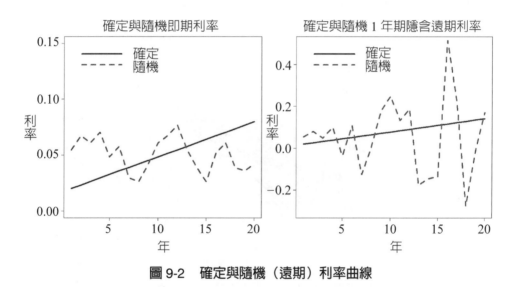

圖 9-2　確定與隨機（遠期）利率曲線

1.2 利率風險

　　於尚未介紹之前，我們先來看圖 9-3 與 9-4 的例子。二圖是利用附息債券的價格公式如（9-10）式所繪製而成的；換言之，(9-4) 式可以進一步改寫成：

$$B_{coupon} = \sum_{i=1}^{n} \frac{C/f}{(1+y/f)^i} + \frac{F}{(1+y/f)^n} \tag{9-10}$$

其中 B_{coupon} 表示附息債券價格而 $n = Tf$；另一方面，C、F、y、f 以及 T 分別表示附息債券票面利息、面額、收益率、1 年付息次數與到期期限。

1.1 節所介紹或計算的債券收益率，雖然可以當作投資人選擇不同資產組合的參考指標，不過債券收益率並不適用於計算投資人保有附息債券的報酬率；換言之，當投資人附息債券的保有期限小於該債券的到期期限時，該投資人反而比較關心附息債券的報酬率而不是其收益率了[5]。因此，圖 9-3 與 9-4 的特色在於說明於其他情況不變下，不同的票面利率與收益率變動引起長短期附息債券價格變動的情況；也就是說，假定附息債券的面額為 100，每年付息 1 次，圖 9-3 以到期期限為 5 年當作短期附息債券的指標，而圖 9-4 則以 $T = 30$ 年當作長期附息債券的參考標的，故二圖可以分別衡量長短期附息債券價格對票面利率與收益率變動的敏感度。

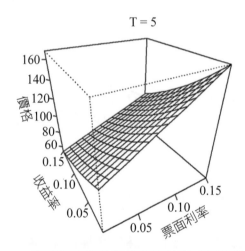

圖 9-3　短期附息債券價格與收益率（票面利率）

---

[5]　例如某公司財務部門買入 100 張面額為 10 萬元的初發行 10 年期政府公債後，可能半年後就賣出了，此時該公司財務部門應比較在乎投資政府公債的報酬率。

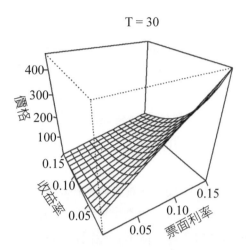

圖 9-4　長期附息債券價格與收益率（票面利率）

　　從圖 9-3 與 9-4 中，我們可以看出附息債券的一些特徵：

(1) 若其他情況不變，附息債券價格與收益率之間呈現出負的關係，該負關係可說是（附息）債券管理與評價的基礎；換言之，當投資人對於新發行債券的收益率預期有改變時，相當於流通的（舊的）債券收益率亦會隨之改變，使得債券價格有變化。

(2) 於其他情況不變下，票面利率與附息債券價格為正關係。

(3) 從圖 9-3 與 9-4 內可以看出，附息債券價格會向東南方向升高，隱含著收益率上升與下降所導致附息債券價格變動的幅度並不對稱，即後者引起的價格上升的絕對值幅度較大。

(4) 於其他情況不變下，到期期限愈長，附息債券價格波動的幅度愈大。我們從上述二圖亦可看出端倪，若固定票面利率或收益率維持不變（相當於橫切縱軸或橫軸），即使收益率與附息債券價格以及票面利率與附息債券價格之間分別呈負與正的關係，我們仍可以看出期限愈長所引起的附息債券價格波動愈大。

(5) 圖 9-3 與 9-4 的特色是除了不同到期期限外，附息債券價格不僅受到收益率同時亦受到票面利率的影響；有意思的是，價格的波動竟與票面利率呈相反的關係。我們舉一個例子說明。考慮二種票面利率分別為 15% 與 1% 的情況。若 $T = 30$，當收益率由 0.05 降至 0.04 時，上述二種票面利率的附

息債券價格分別從 253.72 與 38.51 上升至 290.21 與 48.12，故價格上升的比率分別約為 14.38% 與 24.96%；同理，當 $T = 5$ 時，其價格上升的比率竟然約只有 4% 與 5%。因此，雖然二圖內顯示出最高附息債券價格出現於最低收益率與最高票面利率處；不過，若投資人預期未來收益率會下降，反而低票面利率的長期附息債券會有較高的報酬率。讀者自然也可以練習預期未來收益率會上升的情況。

上述附息債券的特徵提供我們注意當收益率改變時，對應的附息債券價格亦會隨之改變的一些資訊。當然，我們是無法左右市場收益率的變動，不過透過長短期與高低票面利率的考慮，從事資產組合的投資人還是有一些選擇的空間。本節底下將分成二部分介紹債券的利率風險，其一是存續期間（duration）觀念的介紹，另一則是「超越」存續期間觀念的延伸。

1.2.1 債券的存續期間

圖 9-3 與 9-4 二圖是利用（9-10）式所繪製而成的，我們再來練習（9-10）式的使用。假定 A 投資人買了一張新發行的 5 年期票面利率為 10% 的附息債券，該債券的面額為 100 元且半年付息 1 次，而收益率為 5%。利用（9-10）式，該債券的價格為 121.8802 元。假定 A 投資人買了上述附息債券後，債券的收益率（市場利率）立即下降至 4% 後就不再變動，即債券價格立即上升至 126.9478 元。1 年後，A 投資人於付息後迅速賣出該債券，可得 121.9764 元。是故，A 投資人保有該債券 1 年的報酬率約為 8.3658%。上述報酬率的計算可以分成二部分來看，其中之一是票面利息再投資的報酬率，即 [5(1 + 0.02) + 5] / 121.8802 ≈ 8.2868%；另外一種則是資本利得率，即 [121.9764 − 121.8802] / 121.8802 ≈ 0.0789%。若利用上述 1 年的報酬率來計算，相當於 1 年後該附息債券價格上升至 132.08 元。

我們再思考另外一種情況。假定 A 投資人買了上述附息債券後，債券的收益率不降反而升至 6% 後就不再變動，則按照上述的計算方式，A 投資人保有 1 年後的報酬率約為 1.8946%，其中票面利息再投資的報酬率與資本利得率分別約為 8.3279%（即 [5(1 + 0.03) + 5] / 121.8802）與 −6.4332%。此外，若按

照上述報酬率計算，相當於 1 年後該附息債券價格上升至 124.19 元[6]。是故，上述二種情況皆顯示出票面利息的再投資報酬率差異不大，不過資本利得率卻未必一致，顯然收益率下降所得到的資本利得率（絕對值）較大。

因此，不管是利用何種方式計算，債券收益率的上升或下降所造成的報酬率或風險並不相同，而我們已經知道報酬率或風險的不一致其實是來自於資本利得的差異所造成的。我們可以再先檢視表 9-4 的情況。表 9-4 列出利用圖 9-3 與 9-4 的假定所計算出的結果；換言之，於該表內我們分別計算出長期（$T = 30$）與短期（$T = 5$）二種附息債券價格，其中每一種債券只考慮收益率與票面利率分別為 4%、5% 與 6% 以及 1%、5% 與 10% 三種可能。

乍看之下，表 9-4 的結果並不出乎我們的意料之外，即附息債券價格分別與收益率之間呈現負關係，而與票面利率之間呈現正關係。另一方面，長期債券價格的波動的確較短期債券價格大，例如債券最高價格與最低價格各分別出現於長期債券的收益率與票面利率分別為 4% 與 10% 以及 6% 與 1% 處。雖說如此，不過我們有興趣的是當收益率（即市場利率）改變後，（附息）債券價格會如何改變？若我們事先無法知道債券價格會如何變化，豈不是就不知債券的報酬率為何？倘若收益率上升或下降後對債券價格的影響程度是相同的，則

---

[6] 上述的結果亦可利用另外一種解釋方式。假定 A 投資人買了上述附息債券後，債券的收益率（市場利率）立即下降至 4% 後就不再變動，即債券價格立即上升至 126.9478 元，不過之後債券價格仍會隨時間改變。換句話說，半年後債券價格應會隨時間升至 129.4876(126.9478×(1 + 0.02)) 元，但是因有 5 元的票面利息收益，故債券價格於付息後會降至 124.4876 元。同理，再半年後，債券價格隨時間又會上升至 126.9774(124.4876×(1 + 0.02)) 元，不過因 5 元的票面利息可以按照（市場利率）4% 的「再投資率（reinvestment rate）」成長，即半年後會上升至 5×(1 + 0.02) = 5.1 元；因此，1 年之後，上述 A 投資人的附息債券的「總價格」應會上升至 132.0774 元。我們再想像一個相反的結果，即 A 投資人買了附息債券之後（成本為 121.8802 元），債券收益率不降反而升至 6%，按照上述的計算過程，1 年之後該付息債券價格應會升至 124.1894 元。上述 A 投資人的例子說明了附息債券的收益亦包括票面利息與資本利得二種收益。因此，實際上債券的風險可以分成二個部分來看，其一是再投資風險，另一則是資本利得風險。值得注意的是，(9-10) 式的計算過程，其背後隱含著再投資率等於債券的收益率；換言之，1 年後若以新的收益率計算 A 投資人的例子，於 4% 與 6% 的收益率之下，按照 (9-10) 式，可計算出該債券的價格分別約為 121.9764 元與 114.0394 元，若再加上已付出的利息部分，其價格分別約為 132.0764 元與 124.1894 元，二價格接近於上述的結果。

投資於債券的風險或許可以降低；比較麻煩的是，上述對債券價格的影響程度未必相同，增加了收益率上升或下降後對債券價格變化預期的困難度，使得投資於債券的利率風險大為提高，因此我們還是要進一步知道一些額外的資訊。

於上述 A 投資人的例子內，我們已經知道若票面利率固定，收益率的變動造成的資本利得率（絕對值）並不相同，但是從表 9-4 內，我們並不容易看出該結果；因此，我們嘗試計算表 9-4 內價格對收益率的弧彈性（arc elasticity），而其結果則以小括號內之值表示[7]。可惜的是，弧彈性的計算結果仍與我們的直覺衝突，因為收益率上升的弧彈性竟然大於收益率下降的弧彈

表 9-4　長短期附息債券價格與收益率（票面利率）

		T = 5			T = 30		
		y			y		
		4%	5%	6%	4%	5%	6%
	1%	86.64 (0.21) [4.71]	82.68 (-) [4.66]	78.94 (0.25) [4.61]	48.12 (1.00) [22.84]	38.51 (-) [21.72]	31.18 (1.16) [20.53]
i_c	5%	104.45 (0.20) [4.38]	100 (-) [4.33]	95.79 (0.24) [4.28]	117.29 (0.72) [16.53]	100 (-) [15.37]	86.24 (0.81) [14.25]
	10%	126.71 (0.18) [4.11]	121.65 (-) [4.05]	116.85 (0.22) [4.00]	203.75 (0.64) [14.67]	176.86 (-) [13.65]	155.06 (0.72) [12.68]

說明：1. y 與 i_c 分別表示附息債券的收益率與票面利率。

　　　2. 小括號內之值表示弧價格彈性。

　　　3. 中括號內之值表示修正的存續期。

---

[7]　若只有 (y_1, B_{c_1}) 與 (y_2, B_{c_2}) 二組資料，債券價格收益率的弧彈性可寫成：

$$-\frac{(B_{c_1} - B_{c_2})/(B_{c_1} + B_{c_2})}{(y_1 - y_2)/(y_1 + y_2)}$$

表示收益率變動的百分比引起債券價格變動的百分比。

性；例如：考慮 $T = 30$ 以及票面利率為 5% 的情況，當收益率從 5% 降至 4% 或升至 6% 時，其對應的弧彈性分別為 0.72 與 0.81，顯然後者大於前者，故其結果與上述投資人 A 的例子不一致。

　　既然使用弧彈性的計算仍無法滿足我們所需，我們只好再使用其他的方式取代。表 9-4 內列出修正的存續期間（modified duration）的估計值，而以中括號內之值表示。仍考慮 $T = 30$ 以及票面利率為 5% 的情況，當收益率從 5% 降至 4% 或升至 6% 時，其對應的修正的存續期間估計值分別從 15.37 上升至 16.53 以及從 15.37 下降至 14.25，顯然利用修正的存續期間的觀念，可以掌握收益率改變後對債券價格的不對稱影響。到底修正的存續期間表示何意思？其是否可以用於衡量債券價格的利率風險因子？

　　於其他情況不變下，我們嘗試於（9-10）式內對收益率計算第一階的泰勒展開式，可得：

$$dB_{coupon}(y) = B_{coupon}(y+dy) - B_{coupon}(y) = \frac{dB_{coupon}(y)}{dy}[(y+dy)-y] + o(y) \quad (9\text{-}11)$$

其中 $o(y)$ 表示省略的部分，而 $dB_{coupon}(y)/dy$ 可寫成：

$$\frac{dB_{coupon}(y)}{dy} = -\sum_{i=1}^{n} \frac{i}{f} \frac{C/f}{(1+y/f)^{i+1}} - \frac{n}{f} \frac{F}{(1+y/f)^{n+1}}$$

$$= -\frac{1}{1+y/f}\left[\sum_{i=1}^{n} \frac{i}{f} \frac{C/f}{(1+y/f)^{i}} + \frac{n}{f} \frac{F}{(1+y/f)^{n}}\right] \quad (9\text{-}12)$$

（9-12）式可以解釋成：若 y 變動一個單位，債券價格會變動 $dB_{coupon}(y)$；因此，一個自然的反應是將 y 的變動改用一個基本點的變動，此相當於將（9-12）式除以 10,000 調整。換句話說，若 y 以一個基本點計算，其對應的債券價格就稱為一個基本點的債券價值（Price Value of a Basis Point, PVBP）或 01 的價值（Dollar Value of 01, DV01）；所以，調整後的（9-12）式可以解釋成：若 y 變動一個基本點，債券價格會變動 $dB_{coupon}(y)$ 單位的 DV01。

　　了解（9-12）式的意義後，我們就稱 $-dB_{coupon}(y)/dy$ 為債券的存續期間，故債券的存續期間有二種表示方式，其一是利用調整前的（9-12）式，我們用

DD（dollar duration）表示，另一則是利用調整後的（9-12）式，則以 DD_{DV01} 表示。仍考慮表 9-4 內 $T = 30$ 以及票面利率為 5% 的情況，當收益率從 5% 降至 4% 或升至 6% 時，其對應的 DD 估計值分別從 1,537.01 上升至 1,939.16 以及從 1,537.01 下降至 1,229.2；至於 DD_{DV01} 的估計值，則是將上述的 DD 估計值再分別除以 10,000。因此，我們可以解釋上述 DD 估計值的意義，即收益率增加 1%（或增加 100 個基本點），債券價格約減少 $1,229.2 \times 0.01 = 12.292$，故 DD 的估計值，相當於在衡量「絕對的」資本利得。

有了存續期的概念，我們就可以定義 Macaulay 存續期與修正的存續期分別為：

$$MD = -\frac{\dfrac{dB_{coupon}}{B_{coupon}}}{\dfrac{dy}{1+y/f}} = DD\frac{(1+y/f)}{B_{coupon}} \quad （9\text{-}13）$$

與

$$MDD = \frac{MD}{1+y/f} = DD\frac{1}{B_{coupon}} \quad （9\text{-}14）$$

其中 MD 與 MDD 分別表示 Macaulay 存續期間與修正的存續期間。從（9-13）式可以看出 MD 與點彈性（point elasticity）的計算方式頗為類似；換言之，MD 與 MDD 的計算，相當於在衡量「相對的」資本利得。例如：於表 9-4 內的 $T = 30$ 與 $y = i_c = 5\%$ 處，MDD 的估計值約為 15.37，此估計值隱含著若收益率減少 1 個基本點，債券價格會增加 $15.37 \times 0.0001 = 0.1537\%$，可以注意的是 MDD 可以用百分比表示 [8]。

---

[8] 畢竟 MDD 的導出只是利用第一階泰勒展開式，因此利用（9-10）式來計算還是有些微的差距，即票面利率等於收益率的 30 年期債券價格會等於其面額 100，而若票面利率與收益率分別為 0.05 與 0.0499，則利用（9-10）式計算 30 年期的債券價格約為 100.1539，故債券價格約上升 0.1539%。

　　爲何要計算 MD？我們來看圖 9-5 的例子。基本上圖 9-5 的繪製還是利用圖 9-3 或 9-4 的假定，若以 $y = 5\%$ 爲基準，當 $i_c = 4\%$，此時附息債券是以折價的方式，而當 $i_c = 6\%$ 則附息債券是以溢價的方式發行；至於圖內的貼現債券，則相當於假定 $i_c = 0$。從圖內可以看出貼現債券的 MD 曲線就是通過原點的 45° 直線，隱含著不同到期期限的 MD 估計值等於到期期限；因此，顧名思義，「存續期間」就是在衡量債券的「有效持有期限」。例如：n 年期貼現債券的 MD 估計值就是 n 年，不過因貼現債券持有人於期初購買後至到期期間並無任何利息收入，故持有該貼現債券有效存續期間就是 n 年；如此來看，上述 MDD 的估計值約爲 15.37 倒也有另外一種解釋方式，由於有票面利息收入，故該附息債券的有效存續期間約爲 15.37 年[9]。

　　因此，我們可以解釋圖 9-5 的意義。我們從左圖可以看出，於相同的到期期限下，以貼現債券的 MD 估計值最大，其次爲折價與平價附息債券，最低爲溢價附息債券的 MD 估計值。如前所述，附息債券因有票面利息收入，故其 MD 估計值較貼現債券的 MD 估計值爲低；另一方面，因溢價附息債券的票面

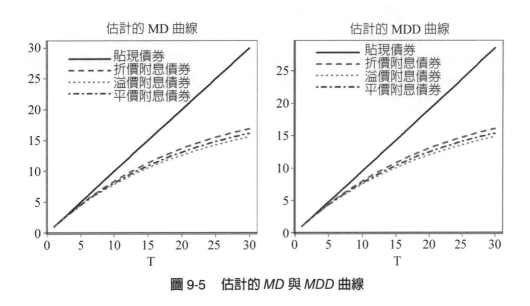

圖 9-5　估計的 MD 與 MDD 曲線

---

[9]　我們亦可以用貼現債券的方式解釋，即 n 年期貼現債券的 MDD 估計值爲 n；故若有一種債券的 MDD 估計值爲 15.37，豈不是表示該債券相當於是一種 15.37 年期的貼現債券嗎？

利息較高，故其 MD 的估計值最低。我們進一步檢視右圖的情況。從（9-14）式可以發現 MDD 估計值的計算只不過是將 MD 估計值轉換而已，其間的轉換因子為 $1/(1 + y/f)$ 並無涉及到票面利息的計算，故 MDD 與 MD 二曲線的形狀非常類似。

其實 MDD 估計值的意義並不只侷限於「有效存續期間」的解釋，我們著重的是 MDD 的估計值可以用於衡量債券的利率風險；換言之，若忽略 $o(y)$ 項，（9-10）式於 $y = y_0$ 附近的第一階泰勒展開式可改寫成：

$$B_{coupon}(y_0 + dy) = B_{coupon}(y_0) - [-dB_{coupon}(y_0)/dy]dy$$

$$= B_{coupon}(y_0) - B_{coupon}(y_0)\frac{DD(y_0)}{B_{coupon}(y_0)} = B_{coupon}(y_0)[1 - MDD(y_0)dy]$$

（9-15）

因收益率改變而導致債券價格變動的利率風險可以用 MDD 的估計值衡量。我們再舉一個例子說明，可以參考圖 9-6。

如前所述，若其他情況不變，債券價格與收益率之間存在負的關係，而該負關係可繪製如圖 9-6 內的 $B_{coupon}(y)$ 曲線所示。假定目前收益率從 5% 降至 4%，實際債券價格與收益率的變化相當於從圖內的 A 點轉移至 C 點，而透過

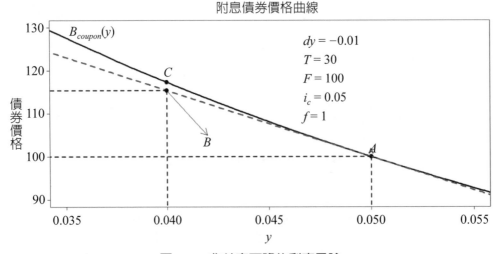

圖 9-6　收益率下降的利率風險

（9-15）式的應用，預期債券價格與收益率可對應至圖內的 B 點；換言之，原來（9-15）式所描述的就是圖內通過 A 點的切線，其中 MDD 的估計值就是該切線的斜率值。因此，透過圖內的假定，可以計算出當收益率從 5% 降至 4% 時，實際債券價格會從 100 升至 117.292，而透過（9-15）式的債券價格預期值為 115.3725，二者之間的差距就是預測誤差，其相當於圖內 BC 線段的距離。

　　因此，了解 MDD 的用處後，我們再重新檢視圖 9-6 的情況。只要上述債券價格的預測誤差沒有太大，「利率風險」不就是可以用 MDD 的估計值表示嗎？換句話說，貼現債券因無票面利息收益，故當收益率改變時，債券價格的變化反而較大，而且變化的速度並不會隨到期期限改變（因其 MDD 曲線為一條直線）。反觀附息債券因有票面利息收益的「緩衝」，其價格變化反而不如貼現價格；另一方面，因附息債券的 MDD 曲線為一種凹口向下的曲線，隱含著價格變化的速度會隨到期期限遞減，故我們可以再增加一項附息債券的特徵（延續圖 9-3 與 9-4):

(6) 於其他情況不變下，到期期限愈長，附息債券價格的波動幅度愈大；不過，波動幅度增加的速度卻隨到期期限的變大而縮小。

例 1　付息頻率的增加

　　上述所用的例子大多使用 1 年付息一次的情況（即 $f = 1$），倘若 1 年付息多次呢？圖 9-7 繪製出不同票面利率與付息頻率的情況，於該圖內可以看出於不同收益率下，1 年付息 1 次以及 1 年付息 12 次債券價格曲線的變化。讀者應能解釋其中的差異。同理，圖 9-8 則繪製出不同到期期限與不同付息頻率的情況，即圖內分成 $y < i_c$、$y > i_c$ 與 $y = i_c$ 三種型態檢視，即分別可對應至溢價、折價以及平價附息債券。

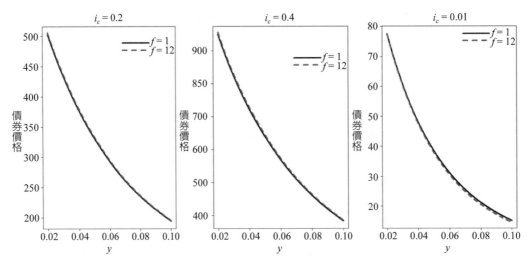

圖 9-7　付息頻率與票面利率不同的情況（$F = 100$ 與 $T = 30$）

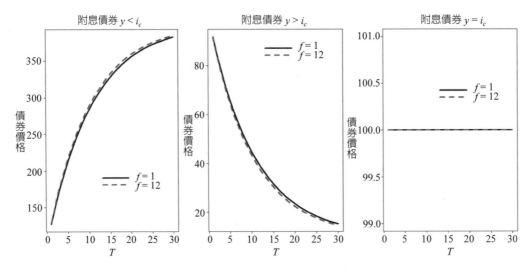

圖 9-8　付息頻率與到期期限不同的情況（$F = 100$）

例 2　不同付息頻率下的存續期間

假定 $i_c = 6\%$、$y = 5\%$、$T = 10$、$f = 1$ 以及 $F = 100$，則可以計算 B_c、DD、DD_{DV01}、MD 與 MDD 的估計值分別約為 107.72、809.67、8.0967%、7.52 與 7.89；不過，若改成 $f = 2$ 而其餘假定不變，則上述估計值分別約為 107.79、

816.27、8.1627%、7.57 與 7.76。似乎上述的估計結果與我們的直覺不符，因為存續期間的估計值應隨付息頻率的提高而下降。原來，上述我們計算的方式是以「期」而不是以「年」為單位；換言之，若以年為單位，於 $f = 2$ 之下，上述存續期的估計值應再除以 2。

例 3

如前所述，存續期間的估計可以用「年」為單位來解釋，故當 1 年的付息次數改變時，存續期間的估計值若以「年」來解釋，其估計值應該做調整；換言之，重新檢視（9-13）式內 MD 定義的分母部分，其中若 $f > 1$，則 $dy / (1 + y / f)$ 部分應改寫成 $dy(1 / f)/(1 + y / f)$，故原先計算的 MDD 估計值應做調整，而調整係數為 $1 / f$。例如：前述 $f = 1$ 下的 MDD 的估計值約為 15.37，若改為 $f = 2$，則對應的 MDD 估計值約為 7.73，可以參考圖 9-9 的繪製 [10]。

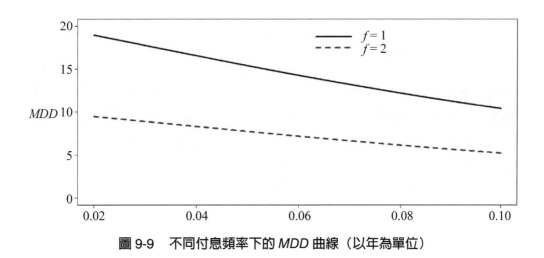

圖 9-9　不同付息頻率下的 MDD 曲線（以年為單位）

例 4　債券資產組合的避險

假定一位債券資產組合的管理者擁有一種資產組合，該組合是分別由二種

---

[10] 讀者應不難改變所附 R 的程式函數使其能自動調整，即所附的估計 MDD 的函數（即 MDur 函數）是按照（9-13）式所設計的，當初我們並未做調整。

不同到期期限的附息債券所組成；換言之，該資產組合之價格 P 可寫成：

$$P = B_{coupon}(y_1, T_1) + \phi B_{coupon}(y_2, T_2) \tag{9-16}$$

其中 ϕ 是一個未知的常數值，而 $B_{coupon}(y_i, T_i)$ 表示第 i 種附息債券的價格，其收益率與到期期限分別為 y 與 T。當然，就該管理者而言，其希望 P 能免除利率變動的風險。因此，利用前述第一階泰勒展開式，（9-16）式可改寫成：

$$dP \approx [\partial B_{coupon}(y_1, T_1) / \partial y_1] dy_1 + \phi [\partial B_{coupon}(y_2, T_2) / \partial y_2] dy_2 = 0$$

$$\Rightarrow \phi DD(y_2, T_2) dy_2 = -DD(y_1, T_1) dy_1$$

$$\Rightarrow \phi = -\frac{B_{cooupon}(y_1, T_1) MDD(y_1, T_1) dy_1}{B_{coupon}(y_2, T_2) MDD(y_2, T_2) dy_2} \tag{9-17}$$

我們舉一個例子說明。假設 $T_1 = 7$、$T_2 = 10$、$i_{c_1} = 6\%$、$i_{c_2} = 8\%$、$y_1 = 7\%$、$y_2 = 7.5\%$、$f = 1$ 以及 $F = 100$，故若假定 $dy_1 = dy_2$，可得 ϕ 值約為 -0.7409。若 $dy_1 = dy_2$，上述資產組合相當於同時做多 1 單位的第 1 種附息債券以及放空 0.7409 單位的第 2 種附息債券；或者說，若已經擁有 1 單位的第 1 種附息債券，則應做多或放空多少單位的第 2 種附息債券，方能避免收益率變動的風險？答案當然是，若 $dy_1 = dy_2$，應放空 0.7409 單位的第 2 種附息債券；不過，若 $dy_1 \neq dy_2$，上述 ϕ 的估計值只是一個參考值而已。因此，假定 $dy_1 = dy_2 = dy$，仍延續上述的例子，若 dy 增加 25 個基本點，則該資產組合價格的變動約為：

$$dB_{coupon}(y_1, T_1) + \phi dB_{coupon}(y_2, T_2) \approx -1.289 + (-0.7409) \times (-1.7354) \approx -0.0033$$

同理，若 dy 減少 25 個基本點，則該資產組合價格的變動約為 -0.0034。是故，收益率若有微小的變動該資產組合幾乎可以避開利率風險。

1.2.2 債券價格的凸性

圖 9-6 提醒我們利用（9-15）式來預期收益率改變後的債券價格仍存在若干預測誤差，而該預測誤差的存在卻是與債券價格的凸性（convexity）有關；也就是說，圖 9-10 擴充圖 9-6 的繪製至包括短期債券的價格曲線（$T = 5$），

而從圖內可以看出短期債券價格曲線的「凸性」較小，隱含著上述預測誤差會較低。當然，此處的凸性指的是凹口向上的曲線，而凸性較小就是指曲線較為平坦。換言之，圖 9-10 給予我們的啓示是：因長期價格曲線的凸性較大而短期較小，故若仍使用（9-15）式來預期債券的價格，前者的預測誤差會大於後者。因此，若考慮債券價格的凸性，(9-15) 式必須進一步做調整。

我們該如何調整呢？（9-15）式是利用（9-10）式的第一階泰勒展開式所導出的結果；換言之，我們於 $y = y_0$ 附近對（9-10）式計算第二階泰勒展開式，其結果可寫成；

$$B_{coupon}(y_0 + dy) = B(y_0)[1 - MDD(y_0)dy + 0.5Convexity(y_0)dy^2] \qquad （9\text{-}18）$$

其中 $Convexity(y_0)$ 表示債券價格的凸性，其可寫成：

$$Convexity(y_0) = \frac{1}{B_{coupon}(y_0)} \left[\sum_{i=1}^{n} \frac{i(i+1)}{f^2} \frac{C/f}{(1+y/f)^{i+1}} + \frac{n(n+1)}{f^2} \frac{F}{(1+y/f)^{n+2}} \right]$$

$$（9\text{-}19）$$

即（9-19）式中括號內的式子是根據 $\partial^2 B_{coupon} / \partial y^2$ 而得。

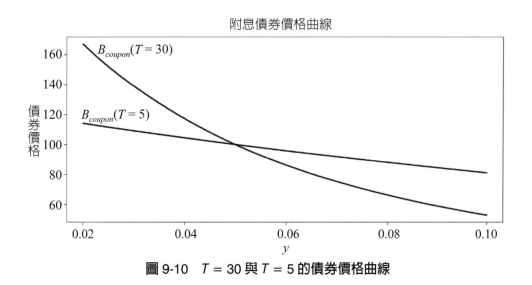

附息債券價格曲線

圖 9-10　$T = 30$ 與 $T = 5$ 的債券價格曲線

我們舉一個例子說明。假定 $i_c = 6\%$、$y = 5\%$、$f = 1$ 與 $T = 10$，利用上述假定，可知債券價格與 MDD 的估計值分別約為 107.7217 與 7.5163。根據（9-19）式可得「相對的」與「絕對的」債券價格凸性估計值分別約為 72.1737 與 7,777.679，其中後者就是 $\partial^2 B_{coupon} / \partial y^2$ 的估計值。我們來看上述二個估計值的意義為何？假定收益率變動 50 個基本點，則債券持有人會因債券的凸性而得到資本利得，可以檢視（9-18）式，該資本利得可有二種表示方式：其一是絕對資本利得而另一則為相對資本利得，其中絕對資本利得與相對資本利得分別為 $0.5 \times 7,774.679 \times 0.05^2 \approx 0.0972$ 與 $0.5 \times 72.1737 \times 0.05^2 \approx 0.0902\%$。是故，（9-18）式的計算方式是使用相對的凸性調整；若使用絕對的凸性調整，則（9-18）式可改寫成：

$$B_{coupon}(y_0 + dy) = B(y_0)[1 - MDD(y_0)dy] + 0.5 AConvexity(y_0)dy^2 \quad （9\text{-}20）$$

其中 $AConvexity(y_0)$ 表示絕對凸性調整。因此，若收益率降低 50 個基本點，按照（9-18）式可知債券價格的預期值約為：

$$107.7217 \times [1 - 7.5163 \times 0.005 + 0.5 \times 72.1737 \times (0.005)^2] \approx 111.8673$$

而實際的債券價格約為 111.8691，二者的差距會因有考慮到債券價格的凸性而縮小。

於上述的例子內，我們可以看出債券價格凸性調整的必要性與重要性。我們進一步再來檢視（9-18）或（9-20）式的特性。根據（9-18）式，我們姑且將該式內中括號的式子即 $1 - MDD(y_0)dy + 0.5Convexity(y_0)dy^2$ 項稱為一種預期因子，圖 9-11 則繪製出二種預期因子的調整型態，其中左圖屬於價格上升（即 $dy < 0$）而右圖則在描述價格下降（即 $dy > 0$）的情況。我們從圖內可以看出因收益率的變動使得價格上升與價格下降的預期價格反應的確存在著不對稱的情況。例如：隨著到期期限的延長，價格上升的預期因子會變大，但是價格下降的預期因子卻會縮小，其中皆以折價附息債券的調整最大；不過，值得注意的是，二者的「瞬間調整」卻皆會隨到期期限的延長而縮小（即曲線的斜率值會隨 T 值的變大而縮小），此種結果頗類似於圖 9-5 的情況。

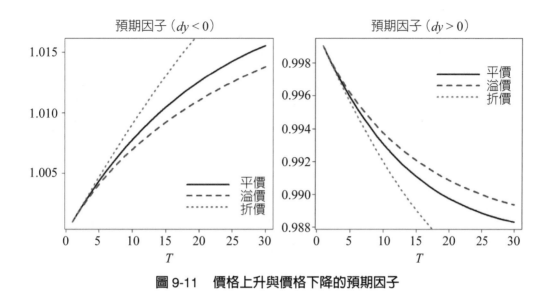

圖 9-11　**價格上升與價格下降的預期因子**

例 1　**債券價格凸性的性質**

　　於其他情況不變下，圖 9-12 整理出債券價格凸性的性質：(a) 與 (b) 圖分別繪製出票面利息與絕對價格凸性以及票面利息與相對價格凸性之間的關係；其次，(c) 與 (d) 圖分別繪製出到期期限與絕對價格凸性以及到期期限與相對價格凸性之間的關係；最後，(e) 與 (f) 圖分別繪製出收益率與絕對價格凸性以及收益率與相對價格凸性之間的關係。讀者可以自行判斷上述關係。

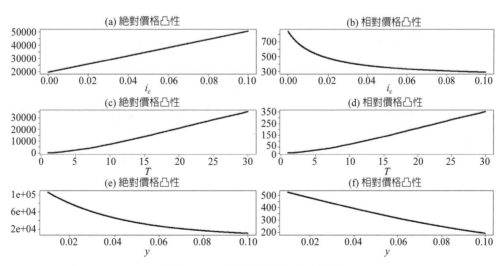

圖 9-12　**債券價格凸性的性質**

例 2 **債券資產組合**

1.2.1 節的例 4 曾指出若 $dy_1 = dy_2$，則可以找出一種適當的資產組合權數（二種債券資產），而該資產組合能避開收益率改變所造成的利率風險。因此，我們可以將其推廣至 n 種債券資產的情況，即若 $dy_1 = dy_2 = \cdots = dy_n$，則應可以找出一種包括 n 種債券資產的避險組合權數；不過，上述想法能夠成立，前提必須是收益率曲線成一條水平線或是收益率曲線平行移動。是故，若上述條件無法成立，則我們應該不容易能構成一種完全能避險的債券資產組合。假定上述前提能夠成立，則資產組合價格可寫成：

$$P_B = \sum_{i=1}^{n} w_i B_{coupon_i} \qquad (9\text{-}21)$$

其中 w_i 表示第 i 種債券資產的權數。類似於（9-21）式可得該資產組合修正的 MDD 與凸性為：

$$MDD_P = \sum_{i=1}^{n} w_i MDD_i \text{ 與 } Convexity_P = \sum_{i=1}^{n} w_i Convexity_i \qquad (9\text{-}22)$$

換言之，因 $dy_1 = dy_2 = \cdots = dy_n$，使得 MDD 與 $Convexity$ 具有線性操作式（linear operator）的特性。我們試著以表 9-5 的例子說明。表 9-5 列出三種附息債券的一些資訊。若一位債券管理者保有一種上述三種附息債券的資產組合，其中每一種債券的權數皆為 1/3，按照（9-21）～（9-22）式，可以分別計算 P_B、MDD_P 以及 $Convexity_P$ 的估計值分別約為 89.90、5.70 與 56.48。

表 9-5 三種債券的資訊

	價格	i_c	T	y	MD	MDD	凸性（相對）
債券 1	100	5	2	5	1.95	1.86	5.27
債券 2	91.77	5	7	6.5	6.03	5.66	40.35
債券 3	77.93	5	15	7.5	10.29	9.57	128.81

說明：1. 假定 $f = 1$ 與 $F = 100$。2. i_c 與 y 皆用百分比表示。

例 3

　　續例 2，另有一位債券管理者亦保有一種表 9-5 內三種附息債券的資產組合，若該資產組合的 MD_P、MDD_P 以及 $Convexity_P$ 的估計值分別約為 5.747、5.38 與 51.46，我們可以計算該資產組合的權數為：

$$\begin{bmatrix} MD_1 & MD_2 & MD_3 \\ MDD_1 & MDD_2 & MDD_3 \\ Convexity_1 & Convexity_2 & Convexity_3 \end{bmatrix}\begin{bmatrix} w_1 \\ w_2 \\ w_3 \end{bmatrix} = \begin{bmatrix} 5.747 \\ 5.38 \\ 51.46 \end{bmatrix} \Rightarrow \begin{bmatrix} w_1 \\ w_2 \\ w_3 \end{bmatrix} \approx \begin{bmatrix} 0.3715 \\ 0.3397 \\ 0.2891 \end{bmatrix}$$

$$\Rightarrow \begin{bmatrix} w_1 \\ w_2 \\ w_3 \end{bmatrix} = \begin{bmatrix} 1.95 & 1.86 & 5.27 \\ 6.03 & 5.66 & 40.35 \\ 10.29 & 9.57 & 123.81 \end{bmatrix}^{-1}\begin{bmatrix} 5.747 \\ 5.38 \\ 51.46 \end{bmatrix} \approx \begin{bmatrix} 0.3715 \\ 0.3397 \\ 0.2891 \end{bmatrix}$$

例 4　**避險方法**

　　假定債券管理人保有 100 張 9 個月期面額為 100 的貼現債券，目前該貼現債券的收益率為 5%；因此，該貼現債券價格、MDD 以及凸性（相對）的估計值分別約為 95.2381、0.7143 以及 1.1905。若該管理人想要利用表 9-5 內的資訊避險，則該管理人應如何操作？我們可以幫該管理人解決此一問題。首先，當然先考慮是否能利用表 9-5 內的資訊複製出該貼現債券？由於表內亦有 MDD 以及凸性的資訊，故我們能達到滿足存續期間中立（duration neutral）與凸性中立（convexity neutral）的標的。換言之，於滿足存續期間中立與凸性中立的條件下，若能複製出該貼現債券，必須符合：

$$\begin{cases} w_1 H_1 + w_2 H_2 + w_3 H_3 = B_c \\ w_1 H_1{}' + w_2 H_2{}' + w_3 H_3{}' = B_c{}' \\ w_1 H_1{}'' + w_2 H_2{}'' + w_3 H_3{}'' = B_c{}'' \end{cases} \qquad (9\text{-}23)$$

其中 $H_i(i = 1, 2, 3)$ 表示表 9-5 內附息債券價格（即複製的工具）而 B_c 表示該貼現債券價格（被複製的資產）；另外，$H_i{}' = \partial H_i / \partial y_i$、$H_i{}'' = \partial^2 H_i / \partial y_i^2$、$B_c{}' = \partial B_c / \partial y$ 以及 $B_c{}'' = \partial^2 B_c / \partial y^2$，其中 y_i 為對應的收益率而 y 是貼現債券的收益率。因此，(9-23) 式能成立，背後其實是假定 $dy = dy_i$ $(i = 1, 2, 3)$。利用 (9-23) 式，

我們可以將其轉換成用對應的 MDD 以及凸性（相對）表示，即：

$$\begin{cases} w_1 H_1 + w_2 H_2 + w_3 H_3 = B_c \\ w_1 H_1 MDD_1 + w_2 H_2 MDD_2 + w_3 H_3 MDD_3 = B_c MDD_c \\ w_1 H_1 Convexity_1 + w_2 H_2 Convexity_2 + w_3 H_3 Convexity_3 = B_c Convexity_c \end{cases} \quad （9\text{-}24）$$

利用上述貼現債券以及表 9-5 內的資訊，可以計算出權數值分別約為 1.3734、−0.6009 與 0.1674；換句話說，做多 1.3734 張附息債券 1、放空 0.6009 張附息債券 2 與做多 0.1674 張附息債券 3，即可複製出 1 張貼現債券。

既然上述貼現債券可以完全被複製出來，自然該貼現債券就可以利用附息債券完全避險，即只要將權數 w_i 改用避險參數 ϕ_i 即可，其中 $\phi_i = -w_i$。

2. 利率期貨合約

嚴格來講，上述利用存續期間與債券價格凸性來控制利率風險的方法（例如 1.2.2 節的例 4），其可以適用的範圍相當狹小；也就是說，上述方法只能適用於收益率曲線具微小平行變動的情況。倘若不同到期期限的債券收益率變動的幅度不一致或波動過大，則上述方法的使用就容易出現捉襟見肘的現象；因此，習慣上，我們稱上述方法是屬於傳統的避險方法。

直覺而言，我們已經擁有基本的衍生性商品觀念了，那何不使用利率的衍生性商品來從事利率風險的控管？因此，本節我們將介紹利率期貨合約的性質；不過，因美國公債的利率期貨商品以及歐洲美元期貨合約價格主宰全球利率商品的行情 [11]，故底下的利率期貨商品的介紹仍偏向於國外的情況。

---

[11] 美國公債按照到期期限可分成三類：1 年期以下的稱為國庫券（treasury bills），而 1 年期以上至 10 年期以下為中期債券或票據（treasury notes）以及 10 年期以上則屬於長期債券或債券（treasury bonds），其中國庫券為貼現債券而票據與債券則屬於附息債券；因此，檢視美國公債價格的走勢大致可了解全球短期利率、中與長期利率的行情。至於歐洲美元期貨合約的標的物為 LIBOR，故其價格走勢成為另一種檢視全球短期利率的指標。

2.1 利率期貨商品

　　圖 9-13 分別繪製出美國公債收益率於 1982/1/～2012/12 期間的時間走勢（左圖）以及 ECB 公債的收益率曲線（右圖）[12]。換言之，圖 9-13 的左圖比較美國公債收益率於到期期限分別爲 3 個月期、1 年期以及 10 年期下的時間走勢圖，於圖內可看出中長期收益率普遍高於短期收益率；另一方面，右圖因同時比較 2006/12/28、2008/3/16 與 2009/7/23 三天的收益率曲線，使得我們意識到利率結構的形狀會隨時間改變[13]。是故，圖 9-13 的結果給予我們的啓示是利率不再是一種固定數值，其應該也是屬於一種隨機變數；其次，不同期利率的變動幅度未必相同，隱含著上述利用存續期與債券價格凸性觀念避險的困難度。

　　利用本章第 1 節所介紹的觀念，我們不難將圖 9-13 的收益率時間走勢或收益率曲線轉換成用債券價格表示；換言之，債券價格的另外一種表示就是收益率，也就是利率。既然利率應該視爲一種隨機變數，故我們自然可以進一步檢視利率的衍生性商品。首先，我們來看利率期貨商品。利率期貨商品亦可稱爲債券期貨商品，即債券期貨與利率的關係猶如股票期貨與股價之間的關係，如此來看，利率期貨合約與股票期貨合約二者的性質應該頗爲接近。不過，利率期貨商品還是與股票期貨商品有些不同，相對上利率期貨商品較爲複雜。

　　利率期貨合約亦是用債券的到期期限區分成短期利率期貨合約與長期利率期貨合約二種，前者爲 1 年期以下而後者爲 1 年期以上。例如標的資產爲 3 個月期的美國國庫券或 3 個月期的 LIBOR 定期存單皆屬於短期利率期貨合約，而標的資產爲 10 年期的美國公債則屬於長期利率期貨合約。

　　首先，我們先來檢視短期利率期貨合約，此可分成二部分來看，底下我們分別以 3 個月期的美國國庫券期貨合約與 3 個月期的 LIBOR 定期存單期貨合約爲例說明。短期利率期貨合約的價格是以指數價值表示，以歐洲美元利率期貨合約爲例，該指數價值可寫成：

$$指數價值 = 100 - 存款率（\%） \tag{9-25}$$

---

[12] 圖內的資料取自 YieldCurve 程式套件。ECB 是歐洲中央銀行的簡稱。
[13] 第 10 章我們會檢視利率結構或收益率曲線的形狀。

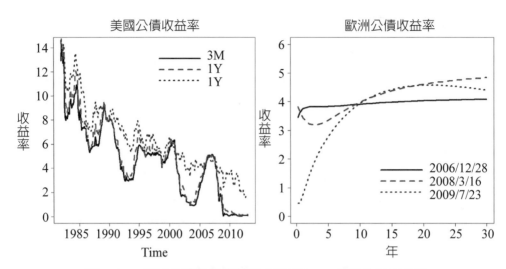

圖 9-13　美國公債收益率時間走勢與 ECB 公債收益率曲線

故於交易所內是以指數價值的報價爲主 [14]。例如 90 天期的存款率爲 5.88%，可以對應的指數價值爲 94.12；另一方面，90 天期歐洲美元利率期貨合約的面額爲 1 百萬美元，故上述存款率可對應的合約價格爲：

$$1,000,000\left(1-\frac{5.88}{100}\frac{90}{360}\right)=985,300 \tag{9-26}$$

是故，若存款率變動 1 個基本點，合約價格會變動 25 美元。例如：若存款率從 5.88% 降至 5.87%，透過（9-25）與（9-26）二式，可知指數價值會從 94.12 上升至 94.13，而合約價格則從 985,300 美元上升至 985,325 美元。因此，合約的指數價值與合約的價格是同方向變動，二者的變動皆與存款率的變動呈相反關係。最後，到期合約價格是按照市場價值結算，即：

---

[14] 歐洲美元期貨合約是於芝商所（CME Group）旗下的芝加哥商業交易所（Chicago Mercantile Exchange, CME）交易，其到期期限從 3 個月期至 10 年期。除了 CME 交易中心之外，芝商所旗下尚有芝加哥期貨交易所（CBOT）、紐約商業交易所（NYMEX）與紐約商品交易所（COMEX）三個交易中心。因此，芝商所是全世界最大的期貨與選擇權交易市場，提供黃金、石油、外匯以及商品類期貨與選擇權交易。

$$1,000,000\left[1 - LIBOR(90)\frac{90}{360}\right]\quad\quad(9\text{-}27)$$

其中 $LIBOR(90)$ 表示到期時 90 天期的 LIBOR。

　　類似於 90 天期歐洲美元期貨合約，90 天期的美國國庫券利率期貨亦是用指數價值表示，即：

$$指數價值 = 100 - 貼現率（\%）\quad\quad(9\text{-}28)$$

而到期按照市場價值結算為：

$$1,000,000\left[1 - i_d(90)\frac{90}{360}\right]\quad\quad(9\text{-}29)$$

其中 $i_d(90)$ 表示到期時 90 天期的貼現率。乍看之下，（9-27）與（9-29）二式頗為類似；不過，值得注意的是 $LIBOR(90)$ 並不是一種貼現率而是一種簡單的利率，故上述二式還是有差異。換句話說，面對美國國庫券利率期貨的價格，我們要先轉成對應的貼現率後，才能轉成簡單的利率，但是歐洲美元利率期貨合約價格卻直接可以轉成簡單利率。

　　至於中長期利率期貨合約的報價，則與短期利率期貨合約的報價不同。底下以美國長期公債期貨合約為例說明。美國長期公債期貨合約是於 CBOT 交易，其標的資產是一種面額為 10 萬美元且到期期限為 20 年的虛擬（hypothetical）附息公債，其中該虛擬公債的票面利率是一種名目的票面利率，假定該名目票面利率為 6%。期貨價格是將面額轉成以 100 表示，而其報價方式則與一般公債的報價方式相同，即「小數點」以 1/32 為計價單位；例如：某一公債期貨合約報價為 97-16，其是表示 97 加上 16/32 故為 97.5，因此上述價格隱含著買賣雙方達成協議，到期交割虛擬公債而其價位為 10 萬美元的 97.5%，即 97,500 美元。

　　為何標的物採用虛擬的公債？原來該期貨合約採取實物交割的方式，即賣方於到期時可以選擇可交割的公債種類不在少數（例如到期期限至少 15 年以上的公債皆可當作標的物），故究竟賣方會選擇何種公債交割？實際上，未必

存在著與上述虛擬公債相同的公債，即若賣方選擇面額為 10 萬美元且票面利率為 5% 的 20 年期公債為交割工具、由於價位低於虛擬公債價格，故明顯地對買方不利。同理，票面利率高於 6% 的 20 年期公債成本又太高了，此亦不為賣方所接受。因此，CBOT 想出轉換因子（Conversion Factor, *CF*）概念，調整合格的公債價格供賣方選擇，其中調整後的價格稱為轉換價格。面對多種轉換價格，期貨合約的賣方當然會選擇最便宜的可交割公債（cheapest-to-delivery bond）。不過，期貨合約的賣方選擇最便宜的可交割公債需從收益面與成本面二部分來看。

就期貨合約賣方的收益而言，其相當於收到期貨合約買方的「買價（Invoice Price, *IP*）」，*IP* 的計算方式為[15]：

$$IP = \left(\frac{100,000}{100} \right)(FP \times CF + AC) \tag{9-30}$$

其中 *FP* 與 *AC* 分別表示期貨價格與應計利息（accrued interest）。另一方面，就期貨合約賣方的成本而言，其相當於需支付所選擇可交割公債的「購買價（*PP*）」，*PP* 的計算方式為：

$$PP = \left(\frac{100,000}{100} \right)(DB + AC) \tag{9-31}$$

其中 *DB* 為合格的交割公債價格，其亦將面額轉成以 100 表示。因此，賣方選擇最便宜的可交割公債的標的相當於找出淨收益最大的交割公債，即：

$$Max(IP - PP) = Max(FP \times CF - DB) \tag{9-32}$$

例 1 *IP* 的計算

假定某一美國公債期貨價格於交易所的報價為 95-19（即 95.59375），而

---

[15] *IP* 亦稱為含息價（dirty price），扣除掉應計利息部分即為除息價（clean price）。

該公債的應計利息爲 2.85 美元，而賣方（短部位投資人）欲進行交割的債券轉換因子爲 1.0514，則實際進行交割的 *IP* 爲 103,357.3 美元 [16]。

例2　轉換因子的計算

考慮一種票面利率爲 6.5% 的公債，其到期期限爲 20 年又 2 個月。爲了計算轉換因子，該債券的到期期限假定爲 20 年。由於公債票面利息是半年支付一次，故該債券的價格爲（因虛擬公債爲平價債券，故收益率爲 6%）：

$$\sum_{i=1}^{40} \frac{3.25}{(1+0.03)^i} + \frac{100}{(1+0.03)^{40}} = 105.7787$$

其中面額假定爲 100。是故，轉換因子可定義爲 1.0578。

例3　轉換因子的計算（續）

續例 2，爲何將上述公債的到期期限由 20 年又 2 個月改成 20 年，原來 CBOT 的計算方式皆以 3 個月的倍數計算，故不到 3 個月的部分予以省略。我們再考慮另一種情況。假定上述公債的到期期限不是 20 年又 2 個月而是 20 年又 11 個月，故爲了計算轉換因子，故該債券的到期期限假定爲 20 年又 9 個月；不過，因半年支付一次利息，故其價格約爲：

$$3.25 + \sum_{i=1}^{41} \frac{3.25}{(1+0.03)^i} + \frac{100}{(1+0.03)^{41}} = 105.7842$$

上述計算是屬於 3 個月後的價格，故需再計算該價格的現值。即 3 個月的貼現率約爲 $i_d = \sqrt{1.03} - 1 = 0.0149$，故 3 個月的貼現價格約爲：

$$105.7842 / (1 + i_d) = 104.2322$$

---

[16] $\left(\dfrac{100,000}{100}\right)(95.59375 \times 1.0514 + 2.85) = 103,357.27$

再扣掉應計利息的部分（即 1.625），即得價格約為 102.6072，故轉換因子約為 1.0261。

例 4 最便宜可交割公債的選擇

假定目前有三種合格的可交割公債資訊如表 9-6 所示。目前期貨價格為 94-2，即 94.0625。按照（9-30）～（9-32）三式，可分別計算出表內第 4～6 欄的結果。根據表內的結果可知，最便宜可交割公債為債券 2。

表 9-6　最便宜可交割公債的選擇

	DB	CF	IP	PP	IP − PP
債券 1	94.25	1.0820	105,025.6	97,500	7,525.625
債券 2	126	1.4245	137,242	129,250	7,992.031
債券 3	142.125	1.5938	153,166.8	145,375	7,791.813

說明：1. 三種債券的票面利率皆為 6.5%。

　　　2. 每半年支付一次利息。

　　　3. 期貨價格為 94-2。

例 5 臺灣 10 年期公債期貨交易

臺灣期交所的 10 年期公債合約（GBF）的標的物為面額 500 萬元且票面利率為 3% 的 10 年期政府債券，不過因債券的種類繁多且到期日亦各有不同，故上述標的物亦為一種虛擬的債券；換言之，GBF 採用實物交割方式，交割時再依所交付實物之不同予以轉換。類似於一般公債的報價方式，GBF 亦採用百元的報價方式，故投資人於 101 的價位買進而於報價為 102 賣出，則投資人每口 GBF 的淨利為 50,000 元 [17]。GBF 的最小升降單位 0.005，此隱含著最小的變動為 250 元 [18]。可交割債券為「到期日距交割日在 8 年 6 個月以上至 10 年

---

[17] $\left(\dfrac{5,000,000}{100} \right) 102 - \left(\dfrac{5,000,000}{100} \right) 101 = 50,000$

[18] $\left(\dfrac{5,000,000}{100} \right) 0.005 = 250$

以下，1 年付息一次，到期一次還本，發行時償還期限為 10 年，或增額發行時原始公債償還期限為 10 年」之中華民國政府中央登錄公債。

　　表 9-7 列出部分的可交割債券行情（2018/4/28），可以注意的是，債券的價位未必只用百元報價，其亦可用殖利率（即收益率）報價；例如：表內的 107 央債甲 02 是「107 年度甲類第 2 期中央政府建設公債」的簡稱，該公債的面額為 100,000 元，票面利率為 1% 且 1 年付息一次；另一方面，該公債的發行日與到期日分別為 2018/2/8 與 2028/2/8，故其亦為一種 10 年期的債券。因距離到期日約剩下 9.0122 年，故於成交殖利率為 1.0148% 下，可得成交的百元價約為 99.8621 元。同理，106 央債甲 05 (2017/4/22～20224/22) 的票面利率為 0.75% 而距離到期日約剩下 4.0027 年，故於成交殖利率為 0.69% 下，對應的成交百元價約為 100.2341。

表 9-7　可交割債券行情（2018/4/28）

債券名稱	買進殖利率	賣出殖利率	成交殖利率	成交百元價	累計成交(萬元)	最高殖利率	最低殖利率	前日收盤(%)
107 央債甲 02	1.0514	1.0140	1.0148	99.8621	710,000	1.0200	1.0141	1.0303
106 央債甲 05	0.7080	0.6801	0.6900	100.2341	20,000	0.6900	0.6900	0.7150

（資料來源：期交所）

例 6　逐日清算

　　目前 GBF 的原始保證金與維持保證金分別為 46,000 與 36,000 元。假定投資人預期市場利率將呈下跌走勢，故於 4 月 9 日買進一口 GBF，成交價為 102.255 元。利用表 9-8 的資訊，若投資人於 4 月 11 日以結算價賣出該 GBF，可得 2,350 元。讀者可以練習如何計算出該收益並用 R 來表示。

表 9-8　利率期貨逐日清算的例子

日期	結算價	漲跌	收益增減	累計	保證金餘額	實際保證金
					46,000	46,000
4/9	101.575	−0.68	−34,000	−34,000	12,000	46,000
4/10	101.368	−0.207	−10,350	−44,350	1,650	46,000
4/11	101.589	0.221	11,050	−33,300	12,700	57,050
4/12	102.302	0.713	35,650	2350	48,350	92,700

2.2 定價與避險

於前面的章節內，我們曾使用二元或三元樹狀圖模擬出至到期期限的標的資產價格，上述樹狀圖的特色是標的資產價格的不確定變動來源只有一種，因此上述方法亦可稱為一因子模型（one-factor model）。利用上述樹狀圖，我們是否也可以模擬出至到期期限的債券資產價格？或者說，模擬出整個利率結構的樹狀圖？若再檢視圖 9-13 內的圖形，可以發現答案可能不是那麼簡單，原因就在於不同時期的收益率曲線形狀未必相同。換句話說，利率的樹狀圖的確複雜多了，因為不確定的因素未必只有一種，因此利率或利率的衍生性商品模型，反而需要使用多因子模型。

第 3 章曾指出若利率固定不變，遠期價格與期貨價格會趨向於一致；不過，我們已經發現利率其實亦是一種隨機變數，因此上述二價格之間的關係就不是那麼明確了。底下我們仍嘗試使用持有成本理論來解釋遠期利率商品價格與利率期貨商品價格，可以注意的是，我們只提供一種估計方式而已。假定於 t 期一位投資人打算於未來 T_1 期保有一種附息債券，而該附息債券的票面利率、面額與到期期限分別為 i_c、100 與 T，其中 $T_1 < T$。假定存在一種以該附息債券為標的資產的遠期合約，則上述投資人其實面對二種選擇：

(1) 直接於 t 期購買一單位以該附息債券為標的資產的遠期合約，其到期日為 T_1 而其履約價為 F_{T_1}。
(2) 於 t 期以 i_{1t} 的利率借入資金 S_t 以購買一單位的債券。

　　上述二種選擇所牽涉到的現金流量，可整理成如表 9-9 所示。可以注意的是，表內貸款利息與票面利息的計算標準並不相同[19]。從表 9-9 內可以發現於 t 期二種選擇的成本皆為 0，故於無法套利的條件之下，於 T_1 期二種選擇所產生的現金流量應該相同，即：

$$F_{T_1} = S_t \times \left[1 + i_{1t} \times \left(\frac{T_1 - t}{360} \right) \right] - 100 \times i_c \times \left(\frac{T_1 - t}{365} \right)$$

令 $R_t \left(\dfrac{T_1 - t}{365} \right) = i_{1t} \left(\dfrac{T_1 - t}{360} \right)$ 以及 $C_t = \dfrac{100 \times i_c}{S_t}$，故可得：

$$F_{T_1} = S_t \times \left[1 + (R_t - C_t) \left(\frac{T_1 - t}{365} \right) \right] \tag{9-33}$$

表 9-9　遠期債券的持有成本理論

	t 期	T_1 期
選擇 (1)		
買遠期	0	F_{T_1}
選擇 (2)		
借資金	$-S_t$	$-S_t \left[1 + i_{1t} \left(\dfrac{T_1 - t}{360} \right) \right]$
買債券	S_t	$100 \times i_c \times \left(\dfrac{T_1 - t}{365} \right)$

---

[19] 此自然有牽涉到計息天數計算的三種慣例，若以美國的金融市場為例，其可分成實際天數 / 實際天數（如中長期債券）、實際天數 / 360（如貨幣市場工具）以及 30/360（如公司債）等三種。

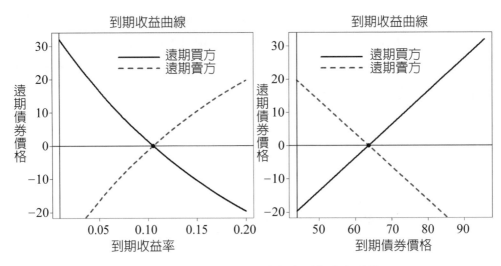

圖 9-14　遠期（貼現）債券的到期收益曲線

　　若仔細檢視（9-33）式，至少可以發現存在若干問題：

(1) 若標的資產價格用 S_t 表示，則（9-33）式類似於第 3 章的（3-20）式，屬於持有成本理論下的遠期債券價格公式。

(2) C_t 其實就是債券的當期收益率，其會隨著 S_t 的改變而不同，因此若比較（3-20）與（9-33）二式，可以發現 C_t 類似於股利支付率 q，只不過後者於 t 期時可能就是一個固定數值，但是 C_t 值至到期前有可能仍會變動。

(3) 由於債券收益率與價格之間為負關係，因此遠期債券合約的收益曲線有二種表示方式，其一是合約到期收益與債券價格之間的關係，而另一則是合約到期收益與債券收益率之間的關係。

(4) 貸款利率與債券收益率之間可能存在著關係，故我們不容易於平面上繪製出遠期債券的到期收益曲線。

　　假定貸款利率與債券收益率之間不存在著關係，利用（9-33）式，我們倒是容易得出遠期貼現債券的到期收益曲線，其結果就如圖 9-14 所示。例如右圖分別繪製出遠期合約到期時，合約的買方與賣方的到期收益曲線，而左圖則將右圖的到期債券價格轉換成債券收益率，因此左與右圖的到期收益曲線恰為相反的關係。

　　倘若貸款利率與債券收益率之間存在著「相同方向」的關係，我們倒是

可以進一步利用持有成本理論模擬出利率期貨的價格出來。如前所述，若利率固定不變，遠期價格會接近於期貨價格；但是，利率水準若是屬於一種隨機過程，則對應的遠期價格與期貨價格又會是如何？面對此種情況，我們可以思考下列的模擬步驟：第一，首先，假定貸款利率與債券收益率之間存在著直線關係如 $y_t = a + bi_{1t}$，其中 y_t 爲債券的收益率；第二，假定 i_{1t} 屬於 GBM；第三，假定從 t 期開始，逐日存在一種新的遠期合約，而新與舊遠期合約的標的資產與到期日皆相同，我們可以利用（9-33）式計算出對應的新遠期合約價格；第四，由於期貨合約需要逐日按照市場價格結算如表 9-8 所示，因此第三步驟所得的新與舊遠期合約價格可用於估計對應的期貨合約價格。

爲了分析方便起見，我們依舊只檢視貼現債券的情況（即假定 $i_c = 0$）。利用上述的模擬步驟，我們考慮二種標的資產，其分別爲 5 年期與 1 年期面額爲 100 的貼現債券。假定 i_{1t} 屬於 GBM，其中期初的利率爲 10% 而 $\mu = 15\%$ 以及 $\sigma = 3\%$，故我們可以先模擬出 i_{1t} 的觀察值後，再計算對應的貼現債券價格。考慮二種 90 天期分別以該貼現債券（5 年期與 1 年期）爲標的資產的遠期合約，圖 9-15 與 9-16 分別繪製出四種新遠期合約價格與現貨價格至遠期合約到期的時間走勢[20]。如前所述，新遠期合約價格類似於對應的期貨價格；因此，從圖內大致可以得出若使用持有成本理論計算期貨價格，其對應的基差大致皆爲負值，不過至到期時基差爲 0[21]。

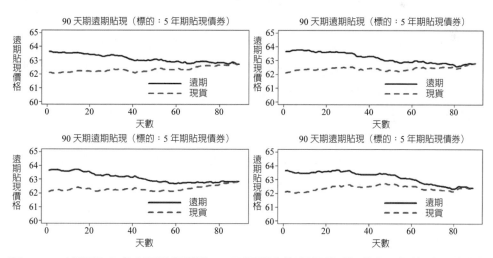

圖 9-15　按照持有成本理論模擬的 90 天期利率期貨價格（標的爲 5 年期貼現債券）

---

[20] 圖 9-15 與 9-16 二圖皆假定 $y_t = i_{1t}$（即假定 $a = 0$ 與 $b = 1$）。

[21] 圖 9-15 與 9-16 二圖的模擬方式類似於第 3 章的圖 3-4。

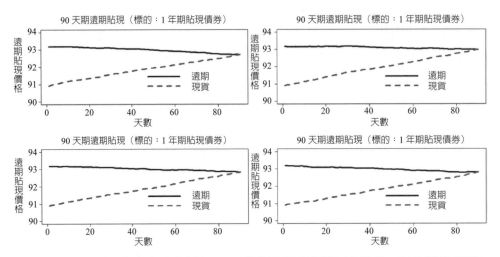

圖9-16　按照持有成本理論模擬的90天期利率期貨價格（標的為1年期貼現債券）

　　最後，我們來看利率期貨價格如何決定。如前所述，因為賣方於到期交割時可以有多重選擇，故理論上應不容易決定出；不過，若是假定交割的債券（最便宜交割債券）與明確的交割時間為已知，則持有成本理論的（9-33）式可以進一步改寫成：

$$F_t = (S_t - I)e^{r(T_1-t)} \qquad (9\text{-}34)$$

其中 I 表示票面利息於 t 期的貼現值，而 r 為 t 至 T_1 期的無風險利率。可以注意的是（9-34）式仍是屬於遠期價格的決定，畢竟利率已非固定數值，遠期價格未必會等於期貨價格，只是因無明確公式表示期貨的理論價格，故（9-34）式只是一個參考公式。

　　事實上，（9-33）式屬於「間斷型」而（9-34）式則屬於「連續型」的持有成本理論。假定 $t = 0$ 表示現在（省略下標），由於所檢視的是遠期利率合約，其可以對應至遠期附息債券合約，故標的資產價格 S 可以用 B_{coupon} 取代，而本利和 e^{rT_1} 項亦可用（連續）貼現債券價格的倒數 $1/B(0, T_1)$ 取代，因此附息債券遠期價格 F_B 可寫成：

$$F_B = \frac{B_{coupon}(0,T_1) - I}{B(0,T)} \qquad (9\text{-}35)$$

當然，（9-35）式若用於估計利率期貨，式內的標的現貨價格與期貨價格指的皆是含息價而非市場的價格（除息價）。

例 1　**計算利率期貨價格**

考慮一種美國公債期貨合約，已知最便宜交割公債的票面利率為 12% 而其轉換因子為 1.6000。假定現在距離交割日尚有 270 天。由於半年支付利息 1 次，現在距離下一次付息日尚有 122 天，可以參考圖 9-17。假定利率結構是一條水平線，而目前的（連續）無風險利率為 10%；另外目前期貨價格為 115 美元，因此我們可以先計算該期貨的買價的應計利息部分，其為：

$$\frac{60}{60+122} \times 6 \approx 1.978$$

是故期貨的含息價為 116.978 (115 + 1.978) 美元。由於尚有 122 天才付息，故可計算票面利息 6 美元的現值約為：

$$6e^{-0.1 \times \frac{122}{365}} \approx 5.8028$$

由於該期貨合約距離到期日尚有 270 天（0.7397 年），若標的物為 12% 的附息債券，則按照（9-34）式可得期貨理論價格為：

$$(116.978 - 5.803)\, e^{-0.1 \times \frac{270}{365}} \approx 119.711$$

另一方面，因於交割時因仍有 148 天的應計利息，故期貨價格為：

$$119.711 - 6 \times \frac{148}{148+35} = 114.859$$

利用轉換因子的定義，可知上述期貨價格相當於 12% 附息債券為標的物的期

貨價格為 $\dfrac{114.859}{1.6000} = 71.79$。

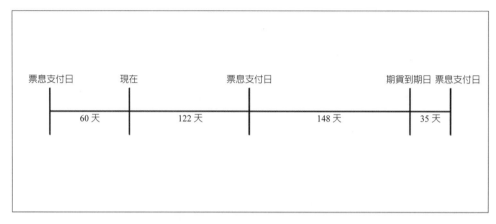

圖 9-17　例 1 天數的計算

例 2　再談歐洲美元利率期貨

　　某公司打算於 9 月 19 日貸款 1 億美元，期限為 90 天，但是擔心利率上漲，故先賣出 100 口 90 天期的 9 月歐洲美元期貨合約避險，該合約到期日恰為 9 月 19 日。目前，該期貨合約的價位為 96.5，相當於期貨利率為 3.5%；因此，該公司利用期貨合約避險，相當於將貸款利率「鎖在」3.5%，即貸款的本利和為 100,875,000 美元。假定 9 月 19 日當天，90 天期的現貨利率為 2.6%，而該期貨合約亦以 97.4 的價位結算，故該公司的避險成本為 225,000 美元（即損失了 90 個基本點，而每點 25 美元），不過該公司於 9 月 19 日卻可以 2.6% 的貸款利率貸款 1 億美元，其本利和為 100,650,000 美元，故可節省 225,000 美元。雖說如此，上述避險成本與本利和差距的時間點並不一致，前者發生於 9 月 19 日，但是後者卻出現於 9 月 19 日的後 90 天，故該公司可以用較少的期貨合約數量避險（小於 100 口）。

例 3　正常與「反轉」的收益率曲線

　　圖 9-13 提醒我們可以注意收益率曲線的形狀，來預期未來利率的走勢，可以參考圖 9-18。圖 9-18 繪製出不同時期 ECB 公債的收益率曲線，其中右圖

較偏向於「正常的」收益率曲線，即長期利率普遍高於短期利率，而左圖則形成一種「反轉的（inverted）」收益率曲線，即長期利率有可能會低於短期利率。因此，若投資人面對的是圖 9-18，其對未來利率走勢的預期應該會有不同。直覺而言，正常的收益率曲線，意味著對長期利率（資金）的需求強勁，反觀反轉的收益率曲線隱含著對長期資金的需求不足；因此，前者較容易出現於經濟復甦的環境，未來利率應會上升，而後者則容易出現於經濟景氣衰退的情況，未來利率有可能會下跌[22]。是故，投資人可以透過檢視收益率曲線的形狀，從事利率期貨合約的操作。

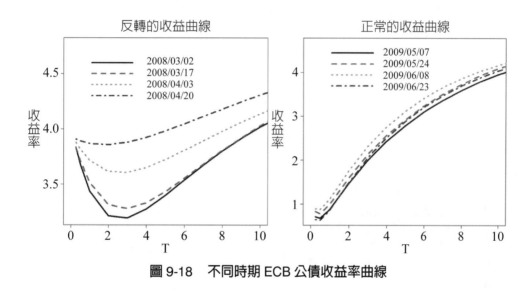

圖 9-18　不同時期 ECB 公債收益率曲線

例 4 ┃ **利率樹狀圖的應用**

　　雖然我們曾說利率結構應該屬於一種多因子模型，不過利用單因子的利率樹狀圖來說明，仍具有其簡單易懂的特性，故底下我們介紹利率樹狀圖的應用。我們亦可以利用第 4 章的觀念計算出一種二元利率樹狀圖以計算遠期（附

---

[22] 通常，我們將長期利率與短期利率的差距簡稱為利差（term spread）。利差是一種可以預期未來景氣好壞的重要解釋變數；換言之，若仔細檢視圖 9-15 的左圖，可以發現曾經有多個時期出現利差為負值的情況，隱含著未來不景氣與利率會下跌的可能性較大。

息）債券合約價格。例如：假定 $r_0 = 7\%$（期初無風險利率）、$U = 1.3$ 與 $D = 0.9$，圖 9-19 的左圖繪製出一種 6 年期簡單的二元利率樹狀圖[23]。若假定利率是一種隨機變數，二元利率樹狀圖的繪製，反倒是一種簡單得到不同利率實現值的方式，因為每期利率的實現值不是上升（U）就是下降（D）。利用左圖的利率樹狀圖，假定風險中立機率為 0.5，圖 9-19 的右圖繪製出對應的貼現債券價格樹狀圖；換言之，右圖繪製出對應的 $t = 4$ 年期貼現債券價格樹狀圖，我們不難想像該貼現債券價格樹狀圖如何建構。即於第 $t = 4$ 年貼現債券到期時，此時不管利率為何，該貼現債券的面額皆為 1 元，是故可以利用逆推法計算出 $t < 4$ 期的價格。例如：檢視右圖內右上角的小三角形（虛線表示），此時對應的無風險利率位於左圖內的小正方形內，故採用逆推法可得 $(0.5 \times 1 + 0.5 \times 1)/(1 + 0.1538) \approx 0.8667$，其餘各點可以此類推。

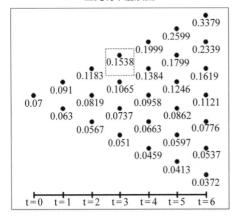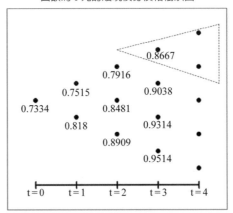

圖 9-19　利率與貼現債券價格樹狀圖

---

[23] 第 10 章我們將介紹多種繪製利率樹狀圖的方法或模型。

二元附息債券價格樹狀圖

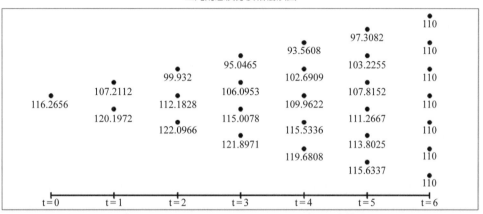

圖 9-20　二元附息債券價格樹狀圖（面額 100 元與票面利率為 10%）

例 5　附息債券價格的樹狀圖

續例 4。同理，我們也可以計算出對應的附息債券價格樹狀圖。假定存在一種 6 年期面額為 100 元的公債，其票面利率為 10% 且 1 年付息 1 次。利用圖 9-19 的無風險利率樹狀圖，只要付息與利率樹狀圖的時點一致，我們亦可以繪製出該公債價格的樹狀圖如圖 9-20 所示。於圖 9-20 內，我們仍假定風險中立的機率為 0.5，讀者自然可以練習計算圖內各節點的價格。是故，利用樹狀圖我們不僅可以輕易地得出利率屬於一種隨機過程的走勢，同時亦可以計算出對應的貼現債券與附息債券價格走勢；更重要的是，利用樹狀圖，我們亦可以說明「持有成本理論」未必需要有固定無風險利率值的假定。

例 6　附息債券的遠期與期貨價格

續例 5。假定存在一種 4 年期的附息債券遠期合約，該合約的標的物為圖 9-20 內的公債。利用持有成本理論公式如（9-35）式，我們可以計算出上述遠期合約價格的樹狀圖；換句話說，圖 9-21 的左圖繪製出上述遠期合約價格的二元樹狀圖，比較該圖與圖 9-20 二圖的差距，可以發現於 t = 4 期時有明顯的差異，即前者有扣除而後者有包括 10 元的票面利息。如前所述，債券的票面利息猶如股票的股利收益，故利用持有成本理論計算遠期價格

時，圖 9-21 內的左圖於 $t \leq 4$ 期並不包括票面利息的計算，因此從 $t = 4$ 期開始（圖內以箭頭表示），使用逆推法，自然可以計算出其餘的價格。值得注意的是，圖 9-21 內的左圖只計算出期初的債券價格，即（9-35）式內的 $B_{coupon}(0, T_1) - I$ 部分，故可以計算出附息債券的遠期價格約為 99.4042 元（即

$$F_B = \frac{B_{coupon}(0, T_1) - I}{B(0, T)} = \frac{72.9009}{0.7334} \approx 99.4042）。$$

我們繼續利用上述的假定計算對應的附息債券期貨合約價格。若將上述遠期合約改成相同條件的期貨合約。假定於 $t = 3$ 期的期貨價格為 F_3，利用圖 9-21 內左圖於 $t = 4$ 期的其中一種結果，例如 83.5608 與 92.6909，可知購買該期貨合約的收益不是 $83.5608 - F_3$，就是 $92.6909 - F_3$，是故 F_3 的預期收益（即價格）為 $0.5(83.5608 - F_3) + 0.5(92.6909 - F_3) \approx 88.1258$，即因期貨合約有「逐日結算」的性質，使得我們不需要利用貼現率計算期貨價格（亦可參考第 4 章），即圖 9-21 內的右圖繪製出對應的二元附息債券價格的樹狀圖，可以發現該期貨合約的期初價格約為 99.1196 元。

例 7 凸性調整

圖 9-21 的結果提醒我們遠期利率與期貨利率之間的雷同關係，畢竟二者皆根源於圖 9-19。不過，於實際應用上，遠期合約與期貨合約的到期期限未

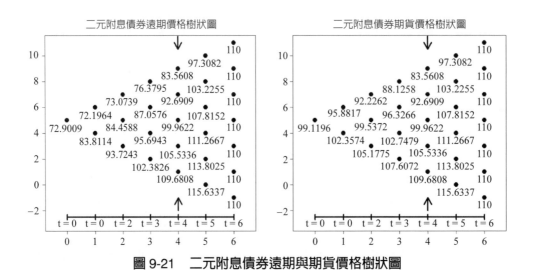

圖 9-21 二元附息債券遠期與期貨價格樹狀圖

必一致，分析者會使用凸性調整（convexity adjustment）來從事二率之間的轉換；也就是說，遠期利率與期貨利率之間的關係可寫成：

$$遠期利率 = 期貨利率 \; -\frac{1}{2}\sigma^2 T_1 T_2$$

其中 T_1 與 T_2 分別表示期貨合約的不同到期期限，而 σ 則表示（1 年期）短期利率的波動率。於本章的第 4 節我們會應用到上述的凸性調整。

2.3 利率上限與利率下限選擇權

透過利率樹狀圖，我們已經知道如何計算利率期貨合約價格，接下來我們來看利率選擇權。本節將介紹二種容易於 OTC 市場上見到的基本利率選擇權，其分別稱為利率上限選擇權（interest rate cap, 簡稱 cap）與利率下限選擇權（interest rate floor, 簡稱 floor）。顧名思義，cap 合約是專為債務人（或貸款人）設計的一種利率選擇權商品，即債務人面對逐漸升高的市場利率，當然希望能降低「最大」的利息支出，cap 合約的設計正符合「保留低利率的潛在利益與降低高利率的風險」的優點。如此來看，cap 合約頗類似於一種利率買權，只不過若市場利率向上走高的預期沒變，則 cap 合約可以由一連串連續的「利率上限買權（interest rate caplets, 簡稱 caplet(s)）」所組成；換言之，一個 cap 合約可以由 n 個 caplets 所組成，而每一個 caplet 則類似於一種利率買權。

同理，若預期市場利率會逐漸走低，一種 floor 合約的設計自然會因應而生，此種商品自然會受到儲蓄者的青睞；換言之，floor 合約亦可以由 n 個利率下限賣權（floorlet）所組成。由於利率與債券價格之間為負關係，因此 caplet 與 floorlet 分別可以對應至買債券賣權與買債券買權 [24]。令 i_t 表示標的市場利率如 3 個月期的 LIBOR，而 K_{cap} 與 K_{floor} 分別表示利率上限與利率下限值（即履約價），則 caplet 與 floorlet 的到期收益可以分別寫成 $Max(i_t - K_{cap}, 0)$

---

[24] 其實，買 cap 合約的投資人可以分成二類：其一是看多未來利率走勢，隱含著看空未來債券價格，另一則是因籌資目的，因擔心未來利率走高，隱含著未來無法以較高的債券價格籌資；因此，上述二類皆會買進債券賣權投機或避險。同理，買 floor 合約的投資人亦可以分成二類：其一是看空未來利率走勢，隱含著看多未來債券價格，另一則是因理財的目的，二者當然皆會買債券買權。

與 $Max(K_{floor} - i_t, 0)$，因此不難繪製出 caplet 與 floorlet 的到期收益曲線如圖 9-22 的圖 (a) 與 (c) 二圖所示。因利率與債券之間的關係，故利率上限與利率下限亦可由債券價格表示，圖 (b) 與 (d) 二圖分別繪製出對應的以貼現債券爲標的到期收益曲線。

除了 cap 與 floor 合約之外，介於二合約之間的是利率上下限合約（interest rate collar, 簡稱爲 collar），其可視爲一種買 cap 與賣 floor 的組合。圖 (e) 與 (f) 繪製出單一 collar（collarlet）的到期收益曲線，從圖內可以看出，collar 合約其實亦接近於 cap 合約，其相當於一種「犧牲利率下跌的利益，以換取較低的 cap 權利金支出」的合約。因此，至少存在有三種利率選擇權，其分別爲 cap、floor 以及 collar 三種。本節我們將檢視其中最簡單的一種型態，即上述選擇權皆屬於歐式選擇權。如同 BSM 模型可用於評估非利率型的歐式選擇權，於歐式的利率選擇權內，我們可以使用第 5 章的 Black 模型來取代。當然，Black 模型無法應用於美式利率選擇權或新奇的利率選擇權上。

若債務人（或投資人）預期未來的市場利率是浮動遞增，其應如何避險？如前所述，利率上限合約是由一連串不同時間到期的歐式買權所組成，其目的是保護買方支出過多的利息（市場利率超過上限值）。考慮一種到期期限爲 T 的利率上限合約 cap，其（名目）本金與利率上限值分別以 L 與 K_{cap} 表示。令 i_k 表示 t_k 與 t_{k+1} 期的利率，則該 caplet 合約於 t_{k+1} 期的收益可寫成：

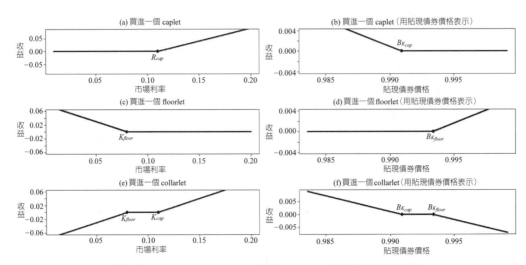

圖 9-22　caplet、floorlet 與 collarlet 的到期收益曲線

$$L\delta_k \max(i_k - K_{cap}, 0),\ k = 0, 1, 2, \cdots, n \qquad (9\text{-}36)$$

其中 $\delta_k = t_{k+1} - t_k$。如前所述，n 種類似於（9-36）式的 caplet 組合可以構成一種 cap 合約，故透過（9-36）式可知，市場利率如 LIBOR 可以分別於 $t_1, t_2, \cdots,$ t_n 期檢視，而對應的 caplet 收益則於 $t_2, t_3, \cdots, t_{n+1}$ 計算。值得注意的是，由於 cap 合約是 n 種 caplet 的組合，而每期 caplet 的 K_{cap} 未必相同，故 cap 合約亦可視為一種履約價重新設定的買權。值得注意的是，因利息的支出或收入是在期末，故上述 caplet 合約於 t_k 期的收益可寫成：

$$\frac{L\delta_k}{1 + i_k\delta_k} \max(i_k - K_{cap}, 0) \qquad (9\text{-}37)$$

比較（9-36）與（9-37）二式，可知後者只是計算前者於 t_k 期的現值。

　　事實上，（9-37）式亦可以有另外一種表示方式，即（9-37）式可再改寫成：

$$Max\left[L - \frac{L(1 + K_{cap}\delta_k)}{(1 + i_k\delta_k)}, 0 \right],\ k = 0, 1, 2, \cdots, n \qquad (9\text{-}38)$$

我們不難解釋（9-38）式的意義。$1/(1 + t_k\delta_k)$ 可表示一單位的貼現債券價格即 $B(0, t_k)$；因此，若將 L 視為履約價，則（9-38）式不就是於 t_k 期賣 $L(1 + K_{cap}\delta_k)$ 單位貼現債券的賣權（到期）收益嗎？如前所述，caplet 合約亦可以用債券的賣權表示如圖 9-24 的右圖所示，故 cap 合約可以視為一連串利率（上限）買權的組合，而從另外一個角度來看，其亦可視為一連串貼現債券價格（下限）賣權的組合，即利率與對應的債券價格，本來就是在描述同一種現象。

　　我們可以舉一個例子說明（9-37）與（9-38）二式的應用。一家金融機構已經發行了一種每隔 90 天就會按照市場利率 LIBOR 重新設定（票面）利率的浮動利率債券。為了避險，該機構買了一個到期日（重新設定日）為 90 天的 cap 合約，該合約的參考利率為 90 天期的 LIBOR，其利率上限率（即 K_{cap}）為 5.5%。假定 $L = 10{,}000{,}000$ 以及「到期」時 90 天期 LIBOR 為 5.8%，即 $i_k =$ $i(90) = 5.8\%$，故利用（9-37）與（9-38）二式分別可得：

$$Cap_{t_k} = 10,000,000 \times \frac{90}{360} \times \max\left[\frac{0.058 - 0.055}{1 + 0.058 \times 90 / 360}, 0\right] = 7,392.8$$

與

$$Cap_{t_k} = \max\left[10,000,000 - \frac{10,000,000(1 + 0.055 \times 90 / 360)}{1 + 0.058 \times 90 / 360}, 0\right] = 7,392.8$$

故該金融機構可得 7,392.8（元）。

　　若不考慮「權利金支出」等成本，該金融機構透過 cap 合約的交易，可將上述浮動利率債券的利息成本維持於 5.5% 的水準；換言之，若將上述 7,392.8（元）的收益投資於市場上（市場利率為 5.8%），故浮動利率債券的淨支出為：

$$10,000,000 \times 0.058 \times \frac{90}{360} - 7392.8 \times \left(1 + 0.058 \times \frac{90}{360}\right) = 137,500$$

而

$$10,000,000 \times 0.055 \times \frac{90}{360} = 137,500$$

故浮動利率債券的票面利率為 5.5%，恰為上述利率上限值。

　　了解（9-37）或（9-38）式的意義後，我們再來思考如何計算 caplet 的理論價格。一種簡單的想法是，假定標的物的收益率曲線為一條水平線，此隱含著遠期利率與即期利率相等，故我們可以用 Black 模型來計算 caplet 的理論價格[25]，即按照 Black 模型，caplet 的理論價格可寫成：

---

[25] 若讀者有注意到圖 9-24 如何繪製，可以發現該圖是利用 BSM 模型所繪製而得。於第 5 章的 1.2.3 節內，我們曾使用 Black 模型計算遠期或期貨合約選擇權的價格，而 Black 模型就是從 BSM 模型變化而來。是故，利用 Black 模型來計算 caplet 或 floorlet 的理論價格應該是一種較簡易的方式，只不過是利用 Black 模型來計算，仍需假定利率屬於 GBM、無風險利率為固定值以及遠期利率的波動率亦是一個固定的數值。上述 Black 與 BSM 模型的缺點是相同的。

$$L\delta_k B(0,t_{k+1})\left[F_k N(d_1) - K_{cap} N(d_2)\right] \qquad （9-39）$$

其中

$$d_1 = \frac{\log(F_k / K_{cap}) + \dfrac{1}{2}\sigma_k^2 t_k}{\sigma_k \sqrt{t_k}} \ 與\ d_2 = \frac{\log(F_k / K_{cap}) - \dfrac{1}{2}\sigma_k^2 t_k}{\sigma_k \sqrt{t_k}} = d_1 - \sigma_k \sqrt{t_k}$$

（9-39）式內 F_k 表示期初 $t = 0$ 決定的 t_k 至 t_{k+1} 期的遠期利率而 σ_k 為其對應的波動率；另一方面，$B(0, t_{k+1})$ 表示（連續的）貼現債券價格。

　　我們亦舉一個例子說明。假定 A 公司每年皆簽訂一個 cap 合約，該合約的參考利率為 3 個月期的 LIBOR（季複利）而名目本金為 10,000,000 美元以及利率上限率為 8%；因此，該 cap 合約是由 4 種單獨的 caplet 合約所組成。假定 3 個月期的 LIBOR 收益率曲線是一條水平線，該利率固定為 7% 且 3 個月期遠期利率的波動率為 20%；另一方面，不同到期期限連續的貼現債券利率亦皆維持固定於 6.9395%。上述假定相當於 $L = 10{,}000{,}000$、$\delta_k = 0.25$、$F_k = 0.07$、$K_{cap} = 0.08$、$t_k = 1$、$t_{k+1} = 1.25$、$\sigma_k = 0.2$ 以及 $B(0,t_{k+1}) = e^{-0.069395 \times 1.25} \approx 0.9169$；因此，按照（9-39）式可得上述 caplet 合約的理論價格約為 5,161.62 美元。

例 1 遠期利率與其波動率之估計

　　上述 A 公司的例子，由於 1 年有 4 種 caplet，故若使用 Black 模型計算個別的 caplet 價格，相當於每隔 3 個月需重新估計遠期利率 F_k 與對應之波動率 σ_k，我們來看如何估計上述二個參數。利用程式套件 YieldCurve 內所附的 ECB 公債之 3 個月期與 6 個月期資料，根據（9-3）式，我們可以計算出隱含的 3 個月遠期收益率，圖 9-23 內的左圖，繪製出上述結果（虛線表示隱含的 3 個月遠期收益率）。有了遠期收益率序列資料，自然可以進一步計算對應的波動率，其結果如圖 9-23 的右圖所示（虛線表示遠期收益率之波動率）[26]。從圖內可看出 3 個月期的即期與遠期收益率走勢以及對應的波動率走勢非常類似；雖說

---

[26] 圖 9-23 內右圖的繪製是每隔 200 個交易日估計一次波動率，圖內假定 1 年有 252 個交易日。

如此，圖內顯示出遠期收益率與其波動率絕非皆爲一個固定的數值，因此我們需要逐季計算上述 4 種 caplet 價格。

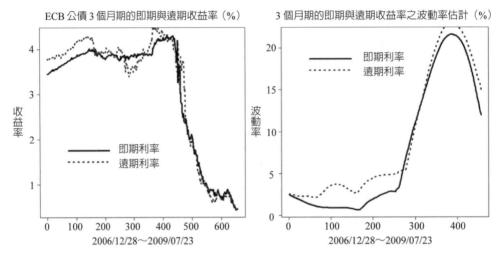

圖 9-23　ECB 公債之 3 個月即期與遠期利率以及對應之波動率估計

例 2　floorlet 價格的計算

（9-36）式是計算 caplet 的價格，也就是計算歐式買權價格，按照 Black 模型，即第 5 章的（5-16）式，我們自然也可以計算 floorlet 的價格；換言之，利用上述 A 公司的例子，以 $K_{floor} = 0.05$ 取代 $K_{cap} = 0.08$，其餘參數皆不變，按照歐式賣權公式，則可計算出一種 floorlet 的價格約爲 515.8 美元，顯然相同條件下，floorlet 的價格低於 caplet 價格，上述計算可以參考所附的 R 指令。

例 3　collar 合約的意義

如前所述，買一個 cap 合約與賣一個 floor 合約可以構成一個 collar 合約，可以參考圖 9-22 的圖 (e) 與 (f) 二圖，其中後者是以貼現債券價格計算。就 collar 合約而言，顯然有利於貸款人，但是未必有利於投資人。就例 2 而言，於相同條件下，floorlet 的價格低於 caplet 價格，因此貸款人買進一個 collar 合約，可以用較低的成本「保護」遞增的利率，不過卻要犧牲掉利率下跌的好處；至於對投資人而言，collar 合約雖可保護利率下跌至利率下限，但是並無

法保護超過利率下限的風險。

例 4　cap 與 floor 合約價格

假定 cap 與 floor 合約皆是由 n 個 caplet 與 floorlet 所構成，故 cap 與 floor 合約的價格各自可寫成：

$$cap = \sum_{i=1}^{n} caplet_i \text{ 與 } floor = \sum_{i=1}^{n} floorlet_i$$

即不同 caplet（floorlet）價格的總和為 cap（floor）合約的價格。

例 5　零成本 collar 合約

續例 2，若調整 K_{floor}，我們應可找出 collar 合約價格等於 0 的 K_{floor}，可以參考圖 9-24。圖 9-24 是按照例 2 的假定，不過卻將 K_{floor} 視為一個未知數所繪製出的 collar 合約價格曲線，於圖內可看出 collar 合約價格等於 0 的 K_{floor} 值約為 6.2193%。

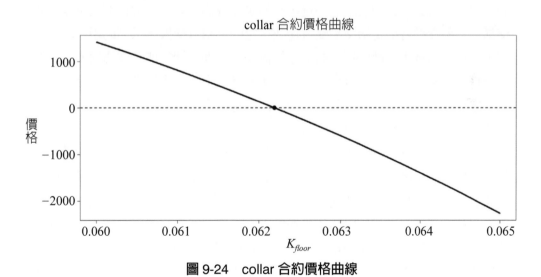

圖 9-24　collar 合約價格曲線

3. 交換合約價格的決定

　　介紹完有關於利率的商品後，我們再來檢視第四種基本的衍生性商品：交換交易商品。第 1 章我們曾簡單介紹交換交易，那時我們純粹是以交易雙方皆會獲利的角度（即 1 + 1 > 2）來說明交換交易存在的合理性。於實際上，交換合約的存在是欲取代一連串「避險」或相同的支付行為。舉例來說，一家石油公司需要每年購進原油提煉，若該石油公司習慣用原油的遠期合約避險，則該石油公司不是須同時購買不同年度的原油遠期合約嗎？上述避險方式雖說簡易，不過該石油公司的決策者可能仍嫌麻煩或成本太高，故其可能直接與原油公司簽訂一種（長期）交換合約，合約內明訂每年購買原油的價格與數量，如此反而比較省事且有保障。如此來看，不同商品交換合約的存在是必然的；或是說，原來交換合約行為亦可視為一種從事多期遠期合約的交易行為，而傳統的遠期合約交易亦可視為只交換一期的交換合約交易。

　　事實上，類似於上述石油公司的例子並不在少數，公司隨時需要有固定的外匯價格以購買穩定的原料來源，或需要隨時有固定的利息支付等；如此，若存在對應的交換合約，對該公司來講的確比較方便。因此，我們也可以從避險的角度來檢視交換合約交易。不過，當然事先我們需要先了解什麼是交換合約交易？一種交換合約是指交易雙方達成一定的協議以交換一系列的現金支付。原來，至目前為止我們所探討的衍生性商品如遠期、期貨或選擇權交易，其特色皆是於未來某一個時點有現金支付，也就是說上述衍生性商品只能用於「規避」未來某一個時點的現金收支風險（以固定值取代隨機值），顯然此種避險功能仍不足以應付現實社會之所需。

　　實際上，許多商業交易行為會出現「週期性」的現金支付情況，當然上述週期性未必是屬於有固定的頻率。例如：多國籍企業會經常需要交換外匯、公司發行公司債故未來需週期性支付利息、廠商需經常購買生產投入或隨時生產出產品等行為，上述行為的確需考慮未來一系列不確定的現金支付；因此，若能將未來一系列不確定的現金支付全數轉成固定的現金支付呢？換句話說，（財務）決策者若皆使用單一衍生性商品來避開未來多種不確定的現金支付，那不是太辛苦了！或是說，是否存在一種較便宜的避險工具或方式，可以用於規避未來一系列不確定的現金支付？答案是有的，就是交換合約交易。

　　本節我們會說明如何計算一種交換合約的交換價格（swap price）；換言

之，交換合約交易的特色是將未來所有的支付價格全數轉成單一的交換價格，一家天然氣公司可以簽訂（買進）一種多期的天然氣交換合約，將未來多期隨機的天然氣價格「鎖在」固定的價格上。因此，上述交換交易應該可以算是多種單一衍生性商品的組合，畢竟後者只能交換 1 期而已。雖說如此，為了計算出交換合約的交換價格，我們發現若用遠期交易的遠期價格來解釋相當方便，即交換交易與衍生性商品內的遠期交易是有關的；也就是說，若用遠期交易來檢視交換交易應該是一種不錯的考慮。就上述石油或天然氣公司的例子而言，透過遠期價格的決定，我們應該有辦法幫該石油或天然氣公司計算出石油或天然氣交換合約的價格。

　　既然交換合約是有牽涉到多期的收支方式，故其結構相對上單期收支的衍生性商品複雜；或謂複雜的衍生性商品操作，未必是指新奇選擇權商品的操作，而有可能是指有包含不同商品結構的交換合約操作。本節可以分成二小節說明，其中 3.1 節先用一個簡單的例子說明交換合約如何形成以及如何計算出合約的公平交換價格。我們發現交換合約的交換價格用遠期合約的價格來檢視，應該能讓讀者馬上能掌握其中的訣竅。3.2 節則將交換價格的決定，延伸推廣至一般化的情況，其中交換合約的交易標的可以包括商品資產、外匯資產以及股票等資產。

3.1 一個簡單的例子

　　首先我們先來看一個簡單的例子，透過該例子可以讓我們了解交換交易存在的合理性。假定 A 公司打算從現在開始分別於第 1 年與第 2 年購買 100 萬美元，目前美元的第 1 年與第 2 年的遠期價格分別為 30 與 30.5（元）。假定 1 年期與 2 年期的簡單利率分別為 3% 與 3.5%。就 A 公司而言，傳統的避險方式是分別購買 1 年期與 2 年期的美元遠期合約，故 A 公司利用美元的遠期合約購買 200 萬美元的期初成本約為 57,598,290 元 [27]。

　　假定 C 公司是 A 公司的交易對手（counterparty），即 C 公司第 1 年與第 2 年皆有 100 萬美元欲賣出，故 A 公司與 C 公司若湊巧相遇，我們倒是可以想像二公司會如何交易？我們可以思考下列的交易方式：

---

[27] 即 $N[f_1(1 + i_1)^{-1} + f_2(1 + i_2)^{-2}]$，其中 $N = 100$ 萬美元、$f_1 = 30$、$f_2 = 30.5$、$i_1 = 0.03$ 以及 $i_2 = 0.035$。

(1) 利用上述 A 公司的期初成本金額 57,598,290 元，可以將該金額拆成 57.59829 元乘以 100 萬美元，故相當於將 200 萬美元轉成 100 萬美元，而後者的 1 美元相當於 57.59829 元。A 公司於期初可以先付給 C 公司 57,598,290 元，而 C 公司則分成二年交貨（每年 100 萬美元）；此種以單一支付取得未來多種「交貨」方式，可以稱為一種預付交換合約（prepaid swap）交易。

(2) 當然，C 公司也可以先分成二年交貨，至第 2 年交貨後，A 公司才一次付清[28]。

(3) 顯然，方法 (1) 與 (2) 並不是一種理想的交易方式，即方法 (1) 對 A 公司不利，而 C 公司對於方法 (2) 應該不會贊同。因此，折衷的方法，是計算出 1 美元等於 30.2451 元，然後分二年皆以該價位交割[29]。換言之，按照此新價位，若與 1 年期與 2 年期美元遠期價格比較，A 公司於第 1 年必須每美元多支出 0.2451 元，不過第 2 年每美元卻可節省 0.549 元；同理，C 公司於第 1 年每美元可多得 0.2451 元，不過第 2 年每美元卻少收 0.549 元。因此，此方法相當於 A 公司額外再貸款給 C 公司，其貸款利率約為 4%；有意思的是，上述貸款利率恰為 1 年期的隱含遠期利率[30]。上述結果似乎對 A 公司而言較為不利，不過因於美元遠期市場上，美元是處於升水的態勢（即期限較長的美元遠期價格高於期限較短的價格），而 A 公司是屬於買方，故美元價位較高，對其較不利[31]。

---

[28] $(57,598,290)(1+i_2)^2 = 61,700,728$ 元。

[29] $x(1+i_1)^{-1} + x(1+i_2)^{-2} = 57.59829 \Rightarrow x = 30.2451$ 元。

[30] 即為了避免套利，利用現有的利率水準，投資人可以先存 1 年期金額同時到期時再以 1 年期遠期利率續約，其結果應與一次就存滿 2 年的本利和一致，即：

$$(1+i_1)^{t_1}(1+i_{12})^{t_2-t_1} = (1+i_2)^{t_2}$$

$$\Rightarrow i_{12} = \left[\frac{(1+i_2)^{t_2}}{(1+i_1)^{t_1}}\right]^{1/(t_2-t_1)} - 1$$

其中 i_{12} 表示對應的 1 年後的 1 年期隱含遠期利率。上述結果與（9-2）式的計算方式一致。

[31] 我們自然可以想像出對 A 公司較為有利的情況，即若 2 年期美元的遠期價格為 29 元，按照同樣的思考方式，最終結果反而是 C 公司貸款給 A 公司。

(4) 若 B 銀行是 A 或 C 公司的往來銀行，得知上述情況，看到商機而向 A 或 C 公司建議，其實 A 公司也可以直接於美元現貨市場購買美元（第 1 年與第 2 年），而 C 公司也可以直接於美元現貨市場賣出美元，只不過 A 與 C 公司需與 B 銀行簽訂一種名目金額爲 100 萬美元交換合約，該合約的期限爲 2 年，每年交易 1 次而交換價格爲 1 美元等於 30.2451 元。就 A 公司而言，是屬於該合約的買方，若每次交易時美元的現貨價格高於交換價格，則 B 銀行或 C 公司需給予 A 公司名目金額乘以現貨價格與交換價格差距的金額；相反地，若每次交易時美元的現貨價格低於交換價格，則 A 公司需支付 B 銀行或 C 公司名目金額乘以上述二價格差距金額。至於 C 公司則屬於該合約的賣方，其收入與支出恰與 A 公司相反；例如：若每次交易時美元的現貨價格高於交換價格，則 C 公司需給予 B 銀行或 A 公司名目金額乘以現貨價格與交換價格差距的金額。

上述方法已經頗接近於市場上的交換合約交易，其亦有下列八個特色：

(1) 以單一交換價格取代多期的遠期價格。
(2) 其亦可以分成實物交割與現金交割二種方式；換言之，方法 (1)～(3) 接近於實物交割而方法 (4) 則接近於現金交割。
(3) 方法 (1)～(3) 交換合約的內容或支付細節可以由 A 與 C 二公司自行約定。
(4) 敏感的讀者也許會懷疑爲何交換價格不是 30.25 元（即爲上述遠期價格的平均值）？倘若交換價格爲 30.25 元，相對於遠期價格以及每美元而言，A 公司第一年多付 0.25 元，不過第 2 年卻可少付 0.25 元，故相當於 A 公司以無息的方式貸款給 C 公司。
(5) 方法 (4) 交換合約亦可以透過金融機構如 B 銀行簽訂，其中 B 銀行具有經紀的功能。即 B 銀行可以撮合 A 公司與 C 公司，只要 A 公司的買入價格高於 C 公司的賣出價格，一種交換合約就有可能成立。理所當然，上述價格差距，就是 B 銀行的買賣價差（bid-ask spread），就是 B 銀行的收益。
(6) 方法 (4)A 與 C 二公司皆用固定價格替換浮動價格避險，也就是說，例如 A 公司比較在乎未來美元價格上升的情況，故若交易時美元市場價格高於交換價格，A 公司雖然於現貨市場上購買美元有損失，不過卻可於交換合約交易內取得「補償」；因此，A 公司透過交換合約交易，是將 2 年購買

美元的價格鎖在交換價格上，即：

$$\underbrace{現貨價格 - 交換價格}_{交換支付金額} - \underbrace{現貨價格}_{現貨購買美元} = -交換價格 \qquad (9\text{-}40)$$

至於 C 公司的情況，則恰與 A 公司相反。

(7) 因此，交換合約的交易與尋常的交易行為並無不同，只不過因前者會牽涉到不斷的續期過程，故我們將此種交易行為稱為「背對背交易（back-to-back transaction or matched book transaction）[32]」。我們可以看出 B 銀行於其間扮演著經紀人的角色，其所擔心的是 A 與 C 公司的信用風險問題，反而不在乎美元資產的曝露風險。

(8) 上述交換價格是從多種遠期價格計算而得，故交換合約交易相當於將「一堆」遠期合約交易合併成多期交割交易，故其優點為未來商品的價格為固定值（交換價格）且貨源確定。其最大的缺點當然交易對手的信用問題，可以參考例 1。

了解上述交換合約的特性後，我們可以參考圖 9-25。圖 9-25 繪製出上述美元交換合約的交易過程。就 A 公司而言，其須同時支付買進美元的現貨價格與淨交換價格；同理，若存在相同期間與金額的美元供給者如 C 公司，則 C 公司不僅收到美元現貨價格，同時亦收到淨交換價格收益。此處淨交換價格

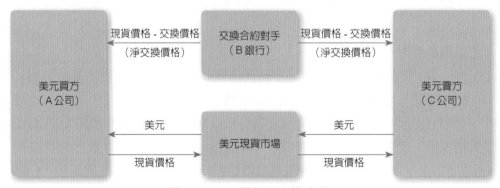

圖 9-25　一種美元交換合約

---

[32] 可以上網查詢。

等於交換價格減現貨價格。因此，若現貨價格高於（低於）交換價格，A 與 C 公司雖皆有負的（正的）淨交換價格支出（收益）；不過，顯然 A 與 C 公司購買該美元交換合約的目的並不相同，前者擔心未來美元價位上升，而後者卻在乎未來美元價格的下跌，二者皆將淨交換價格支出或收益視為一種「補償的」功能。

　　如前所述，B 銀行可以是一種經紀商的角色，不過其當然也可以是造市者的角色；因此，A 公司所面對的對手有可能是 C 公司，當然亦有可能是 B 銀行（自營商）。A 公司屬於交換合約的買方，其是以固定的美元支出取代浮動的美元支出；同理，交換合約的賣方如 C 公司則以固定的美元收入取代浮動的美元收入。A 與 C 公司利用交換合約的目的，可想而知。交換合約的買方如 A 公司可以利用交換合約規避價格上升的風險，而交換合約的賣方如 C 公司可以利用交換合約規避價格下跌的風險。

例1 安隆事件

　　安隆（Enron）是美國德州的第二大公司以及美國第七大公司。於 2001 年期間安隆事件創下了美國有始以來最大的破產案，其破產金額高達 500 億美元，其中投資人的損失亦高達 320 億美元。美國證券與交易委員會（SEC）曾指控許多公司如摩根大通（J.P. Morgan Chase）與花旗集團（Citigroup）協助安隆公司誤導投資人，其中不乏使用許多（能源）交換合約的不當操作。例如：圖 9-28 繪製出摩根大通以及其集團旗下的 Mahonia 公司與安隆之間的許多交換合約的操作，我們從該圖可以看出交換合約的操作的確錯綜複雜，無怪乎會誤導許多公司或投資人 [33]。我們從圖內可以看出三家公司之間的交換合約交易，各合約的支付方式有包括預付支付、浮動支付、固定分期支付以及浮動分期支付方式等，故若沒有細查，的確不容易察覺到安隆的許多隱藏性的負債。

---

[33] 圖 9-28 係取自 McDonald, R.L. (2013), *Derivatives Markets*, third edition, Perason.

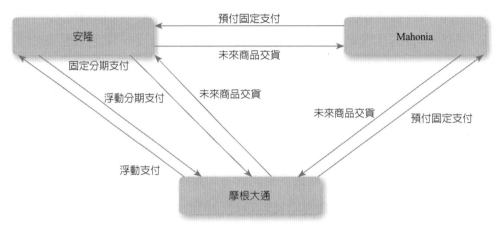

圖 9-26　安隆、Mahonia 與摩根大通之間的交換合約

例 2　**解約的困難度**

　　前述 A 公司買進美元交換合約或 C 公司賣出美元交換合約的期初合約價值為 0 元，即 A 公司或 C 公司於期初並不需要任何的資本支出。按照上述遠期匯率與利率可以計算出的交換價格為 30.2451 元。如前所述，若與第 1 年遠期價格為 30 元以及第 2 年遠期價格為 30.5 元比較，A 公司第 1 年多付了 0.2451 元而第 2 年少付了 0.2549 元；不過對 C 公司而言，卻是第 1 年多收了 0.2451 元而第 2 年少收了 0.2549 元。因此，若按照上述的假定，於第 1 年交割 100 萬美元之前，該交換合約的價值仍為 0 元，此時 A 或 C 公司解約的困難度較低，其只負擔一定的交易成本。

　　倘若過了第 1 年的交割，此時解約的困難度自然增加了；不過，似乎 C 公司（賣方）較 A 公司（買方）占上風。另一方面，當然也可以再用新合約抵銷舊合約的方式，不過因決定交換價格的因素已改變，即新的交換價格未必與舊的交換價格相同，此時 A 或 C 公司可找舊合約的對手解約似乎較為有利。

例 3　**交換價格的決定**

　　如前所述，若第 1 年與第 2 年美元的遠期價格分別為 30 元與 30.5 元，而第 1 年與第 2 年的利率分別為 3% 與 3.5%，我們可以計算出 A 公司參與的交換合約價格為 30.2451 元。倘若第 2 年美元的遠期價格不是 30.5 元而是 30.6

元，則按照同樣的推理方式，可以計算出交換合約的交換價格為 30.2941，若利率固定不變，讀者亦可以練習證明出該交換價格仍與約為 4% 的 1 年期隱含遠期利率一致。因此，仍利用上述 A 公司的例子，可以發現交換價格的決定受到四種因素的影響，該四種因素分別為第 1 年與第 2 年美元的遠期價格以及第 1 年與第 2 年的利率。圖 9-27 分別繪製出其中一種因素變動下（其餘因素皆不變），交換價格的決定。從圖內可以看出除了第 2 年利率水準與交換價格之間呈現負關係之外，其餘三種因素皆與交換價格之間呈現正關係。

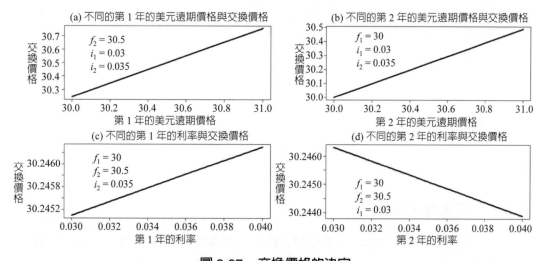

圖 9-27　交換價格的決定

例 4　預付商品交換合約

假定 D 公司是一家石油公司，半年與 1 年後必須各別購買 10 萬桶原油。假定目前原油的半年遠期價格為每桶 80 美元，而 1 年原油的遠期價格為每桶 81 美元；另外，半年與 1 年的（連續）利率分別為 4% 與 5%。因此，D 公司若與其對手簽訂預付石油交換合約，則於期初 D 公司須支付其交易對手總共 15,546,548 美元。

例 5　一種石油交換合約

續例 4，D 公司也可以與交易對手簽訂一種交換合約，其中交換價格為

80.4925 美元；換言之，每隔半年 D 公司需與交易對手交換（結算）一次，即 D 公司需支付交易對手 8,049,250 美元，而交易對手則需給予 D 公司 10 萬桶原油，其結果就如同圖 9-28 所示。於圖內可以看出該交換合約共結算二次。

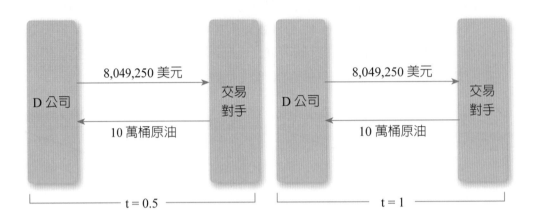

圖 9-28　一種石油交換合約

3.2 交換價格的決定

　　3.1 節曾利用遠期價格計算交換合約的交換價格，現在我們可以討論交換價格決定的一般式，該式亦可以應用於不同的標的資產上。首先，我們考慮一種名目金額固定的交換合約。假定該交換合約共分成 n 次結算，其結算日分別出現於 t_i, $i = 1, 2, \cdots, n$。假定上述結算日對應的遠期合約價格為 $f(0, t_i)$。如同之前的表示方式，於 t_i 的貼現債券為 $B(0, t_i)$，此可視為 0 至 t_i 期的貼現因子。我們可以回想 3.1 節內，我們是利用預付交換總價格計算交換合約的交換價格，而預付交換總價格可寫成：

$$\sum_{i=1}^{n} f(0, t_i) B(0, t_i) \qquad (9\text{-}41)$$

換言之，預付交換總價格相當於不同期遠期價格之貼現總和。令 R 為固定的交換價格，故不同期交換價格的現值總和恆等於預付交換總價格，即：

$$\sum_{i=1}^{n} RB(0,t_i) = \sum_{i=1}^{n} f(0,t_i)B(0,t_i) \tag{9-42}$$

利用（9-42）式，可得：

$$R = \frac{\displaystyle\sum_{i=1}^{n} f(0,t_i)B(0,t_i)}{\displaystyle\sum_{i=1}^{n} B(0,t_i)} \tag{9-43}$$

（9-42）與（9-43）式亦有另外一種表示方式，即（9-42）式可以改寫成：

$$\sum_{i=1}^{n} [R - f(0,t_i)]B(0,t_i) = 0 \tag{9-44}$$

即不同期交換價格與遠期價格的差距的現值總和恆等於0；另一方面，（9-43）式亦可改寫成：

$$R = \sum_{i=1}^{n} \left[\frac{B(0,t_i)}{\displaystyle\sum_{i=1}^{n} B(0,t_i)} \right] f(0,t_i) \tag{9-45}$$

即固定的交換價格竟是不同期遠期價格的加權平均數，其中貼現債券價格可用於計算權數值。

我們可以舉一個例子說明如何利用（9-45）式計算交換合約的交換價格。圖 9-29 內的圖 (a) 與 (b) 分別繪製出 1～20 年的遠期價格與利率水準，於圖內可以看出遠期價格與利率水準與時間（年）呈正關係[34]；利用（9-45）式以及上述遠期價格與利率水準序列，圖 (c) 則繪製出對應的權數值序列，結果可以得出 20 年期交換合約的交換價格約為 31.7548 元。若將上述遠期價格與利率水

---

[34] 遠期價格與利率水準序列是我們隨意模擬出的結果，其中遠期價格是從 30 元開始，逐年約增加 0.2632 元，而利率則起於 0.02，然後逐年約增加 0.0042。遠期價格是仿效 3.1 節內的美元價位。

準序列「隨機排列 [35]」，圖 (d) 與 (e) 則繪製出對應的時間走勢，此時對應的權數值序列則繪製於圖 (f)；換言之，圖 (d) 與 (e) 的繪製是強調遠期價格與利率水準序列的「隨機性」，利用（9-45）式，可以得出隨機遠期價格與利率水準下的 20 年期交換合約的交換價格約為 32.7266 元。

利用圖 9-29 內的資料，我們可以進一步計算 1～20 年期限交換合約的交換價格，其結果就繪製於圖 9-30 內，其中左圖是使用圖 9-29 內圖 (a) 與 (b) 的序列資料（確定的遠期價格與利率序列），而右圖則是使用圖 9-29 內圖 (d) 與 (e) 的序列資料（隨機的遠期價格與利率序列）。我們可以從圖 9-30 發現到若遠期價格與利率序列與時間呈現正關係，則不同期限的交換價格亦與時間呈現正的關係（圖 9-30 的左圖）；相反地，若遠期價格與利率序列與時間無關（隨機走勢），則不同期限的交換價格亦呈現隨機的走勢（圖 9-30 的右圖）。

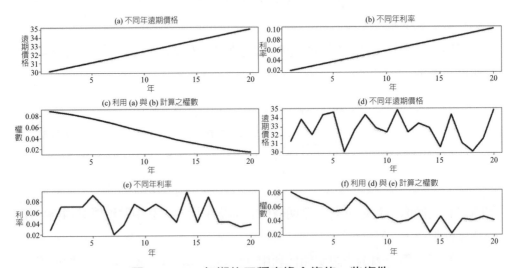

圖 9-29　20 年期的二種交換合約的一些條件

---

[35] 即重複抽樣（抽出放回）。

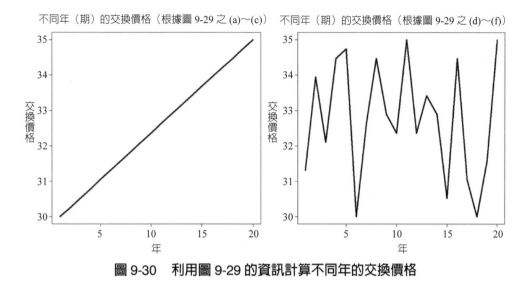

圖 9-30　利用圖 9-29 的資訊計算不同年的交換價格

例 1　**利用貼現債券價格計算交換價格**

試利用（9-45）式計算 3.1 節 A 公司的 2 年期交換合約的交換價格。

解 可以參考所附的 R 指令。

例 2　**預付總價格的計算**

試利用圖 9-29 內的資料，計算 20 年期交換合約的預付總價格。

解 利用（9-41）式可以計算出交換合約的預付總價格，可以參考所附的 R 指令。

例 3　**由預付總價格計算交換價格**

續例 2，試利用預付總價格計算出交換價格。

解 利用（9-42）式可以計算出交換合約的預付總價格，可以參考所附的 R 指令。

例 4　**造市者的避險**

假定石油第 1〜3 年的遠期價格分別為 65、67 與 70。目前第 1〜3 年的利

率分別爲 6%、6.5% 以及 7%。B 公司簽訂了一個 3 年期石油的交換合約，我們可以幫 B 公司計算出交換價格約爲 67.2128。由於造市者是收取固定的交換價格，故其淨交換收益可列於表 9-10 內的第 2 欄，其中 $S_i (i = 1, 2, 3)$ 表示現貨的價格；另一方面，該造市者亦可使用賣遠期避險，其賣遠期收益則列於第 3 欄。因此，第 4 欄列出淨現金流量，按照定義如（9-44）式，我們可以計算該淨現金流量的現值應等於 0，即：

$$\frac{-2.2128}{(1+0.06)} - \frac{0.2128}{(1+0.065)^2} + \frac{0.7872}{(1+0.07)^3} \approx 0$$

表 9-10　一個造市者避險的例子

年	淨交換收益	賣遠期收益	淨現金流量
1	$S_1 - 67.2128$	$65 - S_1$	-2.2128
2	$S_2 - 67.2128$	$67 - S_2$	-0.2128
3	$S_3 - 67.2128$	$70 - S_3$	0.7872

例 5　通貨交換合約

　　B 是一家臺灣的公司，其有發行以美元計價的 3 年期面額爲 100 美元的附息債券，該債券的票面利率爲 3.5% 且 1 年付息 1 次。爲了支付利息與償還面額，B 公司可以利用美元的遠期外匯避險，表 9-11a 列出 B 公司的避險支出成本。除了利用美元的遠期合約避險之外，B 公司亦可與造市者簽訂一種美元交換新臺幣的交換合約；也就是說，於該交換合約中，B 公司是「收美元付新臺幣」，而造市者則是「收新臺幣付美元」。假定目前美元兌新臺幣即期匯率爲 29.8665，而新臺幣的利率爲 6%，故 B 公司相當於願意用「新臺幣的 6% 的支出以換取美元 3.5% 的支出」。就該造市者而言，其亦可使用美元的遠期外匯避險。若造市者利用美元的遠期外匯避險，其避險成本列於表 9-11b 的第 4 欄（相當於表 9-11a 的第 4 欄）；另一方面，該造市者反而是收取新臺幣的利息與債券面額金額，其可列於表 9-11b 的第 3 欄，值得注意的是，按照即期匯率該債券面額相當於 2,986.65 新臺幣，故欄內金額是根據票面利率爲 6% 計算而

得。

我們如何知道美元的票面利率 3.5 相當於新臺幣的票面利率 6%？我們可以計算造市者的淨現金流量（即表 9-11b 的第 5 欄，其為第 3 欄與第 4 欄相加）現值，即：

$$\frac{73.7962}{(1+0.06)} + \frac{69.9112}{(1+0.06)^2} - \frac{157.0233}{(1+0.06)^3} \approx 0$$

故此例相當於將美元附息債券轉成新臺幣附息債券。

表 9-11a　B 公司用美元的遠期外匯避險

年	美元支出 （無避險）	遠期匯率	新臺幣支出 （避險）
1	−3.5	30.115	−105.4025
2	−3.5	31.225	−109.2875
3	−103.5	32.105	−3322.8675

表 9-11b　交換交易造市者的現金流量

年	遠期匯率	收新臺幣利息	付美元利息	淨現金流量
1	30.115	179.1987	−3.5×30.115	73.7962
2	31.225	179.1987	−3.5×31.225	69.9112
3	32.105	3,165.8442	−95.4×32.105	−157.0233

說明：第 3 欄的金額是以面額 2,986.645 新臺幣（相當於 100 美元）按照 6% 票面利率計算而得。

4. 利率交換合約

公司可以用利率交換合約（Interest Rate Swaps, IRS）以降低利率（利息）的暴露風險。類似於第 3 節，本節亦分成二部分來檢視利率交換合約。首先，我們先用一個簡單的例子說明，然後再檢視交換率（swap rate）決定的一般式。

4.1 一種簡單的 IRS

假定 E 公司有一筆針對 LIBOR 的 200 萬美元的 3 年期浮動利率負債，我們的意思是指未來 3 年每年 E 公司須支付 200 萬美元 ×LIBOR 的利息，由於 LIBOR 是未來的市場利率，故其為未知。E 公司希望能將該 3 年期浮動利率負債轉換成以固定利率支付的負債，我們發現 E 公司至少有下列三種選擇：

(1) 收回該 3 年期浮動利率負債，另外再發行以 3 年期固定利率負債取代，不過此種買賣負債的行為，可能須額外負擔較高的交易成本。

(2) 進行一連串的 FRAs 操作，於底下可看出 FRA 的操作是屬於交換合約的一個特例，不過一系列的 FRAs 操作，因需要重新簽訂 FRA 的協議利率，故每年的交易成本未必皆為相同的固定數值。

(3) 簽訂一種 IRS，將浮動利率負債轉換成固定利率負債。直覺而言，E 公司可與交易對手交換一種收支方式即可，即 E 公司每年支付交易對手固定利率的負債金額，而交易對手則每年給予 E 公司浮動利率的負債金額，因 E 公司每年有浮動利率負債，故最後 E 公司只需負擔固定利率的負債。可以參考圖 9-31。

上述選擇 (3) 或圖 9-31 就是描述一種簡單的 IRS。即 E 公司可與其交易對手簽訂一種名目金額為 200 萬美元的 IRS，該交換合約的期限（swap tenor）為 3 年。按照該合約，假定固定利率為 3.98%（即交換率），若該固定利率大於未來 1 年期的 LIBOR，則 E 公司需支付名目金額乘以 3.98% 減 LIBOR 差距的金額予交易對手；相反地，當交換率小於未來 1 年期的 LIBOR，則交易對手需支付名目金額乘以 LIBOR 減 3.98% 差距的金額予 E 公司。故 E 公司每美元的淨利率成本為：

$$-LIBOR + LIBOR - 3.98\% = -3.98\%$$

即透過該交換合約，E 公司可以將未來 3 年的浮動（利率）負債轉換成固定（利率）的負債。

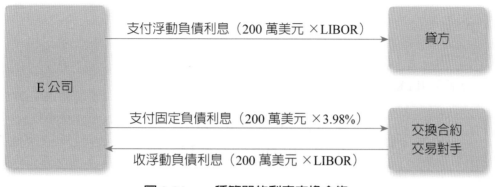

圖 9-31　一種簡單的利率交換合約

其實上述 E 公司每年的結算過程頗類似於第 1 章曾介紹過的 FRAs 合約，不過二者之間還是有些差異。例如每年期初 1 年期的 LIBOR 為已知，IRS 是於期末結算，但是 FRA 的結算卻是於期初（即利息起算日）就完成了；也就是說，若將 FRA 合約改成期末結算 [36]，FRA 合約即成為利率交換合約的一個特例，即 n 期的 IRS 相當於連續 n 期的 FRAs 合約，而後者每期的合約協議利率皆相同。因此，IRS 與 FRA 合約二者於結算時皆不涉及到本金的交易，反而只結算市場利率與合約協議利率（於 E 公司的例子內分別為 LIBOR 與 3.98%）之間的差距，該差距可稱為淨交換支付。直覺而言，IRS 尚有一個優點，即一旦交易對手違約，由於不涉及到本金的交換，故損失的只有未來的淨交換支付。此種結果與公司債的風險不同，因後者有牽涉到本金風險，而 IRS 卻只有未來的淨交換支付風險。

就上述 E 公司的例子而言，我們進一步有興趣的是該合約的固定利率為 3.98% 是如何決定的？想像 E 公司的交易對手是一位造市者（報價者），即該造市者報價的依據為何？由於 E 公司是「收浮動（利率）而付固定（利率）」，而該造市者則是「付浮動而收固定」，故該造市者未來需承擔（浮動）利率上升的風險。想像該造市者利用 FRA 合約避險，令 $i(0, 1)$、$i(0, 2)$ 與 $i(0, 3)$ 分別表示 1 年期、2 年期以及 3 年期的簡單利率而 $i(1, 2)$ 與 $i(2, 3)$ 分別表示未來 1 年期的隱含遠期利率 [37]。

---

[36] 直覺而言，我們可以了解為何 FRA 合約是於期初（即利息起算日）結算，即其是為了避免交易對手的違約風險；換言之，若不考慮違約風險，FRA 合約當然也可以改成於到期日（期末）結算，此有點類似於存款時於期初就得到本利和的現值。

[37] 可記得我們亦可將 $i(0, 1)$ 寫成 i_1 或將 $i(2, 3)$ 寫成 i_{23} 表示 2 年後的 1 年期遠期利率。

表 9-12 分別列出 E 公司與對應的造市者所簽訂的 3 年期利率交換合約的各自淨支付流量。從表內可看出 E 公司透過 IRS 後，每年所負擔的只有固定負債利率。至於所對應的造市者的淨支付流量，我們亦可以從表內看出，若該造市者利用 FRA 合約避險，則其淨支付現值的總和應為 0 美元，即：

$$\frac{R-i(0,1)}{[1+i(0,1)]}+\frac{R-i(1,2)}{[1+i(0,2)]^2}+\frac{R-i(2,3)}{[1+i(0,3)]^3}=0 \tag{9-46}$$

利用（9-46）式，我們自然可以計算出對應的交換率 R。假定 $i(0, 1) = 0.03$、$i(0, 2) = 0.035$ 以及 $i(0, 3) = 0.04$，我們可以分別計算出對應的 1 年期遠期利率分別約為 $i(1, 2) \approx 0.04$ 與 $i(2, 3) \approx 0.0501$[38]。將上述結果代入（9-46）式，可得：

表 9-12　E 公司與對應的造市者之淨支付流量

E 公司			
年	支付浮動負債	淨交換支付	淨支付
1	$-i(0, 1)$	$i(0, 1) - 3.98\%$	-3.98%
2	$-i(0, 2)$	$i(0, 2) - 3.98\%$	-3.98%
3	$-i(0, 3)$	$i(0, 3) - 3.98\%$	-3.98%
對應的造市者			
年	FRA 的收支	淨交換支付	淨支付
1	-	$R - i(0, 1)$	$R - i(0, 1)$
2	$i(0, 2) - i(1, 2)$	$R - i(0, 2)$	$R - i(1, 2)$
3	$i(0, 3) - i(2, 3)$	$R - i(0, 3)$	$R - i(2, 3)$

---

[38] 參考（9-2）式，可知 $(1+i_1)^{t_1}(1+i_{12})^{t_2-t_1}=(1+i_2)^{t_2}$。

$$\Rightarrow i_{12}=\left[\frac{(1+i_2)^{t_2}}{(1+i_1)^{t_1}}\right]^{1/(t_2-t_1)}-1$$

同理，可得 $i_{23}=\left[\frac{(1+i_3)^{t_3}}{(1+i_2)^{t_2}}\right]^{1/(t_3-t_2)}-1$，其中 $t_i = i, i = 1, 2, 3$。

$$\frac{R-0.03}{(1+0.03)}+\frac{R-0.04}{(1+0.035)^{2}}+\frac{R-0.0501}{(1+0.04)^{3}}=0 \tag{9-47}$$

我們有了 R 的幫助，欲計算出（9-47）式內的交換率 R，並不是一件困難的事；換言之，考慮 R 爲介於 0.01 與 0.08 之間的可能數值，每一可能數值的差距爲 0.0001，逐一代入（9-47）式後可繪製出圖 9-32。我們從圖內可以看出符合（9-47）式的可能數值接近於 R ≈ 3.98%。換言之，若造市者將交換率 R 決定在 3.98%，其應能避開與 E 公司簽訂的交換合約風險。

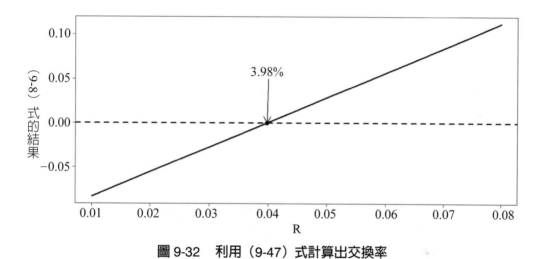

圖 9-32　利用（9-47）式計算出交換率

上述簡單例子告訴我們 E 公司可以利用 IRS 達到以固定利率交換浮動利率的目的。讀者自然也可以想到，若某公司想要透過 IRS 達到以浮動利率取代固定利率的目標，該 IRS 的內容爲何？

例 1　FRAs

考慮一種 $m \times q$ 而名目本金爲 A 的 FRA，該 FRA 是一個 m 期後的遠期利率協議，其中參考利率爲 q 期的市場利率。該 FRA 的交易日、利息起算日與到期日的關係可參考圖 9-33 內的圖 (a)[39]。假定市場利率爲 LIBOR 而 m 爲 2 個

---

[39] 該 FRA 的期限亦可寫成 $m \times (m+q)$。

月（61 天）與 q 為 3 個月（91 天），若該 FRA 的買賣雙方協議的合約利率為 5.63%，則 2 個月後該合約到期的價值為：

$$V(2) = A \times \frac{[l(91) - 0.0563] \times (91/360)}{1 + l(91) \times (91/360)} \qquad (9\text{-}48)$$

其中 $l(91)$ 表示 2 個月後 LIBOR 的 3 個月期即期利率。假定 $l(91)$ 為 5.9% 以及 A 為 100 萬美元，則上述該合約的價值約為：

$$V(2) = 1{,}000{,}000 \times \frac{(0.059 - 0.0563) \times (91/360)}{1 + 0.059 \times (91/360)} \approx 672.47 \text{（美元）}$$

上述 FRA 合約價值的計算，有下列四點值得我們注意：

(1) 通常是以 1 年有 360 日為計算基準。

(2) 以實際的 LIBOR 計算貼現值，可以注意的是合約結算日並不是出現於遠期（利率）合約的到期日。

(3) 若不考慮賣方的信用違約風險，則按照上述假定，合約的買方約可收到 672.47 美元。

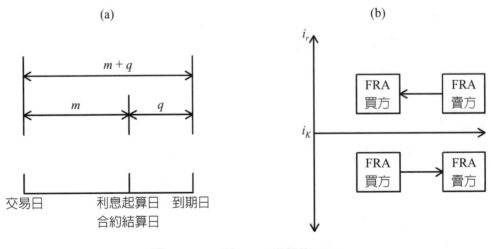

圖 9-33　一種 $m \times q$ 期限的 FRA

(4) 合約價值取決於實際的 $l(91)$ 與合約利率（即 5.63%）的差異，故合約的買方相當於實際利率高於合約利率時取得「補償」；相反地，若實際利率低於合約利率，則買方反而需支付賣方該合約價值（爲負值）金額。

　　因此，FRA 的買方與賣方可以利用 FRA 的操作以規避未來利率變動的風險。換言之，FRA 的買方可能是未來需要籌資的公司，透過 FRA 的操作，於未來利率上升時可以有正的 FRA 收益；類似地，FRA 的賣方可能是尋常的儲蓄者，因擔心未來利率下跌遭到損失，故反而於未來利率下跌時亦可以有正的 FRA 收益。是故，FRA 的買方與賣方買賣 FRA 的收益可以繪製於圖 9-33 的圖 (b)，其中 $i_r = l(91)$ 與 $i_K = 0.0563$。我們從圖內可看出，若 $i_r > i_K$，FRA 的賣方需支付 FRA 合約的金額予 FRA 的買方，故相當於後者是收到浮動利息的同時亦需支付固定的利息；同理，若 $i_r < i_K$，則 FRA 的買方需支付 FRA 合約的金額予 FRA 的賣方，故 FRA 的賣方相當於是收到固定利息時亦同時需支付浮動的利息。如此來看，FRA 的買方是以支付固定的利息「交換」浮動的利息收益（即收浮動付固定），而 FRA 的賣方則是以支付浮動的利息「交換」固定的利息收益（即付浮動收固定）；原來，FRA 的操作，隱含著 IRS 內的固定利率與浮動利率的交換[40]。

例2　FRA 的買方與賣方的避險與不避險

　　續例 1，利用（9-48）式以及上述假定，我們不難繪製出 FRA 的買方與賣方的收益曲線以及其各自使用 FRA 合約避險的結果。如前所述，FRA 的買方因擔心未來利率（LIBOR）上升所招致的利息成本上升，而 FRA 的賣方則

---

[40] 因 FRA 的買方是「付固定收浮動」，故其可視爲向 FRA 的賣方（或造市者）貸款，而貸款金額與利率分別爲合約名目金額與協議利率；另一方面，因 FRA 的賣方是「收固定付浮動」，故其亦可視爲向 FRA 的買方（或造市者）放款，而放款金額與利率分別爲合約名目金額與協議利率。若存在 FRA 的造市者，其可以分別與 FRA 的買方與賣方簽訂 FRA 合約，其中二種協議利率並不會相同；理所當然，造市者與 FRA 的買方簽訂的協議利率（即拆出利率）會高於與 FRA 的賣方簽訂的協議利率（即拆進利率）。換言之，造市者 FRA 的拆進利率與拆出利率的報價若爲 8.06%～8.15%（二者皆爲固定利率，浮動利率爲未知），其中 8.15% 爲與 FRA 的買方簽訂的協議利率，而 8.06% 爲與 FRA 的賣方簽訂的協議利率。

是因擔心未來利率（LIBOR）下跌所招致的利息收益損失，故二者皆可以使用 FRA 合約避險。圖 9-34 的圖 (a) 與 (b) 各自繪製出不同利率（LIBOR）下，FRA 的買方與賣方的收益曲線，可以注意收益亦有可能為負值；顯然，未來利率若低於（高於）合約的協議利率，對 FRA 的賣方（買方）有利。圖 9-34 的圖 (c) 與 (d) 則各自繪製出買方與賣方，若使用 FRA 合約避險與不使用 FRA 合約避險的結果。我們從圖內可以看出對於 FRA 的買方與賣方二者而言，使用 FRA 合約的避險效果頗為類似；不過，因 FRA 合約結算日是出現於合約利息的起算日（圖 9-33），故實際上 FRA 的買方與賣方使用 FRA 合約並不能達到 100% 的避險效果，即其避險曲線並不是一條水平直線（紅色虛線）。不過，若是將 FRA 的結算日改為到期日，則 FRA 的買方與賣方使用 FRA 合約能達到 100% 的避險效果，即其避險曲線是一條水平直線（藍色虛線）[41]。

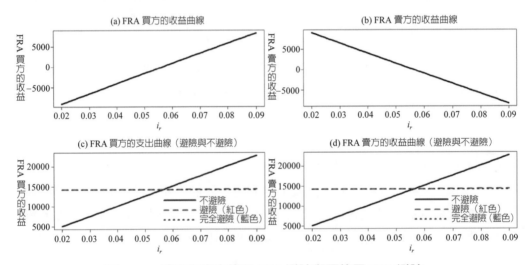

圖 9-34　買方與賣方使用 FRA 避險與不使用 FRA 避險

---

[41] 也就是說，若不考慮信用問題，FRA 合約也可改成到期日結算，即（9-48）式不需要乘上貼現因子 $1/[1 + 0.059 \times (91/360)]$。可以執行所附的 R 指令，即可看出不同顏色的虛線。

例 3　**有效利率的計算**

　　續例 1～2，圖 9-34 的圖 (c) 與 (d) 二圖顯示出 FRA 的買方與賣方透過 FRA 合約的操作能完全規避市場利率的波動風險，我們倒是可以進一步幫 FRA 的買方與賣方分別計算出實際有效的利率。就 FRA 的買方而言，假定 i_K = 0.0563 以及 FRA 買方的實際貸款利率為 LIBOR 加上 0.5%。若 2 個月後 3 個月期的 LIBOR 為 5.9%，則因市場利率高於 i_K，故 FRA 的買方於合約到期時約可得 682.5 美元（即 $A \times (i_r - i_K) \times q/360$）；另一方面，FRA 的買方向金融機構貸款的利息支出約為 16,177.78 美元（即 $A \times (i_r + 0.005) \times q/360$）。上述二者合計的支出成本約為 15,495.2 美元（即 16,177.78 − 682.5），故 FRA 的買方的有效利率約為 6.13%（即 $15,495.2/(A \times q/360)$）。同理，若 2 個月後的市場利率為 3.9%，因市場利率低於 i_K，故 FRA 的買方於合約到期時約需支付交易對手（即報價或造市者）4,373.06 美元；另一方面，FRA 的買方向金融機構貸款的利息支出約為 11,122.22 美元。是故上述二者合計的支出成本亦約為 15,495.28 美元，因此 FRA 的買方的有效利率仍約為 6.13%。換言之，若按照合約的到期日計算，FRA 買方的實際有效（貸款）利率可以固定維持於 6.13% 水準；雖說如此，不過因違約風險的考量，FRA 合約並不是於到期日結算，即其結算日就是利息的起算日（圖 9-33），故上述計算出的有效利率應是沒有違約風險下的參考值。按照上述計算有效利率的方式，我們可以進一步計算出不同市場利率下所對應的有效利率，該結果就繪製於圖 9-35 的左圖；於該圖內可以發現，FRA 買方的實際有效（貸款）利率於不同的市場利率下，竟可以固定維持於 6.13% 水準。

　　圖 9-35 的右圖則繪製出 FRA 賣方的情況。如前所述，FRA 的賣方可以視為一般的投資人，其賣出 FRA 相當於放款予交易對手。假定 i_K = 0.05 以及 FRA 賣方的實際放款利率為 LIBOR 加上 0.3%，讀者應該可以計算出不同市場利率下的有效利率。

例 4　**遠期利率的決定**

　　續例 1～3，理論上我們有辦法計算出上述該 FRA 的協議利率 i_K = 5.63%。假定 $i(0, m)$ = 4.19% 與 $i(0, m + q)$ = 5.076% 分別表示二種無風險利率，其中 m

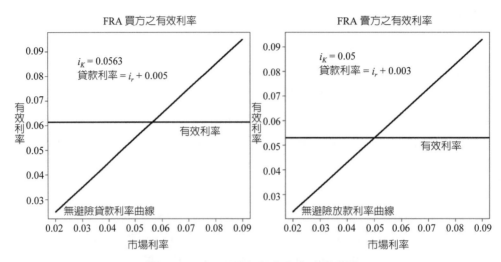

圖 9-35　FRA 買方與賣方之有效利率

= 61 與 q = 91 日[42]。按照貼現債券價格的表示方式，我們可以將 $i(0, m)$ 與 $i(0, m + q)$ 改用 $B(0, m)$ 與 $B(0, m + q)$ 表示，其中

$$B(0,m) = \frac{1}{1+i(0,m)\dfrac{m}{360}} \text{ 以及 } B(0,m+q) = \frac{1}{1+i(0,m+q)\dfrac{(m+q)}{360}}$$

當然上述二式亦可改用 1 年有 365 日取代[43]。利用 $B(0, m)$ 與 $B(0, m + q)$ 的資訊，可得 m 至 $m + q$ 日的隱含遠期利率 $i(m, m + q)$ 為：

$$i(m,m+q) = \left[\frac{B(0,m)}{B(0,m+q)} - 1\right]\frac{360}{q} \tag{9-49}$$

利用 $i(0, m)$ = 4.19% 與 $i(0, m + q)$ = 5.076% 的資訊，可分別得出 $B(0, m) \approx 0.9930$ 與 $B(0, m + q) \approx 0.9790$ 代入（9-49）式後，即可得出 $i(m, m + q) \approx 5.63\%$。

---

[42] 例如：$i(0, m)$ 與 $i(0, m + q)$ 可以分別表示政府債券（如國庫券）的利率。

[43] 由於是以美元計價，例 4 與 5 的貼現債券是該以美元計價，該貼現債券類似於美國國庫券等政府債券。

例5 **FRA 的複製**

首先，（9-48）式可以改寫成一般的形式，即重寫第 1 章內的（1-1）式，可得：

$$V(m) = A \times \frac{[l(q) - i_K] \times (q/360)}{1 + l(q) \times (q/360)} \qquad （9\text{-}50）$$

於合約初協議時，因交易雙方並不需要支付任何金額，故（合約）協議利率的設定應符合交換合約價值為 0 美元的要求。想像底下的一種投資策略：買 $A \cdot B(0, m)$ 美元的貼現債券，其可確定於 m 日後可得 A 美元。為了融通上述的購入成本，發行（借入）價值 $A \cdot [1 + x \times (m + q)/360]$ 歐洲美元的（可轉換）定期存單，該定期存單於 $m + q$ 日後應支付 A 美元，其中 x 為欲決定的利率。如前所述，FRA 合約的期初價值為 0 美元，故可選擇 x 值使得該投資策略的期初價值 V_p 為 0 美元，即：

$$V_p = A\{B(0,m) - [1 + x \times (m+q)/360]L(0, m+q)\} = 0 \qquad （9\text{-}51）$$

其中 $L(0, m + q)$ 可以寫成：

$$L(0, m+q) = \frac{1}{1 + l(m+q)\dfrac{(m+q)}{360}}$$

換言之，$L(0, m + q)$ 類似於 $B(0, m)$ 是歐洲美元計價的貼現債券，其中 $l(m + q)$ 為 m 日後期限為 q 日的 LIBOR。

於 m 日後，（9-51）式可以改寫成：

$$V_p(m) = A\{1 - [1 + x \times (m+q)/360]L(m, m+q)\} \qquad （9\text{-}52）$$

其中 $L(m, m+q) = \dfrac{1}{1 + l(q)\dfrac{q}{360}}$ 代入（9-52）式後，可得：

$$V_p(m) = A\left[1 - \frac{1+x(q/360)}{1+l(q)(q/360)}\right] = A\frac{[l(q)-x](q/360)}{1+l(q)(q/360)}$$

比較上式與（9-50）式，可得 $x = i_K$。

4.2 交換率的決定

4.1 節 IRS 內交換率的計算，可以說是（9-45）式的應用。為了簡潔表示，我們考慮以「年」表示期數；換言之，（9-49）式內的隱含遠期利率可以改寫成：

$$i(t_1, t_2) = \frac{B(0,t_1)}{B(0,t_2)} - 1 \tag{9-53}$$

其中 $i(t_1, t_2)$ 表示 t_1 期後 $t_2 - t_1$ 期的隱含遠期利率。以 $i(t_{i-1}, t_i)$ 取代（9-45）式內的遠期價格 $f(0, t_i)$，利用（9-53）式可得：

$$\sum_{i=1}^{n} B(0,t_i)[R - i(t_{i-1}, t_i)] = \sum_{i=1}^{n} B(0,t_i)\left[R - \frac{B(0,t_{i-1})}{B(0,t_i)} + 1\right] = 0 \tag{9-54}$$

求解（9-54）式內的 R 值，可得：

$$R = \frac{1 - B(0,t_n)}{\displaystyle\sum_{i=1}^{n} B(0,t_i)} \tag{9-55}$$

利用（9-55）式，我們重新計算 E 公司的例子，可得出 $R \approx 3.9738\%$。

類似於圖 9-29，圖 9-36 繪製出模擬的 $1 \sim 20$ 年期利率時間走勢，其中實線與虛線分別表示確定與隨機的利率走勢[44]。我們從左圖可以看出二走勢有隨

---

[44] 確定利率序列是第 1 年從 4% 開始，逐年增加約 0.0211% 至第 20 年的 8% 為止；而隨機利率序列則是前述確定利率序列再加上一個誤差項而得，其中每年的誤差項為平均數與標準差分別為 $5e-4$ 與 $\sqrt{5e-6}$ 的常態分配。

時間逐漸走高的趨勢；利用上述二序列資料以及（9-53）式，可以計算出對應的 1 年期隱含的遠期利率走勢，其結果繪製於如右圖所示。有意思的是，若利率的走勢是確定的，其對應的遠期利率走勢亦是明確的（實線）；相反地，若利率的走勢有波動，則對應的遠期利率走勢的波動反而更大（虛線）。利用圖 9-36 內的確定與隨機利率序列資料，我們可以進一步根據（9-53）式計算出 20 年期利率交換合約的交換率，其分別約為 7.006% 與 7.0291%。

圖 9-36 的模擬資料尚可以用於計算 1～20 年期 IRS 的交換率曲線，該曲線就繪製於圖 9-37。不同確定利率時間走勢以及對應的 1 年期遠期利率走勢皆是呈一條直線型，圖 9-37 內對應的交換率曲線卻呈現出一條凹口向下的曲線；另一方面，若利率的時間走勢具有波動，則對應的交換率曲線亦呈現出波浪狀的形狀，還好其波動並不大。比較圖 9-36 與 9-37 二圖，可以發現若利率曲線與時間具有正向（正斜率）的態勢，則對應的交換率曲線亦呈現出交換率與時間之間有正向的關係。

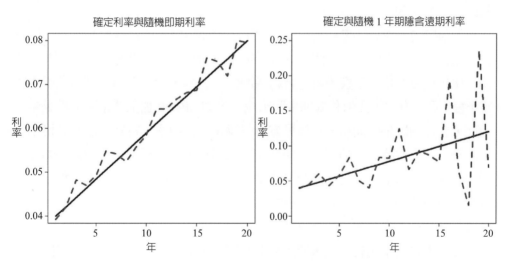

圖 9-36　1～20 年期即期利率與 1 年期隱含遠期利率的模擬

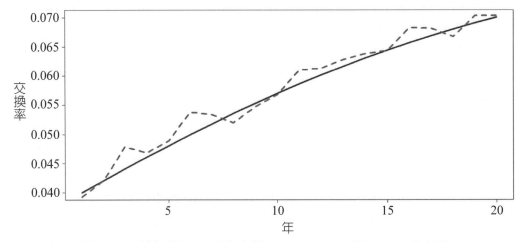

圖 9-37　利用圖 9-36 的模擬資料計算 1〜20 年期 IRS 的交換率

例 1 IRS 的報價

　　如前所述，IRS 是交易雙方根據特定金額而達成一種週期性利率支付的協議。通常，交易的一方支付固定利率的金額，而另一方則支付浮動利率的金額。比較重要的是，交換率就是合約內的固定利率，即交換率於合約期限內固定不變；另一方面，浮動利率則按照市場利率如 LIBOR 加上若干基本點調整。因此，於合約協議的期初，交易雙方可以協議出交換率、特定金額如名目本金以及第 1 期交換時的浮動利率（即期初的市場利率），至於第 2 期以後的浮動利率則未知。通常，合約交易的買方是支付交換率，因其是支付固定利率，故可稱買方為支付者（payer）；同理，合約交易的賣方是支付浮動利率，由於是收交換率，故賣方亦可稱為收受者（receiver）。

　　由於未來的市場利率為未知，故 IRS 的報價者（造市者）只能報出固定利率部分，如前所述，報出的固定利率即為交換率。若以表 9-13 的報價為例，假定 IRS 的期限為 10 年，報價者的買價（拆進）與賣價（拆出）分別為 6.45% 與 6.63%，故 IRS 的支付者（買方）是根據 6.63% 支付固定利率；相反地，IRS 的收受者（賣方）是根據 6.45% 接受固定利率。上述賣價與買價的差距為 18 個基本點，就是報價者的收益。值得注意的是，通常固定利率計算利息的方式是以實際天數 / 365 為基礎；另一方面，若浮動利率是根據 LIBOR，則其

計算利率的方式是以實際天數／360 為基礎。

表 9-13　一種 IRS 的報價

期間（年）	交換率（%）	
	買進	賣出
1	5.75	5.80
2	5.43	5.98
3	6.03	6.12
5	6.15	6.26
7	6.20	6.38
10	6.45	6.63

例 2　一種陽春型的 IRS

　　考慮一種簡單的 IRS。該合約牽涉到 F 公司與其交易對手 G。F 公司答應支付固定利率為 7.19%，而交易對手 G 則贊成以 LIBOR 加上 30 個基本點的浮動利率支付予 F 公司；另外，名目本金為 35,000,000 美元，而期限為每半年（182 日）交換一次。於交換合約交易內，通常固定利率與浮動利率的計算標準未必會相同，即前者是以資本市場而後者卻以貨幣市場的殖利率為主；換言之，通常出價者只報出固定利率，該利率相當於按照對應的（附息）債券的殖利率報出，故按照上述例子，F 公司每半年需支付的金額為：

$$35,000,000\left(\frac{182}{365}\right)\left(\frac{7.14}{100}\right)=1,246,077 \text{（美元）}$$

其中假定半年有 182 日。至於浮動利率則依據貨幣市場報酬率的計算方式[45]，即交易對手 G 因支付浮動利率部分，假定目前的 LIBOR 為 6.45%，則 G 半年後需支付的金額為：

---

[45] 簡單地說，資本市場的有價證券如債券是以 1 年有 365 日而貨幣市場的有價證券如票據則使用 1 年有 360 日為計算殖利率的標準。

$$35,000,000\left(\frac{182}{360}\right)\left(\frac{6.45+0.3}{100}\right)=1,194,375（美元）$$

是故，於半年結算後，F 公司相當於需支付交易對手 G 的金額爲：

$$1,246,077 - 1,194,375 = 51,702（美元）$$

因此，F 公司於 IRS 交易內是「付固定收浮動」，而交易對手 G 則是「收固定付浮動」，可參考圖 9-38 的左圖。換言之，投資人或財務決策者使用利率交換合約的目的頗類似於採用 FRA 合約；或者說，如前所述，FRA 合約交易亦可視爲只從事一次交換的利率交換合約交易。

上述例子有五點值得我們注意：

(1) 每次結算只計算出「淨支付」，即於上述例子內，半年後 F 公司需支付交易對手 G 的金額爲 51,702 美元。
(2) 本金並未交換。
(3) F 公司與其交易對手 G 彼此會擔心對方的信用問題，此應於簽約時考慮。
(4) 就合約的固定支付部分，其是假定 1 年有 365 日；而合約的浮動支付部分，則是假定 1 年有 360 日。

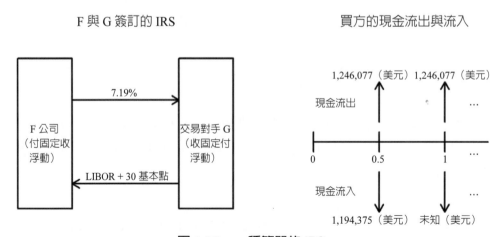

圖 9-38　一種簡單的 IRS

(5) 通常，浮動利率如 LIBOR 只有於第一次交換時為已知，未來交換的浮動利率皆為未知。可以參考圖 9-38 的右圖，該圖是以 F 公司的角度繪製，故其可視為 F 公司的現金流量圖。

(6) 利率交換合約的「買方」如 F 公司，其是「付固定利率而收浮動利率」，而合約的「賣方」如交易對手 G，其是「收固定利率而付浮動利率」。F 公司與其交易對手 G 會參與利率交換合約的目的，不言而喻。

例3　浮動利率債券

傳統的附息債券因票面利息固定，故於利率浮動的環境內，該債券無法反映利息收益的浮動。與傳統的附息債券對應的是浮動利率債券（Floating Rate Bond, FRB）；顧名思義，FRB 是一種票面利息會隨利率調整的債券，故該債券是利率浮動下的一種新的金融商品。FRB 最大的特色是票面利率會隔一段時間重設，使得該債券幾乎皆是以平價的方式出售。例如：目前票面利率為 5.25%，每隔半年付息一次，則該債券半年後的票面利息為 $c = 0.0525/2 = 0.02625$ 元（假定面額為 1 元）。若下次付息的票面利率重設為 5.6%（按照市場利率決定），則對應到的票面利息為 $c = 0.056/2 = 0.028$ 元，以此類推。若我們於付息日計算該債券的現值，可得：

$$\frac{0.02625+1}{1+0.0525\times\frac{1}{2}}=1 \text{元} \quad \text{與} \quad \frac{0.028+1}{1+0.056\times\frac{1}{2}}=1 \text{元}$$

即二次重設票面利率的價格皆為 1 元。

例4　固定利率債券與浮動利率債券

考慮一家金融機構簽訂一個每半年交換一次的 2 年期名目本金為 35,000,000 美元的 IRS，該機構須支付浮動支出，不過卻同時有 7.15% 的固定收入，詳細的支付日期、國庫券以及 LIBOR 的利率結構則可參考表 9-14。從表內可知於簽約時（即 t_0 日），半年期的 LIBOR 為 7.312%。首先，考慮該交換合約的固定支出部分。於 t_1 日，固定支出為：

$$V_{fix}(t, t_1) = A \times 0.0715 \times (182/365)$$

利用表 9-14 的資訊，可得該固定支出的現值爲：

$$V_{fix}(0, t_1) = 0.9679 \times V_{fix}(t, t_1)$$

重複上述步驟，可得總固定支出之現值總和爲：

$$
\begin{aligned}
V_{fix}(0) = A\{ & 0.9679 \times 0.0715 \times (182/365) \\
& + 0.9362 \times 0.0715 \times (183/365) \\
& + 0.9052 \times 0.0715 \times (183/365) \\
& + 0.8749 \times 0.0715 \times (182/365)\} \\
& = A \times 0.13171
\end{aligned}
\tag{9-56}
$$

即相當於 4,609,850 美元。

接下來，考慮浮動支出部分。可以注意的是，t_i 日的浮動利息是根據 t_{i-1} 日的 LIBOR 計算（表內用箭頭表示）。由於 4 期利率分別約爲 7.312%、6.7714%、6.9922% 與 7.2183%，我們不難計算出浮動支出的現值總和約爲 4,606,000 美元（即各期利息乘以 $L(0, T)$ 後之加總）。其實上述現值總和亦可以用下列式子計算：

表 9-14　一種 IRS 的定價資訊

支付日	支付日差距	國庫券利率（%）	歐洲美元利率（%）	$B(0, T)$	$L(0, T)$
t_0	-	-	7.312 ↘	-	-
$t_1 = 182$	182	6.6511	6.7714 ↘	0.9679	0.9669
$t_2 = 365$	183	6.8148	6.9922 ↘	0.9362	0.9338
$t_3 = 548$	183	6.9755	7.2183 ↘	0.9052	0.9010
$t_4 = 730$	182	7.1494	7.4734 ↘	0.8749	0.8684

註：$B(0, T)$ 爲 T 期後確定得到 1 美元，而 $L(0, T)$ 則爲 T 期後可得到 1 歐洲美元

$$V_{float}(0) = A[1 - L(0, t_4)] = A(1 - 0.8684) = A \times 0.1316 \qquad （9\text{-}57）$$

（9-57）式的涵義是因每次計算利息需使用不同的浮動利率，故浮動利息的計算相當於計算 FRB 的利息。我們從例 2 已知 FRB 於票面利率重設時會以平價出售，故計算現值總和時，當然就是 FRB 的面額，不過因利率交換合約不涉及本金的交換，故需再扣除到期時面額之現值部分，此即為（9-57）式。

利用（9-56）與（9-57）二式，可以計算出該利率交換合約的價值為：

$$V(0) = V_{fix}(0) - V_{float}(0) \qquad （9\text{-}58）$$

將名目本金 $A = 35{,}000{,}000$ 美元與（9-56）與（9-57）二式的結果代入（9-58）式，可得出於交換率為 7.15% 之下，該利率交換合約的價值約為 $V(0) = 3{,}850$ 美元。因此，上述利率交換合約的市場價值約為 3,850 美元。顯然，就合約的買方而言，購買該 IRS 並不是沒有代價的，即買方需付出 3,850 美元。

透過上述結果可知原來 IRS 亦可視為一種同時由固定利率債券與浮動利率債券所構成的資產組合，當然二種債券的付息期限與面額一致。換句話說，「收固定而付浮動」的合約價值，相當於一種資產組合價值，該資產組合同時作多固定利率債券以及放空浮動利率債券；同理，「收浮動而付固定」的合約價值，則約當於同時作多浮動利率債券以及放空固定利率債券的資產組合價值。

例5　平價交換率

續例 4，（9-56）式可以進一步改寫成：

$$V_{fix}(0) = A \cdot R \sum_{i=1}^{T} \left(\frac{n_i}{365} \right) B(0, t_i) \qquad （9\text{-}59）$$

其中 R 表示交換率而 n_i 表示利息支付日之差距天數如表 9-14 內的第 2 欄。因此，利用（9-57）與（9-59）二式，我們可以進一步計算 $V(0) = 0$ 的交換率，即平價合約的交換率為：

$$R = \frac{1 - L(0,T)}{\sum_{i=1}^{T}\left(\dfrac{n_i}{365}\right)B(0,t_i)} \qquad (9\text{-}60)$$

其中 T 為合約的到期日。換言之，若將上述已知的條件代入（9-60）式，可得「平價」交換率約為 7.144%。其實，利用（9-57）與（9-59）二式，我們也可以計算不同交換率下該利率交換合約的價值，其結果就繪製於圖 9-39。從圖內可以看出當 $R \approx 7.144\%$ 時，$V(0) \approx 0$ 美元。

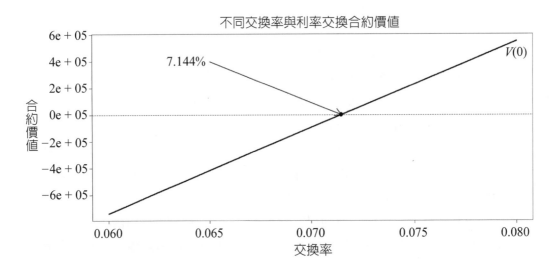

圖 9-39 平價交換率的決定

例 6 利用歐洲美元利率期貨取得隱含的遠期利率

例 4 曾說明利用利率交換的現金流量現值可以計算平價交換率，不過因未來的 LIBOR 未知（表 9-14 內的資料是虛構的），故實際上無法取得不同期限的貼現率。於此情況下，我們只能利用市場的資訊以估計對應的貼現率[46]；換

---

[46] 國際交換交易商協會（International Swaps and Derivatives Association, ISDA）於 1986 年曾訂定交換交易的主契約（master agreement），目前為世界各金融中心所沿用的法律契約，該主契約主要功能在於規範交易雙方的法律風險以及信用風險。換

言之，我們可以利用 FRAs 或歐洲美元期貨估計未來的 LIBOR。

　　我們可以從歐洲美元期貨合約價格取得隱含的遠期利率，進一步估計未來的 6 個月期 LIBOR。不過，由期貨利率轉換成遠期利率時，需要進一步調整。假定目前的歐洲美元期貨合約的收盤價為 95（隱含的期貨利率為 5%），若隔日期貨收盤價上升 100 個基本點至 96（隱含的期貨利率為 4%），則因按市價逐日調整，合約的買方收益可以增加 2,500 美元（100×25 美元），該收益投資於其他資產，應可得到 4% 的報酬；相反地，合約的賣方需用 4% 的貸款利率，以支付合約損失的 2,500 美元。我們再考慮另一種可能。假定隔日合約收盤價不升反降至 94（隱含的期貨利率為 6%），則合約的賣方有 6% 的報酬，但是合約的買方反而需負擔 6% 的支出。

　　可以注意的是，上述正與負的價格變動所造成的結果並不一致，而且似乎對合約的賣方有利，我們可以解釋為何會如此？原來期貨價格與期貨利率呈現相反的關係，賣方（買方）可以投資於其他資產的時機，恰為利率上升（下降）時，無怪乎對合約的買方較為不利。因此，若要價格的變動對合約的買方與賣方的效果一致，我們可用「凸性調整」糾正上述的偏差，即：

$$遠期利率 = 期貨利率 - 0.5 \times \sigma^2 \times T_1 \times T_2 \tag{9-61}$$

其中 σ 表示短期利率的波動率，而 T_1 與 T_2 則分別表示期貨合約與隱含遠期利率的到期期限（二者皆用年率表示）。假定 $i(0,182) = 7.13\%$，而 273 日與 365 日期貨合約的收盤價分別為 92.9891 與 94.7104，上述二期貨合約分別尚有 275 日以及 367 日到期。若 $\sigma = 1\%$，則根據（9-61）式可得到對應的 91 日遠期利率 $i(182, 273)$ 為：

$$i(182,273) = 7.0109\% - 0.5 \times (0.01)^2 \times (275/365) \times (91/365) = 7.01\%$$

因此，我們估計 273 日後 LIBOR 為：

言之，信用風險的考量並未反映在交換率上，反而透過非價格的方式（明訂於主契約內）以降低信用風險等問題；因此，我們是利用估計的 LIBOR 以估計貼現率。

$$[1+i(0,275)(273/360)] = [1+i(0,182)(182/360)][1+i(182,273)(91/360)]$$

$$\Rightarrow i(0,275) = \{[1+i(0,182)(182/360)][1+i(182,273)(91/360)]-1\}(360/273)$$

$$\Rightarrow i(0,275) = 7.1742\%$$

是故，透過上述結果可得到半年後 3 個月期 LIBOR 的估計值約為 7.1742%。

同理，利用上述估計值，我們繼續進一步估計 $i(273,365)$ 為：

$$i(273,365) = 5.2896\% - 0.5 \times (0.01)^2 \times (367/365) \times (92/36\ 5) = 5.2883\%$$

即 273 至 365 期間的遠期利率約為 5.2883%。因此，可得到 1 年期 LIBOR 的估計值為：

$$[1+i(0,365)(365/360)] = [1+i(0,273)(273/360)][1+i(273,365)(92/360)]$$

$$\Rightarrow i(0,365) = \{[1+i(0,273)(273/360)][1+i(273,365)(365/360)]-1\}(365/273)$$

$$\Rightarrow i(0,365) = 6.7714\%$$

此恰為表 9-14 內的 t_1 的利率值。按照同樣方式，可得出表內其他的利率值。

本章習題

1. 何謂隱含遠期利率？試解釋之。
2. 何謂平價收益率？試解釋之。
3. 試計算表 9-1 的結果。
4. 直覺而言，我們也可以計算 1 年期隱含遠期貼現債券價格，試利用表 9-1 內的資訊計算。
5. 利用圖 9-2 的資料，計算對應的平價收益率（可以參考圖 9-40）。
6. 試解釋 DD、DD_{DV01}、MD 與 MDD 的差異。
7. 債券價格有何特徵？試解釋之。
8. 利用表 9-4 內的假定，試繪製出不同 i_c 下的 $B_{coupon}(y)$ 曲線，並解釋之。
9. 續上題，於 $y = 5\%$ 之下，試繪製出不同 i_c 下的 $B_{coupon}(T)$ 曲線，並解釋之。

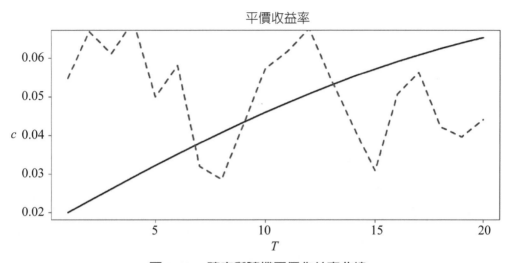

圖 9-40　確定與隨機平價收益率曲線

10. 續上題，於 $i_c = 5\%$ 之下，試繪製出不同 y 下的 $B_{coupon}(T)$ 曲線，並解釋之。

11. 續上題，於 $y = 5\%$ 之下，試繪製出不同 i_c 下的 $DD(T)$ 與 $MDD(T)$ 曲線，並解釋之。

12. 債券管理者如何避險，試解釋之。

13. 何謂債券價格凸性？試解釋之。

14. 債券的存續期與價格凸性皆可以用絕對數值與相對數值表示，其分別為何？

15. 假定 $i_c = 5\%$、$y = 5\%$、$T = 5$、$f = 1$ 與 $F = 100$，試利用（9-18）式分別計算收益率上升或下降 10 個基本點的預期價格為何？預測誤差又為何？

16. 續上題，若改為 $T = 30$ 而其餘不變，其結果又為何？結論為何？

17. 續上題，若改為 T 為 1 至 30 年而其餘不變，其結果又為何？結論為何？

18. 續上題，若改為收益率上升或下降 100 個基本點而其餘不變，其結果又為何？結論為何？

19. 續上題，若 $i_c = 5\%$ 改為 $i_c = 1\%$ 或 $i_c = 10\%$ 而其餘不變，其結果又為何？結論為何？可以參考圖 9-41。

20. 何謂利率期貨？試解釋之。

21. 利率期貨如何交割？試解釋之。

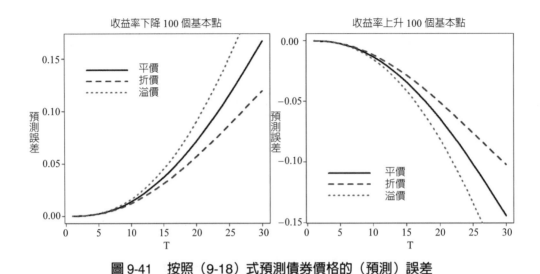

圖 9-41　按照（9-18）式預測債券價格的（預測）誤差

22. 短期利率期貨與中長期利率期貨交易的報價方式各為何？有何差異。

23. 試寫出一個 R 程式以計算表 9-8 內的明細。

24. 臺灣期交所所發行的 10 年期公債期貨（GBF）亦需要計算可交割債券的轉換因子，該轉換因子係使用下式計算

$$CF = (1+i_{c_1})^{-\frac{n_2}{n_1}} \times PV - i_{c_2} \times \frac{n_1 - n_2}{n_1}$$

其中 $PV = i_{c_2} \times \sum_{i=0}^{n-1} \frac{1}{(1+i_{c_1})^i} + \frac{1}{(1+i_{c_1})^{n-1}}$，而 i_{c_1}、i_{c_2}、n_1、n_2 與 n 分別表示期貨票面利率、交割債券票面利率、交割日前一次與下一次付息日之實際間隔天數、交割日至下一次付息日之實際間隔天數與交割債券剩餘的付息次數。試以期別 106 甲 4（債券代碼為 A06104，發行日與到期日分別為 2017/3/1 與 2027/3/1，票面利率為 1.125%）為例，計算其對應的轉換因子（交割日為 2018/6/8）。

25. 利率期貨合約與一般的商品或股票期貨合約有何不同？試解釋之。

26. 何謂利率遠期與利率期貨合約？

27. 利率遠期合約的持有成本理論為何？

28. 試舉一個例子說明「正常的」、「反轉的」以及「水平的」的收益率曲

線所隱含的遠期利率。

29. 面對「正常的」的收益率曲線，投資人可以採取的策略是「買近期賣遠期」利率期貨，抑或是「賣近期買遠期」利率期貨呢？

30. 續上題，若改成面對的是「反轉的」的收益率曲線呢？

31. 於《財數》一書內，我們曾介紹 Vasicek 模型，試分別利用 GBM 與 Vasicek 模型模擬出利率的走勢。二者有何不同？

32. 續上題，若固定到期期限，試利用所模擬的利率走勢，計算貼現債券的價格。二者有何不同？

33. 於圖 9-19 內，若將 r_0 改爲 10%，其餘皆沒變，試重新繪製圖 9-19。

34. 續上題，試重新繪製圖 9-19～9-21。

35. 續上題，新的遠期與期貨價格各爲何？

36. 我們如何計算利率遠期與期貨合約價格？試解釋之。

37. 何謂 cap 與 floor 合約？試解釋之。

38. 何謂 collar 合約？試解釋之。

39. 使用 Black 模型計算 caplet 價格有何缺點？試解釋之。

40. 試分別利用 Black 模型繪製出 caplet、floorlet 以及 collarlet 的價格曲線。

41. 續上題，若 σ_k 改變了，則上述價格曲線有何變化？

42. 續上題，若 $K_{cap} = K_{floor}$，其結果又爲何？

43. 何謂交換價格？試解釋之。

44. 何謂預付交換合約交易？我們如何計算預付交換合約交易價格？

45. 試敘述隱含的遠期價格於交換交易內所扮演的角色。

46. 何謂交換合約交易？試解釋之。

47. 我們如何計算出交換價格？試解釋之。

48. 若第 1 年與第 2 年的遠期價格分別爲 22 與 23，其對應的第 1 年與第 2 年期連續利率分別爲 6% 與 8%，試計算預付交換合約價格。

49. 續上題，計算交換價格。

50. 若第 1～8 年石油的遠期價格分別爲 21、21.1、20.8、20.5、20.2、20、19.9 與 19.8，而第 1～8 年貼現債券價格分別爲 0.9852、0.9701、0.9546、0.9388、0.9231、0.9075、0.8919 與 0.8763，試計算第 1～8 年的交換價格。

51. 續上題，若第 1～8 年交易量分別爲 1、2、1、2、1、2、1 與 2，試計算

第 1～8 年的交換價格。註：可將（9-43）式改成 $R = \dfrac{\sum\limits_{t=1}^{n} f(0,t_i)Q_t B(0,t_i)}{\sum\limits_{i=t}^{n} B(0,t_i)}$，

其中 Q_t 表示第 t 年交易量。

52. 續上題，試繪製出第 1～8 年的交換價格以及含交易量之交換價格。

53. 假定歐元利率為 3.5%，而美元的利率為 6%。目前歐元兌美元的匯率為 0.9。一家美國公司已經發行了 3 年期以歐元計價的附息債券，其票面利率為 3.5% 且面額為 100 歐元，該附息債券 1 年付息 1 次。目前第 1～3 年歐元兌美元遠期匯率分別為 0.9217、0.944 與 0.9668。試列表說明該美國公司可用歐元遠期避險。

54. 續上題，若該美國公司與銀行簽訂一種歐元兌美元的交換合約，該合約的內容為何？我們如何知道「歐元利率為 3.5% 相當於美元利率為 6%」？

55. IRS 與 FRAs 有何異同？試解釋之。

56. 我們如何計算出交換率？試解釋之。

57. 試說明如何複製 FRA。

58. 試說明如何計算 FRA 買方的有效利率。

59. 若第 1～8 季貼現債券價格分別為 0.9852、0.9701、0.9546、0.9388、0.9231、0.9075、0.8919 與 0.8763，試分別計算第 1～8 季連續利率與簡單利率。

60. 續上題，是利用簡單利率計算隱含的 1 季的遠期利率，並繪製出簡單利率與隱含的 1 季的遠期利率的時間走勢。

61. 續上題，試計算出第 1～8 季的交換率，並繪製出其時間走勢。

62. 續上題，若上述貼現債券價格是以每季 91 日以及 1 年有 365 日計算，則第 1～8 季連續利率與簡單利率分別為何？

63. 續上題，若換成每季 90 日以及 1 年有 360 日計算，則第 1～8 季連續利率與簡單利率分別為何？

64. 我們如何預估 LIBOR？

利率模型

　　至目前為止，我們所討論的模型不是將利率水準視為一個固定數值就是並沒有將利率水準模型化。事實上，我們至少可以整理出下列的事實，說明我們的確須進一步以適當的模型來表示利率水準：

(1) 與利率相關的產品交易（或稱為固定收益證券交易）數量遠大於與股票或外匯相關產品的交易數量。

(2) 利率的波動幅度雖不如股價的波動，但是若檢視利率的時間走勢，應可以發現利率水準並非是一個固定的數值。

(3) 如前所述，股價或匯率的時間走勢有可能屬於一種非定態的隨機過程（即有可能隨時間逐漸走高或走低），但是利率的時間走勢卻有可能「反轉」走向某一水準的傾向，故利率的時間走勢有可能屬於一種定態的隨機過程。

(4) 每一時間我們面對的是多種的利率水準（利率結構）而不是只有一個單一的利率。

(5) 雖然某一固定收益證券於到期的價格是固定的，但是於未到期前該證券的價格卻是隨機的。

(6) 固定收益證券的到期期限最高可以至 50 年，因此很難再假定利率水準是一個固定數值。

(7) 有關於利率相關的產品（衍生性商品），種類繁多。

　　因此面對上述的「事實」，我們也的確有許多的模型、方法或技巧可以處理與利率有關的產品；只不過，利率的衍生性商品或模型，的確也較為抽象或

複雜，故本章應該可以視爲欲進一步了解與利率有關的商品或模型的讀者預做準備[1]。

本章可以分成 3 個部分。第 1 節將分別介紹遠期利率所扮演的角色以及利率結構模型。第 2 節延續二項式定價法，我們以簡單的二元利率樹狀圖來檢視利率的衍生性商品，而第 3 節則介紹一些著名的可以利用現有利率結構資料所建立的利率模型，上述模型亦可以使用利率的樹狀圖計算利率或債券選擇權價格。

1. 遠期利率曲線

敏感的讀者應該已經知道收益率曲線（或稱爲利率結構）其實有多種表示方式，只是究竟以何種方式來表示比較恰當？或者說，我們已經發現於任何一個時點上的確存在有多種不同期限的利率，而這些利率彼此之間是有關的。爲何上述不同期限利率之間是有關的？其實，第 9 章的（9-2）式已經告訴我們答案了；也就是說，串聯不同期限之間的利率水準竟然就是遠期利率。換句話說，若將（9-2）式內的第 1 年期與第 2 年期利率分別視爲短期利率與長期利率，則當（隱含的 1 年期）遠期利率高於（低於）短期利率時，則長期利率會大於（小於）短期利率；同理，若遠期利率等於短期利率，則長期利率會等於短期利率。顯然地，檢視遠期利率比檢視其他短期利率或長期利率重要多了。另一方面，檢視利率結構的目的之一，就是要預期未來利率的走勢，故先建構遠期收益率曲線反而是必須的；換句話說，收益率曲線與遠期收益率的關係，猶如經濟學內的平均成本與邊際成本之間的關係，即遠期收益率的「力道」會左右未來收益率的變化。

我們從另外一個角度也可以知道遠期利率的重要性。如前所述，衍生性商品的價格具有揭露標的資產未來價格的功能，即其具有「未來價格發現」的功能。換言之，若單獨檢視目前的利率水準，我們並無法得知未來的利率水準爲何？不過，透過遠期利率合約（或利率期貨合約）價格的檢視，反而讓我們取得一些有關於未來利率變化的資訊，故檢視遠期利率曲線，竟有另外一層的

---

[1] 若想更進一步了解，有興趣的讀者可以參考 Brigo and Mercurio (2006), *Interest Rate Models: Theory and Practice*, Springer.

涵義。因此，檢視遠期利率曲線，反而成爲比較重要的課題。爲了分析方便起見，底下的分析，有時會以連續的利率取代簡單的利率。

1.1 認識利率曲線

　　若我們要檢視利率以及與其有關的商品，首先我們必須知道債券的收益率曲線的涵義。債券的收益率曲線或稱爲債券的利率結構[2]；顧名思義，債券的收益率曲線指的就是不同到期期限的收益率與對應的到期期限之間的關係。收益率就是利率，爲了避免困擾，底下我們皆將「收益率」改用「利率」表示。其實利率水準的研究是一個頗爲複雜的課題，因爲每天我們所面對的竟然是多種的利率水準。例如：圖 10-1 分別繪製出歐洲中央銀行（European Central Bank, ECB）所發行的 3 個月期、1 年期、5 年期、10 年期、20 年期以及 30 年期政府債券的利率時間走勢（2006/12/28～2009/7/23）[3]。我們於圖內可以看出利率的時間走勢未必與匯率或股價等走勢相同；另外，我們也發現利率的波動幅度較小，而且隨著到期期限的延伸，利率的時間走勢似乎有向平均數反轉的傾向[4]。

　　雖然利率的時間走勢如圖 10-1 亦是我們所關心的課題，但是我們也不禁訝異圖 10-1 內的背後竟然尚存在有多種的利率；也就是說，若我們只檢視 2008/5/28 當天（如圖內的垂直虛線），可以發現有 6 種不同到期期限的利率，同理，隔天又有 6 種利率，以此類推。因此若總共有 n 種不同到期期限的債券，我們每天竟可觀察到 n 種不同的利率，此就是所謂的利率結構。因此，我們可以進一步利用圖 10-1 內的資料，繪製出不同時期之動態利率結構如圖

---

[2]　債券的收益率就是債券的到期收益率或殖利率。債券的殖利率，就是經濟學所講的利率概念，可以參考《財數》；因此，此處所講到的收益率，指的就是利率，二者的觀念是相通的。若我們將不同到期期限的利率繪製在平面上，此時繪出的利率曲線應該不會是一條圓滑的曲線，因爲有不少的利率於市場上根本就不存在；因此，若要取得圓滑的即期與遠期的利率曲線，我們就必須想像有瞬間即期利率與瞬間遠期利率的存在，二種瞬間利率意義，底下會説明。

[3]　該資料取自 R 的 YieldCurve 程式套件內之 ECBYieldCurve 檔案，該檔案內含 3 個月期、6 個月期以及 1～30 年期債券利率時間序列資料（2006/12/28～2009/7/23），故總共有 32 種債券。

[4]　一種直覺的想法可以解釋向利率平均數或向某一利率水準反轉的意思。若市場利率低於（高於）「自然利率」水準，未來利率應會上升（下降）。顧名思義，「自然利率」水準指的是市場多數人認爲「很正常」的利率水準。

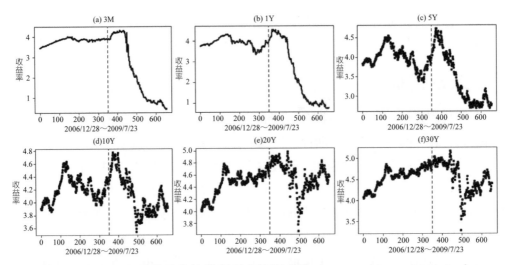

圖 10-1　ECB 發行的政府債券利率之時間走勢（2006/12/28〜2009/7/23）

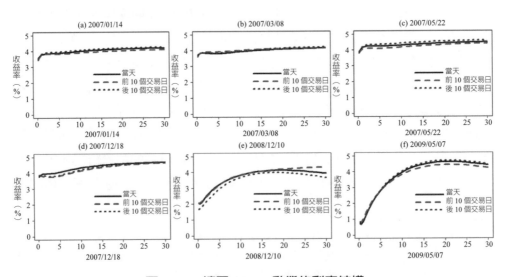

圖 10-2　續圖 10-1，動態的利率結構

10-2 所示。

　　圖 10-2 繪製出由 ECB 所發行政府債券的 6 個時間點的利率結構，該結構亦可稱為利率曲線。從圖內雖然可以看出債券的到期期限大致與利率之間呈現正向的關係（即到期期限愈長，利率愈高）；不過，於圖內不僅可看出不同時間點的利率曲線形狀未必完全相同，而且利率曲線的形狀大致可以分成四種型態：

(1) 正常的形式：通常利率處於「正常的」水準，不過到期期限愈長，利率則稍高。圖 10-2 內的圖 (a)～(d) 屬於此類。

(2) 遞增的形式：利率普遍處於低的水準，但是長期利率卻遠大於短期利率。圖 10-2 內的圖 (e) 與 (f) 屬於此類。

(3) 遞減的形式：利率普遍處於高的水準，但是長期利率卻小於短期利率。圖 10-2 內的圖 (e) 與 (f) 的利率曲線，大致約從到期期限 15 年以後即屬於此類。

(4) 駝峰的（humped）形式：圖 10-2 內的各小圖皆屬於此類[5]。

　　面對複雜的利率結構，我們如何建構利率模型？直覺而言，最起碼要有一種二因子或多因子的模型，其中一個因子可解釋利率的隨機性，另外的因子則用於表示不同到期期限利率之間的關係。因此利率模型的建立或有關於利率的衍生性商品的定價問題，的確比前面所介紹過的模型或定價複雜多了。由於利率模型的建立或使用會牽涉到一些較為抽象的概念，因此本節先幫讀者建立一些基本的觀念。

　　令 $r(t)$ 表示一種定義於 $t \in [0, T]$ 無風險的確定利率函數，其中 t 表示時間而 T 則表示債券的到期日。一般而言，債券價格可視為一種利率與時間的函數，不過因利率本身並不是一種獨立的狀態變數，即利率本身就是一個時間的函數，因此我們也可以只將債券價格視為一種時間的函數。令 $B(t)$ 與 $k(t)$ 分別表示債券價格與已知的票面利率，則到期的條件為 $B(T) = F$，F 表示債券的面額。就 $t < T$ 而言，$B(t)$ 的推導過程就是一種簡單的一階微分方程式，即隨著時間經過，該債券價值的變化可有 $dB(t)/dt$ 與 $k(t)$ 二種來源；因此，在無風險套利的假定下，上述債券價值的變化的總和應該會等於債券價值的無風險報酬 $r(t)B(t)$，故我們可以寫成：

$$\frac{dB(t)}{dt} + k(t) = r(t)B(t),\ t < T \qquad (10\text{-}1)$$

若（10-1）式乘上 $e^{\int_t^T r(s)ds}$ 積分因子，則（10-1）式可以寫成：

---

[5] 圖 10-2 內的各小圖若單獨繪製（調整縱軸的單位），應可看出收益率曲線呈現出凹口向下的曲線。

$$\frac{d}{dt}\left[B(t)e^{\int_t^T r(s)ds}\right] = -k(t)e^{\int_t^T r(s)ds} \qquad （10\text{-}2）$$

對（10-2）式積分同時使用 $B(T)=F$，則可以得到債券價格函數為：

$$B(t) = e^{-\int_t^T r(s)ds}\left[F + \int_t^T k(u)e^{\int_u^T r(s)ds}du\right] \qquad （10\text{-}3）$$

我們不難了解（10-3）式的意思：第一，若 $r(t)$ 屬於連續的利率（函數），則長期利率不就是短期利率的加總嗎？此有點類似於第 4 章的（4-8）式，由於有無窮多的短期利率，故（10-3）式是以積分型式取代有限加總型態。第二，於債券利率的計算過程中，通常背後假定票面利息收益的再投資率就是債券的利率；因此，（10-3）式的到期收益除了面額金額的贖回外，尚包括票面利息收益的再投資收益，二者之和構成債券之到期總收益。第三，第 t 期債券價格不就是債券到期總收益的貼現值嗎？

債券價格如（10-3）式的表示方式，似乎過於複雜，此時不禁讓我們回想到前面章節所使用貼現債券的情況；也就是說，若要檢視利率模型或利率結構，用貼現債券不是更容易嗎？貼現債券又稱為零息債券，通常 1 年期以下的金融工具大概皆屬於貼現債券。顧名思義，貼現債券於到期時（1 年以下）只支付票面金額，即發行至到期之間不支付其他金額。與貼現債券對應的附息債券，其屬於長期債券，（10-3）式所描述的就是附息債券的價格函數。雖然於市場上容易觀察到長期的附息債券，不過因用貼現債券分析較為簡易，另一方面也因附息債券與貼現債券之間所隱含的資訊是相同的，故若只考慮零息債券，應不會覺得不切實際[6]。

若假定 $r(t)$ 屬於連續的利率，則（簡單）貼現債券的價格 $B(t, T)$ 分別為 t 與 T 的函數，其中 $B(T, T)=1$，利用第 2 章的（2-7）與（2-8）二式，可知：

---

[6] 第 9 章我們曾介紹利用已知的附息債券資訊，可以推估出不同期的貼現債券的價格或收益率；相反地，附息債券亦可以用貼現債券複製。假定貼現債券的面額為 1 元。1 張 2 年期面額為 1,000 元的附息債券，若票面利率為 10% 且 1 年付息 1 次，則該附息債券可以由 100 張 1 年期與 1,100 張 2 年期貼現債券構成。其餘類型的附息債券可類推。

$$B(t,T) = e^{-r(t,T)(T-t)} \tag{10-4}$$

與

$$r(t,T) = -\frac{\log B(t,T)}{T-t} \tag{10-5}$$

其中 $r(t, T)$ 又可寫成 [7]：

$$r(t,T) = \frac{1}{T-t}\int_t^T r(s)ds \tag{10-6}$$

有關於（10-4）～（10-6）三式的意義，我們可以整理出下列的結果：

(1) 其實（10-4）式也只不過是一種貼現因子的表示方式而已。若固定 $T-t$ 值，則債券價格 $B(t, T)$ 與 $r(t)$ 之間是一種負的關係，即於其他情況不變下，我們可以透過債券價格找出對應的利率。

(2) 債券價格 $B(t, T)$ 與 $T-t$ 之間的關係猶如利率 $r(t)$ 與 $T-t$ 之間的關係，因此上述關係稱為利率結構。

(3) 若固定 $t = t_0$，$B(t, T)$ 與 $T-t_0$ 之間呈現出負的關係，但是從（10-5）式來看，長期債券的利率 $r(t, T)$ 卻與 $T-t_0$ 之間呈現出正的關係，即到期期限愈長，債券價格愈低但是利率卻愈高。我們不難合理化上述結果，即到期期限愈長的債券，因投資人對未來的不確定愈大，故會要求較大的收益率貼水，表現出來的就是價格愈低。

(4) 若到期期限固定即 $T = T_0$，因貼現債券期初以低於面額的價格出售，故隨著時間 t 經過，我們可以看到 $B(t, T_0)$ 如何趨向於債券的面額，故 $B(t, T_0)$ 與 t 之間呈現正的關係，不過若 $r(t)$ 是一個隨機變數，則 $B(t, T_0)$ 的收斂走勢應該也是崎嶇不平的，因此可以看到債券價格的動態調整過程。

(5) $r(t)$ 是一種短期利率，其亦可稱為瞬間即期利率（instantaneous spot

---

[7]　利用（10-3）與（10-4）二式，因屬於貼現債券且面額為 1 元，故 $k(t) = 0$ 與 $F = 1$。

rate）；就數學而言，瞬間即期利率相當於 $r(t) = \lim_{T \to t} r(t, T)$，而在市場上，$r(t)$ 相當於比隔夜拆款利率期限更短的利率，可能無法觀察到。於（10-6）式內，我們也可以看出即期利率與瞬間即期利率之間的關係。

(6) 若 $r(t)$ 是一種確定的無風險利率函數，則不同期限的債券或利率之間是屬於「完全替代」關係，此當然是無風險套利的結果；相反地，若 $r(t)$ 是一種隨機過程，則上述的完全替代關係將會被破壞。

　　上述的結果亦可以用模擬的方式說明，可以參考圖 10-3。於圖 10-3 內，我們考慮四種利率結構：利率固定維持於 7.5% 水準、利率隨時間由 5% 逐日遞增至 10%、利率隨時間由 10% 逐日遞減至 5% 以及利率於 5%～10% 之間隨機波動。圖 10-3 內的圖 (a) 與 (b) 分別繪製出 $B(t, T)$ 與 $T - t_0$ 以及 $B(t, T)$ 與 $t - T_0$ 之間的關係，從圖內可以看出若利率維持於固定水準，則上述二關係皆呈直線關係；另一方面，逐日遞增或逐日遞減的利率結構，則上述二關係則呈現出曲線的形狀。至於隨機的利率結構的關係，則大致介於遞增或遞減的利率結構之間。有意思的是，若利率屬於一種隨機過程，則於圖 (a) 內可以看出，相對於短期債券價格波動而言，長期債券價格的波動幅度則較大；但是，就圖 (b) 而言，若固定 T 值，反而期初價格波動較大。至於圖 (c) 與 (d)，則只是分別將圖 (a) 與 (b) 內的債券價格結構還原成對應的利率結構而已。

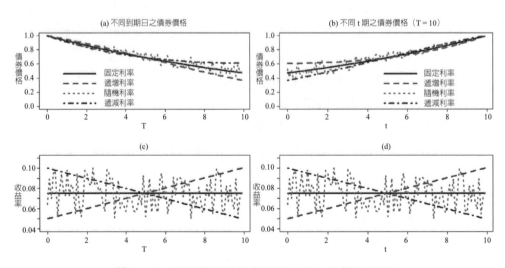

圖 10-3　貼現債券價格與不同 T 與 t 之間的關係

　　雖然（10-4）式可以說明債券價格與其有效期間（$T-t$）以及對應的利率之間的關係，不過（10-4）式是可以再擴充至以另外一種方式表示。即貼現債券會以低於面額的價格出售，而該債券的收益（率）相當於投資該債券價格金額可以取得的利息（利率）；明顯地，如何將收到的利息收益再投資會影響到上述收益率的計算。因此，若 $B(t, T)$ 表示第 t 期（以年表示）貼現債券價格而第 T 期則仍表示到期日（以年表示），則第 t_1 期至第 t_2 期（$t_1 < t_2 < T$）的簡單收益率會符合：

$$\frac{B(t_2,T)}{B(t_1,T)} = 1 + r_1(t_1,t_2)(t_2-t_1) \Rightarrow r_1(t_1,t_2) = \frac{1}{t_2-t_1}\left[\frac{B(t_2,T)}{B(t_1,T)}-1\right] \qquad （10\text{-}7）$$

因此，上述簡單收益率 $r_1(t_1, t_2)$ 相當於第 t_1 期買入 $B(t_1, T)$ 而於第 t_2 期賣出所得到的報酬率。當然我們也可以再想像於期中 $t^* = \dfrac{t_1+t_2}{2}$ 賣出的情況，即以 $B(t^*, T)$ 的價格賣出然後再投資至第 t_2 期，假定其對應的收益率為 $r_2(t_1, t_2)$，則類似於（10-7）式可得：

$$\frac{B(t_2,T)}{B(t^*,T)} = 1 + r_2(t_1,t_2)(t_2-t^*)$$

$$\frac{B(t^*,T)}{B(t_1,T)} = 1 + r_2(t_1,t_2)(t^*-t_1)$$

故其相當於計算二次利息（複利），因此可再寫成（上述二式相乘）：

$$\frac{B(t_2,T)}{B(t_1,T)} = \left[1 + r_2(t_1,t_2)\frac{(t_2-t_1)}{2}\right]^2 \Rightarrow r_2(t_1,t_2) = \frac{2}{t_2-t_1}\left\{\left[\frac{B(t_2,T)}{B(t_1,T)}\right]^{1/2}-1\right\}$$

同理，若於 t_1 與 t_2 之間複利 m 次，則按照上述的推理過程可得：

$$\frac{B(t_2,T)}{B(t_1,T)} = \left[1 + r_m(t_1,t_2)\frac{(t_2-t_1)}{m}\right]^m \Rightarrow r_m(t_1,t_2) = \frac{m}{t_2-t_1}\left\{\left[\frac{B(t_2,T)}{B(t_1,T)}\right]^{1/m}-1\right\} （10\text{-}8）$$

利用（10-8）式，我們計算極限值 $m \to \infty$，即可得出連續複利的利率為：

$$\frac{B(t_2,T)}{B(t_1,T)} = \lim_{m \to \infty}\left[1 + r_\infty(t_1,t_2)\frac{(t_2-t_1)}{m}\right]^m = e^{r_\infty(t_1,t_2)(t_2-t_1)} \qquad （10\text{-}9）$$

$$\Rightarrow r_\infty(t_1,t_2) = \frac{1}{t_2-t_1}\log\left[\frac{B(t_2,T)}{B(t_1,T)}\right]$$

$$\Rightarrow r_\infty(t_1,t_2) = \frac{\log B(t_2,T) - \log B(t_1,T)}{t_2-t_1}$$

（10-9）式的導出是利用 $\lim_{m \to \infty}(1 + a/m) = e^a$ 的關係。為了分析方便起見，底下我們以連續複利的即期利率表示，將 $r_\infty(t,T)$ 簡寫成 $r(t,T)$。利用（10-5）式，我們可以再將（10-9）式改寫成：

$$r(t_1,t_2) = \frac{-r_2(t_2,T)(T-t_2) + r_1(t_1,T)(T-t_1)}{t_2-t_1} \qquad （10\text{-}10）$$

$$\Rightarrow r_1(t_1,T)(T-t_1) = r(t_1,t_2)(t_2-t_1) + r_2(t_2,T)(T-t_2)$$

$$\Rightarrow r_1(t_1,T) = \frac{r(t_1,t_2)(t_2-t_1) + r_2(t_2,T)(T-t_2)}{T-t_1}$$

即於連續利率的假定下，（10-10）式隱含的意思為：長期利率竟是短期利率的（加權）平均數[8]。此種結果對於學過蒙地卡羅方法的我們並不會太陌生，即若 $r(t)$ 屬於一種隨機過程，而 $g[r(t)]$ 為對應的隨機機率函數，則（10-6）式可以改寫成：

$$E[r(t,T)] = \int_t^T r(s)g[r(s)]ds \qquad （10\text{-}11）$$

其中 $E[r(t,T)]$ 表示 $r(t,T)$ 的預期值。我們不是用「平均數」計算該預期值

---

[8] 正確的說法應是幾何平均數，此符合利率結構理論內的預期理論。其實，（10-10）式亦可解釋成長期利率是短期利率的加權總和。

嗎[9]？換言之，（10-6）式亦可用（10-11）式來表示。

若 $T \to t_2$，則（10-9）式隱含著：

$$r(t_1, t_2)(t_2 - t_1) = \log B(t_2, t_2) - \log B(t_1, t_2) = -\log B(t_1, t_2) \qquad （10\text{-}12）$$

故可得[10]：

$$r(t) = r(t_2, t_2) = -\lim_{t_1 \to t_2} r(t_1, t_2) = -\lim_{t_1 \to t_2} \frac{\log B(t_2, t_2) - \log B(t_1, t_2)}{t_2 - t_1} \qquad （10\text{-}13）$$

$$= -\frac{\partial \log B(t_1, t_2)}{\partial t_2} = r(t_1, t_2) + (t_2 - t_1)\frac{\partial r(t_1, t_2)}{\partial t_2} \qquad （10\text{-}14）$$

其中（10-13）式就是一般微分的定義方式。若 $r(t_1, t_1) = r(t_1)$ 爲已知數值，當 $t_1 \to t_2$ 時，（10-14）式說明了如何產生即期收益率曲線[11]，即若 $\partial r(t_1, t_2)/\partial t_2 > 0$，表示未來的瞬間即期利率爲正數值，故即期利率曲線呈現出正常的形狀（即曲線上點斜率爲正數值時，長期利率會大於短期利率）；同理，若 $\partial r(t_1, t_2)/\partial t_2 < 0$，則利率曲線呈現出遞減的形狀，當然若 $\partial r(t_1, t_2)/\partial t_2 = 0$，則利率曲線爲一條水平線。因此，（10-14）式內的關係是重要的，畢竟透過該式，我們可以了解即期利率曲線的產生過程。事實上，若再仔細思索（10-14）式，應該可以發現其內所描述的關係，只不過是類似於經濟學的平均成本與邊際成本之間的關係而已；也就是說，透過邊際成本我們可以知道平均成本如何變化。

最後，雖然（10-14）式說明了即期利率曲線是由一連串瞬間即期利率所堆積而成，不過還有一種瞬時的利率比 $r(t)$ 更早出現於市場上，這個利率就是瞬間的遠期利率。因目前我們尚未探討利率的（不確定性）隨機性，故即期利率曲線亦可視爲一種無風險利率曲線；換言之，利用該曲線我們也可以導出遠

---

[9]　當然，（10-6）式的表示方式是假定 $r(t)$ 是一種確定的函數，故 $g[r(t)] = 1/(T - t)$。

[10]　若 $r(t)$ 是一個連續的函數，故理論上應該存在無窮多不同到期期限的簡單貼現債券，因此 $B(t_2, t_2) = 1 \Rightarrow \log B(t_2, t_2) = 0$。

[11]　（10-14）式的導出有利用到（10-12）式，即 $= -\dfrac{\partial \log B(t_1, t_2)}{\partial t_2} = \dfrac{\partial r(t_1, t_2)(t_2 - t_1)}{\partial t_2}$。

期利率曲線。也就是說，假定我們於 $r(t, T)$ 內選擇二時點如 S 與 T，其中 $T > S > t$，故其對應的債券價格分別為 $B(t, S)$ 與 $B(t, T)$。利用上述假定，我們就可以定義一種遠期合約利率 $f(t, S, T)$，即該遠期利率合約從第 S 期開始至第 T 期到期結束，不過該遠期利率卻是於第 t 期決定。考慮下列二種投資策略：

投資策略 A：買 1 張於第 T 期到期的無風險債券，其成本為 $B(t, T)$，到期時可得 1 元。

投資策略 B：買 $B(t, T) / B(t, S)$ 單位於第 S 期到期的無風險債券，其成本價亦為 $B(t, T)$，到期時（第 S 期）可得 $B(t, T) / B(t, S)$ 元；其次，若將 $B(t, T) / B(t, S)$ 元以遠期利率為 $f(t, S, T)$ 投資於無風險債券上，到期時（第 T 期）可得 $e^{f(t, S, T)(T-S)}B(t, T) / B(t, S)$ 元。

因上述二投資策略的期初成本皆相同，為了避免套利，於第 T 期到期時，二投資策略的收益應相同，即我們可以找出所隱含的遠期利率為：

$$e^{f(t,S,T)(T-S)}B(t,T)/B(t,S) = 1 \Rightarrow B(t,T) = e^{-f(t,S,T)(T-S)}B(t,S) \qquad (10\text{-}15)$$

$$\Rightarrow f(t,S,T) = \frac{1}{T-S}\log\left[\frac{B(t,S)}{B(t,T)}\right] \qquad (10\text{-}16)$$

因此，透過（10-15）式，我們竟可以發現遠期利率所扮演的角色，即短期債券價格的貼現值與長期債券目前的價格一致，其中貼現利率竟然就是遠期利率。

比較（10-9）與（10-16）二式，可以發現即期利率與遠期利率的表示方式頗為類似。事實上，上述二種利率本來就是有關聯的，我們已經知道遠期價格是未來現貨價格的不偏估計值（於風險中立下），因此若要估計未來瞬間即期利率，不就是使用瞬間遠期利率嗎？其實，利用（10-16）式，我們分別可以得出：

$$f(t,T) = -\frac{1}{B(t,T)}\frac{\partial B(t,T)}{\partial T} \qquad (10\text{-}17)$$

與

$$B(t,T) = e^{-\int_t^T f(t,s)ds} \tag{10-18}$$

其中（10-17）式的導出有應用到羅必達法則（L'Hôpital's rule），而（10-17）式的積分值就是（10-18）式 [12]。因此，透過（10-17）式，我們可以定義瞬間遠期利率為：當 $S \to T$ 時，$f(t, T, T) = f(t, T)$。有意思的是，比較（10-4）與（10-18）二式，可以發現貼現債券價格有二種計算方式，其中之一是利用即期利率計算，而另外一種則是使用瞬間遠期利率計算；換言之，瞬間即期利率與瞬間遠期利率之間必然存在一種關係。

我們如何得出上述關係？利用（10-5）式可知 $r(t,T)(T-t) = -\log B(t,T)$，故可知：

$$\frac{\partial}{\partial T} r(t,T)(T-t) = r(t,T) + (T-t)\frac{\partial r(t,T)}{\partial T} = -\frac{1}{B(t,T)}\frac{\partial B(t,T)}{\partial T} = f(t,T)$$

故可知 $f(t, T)$ 有一種類似於（10-14）式的表示方式，即：

$$f(t,T) = r(t,T) + (T-t)\frac{\partial r(t,T)}{\partial T} \tag{10-19}$$

（10-19）式說明了瞬間即期利率與瞬間遠期利率之間的關係，猶如另一種平均成本與邊際成本的關係，即若即期利率曲線為一正斜率（負斜率）曲線，則

---

[12] 於（10-16）式內令 $T = S + x$，故當 $x \to 0$ 時，（10-16）式會出現 0/0 的情況，此時可以應用微積分內的羅必達法則計算微分值，即：

$$f(t,T) = \lim_{x \to 0} \frac{1}{x}\left[\log B(t,S) - \log B(t,S+x)\right] = \lim_{x \to 0} -\frac{\frac{\partial}{\partial x}\log B(t,S+x)}{\frac{\partial}{\partial x}x}$$

$$= \lim_{x \to 0} -\frac{1}{B(t,S+x)}\frac{\partial B(t,T)}{\partial T} = -\frac{1}{B(t,T)}\frac{\partial B(t,T)}{\partial T}$$

（瞬間）遠期利率曲線亦為一種正斜率（負斜率）曲線，不過其位於即期利率曲線的上方（下方）；同理，若（瞬間）即期利率與（瞬間）遠期利率相等，隱含著 $\partial r(t, T) / \partial T = 0$，故即期利率與（瞬間）遠期利率曲線皆為一條水平線。

例 1　用連續利率計算債券價格

　　若利率不是屬於連續型利率，我們是使用第 9 章的（9-10）式計算附息債券價格，但是若考慮連續利率，則附息債券價格的計算方式會有一些差距，此尤其表現於 1 年付息的次數大於 1 次（即 $f > 1$）的情況。例如 1 張以連續利率計價的 2 年期面額為 100 附息債券，其票面利率 r_c 與收益率 y 皆為 5%。假定 1 年付息 2 次，則該債券的價格為：

$$2.5e^{-0.05(1/2)} + 2.5e^{-0.05(1)} + 2.5e^{-0.05(1.5)} + 102.5e^{-0.05(2)} \approx 104.8162$$

顯然地，雖然 $r_c = y$，但是該債券價格卻不是等於面額（平價）。當然，若是使用簡單利率計算，我們不是利用下式：

$$\frac{2.5}{(1+0.05/2)^{0.5}} + \frac{2.5}{(1+0.05/2)} + \frac{2.5}{(1+0.05/2)^{1.5}} + \frac{102.5}{(1+0.05/2)^2} \approx 104.8784$$

計價，而是使用（9-10）式計價，其價格為 100。

例 2　即期利率曲線與遠期利率曲線

　　利用（10-16）式，我們不難模擬出即期利率曲線與對應的遠期利曲線，其結果如圖 10-4 所示。於該圖內，左圖的即期利率資料是我們隨意取的（可以參考所附的 R 指令），而右圖的即期利率資料則取自圖 10-2 內的圖 (f) 資料；是故，於圖內可以發現即期利率曲線與對應的遠期利率曲線的確存在著對應的關係。

例 3　從即期利率曲線導出遠期利率曲線

　　根據（10-19）式，利用已知的即期利率曲線推導出對應的遠期收益曲線；

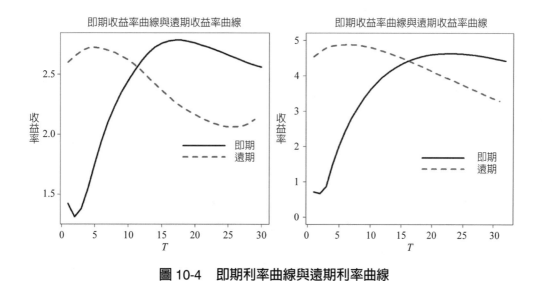

圖 10-4　即期利率曲線與遠期利率曲線

換言之，（10-19）式亦可寫成以「間斷」的型態表示，即：

$$f(0, T_0, T_0 + \Delta) = r(0, T_0) + (T_0 + \Delta) \frac{r(0, T_0 + \Delta) - r(0, T_0)}{\Delta} \qquad （10\text{-}20）$$

因此，透過（10-20）式，我們反而可以更了解遠期利率與即期利率之間的關係；也就是說，到期期限介於 $T_0 + \Delta$ 與 T_0 之間的遠期利率決定，取決於到期期限分別為 $T_0 + \Delta$ 與 T_0 的二種即期利率的差異，即該差異若為正值（負值），則當 $\Delta \to 0$，利率結構隨到期期限呈遞增（遞減）的情況。同理，若上述差異等於 0，則利率結構為一條水平線。利用（10-20）式以及圖 10-4 內左圖的即期利率資料，圖 10-5 繪製出遠期利率與即期利率的四種利率結構（可以留意橫軸 T 值的不同），讀者自然也可以考慮其他的可能，不過如第 9 章的圖 9-2 所示，有可能遠期利率會出現負值的情況。

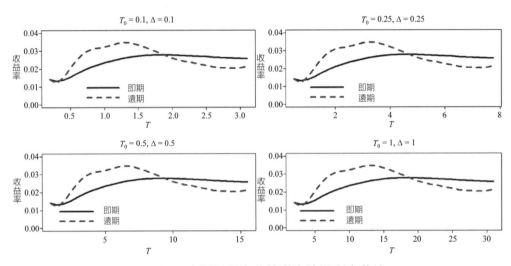

圖 10-5　由即期利率曲線導出遠期利率曲線

例 4　**由遠期利率曲線導出即期利率曲線**

利用（10-15）式，我們也可以透過遠期利率曲線導出對應的即期利率曲線；換言之，於（10-15）式內令 $T_i = S$ 與 $T_{i+1} = T$，其中 $T_{i+1} = T_i + \Delta$，則我們不是可以得出一系列 $T_1, T_2, \cdots, T_n$ 的結果嗎？即利用（10-15）式可得：

$$B(t, T_{i+1}) = e^{-f(t, T_i, T_{i+1})(T_{i+1} - T_i)} B(t, T_i) \qquad （10-21）$$

令 $T_1 = \Delta$，透過（10-4）式可知 $B(0, T_1) = e^{-r(0, T_1)\Delta}$，是故（10-21）式若以反覆的方式思考，分別可得：

$$B(0, T_1) = e^{-r(0, T_1)\Delta}$$

$$B(0, T_2) = B(0, T_1)e^{-f(0, T_1, T_2)\Delta} = e^{-r(0, T_1)\Delta} e^{-f(0, T_1, T_2)\Delta}$$

$$B(0, T_3) = B(0, T_2)e^{-f(0, T_2, T_3)\Delta} = e^{-r(0, T_1)\Delta} e^{-f(0, T_1, T_2)\Delta} e^{-f(0, T_2, T_3)\Delta}$$

$$\vdots$$

$$B(0, T_n) = B(0, T_{n-1})e^{-f(0, T_{n-1}, T_n)\Delta} = e^{-r(0, T_1)\Delta} e^{-f(0, T_1, T_2)\Delta} e^{-f(0, T_2, T_3)\Delta} \cdots e^{-f(0, T_{n-1}, T_n)\Delta}$$

$$\Rightarrow r(0, T_n)T_n = \left[r(0, T_1) + f(0, T_1, T_2) + f(0, T_2, T_3) + \cdots + f(0, T_{n-1}, T_n) \right]\Delta$$

$$\Rightarrow r(0,T_n) = \frac{1}{T_n}\sum_{i=1}^{n} f(0,T_{i-1},T_i)\Delta$$

因此，（10-18）式的「間斷版」型式為：

$$r(0,T_n) = \frac{1}{n}\sum_{i=1}^{n} f(0,T_{i-1},T_i) \qquad （10-22）$$

其中（10-22）式的導出有利用到 $B(0,T_n) = e^{-r(0,T_n)T_n}$、$T_n = n\,\Delta$ 與 $f(0,0,T_1) = r(0,T_1)$ 的觀念；最後，為了完整性，假定 $T_0 = 0$。

利用（10-22）式與於圖 10-5 內所計算出的遠期利率資料，我們應能「還原」圖內的即期收益率資料，讀者可嘗試看看。

1.2 NSS 模型

既然利率曲線的形狀如圖 10-2 所示，具有多元且複雜的型態，那我們應如何模型化利率曲線？也就是說，如前所述，利率曲線應該可以用一種多因子模型來表示，那何謂多因子模型？本節將介紹一種著名的利率結構模型，該模型就稱為 NSS 模型。Svensson 曾修正 Nelson 與 Siegel（NS）的利率結構模型，故可簡稱為NSS 模型[13]。於底下的分析自然可以發現，利用NSS 模型大致可以解釋多數的利率結構型態；另一方面，透過 NS 或 NSS 模型，使得我們得以窺見多因子利率模型的樣貌。

Nelson 與 Siegel（NS）曾提出一種瞬間遠期利率參數化的模型，該模型可寫成：

$$f(0,m) = \beta_0 + \beta_1 e^{-\frac{m}{\tau_1}} + \beta_2 \left(\frac{m}{\tau_1}\right)e^{-\frac{m}{\tau_1}} \qquad （10-23）$$

因

---

[13] Nelson, C.R. and A.S. Siegel (1987), "Parsimonious modeling of yield curve", *The Journal of Business*, 60, 473-489. Svensson, L.E. (1994), "Estimating and interpreting forward interest rates: Sweden 1992-1994", *IMF Working Paper*, WP/94/114.

$$r(0,m) = \frac{1}{m}\int_0^m f(0,s)ds \qquad （10\text{-}24）$$

故可得瞬間即期利率為：

$$r(0,m) = \beta_0 + \beta_1\left[\frac{1-e^{-\frac{m}{\tau_1}}}{\frac{m}{\tau_1}}\right] + \beta_2\left[\frac{1-e^{-\frac{m}{\tau_1}}}{\frac{m}{\tau_1}} - e^{-\frac{m}{\tau_1}}\right] \qquad （10\text{-}25）$$

其中 β_0、β_1、β_2 以及 τ_1 為未知參數，m 則表示債券的到期期限。

若檢視（10-23）與（10-25）二式，可以發現 $f(0, m)$ 與 $r(0, m)$ 各分別由長期、短期與中期利率成分所構成，可以參考圖 10-6[14]。於圖內可看出 $f(0, m)$ 的長期成分就是等於 1 的水平線，其並不會隨著不同的 m 而改變，其次中期成分則是由 0 出發，最後隨著 m 的擴大而遞減為 0（即消失）；最後，於圖內可以看出短期成分隨著 m 的擴大遞減至 0 的速度最快，即隨著 m 的增加，短期成分消失的速度最快。

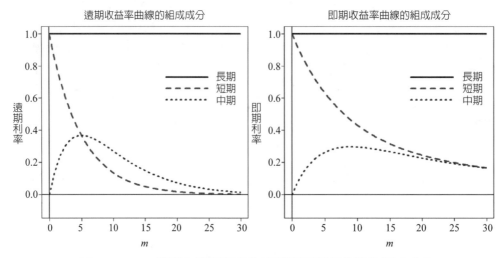

圖 10-6　NS 模型內遠期利率曲線與即期利率曲線的組成成分

---

[14] 就 $f(0, m)$ 而言，按照（10-23）式，其長期、短期與中期成分分別為 1、e^{-m/τ_1} 與 $(m/\tau_1)e^{-m/\tau_1}$；至於 $r(0, m)$，可依（10-25）式類推。

因此，了解 $f(0, m)$ 與 $r(0, m)$ 的組成份子後，我們就可以檢視 NS 模型的意義；換言之，（10-23）～（10-25）三式的涵義可以整理如下：

(1) 若（10-24）式對 m 微分，可得 $f(0, m) = r(0, m) + m\partial r(0, m) / \partial m$，其結果恰等於（10-19）式，故我們可以透過（10-24）式取得 $r(0, m)$，即（10-25）式[15]。

(2) 由（10-25）式可以看出當 $m \to \infty$，$r(0, m)$ 會接近於 β_0，故參數 β_0 相當於長期利率。

(3) 當 $m \to 0$，則 $r(0, m) - \beta_0$ 會接近於 β_1，故參數 β_1 相當於短期與長期利率之間的差距。於（10-25）式內可以看出參數 β_1 係在衡量短期成分的敏感度，即 $\partial r(0, m) / \partial M_0 = \beta_1$，其中 M_0 表示短期利率成分。

(4) 參數 β_2 可用於衡量收益曲線彎曲的彎度；換言之，參數 β_2 係在衡量中期成分的敏感度，即 $\partial r(0, m) / \partial M_1 = \beta_2$，其中 M_1 表示中期利率成分。

(5) 按照（10-23）或（10-25）式的定義，參數 τ_1 只是一種扮演著類似於尺度參數（scale parameter）的功能，可用於衡量收益率內短期與中期成分遞減至 0 的速度，故 $\tau_1 > 0$。

　　若以 $\beta_0 = 0.1$、$\beta_1 = -0.1$、$\beta_2 = -0.06$ 以及 $\tau_1 = 1$ 為基準，圖 10-7 繪製出不同參數下之 NS 模型的即期利率曲線，我們發現除了圖 (b) 之外，即期利率曲線大致皆有駝峰型（凹口向下）的形狀；換言之，當 $\beta_1 \geq 0$ 時，此時利率曲線反而出現凹口向上的形狀，如前所述，若短期利率處於高檔，則隨著到期日的增加，利率反而不升反降。乍看之下，圖 (c) 與 (d) 內的收益率曲線形狀似乎有些類似；事實上，二者還是有差別的，即隨著 β_2 的提高，收益率曲線具有駝峰的形狀愈明顯，反觀 τ_1 所扮演的角色，我們可以用圖 10-8 說明。

　　圖 10-8 類似於圖 10-7 的繪製，不過此時我們將即期利率的短期與中期成分乘以對應的參數 β_1 與 β_2。假定 $\tau_1 = 1$，圖 10-8 內的圖 (a) 繪製出即期利率的短期成分遞減至 0 的情況，我們發現若 $\beta_1 > 0$，則短期成分反而從負值遞增

---

[15] 若（10-24）式對 m 微分，即可得出（10-19）式，此告訴我們尚有另外一種方式可以得出瞬間即期利率與瞬間遠期利率之間的關係。利用 R，我們不難用模擬的方式得出（10-23）與（10-25）二式之間的關係，可以參考所附的 R 指令。

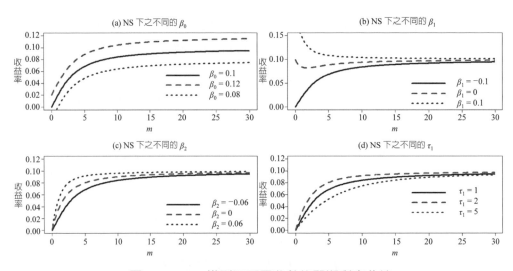

圖 10-7　NS 模型下不同參數的即期利率曲線

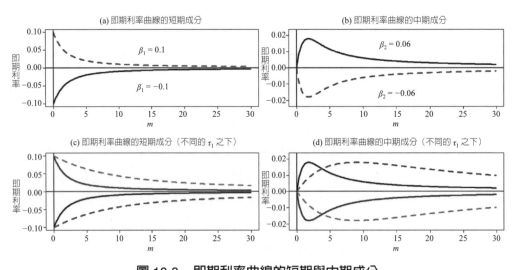

圖 10-8　即期利率曲線的短期與中期成分

至 0；類似地，亦出現於中期成分遞減（增）至 0 的情況，如圖 (b) 所示。圖 10-8 的下圖則複製上圖的結果，不過我們另外再考慮 $\tau_1 = 5$ 的情況（以虛線表示），於圖內可以看出 τ_1 值的提高，遞增減的速度趨緩了。

　　雖然，於圖 10-7 內的圖 (c) 可以看出參數 β_2 能左右利率曲線擁有駝峰型的形狀，但是 NS 模型的缺點是該「駝峰不夠凸出」。因此，Svensson 建議修

改 NS 模型；換言之，根據 Svensson 的建議，NSS 模型內的（瞬間）即期利率可以寫成：

$$r(0,m) = \beta_0 + \beta_1 \left[\frac{1-e^{-\frac{m}{\tau_1}}}{\frac{m}{\tau_1}} \right] + \beta_2 \left[\frac{1-e^{-\frac{m}{\tau_1}}}{\frac{m}{\tau_1}} - e^{-\frac{m}{\tau_1}} \right] + \beta_3 \left[\frac{1-e^{-\frac{m}{\tau_2}}}{\frac{m}{\tau_2}} - e^{-\frac{m}{\tau_2}} \right] \quad （10\text{-}26）$$

比較（10-25）與（10-26）二式，可知 NSS 模型多了二個參數 β_3 與 τ_2。

　　檢視圖 10-9 的情況，可知 NSS 模型比 NS 模型多考慮了如何讓利率曲線更具駝峰型而已。例如：於圖 (a) 內，我們可以看出 NS 模型利率曲線的駝峰型較不明顯，但是 NSS 模型的利率曲線就顯著多了，當然其中參數 β_3 具有明顯的影響力。至於參數 τ_2 所扮演的角色，則可參考圖 (b)；類似於參數 τ_1，當 τ_2 值愈小，遞減的速度變快了。

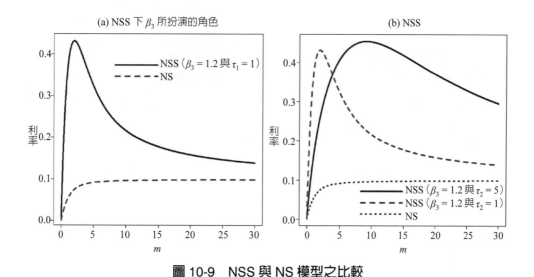

圖 10-9　NSS 與 NS 模型之比較

例 1　利率結構的模擬

　　利用 NSS 模型，我們的確容易模擬出多種利率結構如圖 10-10 所示，可以參考所附的 R 指令。

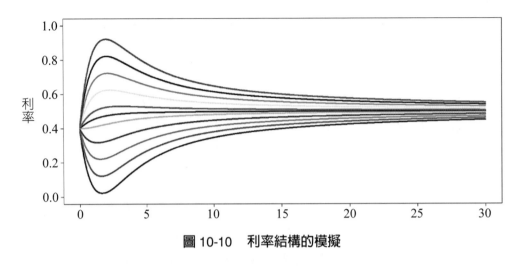

圖 10-10　利率結構的模擬

ECB 公債（2007/3/8）之利率曲線

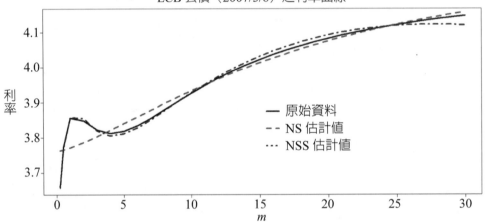

圖 10-11　用 NS 與 NSS 模型估計 ECB 公債（2007/3/8）之利率曲線

例2　參數的估計

　　若檢視（10-25）與（10-26）二式可知 NS 與 NSS 模型所描述的收益曲線受限於未知的參數值；換言之，我們如何估計出上述二模型的未知參數呢？直覺而言，可以使用非線性迴歸模型（Nonlinear Regression Model, NRM）估

計上述參數值[16]。此處我們自然不會介紹估計 NRM 的方法，我們倒是可以使用 YieldCurve 程式套件內所提供的指令估計。例如：圖 10-11 繪製出 ECM 公債於 2007/3/8 當天的利率曲線，若我們分別利用 NS 與 NSS 模型估計該利率曲線，其結果於圖內以不同的虛線表示。從圖可以看出 NSS 模型的配適度優於 NS 模型。

例 3　多項式迴歸模型

也許，利用 NSS 模型來估計利率曲線還是太複雜了。此處，我們介紹一種簡單的多項式迴歸模型，該模型可寫成：

$$y_t = \alpha_0 + \alpha_1 m + \alpha_2 m^2 + \cdots + \alpha_n m^n + \varepsilon_t$$

其中 y_t、m 以及 ε_t 分別表示 t 期利率、到期期限以及 iid 之誤差項。利用例 2 的原始資料以及 $n = 8$，我們可以得到多項式迴歸模型的估計值（使用最小平方法），該估計值就繪製於圖 10-12。從圖 10-12 可以看出以多項式迴歸模型

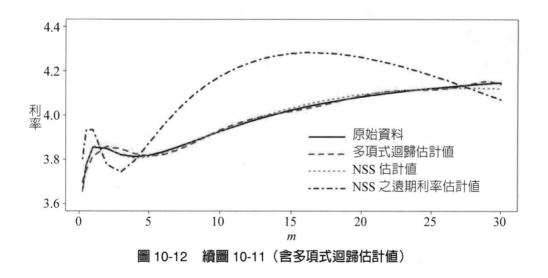

圖 10-12　續圖 10-11（含多項式迴歸估計值）

---

[16] 《財數》一書內有介紹非線性最小平方方法（Nonlinear Least Square, NLS）估計 NRM 內的參數值的方法。

估計原始資料，其配適結果亦不差。雖說如此，使用 NSS 模型亦有其優點，因為我們也可以找出原始資料對應的遠期利率模型，其實現值亦繪製於圖內。

例 4 利用線性插補法

其實我們早就在使用 NSS 模型了。例如我們可以先將表 10-1 內的資料 [17] 以散布圖的方式繪製，然後再連接成曲線如圖 10-13 內的圖 (a) 所示。利用圖 (a) 的「曲線」，除了表 10-1 的原始資料外，我們應可找出其餘的「點」出來，其結果就繪製如圖 (b) 與 (c) 所示，可以注意後二圖內曲線的「點數」變多了，而使用的方法就是利用線性插補法（linear interpolation）；也就是說，使用線性插補法，我們可以將表 10-1 的貼現債券利率資料擴充至得出 1～20 年（圖 (b)）或 0.5～20 年，即圖 (c) 或表 10-2 內的資料。除了使用線性插補法之外，我們當然也可以找出圖 (a) 內「曲線」的數學模型，其中的一種數學型態，應該會接近於 NSS 模型。因此，顧名思義，線性插補法就是利用現有的利率資料如表 10-1，以「插補法」的方式找出其他的期限的利率資料 [18]，故線性插補法亦可視為一種替代 NSS 模型而可以取得多種「隱藏的」利率資料的方法。

表 10-1　貼現債券利率與到期期限

y (%)	4.8	4.54	4.56	4.62	4.71	4.81	5.02	5.26	5.56	5.75
T (年)	0	1	2	3	4	5	7	10	15	20

表 10-2　利用線性插補法轉換表 10-1

T (年)	y (%)	T (年)	y (%)	T (年)	y (%)	T (年)	y (%)
0.5	4.67	5.5	4.8625	10.5	5.29	15.5	5.579
1	4.54	6	4.915	11	5.32	16	5.598
1.5	4.55	6.5	4.9675	11.5	5.35	16.5	5.617
2	4.56	7	5.02	12	5.38	17	5.636

---

[17] 表 10-1 的資料是隨意取的。

[18] 此處不額外介紹線性插補法的意義，因為利用 R 內的 *approx*(·) 函數指令即可輕易地使用線性插補法以取得其餘期限的利率資料。

表 10-2　利用線性插補法轉換表 10-1（續）

T（年）	y（%）	T（年）	y（%）	T（年）	y（%）	T（年）	y（%）
2.5	4.59	7.5	5.06	12.5	5.41	17.5	5.655
3	4.62	8	5.1	13	5.44	18	5.674
3.5	4.665	8.5	5.14	13.5	5.47	18.5	5.693
4	4.71	9	5.18	14	5.5	19	5.712
4.5	4.76	9.5	5.22	14.5	5.53	19.5	5.731
5	4.81	10	5.26	15	5.56	20	5.75

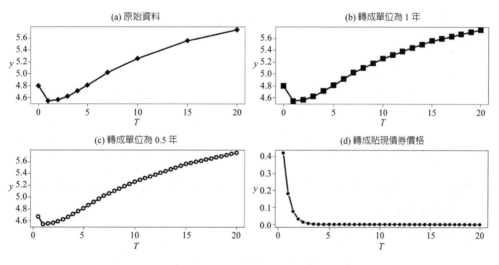

圖 10-13　表 10-1 資料的延伸（使用線性插補法）

2. 利率樹狀圖

　　1.2 節介紹的 NS 或 NSS 模型雖可以用於模型化利率結構，但是上述模型並不適用檢視利率的衍生性商品；換言之，若要了解利率的商品，我們仍需要合適的利率模型。不過還沒介紹之前，我們倒是可以再來檢視利率結構的特性。一般而言利率結構具有下列特性：

(1) 就平均數而言，長期利率會大於短期利率。

(2) 短期利率的波動通常大於長期利率的波動。

(3) 長短期利率通常具有向平均數反轉的傾向。

　　上述 (1)～(3) 特性，我們可以藉由圖 10-14 說明。圖 10-14 仍延續圖 10-1 的 ECB 公債資料，其中圖 (a) 與 (b) 的繪製類似於圖 10-1[19]；於其中可看出長短期利率的走勢較偏向於向平均數反轉的傾向。另外，圖 10-14 內的圖 (c) 與 (d) 則繪製出不同期限的利率平均數與標準差，我們從其中可以看出，就平均數而言，短期利率會小於長期利率，顯然符合上述特性 (1)。有意思的是，於圖 (d) 內可以看出短期利率的波動相對上比長期利率大，隱含著短期利率模型化的困難度亦較大；因此，底下我們會介紹許多不同的短期利率模型。值得注意的是，特性 (3) 似乎幫我們回答了圖 10-3 內圖 (a) 與 (b) 的困惑；也就是說，後二圖應該無法幫我們解釋：於利率是一種隨機變數下，究竟是短期債券價格抑或是長期債券價格波動較大？在第 9 章，我們利用 MDD 觀念，也發現長期債券價格的波動較大。直覺而言，時間愈長，不確定性愈大，因此圖 10-3 內圖 (a) 與 (b) 的結果，似乎仍可以被「接受」[20]，不過我們仍不知實際資料的結果為何？因此，圖 10-14 內的圖 (d) 倒是提供一個解答的方式：透過實際資料來檢視。

　　首先，本節將介紹利率的樹狀圖，其有三個特徵：(1) 樹狀圖較為簡易，並不需要使用複雜抽樣的數學模型；(2) 若擴充至多期的情況，其可應用至多數衍生性商品的定價；(3) 於實務上，利率樹狀圖的使用反而比較方便。第 4 章內我們曾經介紹過二元樹狀圖，不過那時是應用於非利率衍生性商品的定價，現在一個直覺的想法是上述二元樹狀圖方法是否也可以應用至決定利率衍生性商品的價格？本節的目的就是在說明此種可能性。

---

[19] 因受到二次金融風暴（2008 年）的影響，故圖 10-1 內的短期利率約自 2008 年後就大幅度的走低，因此圖 10-14 內的 (a) 圖只繪製出二次金融風暴之前的結果（即 2006/12/28～2008/1/27）；不過因長期利率較不受該風暴的影響，故圖 10-14 內的 (b)～(d) 圖仍使用完整的樣本期間（即 2006/12/28～2009/7/23）。

[20] 即圖 10-3 內的圖 (a) 說明了當 T 變大時，相對於短期債券而言，由於利率的隨機性，長期債券的不確定因素增加了，故其價格有可能波動較大。至於圖 10-3 內的圖 (b)，則因距離到期期限尚較遠（即 T 固定），反而期初的價格波動較大，因此上述二種情況，按照直覺的想法，似乎皆可以解釋。

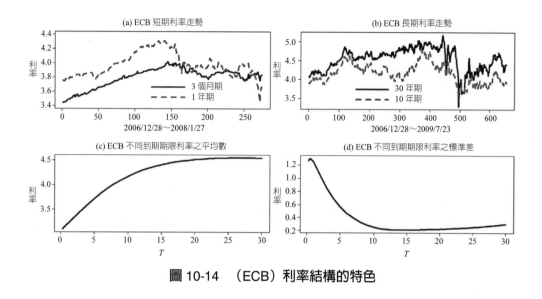

圖 10-14　（ECB）利率結構的特色

2.1 是否存在風險中立的機率？

　　假定擁有表 10-3 的資訊[21]，表內提供了（連續型）面額為 100 的貼現債券的到期期限、價格與利率（收益率）。由於半年期利率處於低檔，故我們預期未來半年期的利率有可能會上升。假定 r_0 與 r_1 分別表示半年期與 1 年期連續利率；其次，r_{1u} 與 r_{1d} 分別表示上升與下降的利率（單期為 0.5 年），其中上升與下降的機率 p 皆為 1/2。假定未來單期利率的預期值為：

$$E(r_1) = \frac{1}{2}r_{1u} + \frac{1}{2}r_{1d} = 2.17\% \qquad （10-27）$$

其中 r_1 表示未來半年期的利率。由於（10-27）式內有二個未知數，於圖 10-16 內我們只找出其中的二種可能。

　　二元利率之樹狀圖如圖 10-15 所示有一個明顯的涵義是其可對應至（貼現）債券價格或其他與利率相關商品的價格；不過，因利率結構的關係，使得

---

[21] 本小節的內容係參考 Veronesi, Pietro (2011), *Fixed Income Securities: Valuation, Risk and Risk Management*, John Wiley & Sons. 表 10-3 內的資訊是取自 2002/1/8 的美國公債之本息分離債券（STRIPS）之實際資料。

對應的債券價格變動存在相當的限制。也就是說，表 10-3 提供了一個額外的重要資訊，那就是不同期限的債券價格的變動並不是相互獨立的，即若短期利率有變動，則不同期限的長期債券價格的變動方向應該是一致的。例如：倘若短期利率受到一個外在的力量而上升（下降），則上述長期債券價格應該皆會下降（上升）[22]；當然，於後面的介紹中自然會了解，除了短期利率因素外，長期利率亦會受到其他因素的影響。

表 10-3 連續貼現債券的價格與利率

T（年）	價格	利率（%）
0.5	99.1338	1.74
1	97.8925	2.13
1.5	96.1462	2.62

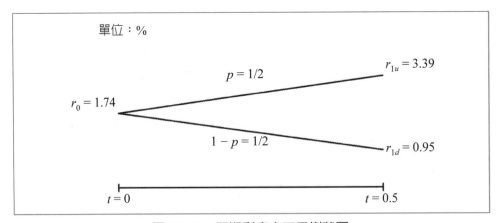

圖 10-15 單期利率之二元樹狀圖

利用表 10-3 與圖 10-15 內的資訊，我們可以進一步繪製出 1 年期貼現債券價格的樹狀圖如圖 10-16 所示。於圖 10-16 內，我們以 $P_{ij}(k)$ 表示到期期限為 k 期之第 i 期之貼現債券價格，其於圖內是位於第 j 個節點上。例如 $P_0(2)$

---

[22] 就是因為上述長短期利率有關係的特性，使得央行的貨幣政策較容易執行，即央行只要改變短期利率即可達到改變中長期利率的目的。

是表示 1 年期的期初價格（因表 10-3 是以半年爲 1 期，故 1 年期相當於 $k =$ 2），是故 $P_0(2)$ 的計算必須利用到表 10-3 內的 1 年期利率，其爲 $r_1 = 2.13\%$，所以 $P_0(2) = 100e^{-0.0213 \times 1} \approx 97.8925$；同理，$P_{1u}(2)$ 與 $P_{1d}(2)$ 的計算分別會使用到圖 10-15 內的 $r_{1u} = 3.39\%$ 與 $r_{1d} = 0.95\%$，故：

$$P_{1u}(2) = 100e^{-0.0339 \times 0.5} \approx 98.3193 \text{ 與 } P_{1d}(2) = 100e^{-0.0095 \times 0.5} \approx 99.5261$$

最後，於到期時，即 $i = 2$，此時該貼現債券的價格與利率無關，故不管利率爲何，該貼現債券的價格皆爲 100（面額）。

　　圖 10-16 的涵義是其可以用於找出一種利率衍生性商品的公平價格（於無法套利的條件下）。考慮存在一種利率賣權，該賣權的標的爲面額 100 之貼現債券（其到期期限爲 $i = 1$ 期），故於 $i = 1$ 期時，該賣權的到期收益 V_1 可寫成：

$$V_1 = 100 \times \max(r_K - r_1, 0) \tag{10-28}$$

其中 r_K 表示履約利率。例如：$r_K = 2\%$，則按照圖 10-16 內結果可知，該賣權的到期收益爲：

$$\begin{cases} V_1^u = 100 \times \max(r_K - r_{1u}, 0) = 100 \times (2\% - 3.39\%, 0) = 0.00 \\ V_1^d = 100 \times \max(r_K - r_{1d}, 0) = 100 \times (2\% - 0.95\%, 0) = 1.05 \end{cases} \tag{10-29}$$

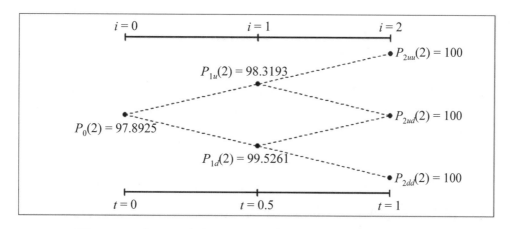

圖 10-16　表 10-3 與圖 10-15 所隱含的二元債券價格之樹狀圖

那於期初時（即 $i = 0$）該賣權的價格 V_0 爲何？

　　既然現在要決定出賣權的價格，直覺而言，我們可以考慮一種資產組合可以複製該賣權。考慮一個由貼現債券 1 與 2（其到期期限分別爲 $i = 1$ 與 $i = 2$）所構成的資產組合，其於期初的價值 Π_0 可寫成：

$$\Pi_0 = N_1 P_0(1) + N_2 P_0(2) \qquad (10\text{-}30)$$

其中 N_1 與 N_2 分別表示貼現債券 1 與 2 所購買的數量。明顯地，該資產組合於 $i = 1$ 期的價值 Π_1 可寫成：

$$\Pi_{1u} = N_1 \times 100 + N_2 \times P_{1u}(2) = V_{1u} \qquad (10\text{-}31)$$

與

$$\Pi_{1d} = N_1 \times 100 + N_2 \times P_{1d}(2) = V_{1d} \qquad (10\text{-}32)$$

解（10-30）與（10-31）二式，可得：

$$N_2 = \frac{V_{1u} - V_{1d}}{P_{1u}(2) - P_{1d}(2)} \qquad (10\text{-}33)$$

與

$$N_1 = \frac{1}{100} \times [V_{1u} - N_2 \times P_{1u}(2)] \qquad (10\text{-}34)$$

　　因此，利用（10-29）式以及圖 10-16 內的資訊，可得 N_1 與 N_2 分別約爲 -0.8554 與 0.8700。換言之，若將貼現債券 1 與 2 分別視爲短期債券與長期債券，故由短期債券與長期債券所構成的資產組合可以複製出以短期債券爲標的賣權。於上述例子，可知該資產組合的權數分別爲放空 0.8554 單位的貼現債券 1 以及做多 0.87 單位的貼現債券 2，利用（10-30）式可知該資產組合的期初價值約爲 0.3697。根據無法套利的結果，可知上述賣權的價格亦約爲 0.3697（$V_0 = \Pi_0$）。

上述計算賣權價格的方法似乎過於複雜，另一方面也因沒有利用到風險中立的機率值，故上述方法較難應用或推廣至多期定價的情況。那我們如何找出對應的風險中立機率值呢？首先，利用圖 10-16 內的結果，我們嘗試計算貼現債券 2 價格於 $i = 1$ 期的預期現值，即：

$$e^{-r_0 \times \Delta} E[P_1(2)] = 0.9913 \times (0.5 \times 98.3193 + 0.5 \times 99.5261) = 98.0658$$

顯然上述現值並不等於 $P_0(2) = 97.8925$，即實際債券價格會低於預期債券價格現值，此隱含著前者有包括風險貼水的成分。也就是說，即使我們所討論的標的是屬於公債，不過因尚未到期，故仍存在利率風險；因此，我們可以計算上述例子的風險貼水約為 $e^{-r_0 \times \Delta} E[P_1(2)] - P_0(2) = 0.1733$。

我們可以進一步計算利率風險的市場價格。利用（10-31）與（10-32）二式，可得：

$$N_1 \times 100 = V_{1u} - N_2 \times P_{1u}(2) = V_{1d} - N_2 \times P_{1d}(2)$$

此隱含著：

$$N_1 = \frac{1}{100} \times \{E(V_1) - N_2 \times E[P_1(2)]\} \qquad （10\text{-}35）$$

其中 $E(V_1) = pV_{1u} + (1-p)V_{1d}$ 與 $E[P_1(2)] = pP_{1u}(2) + (1-p)P_{1d}(2)$。將（10-33）與（10-35）式分別代入（10-30）式，整理後可得（其中有應用到 $P_0(1) = 100 \times e^{-r_0 \times \Delta}$）：

$$\lambda = \frac{e^{-r_0 \times \Delta} E[P_1(2)] - P_0(2)}{P_{1u}(2) - P_{1d}(2)} = \frac{e^{-r_0 \times \Delta} E(V_1) - V_0}{V_{1u} - V_{1d}} \qquad （10\text{-}36）$$

我們稱 λ 為利率風險的市場價格。λ 於無法套利定價內扮演著重要的角色，其具有下列特色：

(1) 根據（10-36）式，可知 λ 不僅可以由貼現債券價格計算，同時亦可由衍生性商品（於上述的例子內為賣權）價格計算。

(2) 於（10-36）式內等號的左側是利用 2 期債券價格而右側則使用 2 期衍生性商品價格計算 λ 值。

(3) 就（10-36）式的分母部分而言，其不僅可以用債券價格的「波動（即風險）」表示，同時亦可以使用衍生性商品價格的波動表示。

(4) 因此，λ 可寫成風險貼水對風險的比率，即 $\lambda = \dfrac{風險貼水}{風險}$。

(5) 上述的例子應可以推廣至到期期限為 k 期的情況，其 λ 值皆為相同的固定數值，故稱 λ 為利率風險的市場價值。

因此，透過圖 10-16 內的資訊，我們可以計算 λ 值為：

$$\lambda = \frac{e^{-r_0 \times \Delta} E[P_1(2)] - P_0(2)}{P_{1u}(2) - P_{1d}(2)} \qquad （10\text{-}37）$$

一旦計算出 λ 值，自然可以計算出衍生性商品價格 V_0 為：

$$V_0 = e^{-r_0 \times \Delta} \times E(V_1) - \lambda \times (V_{1u} - V_{1d}) \qquad （10\text{-}38a）$$

（10-37）與（10-38a）二式，皆來自於（10-36）式。按照上述例子可得：

$$\lambda = \frac{e^{-r_0 \times \Delta} E[P_1(2)] - P_0(2)}{B_{1u}(2) - B_{1d}(2)} = \frac{98.0658 - 97.8925}{98.3193 - 99.5261} = -0.1436$$

值得注意的是，上述數值前有一個負號，其只是說明利率上升導致貼現債券價格下降的關係而已，並不是指利率風險的市場價格為負值。

按照（10-37）與（10-38a）二式，可以發現 λ 值的計算與實際的機率值 p 之大小有關，不過 V_0 值的計算卻與 p 無關，可以參考圖 10-17。利用上述例子，於圖 10-17 內，我們考慮不同的 p 值，結果於圖 (a) 內可以發現 λ 與 p 值之間呈現正的相關，而於圖 (d) 內可以發現於不同的 p 值下，V_0 值仍維持於約

為 0.3697；至於圖內的圖 (b) 與 (c) 二圖，只是將（10-37）式分別拆成二部分來檢視。

利用圖 10-17 的結果，我們竟然發現風險中立的機率的確是存在的，即其可對應至圖內的黑點；換言之，若 $\lambda = 0$，則於（10-38a）式可以發現：

$$V_0 = e^{-r_0 \times \Delta} \times E^\pi(V_1) \qquad （10\text{-}38b）$$

其中 $E^\pi(\cdot)$ 表示按照風險中立機率計算的期望值。（10-38b）式就是熟悉的「逆推法」。於圖 10-17 內，該風險中立機率約為 $\pi \approx 0.6448$，即其可對應至 $\lambda \approx 0$。

因此，我們如何計算出風險中立的機率值？類似於（10-38b）式，若存在風險中立機率值 π，則下列式子應該能成立，即：

$$P_0(2) = e^{-r_0\Delta}E^\pi[P_1(2)] = e^{-r_0\Delta}[\pi P_{1u}(2) + (1-\pi)P_{1d}(2)]$$

因於上述例子，$P_0(2)$、$P_{1u}(2)$ 與 $P_{1d}(2)$ 皆為已知如圖 10-16 所示，故可知：

$$\pi = \frac{e^{\lambda_0\Delta}P_0(2) - P_{1d}(2)}{P_{1u}(2) - P_{1d}(2)} \qquad （10\text{-}39）$$

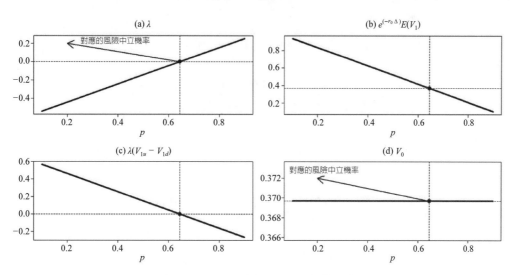

圖 10-17　不同機率下選擇權價值

利用（10-39）式可知 π 約為 0.6448。利用（10-38b）式，可得該賣權的價格為：

$$V_0 = e^{-r_0 \times \Delta} \times E^\pi(V_1) = 0.9913 \times [0.6448 \times 0 + (1 - 0.6448) \times 1.05] = 0.3697$$

此與上述的期初資產組合價值相同。

上述方法可以繼續推廣至計算任何與 r_1 有關的商品價格。底下，我們舉二個例子說明。

例 1 　交換交易

考慮一種於 $i = 1$ 期支付 $\dfrac{100}{2} \times (r_1 - c)$ 的交換交易，其中 c 表示交換率。令 $c = 2\%$，則從支付固定利率的一方來看，可知：

$$V_{1u} = \frac{100}{2} \times (r_{1u} - c) = \frac{100}{2} \times (3.39\% - 2\%) = 0.695$$

與

$$V_{1d} = \frac{100}{2} \times (r_{1d} - c) = \frac{100}{2} \times (0.95\% - 2\%) = -0.525$$

另一方面，根據（10-33）與（10-34）二式，可知：

$$N_2 = \frac{V_{1u} - V_{1d}}{P_{1u}(2) - P_{1d}(2)} = \frac{0.695 - (-0.525)}{98.3193 - 99.5261} = -1.011$$

與

$$N_1 = \frac{1}{100} \times [V_{1u} - N_2 \times P_{1u}(2)] = \frac{1}{100} \times [0.695 - (-1.011) \times 98.3193] = 1.001$$

換言之，該交換交易亦可用做多 1.001 單位的「短期債券」以及放空 1.011 單位的「長期債券」所構成的資產組合複製。上述結果亦可以用資產組合的價值

檢視，即：

$$\Pi_{1u} = N_1 \times 100 + N_2 \times P_{1u}(2) = 1.001 \times 100 - 1.011 \times 98.3193 = 0.695$$

與

$$\Pi_{1d} = N_1 \times 100 + N_2 \times P_{1d}(2) = 1.001 \times 100 - 1.011 \times 99.5261 = -0.525$$

是故該資產組合的價值與交換交易的價值一致，於無法套利的條件下，可知該交換交易於期初的價值為：

$$\Pi_0 = N_1 \times P_0(1) + N_2 \times P_0(2) = 1.001 \times 99.1338 - 1.011 \times 97.8925 = 0.259$$

利用（10-39）式，我們也可以計算對應的風險中立機率為 $\pi \approx 0.6448$，進一步可得：

$$V_0 = e^{-r_0 \times \Delta} \times E^{\pi}(V_1) = 0.9913 \times [0.6448 \times 0.695 + (1 - 0.6448) \times (-0.525)] = 0.259$$

因此，$V_0 = \Pi_0$。

例2　**債券選擇權**

考慮一種以貼現債券 2 為標的的買權，我們亦可以計算其於 $i = 1$ 期的價值，該價值可寫成 $Max[P_1(2) - K, 0]$，其中 K 表示履約價。利用圖 10-16 內的例子，假定 $K = 99$，故可以分別計算出：

$$V_{1u} = Max(98.3193 - 99, 0) = 0 \text{ 與 } V_{1d} = Max(99.5261 - 99, 0) = 0.5261$$

同理，根據（10-33）與（10-34）二式，可知：

$$N_2 = \frac{V_{1u} - V_{1d}}{P_{1u}(2) - P_{1d}(2)} = \frac{0 - 0.5261}{98.3193 - 99.5261} = 0.436$$

與

$$N_1 = \frac{1}{100} \times [V_{1u} - N_2 \times P_{1u}(2)] = \frac{1}{100} \times [0 - 0.436 \times 98.3193] = -0.429$$

換言之，若要複製上述買權，我們的資產組合的組成份子為做多 0.436 單位的
長期債券以及放空 0.429 單位的短期債券。因此，上述資產組合的價值可為：

$$\Pi_{1u} = N_1 \times 100 + N_2 \times P_{1u}(2) = -0.429 \times 100 + 0.436 \times 98.3193 = 0$$

與

$$\Pi_{1d} = N_1 \times 100 + N_2 \times P_{1d}(2) = -0.429 \times 100 + 0.436 \times 99.5261 = 0.5261$$

該資產組合的價值與上述買權的價值一致，於無法套利的條件下，可知該資產
組合於期初的價值為：

$$\Pi_0 = N_1 \times P_0(1) + N_2 \times P_0(2) = -0.429 \times 99.1338 + 0.436 \times 97.8925 = 0.1852$$

利用（10-39）式，我們也可以計算對應的風險中立機率為 $\pi \approx 0.6448$，進一步
可得：

$$V_0 = e^{-r_0 \times \Delta} \times E^\pi(V_1) = 0.9913 \times [0.6448 \times 0 + (1 - 0.6448) \times 0.5261] = 0.1852$$

因此，V_0 亦等於 Π_0。

例3 多期的情況

　　類似於（10-27）式，假定我們繼續利用表 10-3 內的資訊將圖 10-15 的二
期利率樹狀圖再擴充 1 期，此時就必須再考慮 $i = 2$ 期利率的預期。假定：

$$E(r_2) = \frac{1}{4}r_{2uu} + \frac{1}{2}r_{2ud} + \frac{1}{4}r_{2dd} = 2.6\% \tag{10-40}$$

因為所考慮的是「重疊」的二元樹狀圖，故不難了解（10-40）式的意義[23]。同理，圖 10-18 繪製出符合（10-27）與（10-40）二式內的其中一種可能。

　　利用圖 10-18 的資訊，我們可以先分別計算出 $i = 2$ 期對應的貼現債券價格為：

$$P_{2uu}(3) = e^{-r_{2uu} \times \Delta} \times 100 = 97.5310$$
$$P_{2ud}(3) = e^{-r_{2ud} \times \Delta} \times 100 = 98.7282 \ （或 P_{2du}(3) = e^{-r_{2du} \times \Delta} \times 100 = 98.7282）$$
$$P_{2dd}(3) = e^{-r_{2dd} \times \Delta} \times 100 = 99.9450$$

若假定風險中立的機率仍為 $\pi = 0.6448$，則按照（10-38）式分別可得：

$$P_{1u}(3) = e^{-r_{1u} \times \Delta} \times [\pi \times P_{2uu}(3) + (1-\pi) \times P_{2ud}(3)] = 96.3098$$
$$P_{1d}(3) = e^{-r_{1d} \times \Delta} \times [\pi \times P_{2ud}(3) + (1-\pi) \times P_{2dd}(3)] = 98.6904$$

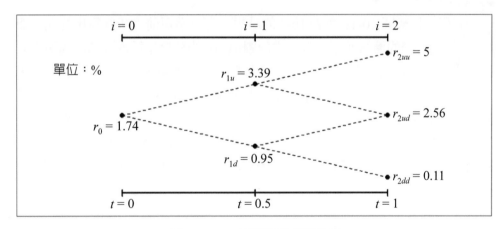

圖 10-18　二期的利率樹狀圖

---

[23] 即假定 $p = 1/2$，故向上二次（uu）與向下二次（dd）的機率皆為 1/4，因樹狀圖重疊，即向上一次與向下一次（ud）與向下一次與向上一次（du）重疊，故其機率值為 1/2。

$$P_0(3) = e^{-r_0 \times \Delta} \times [\pi \times P_{1u}(3) + (1-\pi) \times P_{1d}(3)] = 96.3137$$

上述結果就繪製於圖 10-19。

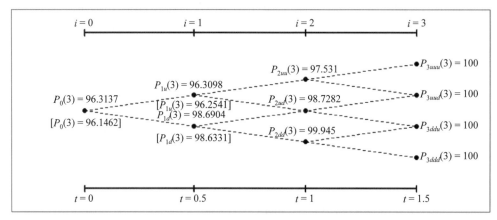

圖 10-19　圖 10-18 對應之債券價格（中括號內之值是以新的風險中立價格計算）

例 4 **新的風險中立機率**

　　若仔細比較圖 10-19 與表 10-3 的結果，可以發現前者所計算出的期初價格 $P_0(3)$ 與實際的價格並不一致。由於圖 10-19 的結果是採取「舊的風險中立機率」根據逆推法計算而得；因此，不難將「新的風險中立機率」視為一個未知數，按照例 3 的計算方式，找出合適的風險中立機率值。於圖 10-20，我們假定新的風險中立機率是介於 0 與 1 之間的其中一個可能數值，根據例 3 的計算步驟，結果發現以風險中立機率約為 0.6922 所計算出的 $P_0(3)$ 值最接近於實際的價格。是故，若以新的風險中立機率計算，其結果於圖內是以中括號內之值表示。

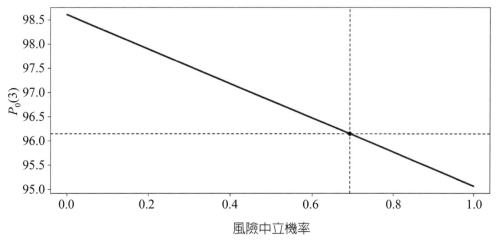

圖 10-20　計算新的風險中立機率

2.2 傳統的方法

2.1 節內所使用方法的特色是按照實際利率結構建構二元利率樹狀圖，雖然利用上述方法可以找出風險中立機率，進一步建構出對應的二元債券樹狀圖；不過，上述方法的使用似乎過於複雜且風險中立機率並非是一個固定數值；因此，反而需要更密集的計算過程（如 2.1 節的例 4）。另一方面，也因樹狀圖的繪製有涉及到每期未來利率的預期如（10-27）與（10-40）二式所示，使得我們不易將樹狀圖擴充至多期的情況[24]。是故，於本小節我們將考慮其他繪製二元利率樹狀圖的方法。

第 4 章我們曾介紹繪製非利率型的二元樹狀圖，一個直覺的想法是為何利率的樹狀圖不仿照第 4 章的方法？也就是說，假定利率的時間走勢（隨機過程）亦屬於二項式隨機漫步，我們不就可以繪製出二元利率樹狀圖嗎？。我們先以簡單的利率表示。假定 1 年期利率的隨機過程屬於一種簡單的隨機漫步，圖 10-21 繪製出 1 年期利率至第 $t = 3$ 年（期）的二元利率樹狀圖，圖內節點的表示方式類似於圖 10-19。

---

[24] 事實上，按照（10-27）與（10-40）二式，我們有多種 r_{1u}、r_{1d}、r_{2uu}、r_{2dd} 或 r_{2ud} 選擇的可能，使得我們不易找出「唯一」的利率樹狀圖。

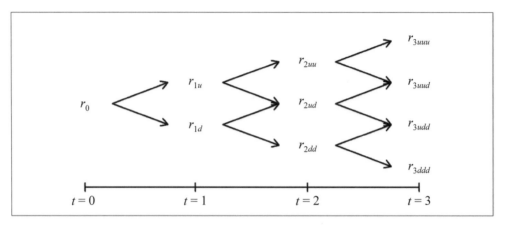

圖 10-21　1 年期利率的變化

我們可以舉一個例子說明。假定 $r_0 = 10\%$、$U = 1.25$ 與 $D = 0.8$，則圖 10-21 的實現值可以繪製成如圖 10-22 所示。根據圖 10-22 的二元利率結構樹狀圖，我們可以分別計算對應的到期期限為 T 年期貼現債券價格（面額為 100）。例如：若 $T = 1$，則 1 年期貼現債券於期初的價格為：

$$P_0(1) = \frac{100}{1+r_0} = \frac{100}{1+0.1} \approx 90.909$$

其中 $r_0 = 10\%$ 係取自圖 10-21。上述結果可以繪製於圖 10-23 內的圖 (a)。

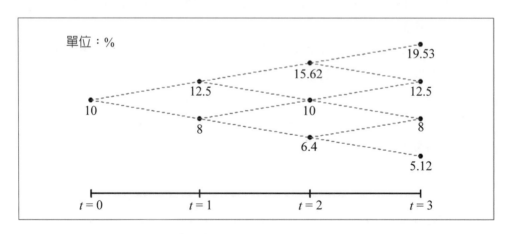

圖 10-22　利率二項式屬於隨機漫步，其中 $r_0 = 10\%$、$U = 1.25$ 與 $D = 0.8$

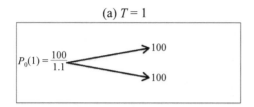

(a) $T = 1$

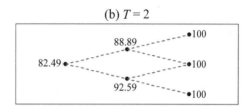

(b) $T = 2$

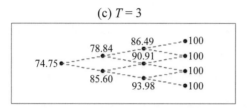

(c) $T = 3$

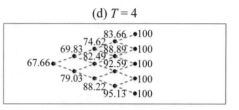

(d) $T = 4$

圖 10-23　利用圖 10-22 的資訊計算不同期限的貼現債券價格（面額皆為 100）

　　同理，考慮到期期限為 $T = 2$ 年期貼現債券價格的情況。由於到期時不管利率為何，該貼現債券的價格皆為 100；不過若是採取逆推法，其中所使用的利率卻不相同，可以參考圖 10-23 內的圖 (b)。換句話說，我們可以計算 $t = 1$ 期的價格分別為：

$$P_{1u}(2) = \frac{100}{1 + r_{1u}} = \frac{100}{1 + 0.125} \approx 88.89 \ \text{與} \ P_{1d}(2) = \frac{100}{1 + r_{1d}} = \frac{100}{1 + 0.08} \approx 92.59$$

最後，利用風險中立機率 $p = 0.5$，可以得到期初價格為：

$$P_{1u}(2) = \frac{p \times P_{1u}(2) + (1 - p) \times P_{1d}(2)}{1 + r_0} = \frac{90.7407}{1 + 0.1} \approx 82.49$$

上述的計算過程亦可應用於計算到期期限分別為 $T = 3$ 與 $T = 4$ 年期貼現債券價格，其結果分別繪製於圖 10-23 內的圖 (c) 與 (d)[25]。

　　圖 10-23 的二元樹狀圖，有一個明顯的特徵，那就是隨著時間的延伸（即

---

[25] 圖 10-23 內的各小圖忽略縱軸高度的習慣性，即圖內較高的價格位於較低價格的下方；當然，我們可以將其再轉換。不過，保留圖 10-23 的表示方式有一個好處：此提醒我們利率與債券價格呈相反的關係。

t 變大），利率不是逐漸升高就是逐漸降低，似乎與利率的時間走勢有向例如平均數反轉的特性相衝突；因此，（短期）利率的隨機過程屬於 GBM 的假定未必適用。

底下我們介紹一個簡單的利率反轉過程，其中風險中立機率並非一個固定的數值，反而該機率值取決於不同期的利率水準。考慮圖 10-24 的情況，假定短期利率隨機過程受限於上限值與下限值，二限制值分別為 2μ 與 0；另一方面，圖內仍假定於 t 至 $t+1$ 期短期利率的向上與向下因子皆為一個固定數值 δ。換言之，當短期利率觸及到上限值時，此時利率向下的機率值為 1；同理，當短期利率觸及到下限值時，此時利率向上的機率值為 1。因此，短期利率只能於上述二限制值之間波動。

假定對應的風險中立機率值可寫成：

$$\pi(r_t) = 1 - \frac{r_t}{2\mu} \qquad\qquad (10\text{-}41)$$

透過適當選擇參數 μ 值，（10-41）式的設定方式頗符合上述「反轉」的特性。例如當 $r_t = \mu$，按照（10-41）式，可知短期利率向上與向下的機率皆為 1/2；同理，若 $r_t > \mu$（$r_t < \mu$），則短期利率向上的機率低於（高於）向下的機率。通常，我們是將參數 μ 值視為長期平均利率，故稱為「反轉」指的就是目前的利率低於（高於）長期平均利率，隨時間經過利率會反轉趨向於長期平均利率。於圖 10-24 內我們可以看出另一個參數 δ 所扮演的角色，即若 δ 較大（較小），則短期利率趨向於 μ 值的速度較快（較慢），因此 δ 值頗類似於表示調整速度的參數。

因此，圖 10-24 隱含著選擇適當的 δ 與 μ 參數，利用 r_t 我們不難利用實際的利率結構資料得出利率的樹狀圖。

例 1 反轉的利率

延續圖 10-24，令 $\delta = 1\%$ 與 $\mu = 12\%$，圖 10-25 的左圖繪製出由期初 $r_0 = 10\%$ 所衍生出的 1 年期之二元利率樹狀圖；值得注意的是，如（10-41）式所示，風險中立機率值會隨 r_t 的不同而變化，故可以繪製出對應的（風險中

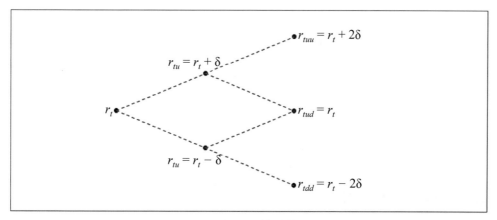

圖 10-24　反轉的利率

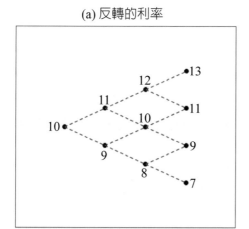

(a) 反轉的利率

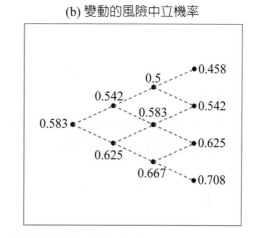

(b) 變動的風險中立機率

圖 10-25　反轉的利率與向上機率的二元樹狀圖

立）向上機率值之二元樹狀圖如圖 10-25 的右圖所示。有意思的是，當利率等於 12%，此時對應的向上以及向下機率值皆為 0.5；不過，從（10-41）式或圖 10-25 可以看出，當利率小於（大於）12% 時，對應的向上機率值會大於（小於）向下的機率值。

　　如同圖 10-23 所示，我們可以計算圖 10-25 內隱含的貼現債券價格。例如：期初 1 年期面額為 100 的貼現債券價格約為 $100/1.1 \approx 90.91$，此時對應的利率為 10%。同理，期初 2 年期面額為 100 的貼現債券價格的計算步驟為：於 t

= 1 期下，向上與向下的貼現債券價格分別約為 $100/1.11 \approx 90.09$ 與 $100/1.09 \approx 91.74$，故於期初的價格約為：

$$\frac{0.583 \times 90.09 + (1 - 0.583) \times 91.74}{1.1} \approx 82.53$$

隱含著 2 年期的利率約為 $82.53 = \frac{100}{(1 + r_2)^2} \Rightarrow r_2 \approx 10.076\%$。

例2 風險中立機率固定為 1/2？

其實，圖 10-22 與 10-23 的繪製是有誤的，原因就在於若使用第 4 章的（4-34）式，即利用 $U = 1.25$、$D = 0.8$、$r = 10\%$ 與 $\Delta t = 1$，可得風險中立機率約為：

$$\pi = \frac{e^{r \Delta t} - D}{U - D} \approx 0.6782$$

而非等於 0.5；換言之，若按照（4-34）式計算，於 $r = 10\%$ 之下，欲得出風險中立機率等於 0.5 的 U 與 D 值應該分別約為 1.5757 與 0.6346。因此，圖 10-22 與 10-23 的繪製可以改成用圖 10-26 取代。值得注意的是，上述 U 與 D 值的計算是利用 $U = 1/D$ 的條件。

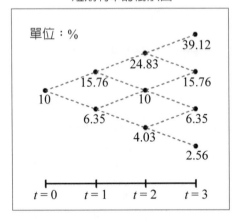
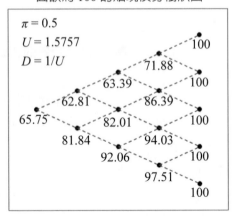

圖 10-26　重做圖 10-22 與 10-23

例3　**變動的 U 與 D 值**

　　續例 2，嚴格來說，圖 10-26 的繪製仍是有誤的，原因就在於隨時間經過，短期（無風險）利率會改變；因此，根據（4-23）式，若要維持風險中立的機率爲 1/2，則每期 U 與 D 值應該會改變。換句話說，若仍假定 $U = 1/D$，則我們可以繪製出新的二元利率樹狀圖如圖 10-27 所示；也就是說，圖 10-27 仍從 $r_0 = 10\%$ 出發，於例 2 內已知 $U_0 = 1.5757$ 與 $D_0 = 0.6346$，故分別可得 $r_{1u} = r_0 U_0 \approx 15.757\%$ 以及 $U_{1d} = r_0 D_0 \approx 6.346\%$。利用 r_{1u} 與 r_{1d}，依據（4-23）式，可以分別再得到 U_{1uu}、U_{1ud}、U_{1du} 以及 U_{1dd} 約爲 1.7793、0.562、1.4334 以及 0.6976。有意思的是，此時利率樹狀圖的節點已不再重疊。是故，若想要將風險中立的機率維持爲 1/2，不僅 U 與 D 值會變動，同時利率樹狀圖的節點也會變多了。讀者可從所附的 R 指令，得到我們是如何計算出圖 10-27 內的數值。

例4　**對應的貼現債券價格**

　　續例 3，若假定存在一種 4 年期的貼現債券，則根據圖 10-27 內的利率樹狀圖，我們可以計算並繪製出對應的面額爲 100 的貼現債券價格的樹狀圖如圖 10-28 所示。讀者可以練習如何複製出圖 10-28。

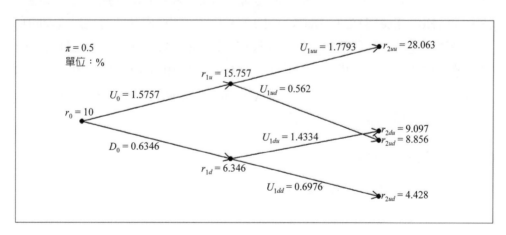

圖 10-27　變動的 U 與 D 值

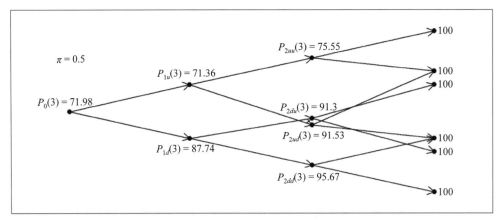

圖 10-28　圖 10-27 對應的 4 年期貼現債券價格的樹狀圖

3. 與利率結構一致的模型

從第 2 節，我們已經知道利率或債券價格樹狀圖的推導過程較爲繁瑣；
另一方面，也因利率並非是一個固定的數值，提高了建構利率或債券價格樹狀
圖的困難度。本節，我們將介紹二種建構利率樹狀圖的方法（模型），二種方
法分別爲 Ho & Lee 與 BDT（Black et al.）[26]。通常，利率樹狀圖若是以實際的利
率結構資料建構，我們稱此過程爲「校準（calibration）」，上述二種方法皆
是屬於一種「校準的」模型，其中 Ho 與 Lee 以及 BDT 模型是使用二元的利
率樹狀圖。另一方面，Ho 與 Lee 模型屬於常態的短期利率模型，而 BDT 以及
Black 則假定對數常態的短期利率分配。

3.1 Ho 與 Lee 模型 [27]

基本上，Ho 與 Lee 模型可以用一個二元的利率樹狀圖表示。如前所述，

---

[26] Ho, T.S.Y. and Lee, S.B. (1986), "Term structure movements and pricing interest rate contingent claims", *Journal of Finance*, 41, 1011-1029. Black, F., Derman, E. and Toy, W. (1990), "A one-factor model of interest rates and its application to treasury bond options", *Financial Analysts Journal*, Jan-Feb, 33-39.

[27] 本節的內容係參考 Wu, L. (2009), *Interest Rate Modeling: Theory and Practice*, CRC Press.

Ho 與 Lee 模型假定短期利率屬於常態分配，且短期利率 r_t 於 t 至 $t + \Delta t$ 期的平均數與變異數分別為：

$$E^{\pi}(\Delta r_t) = \theta_t \Delta t \text{ 與 } Var^{\pi}(\Delta r_t) = \sigma^2 \Delta t \qquad (10\text{-}42)$$

其中 $E^{\pi}(\cdot)$ 與 $Var^{\pi}(\cdot)$ 是表示利用風險中立 π 所計算的期望值與變異數，為了分析方便起見，底下皆假定 $\pi = 1/2$。

　　Ho 與 Lee 模型所描述的利率隨機過程可以進一步寫成「隨機漫步」的形式表示，即：

$$r_{i,n} = r_{0,0} + \Delta t \sum_{k=1}^{n-1} \theta_k + (2i-n)\sigma\sqrt{\Delta t}, \ i = 0, 1, \cdots, n \qquad (10\text{-}43)$$

我們不難將（10-43）式的時間走勢轉換成以一種二元的利率樹狀圖表示，該樹狀圖可以繪製成如圖 10-29 所示。換句話說，從圖 10-29 或（10-43）式可知，Ho 與 Lee 模型假定利率的漂浮率 θ_k 並非是一個常數，但是利率的波動率 σ 卻是一個固定的數值。當然，由圖 10-29 或（10-43）式可知利率隨時間的演變過程，故 $r_{i,j}$ 可以表示瞬間的（遠期）利率；其次，因已不再使用向上或向下因子表示，故 r 變數下標的表示方式，於圖 10-29 或圖 10-30 內自然可以一目瞭然。最後，可以注意的是，Ho 與 Lee 模型的樹狀圖節點是重疊的。

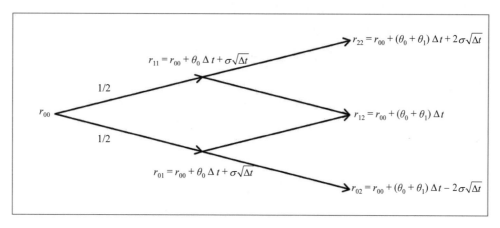

圖 10-29　Ho 與 Lee 模型的二元利率樹狀圖

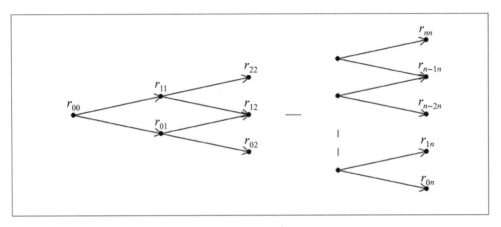

圖 10-30　Ho 與 Lee 模型的二元利率樹狀圖（一般化）

　　因此，Ho 與 Lee 模型的建構有牽涉到不同 θ_k 與 σ 值的估計，我們當然會使用實際的利率資料來估計上述參數值，故 Ho 與 Lee 樹狀圖的特色是會隨實際的利率「校準」，此有點類似於 2.2 節內變動的 U 與 D 例子。不過，為了估計不同 θ_k 值，Ho 與 Lee 提出了一個有效的方法，而該方法的使用有牽涉到 Arrow-Debreu 證券價格的觀念，底下我們先簡單介紹 Arrow-Debreu 證券。

　　基本上，Arrow-Debreu 證券是一種最簡單的風險性證券，其是表示若投資人保有該證券，則於到期時若出現狀態 j 可得 1（元），否則可得 0（元）；因此，最簡單的 Arrow-Debreu 證券猶如於到期時擲一個銅板，出現正面可得 1（元），出現反面可得 0（元）。我們可以進一步用 $Q_{i,j}$ 表示 $t = j$ 期時出現狀態 i 得 1（元）的期初價格，可以參考圖 10-31。

　　圖 10-31 的左圖，我們可以看出於期初 $t = 0$ 時，會面對 $t = 1$ 期的二種狀態（A 與 B 二種情況），其分別為狀態 0 與 1。換言之，若按照二元利率樹狀圖的走勢，於期初時只有二種「不確定」，即不是出現狀態 0 就是出現狀態 1；當然，我們可以立即計算出對應的 Arrow-Debreu 證券價格，其分別用 $Q_{0,1}$ 與 $Q_{1,1}$ 表示。若 $r_{0,0}$ 為已知且風險中立機率為 1/2，則 $Q_{0,1}$ 與 $Q_{1,1}$ 分別可為[28]：

$$Q_{0,1} = Q_{1,1} = \frac{1}{2} e^{-r_{0,0}\Delta t} \tag{10-44}$$

---

[28] 按照定義可知 $Q_{0,0} = 1$（元）。

換言之，若存在 1 期的貼現債券（面額爲 1 元），（10-44）式不是隱含著（10-45）式嗎？即：

$$B_{0,1} = Q_{0,1} + Q_{1,1} = e^{-r_{0,0}\Delta t} \qquad （10\text{-}45）$$

也就是說，上述 1 期貼現債券價格是一種完全沒有風險的債券，即不管出現何狀態，到期皆可得到 1 元，透過 Arrow-Debreu 證券的使用，我們反而可以得到該貼現債券其實是由各 1 單位的狀態 0 與 1 的 Arrow-Debreu 證券所組成。原來，Ho 與 Lee 透過 Arrow-Debreu 證券價格的計算，竟可以計算出貼現債券的價格。

　　上述的觀念可以繼續推廣至 $t = n$ 期的情況，可以參考圖 10-31 內的右圖。於該圖內，假定於 $t = n$ 期時出現狀態 i，透過（10-44）式，可以計算 $t = n - 1$ 期 Arrow-Debreu 證券的價值分別爲 $0.5e^{-r_{i+1,n-1}\Delta t}$ 與 $0.5e^{-r_{i-1,n-1}\Delta t}$，然後繼續用逆推法自然可以得出 $Q_{i,n}$。因此，（10-45）式可以繼續擴充至：

$$B_{0,j} = \sum_{i=0}^{j} Q_{i,j} \qquad （10\text{-}46）$$

　　我們可以舉一個例子說明（10-46）式的意義。利用圖 10-26 內的結果，我們可以將圖內 5 年期的貼現債券拆成五種狀態，其結果可參考圖 10-32，

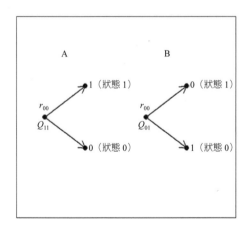
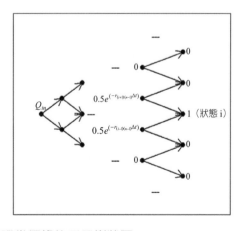

圖 10-31　Arrow-Debreu 證券價格的二元樹狀圖

其中圖 (a) 完全取自圖 10-26 的右圖（面額改為 1 元）。如前所述，Arrow-Debreu 證券的資產組合就是貼現債券，因此圖 10-32 說明了上述 5 年期貼現債券價格，亦等於五種 Arrow-Debreu 證券價格的總和。讀者可嘗試證明看看。

圖 10-31 或圖 10-32 提醒我們 Arrow-Debreu 證券價格的計算過程具有下列特色，即：

$$Q_{0,n} = \frac{e^{-r_{0,n-1}\Delta t}}{2}Q_{0,n-1}, \quad Q_{n,n} = \frac{e^{-r_{n-1,n-1}\Delta t}}{2}Q_{n-1,n-1} \qquad （10\text{-}47）$$

$$Q_{i,n} = \frac{e^{-r_{i,n-1}\Delta t}}{2}Q_{i,n-1} + \frac{e^{-r_{i-1,n-1}\Delta t}}{2}Q_{i-1,n-1}, \quad i = 1,2,\cdots n-1 \qquad （10\text{-}48）$$

換言之，若從 $t = n$ 期往前逆推，我們發現有二種方式可以計算 $t < n$ 期的 Arrow-Debreu 證券價格，即（10-47）以及（10-48）式二種，前者可對應至一個節點而後者則可對應至二個節點。

了解 Arrow-Debreu 證券價格的意義後，我們就可以來看 Ho 與 Lee 模型。首先，我們來看如何計算 θ_0。由（10-46）～（10-48）三式可知：

$$B_{0,2\Delta} = Q_{2,2} + Q_{1,2} + Q_{0,2}$$

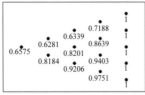
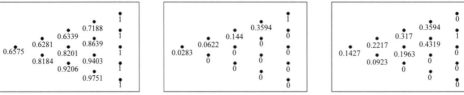
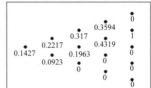
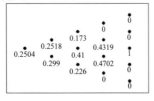
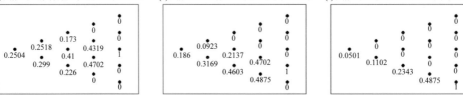
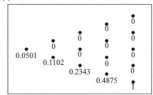

圖 10-32　貼現債券與 Arrow-Debreu 證券價格

$$= e^{-(r_{0,0}+\theta_0\Delta t+\sigma\sqrt{\Delta t})\Delta t}Q_{1,1} + e^{-(r_{0,0}+\theta_0\Delta t-\sigma\sqrt{\Delta t})\Delta t}Q_{0,1}$$

$$= e^{-\theta_0(\Delta t)^2}\left[e^{-\left(r_{0,0}+\sigma\sqrt{\Delta t}\right)\Delta t}Q_{1,1} + e^{-\left(r_{0,0}-\sigma\sqrt{\Delta t}\right)\Delta t}Q_{0,1}\right] \qquad (10\text{-}49)$$

利用（10-49）式，可得：

$$\theta_0 = \frac{1}{(\Delta t)^2}\left[\log\left(e^{-\left(r_{0,0}+\sigma\sqrt{\Delta t}\right)\Delta t}Q_{1,1} + e^{-\left(r_{0,0}-\sigma\sqrt{\Delta t}\right)\Delta t}Q_{0,1}\right) - \log P_{0,2\Delta}\right] \qquad (10\text{-}50)$$

利用（10-44）式，自然可以計算出 θ_0。有了 θ_0 的估計值，利用（10-43）式或圖 10-29，可得：

$$\begin{aligned}
r_{1,1} &= r_{0,0} + \theta_0\Delta t + \sigma\sqrt{\Delta t} \\
r_{0,1} &= r_{0,0} + \theta_0\Delta t - \sigma\sqrt{\Delta t}
\end{aligned} \qquad (10\text{-}51)$$

　　反覆上述的計算過程，我們可以逐步得到：

$$Q_{i,j}\ (i = 0,\ 1,\ \cdots,\ j\ \text{與}\ j = 0,\ 1,\ \cdots,\ n)、r_{i,j}\ (i = 1,\ 2,\ \cdots,\ j\ \text{與}\ j = 0,\ 1,\ \cdots,\ n - 2)$$
$$\text{以及}\ \theta_j\ (j = 0,\ 1,\ \cdots,\ n - 2)$$

最後，因：

$$\begin{aligned}
B_{0,(n+1)\Delta} &= \sum_{i=0}^{n-1}Q_{i,n}e^{-\left(r_{i,n-1}+\theta_{n-1}\Delta t-\sigma\sqrt{\Delta t}\right)\Delta t} + Q_{n,n}e^{-\left(r_{n-1,n-1}+\theta_{n-1}\Delta t+\sigma\sqrt{\Delta t}\right)\Delta t} \\
&= e^{-\theta_{n-1}(\Delta t)^2}\left[\sum_{i=0}^{n-1}Q_{i,n}e^{-\left(r_{i,n-1}-\sigma\sqrt{\Delta t}\right)\Delta t} + Q_{n,n}e^{-\left(r_{n-1,n-1}+\sigma\sqrt{\Delta t}\right)\Delta t}\right]
\end{aligned}$$

故可得：

$$\theta_{n-1} = \frac{1}{(\Delta t)^2} \log \left[\frac{\sum_{i=0}^{n-1} Q_{i,n} e^{-\left(r_{i,n-1} - \sigma\sqrt{\Delta t}\right)\Delta t} + Q_{n,n} e^{-\left(r_{n-1,n-1} + \sigma\sqrt{\Delta t}\right)\Delta t}}{P_{0,(n+1)\Delta t}} \right]$$

按照（10-51）式，可得：

$$r_{1,n} = r_{i,n-1} + \theta_{n-1}\Delta t - \sigma\sqrt{\Delta t} \quad , \quad i = 0, 1, \cdots, n-1$$
$$r_{n,n} = r_{n-1,n-1} + \theta_{n-1}\Delta t + \sigma\sqrt{\Delta t}$$

（10-52）

我們舉一個例子說明。表 10-4 列出 0.5～30 年期的貼現價格資料 [29]，假定 $\sigma = 0.005$，按照上述步驟，我們可以先估計出不同的 θ_k 值，如圖 10-33 內的右圖所示，然後再進一步建構出圖 10-34 的二元（短期）利率樹狀圖；當然，於此 Arrow-Debeu 證券扮演著重要的角色，其對應的 Arrow-Debeu 價格可以繪製於圖 10-35。如前所述，Ho 與 Lee 模型是一種按照實際資料（表 10-4 或圖 10-33 的左圖）「校準」的模型，其利率樹狀圖的繪製過程與第 2 節的方法稍有不同。

表 10-4　貼現曲線資料（2007/3/23）

年	貼現因子	年	貼現因子	年	貼現因子
0.5	0.97584	10.5	0.61896	20.5	0.38537
1	0.95223	11	0.60497	21	0.37604
1.5	0.92914	11.5	0.59125	21.5	0.3669
2	0.90712	12	0.5778	22	0.35798
2.5	0.88629	12.5	0.5646	22.5	0.34925
3	0.86643	13	0.55165	23	0.34073
3.5	0.84724	13.5	0.53895	23.5	0.33241
4	0.82856	14	0.52649	24	0.32428

---

[29] 該資料取自 Wu（同註 27）。

表 10-4　貼現曲線資料（2007/3/23）（續）

年	貼現因子	年	貼現因子	年	貼現因子
4.5	0.81032	14.5	0.51427	24.5	0.31635
5	0.7925	15	0.50229	25	0.30862
5.5	0.77506	15.5	0.49055	25.5	0.30107
6	0.75799	16	0.47903	26	0.29372
6.5	0.74127	16.5	0.46774	26.5	0.28655
7	0.72489	17	0.45668	27	0.27975
7.5	0.70884	17.5	0.44584	27.5	0.27277
8	0.69312	18	0.43523	28	0.26615
8.5	0.6777	18.5	0.42483	28.5	0.25971
9	0.66258	19	0.41464	29	0.25345
9.5	0.64776	19.5	0.40467	29.5	0.24736
10	0.63322	20	0.39492	30	0.24145

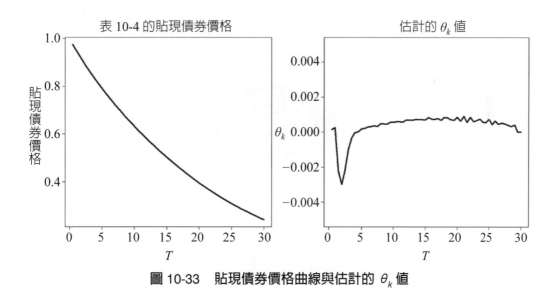

圖 10-33　貼現債券價格曲線與估計的 θ_k 值

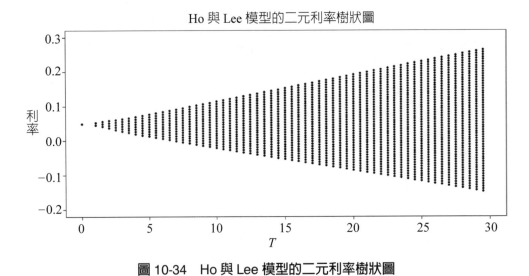

圖 10-34　Ho 與 Lee 模型的二元利率樹狀圖

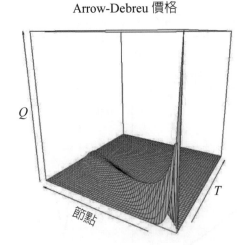

圖 10-35　Arrow-Debreu 價格

例 1 Ho 與 Lee 模型的二元債券價格樹狀圖

　　利用表 10-4 內 1～2 年的資料，我們可以繪製出 Ho 與 Lee 模型的二元利率樹狀圖，如圖 10-36 的左圖所示。假定有一種 2.5 年期面額為 1 元的貼現債券，於風險中立機率為 0.5 之下，使用逆推法，自然可以建構對應的二元債券價格樹狀圖，圖 10-36 的右圖繪製出該結果。讀者應該可以解釋該圖的意義。

利率樹狀圖　　　　　　　　　　　　貼現債券樹狀圖

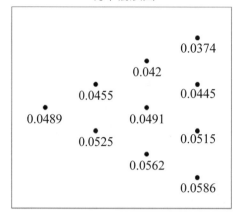 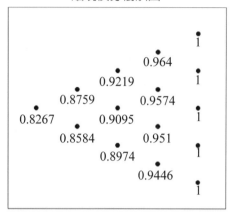

圖 10-36　2.5 年期貼現債券與利率之樹狀圖

例 2　**Ho 與 Lee 模型內短期利率與貼現債券價格的模擬**

　　（10-43）式提醒我們於 Ho 與 Lee 模型內，短期利率是假定常態分配；換言之，該式可改寫成：

$$dr_t = \theta_t dt + \sigma dW_t$$

故其並不屬於 GBM。令 $r_0 = 5\%$ 以及 $\sigma = 0.5\%$，利用圖 10-33 右圖的 θ_t 的估計值，圖 10-37 的左圖繪製出三條 Ho 與 Lee 模型內短期利率的模擬走勢，可以注意的是，Ho 與 Lee 模型有可能出現利率為負值的情況。因利率與貼現債券價格為負關係，故左圖內的利率模擬走勢可以對應於貼現債券價格走勢，若假定貼現債券的面額為 100，右圖則繪製出對應的模擬貼現債券價格走勢。

例 3　**短期利率與貼現債券價格的機率分配**

　　類似於圖 10-37 內的模擬，我們不難繪製出不同年的利率與貼現債券價格的機率分配。例如：圖 10-38 繪製出 5 年期與 10 年期利率與貼現債券價格的機率分配，可以參考所附的 R 指令。

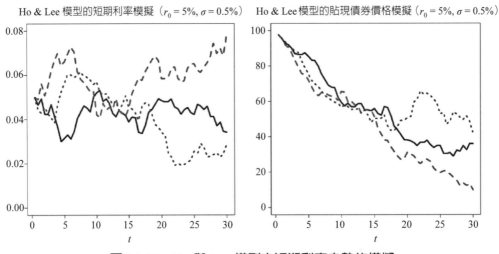

圖 10-37　Ho 與 Lee 模型內短期利率走勢的模擬

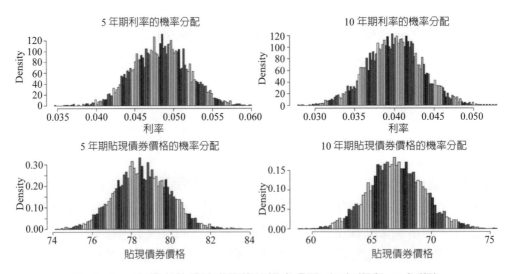

圖 10-38　利率與貼現債券價格的機率分配（5 年期與 10 年期）

例 4　修正的 BS 模型

　　既然圖 10-38 顯示出利率的機率分配接近於常態，故可以使用修正的 BS 模型計算到期期限為 T 的貼現債券歐式買權與賣權價格，其中該貼現債券的

面額為 1 元而到期期限為 T_1，$T_1 > T$。根據 Clewlow 與 Strickland[30]，上述買權與賣權價格分別可寫成：

$$c(t,T,T_1) = B(t,T_1)N(d_1) - KB(t,T)N(d_2)$$

與

$$p(t,T,T_1) = KB(t,T)N(-d_2) - B(t,T_1)N(-d_1)$$

其中

$$d_1 = \frac{\log\left[\dfrac{B(t,T_1)}{KB(t,T)}\right]}{\sigma_P} + \frac{\sigma_P}{2} \, \cdot d_2 = d_1 - \sigma_P$$

以及

$$\sigma_P^2 = \frac{\sigma^2}{2r^3}\left[1 - e^{-2r(T-t)}\right]\left[1 - e^{-r(T_1-T)}\right]^2$$

我們舉一個例子說明上二式如何使用。假定（連續）無風險利率為 5% 而短期利率為 $r = 10\%$。1 年期（$T = 1$）貼現債券歐式買權與賣權的標的物為 5 年期（$T_1 = 5$）面額為 1 元的貼現債券，其波動率為 $\sigma = 1\%$。我們可以先計算二種貼現債券價格，即 $B(0, T_1) = e^{-0.05(5)} = 0.7788$ 與 $B(0, T) = e^{-0.05(1)} = 0.9512$。於履約價為 $K = 0.8187$，可以計算出買權與賣權價格約為 0.0098 與 0.0097。

3.2 BDT 模型

不同 3.1 節的 Ho 與 Lee 模型，BDT 模型不僅按照實際的利率結構，同時亦根據利率結構的波動建構二元利率樹狀圖；因此，於實際應用上，BDT 模

---

[30] Clewlow, L. and Strickland, C. (1998), *Implementing Derivatives Models*, JOHN Wiley & SONS.

型反倒較 Ho 與 Lee 模型吸引人。雖說如此，BDT 模型仍有下列三個缺點：第一，BDT 模型仍只是一種單因子模型；第二，BDT 假定短期利率屬於對數常態分配，故 BDT 模型缺乏利率向「平均數反轉」的性質；第三，由於需按照實際的利率結構及其波動校準，故 BDT 模型的二元利率樹狀圖之建構較為困難。

由於 BDT 模型的二元利率樹狀圖之建構較為麻煩，故於實際應用上，通常亦假定利率結構的波動率為一個固定的數值 σ；如此來看，BDT 的短期利率模型可寫成：

$$d \log r_t = \theta_t dt + \sigma dW_t \qquad (10\text{-}53)$$

故其相當於對數常態分配版的 Ho 與 Lee 模型。

因 BDT 假定短期利率屬於對數常態分配，故其二元利率樹狀圖相當於欲建構一種「布朗路徑獨立（Brownian path-independent）」模型[31]，即於 t 期短期利率 $r(t)$ 的過程可寫成：

$$r(t) = U(t)e^{\sigma(t)W(t)} \qquad (10\text{-}54)$$

其中 $U(t)$ 表示 $r(t)$ 機率分配（即對數常態分配）的中位數（median），而 $\sigma(t)$ 為對應的波動率。（10-54）式可寫成間斷的形式，因 $dW(t)$（維納過程）的變異數為 dt，故：

$$r_{i,j} = U(i)e^{\sigma(i)j\sqrt{\Delta t}} \qquad (10\text{-}55)$$

其中 $r_{i,j}$ 表示於 i 期下，短期利率自期初（0 期）有變動 j 次，$r_{i,j}$ 之下標值可參考圖 10-39。因此，（10-55）式隱含著每期的長度為 Δt，$r_{i,j}$ 表示於節點 (i, j) 的短期利率，由（10-55）式可知，$r_{i,j}$ 的決定取決於 $U(i)$ 與 $\sigma(i)$。

因此，透過（10-55）式以及圖 10-39，我們可以知道 BDT 樹狀圖的表示

---

[31] 底下 BDT 模型的建構係取自 Clewlow, L. and Strickland, C. (1998), *Implementing Derivatives Models*, JOHN Wiley & SONS.

方式。於期初 $i = 0$，因只有一個狀態，故 $j = 0$。當 $i = 1$ 時，因不是上升就是下降，故 $j = 1$ 或 $j = -1$[32]。就 i 期而言，二元樹狀圖共有 $i + 1$ 個狀態，其中 $j = -i, -i + 2, \cdots, i - 2, i$。若假定風險中立機率等於 0.5，於 N 步下，j 屬於平均數與變異數分別爲 0 與 N 的二項式機率分配；因此，當 $N \to \infty$，$j\sqrt{\Delta t}$ 會趨向於平均數與變異數爲 0 與 t 的常態分配。

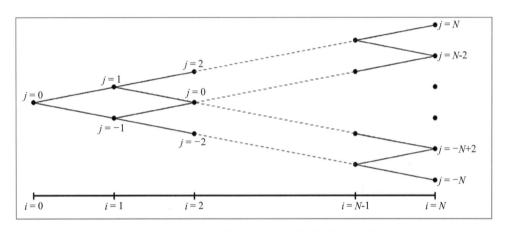

圖 10-39　BDT 模型 $r_{i,j}$ 之下標的表示方式

利用圖 10-39 內的二元樹狀圖，我們也可以用 Arrow-Debreu 證券表示。即令 $A_{i,j}$ 表示達到節點 (i, j) 的期初 Arrow-Debreu 證券價格[33]。實際上，$A_{i,j}$ 可

---

[32] 如前所述，BDT 模型是按照實際的資料校準，故每期 $r(t)$ 表示到期期限爲 Δt 的債券收益率，而選擇 $r(t)_U$（向上）與 $r(t)_D$（向下）與利率結構一致，即波動率符合：

$$\sigma(t) = \frac{1}{2}\log\left[\frac{r(t)_U}{r(t)_D}\right]$$

另一方面，爲了讓樹狀圖的節點重疊，BDT 模型亦需要符合：

$$r(t)_{UU} / r_{UD} = r(t)_{UD} / r(t)_{DD} = r(t)_{UD}^2 = r(t)_{UU} / r(t)_{DD}$$

的要求。

[33] 即 Arrow-Debreu 證券表示達到點可得 1（元），否則可得 0（元）。可以注意的是，此處 $A_{i,j}$ 與 Ho 與 Lee 模型內的 $Q_{i,j}$ 的下標的所對應的座標並不相同。

以視爲一種「貼現機率」（即其值介於 0 與 1 之間），故 $i + 1$ 期的貼現債券價格 $B(i+1)$ 可寫成：

$$B(i+1) = \sum_j A_{i,j} d_{i,j} \qquad （10\text{-}56）$$

其中

$$d_{i,j} = \frac{1}{1+r_{i,j}\Delta t} \qquad （10\text{-}57）$$

表示貼現因子。（10-56）式並不難了解，即 $B(i + 1)$ 於 $i + 1$ 期的面額爲 1（元），就 i 期而言，於 $i + 1$ 期會有 j 種狀態（可能），而每種狀態的機率現值爲 $A_{i,j}$，故貼現債券價格爲 $A_{i,j}d_{i,j}$ 的總和。

$A_{i,j}$ 若「向前更新」，其過程頗類似於第 7 章的圖 7-33，即；

$$\begin{aligned} A_{i,j} &= \frac{1}{2}A_{i-1,j-1}d_{i-1,j-1} + \frac{1}{2}A_{i-1,j+1}d_{i-1,j+1} \\ &= \frac{1}{2}A_{i-1,j-1}\frac{1}{1+r_{i-1,j-1}\Delta t} + \frac{1}{2}A_{i-1,j+1}\frac{1}{1+r_{i-1,j+1}\Delta t} \end{aligned} \qquad （10\text{-}58）$$

因下一期只有二種可能，故 $A_{i,j}$ 可由已知的 $A_{i-1,j-1}d_{i-1,j-1}$ 與 $A_{i-1,j+1}d_{i-1,j+1}$ 計算而得。除了 (i, i) 與 $(i, -i)$ 節點之外，其餘節點皆可用（10-58）式推導而得；換言之，上述二個極端的節點可以按照（10-59）式計算，即：

$$A_{i,i} = \frac{1}{2}A_{i-1,i-1}d_{i-1,i-1} \ 與 \ A_{i,-i} = \frac{1}{2}A_{i-1,-i+1}d_{i-1,-i+1} \qquad （10\text{-}59）$$

了解 BDT 之二元樹狀圖可用 $A_{i,j}$ 來建構後，我們來看如何利用實際資料「校準」BDT 之二元利率樹狀圖。如前所述，簡單的 BDT 利率樹狀圖可假定波動率固定不變，故若 $\sigma(t) = \sigma$，（10-55）式可改寫成：

$$r_{i,j} = U(i)e^{\sigma j\sqrt{\Delta t}} \qquad （10\text{-}60）$$

其次，將（10-60）式代入（10-56）式，可得：

$$B(i+1) = \sum_j A_{i,j} \frac{1}{1+r_{i,j}\Delta t} = \sum_j A_{i,j} \frac{1}{1+U(i)e^{\sigma j\sqrt{\Delta t}}\Delta t} \quad （10\text{-}61）$$

由（10-60）與（10-61）二式可知，唯一未知的參數值是 $U(i)$，我們並不容易利用 $B(i+1)$ 反推出 $U(i)$ 值[34]。當然，若 $U(i)$ 值為已知，自然可以利用（10-60）式建構出二元利率之樹狀圖。

　　我們舉一個例子說明如何建構 BDT 的利率樹狀圖。假定 1～5 年債券的利率分別為 10%、11%、12%、12.5% 以及 13%，假定波動率為 10%，我們可以繪製出 BDT 的二元利率樹狀圖如圖 10-40 所示，除了二元利率樹狀圖之外，圖內亦繪製出對應的 $A_{i,j}$ 的樹狀圖。利用圖 10-40 的結果，讀者自然可以練習繪製出對應的一種 6 年期貼現債券或附息債券的二元價格樹狀圖。

例1　波動率為非固定數值

　　利用圖 10-40 的債券利率資料，我們再假定 1～5 年對應的波動率分別為 20%、19%、18%、17% 與 16%[35]，換言之，若債券的波動率為非固定數值 $\sigma(t)$，則按照實際的債券利率與波動率資料「校準」利率樹狀圖的困難度將大為提高，還好利用 R 的程式套件，我們還是可以繪製出「完整的」BDT 的二元利率樹狀圖如圖 10-41 所示，其中黑點的上方數值表示於波動率為非固定數值 $\sigma(t)$ 下的計算結果，而下方數值則取自圖 10-40 的結果[36]。於圖 10-41 內，我

---

[34] 通常，可以利用牛頓逼近法計算出 $U(i)$ 值，而於所附的 R 指令內，我們是使用 *optim*(‧) 內的 *L-BFGS-B* 方法。

[35] 上述債券利率與波動率資料即為 BDT 所使用的資料。

[36] 若考慮債券的波動率為非固定數值 $\sigma(t)$，直覺而言，（10-61）式可以改寫成：

$$B(i+1) = \sum_j A_{i,j} \frac{1}{1+U(i)e^{\sigma(i)j\sqrt{\Delta t}}\Delta t}$$

即利用實際的債券價格要分別估計 $U(i)$ 與 $\sigma(i)$，的確有其困難度。根據 Clewlow 與 Strickland 的方法（我們並未詳細說明），上述估計需要使用非線性聯立方程式的求解方法，該方法於 R 內並不如其他程式語言如 matlab「完整」；換言之，若使用

BDT 之二元利率樹狀圖（波動率固定）

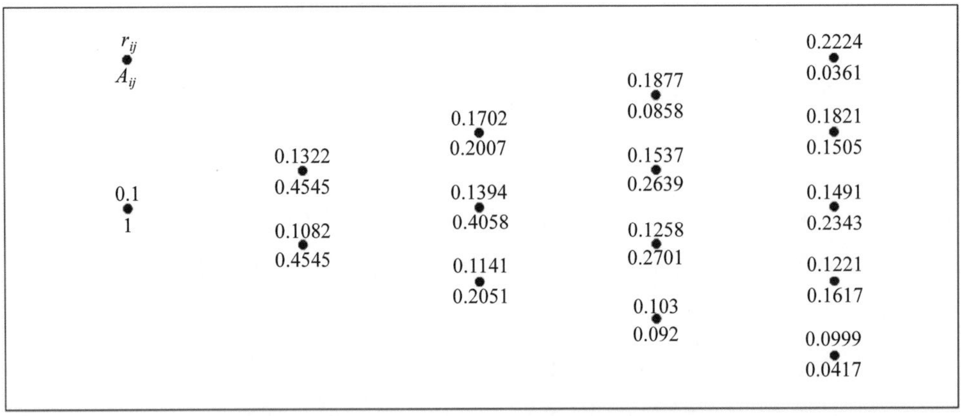

圖 10-40　簡單的 BDT 二元利率樹狀圖

BDT 之二元利率樹狀圖

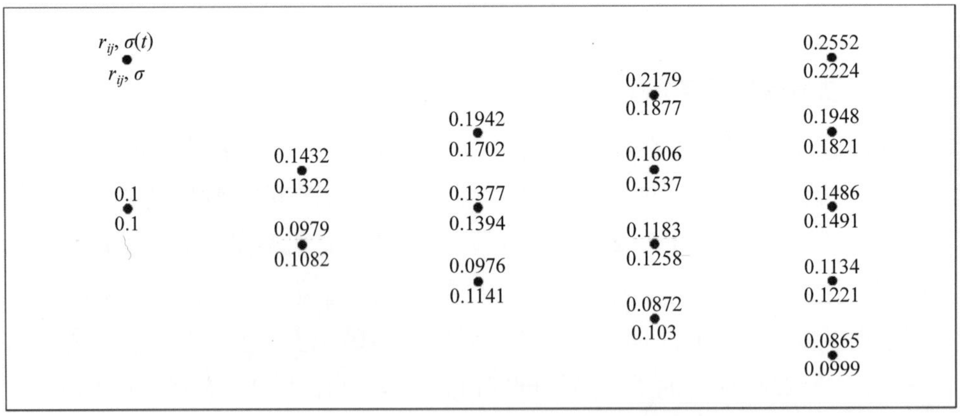

圖 10-41　BDT 二元利率樹狀圖

們自然可以比較有按照波動率「校準」與波動率維持於 10% 之二元利率樹狀圖的不同。

---

matlab，利用 Clewlow 與 Strickland 的方法，筆者的確可以估計出圖 10-41 的結果。雖然 R 內的程式套件 m4fe 內有提供 BDT 估計的函數指令，不過該函數指令未必可以估計其他的市場資料。目前程式套件 m4fe 已「下架」，不過利用 GOOGLE，應該還可以找到該程式套件。於本書所附的 R 指令內，筆者有提供 *permm*(·) 與 *bdt*(·) 二個函數指令（二者皆取自程式套件 m4fe），即後者的使用需先輸入前者。

例2 二元貼現債券價格之樹狀圖

利用圖 10-41 的估計結果，我們可以進一步計算對應的貼現債券價格之樹狀圖。例如：考慮二種面額皆為 100 的貼現債券，其到期年限分別為 5 年與 4 年，於風險中立為 0.5 之下，我們可以分別繪製出上述貼現債券的二元樹狀圖如圖 10-42 的左圖與右圖所示。於該圖內，黑點上方的數值表示債券價格而下方數值則為對應的利率。

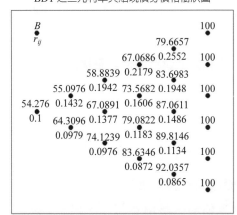

圖 10-42　5 年與 4 年面額皆為 100 的貼現債券價格之樹狀圖

例3 歐式買權與賣權價格

續例 2，利用圖 10-42 的估計結果，我們可以進一步計算出以上述貼現債券為標的物的歐式買權與賣權價格之樹狀圖。例如：圖 10-43 的左圖繪製出 4 年期履約價為 85 的歐式買權價格，而右圖則繪製出 3 年期履約價為 90 的歐式賣權價格的樹狀圖，其中圖內黑點的上方仍保留圖 10-42 內的貼現債券價格，而下方數值則為買權或賣權價格，讀者可以檢視圖內的數值是否正確。

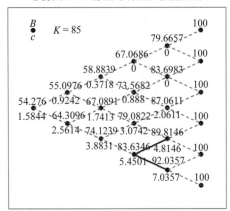

根據圖 10-42 的左圖計算歐式買權價格　　　　根據圖 10-42 的右圖計算歐式賣權價格

圖 10-43　4 年期歐式買權價格與 3 年期歐式賣權價格之樹狀圖

本章習題

1. 利用例 1 的例子，試計算附息債券面額爲 100 的利率。

2. 一張 2 年期面額爲 100 的（連續）附息債券，該債券每半年付息一次。若 $T = 0.5, 1, 1.5, 2$ 的貼現債券的利率分別爲 $y_c = 5, 5.8, 6.4, 6.8$（%），試計算平價利率何？

3. 假定連續利率，試重做第 9 章的圖 9-8 與 9-9。f 改爲 2。

4. 何謂瞬間即期利率與瞬間遠期利率？二者之間有何關聯？

5. 於程式套件 YieldCurve 內有 ECB 發行的公債（2006/12/28～2009/7/23）的利率資料，試繪製出 2008/10/19～2009/7/23 期間的利率曲線。可參考圖 10-44。

6. 試解釋圖 10-5。爲何不使用較小的Δ值？

7. 續上題，因面對的是瞬時即期利率，故不同期限的瞬時即期利率之間差距不能太大，試於 5%～5.0001% 之間模擬出 300 個資料。

8. 續上題，重做圖 10-5 的結果（以 $T_0 = 0$ 與 $\Delta = 0.1, 0.01, 0.001, 0.0001$ 取代）。

9. 續上題，是否可將所計算出的瞬間遠期利率還原成原來的瞬間即期利率？

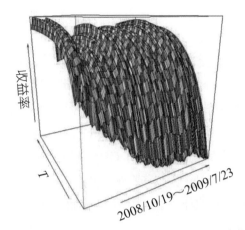

圖 10-44　ECB 公債於 2008/10/19～2009/7/23 期間的收益率曲線

10. 何謂 NS 與 NSS 模型？二模型不是可以用於表示瞬時即期利率結構就是可以用於表示瞬時遠期利率結構，其數學模型分別爲何？

11. NSS 模型的特色爲何？

12. NS 與 NSS 模型是一種確定的模型呢？還是一種隨機的模型？

13. 令 $\beta_0 = 0.5$、$\beta_1 = -0.1$、$\beta_2 = 0.06$、$\beta_3 = 1.2$、$\tau_1 = 3.33$ 與 $\tau_2 = 5$，試分別利用 NS 與 NSS 模型繪製出 0.5～30 年的利率曲線。其結果爲何？

14. 利用表 10-1 內的資料，試以 NSS 模型估計並繪製其利率曲線。

15. 試利用（10-23）式檢視不同參數所扮演的角色。

16. 何謂利率的風險中立機率？

17. 我們如何建構一個二元的利率樹狀圖？

18. 我們如何複製出利率的衍生性商品？

19. 於 2.1 節內，我們可以檢視多少種利率衍生性商品？

20. 我們如何利用二元的利率樹狀圖計算貼現債券價格？試解釋之。

21. 爲何利率的風險中立機率並非固定不變？

22. 利率走勢具有反轉向平均數的特性應該稱爲利率屬於定態的隨機過程，爲什麼？

23. 令 $r_0 = 5\%$、$U = 1.407$ 與 $D = 0.833$，試繪製出如圖 10-23 所示的二元利率樹狀圖（5 年期）。

24. 續上題，利用上述 5 年期的樹狀圖，試繪製出對應的 6 年期貼現債券（面

額為 100）價格的樹狀圖。

25. 試解釋圖 10-26 的意義。

26. 試解釋圖 10-27 的意義。

27. 利用圖 10-29 的結果，若存在各一種以該貼現債券爲標的資產的買權與賣權，其到期期限與履約價皆爲1年與75，試計算該買權與賣權的期初價格。

28. 於《財統》一書內，我們曾介紹 Vasicek 與 CIR 模型，二模型皆屬於 Ornstein-Uhlen 過程。Vasicek 與 CIR 模型皆屬於定態的隨機過程。就 Vasicek 模型而言，其過程可寫成 $dr_t = \beta(\mu - r_t)dt + \sigma dW_t$。試於 $\mu = 12\%$、$\sigma = 3\%$ 以及 $r_0 = 10\%$ 之下，繪製出不同 β 值（調整係數）的模擬走勢圖。可以參考圖 10-45。

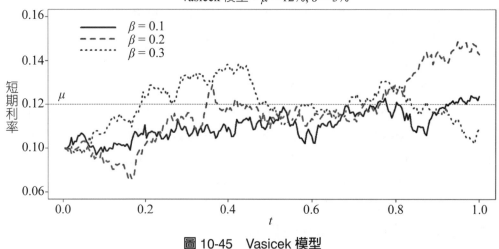

圖 10-45　Vasicek 模型

29. 至於 CIR 過程，可寫成 $dr_t = (\theta_1 - \theta_2 r_t)dt + \sigma\sqrt{r_t}dW_t = \theta_2\left(\dfrac{\theta_1}{\theta_2} - r_t\right)dt + \sigma\sqrt{r_t}dW_t$，

試利用程式套件 sde，模擬 CIR 過程的走勢圖。可以參考圖 10-46。

30. 續上二題，Vasicek 與 CIR 模型有何特色。

31. 將表 10-2 的收益率資料轉換成（連續）貼現債券價格。

32. 續上題，估計 Ho 與 Lee 模型內的 θ_t 值。假定波動率固定爲 0.5%。

33. 續上題，繪製出 Ho 與 Lee 模型內的二元利率樹狀圖。

34. 續上題，繪製出 Arrow-Debreu 價格之 3D 圖如圖 10-38 所示。

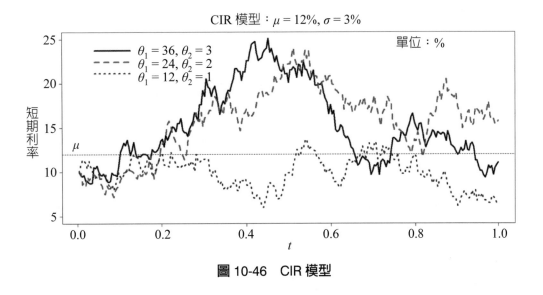

圖 10-46　CIR 模型

35. 續上題，繪製出 2.5 年期面額爲 100 貼現債券之二元樹狀圖。

中文索引

英文索引

國家圖書館出版品預行編目資料

衍生性金融商品：使用R語言／林進益著.－－
初版.－－臺北市：五南，2018.11
　　面；　公分
ISBN 978-957-763-110-7 (平裝附光碟片)
1.衍生性商品
563.5　　　　　　　　　　　107018376

1H1N

衍生性金融商品：使用R語言

作　　　者 ― 林進益

發 行 人 ― 楊榮川

總 經 理 ― 楊士清

主　　　編 ― 侯家嵐

責任編輯 ― 黃梓雯

文字校對 ― 鐘秀雲　黃志誠

封面設計 ― 盧盈良

出 版 者 ― 五南圖書出版股份有限公司

地　　　址：106台北市大安區和平東路二段339號4樓

電　　　話：(02)2705-5066　　傳　　　真：(02)2706-6100

網　　　址：http://www.wunan.com.tw

電子郵件：wunan@wunan.com.tw

劃撥帳號：01068953

戶　　　名：五南圖書出版股份有限公司

法律顧問　林勝安律師事務所　林勝安律師

出版日期　2018年11月初版一刷

定　　　價　新臺幣850元

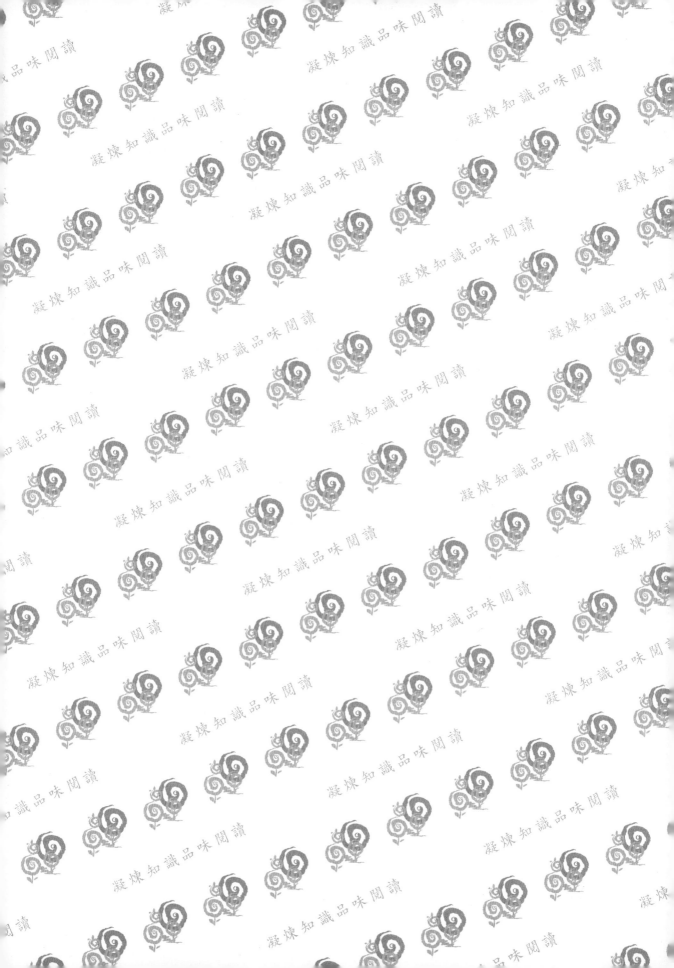